机械工业出版社高水平学术著作出版基金项目

汽车路噪控制
理论与应用

[美] 庞 剑 著

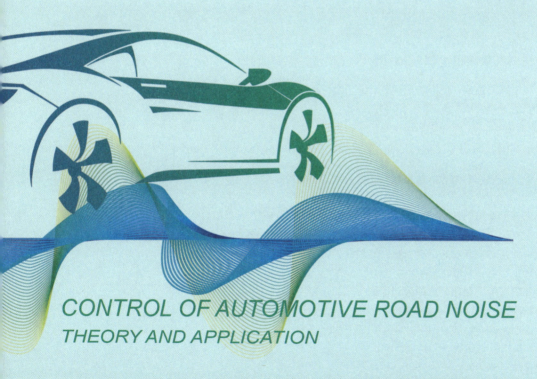

CONTROL OF AUTOMOTIVE ROAD NOISE
THEORY AND APPLICATION

机械工业出版社
CHINA MACHINE PRESS

在电动化和智能化时代，汽车NVH最突出的问题是路噪。本书围绕路面、轮胎、悬架、车身和主动控制五大系统，阐述了空气声路噪和结构声路噪产生的机理、传递途径和控制方法。

本书介绍了不同路面的路谱特征和声学振动指标；分析了轮胎振动模型、静态和旋转状态下的振动特征和力传递率，论述了轮胎与路面相互作用产生噪声的机理，阐述了轮胎空腔声模型、空腔噪声与悬架结构耦合特征，并给出了轮胎振动和噪声的控制方法；分析了振动在悬架中的传递特征和悬架与轮胎及车身模态耦合特征，介绍了悬架力传递模型、机器学习模型、衬套隔振模型，给出了控制悬架模态和振动的方法；分析了车身结构振动传递特征、板振动以及它与声腔的耦合机理，提出了传递路径识别、控制梁振动和板振动及声辐射的方法；诠释了空气声路噪传递特征，给出了车身隔声与吸声控制方法；讲述了声音主动控制原理、路噪主动控制构架与算法、影响路噪控制的硬件和软件因素；介绍了路噪主观和客观评价方法、从路噪目标设定到验证的开发过程。

本书是一部理论与实践紧密结合的专著。本书从工程问题出发，提炼出科学问题，总结成系统方法后，再回归应用到工程并指导研发。

本书可供声学、振动、汽车等领域的工程师和学者参考，也可作为车辆工程、声学和振动相关专业师生的参考书。

北京市版权局著作权合同登记　图字：01-2023-4744。

图书在版编目（CIP）数据

汽车路噪控制：理论与应用 /（美）庞剑著 . —北京：机械工业出版社，2024.3
ISBN 978-7-111-75161-8

Ⅰ.①汽…　Ⅱ.①庞…　Ⅲ.①汽车噪声 – 噪声控制　Ⅳ.① U467.4

中国国家版本馆 CIP 数据核字（2024）第 040798 号

机械工业出版社（北京市百万庄大街 22 号　邮政编码 100037）
策划编辑：王　婕　　　　责任编辑：王　婕　何士娟
责任校对：龚思文　李　杉　　封面设计：张　静
责任印制：常天培
北京宝隆世纪印刷有限公司印刷
2024 年 5 月第 1 版第 1 次印刷
184mm×260mm　·32.5 印张·2 插页·727 千字
标准书号：ISBN 978-7-111-75161-8
定价：299.00 元

电话服务　　　　　　　　网络服务
客服电话：010-88361066　机 工 官 网：www.cmpbook.com
　　　　　010-88379833　机 工 官 博：weibo.com/cmp1952
　　　　　010-68326294　金 书 网：www.golden-book.com
封底无防伪标均为盗版　机工教育服务网：www.cmpedu.com

序 一

这是我为庞剑博士的第三部中文学术专著作序。他于 2006 年出版的《汽车噪声与振动：理论与应用》和 2015 年出版的《汽车车身噪声与振动控制》已经成为 NVH 界的经典著作。《汽车车身噪声与振动控制》的英文版 Noise and Vibration Control in Automotive Bodies 于 2018 年由世界著名出版公司 John Wiley & Sons, Inc. 出版，这本书影响着全球同行。

认识庞剑博士二十年了，我见证了他的成长与发展。十五年前，他回到国内，加盟长安汽车，带领长安 NVH 团队迅速发展，成为中国汽车 NVH 界实力最强的一支队伍。长安 CS 系列、UNI 系列、阿维塔、深蓝等都成为畅销车型，而 NVH 已经成为长安汽车优良品质感的技术标签之一。2016 年，庞剑博士当选为中国汽车工程学会首届会士，是 NVH 界唯一的会士。16 名首届会士都是中国汽车界最杰出的专家学者，有 8 位会士当选为院士。

我们生活在一个汽车巨变的时代。汽车正在从传统的交通工具变成智能和时尚的生活空间，智能化、电动化和低碳化正在影响着每个人。电动化和智能化给汽车性能带来了一个巨大挑战，即路噪凸显，因此，这本书的出版恰逢其时。

这部著作构建了一个全新而完整的体系，将复杂路噪涉及的道路系统、轮胎系统、悬架系统、车身系统和主动控制系统有机地融为一体，全面阐述了这些系统振动与声学的机理和应用。作者将路噪分成了近场路噪、远场路噪、空气声路噪、结构声路噪和车内路噪五大类，围绕空气声路噪和结构声路噪的声源和传递路径进行描述，涉及传递路径识别、轮胎振动与噪声控制、悬架系统振动模型与控制、结构声路噪和空气声路噪的车身控制、路噪主动控制和路噪评价与目标体系。

作者长期在汽车公司一线从事产品开发工作，对工程问题了如指掌。他对大量工程问题进行了整理并抽象出科学问题，建立理论模型或数字模型并用数学方法来推演或解释工程问题。在获得了理论研究成果之后，再将它们应用到产品开发中，解决新的工程问题，并且探索前沿技术。这样就形成了从工程问题，到科学问题和数学求解，再回归工程问题的良性循环，因此，这是一部理论与实际结合得非常紧密的著作。

庞剑博士的新书《汽车路噪控制：理论与应用》将于 2024 年出版。当他再次邀请我作序时，我欣然提笔。这本书深入浅出，这与作者的经历和写作功底密不可分。他是一位资深的技术专家、一位杰出的学者和文采飞扬的作家，他将深奥的理论与丰富的实践巧妙地结合起来，用娓娓道来的叙事写法来讲述枯燥的路噪问题。这本书的出版将为汽车研发工程师们和从事基础理论研究的学者们提供一份丰盛的大餐，我也相信这本书将成为中国汽车界的一部经典著作。

付于武
中国汽车工程学会名誉理事长

序 二

在汽车智能化和电动化日益发展的今天，路噪成为用户关注和抱怨最多的性能问题之一。动力系统技术的飞跃发展大大降低了动力源噪声，却使得内燃机汽车的路噪问题凸显出来；在电动汽车上，传统动力噪声源消失了，而杂乱无章的路噪不仅成为最大的噪声源，而且声品质差。为了提升汽车品质感，各国汽车制造商不遗余力地加大了路噪控制方面的投资。

路噪控制是一个世界难题，因为它涉及道路、轮胎、悬架、车身和软件控制系统，是一个系统集成的课题，而且路噪传递和控制的许多机理尚不清楚，特别是悬架系统。国内外还没有一部系统论述路噪的专著，庞剑博士的《汽车路噪控制：理论与应用》填补了这个空白。

在这部专著里，作者构建了一个独特而完整的路噪控制体系。他把路噪分成了近场路噪、远场路噪、空气声路噪、结构声路噪和车内路噪五大类，梳理了空气声路噪传递和结构声路噪传递两条传递路径，围绕路面、轮胎、悬架、车身和控制系统来阐述路噪机理和控制方法，并给出了路噪评价方法与目标体系。

作者提出了很多工程问题，例如结构声传递路径问题、轮胎隔振评价问题、近场噪声喇叭效应问题、轮胎与悬架和车身耦合问题、衬套隔振与连接件刚度问题、机理模型与数据模型关联问题、结构振动在车身梁和板中的传递问题、主动控制的收敛与步长关系问题等。作者是一位在产品开发一线工作了三十多年的技术专家，所提出的问题都来自实践，即将工作所遇到的各种问题进行整理，形成了系统化的工程问题。

作者还是一位从事过大量科学研究的学者，能够将工程问题上升到科学问题并进行理论分析，例如悬架力识别机理、传递路径的识别与分离机理、轮胎结构声传递与隔振理论、喇叭效应机理、悬架机理模型与数据模型的双驱动模型、声场与结构耦合机理等。

作者创新性地提出了解决这些科学问题的方法。例如，他提出了结构传递力的原点导纳和跨点导纳分析方法、反向多参考的声振传递路径识别方法、轮胎传递率与轮辋刚度的部件导纳分析方法、轮胎-路面的喇叭效应计算方法、振动传递率与能量传递率的评价方法、针对发动机激励和路面激励的副车架隔振控制方法、板声辐射贡献量分析方法、基于传递路径识别和虚拟传感的 Fx-LMS 路噪控制算法。

作者将这些理论模型和创新研究的成果应用到产品开发中，精准而高效地解决了许多工程问题，而且还应用到探索下一代产品的技术亮点上。例如，用结构传递力的原点导纳和跨点导纳分析方法来解决从悬架轮心力到车身力的传递问题、胎与轮的刚度对车内噪声贡献问题，用悬架机理模型与数据模型的双驱动模型来分析悬架振动数据与车内噪声关系等。

总之，作者将工程问题上升到科学问题，通过数学分析得到解决方法，再回去解决工程问题，形成了一个闭环。这种分析问题的方法对工程开发和基础研究都有着重要意义。

我认为这是噪声与振动控制领域难得的一本好书。只有像作者这样长期跨越在工业界和学术界、兼具丰富的工程开发经验和深厚理论功底的学者才能写出这部理论与实践有机结合的专著。对于工程技术人员，可以学习到将工程问题抽象成理论问题的思维方法，了解解决工程问题的清晰思路，提升产品开发能力。对于从事理论研究的学者，除了了解一些理论和分析方法，更重要的是能够理解工程问题以及将它们抽象到科学问题的过程和方法，这对学者与工程师和技术专家对话以及开展有价值的、对产业发展有用的基础研究非常有帮助。对于研究生，除了学习理论，这本书给他们打开了一扇窗，让他们理解学习理论的意义在于解决工程问题，为未来职业发展奠定一定的基础。

作者不仅是一位杰出的技术专家，还是一位作家，所以他用通俗的语言和独特的叙事手法来写这本书，读起来非常有吸引力。这部专著是奉献给汽车界的一份大礼，对从事相关专业工作的工程师和研究人员非常有帮助，也为其他领域的声学和振动的研究人员提供了参考。

李骏

中国汽车工程学会名誉理事长

中国工程院院士

清华大学教授

前　言

笔者于 2015 年出版了《汽车车身噪声与振动控制》之后，将它翻译成英文版 Noise and Vibration Control in Automotive Bodies，由世界著名的出版公司 John Wiley & Sons, Inc. 出版。之后，笔者思考着下一本新书的写作。原本想写一本关于传统动力的书，但是这个领域已经日薄西山。而在智能化和电动化如日中天的今天，路噪成为最主要的 NVH 问题，就萌发了写这本书的念头。

本计划用三到四年的时间完成，但是在写作过程中，发现把路噪阐述清楚是件很难的事情，难在构建体系，难在清晰地讲述机理。于是，在孜孜不倦地探索和解决难题中砥砺前行，耗时六年多才完稿。

构建一个完整的、逻辑关系缜密的路噪控制体系非常艰难。可以从不同视角来描述路噪控制系统，如从路面、轮胎、悬架和车身系统来讲述，从结构声和空气声传递的维度来描写，从低频、中频和高频的分类来诠释，从被动控制与主动控制来论述，但是这些不同角度的内容交织在一起，彼此的逻辑关系像一堆乱麻。尝试建立了几种架构，总觉得哪些地方不合适，就推翻，然后又重新建立。最后，以系统为主线，以结构声和空气声为辅线，以路径识别为牵引，主动控制作为辅助，完成了这本书的架构。

在这个架构下，本书把路噪分成了近场路噪、远场路噪、空气声路噪、结构声路噪和车内路噪五大类，给出了影响路噪的空气声路噪传递和结构声路噪传递两条传递路径，围绕路面、轮胎、悬架、车身和主动控制五大系统阐述了路噪机理和控制方法。主要内容包括路噪传递与路径识别、轮胎结构振动、近场路噪与远场路噪、轮胎声腔模态与空腔噪声、悬架系统振动模型与模态控制、悬架系统隔振控制、结构声路噪和空气声路噪的车身控制、路噪主动控制，以及路噪评价与目标体系。

将工程问题上升到科学问题并寻求数学解非常艰难。在开发过程中，遇到了各种各样的问题，但是把它们分门别类整理成若干个工程问题并非易事，再把工程问题抽象成科学问题也很难，而建立恰当的理论模型和数学方程并求解更难。一个又一个问题泉水般地不断涌现于脑海中，比如，振动在轮胎、悬架和车身中传递的科学问题是什么？轮胎空腔声传递到悬架的振动再到车内噪声的规律是什么？结构波理论能用于描述车身振动吗？用部件原点和跨点导纳来分析系统隔振传递率合适吗？数据模型与机理模型怎么建立关联关系？

在这些问题的驱动下，笔者冥思苦想地寻觅答案，试图用成熟理论、推导公式、大数据统计等来解释或解决工程问题，在工程问题与科学问题之间建立一个循环，使得研究成果能应用于工程实践，也让研究有价值。

在六年多的写作过程中，这两类难题一直困扰着笔者，有时陷入一个问题中难以自拔，有时面对一片茫然而仰天长叹。在艰辛求索之后，最终以快刀斩乱麻的方式构建了本书的结构并解决了一些问题，才呈现出本书的模样。

感谢长安 NVH 团队的余雄鹰、张健、宫世超、贾小利、李沙、张杰、孔祥杰、郭旭东、万玉平、唐永强、彭博、范大力、张思文等人，他们提供了部分图片和数据；张健、余雄鹰、张杰、贾小利、李辉、刘宏玉审阅了部分章节。感谢佳通轮胎的冯希金博士提供了轮胎有限元模型。

感谢付于武名誉理事长为我的三部中文著作写序言，感谢李骏院士对本书的肯定并撰写序言。

本书尝试把工程问题和理论分析结合起来，去探索一些新东西，而自己水平有限；另外，用碎片化时间来写作，思维经常被打乱，因此，有些问题可能没有讲述清楚，甚至难免有错误。恳请读者朋友们指出问题，让我们一起讨论、共同成长，以便再版时修订。

当把书稿交给出版社的那一瞬间，"如释重负"的暖流掠过周身，酣畅淋漓。来到三板溪畔，凝望着波光粼粼的溪水、碧绿的草坪、摇曳的树叶、坡道上艳丽多彩的格桑花和飞舞的蝴蝶，沿着弯曲的小溪步道跑着，脑海里浮想联翩，下一部作品在哪里？是智能声控制的专著？还是跨越太平洋两岸的长篇小说？记录我们这一代人和这群人的人生一直让人魂牵梦绕。

笔者
2023 年夏天，于三板溪畔

目　录

序　一
序　二
前　言

第一章　路噪概述及相关系统 ………………………………………………………… 1

第一节　路噪问题及重要性 ………………………………………………………… 1
一、路噪带来的问题与市场调查 …………………………………………………… 1
二、路噪的主观感受 ………………………………………………………………… 4
三、路噪与其他噪声源的关系 ……………………………………………………… 5
四、路噪的重要性 …………………………………………………………………… 6

第二节　路噪概念及相关系统 ……………………………………………………… 7
一、空气声与结构声 ………………………………………………………………… 7
二、近场路噪和远场路噪 …………………………………………………………… 9
三、空气声路噪 ……………………………………………………………………… 11
四、结构声路噪 ……………………………………………………………………… 11
五、车内路噪 ………………………………………………………………………… 12
六、与路噪相关的系统 ……………………………………………………………… 13
七、与路噪相关的性能 ……………………………………………………………… 13

第三节　路面结构及声学与振动特征 ……………………………………………… 14
一、道路结构与分类 ………………………………………………………………… 14
二、路面振动与声学指标 …………………………………………………………… 18
三、用于路噪研究与评价的三种典型路面 ………………………………………… 25
四、路谱分析 ………………………………………………………………………… 26

五、三种典型路面的路谱特征 ··· 27
第四节 轮胎结构 ··· 32
　一、轮胎的功能及性能 ··· 32
　二、轮胎简史 ··· 33
　三、子午线轮胎和斜交轮胎 ··· 35
　四、子午线轮胎的结构 ··· 36
　五、轮胎胎面的形状 ·· 37
　六、轮胎的规格标识 ·· 38
　七、车轮的结构 ·· 39
第五节 路噪整体控制策略和本书结构 ·· 40
　一、路噪整体控制策略 ··· 40
　二、本书的结构 ·· 41
参考文献 ··· 43

第二章　路噪传递与路径识别 ·· 46

第一节 车内路噪特征 ·· 46
　一、车内噪声来源及特征 ·· 46
　二、车内路噪频谱 ··· 47
　三、在不同路面上的车内路噪 ·· 49
　四、不同车速下的车内噪声 ··· 50
　五、结构声路噪和空气声路噪的频率特征 ······························· 51
第二节 空气声路噪和结构声路噪的传递路径 ······························ 52
　一、系统与传递函数 ·· 52
　二、车内噪声的贡献源和传递路径 ·· 54
　三、近场路噪对车内的传递路径 ··· 56
　四、结构声路噪对车内的传递路径 ·· 57
　五、结构声路噪传递路径与 MIMO 系统求解 ·························· 58
第三节 悬架力识别 ··· 60
　一、悬架力及识别问题 ··· 60
　二、直接测量法 ·· 63
　三、动刚度法 ··· 64
　四、逆矩阵分析法 ··· 65
第四节 路噪传递路径的识别 ··· 70
　一、传递路径识别的方法 ·· 70
　二、传统传递路径识别 ··· 72

        三、反向多参考传递路径识别 ·· 74
        四、运行工况传递路径分析方法 ·· 80
        五、多重相干分析方法 ·· 82
        六、其他分离方法 ··· 86
    参考文献 ·· 88

第三章　轮胎结构振动 ·· 91

　　第一节　轮胎振动传递函数和非线性特征 ··· 91
        一、轮胎振动传递函数 ··· 91
        二、轮胎的非线性问题与线性化假设 ······································· 95
　　第二节　轮胎振动模型 ··· 98
        一、有限元模型 ·· 98
        二、解析模型 ·· 100
        三、半经验模型 ··· 105
　　第三节　自由轮胎模态特征 ·· 105
        一、轮胎模态的获取 ··· 106
        二、轮胎模态振型的种类与标识 ··· 107
        三、自由轮胎模态特征 ·· 110
　　第四节　约束轮胎模态特征 ·· 114
        一、约束边界 ·· 114
        二、约束轮胎的传递函数特征 ·· 114
        三、约束轮胎模态特征 ·· 116
　　第五节　旋转轮胎模态特征 ·· 118
        一、旋转的自由轮胎模态特征 ·· 118
        二、旋转的约束轮胎模态特征 ·· 120
　　第六节　轮胎结构振动传递率 ··· 122
        一、单自由度轮胎模型的传递率 ··· 122
        二、连续体轮胎的位移传递率 ·· 123
        三、基于部件导纳的传递率 ·· 126
        四、自由轮胎传递率特征及隔振评价 ······································· 127
        五、约束轮胎的传递率特征 ·· 129
　　第七节　轮胎激励源 ··· 131
        一、轮胎与路面的冲击激励 ·· 131
        二、"黏–滑"和"黏–抓"效应激励 ······································· 132
        三、轮胎不平衡激励 ··· 133

四、轮胎运动变形自激振动 …………………………………………… 134
　　五、悬架激励 …………………………………………………………… 134
第八节　轮胎振动特征 ……………………………………………………… 135
　　一、轮胎振动机理 ……………………………………………………… 135
　　二、轮胎表面振动测量 ………………………………………………… 135
　　三、轮胎振动传递特征 ………………………………………………… 136
　　四、轮心振动响应特征 ………………………………………………… 143
第九节　轮胎振动控制方法 ………………………………………………… 144
　　一、影响轮胎振动的因素 ……………………………………………… 144
　　二、胎的控制 …………………………………………………………… 145
　　三、轮的控制 …………………………………………………………… 147
　　四、轮胎传递率控制 …………………………………………………… 148
　　五、模态控制 …………………………………………………………… 150
参考文献 ……………………………………………………………………… 151

第四章　近场路噪与远场路噪 …………………………………………… 155

第一节　近场路噪分类与特征 ……………………………………………… 155
　　一、轮胎胎面花纹结构与作用 ………………………………………… 155
　　二、近场噪声分类 ……………………………………………………… 157
　　三、轮胎近场噪声的特征 ……………………………………………… 158
第二节　空气运动产生的近场噪声 ………………………………………… 159
　　一、泵气噪声 …………………………………………………………… 159
　　二、空管噪声 …………………………………………………………… 161
　　三、赫尔姆兹谐振腔共振噪声 ………………………………………… 164
　　四、气动噪声 …………………………………………………………… 165
第三节　轮胎振动产生的近场噪声 ………………………………………… 168
　　一、冲击噪声 …………………………………………………………… 168
　　二、摩擦噪声 …………………………………………………………… 169
　　三、黏-抓作用反冲击噪声 …………………………………………… 170
　　四、胎侧辐射噪声 ……………………………………………………… 170
　　五、轮胎空腔声 ………………………………………………………… 171
第四节　轮胎-路面的界面效应及对近场路噪的影响 …………………… 172
　　一、轮胎-路面的喇叭效应 …………………………………………… 172
　　二、轮胎-路面的阻抗效应 …………………………………………… 177
第五节　胎面花纹块设计及对近场路噪的影响 …………………………… 177

一、影响轮胎近场噪声的因素 ·· 177
　　二、花纹块节距对近场噪声的影响及节距设计 ························ 178
　　三、花纹沟对空气运动噪声的影响及花纹沟设计 ···················· 181
　　四、花纹段的整体设计与分类 ·· 183
第六节　轮胎结构参数和运行工况对近场路噪的影响 ······················ 185
　　一、轮胎宽度对近场路噪的影响 ··· 185
　　二、轮胎直径对近场路噪的影响 ··· 186
　　三、轮胎材料对近场路噪的影响 ··· 187
　　四、其他轮胎结构参数的影响 ·· 187
　　五、行驶状况对轮胎辐射噪声的影响 ······································ 188
第七节　近场路噪试验 ·· 190
　　一、轮胎单体噪声测试 ·· 190
　　二、装车轮胎噪声测量 ·· 191
第八节　远场路噪 ··· 194
　　一、远场路噪与通过噪声 ··· 194
　　二、通过噪声的测试 ··· 195
　　三、通过噪声法规 ·· 196
参考文献 ·· 197

第五章　轮胎声腔模态与空腔噪声 ·· 199

第一节　轮胎声腔模态以及带来的车内噪声 ··································· 199
　　一、声腔结构与表征 ··· 199
　　二、轮胎声腔模态振型 ·· 200
　　三、轮胎声腔带来的车内噪声问题 ·· 201
第二节　轮胎声腔模态的理论分析 ··· 203
　　一、三维轮胎声腔模态理论分析 ··· 203
　　二、一维轮胎声腔模态频率计算 ··· 207
第三节　轮胎声腔模态 ·· 208
　　一、轮胎声腔模态的获取 ··· 208
　　二、轮胎声腔模态特征 ·· 209
　　三、轮胎声腔模态的结构传递特征 ·· 213
第四节　约束轮胎的声腔模态 ··· 214
　　一、约束轮胎声腔模态 ·· 214
　　二、约束轮胎一维声腔模态频率计算 ······································ 217
　　三、自由和约束轮胎的模态特征比较 ······································ 218

第五节　轮胎声腔模态与结构模态的耦合 …………………………………222
　　一、声腔模态与结构模态的耦合 ………………………………………222
　　二、轮胎声腔模态与悬架结构模态的耦合 ……………………………222
　　三、轮胎声腔模态与车内噪声的关系 …………………………………225
第六节　轮胎声腔模态的控制 ……………………………………………226
　　一、影响轮胎声腔模态的因素 …………………………………………226
　　二、轮胎声腔模态的控制方法 …………………………………………229
参考文献 ……………………………………………………………………233

第六章　悬架系统振动模型与模态控制 …………………………………235

第一节　悬架结构 …………………………………………………………235
　　一、悬架基本结构与作用 ………………………………………………235
　　二、悬架结构型式 ………………………………………………………238
　　三、前悬架与后悬架特征 ………………………………………………243
第二节　悬架低频振动模型 ………………………………………………246
　　一、悬架涉及的性能与低频振动模型 …………………………………246
　　二、影响悬架性能的因素 ………………………………………………247
　　三、简单悬架模型 ………………………………………………………248
　　四、多体动力学模型 ……………………………………………………250
　　五、低频振动模型与次声波激励引起的路噪 …………………………251
第三节　悬架振动传递模型 ………………………………………………253
　　一、振动在悬架内的传递过程 …………………………………………253
　　二、悬架振动传递模型 …………………………………………………255
　　三、悬架振动目标与控制方法 …………………………………………258
　　四、力的直接控制 ………………………………………………………259
第四节　悬架与整车有限元模型 …………………………………………260
　　一、悬架有限元模型 ……………………………………………………261
　　二、整车有限元模型 ……………………………………………………262
第五节　悬架机器学习模型 ………………………………………………263
　　一、因果关系与关联关系 ………………………………………………263
　　二、支持向量机与支持向量回归 ………………………………………265
　　三、悬架数据支持向量回归模型 ………………………………………269
　　四、悬架数据支持向量回归模型计算 …………………………………271
第六节　悬架机理模型与数据模型的双驱动模型 ………………………275
　　一、悬架机理模型 ………………………………………………………275

二、悬架数据模型 ··· 276
　　三、悬架机理与数据双驱动模型 ·· 278
第七节　悬架模态分析 ·· 279
　　一、悬架跳动模态 ··· 279
　　二、悬架整体模态 ··· 280
　　三、悬架局部模态 ··· 283
　　四、副车架模态 ·· 283
第八节　悬架模态控制 ·· 284
　　一、悬架模态问题识别 ·· 284
　　二、悬架模态规划 ··· 287
　　三、悬架模态避频控制 ·· 288
　　四、降低悬架振动能量 ·· 291
　　五、改变悬架型式 ··· 297
　　六、副车架模态控制 ··· 297
参考文献 ··· 298

第七章　悬架系统隔振控制 — 301

第一节　悬架系统中的衬套 ··· 301
　　一、悬架衬套的分布与种类 ··· 301
　　二、衬套的功能 ·· 304
　　三、麦弗逊悬架中的衬套 ··· 305
　　四、扭力梁悬架中的衬套 ··· 306
　　五、多连杆式后悬架衬套 ··· 307
　　六、E形后悬架衬套 ··· 308
　　七、副车架衬套 ·· 309
第二节　衬套刚度特征 ·· 309
　　一、静刚度 ··· 309
　　二、动刚度 ··· 310
　　三、动静比 ··· 313
　　四、悬架衬套刚度统计数据分析 ··· 313
　　五、副车架衬套刚度统计值 ··· 317
第三节　橡胶衬套模型 ·· 318
　　一、线性模型 ·· 318
　　二、非线性模型 ·· 321
　　三、广义复合模型 ·· 323

四、分数导数模型 ……………………………………………………………… 323
第四节　衬套隔振分析 …………………………………………………………… 325
　　一、衬套隔振率 ………………………………………………………………… 325
　　二、衬套隔振插入损失 ………………………………………………………… 328
　　三、能量插入损失 ……………………………………………………………… 329
　　四、隔振指标的比较 …………………………………………………………… 330
第五节　路噪敏感衬套分析 ……………………………………………………… 331
　　一、刚度值判断法 ……………………………………………………………… 331
　　二、隔振率判断法 ……………………………………………………………… 331
　　三、刚度灵敏度分析法 ………………………………………………………… 332
第六节　衬套隔振控制 …………………………………………………………… 334
　　一、影响衬套隔振的因素 ……………………………………………………… 334
　　二、改变衬套材料来控制隔振 ………………………………………………… 336
　　三、改变衬套结构来控制隔振 ………………………………………………… 337
　　四、改变衬套尺寸来控制隔振 ………………………………………………… 340
　　五、改变衬套布置角度来控制隔振 …………………………………………… 340
第七节　副车架隔振 ……………………………………………………………… 343
　　一、副车架承受的激励 ………………………………………………………… 343
　　二、双级隔振与单级隔振比较 ………………………………………………… 344
　　三、副车架隔振原则 …………………………………………………………… 345
参考文献 …………………………………………………………………………… 347

第八章　结构声路噪的车身控制 …………………………………………… 349

第一节　结构声在车身结构内的传递及辐射 …………………………………… 349
　　一、车身结构 …………………………………………………………………… 349
　　二、悬架对车身的激励点 ……………………………………………………… 352
　　三、结构声的传递过程 ………………………………………………………… 353
第二节　车身结构声传递函数 …………………………………………………… 354
　　一、噪声传递函数 ……………………………………………………………… 354
　　二、噪声传递函数的分解 ……………………………………………………… 355
　　三、传递函数的频率特征 ……………………………………………………… 356
　　四、传递函数的控制 …………………………………………………………… 359
第三节　原点结构的控制 ………………………………………………………… 361
　　一、原点动刚度 ………………………………………………………………… 361
　　二、输入车身的能量 …………………………………………………………… 363

三、原点动刚度控制 ·············· 363
第四节　车身梁结构振动与控制 ·············· 365
　　一、车身梁与刚度 ·············· 365
　　二、梁的振动分析 ·············· 369
　　三、梁的振动控制 ·············· 371
第五节　车身板振动与辐射机理 ·············· 378
　　一、板的振动机理 ·············· 378
　　二、板的声辐射 ·············· 378
　　三、车身板振动与声辐射特征 ·············· 380
　　四、板结构与声腔耦合 ·············· 381
　　五、板声辐射贡献量分析 ·············· 384
第六节　车身板振动控制 ·············· 385
　　一、板模态与声腔模态解耦控制 ·············· 385
　　二、板的刚度控制 ·············· 387
　　三、板的质量或吸振器控制 ·············· 389
　　四、板的阻尼控制 ·············· 392
　　五、背门振动控制 ·············· 397
参考文献 ·············· 403

第九章　空气声路噪的车身控制 ·············· **405**

第一节　轮胎近场路噪特征与控制 ·············· 405
　　一、近场路噪的频谱特征 ·············· 405
　　二、近场路噪与车内路噪的关系 ·············· 406
　　三、空气声路噪的控制 ·············· 407
第二节　车身气密性控制 ·············· 409
　　一、车身缝隙和孔 ·············· 409
　　二、车身气密性 ·············· 410
　　三、车身气密封控制 ·············· 411
第三节　车身吸声控制 ·············· 413
　　一、吸声系数 ·············· 413
　　二、车身吸声控制 ·············· 414
第四节　车身隔声控制 ·············· 416
　　一、隔声指标 ·············· 416
　　二、轮胎噪声隔声量 ·············· 419
　　三、板的隔声控制 ·············· 421

四、车身隔声控制 ·· 425

参考文献 ·· 431

第十章　路噪主动控制 ·· 433

第一节　汽车声音主动控制的发展与应用 ·· 433
　　一、声音主动控制的发展历史 ·· 433
　　二、声音主动控制的基本原理与类型 ·· 435
　　三、声音主动控制在汽车上的应用 ·· 437

第二节　自适应控制原理 ·· 440
　　一、滤波器 ·· 440
　　二、基于 LMS 的自适应滤波器 ··· 442
　　三、最速下降法求解滤波器系数 ··· 444
　　四、Fx-LMS 算法 ··· 445
　　五、Fx-LMS 算法的稳定性与收敛速度 ·· 446

第三节　路噪主动控制系统 ·· 448
　　一、路噪主动控制系统架构 ·· 448
　　二、次级声通道识别 ·· 450
　　三、加速度传感器位置的选择 ··· 453
　　四、传声器位置与虚拟传感传声器 ·· 455

第四节　影响路噪主动控制的因素及控制方法 ····································· 463
　　一、影响路噪主动控制的因素 ·· 463
　　二、归一化 Fx-LMS 方法 ··· 465
　　三、泄漏 Fx-LMS 方法 ·· 467

参考文献 ·· 469

第十一章　路噪目标体系 ·· 471

第一节　路噪开发过程与目标体系 ··· 471
　　一、从市场竞争和顾客需求到工程目标 ······································· 471
　　二、路噪开发过程 ··· 473
　　三、影响路噪目标的因素 ··· 473
　　四、路噪目标体系分类 ·· 475

第二节　路噪主观目标体系 ·· 476
　　一、用户画像 ·· 476
　　二、路噪主观评价与目标 ··· 477

第三节　路噪客观目标体系 ·· 479

XVII

一、路噪客观目标的指标 · 479
　　二、分层级的路噪客观目标 · 482
　　三、客观指标与主观评价的一致性 · 483
　第四节　整车级、系统级和部件级路噪目标 · 484
　　一、整车级路噪目标 · 484
　　二、系统级路噪目标 · 484
　　三、部件级路噪目标 · 485

附录 · 486

　附录A　矩阵运算 · 486
　附录B　奇异值分解 · 488
　附录C　拉格朗日乘子法 · 489
　附录D　贝塞尔函数 · 489
　附录E　范数 · 491
　附录F　符号表 · 492
　附录G　英中文术语对照表 · 497

第一章 路噪概述及相关系统

路噪是影响汽车声品质最重要的指标之一，越来越受到消费者和汽车行业的重视。本章讲述人们对路噪的感受和路噪对汽车驾乘品质感的重要性，给出近场路噪、远场路噪、空气声路噪、结构声路噪和车内路噪五个关于路噪的定义。轮胎与路面相互作用产生的噪声通过车身传递到车内，形成了空气声路噪传递路径，而产生的振动通过悬架和车身结构传递到车内形成了结构声传递路径。

道路结构和路面特征是影响路噪非常重要的因素。本章给出与路噪相关的路面纹理、构造深度、硬度和孔隙率的概念、定义和指标，描述用于路噪研究与评价的光滑沥青路面、粗糙沥青路面和水泥路面这三种典型路面的路谱特征。

路噪涉及汽车上的轮胎、悬架和车身三大系统。本章第四节从轮胎开始切入汽车主题，讲述轮胎发展历史、轮胎结构和参数。

为了让读者从第一章开始就能够对路噪控制有整体了解并构建起本书的思维导图，本章最后一节阐述路噪整体控制策略，并给出本书结构。

第一节 路噪问题及重要性

一、路噪带来的问题与市场调查

在售后市场上，用户对汽车质量和性能有很多抱怨，如油耗高、车内气味难闻、乘坐不舒适、噪声大等，其中，路噪是用户抱怨最多的性能问题之一。

1. 顾客对路噪的抱怨

今天，顾客不仅抱怨路噪大和路噪的品质感差，而且这种抱怨越来越多。顾客对路噪的抱怨可以分成四类。

第一类，顾客泛泛地抱怨路噪大。这类顾客对汽车不了解，凭着主观感觉来描述路噪问题，如：

"当我驾车以 60~80km/h 速度行驶时，车窗关闭，车内存在嗡嗡声，感觉是轮胎传来的。"

"我感觉到轮胎噪声特别大，后排乘客抱怨声音更大。"

"我那辆车轮胎噪声很大，很烦人。我换了另外一个牌子的轮胎后，声音小多了。"

"主要噪声来源于胎噪引起的车厢共鸣，噪声部位在中排座椅与行李舱，在高速上时速 90~100km 时非常明显，达到了影响听音乐的程度。"

"前排轰鸣声非常压耳，像飞机起降时耳鸣的感觉，不能接受。"

第二类，顾客对汽车结构有所了解，抱怨问题会针对某些系统，如：

"轮胎噪声大，感觉车辆不隔声，想自行改装提升隔声。"

"车内有共振和轮胎噪声。加速时，车内共振回音噪声比较明显，轮胎处隔声还需要改进。"

第三类，顾客针对某些特定的路面来抱怨路噪。这类顾客驾驶汽车在某些路面时，才会抱怨路噪问题，如：

"当行驶在粗糙路面时，车内轰鸣得很，耳朵不舒服。"

"当路况变化后，车内噪声变化很大。在粗糙路面上，噪声增加非常明显。"

"在沙石路面上，噪声非常大。"

"当我在破损路面上开车时，车内轰隆隆地响，耳朵特别不舒服。上了高速，这个声音就消失了。"

"过减速带和车道标识线时，噪声很大。"

"过减速带时，'咚咚'响声特别大。"

"过减速带时，轮胎撞击声音过大。"

第四类，顾客对异物嵌入轮胎的抱怨，如：

"好像有小石子嵌在花纹沟里面，总是听到'哒哒哒'的响声。"

"轮胎花纹过大，经常有小石子之类的嵌在里面，'哒哒哒'的声音很烦人。"

"轮胎噪声大，行驶途中轮胎飞溅起的小石头敲打钣金声音较大，感觉车辆钣金很薄。"

2. 行业对顾客抱怨的调查

为了从第三方的角度来了解顾客对汽车质量的满意度和抱怨度，一些行业机构和独立公司做了大量调查和分析工作，每年都会发布很多报告。J.D. Power 是影响力最大的一家调查公司，每年给出各种报告，如汽车经销商满意度研究（DAS）、汽车销售满意度研究（SSI）、汽车售后服务满意度研究（CSI）、新车质量研究（IQS）等。从汽车研发的角度，我们最关心的是 IQS（Initial Quality Study）报告。

从使用和感受来看，汽车质量问题可以分为实物质量和体验质量（或感知质量）。影响到功能和使用的质量问题属于实物质量，比如机油泄漏、悬架断裂。不影响功能和使用，但是影响到驾驶体验的质量问题属于体验质量，比如路噪大、操控性差。随着汽车技术的发展和制造工艺的进步，故障类硬件问题越来越少，汽车质量问题逐渐从实物质量过渡到与性能相关的体验质量。体验质量与顾客群相关，不同顾客群对同一问题体验质量的感受不一样。比如同样的路噪问题，经济型乘用车用户不会抱怨，而高端车用户认为这是一个质量问题。表 1.1 为 J.D. Power 在 2018 年和 2021 年列出的 IQS-TOP20 质量问题。

表 1.1　J.D. Power 在 2018 年和 2021 年列出的 IQS-TOP20 质量问题

问题排序	2018 年 TOP20 问题	2021 年 TOP20 问题
1	车内有令人不愉快的气味	电源插座 /USB 接口——充电太慢
2	耗油量过大	车内有令人不愉快的气味
3	风噪声过大	**胎噪声过大**
4	**胎噪声过大**	倒车影像——图像太小 / 清晰度低
5	制动有噪声	收音机无法 / 很难收到信号
6	导航系统不准确	时钟——故障 / 时间不准
7	风扇 / 鼓风机噪声过大	倒车影像——镜头很容易变脏
8	座椅有杂音 / 异响	胶垫问题
9	座椅材质容易磨损 / 变脏	安全带——不舒服
10	车窗 / 风窗玻璃易起雾 / 不能迅速消除雾气	安全带固定不合适 / 不能回卷
11	收音机无法 / 很难收到信号	风扇 / 鼓风机噪声过大
12	前照灯不够明亮	前刮水器——刮不干净风窗玻璃
13	前刮水器 / 喷洗器——故障 / 无法工作	喇叭（鸣笛）声音小 / 音质差
14	发动机异响	电源插座 /USB 接口数量不够
15	冷风不能到达 / 不能维持期望温度	冷风不能到达 / 不能维持期望温度
16	内装材质容易弄脏 / 磨损	车外灯有水汽
17	制动力不够大	车窗 / 风窗玻璃易起雾 / 不能迅速消除雾气
18	减振器 / 悬架有异响	暖风无法达到 / 保持理想温度
19	内置蓝牙电话 / 设备经常有配对 / 连接问题	前照灯不够亮
20	时钟故障 / 无法工作 / 时间不准	座椅有杂音 / 松动 / 异响

从表 1.1 中，可以看到三个现象或趋势：第一，"胎噪声过大"在两个年份都是排名靠前的问题，2021 年排名第三，这说明路噪一直是顾客抱怨比较多的质量问题；第二，随着智能化的发展，与之相关的问题凸显出来，在 2018 年还没有的问题在 2021 年出现，如电源插座 /USB 接口充电太慢、倒车影像图像太小 / 清晰度低、倒车影像镜头很容易变脏等；第三，对比两个年份，实物质量问题减少，而体验质量问题增加。

对比 2018 年和 2021 年，以及其他年份的数据，"路噪大"永远是顾客抱怨的主要体验质量问题，而且随着电动汽车的发展，顾客对路噪的抱怨与日俱增。

3. 制造商对用户抱怨的调查

制造商一方面收集和分析行业质量报告和数据，如 J.D. Power 报告，作为提升质量的参考；另一方面，它们也根据细分市场不同和顾客群不同，制定自己的质量指标和排序规则。表 1.2 是某制造商根据自己制定的规则，列出了三家汽车公司生产的三款汽车的 TOP10 质量问题。

表 1.2　三款汽车的 TOP10 质量问题

问题排序	制造商 1	制造商 2	制造商 3
1	耗油量过大	车内有令人不愉快的气味	**路噪过大**
2	车内有令人不愉快的气味	**路噪过大**	车内有令人不愉快的气味
3	**路噪过大**	耗油量过大	耗油量过大
4	风噪声过大	导航系统不准确	风噪声过大
5	语音识别困难	空调开启后，发动机无力	制动有噪声
6	冷风不能达到/不能维持期望温度	风噪声过大	导航系统不准确
7	发动机异响	多媒体问题	发动机很久才能起动
8	变速器换档困难	座椅材质容易磨损/变脏	网络连接问题
9	导航系统不准确	制动有噪声	发动机异响
10	油漆有瑕疵	发动机异响	安全带锁上/回卷有问题

在这三款汽车的十大问题中，油耗高、车内气味令人不愉快和路噪大被列入前三位。由此可见，路噪是汽车制造商面临的严峻市场问题。制造商应以此为依据，有针对性地给出提升感知质量的方案，从而提升汽车的品质感。

二、路噪的主观感受

以上罗列了顾客对路噪的抱怨以及调查公司和汽车制造商对路噪的质量调查，而从 NVH 专业来说，可以把这些抱怨归纳成以下几类问题。

第一，低频敲鼓声。汽车行驶在粗糙路面时，由于路面波形或结构不平整等原因，轮胎和悬架被激励起来，而悬架又将这种低频振动传递到车身。车身板（如顶棚、后背门）的频率通常比较低，被激励的板对车内辐射低频声，形成车内低频敲鼓声。敲鼓声频率在 100Hz 以下，以 20～80Hz 为主，会让乘客感受到压耳，头晕，甚至呕吐，有时候有震耳欲聋的感觉，因此敲鼓声也被称为压耳声。特别是车身板的结构模态频率与车内声腔模态频率一致时，所产生的压耳声更加严重。

第二，低频轰鸣声。产生低频轰鸣声的原理与低频压耳声是一样的，即振动通过轮胎和悬架传递到车身，车身板振动后辐射噪声。乘客感受到的轰鸣声与压耳声有些类似，轰鸣声让人感受到"嗡、嗡、嗡"的声音，人的头部和身体感受到不舒服，但是耳朵没有压迫感。长时间处在轰鸣声的环境中，人会感觉到恶心，甚至呕吐。与压耳声不同的是它的频率稍微高一些，轰鸣声的频率一般从 60 多 Hz 到 100 多 Hz。

第三，中频隆隆声。隆隆声是一种轰鸣加嘈杂的中频段声音，频率在 100 多 Hz 到 500 多 Hz 之间。有的隆隆声是以单频率或窄频段为主的声音，有的是多频率混杂的声音；有的以结构声为主，有的以空气声为主，有的是结构声与空气声混杂在一起。比如有的 300 多 Hz 的路噪中结构声和空气声的成分贡献相当，频率成分多，也给人轰鸣感觉。隆隆声中有一种特殊的声音，叫空腔声，它是由轮胎空腔产生的单频或窄频段声音。顾客抱怨时，会把它描述为单调的隆隆声或嗡嗡声。

第四，高频嘈杂声（花纹声）。嘈杂声主要是轮胎与路面相互作用时，在轮胎附近产生并传递到车内的噪声，其中花纹声是主要贡献，也有少数嘈杂声是通过轮胎－悬架－车身而传递到车内的。嘈杂声听上去像"哗啦啦""哗哗哗""呼啦"等声音。嘈杂声的频率从400多Hz到几千Hz，但主要集中在500~2000Hz。耳膜处最敏感的频率是1000Hz，外耳处最敏感的频率是4000Hz。在500~2000Hz频率段内，听阈最低，人耳对声音最敏感。在这个频率段内，尽管路噪的声压级不大，但是它影响人听力的清晰度。当中高频路噪到达一定量级，人会感受到这种声音粗糙，甚至杂乱无章。

第五，石子或水敲打底盘的声音。这种声音指的是石子或水被轮胎溅起后，敲打地板、轮毂包等地方而发出的声音，听上去像"哒哒"声。这种声音的频率段比较宽，没有特定的规律。乘客能清晰地听到溅水声或石子的敲打声。

这五种声音都与路面、轮胎、底盘和车身有关系，但是在介绍路噪时，通常只涉及前四种，图1.1给出了这四种声音的大致频率范围。石子敲打声和溅水声与车身底部的阻尼处理关系更加密切，因此，可以不将石子敲打声和溅水声归到路噪范畴。

图1.1 敲鼓声、轰鸣声、隆隆声和嘈杂声的大致频率范围

三、路噪与其他噪声源的关系

内燃机汽车有三大噪声源：动力系统噪声、路噪和风噪。在低速行驶和急加速时，动力系统噪声包括发动机噪声、进排气系统噪声、悬置振动引起的结构声等，是汽车最主要的噪声源。当汽车以中等速度行驶时，如40~80km/h，路噪是车内最主要的噪声源。当汽车以高速行驶，如大于100km/h的速度，风噪成为最主要的噪声源。图1.2给出了这三种噪声源与车速的关系。

图1.2 内燃机汽车噪声源与车速的关系

随着汽车技术的发展，动力系统噪声大幅度降低，这就使得路噪和风噪突显出来。在城市驾驶工况下，在很大范围内，汽车是以中等速度行驶，因此，路噪对车内噪声的贡献占绝对主导位置。特别是在粗糙路面上行驶，路噪更是主要的声源，即便低速时，路噪的贡献也有可能大于动力系统噪声的贡献。

对电动汽车和燃料电池汽车来说，传统的发动机噪声源消失之后，在低速和中速，路噪是绝对的车内噪声贡献源。图1.3给出了电动汽车噪声源与车速的关系。

理性地说，随着时间推移和汽车技术的发展，路噪在逐年降低，但是，顾客对路噪的抱怨却在日益增加。有两个原因可以解释这种现象：一是动力系统噪声降低或消除使得路噪凸显，二是顾客对声音的品质感要求越来越高。

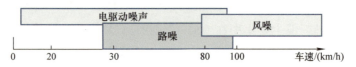

图 1.3　电动汽车噪声源与车速的关系

在很长一段时间内，动力系统（发动机、进气系统、排气系统等）一直是汽车最主要的噪声源。随着技术的进步，动力系统噪声大大降低，同时声品质大幅提升，这样路噪就凸显出来，特别是汽车在巡航驾驶状况时，由于发动机处在小负荷工作状态，动力系统的声音比较小，相比之下，路噪就大。在粗糙路面、破损路面和冲击路面行驶时，路噪就更为显著。

动力系统噪声与发动机燃烧有关，即这种噪声有一定的规律。如果这种声音调配适当，动力系统声音就会有良好的品质感。它不仅不会使顾客反感，而且有部分顾客喜欢动力感声音、运动感声音等。相比之下，路噪不仅没有规律，而且在粗糙路面上甚至表现出杂乱无章的特点。

近年来，随着电动汽车的高速发展，原来的发动机声音消失，而电机几乎没有声音或者有一定阶次规律的声音，这就使得电动汽车的路噪比传统内燃机汽车更为显著。

四、路噪的重要性

路噪是汽车售后市场最主要的抱怨问题之一，因此为了提升顾客满意度和市场占有率，几乎所有主机厂都在路噪控制上投入了大量人力和物力。路噪对汽车品质感来说至关重要，下面从四个方面来阐述其重要性。

1. 路噪是最主要的噪声源

在汽车发展很长的一段时间内，发动机噪声、传动系统噪声、进气口噪声和排气尾管口噪声是汽车最主要的噪声源。由于这些源的噪声太大，人们的注意力都被它们吸引，而路噪被掩盖。进入二十世纪九十年代之后，动力系统技术的发展和电控技术的飞跃使得这些源的噪声大大下降，比如双质量飞轮使得发动机扭振极大降低、进气系统和排气系统中的半主动和主动系统使得管道中的摩擦噪声大大降低、精细的电控逻辑使得发动机起动和变速器换档更加平顺、主动控制使得车内某些频段的噪声消失，等等。另外，制造精度突飞猛进也促进了动力系统噪声降低和产品一致性提升。

在这样的背景下，路噪就凸显出来，而且成为市场的抱怨热点。今天，大多数人生活在都市，大多数情况下，驾车以中等速度行驶，因此，路噪是汽车最主要的噪声源。

2. 电动汽车的路噪更加凸显

进入二十一世纪之后，在能源危机和低碳环保的时代背景下，电动汽车再次成为热点，占比逐年攀升。由于电动汽车上没有内燃机，因此发动机噪声、进气口噪声和排气尾管噪声销声匿迹。电驱动系统虽然带来新的噪声源，比如电机啸叫和电控系统啸叫，但是其量级远低于发动机噪声源。另外，驱动电机啸叫声的频率很高，与路噪频率间隔很远，因此路噪依然凸显。

电动汽车轮胎尺寸越来越大，扁平比越来越小，这导致轮胎隔振越来越差，因此来自轮胎的激励越来越大，导致路噪比燃油车大。

3. 路噪对声品质影响非常大

对内燃机汽车来说，加速声音虽然大，但是却风格独特。加速声音与发动机的点火阶次、频率和转速密切相关，即这种声音有规律和可以调节。声音大小与这些参数的不同组合可以得到不同风格的声音，即动力系统的声音具备一定的品质感，比如豪华车的声音悦耳与舒展、跑车的声音嘹亮与澎湃、大功率车的声音浑厚与饱满。这些品质感是顾客所需要的，使人们感受到驾驶乐趣，甚至与他们的精神相契合。

路噪无规可循。在频谱上，路噪没有任何满足人们需求的规律，既没有动力感，也没有舒适感。一旦杂乱无章的路噪变得凸显时，人们对它的抱怨就可想而知了。

生活在现代社会的人们对品质感的追求超过历史上的任何时代，对汽车声品质的追求也是如此。在加速时，动力系统声音可以掩盖路噪。可是在中速巡航时，路噪掩盖了动力系统声音，汽车声品质荡然无存。

4. 路噪是通过噪声的最主要声源

汽车在城市里行驶时所产生的噪声会干扰街道上的行人和周边居民，这种汽车对四周环境辐射的噪声被称为通过噪声。

汽车在城市里以中等速度行驶居多，轮胎与路面的相互作用而引起的噪声成为它向周围环境辐射的最主要噪声源。为了严格限制汽车对周边环境的噪声辐射，国际组织，如国际标准化组织（ISO），和世界各国都制定了环境噪声标准。

总之，今天，路噪对汽车制造商、顾客和环境都非常重要。所以，世界主要的汽车公司在路噪控制上不遗余力。

第二节　路噪概念及相关系统

一、空气声与结构声

1. 空气声及其传递

顾名思义，空气声是声音在空气中传播而人听到的声音。例如，开会的时候，一个人的讲话声音在空气中传播，然后被其他人听到了，这种直接在空气中传播而被听到的声音被称为空气声。

再举一个空气声的例子。图1.4显示小屋外面放置一个扬声器，扬声器发出声音并传递到小屋，一部分声音被墙壁、门、窗等反射回去，还有一部分声音会透过墙壁、门、窗而传递到小屋里面。我们把扬声器发出的声波称为入射波，被墙壁等反射回去的波称为反射波，而穿过墙壁等传到房间的声波称为透射波。透射波被屋内的人直接听到，这种声音就是空气声。

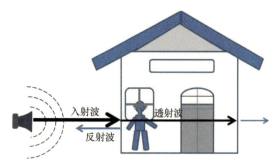

图1.4 空气声及其传播

与图1.4类似，汽车有很多空气声声源，比如发动机辐射声、进气口声音、排气尾管声音等，如图1.5所示。这些噪声传递到车身时，一部分入射声波被反射回去，一部分被吸收，剩下的一部分入射声波穿过车身传递到车内。车内乘客听到的声音就是空气声。

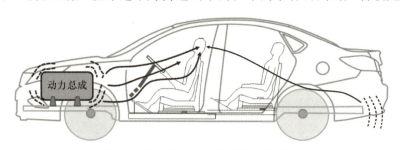

图1.5 汽车空气声声源对车内的传递

2. 结构声及其传递

空气声"直接"传递到人耳，而结构声"间接"传递到人耳。顾名思义，结构声是指声波在结构中传递，然后再辐射到空中，最后人听到的声音。

有些人小时候有这样的经历，当在铁轨上玩耍时，把耳朵贴着铁轨，听到"轰隆隆"的声音，就会说"火车快来了"，而此时并没有看见火车。人们是怎么知道火车马上就要来了呢？火车运动时，它的振动通过车轮传递到铁轨中，而振动产生的"结构波"在铁轨中传递，然后辐射到空气中形成"声波"，人就听到了声音，如图1.6所示。由于结构波在固体中的传播速度远远大于在空气中的传播速度，因此，当人们听到铁轨传来的轰鸣声时，就判断火车即将到来。

在通信落后的时代，两个村庄距离很远，居民听不到另一个村居民的讲话声音，于是，他们在两个村庄之间架起一根很长的钢丝绳，在两端安装两个"话筒"。人们对着话筒讲话时，声波使得话筒振动，然后结构波在钢丝里面传播，到达另一端话筒时，钢丝里面的结构波辐射出来，声音被听到。

图 1.6　铁轨中的"结构波"传递

在这两个例子中，振动以结构波的形式在结构中传递并辐射到空中，最后人听到的声音被称为结构声。

汽车有很多结构声传递的情况，比如发动机振动和排气挂钩振动对车内的传递，如图 1.7 所示，图中，P 表示车内声压，V 表示车内振动，F 表示外界激励。发动机振动通过悬置系统传递到梁上，振动波在梁和车身板中传递，然后被激励的车身板向车内辐射声音。排气系统振动激励起地板振动，地板对车内辐射声音。这种首先在"结构"中传播，然后辐射到空气中，被车内乘客听到的声音就是结构声。

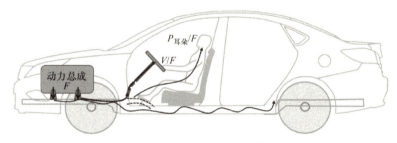

图 1.7　发动机振动对车内的传递

二、近场路噪和远场路噪

汽车行驶过程中，轮胎与路面接触，它们之间相互作用而产生近场路噪，如图 1.8 所示。下面简单地描述这种噪声产生的原因。

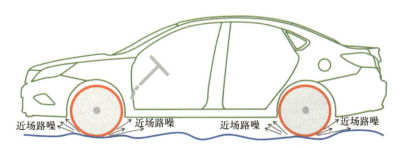

图 1.8　轮胎与路面相互作用产生近场路噪

当轮胎向前滚动时，花纹块与路面发生冲击，发出"砰、砰"的冲击声。在粗糙路面、隔离带路面、凹凸路面、破损路面等地方，这种冲击作用更加明显，所产生的噪声也更大。

车轮前行时，前行端的花纹沟与路面逐渐形成封闭的空腔。在空腔被压缩的过程中，里面的空气被挤出。离地端被压缩的封闭空腔逐渐变大，直到花纹沟离开地面，封闭空腔消失，在这个过程中，空气被吸入。由于这些空腔体积不断变化，空腔内的空气剧烈运动，从而产生了噪声。

轮胎花纹块之间形成了几条纵沟和许多横沟。这些沟被轮胎和路面挤压时，会形成一条条空心管道。气流在管道中穿过时，会形成空管噪声。

在轮胎与路面的相互挤压下，花纹块产生变形并存储能量。花纹块与路面"黏着"在一起，花纹块没有运动并和路面之间形成了静摩擦。当花纹块的内力大于静摩擦力时，花纹块开始滑动，形成了动摩擦。在这个滑动过程中，产生了摩擦噪声。

汽车运行时，空气流作用在车身上，也作用在轮胎上。突出的花纹块导致气流与轮胎之间产生了剧烈摩擦，形成涡流，从而产生气动噪声。

这些噪声源出现在轮胎与路面相互作用的地方。在本书中，把轮胎与路面近场产生的噪声称为轮胎近场路噪，或简称为**近场路噪**。

近场是指离声源最高频率对应一个波长距离的区域。在近场，声波非常复杂，既不是球面波也不是平面波，声压级和距离之间没有确定的关系。轮胎与路面附近测量的噪声主要分布在 500～2000Hz 之间，这两个频率对应的波长分别是 68.8cm 和 17.2cm，这些距离对应着近场范围。

在声场中，质点振动速度和声压存在平面波简单关系的区域称为远场。在远场，可以认为声波是以平面波的形式传播，距离增加一倍，声压级衰减 6dB。

在本书中，把近场路噪辐射到远场的噪声定义为**远场路噪**，如图 1.9 所示。在城市里，远场路噪对居民生活和环境影响很大。

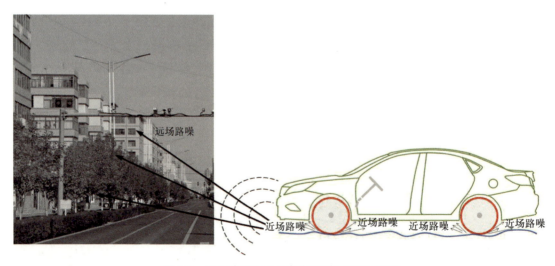

图 1.9 近场路噪向远处辐射形成了远场路噪

三、空气声路噪

近场路噪不仅对周围辐射噪声,而且还会传递到车内。近场路噪传递到车内的噪声被定义为**空气声路噪**,如图 1.10 所示。

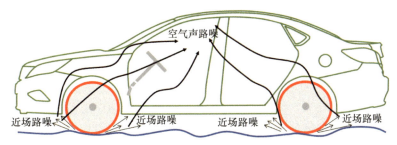

图 1.10　近场路噪对车内传递形成空气声路噪

空气声路噪的源是近场路噪。车身是空气声路噪传递的通道。

近场路噪通过三条路径传递到车内。第一条路径是车身上的孔和缝隙。当车身密封不好时,出现缝隙,近场路噪直接从孔和缝隙进入车内。第二条路径是玻璃。当近场路噪的声波传递到风窗玻璃、侧窗玻璃、天窗玻璃时,一部分声波被反射回去,一部分透过玻璃进入车内。第三条路径是车身板。当近场路噪遇到车身板时,一部分被反射回去,一部分被车身内外的吸声隔声材料吸收,剩下的就透过车身进入车内。

近场路噪频率以中高频为主,传递到车内之后,空气声路噪的频率仍然以中高频为主。车身的隔声与吸声对空气声路噪的控制至关重要,特别是下车体的隔声,如地板和轮毂包的隔声。

四、结构声路噪

汽车行驶过程中,轮胎受到路面激励而振动。轮胎将振动传递到悬架,悬架再将振动传递到车身。被激励的车身板对车内辐射声音,这种声音被定义为**结构声路噪**,如图 1.11 所示。

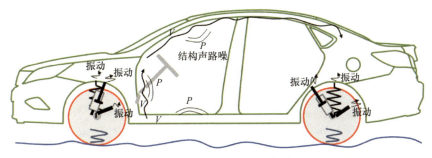

图 1.11　结构声路噪的传递

结构声路噪的源是路面与轮胎相互作用之后引起的轮胎振动,传递通道包括悬架、副车架和车身。悬架振动传递通道包括弹簧、阻尼器、减振器、摇臂、拉杆等。悬架整体模态对低频结构声路噪影响很大，特别是当悬架模态频率与轮胎结构模态频率耦合时；当悬架局部模态频率与轮胎声腔模态频率耦合时，会产生空腔噪声，即隆隆声。悬架衬套不仅能衰减低频振动的传递，而且也会影响到中高频振动的传递。

减振器、摆臂和副车架等将振动传递到车身连接点。这些点的动刚度对结构声传递影响很大，只有当刚度足够大时，振动传递才可能得到抑制。车身板被激励之后，会对车内辐射声音，即结构声路噪。板结构振动响应只有控制在一定范围内，才能使得辐射噪声降低。

轮胎、悬架和车身是结构声路噪传递的通道。轮胎振动以低频为主，有部分中频及少量高频成分。车身板的辐射以低频（特别是100Hz以下的频率）为主。所以，结构声路噪以低频为主，伴随着一部分中频。在粗糙路面、破损路面上行驶时，车内乘员容易听到敲鼓声、轰鸣声和隆隆声。

五、车内路噪

轮胎与路面相互作用后，在车内产生的噪声称为**车内路噪**。我们通常所说的"路噪"就是车内路噪，是空气声路噪和结构声路噪之和。本书中，在没有特别描述的情况下，"路噪"这个词就是指"车内路噪"。

图1.12给出了车内路噪（简称为路噪）与近场路噪、空气声路噪、结构声路噪及传递路径的关系。从图中，可以看到路噪取决于近场路噪、车身的隔声与吸声、轮胎和悬架对车身的振动传递以及车身的声振灵敏度和板结构的辐射。

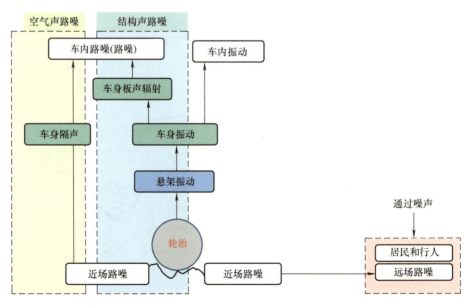

图1.12 车内路噪与近场路噪、空气声路噪、结构声路噪及传递路径的关系

六、与路噪相关的系统

与路噪相关的系统包括路面、轮胎、悬架和车身,如图 1.12 所示。

路面不仅影响近场路噪,而且影响轮胎振动。在不同路面上,轮胎承受的振动不一样,使得传递到车内的结构声路噪不同。

轮胎与路面直接接触,产生了近场路噪。胎面花纹块和花纹沟的组成对近场路噪的大小和特征起到关键作用。轮胎结构模态与悬架结构模态耦合,以及轮胎空腔模态与轮胎结构模态和/或悬架结构模态耦合会加剧结构声路噪的传递。

悬架是结构声路噪传递的中间通道,其整体模态和局部模态都会影响到它的传递。悬架中的局部部件,如衬套,对结构声的衰减作用很大。

车身是结构声路噪传递的最后一个通道。车身与悬架连接点的动刚度影响传递到车身上的激励力,而板的振动决定了声辐射能力与特征。另外,车身的隔声与吸声决定了空气声路噪的传递。

本章将详细介绍路面特征和轮胎结构。路面结构和路谱特征决定了路面激励源的输入,轮胎的结构特征对应着路面激励的响应。

本书的后续章节将详细介绍轮胎振动特征、近场路噪机理、声腔模态和空腔噪声、悬架系统振动特征、车身隔声与吸声以及车身板结构的振动。

七、与路噪相关的性能

路面、轮胎、悬架和车身不仅与路噪相关,而且还与其他性能相关。因此,在控制路噪时,必须考虑系统改变之后对其他性能的影响。

汽车有很多动态性能,如操纵稳定性(或称为操控性)、安全性能、燃油经济性、排放性能、可靠性、乘坐舒适性等,都与路噪相关,其中,与路噪最相关的性能是操纵稳定性,因为这两个性能都与轮胎和悬架系统息息相关。

操纵稳定性包括操纵性和稳定性。操纵性是指汽车按照驾驶员的意愿来行驶的性能,如直线行驶、转弯、加速、减速等。稳定性是指汽车受到干扰(如道路不平/打滑、侧风、载荷变化等)时恢复到稳定平衡状态的能力。影响操纵稳定性的系统有轮胎、悬架、转向系统、传动系统等。

在多数情况下,轮胎和悬架对路噪和操控性的影响是相反的。例如,扁平比低的轮胎有利于操纵稳定性,跑车采用扁平比低的轮胎以便获得良好的驾驶感;但是扁平比低使得隔振效果差,衰减路面激励的能力低,不利于降低路噪。再比如,大刚度衬套能使得悬架与车身结合得更紧密,这种偏硬的悬架有利于操纵稳定性;但是低刚度衬套具备良好的隔振性能,能更好地衰减来自路面和轮胎的振动,降低传递到车身的力,有利于 NVH 性能。

乘坐舒适性是汽车在行驶、变道、制动等运动过程中人体感受到的舒适程度。在绝大多数情况下,路噪和乘坐舒适性对轮胎和悬架的要求是一致的,如扁平比大的轮胎、垂向刚度低的悬架衬套对降低路噪和提高舒适性都有好处。少数情况下,两种性能有矛盾,比如，它们对悬架衬套前后方向刚度要求不一样，低刚度有利于降低结构声路噪传递，但是却容易产生汽车起动、制动等过程中的前后耸动，从而降低了舒适性。

其他性能（如燃油经济性、安全性能、可靠性等）将在轮胎和悬架的有关章节中介绍，这些章节还将进一步描述操控性、舒适性和噪声。图 1.13 给出了 2 款车的路噪以及相关性能的雷达图。雷达图以主观打分来绘制，10 分是最高分，表示性能最好；1 分是最低分，表示性能最差。从这张图上，可以一目了然地看到路噪与其他性能的状态。

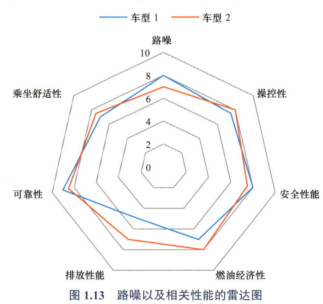

图 1.13　路噪以及相关性能的雷达图

第三节　路面结构及声学与振动特征

一、道路结构与分类

道路是连接一个地方到另一个地方的通道。世界上的道路各种各样，有平坦的城市道路、崎岖的山路、坑坑洼洼的乡村道路、杂乱无章的荒野地等。

1. 道路结构

道路是由路基（垫层）、基层和面层组成的，如图 1.14 所示。

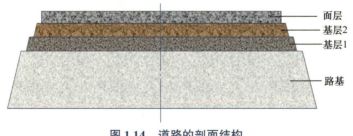

图 1.14　道路的剖面结构

垫层是基层和土基之间的一层结构。在土壤水温状态不好的地区，水温变化可能带来结冰或土壤湿软，这会导致土基变形和强度不稳定，甚至土基可能挤入基层。为了消除这些不利影响，并分散来自基层的载荷，必须在这些地区增加垫层。

基层是承重层，承受汽车通过面层传递到基层的垂向载荷，并让载荷扩散到垫层，具备足够高的强度和刚度、良好的可靠性和耐久性。有些基层由多层结构组成，以便更加优化承重载荷的分配。基层由水泥、沥青、石灰等稳定混合料，砂、碎石和土等混合料，工业废渣等组成。根据使用的材料不同，基层分为土基层、石头基层和土石基层等。

面层是道路最上面的那一层，也被称为路面，由混凝土、碎石、沙、黏合剂等组成。碎石和沙是路面的主体部分，填充物是非常细的颗粒，黏合剂是指沥青或水泥。沥青或水泥在路面中占的比例并不大，但是却是影响路面性能最关键的材料。它们与混凝土结合，并使得路面与基层和垫层紧密地粘接在一起。面层直接承受车辆的载荷并受到环境的影响，因此它直接决定了路面的性能。

2. 路面分类

从路噪的角度出发，可以对路面进行如下分类：

第一种分类是按照路面的力学特性来分，可分为弹性路面和刚性路面。弹性路面是指刚度低和弹性模量小的路面，主要成分是沥青和碎石。弹性路面抗弯和抗拉强度低，在外力作用下，路面变形大，速度响应慢。刚性路面是指刚度大和弹性模量大的路面，主要成分是水泥混凝土。刚性路面抗压强度非常大，在外力作用下，路面变形小，速度响应快。同一辆车行驶在弹性路面和刚性路面上，由于轮胎在弹性路面受到的冲击力比在刚性路面上小，因此在弹性路面上所产生的冲击噪声低，同时传递到悬架和车身上的振动小。

第二种分类是按照路面材料来分，可以分为沥青路面和水泥路面。沥青路面的黏结物是沥青，而水泥路面的黏结物是水泥。沥青路面属于弹性路面，而水泥路面属于刚性路面。通常，汽车行驶在沥青路面上的噪声比在水泥路面上低。

沥青路面可以再分为粗糙沥青路面和光滑沥青路面。粗糙沥青路面的颗粒粗糙，纹理波长长，如图 1.15a 所示；而光滑路面的颗粒细，波纹长度短，如图 1.15b 所示。

a) 粗糙沥青路面　　　　　　　　b) 光滑沥青路面

图 1.15　沥青路面

水泥路面包括普通光滑水泥路面、横向刻槽水泥路面、纵向刻槽水泥路面、拉毛水泥路面等。光滑水泥路面比较平整,如图 1.16a 所示;横向刻槽水泥路面是在垂直于道路的方向拉出规则的刻槽,如图 1.16b 所示;纵向刻槽水泥路面是沿着道路方向拉出刻槽,如图 1.16c 所示。为了增加摩擦力和排水能力,很多光滑水泥路面被拉成毛糙,有的毛糙痕迹有规则,有的杂乱无章。

a) 光滑水泥路面　　　　　b) 横向刻槽水泥路面　　　　　c) 纵向刻槽水泥路面

图 1.16　水泥路面

除了沥青路面和水泥路面之外,还有很多种其他材料做成的路面,如沙土路面、碎石路面、砖块路面等。

第三种分类是按照路面的孔隙率来分,可以分成多孔路面和密实路面,如图 1.17 所示。在多孔路面中,孔隙率比较高,水和声波很容易进入道路的孔隙中,排水性和吸声性能比较好。密实路面的孔隙率比较低,排水性能差,而且声波被路面反射。

除了以上描述的路面之外,还有很多专门为 NVH 开发而建设的路面,例如波纹路面、随机冲击路面、脉冲冲击路面、鹅卵石路面、砖块路面、比利时路面、石块路面、碎砾石路面、减速带路面、破损路面、沙石/沙土路面、坑洼路面、刻槽/拉毛路面等,图 1.18 给出了一些路面照片。

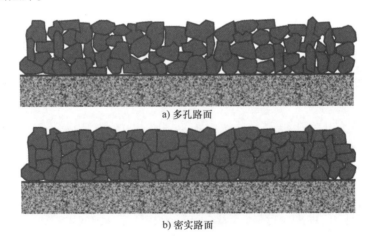

a) 多孔路面

b) 密实路面

图 1.17　不同孔隙率的路面

a) 比利时路面(砖块路面)

b) 鹅卵石路面

c) 搓衣板路面

d) 减速带路面

e) 破损路面

图 1.18　各种路面图

3. 路面的基本功能

路面主要有以下几个功能。

第一个功能是承载汽车的重量。1000多千克的乘用车和几十吨重的大货车压在路面上，路面必须能够均匀地分摊这些重量。汽车运行时的动态重量比静态重量大，而且伴随着动态载荷，因此，路面必须有足够的可靠性来长时间地承载这些动态载荷。

第二个功能是传递动力系统的驱动力。动力系统的功率传递到轮胎，轮胎与路面有足够的摩擦，然后转化成驱动力推动汽车运动。因此，路面必须有良好的摩擦性能，同时必须有足够高的传递效率，即低的摩擦损耗。

第三个功能是排水。地面湿滑或下雨会降低轮胎和路面之间的摩擦，轮胎花纹沟中的水和轮胎周边的水必须尽快地从路面排出，否则，会带来行车安全隐患。

第四个功能是降低近场路噪。近场路噪是轮胎和路面共同作用而产生的，既有轮胎的贡献也有路面的贡献。刚度低、孔隙率高和构造深度小的路面有利于降低近场路噪和减小对轮胎的激励。

在这本书中，我们只关注第四个功能。同一辆车在不同道路上行驶所产生的车内噪声和振动相差甚远，比如以同样的速度在光滑沥青路面和水泥路面上行驶时的车内噪声相差可能超过10dB(A)，而且频率成分不一样，因此，路面结构对路噪至关重要。

二、路面振动与声学指标

路面激励源的频率、大小以及路面吸声特征影响到路噪。从路噪角度，路面可以用四个特征来描述：路面纹理、构造深度、硬度、孔隙率。

1. 路面纹理

（1）轮廓

路面轮廓是指路面形状的边界或外形面/线，反映了路面的概貌特征。路面轮廓在三维空间呈现，是一个空间面轮廓。但是，在工程中，为了分析路面特征，通常是在二维空间内来展示它的特征，用道路长度和高度两个维度来表征路面轮廓特征，即得到路面轮廓线。图1.19给出了一个二维路面轮廓图。图中的横坐标表示道路长度或距离，纵坐标为实际路面随着距离在垂向的位移变化值，即路面的波动量。

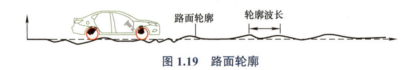

图1.19　路面轮廓

（2）波长与频率

路面不是平面，轮廓不是直线。轮廓线在直线上下波动，即偏离直线。如果取一段轮廓线来分析它的波动情况，它的波动呈现出一定的周期性或准周期性。路面轮廓曲线中周期性重复的距离长度称为波长，如图1.19所示。波长的倒数为空间频率（f_s），是指道路周期性重复部分沿着路面长度方向变化的快慢，它与波长的关系是

$$f_s = \frac{1}{\lambda} \quad (1.1)$$

式中，λ是路面波长。

在频率分析中，通常是对时间域内的数据进行傅里叶变换而得到频率曲线。当汽车行

驶在道路上时，路面会以一定频率激励车辆。速度不同，路面激励频率不一样。路面激励频率与纹理波长和汽车行驶速度密切相关，表达如下

$$f = \frac{u}{\lambda} \tag{1.2}$$

式中，u 是车速。

从式（1.2）可知，路面对汽车的激励频率与车速成正比，与路面波长成反比。速度越快，汽车所承受的激励频率越高；路面波长越长，激励频率越低。

（3）不平度

当路面波长大于 0.5m 时，汽车行驶在这样的路面上，乘客感受到路面不平整，即路面具备波动特征。对于这样的路面，用不平度来描述，对应的波长为不平度波长。路面不平度指的是实际路面在大尺寸（波长大于 0.5m）范围内与理想路面偏离的程度。

根据式（1.2），可以计算出路面空间波长从 0.5m 到 5m，车速从 30km/h 到 100km/h 的路面激励频率、波长和车速数据，见表 1.3。

表 1.3 路面激励频率与波长和车速的关系

波长 /m	路面激励频率 /Hz							
	30km/h	40km/h	50km/h	60km/h	70km/h	80km/h	90km/h	100km/h
0.5	16.7	22.2	27.8	33.3	38.9	44.4	50.0	55.6
1	8.3	11.1	13.9	16.7	19.4	22.2	25.0	27.8
1.5	5.6	7.4	9.3	11.1	13.0	14.8	16.7	18.5
2	4.2	5.6	6.9	8.3	9.7	11.1	12.5	13.9
2.5	3.3	4.4	5.6	6.7	7.8	8.9	10.0	11.1
3	2.8	3.7	4.6	5.6	6.5	7.4	8.3	9.3
3.5	2.4	3.2	4.0	4.8	5.6	6.3	7.1	7.9
4	2.1	2.8	3.5	4.2	4.9	5.6	6.3	6.9
4.5	1.9	2.5	3.1	3.7	4.3	4.9	5.6	6.2
5	1.7	2.2	2.8	3.3	3.9	4.4	5.0	5.6

路面轮廓曲线起伏较小，表明不平度小，即道路平整；反之，不平度大。不平度主要影响乘坐舒适性、驾驶性和操控性。不平度大的路面会让汽车承受大的冲击和颠簸，使得振动传递到车内。乘用车悬架垂向跳动振动频率一般在 10～20Hz，这与路面不平度激励频率重叠部分很多，因此，不平度波长影响到乘坐舒适性。另外，不平度还影响汽车的可靠性、行驶安全和使用寿命，特别是在有雨水存留的低洼地方。因此，不平度是衡量路面质量的一个重要指标。

（4）纹理

当路面波长小于 0.5m 时，乘客感受到的是来自路面的振动。从图 1.19 所示的路面轮廓中截取一小段，再放大，得到路面细微的凹凸特征，如图 1.20 所示。对波长小于 0.5m 的路面，用路面纹理来描述路面结构。在路面纹理上，凹凸不平的沟纹也有一定的重复性，将纹理中周期性重复的一段称为纹理波长。

图 1.20　路面纹理与纹理波长

根据纹理波长的长度，世界道路组织（World Road Association）将路面纹理分成三级：微观纹理（microtexture）、宏观纹理（macrotexture）和大纹理（megatexture），并写入国际标准（ISO 13473-1、ISO/FDIS 13473-2）。纹理波长小于 0.5mm 的纹理为微观纹理，波长在 0.5~50mm 之间的纹理为宏观纹理，波长在 50~500mm 之间的纹理为大纹理。表 1.4 列出了这三级纹理的纹理波长和峰值范围。

表 1.4　三级纹理的纹理波长和对应的峰值范围　　　　（单位：mm）

纹理种类	纹理波长范围	峰值范围
微观纹理（microtexture）	$\lambda_2 \leq 0.5$	0.001~0.5
宏观纹理（macrotexture）	$0.5 < \lambda_2 \leq 50$	0.1~20
大纹理（megatexture）	$50 < \lambda_2 < 500$	10~50

不平度和纹理都属于路面轮廓的一部分，区别在于波长的划分。从大波长（大于 0.5m）的角度来看轮廓，它表现为不平度，或者说不平度是描述轮廓的大趋势；从小波长（小于 0.5m）的角度来分析轮廓，它表现为纹理，或者说纹理描述的是轮廓细微凹凸的变化。图 1.21 总结了不平度、大纹理、宏观纹理和微观纹理与波长和空间频率的关系。

图 1.21　不平度和纹理与波长和空间频率的关系

注："cycle/m" 表示每米距离内的周期数。

微观纹理取决于路面的小尺度或细微结构，影响轮胎与路面之间的摩擦。宏观纹理取决于路面混合料的配比和孔隙率，影响汽车高速行驶时的抗滑能力、轮胎的抗冲击性和耐磨性。大纹理通常是由于路面破损产生的，影响乘坐舒适性。不平度取决于路面长距离的轮廓，影响汽车低频垂向振动和乘坐舒适性。本书从路噪角度来描述路面，因此，不涉及路面不平度带来的低频乘坐舒适性问题，而只关注路面纹理激励带来的路噪。

2. 路面粗糙度与纹理深度

道路给轮胎与路面之间提供足够的摩擦来传递汽车动力系统的驱动力，并排出轮胎与路面之间的水。光滑平整的路面无法有效地传递驱动力和排水，因此，路面必须有一定的粗糙度。但是，粗糙度过大会使得轮胎的振动和噪声变大。

在纹理波长范围内，粗糙度表示路面表面凹凸不平的程度。表征粗糙度的指标是纹理深度（texture depth，TD），也称为构造深度，定义为在一定面积的路表面凹凸不平的平均深度，即一定面积下道路中的空心体积与面积之比，表达如下

$$TD = \frac{V}{S} \tag{1.3}$$

式中，S 为路面表面一个区域内的面积；V 为这个面积下道路体积中的空气体积。

纹理深度可以通过测量得到，如图 1.22 所示。首先把路面清理干净，准备好一定体积的沙粒，再把沙粒铺在路面上，然后抹平沙粒使得它与路面平整，最后测量路面上沙粒的面积。用沙的体积除以覆盖路面的面积便是纹理深度（构造深度）。为了精确地得到路面的纹理深度，需要在同一个路面的三块地方做同样的试验。在每一个地方做三组试验，去掉偏差大的一组，保留两组数据，平均后的结果就是这个路面的纹理深度。

a) 扫平   b) 装沙   c) 摊平   d) 测量

图 1.22　路面纹理深度的测量过程

纹理深度也可以计算得到。在 ISO 13473-1 中，通过计算平均轮廓深度（mean profile depth，MPD）来计算纹理深度。将宏观纹理路面分成前半段和后半段，分别得到纹理峰值，轮廓深度定义如下

$$MPD = \frac{PK1 + PK2}{2} - PA \tag{1.4}$$

式中，PK1 和 PK2 分别是前、后两个半段的峰值；PA 为整段路面的平均值，如图 1.23 所示。

根据平均轮廓深度可以得到预估纹理深度（estimated texture depth，ETD），表达如下

$$ETD = 0.2 + 0.8MPD \tag{1.5}$$

微观纹理非常细小，眼睛难以识别，它给轮胎带来的振动比较小，乘客能轻微地感知到路面的粗糙，光滑沥青路面属于微观纹理路面，如图 1.24a 所示。宏观纹理与轮胎花纹块的尺寸相当，粗糙沥青路面属于宏观纹理路面，如图 1.24b 所示，乘客能明显地感知到路面的粗糙，但是宏观纹理路面使得轮胎的排水功能好及与地面的摩擦大。大纹理与轮胎和路面接触尺寸相当，破损路面属于大纹理路面，如图 1.24c 所示，大纹理尺寸能反映出

路面的破损情况。

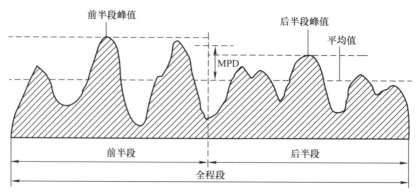

图 1.23 平均轮廓深度的示意图

a) 微观纹理路面　　　　　　　　　b) 宏观纹理路面

c) 大纹理路面

图 1.24 三种纹理路面

  图 1.25 给出了 10 条不同沥青道路的纹理深度。通过纹理深度客观数据和主观驾驶感受对比分析，可以粗略认为纹理深度小于 0.7mm 的路面是光滑沥青路，而大于 0.7mm 的路面是粗糙沥青路。同一辆车在不同纹理深度路面上行驶时，车内噪声不同，有的相差会很大。表 1.5 列出了 5 辆车分别在纹理深度为 1.25mm 的粗糙沥青路面和 0.6mm 的光滑沥青路面上行驶时的车内噪声对比，分贝差在 7.4~10.4dB(A) 之间。

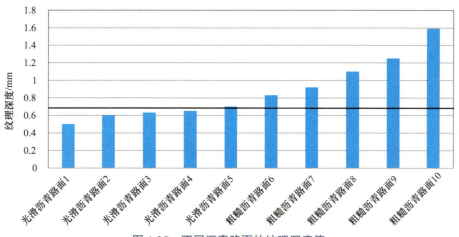

图 1.25　不同沥青路面的纹理深度值

表 1.5　汽车在粗糙沥青路面和光滑沥青路面上以 80km/h 行驶时的车内噪声对比

	车内噪声 /dB(A)		分贝差 /dB(A)
	粗糙沥青路面（1.25mm）	光滑沥青路面（0.6mm）	
车辆 1	68.9	58.8	10.1
车辆 2	67.5	57.5	10
车辆 3	66.5	59.1	7.4
车辆 4	70.2	59.8	10.4
车辆 5	68.9	59.6	9.3

图 1.26 给出了同一辆车以 80km/h 的速度在两条光滑沥青路面上行驶的车内噪声比较。这两条路的纹理深度都是 0.67mm，车内噪声非常接近，特别是 100Hz 以上中高频段。光滑沥青路面属于微观纹理路面，颗粒细小，因此带来的高频噪声差不多。在 100Hz 以下的低频段，第一条路面带来的噪声大于第二条路面，这表明第一条路面上除了微观纹理颗粒外，还有少数宏观纹理颗粒。

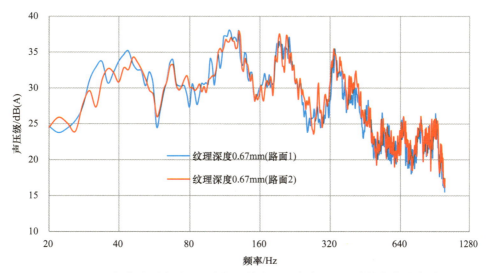

图 1.26　同一辆车分别在纹理深度相同的光滑沥青路面上行驶的车内噪声对比

有些路面虽然名称一样，如都叫粗糙沥青路面，由于其纹理深度不一样，导致路面对车辆的激励不一样，车内噪声也不一样。图1.27为同一辆车分别在纹理深度为1.10mm和1.25mm的两条粗糙沥青路面上以60km/h速度行驶的车内噪声频谱图。可以看出，大的路面激励带来了大的车内噪声。

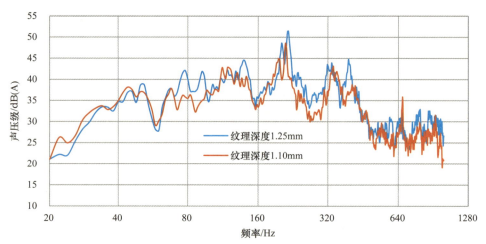

图1.27 同一辆车分别在纹理深度不同的粗糙沥青路面上行驶的车内噪声对比

水泥路面种类多且差别大，有横向刻痕路面、纵向刻痕路面、无刻痕路面等，路面纹理不同和刻痕不同导致它们对轮胎的激励差异非常大。图1.28给出了同一辆车分别在一条普通水泥路面和一条刻痕水泥路面上以50km/h速度行驶的车内噪声对比。普通路面带来的总声压级大于刻痕路面，但是在48Hz处，刻痕路面带来了凸显的峰值，这是由于轮胎与刻痕之间的冲击较大导致了大的结构声传递。

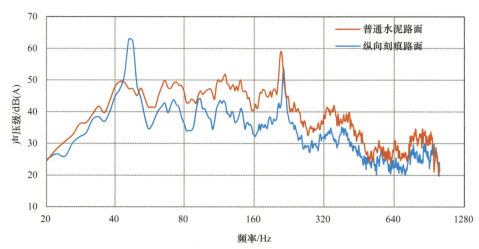

图1.28 同一辆车分别在普通水泥路面和刻痕水泥路面上行驶的车内噪声对比

3. 道路的硬度

路面硬度影响到它对轮胎的冲击。硬度大的路面对轮胎的冲击力大。一方面，冲击引起的近场路噪大；另一方面，轮胎通过悬架传递到车身的振动大，导致了结构声路噪大。

水泥路面的构造深度与光滑沥青路面差不多，甚至更小，但是汽车在水泥路面上行驶的噪声比光滑沥青路面大，其根本原因是水泥路面的硬度比光滑沥青路面大许多。

4. 道路孔隙率与吸声

在图 1.17a 所示的多孔道路中，颗粒之间存在孔隙。孔隙多少可以用孔隙率（δ）来表示，定义为在一定体积道路中，混凝土集料之间的孔隙与整个混凝土体积的比值，表达如下

$$\delta = \frac{V_{\text{air}}}{V} \tag{1.6}$$

式中，V_{air} 是间隙的体积；V 是混凝土的体积。

孔隙的功能是排水和吸声。近场路噪声波进入孔隙后，其能量在孔隙之间耗散，使得反射到远场的声能减少。为了达到良好的吸声功能，道路中的孔隙应该串通，以便声能更好地被吸收。另外，声波进入孔隙后，声源有了更大的空间传播，这使得近场路噪声波的压缩和扩张效应降低，这降低了泵气噪声和空管噪声。孔隙率越大，对路噪的抑制效果越好，即吸声性能越好。一般认为，只有孔隙率达到 15%，路面才有良好的吸声效果。

三、用于路噪研究与评价的三种典型路面

为了研究路噪特征、进行车与车之间的对比、找到降低路噪方案等，研究人员和工程师们通常选择三种最常用的路面：光滑沥青路面、粗糙沥青路面和水泥路面。路面对轮胎的激励主要取决于纹理波长、构造深度、硬度和孔隙率。纹理波长影响到路面激励的频率，构造深度影响到路面对轮胎的冲击力幅度，硬度影响到冲击力的强度，孔隙率影响到路面对声音的吸收。

光滑沥青路面的特征是纹理为微观纹理、构造深度小、硬度低和孔隙率高。微观纹理波长短，空间频率大，因此路面对轮胎的激励以中高频为主。构造深度小就使得路面的激励幅度低，硬度低意味着激励强度低，路面引起的轮胎振动小，传递到悬架和车身的振动小，结构路噪低。孔隙率高表明部分近场噪声被路面吸收，路噪声压级低。光滑沥青路面适合于路噪中高频声音的评估。

粗糙沥青路面的特征是纹理为宏观纹理、构造深度大、硬度低和孔隙率高。宏观纹理波长适中，路面激励以中低频为主。构造深度大就使得路面的激励幅度高，硬度低意味着激励强度低，孔隙率高表明部分近场噪声被路面吸收。这样，粗糙沥青路面引起的轮胎振动在中低频偏大，导致中低频结构路噪大。在这种路面上，轮胎胎面引起的中低频噪声能够很好地体现出来，因此，它适合于路噪中低频声音的评估。

水泥路面的特征是纹理为微观纹理，但是路面通常有特定间隔的刻痕、构造深度小、硬度高和孔隙率低。微观纹理波长短，空间频率大，因此路面对轮胎的激励中有中高频成分；构造深度小就使得路面的激励幅度低，硬度高意味着激励强度高，孔隙率低表明近场噪声几乎不能被路面吸收。一些路面上的等间距（通常大于 50mm）刻痕使得路面有单一低频的激

励,而且激励能量远远大于其他频率,因此水泥路面适合路噪中低频声音的评估。

四、路谱分析

1. 路谱

路谱是道路路面谱的简称,指的是路面不平度或纹理的功率谱密度分布曲线,是空间频率的函数,反映空间频率域内的激励特征。

路面不平度或纹理是以长度域或空间域的形式给出的。在工程分析中,人们更加关心路面激励的频率特征。在得到频率特征之前,必须将路面不平度转换到时间域内,而这与汽车行驶的速度相关。时间域与长度域的关系是

$$t = \frac{x}{u} \quad (1.7)$$

式中,x 是路面长度坐标值;t 是时间;u 是车速。

路面垂向位移在时间域与长度域的关系为

$$z(t) = \frac{z(x)}{u} \quad (1.8)$$

在一定的速度下,路面垂向位移随长度的函数 $z(x)=f(x)$ 就可以转换为 $z(t)=f(t,u)$,这样,路面不平度和纹理在长度域内的曲线转换成时间域内的曲线。例如,某辆车以 50km/h 的速度行驶时,图 1.29a 中的路面纹理长度域曲线变成了图 1.29b 所示的时间域曲线。

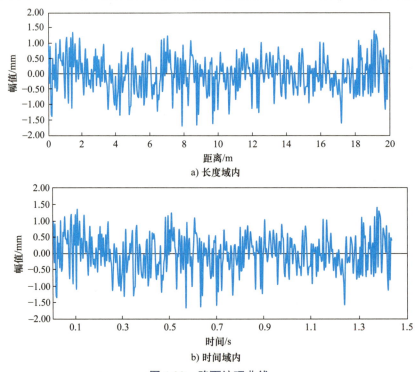

图 1.29 路面纹理曲线

路面激励特征用自功率谱来表征，垂向位移的自相关函数为

$$R(t) = \lim_{T \to \infty} \frac{1}{T} \int_0^T z(t)z(t+\tau)\mathrm{d}\tau \qquad (1.9)$$

位移的自功率谱密度为

$$G(f) = \int_{-\infty}^{\infty} R(t)\mathrm{e}^{-\mathrm{j}2\pi ft}\mathrm{d}t \qquad (1.10)$$

获得时间域自功率谱的另一个方法是先得到空间域内的功率谱函数，然后转换成时间域内的功率谱函数，两者的关系为

$$G(f) = \frac{G(\Omega)}{u} \qquad (1.11)$$

式中，Ω 为空间频率；$G(\Omega)$ 为空间域内的路谱功率谱函数。

空间频率与时间域频率之间的关系为

$$f = u\Omega \qquad (1.12)$$

2. 路谱的用途与采集

路噪源来自路面，路谱是分析路噪源的基础。采集路谱有以下三种用途：

第一，研究道路对轮胎和整车的振动输入特征。在了解路谱频率激励特征的基础上，在分析车内噪声和振动信号时，可以将车内信号与路谱信号做相关分析，从而分辨出哪些响应是来自路面激励，哪些响应是轮胎和悬架结构的贡献。

第二，在车型开发前期，没有样车，只有通过计算机辅助工程（CAE）计算来预测车内的路噪。将路谱输入 CAE 模型中作为激励源，来计算由于道路激励所产生的车内噪声和振动。

第三，在试验台架上测试汽车路噪时，将采集的路谱输入激振器来激励轮胎，便可以识别出通过轮胎和悬架传递到车内的结构声路噪。

采集路谱的方法有接触法和非接触法。接触法用指针端头接触路面，采集路面信号。非接触法用激光照射路面，获取路谱信号。

五、三种典型路面的路谱特征

光滑沥青路面、粗糙沥青路面和水泥路面是世界上最普遍的路面。在路噪开发中，为了统一标准和便于评估，就把它们作为标准路面。

1. 光滑沥青路的路谱特征

沥青路面是沥青混凝土材料作为面层的路面，属于弹性路面。沥青路面表面平整、无接缝，路面孔隙率高，具备一定吸声能力。光滑和粗糙主要是体现在路面纹理波长和纹理

深度。光滑路面的纹理波长主要是微观纹理，波动幅值低，纹理深度小。

图1.30a为一条光滑沥青路面的空间域位移曲线。位移曲线截取了80m长的路面段。在这个长度范围内，路面波动范围为-3~2mm，但是幅值集中在-1.8~1.2mm之间，主要波动范围约为3mm，均方根（RMS）值为0.68mm。图1.30b为空间功率谱密度（PSD）曲线，在空间频率4cycle/m以内，随着频率增加，功率谱降低，说明这是一条起伏路面，不平度偏大。在4cycle/m以上，功率谱密度几乎没有变化，幅值只有约0.00024mm²/(cycle/m)，而且波动很小，即这是一条非常光滑的路面。

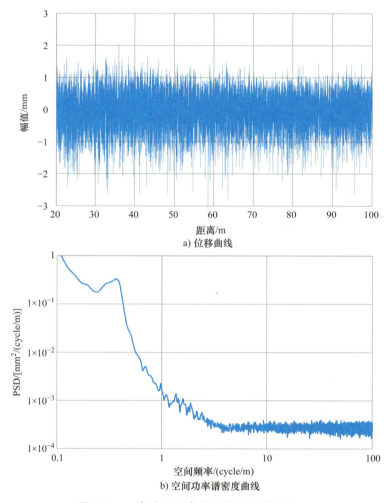

图1.30 一条光滑沥青路面的空间域曲线

2. 粗糙沥青路的路谱特征

与光滑沥青路面一样，粗糙沥青路面是弹性路面。它们的区别在于纹理波长和纹理深度，粗糙沥青路面以宏观纹理波长为主，纹理深度比光滑沥青路面大。

图1.31为一条粗糙沥青路面的空间域位移曲线和空间功率谱密度曲线。位移曲线截取了80m长的路面段。在这个长度范围内，位移沿着中心线的上下波动为-4~4mm，但

是幅值集中在 −2 ~ 2mm，主要波动范围约为 4mm，RMS 值为 0.77mm。在空间功率谱密度曲线上，在低频段，有几个大的峰值，这是大颗粒造成的。随着空间频率的增加，谱密度幅值降低，低幅值由沥青路面小颗粒成分决定。在 1 ~ 10cycle/m 之间，功率谱幅值在 0.0008 ~ 0.0016mm²/(cycle/m) 之间，比光滑沥青路面大，而且波动也大。

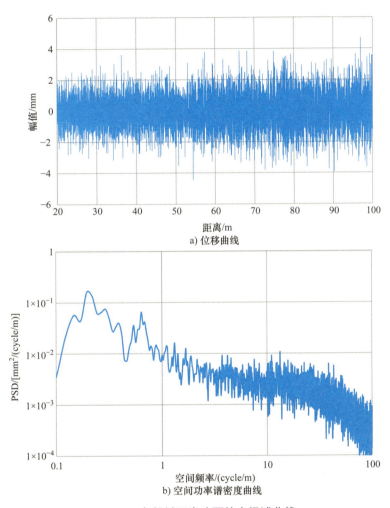

图 1.31　一条粗糙沥青路面的空间域曲线

3. 水泥路的路谱特征

水泥路面是以水泥混凝土为主要材料做面层的路面，属于刚性路面。水泥路面的纹理波长和纹理深度没有光滑沥青路面和粗糙沥青路面那么清晰，即有大有小。

图 1.32 为一条水泥路面的空间域位移曲线和空间功率谱密度曲线。位移曲线截取了 80m 长的路面段。在这个长度范围内，位移沿着中心线的上下波动为 −8 ~ 2.5mm，但是幅值主要集中在 −1.8 ~ 1.8mm 之间，主要波动范围约为 3.6mm，RMS 值为 0.46mm。除了在 3.34cycle/m 处有一个大的峰值外，功率谱密度随着频率增加而迅速下降，这个峰值是由路面的横向刻痕所导致的。

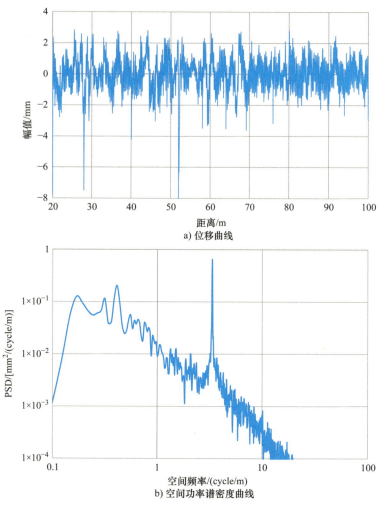

图1.32 一条水泥路面的空间域曲线

4. 三种典型路面的比较

将以上三种典型路面的位移曲线和功率谱密度曲线放在一起比较，可以看出它们幅值和频率的差异。

图1.33为三种路面的空间曲线比较。从整体幅值大小来看，光滑沥青路面与水泥路面相当，粗糙沥青路面的幅值最大，但是水泥路面上的刻痕带来周期性凸显的幅值。

图1.34是三种路面的空间功率谱密度比较。在1cycle/m以下，三种路面的功率谱都比较大，这说明这三条路面在长度方向有波动，即它们不是直线，而是上下起伏。对照图1.21的空间频率与不平度的关系，可以看到这三条路都存在跨度超过2m的不平度。光滑沥青路面的功率谱密度比粗糙沥青路面小很多，在10cycle/m（50km/h、65km/h和80km/h车速对应的频率为139Hz、180Hz和222Hz）以下，也比水泥路面低很多。在空间频率3.34cycle/m以下，水泥路面功率谱密度与粗糙沥青路面相当，随后迅速降低，甚至在大于10cycle/m之后，

比光滑沥青路面的功率谱还低，但是在 3.34cycle/m 处，水泥路面功率谱密度曲线上有一个凸显的峰值，这是由特别设计的路面横向刻痕导致的。

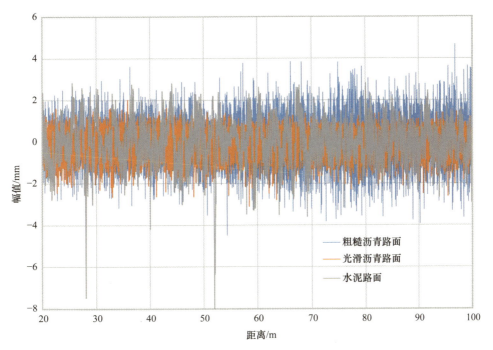

图 1.33　三种典型路面的空间曲线比较

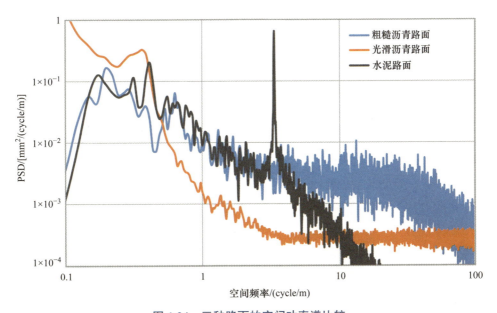

图 1.34　三种路面的空间功率谱比较

根据式（1.8）和式（1.10），可以计算出不同行驶速度下的时间域功率谱。图 1.35 为汽车以 50km/h、65km/h 和 80km/h 行驶在一条有横向刻痕水泥路面上得到的时间域功率谱。空间功率谱曲线的横坐标是空间频率，时间域功率谱曲线的横坐标是时间域频率。两种功率谱曲线的形状一样，只是随着车速增加，时间域功率谱向频率变高方向平移。在三种速度下，路面横向刻痕带来的峰值所在频率分别为 46.5Hz、60.4Hz 和 74.3Hz。随着车速增加，轮胎通过刻痕的时间越短，它撞击刻痕的能量越小，所带来的车内噪声峰值越小。

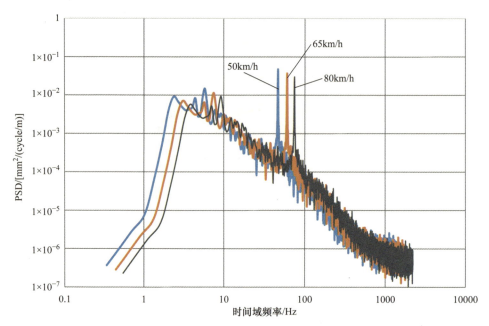

图 1.35　汽车以 50km/h、65km/h 和 80km/h 在水泥路面上行驶时的时间域功率谱密度曲线

第四节　轮胎结构

一、轮胎的功能及性能

轮胎是汽车上唯一与地面接触的系统，它具备以下功能：

1）承载重量。轮胎承载着整个汽车的重量。

2）传递驱动力。轮胎将发动机或驱动电机的输出力传递到地面，使得汽车运动，实现汽车的操控性。

3）传递制动力。轮胎将制动力传递到地面，使得汽车减速。

4）抗冲击和隔振。轮胎是一个弹性系统，内部是弹性胎体，外部是弹性橡胶，因此，轮胎能衰减路面的冲击和振动。

轮胎与地面摩擦，在各种路面和环境下工作，因此，它必须满足以下性能要求：

1）安全性。汽车在各种路面上和各种复杂环境下使用，确保轮胎不破损并且不影响汽车操控能力就是轮胎的安全性能。有些驾驶场景和环境会引发安全性问题，比如在雪地和湿地上，轮胎抓地能力下降导致打滑；在高温下，轮胎可能爆胎，这些会导致安全事故。

2）可靠性。轮胎在各种恶劣天气、各种路面上、各种驾驶工况下工作，承受着复杂的载荷和变形，与地面长时间摩擦，胎面容易受损和生热，而且使用里程数非常高，因此它必须具备良好的可靠性、耐磨性和冲击强度。

3）经济性。轮胎与路面摩擦，产生滚动阻力和热量，因此它消耗了一部分汽车的动能。为了提升汽车的燃油经济性，轮胎必须与路面摩擦小，即滚动阻力小。

4）操控性。驾驶员的操纵指令需要传递给轮胎来实现他所需要的操控动作，轮胎作为指令的"接收者"，对汽车的操控性能影响非常大。今天，汽车的起动、制动、加速、超车、变道和转弯等操作动作非常迅速，因此，轮胎的抓地性能、与汽车一体的跟随感显得更加重要。

5）低噪声性能。胎面花纹块与花纹沟的设计影响空气声路噪，而轮胎结构的减振性能影响结构声路噪。

6）乘坐舒适性。轮胎胎面和胎侧等都是弹性橡胶材料，胎体内部的帘布层和带束层等也是弹性结构，因此轮胎能衰减来自路面的冲击和振动，起到隔振作用。轮胎隔振效果对乘坐舒适性非常重要。

7）制动性能。轮胎接收"制动"指令后，它与地面摩擦，产生的摩擦力阻止汽车运动。制动性能用制动距离来评价，距离越短，制动效果越好，这就要求轮胎有良好的干地和湿地纵向附着能力。

二、轮胎简史

轮胎历史源远流长。早在石器时代，人类就学会了用木头制作轮子来运送物体。在公元前2000年前，出现了带有轮辐的车轮。在战国时期和古罗马时代，带轮辐的车轮已经非常精致和可靠，轮边和轮毂上包裹着金属。秦国军队驾驭着两轮战车和凯撒大帝乘坐着四轮马车，策马扬鞭，驰骋疆场。

随着工业革命的发展，在十九世纪，汽车开始出现。1867年，汤普森（Thompson）发明了实心橡胶轮胎。十九世纪八十年代，第一家生产橡胶轮胎的公司在伦敦诞生，它的名字叫"Noiseless Tyre Company"（无噪声轮胎公司）。从这个名字中可以看出，人们对轮胎的噪声十分关注。

1888年，爱尔兰兽医邓禄普（J. B. Dunlop）发明了充气轮胎，这是轮胎历史上具有里程碑意义的事件。充气轮胎首先应用在自行车上，然后用在马车上，最后用在汽车上。充气轮胎极大地提升了乘坐舒适性。

在充气轮胎的早期，虽然它提升了乘坐舒适性，降低了噪声，但是问题很多，比如，可靠性问题、刚度不足导致受到路面冲击变形等。于是，人们开始设计新的轮胎结构，如在胎体里面增加编织帘线来提升轮胎的强度和抵抗变形，并尝试着用各种材料做帘线，开始使用棉花、亚麻布（flax）等，后来用尼龙、聚酯纤维（polyester）、钢丝等材料。

早期的充气轮胎是斜交轮胎，胎体由两层或多层帘线丝组成，相邻的两层帘线丝方向垂直布置。1913—1914年期间，格雷（Gray）和斯洛珀（Sloper）在英国申请了"子午线"

轮胎的专利，这是轮胎发展历史上又一次具有里程碑意义的事件。尽管轮胎结构不断发展，但都是在"子午线"原理上不断地锦上添花。二十世纪六十年代，子午线轮胎开始大规模使用。到八十年代，子午线轮胎占据了市场的绝大多数。

图 1.36 给出了四个具有代表性时代的汽车轮胎图片：二十世纪初期的汽车（以福特 T 型车为代表）、二十世纪早中期乘用车（以甲壳虫车型为代表）、二十世纪中后期普通乘用车（以丰田、大众、通用等车型为代表）和二十一世纪乘用车轮胎（以特斯拉为代表的电动汽车）。

a) 二十世纪初期　　　　b) 二十世纪早中期

c) 二十世纪中后期　　　　d) 二十一世纪

图 1.36　不同时代的汽车轮胎

随着汽车的发展，轮胎发展呈现三个趋势：直径变大、胎厚度变薄、宽度变大，如图 1.37 所示。在早期，轮胎结构简单，高宽比（扁平比）大，轮胎看上去狭窄，绝大多数轮胎的高宽比超过 100%，即高度大于宽度。二十世纪中后期，不断提升的动力性、操控性、制动性和舒适性等给轮胎提出的要求越来越高，轮胎结构越来越复杂，轮胎变宽以便具备更好的抓地力和操纵稳定性。在二十世纪六十年代，普通轮胎的高宽比是 80% 左右，即宽度比高度大，到八九十年代，高宽比多数达到 60%，而更小扁平比的运动轮胎也开始广泛应用。轮辋直径以 15～18in（38.10～45.72cm）为主，有少数乘用车轮胎达到 20in。进入二十一世纪后，运动风格的乘用车和运动型多功能汽车（SUV）越来越受到追捧，电动化和智能化大力发展，导致轮胎尺寸和轮辋直径变得越来越大，宽度越来越宽。很多汽车轮胎的高宽比只有 50%，有的更小，如 45%、40%，甚至 35%，即轮胎看上去越来越扁。宽度大和扁平比低的轮胎给这个时代的人们，特别是年轻人，带来令人激动的运动感、华丽感和刺激感。目前，轮辋直径以 18～21in 为主，有少数乘用车轮胎达到 22in。

第一章 路噪概述及相关系统

| 二十世纪初期 | 二十世纪中期 | 二十世纪末期 | 二十一世纪 |

图 1.37　汽车轮胎外形特征随时代的变化

三、子午线轮胎和斜交轮胎

按照胎体帘布层帘线的编织结构来分，轮胎分为斜交轮胎和子午线轮胎。

斜交轮胎的各层帘线彼此交叉排列，呈现网状结构，帘线与胎冠中心线周向形成一定角度，如图 1.38 所示。它的优点是胎面和胎侧强度大，价格便宜。缺点很多，列举如下：

1）乘坐舒适性差，操控性差。由于胎侧刚度大，因此轮胎对路面振动的衰减差，车内的舒适性差，操控性也不好。

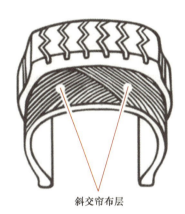

图 1.38　斜交轮胎结构图

2）耐刺穿能力差，安全性能差。当轮胎被扎破后，斜交轮胎（有内胎）保气能力差，甚至会发生爆裂，安全得不到保障。

3）胎纹容易磨损。在高速行驶时，帘布层之间的滑动和摩擦很大，导致轮胎容易变热，胎纹容易磨损。

4）散热差。

5）承载能力差。

子午线轮胎的帘线沿着轮胎径向平行排列，与胎冠中心线周向成 90° 夹角，如图 1.39 所示。帘布层中的帘线材料有棉线、人造丝线、尼龙线和钢丝等，目前大多数轮胎的帘线采用钢丝。子午线轮胎有很多优点，列举如下：

1）使用寿命长。由于帘线沿着经向和纬向排列，帘布层之间的摩擦小，胎体和胎面之间有缓冲层，所以轮胎的寿命长。

2）乘坐舒适性好。钢丝帘线具备良好的柔性，因此，对路面振动有较大的衰减，乘坐舒适。

图 1.39　子午线轮胎结构图

3）耐刺穿能力强，安全性能好。由于帘布层使用了钢丝，加上坚硬的带束层，因此轮胎不容易被刺穿；即便被扎破，气压能在一定时间内保持稳定，因此，安全性好。

4）燃油经济性好。轮胎的滚动阻力系数小，加上帘布层之间的摩擦小，因此燃油经济性好。

5）抓地力强，附着性能好。胎面与地面的接触面积大，并且在带束层的约束下，胎面压力分布均匀，使得轮胎抓地力强，附着性能好。

6）承载能力强。帘线层的帘线是钢丝或者是强度高、变形小的人造尼龙等纤维材料，而且帘线沿着子午线方向排列，帘布层和带束层结合在一起，使得胎体强度非常高，因此承载能力强。

7）散热性好。由于子午线轮胎的帘布层数少，而且层与层之间的摩擦小，因此轮胎产生的热量低，而且容易散热。

子午线轮胎也有缺点，例如：

1）胎侧容易裂口。胎侧薄和刚度低，胎侧承受的弯矩和剪切力大，使得胎侧变形大，因此胎侧容易出现裂口，特别是在胎侧和胎肩过渡区域。

2）侧向稳定性差。胎侧变形大导致侧向稳定性差。

3）成本高，制造复杂。

四、子午线轮胎的结构

轮胎种类很多，有不同的分类方法。按照胎体结构是否是实心的，轮胎分为充气轮胎和实心轮胎。一百年前的老式汽车使用实心轮胎，但是现在的汽车几乎都使用充气轮胎。充气轮胎按照有无内胎又分为无内胎的轮胎和有内胎的轮胎，现在的汽车几乎都使用无内胎的轮胎。按照轮胎的压力来分，轮胎分为高压轮胎、低压轮胎和超低压轮胎。按照轮胎内部帘布层和缓冲层的不同，轮胎分为斜交轮胎和子午线轮胎，现在的汽车基本上都使用子午线轮胎。

由于现在使用的汽车轮胎绝大多数是无内胎、充气的子午线轮胎，下面就只介绍这种轮胎的结构。

轮胎由胎面、胎肩、胎侧、胎圈、胎体、带束层（缓冲层）等部分组成，如图1.40所示。胎面和胎肩组成了胎冠。

1）胎面。胎面是指轮胎与地面接触的厚厚的橡胶层。胎面的作用是将汽车的牵引力和制动力传递到路面，并形成轮胎与路面的抓着力。通过胎面来吸收路面的振动和冲击，并且可以排水、耐磨、保护胎体等。胎面的表面由花纹块和花纹沟组成，突起的部分是花纹块，凹陷的部分是花纹沟。

2）胎肩。胎肩是指胎面和胎侧之间的过渡区域。由于胎面弧度小而胎体帘布层弧度大，因此在胎面的侧面填充橡胶以弥补胎面和帘布层之间的弧度差，这样就形成了胎肩。胎肩承受汽车转弯时的超负荷压力，帮助提高汽车的抓地力。

3）胎侧。胎侧是帘布层外面的橡胶层。一方面用来保护帘布层，另一方面是吸收胎面传来的振动。

4）胎圈。胎圈是与轮辋接触的轮胎部分。胎圈由胎圈心（钢丝圈）、胎圈包布和帘布层包边组成。胎圈的作用是通过它内部的钢丝圈将轮胎牢固地固定在轮辋上，并且承载横向力。

5）胎体。胎体是指帘布层和胎圈组成的轮胎受力的结构，是轮胎骨架。帘布由经纬交叉的帘线编织而成，经纱线粗而强壮，纬纱线细而疏，看上去像帘子，因此得名。帘布的强度高、伸长率低、耐疲劳、耐热、结构稳定、与橡胶的贴合性好，对轮胎的性能和寿命影响非常大。帘布层由一层或几层挂胶帘布贴合而成，具备一定的强度、弹性和柔性，承载轮胎大部分载荷、内压张力和冲击负荷。帘布层与胎圈中的钢丝圈包在一起。

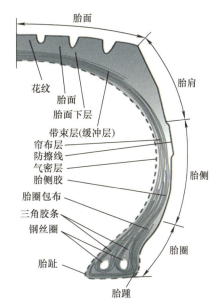

图1.40 子午线轮胎的剖面结构

6）带束层。带束层是位于胎面或胎冠和帘布层之间的约束层。带束层的作用是增强胎面与帘布层之间的黏结，保护胎体。带束层没有延伸到胎圈，它可以缓冲来自胎面的冲击，起到一定的隔振作用。

五、轮胎胎面的形状

最初的轮胎结构很简单，胎面光滑，没有排水沟。为了防止打滑和提高抓地力，胎面上有了花纹，形成了胎面花纹块和花纹沟，如图1.41所示。花纹块和花纹沟的形状非常多，如纵向花纹、横向花纹、复合花纹、对称花纹、反对称花纹、非对称花纹、单向花纹、锯齿形花纹等。第四章将详细介绍各种胎面花纹的轮胎。

花纹块是轮胎直接与路面接触的部位，其功能是增加胎面与路面间的摩擦力，并将驱动力、制动力和转向力传递到地面。花纹沟的主要功能是排水，将夹杂在胎面和路面之间的水排出，避免轮胎打滑，其根部用来缓冲冲击和减振。此外，花纹块和花纹沟还必须满足低噪声功能、散热功能等。花纹块和花纹沟的形状、大小、排列、材料等会影响到这些功能。

图1.41 轮胎胎面上的花纹块和花纹沟

六、轮胎的规格标识

表征轮胎的主要参数包括尺寸、承载载荷和速度等级。根据 ISO 标准，轮胎胎侧上有特定的标识，如某一个轮胎的标识为 P255/45R19 99Y，图 1.42 给出了轮胎规格标识中数字和字母的说明。标识中的数字和字母意义为：

P：代表乘用车。

255：代表轮胎的宽度（单位是毫米），即 255mm。

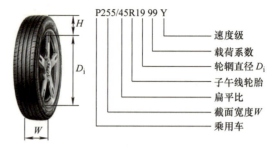

图 1.42 轮胎规格标识中数字和字母的说明

45：代表扁平比。扁平比定义为胎侧高度（H）与宽度（W）的比值，即 H/W。45 表示扁平比为 45%。

R：代表子午线轮胎。

19：代表轮辋直径（单位是英寸）。19 表示轮辋直径为 19in 或 19×25.4mm。

99：代表载荷系数。表 1.6 列出了载荷系数代码与限额。

Y：代表速度级。速度代码表示的最高速度，见表 1.7。

对乘用车来说，载荷和速度都在限定范围之内，因此轮胎代码可以简化，在胎侧上刻印出 255/45R19，如图 1.43 所示。

图 1.43 乘用车轮胎规格标识中数字和字母的说明

表 1.6 载荷系数代码与限额

载荷系数代码	限额 /kg	载荷系数代码	限额 /kg
80	450	91	615
81	462	92	630
82	475	93	650
83	487	94	670
84	500	95	690
85	515	96	710
86	530	97	730
87	545	98	750
88	560	99	775
89	580	100	800
90	600		

表 1.7　速度代码与最高速度

速度代码	最高速度 /（km/h）	速度代码	最高速度 /（km/h）
C	60	Q	160
D	65	R	170
E	70	S	180
G	90	T	190
J	100	U	200
K	110	H	210
L	120	V	240
M	130	W	270
N	140	Y	300
P	150		

轮胎代码中的扁平比为

$$\lambda = \frac{H}{W} \tag{1.13}$$

式中，H 是轮胎的截面高度；W 是轮胎截面宽度。

轮胎截面高度为

$$H = \lambda W \tag{1.14}$$

再举一个例子来说明这些参数的意义。例如一个代码为 P205/55R16 89V 的轮胎，这个轮胎是乘用车轮胎，宽度是 205mm；胎侧高度由扁平比和宽度决定，为 205mm × 55% = 112.75mm；轮胎的内径为 16 × 25.4mm = 406.4mm；外径为 406.4mm + 2 × 112.75mm = 631.9mm。根据表 1.6，"89" 表示载重限额为 580kg；根据表 1.7，"V" 表示最高速度为 240km/h。

七、车轮的结构

轮胎是由"胎"和"轮"组成的。

乘用车使用的车轮是由轮辋、轮毂和轮辐组成的一体部件，如图 1.44 所示。其功能是支承轮胎、承受汽车重量、传递动力等。

a) 车胎　　　　b) 车轮

图 1.44　轮胎

轮辋在车轮的外圈，与车胎接触并支承车胎，它也称为轮圈。轮毂在车轮的内圈，它支承着旋转的车轴。轮辐是连接轮辋和轮毂的杆件。习惯上，人们经常把车轮称为轮毂。

车轮对轮胎振动性能影响很大，它的纵向和横向刚度影响到整个轮胎的刚度和模态。

第五节　路噪整体控制策略和本书结构

一、路噪整体控制策略

路噪涉及路面、轮胎、悬架、车身和控制系统。从汽车研发的角度来说，路面是无法控制的，因此，我们从轮胎、悬架、车身和主动控制来控制路噪。图 1.12 给出了空气声路噪和结构声路噪的源和传递路径，路噪控制策略也是按照这个逻辑进行。图 1.45 给出了路噪控制路线图。

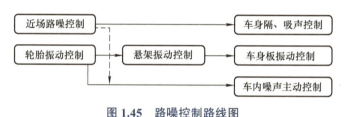

图 1.45　路噪控制路线图

车内路噪可以表达为

$$P = H^{AB}Q + H^{SB}F \tag{1.15}$$

式中，Q 和 H^{AB} 分别是空气声源和传递函数；F 和 H^{SB} 分别是路面激励力和结构声传递函数。

路噪整体控制从空气声路噪和结构声路噪两个方面入手。在空气声路噪方面，胎面结构是影响近场噪声的主要原因。通过合理的胎面花纹沟和花纹块设计可以有效地控制近场路噪源 Q，车身板、隔声结构和吸声结构决定了空气声传递路径 H^{AB}。在结构声路噪方面，路面激励力 F 是源头，轮胎被激励后，将振动传递到悬架，再传递到车身，特别是轮胎与悬架耦合和/或悬架与车身耦合时，振动被放大。被激励的车身板向车内辐射噪声，特别是车身模态与声腔模态耦合时，声音更大。因此，轮胎、悬架和车身共同决定了 H^{SB}。

图 1.46 将路噪频段分成了 5 个区域。20Hz 以下次声波频段，虽然人耳听不到声音，但是人体器官特别是大脑能感受到声音带来的压抑感，这种次声波也属于结构声路噪，当然这种情况很少出现。结构声路噪的频率集中在 20～300Hz；在 300～500Hz 之间，车内路噪包括空气声和结构声；空气声路噪频率集中在 500～3000Hz，3000Hz 以上的声音也是空气声路噪，但是能量低。

根据图 1.46 的频率划分，就可以制定路噪的整体控制策略。整体控制策略指的是从频段上确定空气声和结构声问题，从系统上确定主要贡献源，从技术、成本和时间上确定最优解决方案。对于空气声路噪，集中在轮胎胎面和车身隔、吸声控制。对于结构声路噪，控制的对象有轮胎、悬架和车身，因为这三个系统都影响到结构声，而且每个系统都很复杂，因此结构声路噪控制难度远大于空气声路噪的控制。

图 1.46　空气声路噪与结构声路噪的频段分区

在工程上，一个结构声问题可以分别从轮胎、悬架和车身上解决，也可以同时从这三个系统上解决，这样，就存在一个最优控制的问题。在结构声路噪中，路面激励力是无法控制的，所以要控制的就是传递函数 H^{SB}。H^{SB} 可以分解如下

$$H^{SB} = H_T^{SB} H_S^{SB} H_B^{SB} \tag{1.16}$$

式中，H_T^{SB}、H_S^{SB} 和 H_B^{SB} 分别是轮胎、悬架和车身的结构声传递函数。

路噪控制是在成本、开发进度、布置空间和其他性能约束下，寻找车内声音的最优解，表达为

性能指标
$$J[P(\omega)] = \int_0^\Omega [H^{AB}(\omega)Q(\omega) + H_T^{SB}(\omega)H_S^{SB}(\omega)H_B^{SB}(\omega)F(\omega)]d\omega \tag{1.17}$$

约束条件
$$g[H^{AB}(\omega), H_T^{SB}(\omega), H_S^{SB}(\omega), H_B^{SB}(\omega)] \leq \text{budget} \tag{1.18a}$$

$$h_1[H^{AB}(\omega), H_T^{SB}(\omega), H_S^{SB}(\omega), H_B^{SB}(\omega)] \leq \text{time} \tag{1.18b}$$

$$h_2[H^{AB}(\omega), H_T^{SB}(\omega), H_S^{SB}(\omega), H_B^{SB}(\omega)] \leq \text{package} \tag{1.18c}$$

$$h_3[H^{AB}(\omega), H_T^{SB}(\omega), H_S^{SB}(\omega), H_B^{SB}(\omega)] \leq \text{attributes} \tag{1.18d}$$

式中，budget、time、package 和 attributes 分别表示成本、开发进度、布置空间和其他性能。

二、本书的结构

本章给出了关于路噪的几个定义：近场路噪、远场路噪、空气声路噪、结构声路噪和车内路噪，还给出了影响路噪的两条传递路径的定义：空气声路噪传递路径和结构声路噪传递路径。本书分为 11 章，围绕着以上的几个定义来阐述路噪的机理和控制方法。表 1.8 给出了本书的结构，路噪涉及道路、汽车和通用技术三大领域，包括路面、轮胎、悬架、车身、传递路径、主动控制和开发体系七大系统。道路只涉及第一章部分内容，主要描述路面结构以及对轮胎振动和噪声的影响，这部分不是本书的重点。轮胎系统包括第三、四和五章，它们分别讲述轮胎振动特征、近场噪声源和空腔噪声。悬架系统包括第六章和第

七章，它们分别描述悬架结构振动传递及模态控制和隔振控制。车身系统涉及第八章和第九章，它们分别讲述车身结构振动传递与控制和车身隔声控制。通用技术包括传递路径分析、主动控制系统和开发体系，它们分别在第二章、第十章和第十一章讲述。因为传递路径识别涉及轮胎、悬架和车身，因此把它放在第二章讲述；第十章介绍自适应主动控制原理和路噪主动控制方法；第十一章介绍路噪开发体系，特别是目标体系，供工程师们参考，同时让在大学和研究机构做研究的学者了解企业的工作流程。

从表1.8中，读者还可以清晰地了解到（车内）路噪、空气声路噪、结构声路噪、近场路噪、空气声传递路径和结构声传递路径之间的关系。

表1.8 本书的结构

领域	系统	内容	章	标题
道路	路面系统	路面结构	第一章	路噪概述及相关系统
汽车	轮胎系统	轮胎振动	第三章	轮胎结构振动
		轮胎噪声	第四章	近场路噪与远场路噪
		轮胎声腔	第五章	轮胎声腔模态与空腔噪声
	悬架系统	悬架模态	第六章	悬架系统振动模型与模态控制
		悬架隔振	第七章	悬架系统隔振控制
	车身系统	车身结构	第八章	结构声路噪的车身控制
		车身隔声	第九章	空气声路噪的车身控制
通用技术	传递路径	路径识别与力识别	第二章	路噪传递与路径识别
	主动控制	路噪主动控制	第十章	路噪主动控制
	开发体系	路噪目标与开发	第十一章	路噪目标体系

下面简单介绍一下每章的内容。

第一章"路噪概述及相关系统"介绍了路噪的概念、路面和路谱特征以及轮胎结构。路噪由空气声路噪和结构声路噪组成。近场路噪经过车身的隔声与吸声后传递到车内形成了空气声路噪，而轮胎的振动传递到悬架，再到车身，被激励的车身板对车内辐射噪声就形成了结构声路噪。与路噪相关的系统有路面、轮胎、悬架和车身。

第二章"路噪传递与路径识别"介绍空气声路噪和结构声路噪对车内的传递路径识别及激励力的识别。本章描述传递路径的识别方法，如传统的传递路径识别方法、运行工况传递路径识别方法、多重相关函数识别方法、多参考传递路径识别。车内路噪是源和路径的共同贡献，而力源识别是行业难题，因此本章重点描述结构声传递过程力（如悬架力、激励车身的力）的识别。

第三章"轮胎结构振动"介绍轮胎的激励源及特征，描述轮胎的振动传递函数与传递率。本章讲述轮胎的有限元模型、解析模型和半经验模型，通过模型和试验给出静止自由状态、约束状态和旋转状态下的轮胎模态并比较它们的差异。最后讲述轮胎的振动特征及控制方法。

第四章"近场路噪与远场路噪"阐述近场路噪机理及远场噪声的辐射。本书将近场噪声分成空气运动产生的噪声和轮胎振动产生的噪声两大类，并分别讲述它们产生的机理和控制方法。本章还介绍了近场路噪的测试方法，以及远场路噪对环境的影响。

第五章"轮胎声腔模态与空腔噪声"讲述轮胎声腔模态的特征及空腔噪声的控制方法。轮胎声腔模态是轮胎空腔所特有的，模态频率可以通过理论分析、有限元计算和测试得到。本章比较了自由轮胎声腔模态和约束轮胎声腔模态的差异。轮胎的空腔噪声通过悬架结构传递到车内，是一个结构声，因此降低它对车内的传递的关键是使得声腔模态与悬架的结构模态解耦。

第六章"悬架系统振动模型与模态控制"介绍各种悬架结构、部件及功能，描述力在悬架中的传递过程以及从轮心力到车身力之间的传递函数。本章给出悬架整体模态和局部模态的特征，以及它们与轮胎模态和车身模态的解耦范围，给出通过调整悬架结构刚度、质量分布和增加阻尼器来控制模态，从而降低振动在悬架中传递的方法。

第七章"悬架系统隔振控制"介绍悬架中使用的衬套及其隔振功能、它的动刚度和隔振传递率；分析敏感衬套的特征以及用衬套来控制结构振动传递的方法。本章将双层隔振理论应用到副车架隔振分析中，阐述副车架柔性与刚性隔振问题。

第八章"结构声路噪的车身控制"阐述振动在车身内传递与板声辐射机理与控制方法。当悬架将振动传递到车身时，首先激励起连接点振动，然后在梁内传递，再传递到板。本章详细地介绍连接点、梁和板的振动激励以及通过刚度、质量和阻尼来抑制振动的方法。本章还讲述了声辐射机理、声腔与板结构的耦合问题、声辐射的控制方法。

第九章"空气声路噪的车身控制"介绍近场路噪和车内路噪的特征及对应的传递函数、隔声与吸声机理，以及用车身隔声与吸声来降低高频空气声路噪的方法。

第十章"路噪主动控制"介绍自适应控制原理和路噪主动控制系统，包括加速度传感器和传声器布置的原则、次级声道的识别、自适应滤波最小均方（Fx-LMS）控制方法和影响路噪主动控制的因素。

第十一章"路噪目标体系"介绍路噪的目标体系，包括整车级、系统级和部件级目标，描述路噪开发过程和路噪声品质评价方法。

参考文献

曹卫东, 2006. 骨架密实型低噪声路面的研究及应用 [D]. 上海: 同济大学.

段虎明, 石峰, 谢飞, 等, 2009. 路面不平度研究综述 [J]. 振动与冲击, 28(9): 95-101.

国家环境保护总局科技标准司, 2002. 汽车加速行驶车外噪声限值及测量方法: GB 1495—2002[S]. 北京: 中国标准出版社.

君迪, 2018. 年终特辑: J.D. POWER 2018 年中国行业联合研究 [R]. 上海: J.D. POWER.

王庆华联合研究团队, 2021. 新车质量及魅力指数结果发布 [R]. 上海: J.D. POWER.

BASSIL M B L, CESBRON J, KLEIN P, 2020. Tyre/road noise: a piston approach for CFD modeling of air volume variation in a cylindrical road cavity[J]. Journal of Sound and Vibration, 469: 115140.

BILIGIRI K P, 2013. Effect of pavement materials' damping properties on tyre/road noise characteristics[J].

Construction and Building Materials, 49: 223-232.

BILIGIRI K P, 2016. Tyre/road noise damping characteristics using nomographs and fundamental vibroacoustical relationships[J]. Transportation Research Part D: Transport and Environment, 43: 82-94.

BUENO M, LUONG J, VIÑUELA U, et al., 2011. Pavement temperature influence on close proximity tire/road noise[J]. Applied Acoustics, 72(11): 829-835.

CHEN D, LING C, WANG T, et al., 2018.Prediction of tire-pavement noise of porous asphalt mixture based on mixture surface texture level and distributions[J]. Construction and Building Materials, 173: 801-810.

DONAVAN P R, RYMER B, 2003. Assessment of highway pavements for tire/road noise generation[J]. SAE Transactions, 112(6): 1829-1838.

DONAVAN P R, LODICO D, 2013. Parameters affecting the noise performance of ASTM standard reference test tires[J]. SAE International Journal of Passenger Cars-Mechanical Systems, 122(6): 1161-1170.

FUJIKAWA T, KOIKE H, OSHINO Y, et al., 2005. Definition of road roughness parameters for tire vibration noise control[J]. Applied acoustics, 66(5): 501-512.

GANJI M R, GOLROO A, SHEIKHZADEH H, et al., 2019. Dense-graded asphalt pavement macrotexture measurement using tire/road noise monitoring[J]. Automation in Construction, 106: 102887.

HO K Y, HUNG W T, NG C F, et al., 2013. The effects of road surface and tyre deterioration on tyre/road noise emission[J]. Applied Acoustics, 74(7): 921-925.

ISO, 2002. Characterization of pavement texture by use of surface profiles — Part 2: Terminology and basic requirements related to pavement texture profile analysis: ISO 13473-2[S/OL]. [2023-08-01]. https://www.iso.org/standard/25638.html.

ISO, 2017. Acoustics — Measurement of the influence of road surfaces on traffic noise — Part 2: The close-proximity method: ISO 11819-2[S/OL]. [2023-08-01]. https://www.iso.org/standard/39675.html.

ISO, 2019. Characterization of pavement texture by use of surface profiles — Part 1: Determination of mean profile depth: ISO 13473-1[S/OL]. [2023-08-01]. https://www.iso.org/standard/45111.html.

KHAN J, KETZEL M, KAKOSIMOS K, et al., 2018. Road traffic air and noise pollution exposure assessment: a review of tools and techniques[J]. Science of The Total Environment, 634: 661-676.

KNABBEN R M, TRICHES G, VILLENA J, et al., 2012. Tyre-road noise and sound absorption of different road types: 2012-36-0616[R]. Warrendale: SAE International.

LANDSBERGER B J, DEMOSS J, MCNERNEY M, 2001. Effects of air and road surface temperature on tire pavement noise on an ISO 10844 surface: 2001-01-1598[R]. Warrendale: SAE International.

LEE J U, SUH J K, JEONG S K, et al.,2003. Development of input loads for road noise analysis: 2003-01-1608[R]. Warrendale: SAE International.

PIZZO L G, TETI L, MORO A, et al., 2020. Influence of texture on tyre road noise spectra in rubberized pavements[J]. Applied Acoustics, 159: 107080.

RAMOS-ROMERO C, LEÓN-RÍOS P, AL-HADITHI B M, et al., 2019. Identification and mapping of asphalt surface deterioration by tyre-pavement interaction noise measurement[J]. Measurement, 146: 718-727.

RASMUSSEN R O, 2013. Optimized pavement engineering for the ISO 10844 standard[J]. SAE International Journal of Passenger Cars-Mechanical Systems, 122(6): 1313-1324.

REIMPELL J, STOLL H, BETZLER J, 2001. The automotive chassis: engineering principles[M]. Oxford: Elsevier.

RUSTIGHI E, ELLIOTT S J, FINNVEDEN S, et al., 2008. Linear stochastic evaluation of tyre vibration due to tyre/road excitation[J]. Journal of Sound and Vibration, 310(4-5): 1112-1127.

SANDBERG U, 2002. Tyre/road noise: myths and realities[C]//International Congress and Exhibition on Noise

Control Engineering, Hague. Linköping: Swedish National Road and Transport Research Institute.

SANDBERG U, EJSMONT J A, 2002. Tyre/road noise reference book[M].Kisa: INFORMEX.

VÁZQUEZ V F, HIDALGO M E, GARCÍA-HOZ A M, et al., 2020. Tire/road noise, texture, and vertical accelerations: surface assessment of an urban road[J]. Applied Acoustics, 160: 107153.

ZHANG Z, LUAN B, LIU X, et al., 2020. Effects of surface texture on tire-pavement noise and skid resistance in long freeway tunnels: from field investigation to technical practice[J]. Applied Acoustics, 160: 107120.

第二章 路噪传递与路径识别

路噪控制的一个关键问题是源和传递路径的识别。轮胎近场的噪声源一目了然，噪声穿过车身的传递路径也十分清晰。但是，振动源的识别很难，不管是轮胎振动源，还是悬架振动源（轮心或转向节的力），还是车身振动源（激励车身的力），都难以识别；而众多的结构声传递路径耦合在一起，构成了一个多输入多输出（multiple-input multiple-output，MIMO）系统，路径也难以分辨。

振动源或力的识别是路噪分析与控制的首要任务。力的识别方法有直接测量法、动刚度法、逆矩阵法等。用于结构声路噪传递路径的识别方法有传统传递路径分析（transfer path analysis，TPA）方法、运行工况传递路径分析方法（operational transfer path analysis，OTPA）、多重相干分析方法（multiple correlation function，MCF）、滑行法、倒拖法等。通过这些方法，可以识别出从轮心振动到车身振动再到车内噪声的主要传递路径。

第一节 车内路噪特征

一、车内噪声来源及特征

汽车有三大噪声源：动力系统噪声、风噪和路噪。对内燃机汽车来说，动力系统噪声主要包括发动机噪声、进气口噪声、排气尾管噪声和传动系统噪声；对电动汽车来说，动力系统噪声主要包括驱动电机啸叫和传动系统噪声，当然啸叫的声压级通常不大，只是阶次凸显和频率高。三大噪声源中哪一个占主要成分要取决于汽车使用的场景。这里把场景分为三类来说明噪声源的贡献。

第一类场景是加速。在加速过程中，发动机节气门全开或大部分打开，动力系统噪声非常大。不管低速行驶加速，还是高速行驶加速，动力系统噪声非常凸显，通常会压过路噪和风噪，成为车内最大噪声源。

第二类场景是高速巡航。高速（如速度大于120km/h）巡航时，发动机处于小节气门状态，动力系统噪声不大；风作用在车身上产生的噪声非常大，尽管路噪也大，但是风噪的量级大于路噪，因此风噪是车内噪声的最大来源。

第三类场景是低速和中速巡航。中低速（30～100km/h）巡航时，发动机处于小节气门状态，动力系统噪声不大；车速不高，风噪不大；因此路噪是车内噪声的最大来源。

本书讲述的是路噪，因此，汽车使用的场景设为低速和中速巡航，也是驾车最常用的场景。图2.1是一辆车匀速行驶时的车内噪声和三大噪声源对车内噪声的贡献量。在300Hz以下，路噪远大于风噪和动力系统噪声；在300～600Hz之间，路噪与风噪的量级相当，但远大于动力系统噪声；在600Hz以上，风噪略大于路噪，但是它们远大于动力系统噪声。

车内噪声可以直接测量，而路噪、风噪和动力系统噪声对车内噪声的贡献不能测量，但是通过路径识别技术可以分离三大噪声源。分离三大噪声源对车内贡献的方法有传递路径分析、多重相干分析等，本章将讲述这些方法。

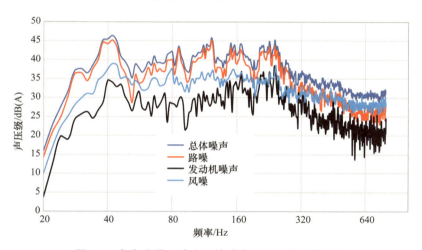

图2.1　车内路噪、动力系统噪声和风噪的分离图谱

二、车内路噪频谱

路噪是汽车行驶在道路上所产生的噪声，是轮胎与路面相互作用的结果。影响路噪的原因有很多，包括路面、轮胎、悬架和车身。同样一辆车在不同的路面上所表现的路噪大小和频谱特征相差非常大；在同一道路上，不同汽车的路噪特征也可能相差甚远。

图2.2是一辆车在粗糙沥青路上行驶的车内声压级图。在频率域上，一个典型的路噪图谱可以分成四段：低频段、低中频段、中频段和高频段。路噪问题也可以从这四个频段来描述：低频路噪问题、低中频路噪问题、中频路噪问题和高频路噪问题。

1. 低频段：从20Hz到60Hz左右的频段

图2.2显示在42Hz处有一个峰值，幅值达到47dB(A)。这个峰值比它旁边的值大很多，

凸显成一个单频纯音。主观上，人耳听到的是一种不舒服、甚至压耳的声音。当这种敲鼓声过大时，人耳有震耳欲聋的感觉。

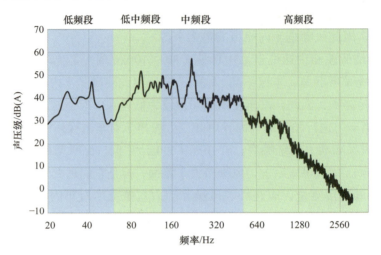

图 2.2　汽车匀速行驶的车内声压级（路噪图谱）

2. 低中频段：从 60Hz 左右到 100 多 Hz 频段

图 2.2 中的曲线在 96Hz 处有一个峰值。人感受到的是轰鸣声，这种声音与敲鼓声有些类似，但是不同的是轰鸣声让人脑有"嗡嗡"的感觉，而压耳的感觉稍微轻一些。

3. 中频段：从 100 多 Hz 到 500Hz 左右的频段

图 2.2 显示在 222Hz 处有一个峰值。这个凸显的峰值比它旁边频率对应的幅值大许多，呈现出凸显的单频纯音特征。这个峰值通常是由轮胎空腔引起的空腔轰鸣声。空腔轰鸣声频率取决于轮胎的尺寸，对乘用车来说，一般在 150～250Hz 之间。空腔声也是一种轰鸣声，人感受到的是"隆隆"或"嗡嗡"的声音。在这个频段内，除了空腔声之外，还有其他杂音，它们是结构声与空气声混合的声音，听上去是"嗡嗡嗡"和嘈杂声交织在一起的声音。

4. 高频段：500Hz 以上的频段

在高频段，一般没有明显的峰值，声压级绝对值比低频段小很多，而且随着频率的增加而衰减。高频声音接近人耳敏感的频率，因此即便低声压级的声音也会让人觉得不舒服，主观感受是"声音杂"。

低频段和中低频段路噪是结构声路噪。敲鼓声和轰鸣声的源来自轮胎与路面的作用，通过悬架以结构振动的形式传递到车身，车身板被激励之后发声，形成了结构声路噪。

中频段路噪包含了结构声和空气声，其中轮胎空腔声属于结构声。

高频段路噪以空气声为主，伴随着少量结构声。路面与轮胎相互作用产生的泵气噪声、冲击噪声、空管噪声、摩擦噪声、空气动力噪声等形成了轮胎周边的近场声音，然后穿透车身进入车内形成车内空气声。

结构声路噪取决于轮胎、悬架和车身。轮胎对振动的衰减、悬架模态和衬套隔振、车身振动与辐射等影响到结构声大小和频率特征。空气声路噪取决于近场空气声和车身的隔声与吸声性能。

三、在不同路面上的车内路噪

一辆汽车在不同路面上行驶时，路面纹路不一样，轮胎与路面的相互作用不一样，导致车内噪声也不一样。下面以光滑沥青路面、粗糙沥青路面和水泥路面这三种典型路面来说明路面对车内噪声的影响。

光滑沥青路面的颗粒细腻、纹理深度小、硬度低、孔隙率高。轮胎承受的冲击小，路面吸声好，因此近场路噪和车内路噪低。

粗糙沥青路面的颗粒粗糙、纹理深度大、硬度低、孔隙率高。轮胎承受的冲击比较大，摩擦大，路面吸声好，因此近场路噪和车内路噪比较大。

水泥路面的颗粒小、纹理深度小、硬度高、孔隙率低。轮胎承受的冲击大，路面吸声差，因此近场路噪和车内路噪大。

图 2.3 为某辆车以 65km/h 速度在光滑沥青路面、粗糙沥青路面和水泥路面上行驶的近场噪声，主要成分集中在 700～1200Hz 频段内。光滑沥青路面噪声最低，粗糙沥青路面和水泥路面噪声相当，粗糙沥青路面的大纹理深度和水泥路面的高硬度是产生高噪声的原因。在低频段，水泥路面噪声大于粗糙沥青路面；在中频段，水泥路面噪声低于粗糙沥青路面，在高频段，两者相当。这个结论是针对这辆车和这几条路面，但是另外一辆车在这三条路面上行驶或这辆车在其他路面上行驶时，水泥路面和粗糙沥青路面带来的噪声大小可能不同，甚至结论相反。

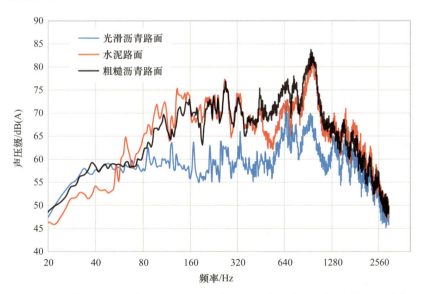

图 2.3 汽车在光滑沥青路面、粗糙沥青路面和水泥路面上行驶的近场噪声

图 2.4 是与图 2.3 相对应的车内噪声，其最主要成分集中在低频和中频段，噪声大小依次是水泥路面、粗糙沥青路面和光滑沥青路面。

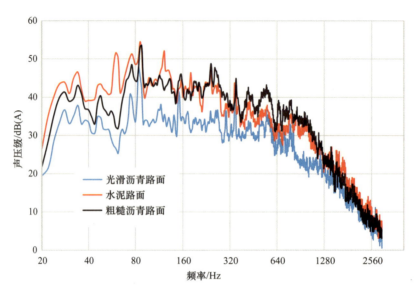

图 2.4　汽车在光滑沥青路面、粗糙沥青路面和水泥路面上行驶的车内噪声

在低频段，水泥路面带来的车内噪声最大。虽然水泥路面的纹理深度小，但是路面硬度大，而且这条路面上还有横向刻痕，因此，低频冲击很大，它激励起悬架的低频模态，导致车内噪声最大。在中频段，虽然粗糙沥青路面硬度低，但是大的纹理深度使得中频段的激励源最大，导致车内噪声最大。在高频段，随着频率增加，声压级迅速降低，这是由于车身的隔声与吸声将近场路噪大大衰减。

将近场噪声与车内噪声幅值对比，可以看到低中频段噪声以结构声为主，高频段噪声以空气声为主。

四、不同车速下的车内噪声

在同一路面上，汽车以不同的速度行驶，轮胎与路面作用所产生的激励是不一样的。图 2.5 表示某辆车分别以 50km/h、65km/h、80km/h 的速度在粗糙沥青路面行驶的车内噪声。在低频段，速度对噪声的影响很小，这表明汽车速度变化导致的轮胎和悬架对车身的激励差别不大，但是汽车在水泥路面（特别是有刻痕的水泥路面）或其他粗糙沥青路面上行驶，速度对低频激励有影响。在中频段，随着速度的提高，粗糙路面的大纹理对轮胎的冲击变大，导致车内噪声变大。速度提高导致冲击激励源中的个别频率或窄频段与轮胎和 / 或悬架模态频率耦合，会使得噪声显著提高。在高频段，随着速度增加，粗糙路面带来的近场噪声显著增加，因此车内噪声明显增加。

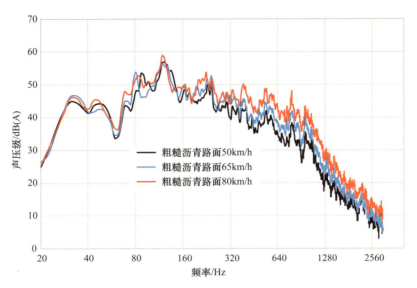

图 2.5　汽车分别以 50km/h、65km/h、80km/h 的速度在粗糙沥青路面行驶的车内噪声

五、结构声路噪和空气声路噪的频率特征

路径识别技术不仅可以将路噪、风噪和动力系统噪声对车内的贡献源分离，还可以进一步将结构声路噪和空气声路噪分离，如图 2.6 所示。在这个例子中，400Hz 以下，结构声路噪占主导；400～600Hz 之间，结构声和空气声路噪相当；而 600Hz 以上，空气声路噪占主导。在低频段和中频段，通过轮胎振动而传递的结构声是车内路噪的主要成分，而在高频段，轮胎与路面作用的近场噪声是车内噪声的主要来源。

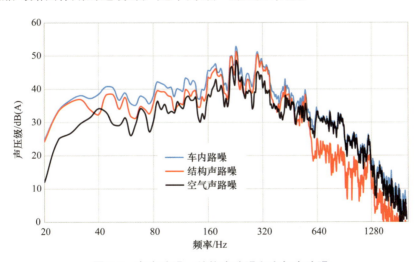

图 2.6　车内路噪、结构声路噪和空气声路噪

车内路噪不仅能分解成图 2.6 所示的结构声和空气声贡献，而且还可以细分到每条路径的贡献，即每条轮胎近场噪声和每个悬架振动的贡献，这将是本章讲述的主要内容。空

气声源以及贡献比较容易获取，而结构振动、传递力和结构声路径却难以得到，因此本章讲述重点是结构声路径识别。

第二节　空气声路噪和结构声路噪的传递路径

一、系统与传递函数

1. 系统

系统是指相互关联和相互依存的部件组成的一个集合体，而且具备某种特殊的功能。任何一个物体都可以看成一个系统，如轮胎、悬架、车身等。

对任何一个系统，施加了输入，就会得到输出。输入可以是力、温度、压力等，输出可以是力、位移、速度等。图 2.7 表示一个系统和输入、输出的关系图。输入也被称为激励，输出被称为响应。

图 2.7　系统与输入和输出之间的关系

由多个输入和多个输出组成的系统称为多输入多输出（MIMO）系统，如图 2.8 所示。在路噪分析中，有很多 MIMO 系统，比如从轮胎激励到车内响应，从轮心力输出到车身侧的力。由多个输入和一个输出组成的系统称为多输入单输出（multiple-input single-output，MISO）系统，如图 2.9 所示，例如从轮胎激励到驾驶员右耳声音。

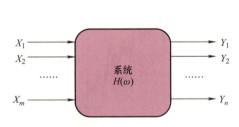

图 2.8　多输入多输出（MIMO）系统

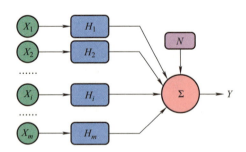

图 2.9　多输入单输出（MISO）系统

2. 传递函数

对于一个动态结构系统或声学系统，输入信号和输出信号都是频率的函数，分别用 $X(\omega)$ 和 $Y(\omega)$ 来表示。用传递函数来表征输入和输出信号之间的关系，定义为输出信号与输入信号的比值，用 $H(\omega)$ 表示，即

$$H(\omega) = \frac{Y(\omega)}{X(\omega)} \tag{2.1}$$

传递函数也是频率的函数，它表征动态系统的固有特征，即每个动态系统都存在传递函数。传递函数是一个通用名称，对特定应用场景，它有很多其他名称，如敏感度、传递率、阻抗、导纳等。

敏感度描述的是响应对激励的敏感程度。传递率描述输出响应与输入响应的比值。

机械阻抗定义为简谐运动系统的激励力与响应之比，即反映了一个系统在外力作用下发生振动的难易程度。振动的响应分别有位移、速度和加速度，因此阻抗也就有位移阻抗、速度阻抗和加速度阻抗。

机械导纳是指简谐运动系统的响应与激励力之比，即为机械阻抗的倒数。对于位移、速度和加速度响应，导纳有位移导纳、速度导纳和加速度导纳。

3. 线性系统与非线性系统

（1）叠加原理

对于一个系统，输入是 $X_1(\omega)$，得到的输出是 $Y_1(\omega)$；输入是 $X_2(\omega)$，得到的输出是 $Y_2(\omega)$，即

$$Y_1(\omega) = H(\omega)X_1(\omega) \tag{2.2a}$$

$$Y_2(\omega) = H(\omega)X_2(\omega) \tag{2.2b}$$

当输入是 $\varepsilon_1 X_1(\omega) + \varepsilon_2 X_2(\omega)$ 时，得到的输出是 $\varepsilon_1 Y_1(\omega) + \varepsilon_2 Y_2(\omega)$，即

$$\varepsilon_1 Y_1(\omega) + \varepsilon_2 Y_2(\omega) = H(\omega)[\varepsilon_1 X_1(\omega) + \varepsilon_2 X_2(\omega)] \tag{2.3}$$

式中，ε_1 和 ε_2 为输入的系数。

式（2.3）表征的就是叠加原理，即任何一个输入分解成若干子输入，每个子输入得到一个子输出，然后将所有子输出叠加就得到了系统输出响应。

（2）互逆原理

对一个系统，如图 2.10 所示，在 A 点施加一个输入（F_A），在 B 点得到一个输出（R_B），那么输出对输入的传递函数为

$$H_{BA} = \frac{R_B}{F_A} \tag{2.4}$$

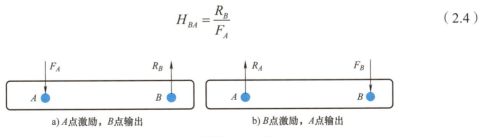

a) A 点激励，B 点输出　　　　b) B 点激励，A 点输出

图 2.10　系统的输入与输出

如果在 B 点施加一个输入（F_B），在 A 点得到一个输出（R_A），那么输出对输入的传递函数为

$$H_{AB} = \frac{R_A}{F_B} \qquad (2.5)$$

如果这两个传递函数相等，即 $H_{BA} = H_{AB}$，那这两个点之间就存在互逆关系，这就是互逆原理。

（3）线性系统与非线性系统判定

判断一个系统是线性系统还是非线性系统，可以用三个原理来判定，即传递函数原理、叠加原理和互逆原理。

1）传递函数原理判定。当一个系统的传递函数与输入和输出没有任何关系的时候，它被称为线性系统，也就是说不管输入怎么变化，系统的传递函数不变。线性系统的传递函数与输出和输入之间的比例关系是固定的。

当一个系统的特征随着输入和输出的变化而变化的时候，它就被称为非线性系统。也就是说系统的传递函数不是固定的，当输入变化时，不仅输出变化，传递函数也会变化。这就导致了输出与输入之间不存在比例关系。

2）叠加原理判定。满足叠加原理的系统是线性系统。对线性系统来说，可以将输入分解成许多子输入，分别分析每个子输入与子输出的关系，然后将所有子输入和输出的关系合成，就得到了整个系统的特征，这给研究复杂输入的系统带来了极大方便。

如果一个系统不满足叠加原理，那么它就是非线性系统。

3）互逆原理判定。满足互逆原理的系统是线性系统。对线性系统来说，可以灵活地选择激励点和响应点，这给工程设计与试验带来了很大方便。

如果一个系统不满足互逆原理，那么它就是非线性系统。

汽车上有一些典型的非线性系统，如座椅、衬套等。座椅具有非常明显的非线性特征，当地板振动增加时，传递函数的固有频率减小，同时幅值降低。衬套广泛应用在动力总成和悬架隔振上，随着外力的增加，刚度开始时呈现线性增加，当外力大到一定值之后，呈现出非线性增加。

世界上很少有严格意义上的线性系统，但是绝大多数系统可以近似地看成是线性系统，汽车上的系统也是如此。严格来说，轮胎、悬架和车身都是非线性系统，但是在分析结构声路噪时，在大多数情况下，可以将这些结构近似看成是线性系统。

二、车内噪声的贡献源和传递路径

噪声和振动源对车内传递可以视为一个多输入多输出系统，如图2.11所示。源是输入，传递路径是传递函数，而车内响应是输出。

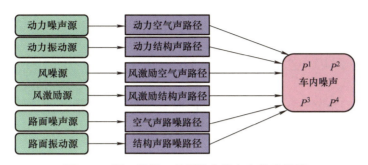

图 2.11 源-路径-接受体多输入多输出模型

车内噪声是三大噪声源通过空气声和结构声路径传递到车内之和，表达为

$$P = P_{power} + P_{wind} + P_{road} \tag{2.6}$$

式中，P_{power}、P_{wind} 和 P_{road} 分别是动力系统、风和路面激励传递到车内的噪声。

这些源又分成空气声源和结构声源。动力系统空气声源包括发动机辐射噪声、进气管口噪声、排气尾管噪声等；结构声源包括悬置振动、排气挂钩振动、传动轴系振动等。动力激励源信号是彼此关联的，即它们之间有确定的相位关系和阶次关系。风激励空气声源是指风与车身相互摩擦产生的噪声，分布在整个车体上，如后视镜区域、刮水器区域等，而风振动源是指风作用在车身上并对车身施加的力激励。风激励是随机的，即作用在车身上不同区域的激励是彼此无关的。路噪空气声源指的是轮胎近场噪声，结构声源是轮胎与路面相互作用后施加给轮胎的振动。左右轮胎与车身连接，甚至彼此直接连接，它们激励部分相关，同时前后轮胎通过相同路面而有时间差，这也使得轮胎激励之间部分相关。

这三种激励源分别通过空气声传递通道和结构声传递通道传到车内，形成车内噪声。式（2.6）扩展为

$$P = H_{power}^{AB} Q_{power} + H_{power}^{SB} F_{power} + H_{wind}^{AB} Q_{wind} + H_{wind}^{SB} F_{wind} + H_{road}^{AB} Q_{near} + H_{road}^{SB} F_{road} \tag{2.7}$$

式中，Q_{power} 和 H_{power}^{AB} 分别是动力系统空气声源和传递函数；F_{power} 和 H_{power}^{SB} 分别是动力系统结构声源和传递函数；Q_{wind} 和 H_{wind}^{AB} 分别是风激励的空气声源和传递函数；F_{wind} 和 H_{wind}^{SB} 分别是风激励的结构声源和传递函数；Q_{near} 和 H_{road}^{AB} 分别是轮胎近场声压和空气声路噪传递函数；F_{road} 和 H_{road}^{SB} 分别是路面作用到轮胎的力和结构声路噪传递函数。

传递路径分析（TPA）是通过分析每条传递路径上的传递函数和激励源，获得每条路径对车内噪声贡献的方法。传递路径识别的第一项工作就是识别出三大噪声源的贡献。传递路径识别可以在频域内求解，式（2.7）可以重新写为

$$P(\omega) = \sum_{i=1}^{m}[H_i^{AB}(\omega)Q_i(\omega)] + \sum_{j=1}^{n}[H_j^{SB}(\omega)F_j(\omega)] \tag{2.8}$$

式中，$Q_i(\omega)$ 和 $H_i^{AB}(\omega)$ 分别是第 i 个传递路径的空气声源和传递函数；$F_j(\omega)$ 和 $H_j^{SB}(\omega)$ 分别是第 j 个传递路径的结构声源和传递函数。

传递路径识别可以在时域内求解，式（2.8）变为

$$P(t) = \sum_{i=1}^{m} \int_{-\infty}^{+\infty} q_i(\tau) h_i^{AB}(t-\tau) d\tau + \sum_{j=1}^{n} \int_{-\infty}^{+\infty} f_j(\tau) h_j^{SB}(t-\tau) d\tau \qquad (2.9)$$

式中，q_i 和 h_i^{AB} 分别是第 i 个传递路径时域内的空气声源和单位脉冲响应函数；f_j 和 h_j^{SB} 分别是第 j 个传递路径时域内的结构声源和单位脉冲响应函数。

三、近场路噪对车内的传递路径

轮胎与路面相互作用产生的近场路噪是空气声路噪的源。这个近场路噪源对四周辐射，辐射到远处就形成了远场路噪，辐射到车内就形成了车内的空气声路噪。

图 2.12 给出了轮胎近场路噪对车内的传递过程，它穿过车身板、玻璃窗、车身缝隙，传递到车内。轮胎近场路噪遇到车身时，第一部分能量被车身外板反射回去，第二部分能量被声学包装吸收，第三部分能量穿过车身缝隙直接传递到车内，第四部分能量透射过车身而传递到车内。第三和第四部分能量就是传递到车内的噪声，空气声路噪取决于近场路噪源和车身隔吸声。

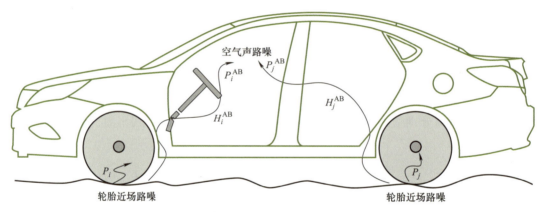

图 2.12 轮胎近场路噪对车内的传递过程

一般认为，噪声源和传递到车内的声音是无指向性的。假设第 i（$i = 1,2,3,4$）个轮胎近场噪声源的声压为 P_i，车内人耳处的声压为 P_i^{AB}，那么第 i 个噪声源对车内声音的传递函数为

$$H_i^{AB} = \frac{P_i^{AB}}{P_i} \qquad (2.10)$$

式（2.10）改写为第 i 个声源在车内产生的声压，为

$$P_i^{AB} = H_i^{AB} P_i \qquad (2.11)$$

4 个轮胎噪声源传递到车内的声压为各个噪声源分别传递到车内声压之和，即

$$P^{AB} = \sum_{i=1}^{4} P_i^{AB} \qquad (2.12)$$

四、结构声路噪对车内的传递路径

1. 结构声路噪的传递过程

轮胎与路面相互作用引起轮胎振动,轮胎振动传递到悬架,再传递到车身,被激励的车身板向车内辐射噪声就形成了结构声路噪,传递过程如图2.13所示。

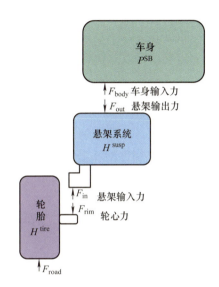

图 2.13 结构声路噪的传递过程

在传递过程中,涉及几个力,即轮胎承受路面的激励力 F_{road}、轮胎输出到轮心的力 F_{rim}(这个力又是悬架输入力 F_{in})和输入给车身的力 F_{body}(这个力又是悬架输出力 F_{out})。我们可以用这三种不同输入力来描述结构声路噪的传递路径:从路面激励到车内噪声传递,从轮心振动到车内噪声传递和从悬架振动到车内噪声传递。轮胎承受路面的激励力几乎不能测量,所以很难获取从胎面到车内的路径贡献,而在工程中,通常从轮心力和悬架对车身输入力两个维度来分析结构声路噪传递路径。从轮心力的角度,可以得到每个轮胎振动对车内噪声的贡献;从车身输入力的角度,可以获取悬架中每条路径对车内噪声的贡献。

2. 从路面激励到车内噪声的传递

由路面激励引起的胎面振动到车内噪声的传递包括了振动穿过轮胎、悬架和车身的过程。假设每个轮胎承受三个方向的力,作用在四个轮胎上,总共有12个力,轮胎到车内的传递函数为 $H^{SB-road}$,那么车内声压表达为

$$P^{SB} = H^{SB-road} F^{road} = \sum_{i=1}^{12} H_i^{SB-road} F_i^{road} \qquad (2.13)$$

式中,F_i^{road} 和 $H_i^{SB-road}$ 分别表示第 i 个轮胎承受路面的激励力和它对车内噪声的传递函数。

3. 从轮心振动到车内噪声的传递

路面作用到胎面的力很难测量,因此,从轮胎振动来分析结构声传递过程意义不大。工程师们往往从轮心力出发来分析,因为它可以识别,也可以测量。一个轮心上有6个作用力(3个力和3个力矩),一辆车共有24个作用力。假设从轮心到车内噪声的传递函数为 H^{SB-rim},那么,车内结构声路噪为

$$P^{SB} = H^{SB\text{-}rim}F^{rim} = \sum_{i=1}^{24} H_i^{SB\text{-}rim}F_i^{rim} \quad (2.14)$$

式中，F_i^{rim} 和 $H_i^{SB\text{-}rim}$ 分别是第 i 个轮心力（即悬架输入力）和它对车内噪声的传递函数。

每条路径对车内噪声的贡献为

$$P_i^{SB} = H_i^{SB\text{-}rim}F_i^{rim} \quad (2.15)$$

根据式（2.15），就得到了每条路径的贡献和每个轮胎振动对车内噪声的贡献，即从轮心力出发，可以分析每个轮胎振动对车内噪声的贡献。

4. 从悬架振动到车内噪声的传递

轮心力作为悬架的输入力传递到摆臂、衬套、副车架、弹簧、减振器等部件，形成了许多路径，然后传递到车身。不同结构悬架与车身连接点的数量不一样，而且每个连接点处，悬架部件对车身有 3 个方向的作用力。从悬架与车身连接点到车内的传递函数为 $H^{SB\text{-}body}$，这些力作用得到车内噪声为

$$P^{SB} = H^{SB\text{-}body}F^{body} = \sum_{i=1}^{N} H_i^{SB\text{-}body}F_i^{body} \quad (2.16)$$

式中，F_i^{body} 和 $H_i^{SB\text{-}body}$ 分别是第 i 个作用在车身上的力（即悬架输出力）和它对车内噪声的传递函数。

每条路径对车内噪声的贡献为

$$P_i^{SB} = H_i^{SB\text{-}body}F_i^{body} \quad (2.17)$$

根据式（2.17），就得到了悬架每条路径对车内噪声的贡献。

五、结构声路噪传递路径与 MIMO 系统求解

前面描述的空气声路噪和结构声路噪的传递及公式是在假设激励彼此独立且路径彼此无关的前提下给出的，然而，路噪激励彼此部分相关，如一个轮胎近场的噪声主要是它与路面作用产生的，但是测量得到的源还包括了前后和左右相邻轮胎噪声的贡献。同侧前轮和后轮通过同样的路面，承受的激励相同而时间滞后，因此前后轮胎的振动部分相关；左轮与右轮安装在车身纵向相同而横向不同的位置上，甚至它们彼此相连，因此左右轮胎振动彼此部分相关。

乘用车有四个轮胎，就有四条空气声传递路径，它们的传递函数部分相关。对结构声来说，从不同的激励力出发，传递路径的数量是不一样的。如果从分析轮胎振动贡献的角度来看，结构声有 24 条传递路径；如果从分析悬架振动的角度，传递路径就更多，结构声传递函数彼此部分相关，即一个激励来自多个源。车内路噪是人耳处的声压，如果考虑车内多个位置的响应，响应是多输出。因此，路噪源和对车内传递构成了一个复杂的多输入

多输出系统。

在图 2.8 所示的 MIMO 系统中有 m 个输入信号和 n 个输出信号，假设输入是准确的，忽略输出信号中的误差。第 i 个输出信号 Y_i 为

$$Y_i = H_{i1}X_1 + \cdots + H_{ij}X_j + \cdots + H_{im}X_m \tag{2.18}$$

式中，X_j 为第 j 个输入信号；H_{ij} 为第 i 个输出信号对第 j 个输入信号的传递函数。

n 个输出信号与 m 个输入信号就构成了一个 MIMO 系统输出 – 输入模型，表达为

$$\begin{pmatrix} Y_1 \\ \vdots \\ Y_i \\ \vdots \\ Y_n \end{pmatrix} = \begin{pmatrix} H_{11} & \cdots & H_{1j} & \cdots & H_{1m} \\ \vdots & & \vdots & & \vdots \\ H_{i1} & \cdots & H_{ij} & \cdots & H_{im} \\ \vdots & & \vdots & & \vdots \\ H_{n1} & \cdots & H_{nj} & \cdots & H_{nm} \end{pmatrix} \begin{pmatrix} X_1 \\ \vdots \\ X_j \\ \vdots \\ X_m \end{pmatrix} \tag{2.19}$$

用矩阵形式来表征这个多输入多输出系统，为

$$\boldsymbol{Y} = \boldsymbol{HX} \tag{2.20}$$

式中，$\boldsymbol{X}$、$\boldsymbol{Y}$ 和 $\boldsymbol{H}$ 分别为输入向量、响应向量和传递函数矩阵，分别为

$$\boldsymbol{X} = (X_1, \cdots, X_j, \cdots, X_m)^{\mathrm{T}} \tag{2.21}$$

$$\boldsymbol{Y} = (Y_1, \cdots, Y_i, \cdots, Y_n)^{\mathrm{T}} \tag{2.22}$$

$$\boldsymbol{H} = \begin{pmatrix} H_{11} & \cdots & H_{1j} & \cdots & H_{1m} \\ \vdots & & \vdots & & \vdots \\ H_{i1} & \cdots & H_{ij} & \cdots & H_{im} \\ \vdots & & \vdots & & \vdots \\ H_{n1} & \cdots & H_{nj} & \cdots & H_{nm} \end{pmatrix} \tag{2.23}$$

在 MIMO 系统中，有三个因素：输入（$\boldsymbol{X}$）、输出（$\boldsymbol{Y}$）和系统（$\boldsymbol{H}$），因此，它有三种求解情况。第一种情况是已知输入和系统，求解响应，这是一个正向问题。这种问题最常见，比如，知道了轮胎噪声源和传递路径特征，求解轮胎对车内的噪声贡献。按照式（2.20）就可以求解这类问题，求解相对容易。

第二种情况是已知输出（$\boldsymbol{Y}$）和传递函数（$\boldsymbol{H}$），求输入（$\boldsymbol{X}$），这是一个逆问题。在识别结构声路噪问题中，悬架力很难测试，因此在已知响应（如车内噪声）和传递函数的情况下，求解输入就是识别悬架力。由于 $\boldsymbol{X}$、$\boldsymbol{Y}$ 和 $\boldsymbol{H}$ 可能不是方阵，因此需要进行矩阵变换才能求解。在方程两边前乘 $\boldsymbol{H}$ 的转置矩阵 $\boldsymbol{H}^{\mathrm{T}}$，由式（2.20）得到响应为

$$X = (H^T H)^{-1} H^T Y = H^+ Y \qquad (2.24)$$

式中,"+"表示伪逆(pseudo-inverse);H^+是矩阵H的伪逆,表达为

$$H^+ = (H^T H)^{-1} H^T \qquad (2.25)$$

第三种情况是已知输出(Y)和输入(X),求传递函数(H),这是系统识别问题,即求解系统特征或传递路径的贡献。在路噪问题中,通过响应和输入信号来识别每条路径对车内噪声贡献就是这类问题,即传递路径识别问题。在方程两边后乘X的转置矩阵X^T,由式(2.20)得到传递函数为

$$H = YX^T(XX^T)^{-1} = YX^+ \qquad (2.26)$$

式中,X^+是矩阵X的伪逆,表达为

$$X^+ = X^T(XX^T)^{-1} \qquad (2.27)$$

求解 MIMO 模型是在解空间内,用最小二乘法来得到误差最小的解。

第三节 悬架力识别

源的识别包括空气声噪声源识别和振动源识别。空气声路噪源在轮胎近场,很容易测量到,而结构声路噪激励源很难测量。从轮胎到悬架传递的角度来看,激励源是轮心力(悬架输入力),而从悬架对车身激励角度来看,激励源是悬架施加在车身上的力(悬架输出力)。这些力很难测量,因此振动源识别的关键就是识别悬架力。

一、悬架力及识别问题

1. 悬架力

图 2.14 给出了力在悬架中的传递过程。路面与轮胎相互作用产生的力(F_{road})传递到轮胎,经过轮胎的衰减或放大之后,在轮心处的力为F_{rim},即为轮胎的输出力。F_{rim}传递到悬架时,它变成了悬架的输入力(F_{in}或F_1)。力在悬架的传递过程中还会有中间力,其中人们最关心的力是衬套两侧的力,因为这与衬套的隔振相关。输入力在部件 S1(如摆臂)内传递,在部件 S1 和衬套连接点(2 点)的力为F_2,经过衬套之后,在衬套与部件 S2(如副车架)的连接点(3 点)处的力为F_3。假设部件 S2 与车身刚性连接,因此F_3在部件 S2 内传递之后,到达它与车身的连接点,产生的力为F_4。F_4是悬架的输出力F_{out},同时也是车身的输入力F_{body}。悬架中最重要的四个力列举如下:

悬架输入力F_{in}(F_1):来自轮胎,是轮胎振动控制的目标。

悬架输出力F_{out}(F_4):输出给车身,是悬架振动控制的目标。

衬套主动侧力F_2:输入给衬套的力。

衬套被动侧力F_3:衬套输出力。

我们把这四个力称为悬架力,其中输入力和输出力是工程师们最关心的,在论述力识别问题时,通常也是指这两个力的识别。衬套主动侧和被动侧的力属于悬架中间过程中产生的力,悬架中还有很多中间力。

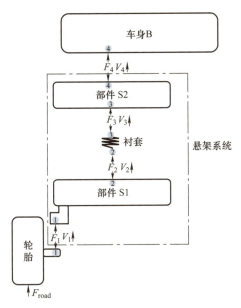

图 2.14　力在轮胎-悬架-车身中的传递

图 2.14 中的 1 点承受了两个力,一个力是从悬架输入力传递到 1 点的力 F_1,另一个力是衬套(弹簧)力传递到 1 点的力 F_2,1 点的速度为

$$V_1 = Y_{11}^{S1} F_1 - Y_{21}^{S1} F_2 \tag{2.28}$$

式中,Y_{11}^{S1} 是部件 S1 上 1 点的原点速度导纳,Y_{21}^{S1} 是部件 S1 上 2 点到 1 点的跨点速度导纳。在本书后续内容中,在没有特别说明的情况下,速度导纳简称为导纳。

部件 S1 上 2 点承受两个力 F_1 和 F_2,2 点的速度为

$$V_2 = Y_{12}^{S1} F_1 - Y_{22}^{S1} F_2 \tag{2.29}$$

式中,Y_{22}^{S1} 是 S1 上 2 点的原点导纳;Y_{12}^{S1} 是 S1 上 1 点到 2 点的跨点导纳。

部件 S2 上 3 点承受两个力 F_3 和 F_4,3 点的速度为

$$V_3 = Y_{33}^{S2} F_3 - Y_{43}^{S2} F_4 \tag{2.30}$$

式中,Y_{33}^{S2} 是部件 S2 上 3 点的原点导纳;Y_{43}^{S2} 是部件 S2 上 4 点到 3 点的跨点导纳。

弹簧或衬套所受的力为

$$F_2 = F_3 = \frac{K}{\mathrm{j}\omega}(V_2 - V_3) \tag{2.31}$$

式中,K 是弹簧或衬套刚度;j 是虚数单位;ω 是圆频率(角频率)。

部件 S2 上 4 点承受两个力 F_3 和 F_4，4 点的速度为

$$V_4 = Y_{34}^{S2} F_3 - Y_{44}^{S2} F_4 \qquad (2.32)$$

式中，Y_{44}^{S2} 是部件 S2 上 4 点的原点导纳；Y_{34}^{S2} 是部件 S2 上 3 点到 4 点的跨点导纳。

在车身上 4 点的速度为

$$V_4 = Y_{44}^{B} F_4 \qquad (2.33)$$

式中，Y_{44}^{B} 是部件 B 上 4 点的原点导纳。

假设部件 S1 和 S2 都是线性系统，根据互逆原理，则 $Y_{21}^{S1} = Y_{12}^{S1}$，$Y_{43}^{S2} = Y_{34}^{S2}$。

将式（2.29）和式（2.30）代入式（2.31）中，得到

$$F_2 = (j\omega K^{-1} + Y_{22}^{S1} + Y_{33}^{S2})^{-1}(Y_{12}^{S1} F_1 + Y_{43}^{S2} F_4) \qquad (2.34)$$

由式（2.32）和式（2.33），得到

$$F_4 = \frac{Y_{34}^{S2}}{Y_{44}^{S2} + Y_{44}^{B}} F_2 \qquad (2.35)$$

将式（2.35）代入式（2.34），得到

$$F_2 = \frac{(Y_{44}^{S2} + Y_{44}^{B}) Y_{12}^{S1}}{(j\omega K^{-1} + Y_{22}^{S1} + Y_{33}^{S2})(Y_{44}^{S2} + Y_{44}^{B}) - (Y_{34}^{S2})^2} F_1 \qquad (2.36)$$

将式（2.36）代入式（2.35）中，得到

$$F_4 = \frac{Y_{34}^{S2} Y_{12}^{S1}}{(j\omega K^{-1} + Y_{22}^{S1} + Y_{33}^{S2})(Y_{44}^{S2} + Y_{44}^{B}) - (Y_{34}^{S2})^2} F_1 \qquad (2.37)$$

2. 悬架力的识别问题与方法

力的识别是悬架振动分析中最重要的问题之一。识别悬架力有四个作用：

第一，轮胎输出力是衡量轮胎振动的最终指标。输出力反映了路面激励和轮胎结构特征。同时，它也是悬架的输入力。悬架振动控制的第一步就是控制这个力。

第二，悬架输出力是衡量悬架振动的最终指标。它取决于输入力和悬架结构特征，同时，它又是车身的输入力。

第三，悬架输出力与输入力的比值称为力传递率。它是一个传递函数，反映了悬架的结构特征。在实际开发和研究工作中，先获取这两个力，再计算传递率。

第四，只有获取了悬架力，才能计算每条传递路径的贡献，这对结构声计算和贡献源分析至关重要。同时，悬架力是寻求最优控制路径的基石，即只有控制那些对车内结构声贡献大的路径和对应的悬架力，才能最佳地控制结构声路噪。

常见的悬架力识别方法有：直接测量法、刚度法和逆矩阵法。

3. 悬架力的控制

轮心力是轮胎振动的一级指标，悬架输出力是悬架振动的一级指标。在输入力一定的情况下，悬架振动的最终目标是悬架输出力。力传递率是悬架振动传递的指标，它取决于悬架的结构特征，是衡量悬架衰减振动的最重要指标。

F_1 是悬架的输入力，F_4 是悬架的输出力，由式（2.37）可以得到悬架的力传递率为

$$T^{susp} = \frac{F_4}{F_1} = \frac{Y_{34}^{S2} Y_{12}^{S1}}{\left(j\omega K^{-1} + Y_{22}^{S1} + Y_{33}^{S2}\right)\left(Y_{44}^{S2} + Y_{44}^{B}\right) - \left(Y_{34}^{S2}\right)^2} \tag{2.38}$$

传递率与衬套刚度、跨点导纳和原点导纳有关，因此降低力传递率的方法有三种：降低衬套刚度、改变结构模态和改变力的分布。

力传递率与衬套刚度（K）成正比，即刚度低，传递率低。通过降低衬套刚度的方法，可以控制悬架输出力。

传递率与部件的跨点导纳 Y_{12}^{S1} 和 Y_{34}^{S2} 成正比。跨点导纳分别反映了部件 S1 和部件 S2 的整体柔度或刚度，反映了部件结构模态特征。部件刚度大，柔度就低，传递率也低。所以，通过改变结构模态特征可以改变力传递率，从而控制输出力。

传递率与部件连接点导纳 Y_{22}^{S1}、Y_{33}^{S2} 和 Y_{44}^{S2} 成反比。提高部件连接点导纳，即降低原点刚度，传递率会降低。这里的原点与有隔振元件（如弹簧、衬套等）系统中所讲的原点不同，原点可以看成是这个系统中的一个柔性元件。对有隔振元件的系统，降低元件两边部件的原点刚度会使得系统隔振效果降低，第七章"悬架系统隔振控制"将专题讲述悬架衬套隔振问题。

虽然式（2.38）没有直接表征力的分布特征，但是通过改变力的分布，也可以实现传递率的控制。比如，某些路噪对横向力的敏感度低，而对垂向力敏感度高，那么通过调整结构来改变横向力与垂向力的分布，可以降低垂向力传递率。

本书后续章节将对这些方法展开分析。第六章"悬架系统振动模型与模态控制"将详细讲述悬架力控制与模态控制。

二、直接测量法

直接测量法是指在需要测试力的部位安装力传感器来直接测量力。图 2.15 显示在一个轮辋上安装了六分力传感器（应变片）来直接测量汽车运行工况下的轮心力和力矩。

直接测量法的好处是直接得到力，而不需要通过数据转换。但是，这种方法有很多缺点：第一，需要特殊的辅助设备，如图 2.15 中的特制轮辋，对于不同尺寸轮胎需制作不同工装，成本相对较高；而且有的地方无法安装力传感器，如悬架与车身的连接点。第二，改变了原系统的结构和质量分布，如在轮心处安装力传感器，工装轮辋刚度等属性不能完全等同实际轮辋。第三，多数力传感器适用的频率带宽上限比较低，比如 50Hz，少数能达到 500Hz。

图 2.15 轮辋上安装的六分力测试装置和传感器

另一种直接测量法是在系统上直接贴应变片，通过应力与应变的关系来获取力。现在更为广泛应用的是将应变片贴在受力点附近，首先测量力对应变的传递函数，然后测量运行工况下的应变，通过逆矩阵计算获取力。因为要采用逆矩阵法，所以这已经不能算严格意义上的直接法。

与使用加速度传感器相比，使用应变片有很多优点。应变片可以离激励点很近，获取的是局部信号，而不是整体信号，所测量的传递函数解耦更好，从而求逆过程中的病态问题小。

三、动刚度法

当两个部件用柔性元件（如悬置、衬套）连接时，可以用元件的动刚度和两侧响应来计算力，这种方法称为动刚度法。在图 2.16 中，衬套安装在 1 点和 2 点之间。悬架输入力传递到 1 点，激励衬套，1 点是主动端。振动经过衬套后传递到 2 点，2 点是被动端。过滤掉测量加速度信号中的直流成分，对它积分得到速度；然后过滤掉速度中的直流成分，再积分，得到位移。将衬套两侧的位移差乘以动刚度，就得到了衬套力，表达如下

$$F_K(t) = K_d[\iint a_1(t)\mathrm{d}t\mathrm{d}t - \iint a_2(t)\mathrm{d}t\mathrm{d}t] \qquad (2.39)$$

式中，K_d 是衬套刚度；a_1 和 a_2 分别是衬套主动端（如悬架端）和被动端（如车身端）的加速度。

将式（2.39）转换到频域内，为

$$F_K(\omega) = -\frac{K_d(\omega)}{\omega^2}[a_1(\omega) - a_2(\omega)] \qquad (2.40)$$

动刚度法的优点是直接、简单、便捷，而且便于获得衬套的隔振效果。缺点是只适合于刚度低的衬套，当衬套刚度太大时，力的误差大；而且只适合于衬套的线性段；另外，

由于主动侧和被动侧的相位不一致，从而积分得到的位移与实际情况有偏差。

动刚度法只采用了隔振元件的刚度以及主动侧和被动侧的响应，因此，它无法用于计算悬架输入力和输出力。

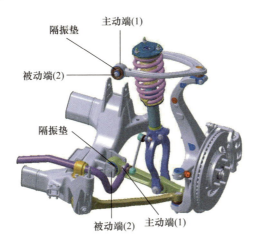

图 2.16 衬套隔振垫及主动端和被动端

四、逆矩阵分析法

1. 逆矩阵分析与力的识别

对于一个系统或部件，如轮心区域、悬架与车身连接区域，在上面施加了 N 个力，有 m 个输出（如加速度），如图 2.17 所示。这些区域可以视为一个识别力的系统。

图 2.17 N 个力施加在一个系统上，产生了 m 个响应

在 1 点的加速度是各个力传递到该点的响应之和，表达为

$$a_1 = H_{11}F_1 + H_{12}F_2 + \cdots + H_{1N}F_N \tag{2.41a}$$

式中，a_1 是 1 点的加速度；F_1，F_2，$\cdots$，F_N 分别是作用在系统上的力；H_{11}，H_{12}，$\cdots H_{1N}$ 分别是 a_1 对这些力的传递函数。

同样，对第 2 点和第 m 点的响应为

$$a_2 = H_{21}F_1 + H_{22}F_2 + \cdots + H_{2N}F_N \tag{2.41b}$$

$$a_m = H_{m1}F_1 + H_{m2}F_2 + \cdots + H_{mN}F_N \tag{2.41c}$$

将式（2.41）写成矩阵形式，为

$$\begin{pmatrix} a_1 \\ a_2 \\ \vdots \\ a_m \end{pmatrix} = \begin{pmatrix} H_{11} & H_{12} & \cdots & H_{1N} \\ H_{21} & H_{22} & \cdots & H_{2N} \\ \vdots & \vdots & & \vdots \\ H_{m1} & H_{m2} & \cdots & H_{mN} \end{pmatrix} \begin{pmatrix} F_1 \\ F_2 \\ \vdots \\ F_N \end{pmatrix} \quad (2.42)$$

式（2.42）改写为

$$\boldsymbol{A} = \boldsymbol{HF} \quad (2.43)$$

式中，$\boldsymbol{A}$、$\boldsymbol{H}$ 和 $\boldsymbol{F}$ 分别为加速度响应向量、加速度响应对力的传递函数矩阵和激励力向量。

$$\boldsymbol{A} = (a_1, \ a_2, \ \cdots, \ a_m)^{\mathrm{T}} \quad (2.44)$$

$$\boldsymbol{H} = \begin{pmatrix} H_{11} & H_{12} & \cdots & H_{1N} \\ H_{21} & H_{22} & \cdots & H_{2N} \\ \vdots & \vdots & & \vdots \\ H_{m1} & H_{m2} & \cdots & H_{mN} \end{pmatrix} \quad (2.45)$$

$$\boldsymbol{F} = (F_1, \ F_2, \ \cdots, \ F_N)^{\mathrm{T}} \quad (2.46)$$

加速度和传递函数是容易测量的量，而力（特别是悬架力）难以测量，因此，可以用测量数据来计算力，这是 MIMO 系统中的第二类问题。

为了避免矩阵求逆带来的病态问题，加速度信号数量要大于力信号数量，通常响应信号数量是激励力的两倍以上，即 $m > 2N$，方程（2.43）构成了一个超正定方程组。

矩阵 $\boldsymbol{H}$ 为 $m \times N$ 矩阵，因此必须将之转换成方阵，才可以求逆。由式（2.43）得到力向量为

$$\boldsymbol{F} = (\boldsymbol{H}^{\mathrm{T}}\boldsymbol{H})^{-1}\boldsymbol{H}^{\mathrm{T}}\boldsymbol{A} = \boldsymbol{H}^{+}\boldsymbol{A} \quad (2.47)$$

式中，$\boldsymbol{H}^{+}$ 为矩阵 $\boldsymbol{H}$ 的伪逆矩阵，表达为

$$\boldsymbol{H}^{+} = (\boldsymbol{H}^{\mathrm{T}}\boldsymbol{H})^{-1}\boldsymbol{H}^{\mathrm{T}} \quad (2.48)$$

理论上，通过式（2.47）就得到了施加在结构上的力。这种通过求逆矩阵获取力的方法称为逆矩阵法。

从图 2.17 中可以知道，用逆矩阵来识别力只需要被动一侧的响应，不需要衬套刚度值。轮心和车身上通常没有衬套或者它们的刚度非常大，因此，这种方法被广泛用来识别悬架输入力和悬架输出力。

但是这种方法需要传递函数，而响应点之间的距离近，彼此信号相关，即导致了传递函数矩阵 $\boldsymbol{H}$ 中的参数相关。$\boldsymbol{H}_s = \boldsymbol{H}^{\mathrm{T}}\boldsymbol{H}$ 是 $N \times N$ 的方阵，理论上可以求逆，但是矩阵中相互关联的数据可能使得它变成奇异矩阵，即存在矩阵的病态问题。从数学角度来看，矩阵

的病态性表现为它的条件数过大；从物理角度来看，病态性是由于矩阵丢失了部分有用的信息。

为了解决奇异矩阵的病态问题，最常用的方法是用奇异值分解。

2. 奇异值分解

奇异值分解（singular value decomposition，SVD）方法可以用来解决病态矩阵带来的力计算误差。

对任何一个矩阵，如上面的传递函数矩阵 H，设这是一个 $m \times N$ 维的矩阵，可以进行如下奇异值分解

$$H = U\Sigma V^H \tag{2.49}$$

式中，上标"H"表示共轭转置；U 是 $m \times m$ 维酉矩阵（unitary matrix）；V 是 $N \times N$ 维酉矩阵；Σ 是 $m \times N$ 维对角矩阵，即非对角线上的值都是零，对角线上的值为矩阵 H 的奇异值，表达为

$$\Sigma = \begin{pmatrix} \sigma_1 & 0 & \cdots & 0 \\ 0 & \sigma_2 & \cdots & 0 \\ \vdots & \vdots & & \vdots \\ 0 & 0 & \cdots & \sigma_n \\ \vdots & \vdots & & \vdots \\ 0 & 0 & \cdots & 0 \end{pmatrix} \tag{2.50}$$

酉矩阵 U 和 V 自身存在以下关系

$$U^{-1} = U^H \tag{2.51a}$$

$$V^{-1} = V^H \tag{2.51b}$$

奇异值分解可以由特征值分解开始

$$H^H H = V\Sigma^H U^H U\Sigma V^H = V(\Sigma^H \Sigma)V^H \tag{2.52a}$$

$$HH^H = U\Sigma V^H V\Sigma^H U^H = U(\Sigma\Sigma^H)U^H \tag{2.52b}$$

由式（2.49）可知，矩阵 H 的非零奇异值的平方等于矩阵 $H^H H$ 或 HH^H 特征值。矩阵 U 由矩阵 HH^H 的特征向量组成，矩阵 V 由矩阵 $H^H H$ 的特征向量组成。

3. 力的计算

将式（2.49）和式（2.52）代入式（2.48）中，得到矩阵 H 的伪逆为

$$H^+ = V\Sigma^{-1} U^H \tag{2.53}$$

将式（2.53）代入式（2.47），得到力

$$F = V\Sigma^{-1}U^H A \tag{2.54}$$

为了避免 $H^H H$ 求逆带来的病态问题，就必须使得其条件数满足一定要求。一个矩阵（如 H）的条件数等于它的范数与逆矩阵的范数的乘积。矩阵的范数有三种，对应的条件数也有三种，即 1 范数 $\mathrm{cond}(H)_1$、2 范数 $\mathrm{cond}(H)_2$ 和无穷大范数 $\mathrm{cond}(H)_\infty$。通常使用 2 范数的条件数，即

$$\mathrm{cond}(H)_2 = \|H\|_2 \|H^{-1}\|_2 \tag{2.55}$$

条件数表示了矩阵计算对误差的敏感程度，是判断一个矩阵病态程度的度量值，条件数越大，矩阵病态程度越大。只有当条件数小于某个值时，才能对矩阵求逆。用 SVD 方法，条件数等于最大奇异值与最小奇异值之比，或者是矩阵最大特征值与最小特征值之比的平方根，即

$$\mathrm{cond}(H)_2 = \sqrt{\frac{\lambda_{\max}}{\lambda_{\min}}} \tag{2.56}$$

式中，$\lambda_{\max}$ 和 $\lambda_{\min}$ 分别是矩阵的最大和最小特征值。

在满足条件数的前提下，通过矩阵求逆而得到了作用在系统上的力。

4. 案例：悬架输入力识别

逆矩阵方法可以用来识别悬架输入力和输出力。下面以求解悬架输入力来说明逆矩阵识别力的应用，过程如下。

第一，确定测量传递函数的激励点。由于轮心（转向节）连接的部件比较多，很难在轮心处施加力来测量加速度对轮心力的传递函数。因此，选择一个离轮心（C 点）近而力锤容易工作的点作为测量传递函数的施力点（D 点），如图 2.18a 所示。

第二，在轮心附近布置若干个加速度传感器。轮心处有三个力和三个力矩，而 D 点只有三个方向的力。为了避免测量的传递函数矩阵在求逆过程带来病态问题，通常在轮心附近布置 3 个或 4 个三向加速度传感器，响应数为 9 个或 12 个，如图 2.18b 所示。传感器之间距离不能太近，而且分布不能在一个平面上。

第三，传递函数测量。测量加速度对 D 点激励力的传递函数。

第四，用逆矩阵法计算 D 点的受力。在运行工况下，测量加速度响应，然后用上述逆矩阵方法求解 D 点的力 $F_D = (F_{Dx}, F_{Dy}, F_{Dz})^T$。

第五，通过空间几何变换得到轮心力和力矩 $F_C = (F_{Cx}, F_{Cy}, F_{Cz}, M_{Cx}, M_{Cy}, M_{Cz})^T$，为

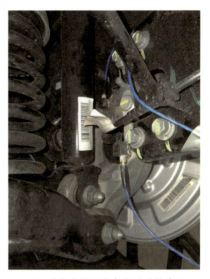

a) 激励点和响应点的空间布置图　　　　　b) 安装在轮心(转向节)上的传感器

图 2.18　悬架输入力识别

$$\begin{pmatrix} F_{Cx} \\ F_{Cy} \\ F_{Cz} \\ M_{Cx} \\ M_{Cy} \\ M_{Cz} \end{pmatrix} = \begin{pmatrix} 1 & 0 & 0 \\ 0 & 1 & 0 \\ 0 & 0 & 1 \\ 0 & -d_z & d_y \\ d_z & 0 & -d_x \\ -d_y & d_x & 0 \end{pmatrix} \begin{pmatrix} F_{Dx} \\ F_{Dy} \\ F_{Dz} \end{pmatrix} \quad (2.57)$$

式中，d_x、d_y、d_z 分别是 D 点与 C 点在 x、y、z 三个方向的距离。

图 2.19 是通过上述方法求得的一辆 SUV 前悬架的轮心力和力矩。力和力矩主要集中在 40Hz 以下的低频段，在 20～40Hz 范围内，最大激励力为 25N，最大力矩为 4.5N·m；频率低于 20Hz 时，激励力可以达到 100N 以上，力矩超过 16N·m。随着频率增加，激励迅速衰减，在 100Hz 以上，激励力和力矩很小。

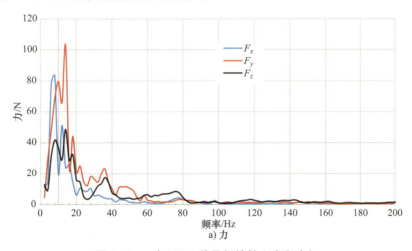

a) 力

图 2.19　一辆 SUV 前悬架的轮心力和力矩

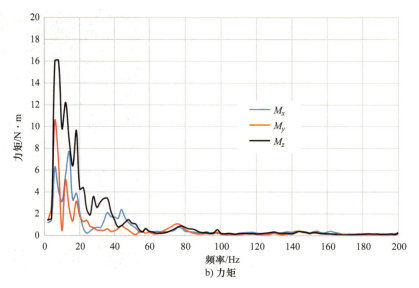

图 2.19 一辆 SUV 前悬架的轮心力和力矩（续）

逆矩阵方法的优点是只需要测量系统一侧的传递函数和响应。有衬套的地方，不需要衬套刚度；在没有衬套的地方，也可以识别出力。

第四节 路噪传递路径的识别

一、传递路径识别的方法

动力系统激励源、风激励源和路面激励源分别以结构声和空气声的方式向车内传递，而且每种源和传递方式都有很多传递路径。

传递路径分析（transfer path analysis，TPA）是通过激励和传递函数来分析每条路径贡献的方法，即用激励源乘以传递函数得到响应贡献。传递路径识别就是用 TPA 方法识别出每条路径在每个频率下对车内噪声的贡献量，从而找到主要能量贡献路径，为精准诊断 NVH 问题根源提供依据。这种方法可实现多路径同步分析，分离出动力噪声、路噪和风噪，以及结构声和空气声。

传递路径识别方法很多，如传统传递路径分析方法（习惯上依然用 TPA 表示）、运行工况传递路径分析方法（OTPA、OPAX）、双耳传递路径分析方法（BTPA）、部件传递路径分析方法（CTPA）、能量传递路径分析方法（ETPA）、多重相干分析方法（MCF）、滑行法、倒拖法、轮胎与悬架分离法等。

传统 TPA 方法是最早使用和最基础的方法。一个系统（如车身）与约束边界（如悬架）脱开，在受力点施加力，获得车内噪声对力的传递函数。在汽车运动状态下，识别出受力点的力，通过力和传递函数得到车内噪声，从而识别出路径的贡献。这样的传递函数是在频率内得到的，反映出系统的特征，被称为"传统"传递函数，对应的识别方法被称为"传统"TPA 方法。传统 TPA 方法能很好地消除路径的耦合，实现矢量分解与合成，但是耗时多。其他 TPA 方法都是在传统 TPA 方法基础上发展起来的。

OTPA（operational transfer path analysis）是运行工况下的传递路径分析方法。这种方法不需要分离车身，而是在汽车运行工况下，通过测量数据来构建虚拟的"传递函数"，再将输入端响应代替激励力作为"输入"，用"传递函数"和"输入"计算出路径的贡献量。OTPA 借用了 TPA 的概念，所谓的"传递函数"是输出响应与输入响应的传递率，它可以在频域和时域内分析。在 OTPA 中，不需要测量传递函数，因此耗时少。

OPAX（operational path analysis with exogenous inputs）也是一种运行工况下的传递路径分析方法。这种频域分析方法不需要分离车身，而是在汽车运行工况下进行，也是一种快速方法。但是 OPAX 需要主动侧和被动侧的响应，利用参数载荷模型来识别载荷（力），因此它适用于有衬套的部位。有些悬架部位没有衬套或衬套刚度非常大，因此，OPAX 不适合于悬架中的所有路径的识别。在悬架结构声传递路径分析中，一般不采用这种方法。

BTPA（binaural transfer path analysis）是一种在时域内求解传递函数的分析方法。BTPA 与传统 TPA 有相同的地方，即两者都用到了传递函数，但是两者又有许多不同。第一，传统 TPA 是在频域内分析，而 BTPA 是在时域内。第二，结构声传递函数的出发点不一样，传统 TPA 采用的是激励端的力，而 BTPA 使用的是主动端的加速度。第三，传统 TPA 的传递函数是从力到车内声压的传递，而 BTPA 将从加速度到车内声压的传递过程细分为三步，即从主动侧加速度到被动侧加速度、从被动侧加速度到车身的力、从车身力到车内声压，用到了三个传递函数。BTPA 采用了双耳录音和声音拟合，可以实现信号高品质的分离和回放。BTPA 虽然识别的精度高，但是传递函数测量非常费时，另外，它只对有弹性元件（如发动机悬置）的场合适用，而对轮胎与悬架的传递分析并不适合，因此这种方法几乎不能用于路噪分离。

CTPA（component-based transfer path analysis）是一种将部件的传递特征集合起来预测整车传递路径贡献的方法。将整车分解成部件，得到部件在自由状态下的传递特征，再将它们集成一体，便得到装车状态下的传递函数，并且获取了每条路径的贡献，从而找到需要优化的部件。另外，当整车公司将部件的传递函数作为目标提供给供应商，供应商就可以独立进行开发工作。

MCF（multiple coherence function）是通过计算多个输入信号对单个输出信号的相干函数来表征该组输入对最终输出（如车内噪声）的贡献。多重相干分析不是真正意义上的分离，而只是给出了贡献量的占比。它可以用于频域和时域分析。在 MCF 中，不需要测量传递函数，因此耗时少。

本书讲述的路噪传递路径识别方法可以用在三方面。第一方面是三大噪声源的识别，第二方面是空气声路噪和结构声路噪的识别，第三方面是结构声路噪中的每条路径的识别。路噪的空气声源和传递函数容易获取，路径清晰，容易识别。但是，结构声传递路径耦合严重，而且源处的力难以获取，因此，怎样识别结构声传递路径是路噪传递路径识别的重点，也是本章介绍的要点。

从以上分析，可以看出 TPA、OTPA 和 MCF 方法可以用于路噪传递路径识别，而 OPAX 和 BTPA 更适合于有隔振系统的动力总成传递路径识别，CTPA 适合于结构优化分析。表 2.1 给出了 TPA、OTPA 和 MCF 的激励特征、传递特征、识别精度和工作量的比较。

表 2.1 几种传递路径识别方法的特征比较

识别方法	激励特征	传递特征	频/时域	识别精度	物理意义	工作量
TPA	解耦的力	传递函数	频域	高	分离	大
OTPA	耦合的响应	传递率	频域/时域	一般	分离	小
MCF	耦合的响应	相干函数	频域/时域	一般	能量占比	小

二、传统传递路径识别

1. 传统 TPA 中的传递函数

传统 TPA 中的每个传递函数彼此独立，如排气尾管对车内的噪声传递函数与进气口对车内的噪声传递函数、轮胎近场对车内噪声传递函数等无关。这类空气声传递函数容易测量，比如将声源置于轮胎近场，测量源和车内噪声后就可以得到轮胎对车内的声传递函数。第九章"空气声路噪的车身控制"将详细介绍空气声传递函数的测量方法。

但是，结构声传递函数测量相对困难，因为两个耦合的系统，必须将激励输入系统与被激励系统分开，才能测量被激励系统的传递函数。例如测量车身结构传递函数时，必须将与车身相连接的激励部件（如动力总成、悬架等）脱开，然后用力锤或激振器来激励车身，测量车内噪声，得到结构声传递函数。第八章"结构声路噪的车身控制"将详细介绍结构声传递函数的测量方法。

传统 TPA 传递函数最凸显的优势是识别路径贡献的精度很高。但是，缺点也很突出，即拆卸部件工作量非常大、耗时而且繁琐。

2. 传递路径识别

传统 TPA 包括单参考 TPA 和多参考 TPA。

单参考 TPA 是指所有激励和响应信号是以一个指示信号作为参考的传递路径分析方法。例如分析动力系统噪声与振动时，可以将发动机转速或阶次作为参考信号来处理所有与发动机相关系统的工况数据。动力系统中的发动机、变速器、进排气、传动系统等振动和噪声源来自发动机激励，这些信号相位关系、阶次关系明确，因此只要采用发动机的一个信号，如机体上的振动作为参考信号，其他信号与参考信号之间的关系就确定了。

一个系统中有多个激励源且彼此部分相关，找不到一个指示信号来表征所有激励源的特征，不得不采用多个指示信号作为参考来表征所有激励源特征并且识别出源和响应的关系以及每条路径的贡献，这种方法就是多参考 TPA。例如，在结构声路噪中，一辆车四个轮胎受到路面激励，每个悬架上的振动都有来自四个轮胎的激励，即每个悬架振动彼此关联。车内不同位置的声音都有四个悬架激励的贡献，响应信号之间彼此相关。识别这类振动和声音的传递路径时,必须采用多个信号作为参考信号或指示信号。

多参考 TPA 又分成正向多参考和反向多参考。由于在结构声路噪分析中,没有像发动机相位和阶次这样明确的信号,因此必须使用所有与激励相关的信号作为参考,如四个轮心位置的振动或力信号。以多个输入信号(如悬架振动)来分析传递路径贡献并获取车内噪声的 TPA 方法就是正向多参考 TPA。反之,以多个输出信号作为参考信号来分析传递路径贡献的方法就是反向多参考 TPA,例如以四个座位的车内噪声响应为参考信号来分析悬架贡献就是反向多参考 TPA。

3. 多参考传递路径识别

对一个多输入单输出系统,如图 2.9 所示,输入信号 $\boldsymbol{X}=(X_1,\cdots X_i,\cdots X_n)^\mathrm{T}$ 中的每个输入 $X_i(i=1,2,\cdots,n)$ 彼此独立,如图 2.20 所示,它的自功率谱为

$$\boldsymbol{G_{XX}} = \boldsymbol{X}^*\boldsymbol{X}^\mathrm{T} = \begin{pmatrix} X_1^*X_1 & & & & \\ & \ddots & & 0 & \\ & & X_i^*X_i & & \\ & 0 & & \ddots & \\ & & & & X_n^*X_n \end{pmatrix} \qquad (2.58)$$

式中,上标"*"表示共轭。

图 2.20　彼此独立的输入信号

输入信号 X_i 对应的输出信号 Y 中的分量为 Y_{X_i},$\boldsymbol{Y}=(Y_{X_1},\cdots,Y_{X_i},\cdots,Y_{X_n})$ 中的每个分量也是彼此独立,输入与输出之间的互功率谱为

$$\boldsymbol{G_{XY}} = \boldsymbol{X}^*\boldsymbol{Y} = \begin{pmatrix} X_1^*Y_{X_1} & & & & \\ & \ddots & & 0 & \\ & & X_i^*Y_{X_i} & & \\ & 0 & & \ddots & \\ & & & & X_n^*Y_{X_n} \end{pmatrix} \qquad (2.59)$$

由于 X_i 对 Y_{X_i} 之外的输出分量不相关,所以 $\sum_{\substack{j=1\\j\neq i}}^{n}X_i^*Y_{X_j}=0$。这样输入 X_i 与输出 Y 之间的互功率谱为

$$G_{X_iY}=X_i^*Y_{X_i} \qquad (2.60)$$

这个公式显示输入 X_i 与输出 Y 的互谱等于 X_i 与它对应分量 Y_{X_i} 的互谱,于是得到

$$Y_{X_i} = \frac{X_i^* Y}{\sqrt{X_i^* X_i}} = \frac{G_{X_i Y}}{\sqrt{G_{X_i X_i}}} \qquad (2.61)$$

输入 X_i 与输出 Y 的常相干函数为

$$\gamma_{X_i Y} = \frac{|G_{X_i Y}|^2}{G_{X_i X_i} G_{YY}} = \frac{G_{Y_{X_i} Y_{X_i}}}{G_{YY}} \qquad (2.62)$$

当输入信号 $X_i (i=1,2,\cdots,n)$ 彼此关联在一起，如图 2.21a 所示，它的自功率谱为

$$\boldsymbol{G}_{XX} = \boldsymbol{X}^* \boldsymbol{X}^{\mathrm{T}} = \begin{pmatrix} X_1^* X_1 & \cdots & X_1^* X_i & \cdots & X_1^* X_n \\ \vdots & & \vdots & & \vdots \\ X_i^* X_1 & \cdots & X_i^* X_i & \cdots & X_i^* X_n \\ \vdots & & \vdots & & \vdots \\ X_n^* X_1 & \cdots & X_n^* X_i & \cdots & X_n^* X_n \end{pmatrix} \qquad (2.63)$$

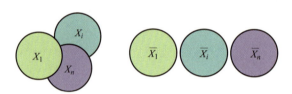

a) 彼此关联的输入信号　　b) 在虚拟空间中彼此独立的输入信号

图 2.21　耦合的输入信号与解耦

为了得到每个输入信号对应的输出信号，就必须将在物理空间耦合的输入信号 $\boldsymbol{X} = (X_1,\cdots,X_i,\cdots,X_n)^{\mathrm{T}}$ 转换到虚拟空间或主成分空间，变成彼此解耦的信号 $\overline{\boldsymbol{X}} = (\overline{X}_1,\cdots,\overline{X}_i,\cdots,\overline{X}_n)^{\mathrm{T}}$，如图 2.21b 所示。奇异值分解是实现这种转换的一种方法。

在虚拟空间上，输入信号 $\overline{X}_i$ 对应的输出分量为 $\overline{Y}_{\overline{X}_i}$，输出 $\overline{\boldsymbol{Y}} = (\overline{Y}_{\overline{X}_1},\cdots,\overline{Y}_{\overline{X}_i},\cdots,\overline{Y}_{\overline{X}_n})$ 的分量之间彼此独立，根据式（2.61），可以得到虚拟空间上的分量为

$$\overline{Y}_{\overline{X}_i} = \frac{\overline{X}_i^* \overline{Y}}{\sqrt{\overline{X}_i^* \overline{X}_i}} = \frac{G_{\overline{X}_i \overline{Y}}}{\sqrt{G_{\overline{X}_i \overline{X}_i}}} \qquad (2.64)$$

下面以反向参考为例来讲述路径识别过程。

三、反向多参考传递路径识别

虽然反向多参考 TPA 属于传统 TPA 方法，但是它采用了输出信号作为参考信号，就显得有些特别，因此就把它专门列为一小节来讲述。

1. 反向多参考物理量

选择车内四个乘客位置的声压作为参考信号，如图 2.22 所示。这四个声音信号都包含

了四个轮胎振动的贡献，因此它们彼此部分相关。

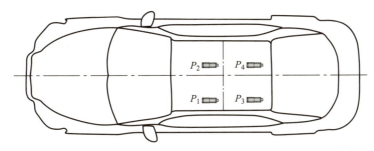

图 2.22　车内四个位置的传声器分布图

车内的噪声向量为

$$\boldsymbol{P} = (P_1, P_2, P_3, P_4)^{\mathrm{T}} \quad (2.65)$$

式中，P_1、P_2、P_3、P_4 分别是四个位置的声压。

声压 $\boldsymbol{P}$ 的自功率谱矩阵 $\boldsymbol{G}_{PP}$ 为

$$\boldsymbol{G}_{PP} = \boldsymbol{P}\boldsymbol{P}^{\mathrm{H}} = \begin{pmatrix} P_1P_1^* & P_1P_2^* & P_1P_3^* & P_1P_4^* \\ P_2P_1^* & P_2P_2^* & P_2P_3^* & P_2P_4^* \\ P_3P_1^* & P_3P_2^* & P_3P_3^* & P_3P_4^* \\ P_4P_1^* & P_4P_2^* & P_4P_3^* & P_4P_4^* \end{pmatrix} \quad (2.66)$$

由于 P_1、P_2、P_3、P_4 彼此部分相关，非对角线上的成分不为零，即 $\boldsymbol{G}_{PP}$ 中的成分彼此相关。求解成分部分相关的矩阵是非常困难的，因此必须进行空间变换，将之变成彼此独立的系统才能更好地求解，而主成分分析（principle component analysis，PCA）是一种方法。

2. 主成分分析

假设存在一个虚拟空间，空间内的四个声压彼此独立。虚拟声压向量 $\bar{\boldsymbol{P}}$ 为

$$\bar{\boldsymbol{P}} = (\bar{P}_1, \bar{P}_2, \bar{P}_3, \bar{P}_4)^{\mathrm{T}} \quad (2.67)$$

式中，$\bar{P}_1$、$\bar{P}_2$、$\bar{P}_3$、$\bar{P}_4$ 分别是虚拟空间中四个位置的声压。

虚拟声压 $\bar{\boldsymbol{P}}$ 的自功率谱 $\boldsymbol{G}_{\bar{P}\bar{P}}$ 为

$$\boldsymbol{G}_{\bar{P}\bar{P}} = \begin{pmatrix} \bar{P}_1\bar{P}_1^* & 0 & 0 & 0 \\ 0 & \bar{P}_2\bar{P}_2^* & 0 & 0 \\ 0 & 0 & \bar{P}_3\bar{P}_3^* & 0 \\ 0 & 0 & 0 & \bar{P}_4\bar{P}_4^* \end{pmatrix} \quad (2.68)$$

自功率谱对角线上有非零值，而非对角线上的值都为零。图 2.23 给出了从物理空间到虚拟空间的示意图。虚拟空间上，四个虚拟声压成分 $\bar{P}_1$、$\bar{P}_2$、$\bar{P}_3$、$\bar{P}_4$ 彼此独立，而其中一个

占主导。四个虚拟声压所在的空间是虚拟空间，被称为主成分空间。

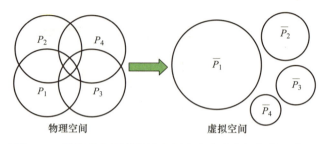

图 2.23　从物理空间到虚拟空间（主成分空间）的示意图

前面介绍的奇异值分解是一种将物理空间量向主成分空间量转换的一种方法，因此 SVD 也适用于声压的分解。将式（2.49）传递函数矩阵 $\boldsymbol{H}$ 改写成物理声压 $\boldsymbol{P}$，可以做如下分解

$$\boldsymbol{P} = \boldsymbol{U\Sigma V}^{\mathrm{H}} \tag{2.69}$$

将式（2.69）代入式（2.66）中，声压的自谱可以表达为

$$\boldsymbol{G}_{PP} = \boldsymbol{U\Sigma}^{2}\boldsymbol{U}^{\mathrm{H}} \tag{2.70}$$

虚拟声压彼此解耦，因此其自谱 $\boldsymbol{G}_{\bar{P}\bar{P}}$ 的特征值就是 $\boldsymbol{G}_{PP}$ 的特征值，即

$$\boldsymbol{G}_{\bar{P}\bar{P}} = \bar{\boldsymbol{P}}\bar{\boldsymbol{P}}^{\mathrm{H}} = \boldsymbol{\Sigma}^{2} \tag{2.71}$$

将式（2.71）代入式（2.70）中，得到物理声压和虚拟声压的自谱关系为

$$\boldsymbol{G}_{PP} = \boldsymbol{U}\boldsymbol{G}_{\bar{P}\bar{P}}\boldsymbol{U}^{\mathrm{H}} \tag{2.72}$$

将式（2.66）和式（2.71）代入式（2.72）中，得到

$$\boldsymbol{P} = \boldsymbol{U}\bar{\boldsymbol{P}} \tag{2.73}$$

通过空间变换，建立了物理声压（$\boldsymbol{P}$）与虚拟声压（$\bar{\boldsymbol{P}}$）之间的关系。这种空间变换类似于模态分析中的模态空间变换。模态向量和特征值分别代表了振型和频率，模态空间和参数是有物理意义的；而上述的声压与虚拟声压之间的主成分空间变换只是数学上的转换，没有物理意义，即虚拟声压没有物理意义。表 2.2 将多参考分析采用的主成分变换和模态变换做了一个类比，以便读者更直观地理解主成分变换。可以将模态变换视为主成分变换的一个特例。

在模态分析中，通过模态矩阵，将物理空间中耦合的参数（质量、刚度、阻尼等）转换成模态空间中相互独立的参数；得到模态空间的解后，再转换成物理空间的解。在多参数分析中，通过酉矩阵（特征向量），将物理空间中的耦合参数（位移、加速度、声压、力等）转换到虚拟空间中，使之成为相互独立的参数；得到虚拟空间的解之后，通过合成，再得到物理空间的解。模态分析和多参考分析所使用的数学转换过程类似。

表 2.2 模态分析与多参考分析类比

	模态分析	多参考分析
空间（坐标）	物理空间 ⇔ 模态空间	物理空间 ⇔ 主成分空间
物理量	物理位移（x）⇔ 模态位移（q）	物理量（如噪声、加速度）⇔ 虚拟量（如虚拟声压、虚拟加速度、虚拟力）
转换矩阵	模态矩阵 $\boldsymbol{\Phi}$：$x = \boldsymbol{\Phi} q$	酉矩阵 $\boldsymbol{U}$：$\boldsymbol{P} = \boldsymbol{U}\bar{\boldsymbol{P}}$
物理值与虚拟值的转换	$\boldsymbol{M}_r = \boldsymbol{\Phi}^\mathrm{T} \boldsymbol{M} \boldsymbol{\Phi}$	$\boldsymbol{G}_{\bar{p}\bar{p}} = \boldsymbol{U}^{-1} \boldsymbol{G}_{pp} \boldsymbol{U}^\mathrm{H}$

3. 反向多参考主成分空间求解

以车内四个位置的声压为反向参考信号来求解每个悬架对车内噪声的贡献。

悬架对车身的激励力有 N 个，在每个受力点布置几个加速度传感器，共有 m 个响应，力和加速度向量分别为

$$\boldsymbol{F} = (F_1, F_2, \cdots, F_N)^\mathrm{T} \tag{2.74}$$

$$\boldsymbol{A} = (a_1, a_2, \cdots, a_m)^\mathrm{T} \tag{2.75}$$

N 个力和 m 个加速度可以分解到四个虚拟的主成分空间，图 2.24 给出了从测量声压的物理空间到虚拟声压的主成分空间的变换示意过程。在四个主成分空间中，给出从虚拟声压到虚拟加速度，再到虚拟力的求解过程。

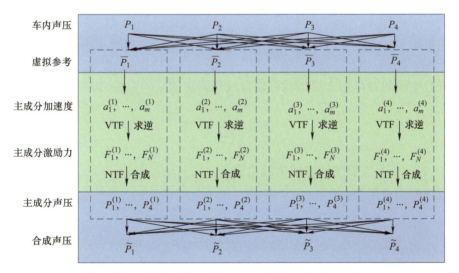

图 2.24 从测量声压的物理空间到虚拟声压的主成分空间的变换示意过程

在每个主成分空间内，力和加速度向量分别表达为

$$\boldsymbol{F}^{(r)} = (F_1^{(r)}, F_2^{(r)}, \cdots, F_N^{(r)})^\mathrm{T} \tag{2.76}$$

$$\boldsymbol{A}^{(r)} = (a_1^{(r)}, \ a_2^{(r)}, \ \cdots, \ a_m^{(r)})^{\mathrm{T}} \tag{2.77}$$

式中，$r = 1, 2, 3, 4$ 表示 4 个主成分空间。

在物理空间内，加速度与声压的互功率谱为

$$\boldsymbol{G}_{a_i \boldsymbol{P}} = a_i \boldsymbol{P}^{\mathrm{H}} = (a_i P_1^*, \ a_i P_2^*, \ a_i P_3^*, \ a_i P_4^*) \tag{2.78}$$

式中，a_i 表示第 i 个加速度，$i = 1, \cdots, m$。

加速度与虚拟声压的互功率谱为

$$\boldsymbol{G}_{a_i \bar{\boldsymbol{P}}} = a_i \bar{\boldsymbol{P}}^{\mathrm{H}} = (a_i \bar{P}_1^*, \ a_i \bar{P}_2^*, \ a_i \bar{P}_3^*, \ a_i \bar{P}_4^*) \tag{2.79}$$

与式（2.64）一样，由式（2.78）和式（2.79），得到主空间内的虚拟加速度为

$$a_m^{(r)} = \frac{G_{a_m \bar{P}_r}}{\sqrt{G_{\bar{P}_r \bar{P}_r}}} = \frac{a_i \bar{P}_r^*}{\sqrt{\bar{P}_r \bar{P}_r^*}} \tag{2.80}$$

车身施力点对周边加速度的传递函数（VTF，用 $\boldsymbol{H}_\mathrm{V}$ 表征）和力对车内噪声的传递函数（NTF，用 $\boldsymbol{H}_\mathrm{N}$ 表征）反映的是结构特征，因此，它们在物理空间和主成分空间内的值是不变的。

在主成分空间内，力由加速度和力对加速度的传递函数获取，根据式（2.47），将计算得到的虚拟加速度代入，得到第 $r(r = 1, 2, 3, 4)$ 个主成分空间内力

$$\boldsymbol{F}^{(r)} = (\boldsymbol{H}_\mathrm{V}^\mathrm{H} \boldsymbol{H}_\mathrm{V})^{-1} \boldsymbol{H}_\mathrm{V}^\mathrm{H} \boldsymbol{A}^{(r)} \tag{2.81}$$

与逆矩阵方法识别力一样，式（2.81）中也存在矩阵求逆带来的病态问题，其处理方法与前者一样。

当主成分空间的力得到之后，就可以合成得到物理空间中的力，表达为

$$\tilde{F}_j = \sqrt{\sum_{r=1}^{4} \left(F_j^{(r)}\right)^2} \tag{2.82}$$

式中，$j = 1, 2, \cdots, N$ 表示物理空间中的力序号。

主成分空间的声压为

$$\tilde{P}_k^{(r)} = \sum_{i=1}^{N} H_{\mathrm{N},ki} F_i^{(r)} \tag{2.83}$$

式中，$k = 1, 2, 3, 4$；$H_{\mathrm{N},ki}$ 为第 i 点力对车内 k 位置的噪声传递函数；$F_i^{(r)}$ 为第 r 个空间中 i 点的力。

在每个主成分空间内，车内噪声对作用在车身上力的传递函数（NTF）与物理空间一样，因此，车内噪声为主成分空间上的每个力乘以对应 NTF 之和，即

$$\begin{pmatrix} P_1^{(i)} \\ P_2^{(i)} \\ P_3^{(i)} \\ P_4^{(i)} \end{pmatrix} = \begin{pmatrix} H_{11} & H_{12} & \dots & H_{1N} \\ H_{21} & H_{22} & \dots & H_{2N} \\ \vdots & \vdots & & \vdots \\ H_{41} & H_{42} & \dots & H_{4N} \end{pmatrix} \begin{pmatrix} F_1^{(i)} \\ F_2^{(i)} \\ \vdots \\ F_N^{(i)} \end{pmatrix} \quad (2.84)$$

当主成分空间的声压得到之后，就可以合成得到物理空间中的声压，表达为

$$\tilde{P}_k = \sqrt{\sum_{r=1}^{4}\left(P_k^{(r)}\right)^2} \quad (2.85)$$

4. 案例验证

将反向多参考方法应用到一辆插电式混合动力汽车（PHEV）上。悬架与车身的连接点作为振动输入点，在附近布置加速度传感器、在车内布置四个传声器。首先测量内饰车身的传统传递函数（H_N），然后测量整车状态下的激励力对加速度响应的传递函数（H_V）。

汽车在沥青路面上以80km/h的速度行驶，测量得到加速度和车内声压。然后采用反向多参考的方法识别出激励力、主空间内的加速度和声压，得到了每条路径的声压贡献量。最后，将所有路径的贡献量合成起来得到了车内声压。图2.25为车内四个位置的测量声压与计算合成声压比较，合成声压与测量值非常接近。

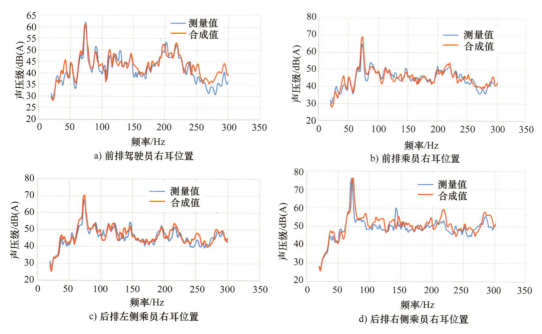

图2.25　车内测量声压与合成声压比较

在这个案例中，78Hz有一个大峰值，引起了车内低频轰鸣声。通过反向多参考分析，得到后悬架是主要贡献通道，而且与车身第二阶声腔模态耦合。通过修改后悬架结构或安装动态吸振器，降低了这个峰值。第六章将详细介绍悬架振动控制方法。

四、运行工况传递路径分析方法

1. 运行工况下的传递率

虽然用传递函数来识别传递路径贡献的优点很多,但是缺点是测量复杂而且耗时长。为了克服这个缺点,工程师们将测量传递函数的方法扩展到运行工况,形成了运行工况下传递路径分析方法。

用运行工况下的数据来构建出一种新的"类似传递函数",即目标点响应与输入点响应之间的比值。这种比值不是 TPA 中的传递函数,而是响应与响应之间的传递率,即用路径上某个位置的响应信号取代了激励力。例如,车内某个位置的噪声与悬架某点加速度响应的传递率 T_{ij} 为

$$T_{ij} = \frac{P_i}{a_j} \tag{2.86}$$

式中,P_i 和 a_j 分别是车内 i 点的声压和悬架 j 点的加速度。

2. 多输入状态下的传递率

将图 2.8 的 MIMO 系统的传递函数 $\boldsymbol{H}(\omega)$ 改为传递率 $\boldsymbol{T}(\omega)$,假设系统有 m 个输入信号和 n 个输出信号,输出信号中有误差信号 $\boldsymbol{\mu}$。第 i 个输出信号为

$$Y_i = T_{i1}X_1 + \cdots + T_{ij}X_j + \cdots + T_{im}X_m + \mu_i \tag{2.87}$$

n 个输出信号与输入信号之间的关系为

$$\begin{pmatrix} Y_1 \\ \vdots \\ Y_i \\ \vdots \\ Y_n \end{pmatrix} = \begin{pmatrix} T_{11} & \cdots & T_{1j} & \cdots & T_{1m} \\ \vdots & & \vdots & & \vdots \\ T_{i1} & \cdots & T_{ij} & \cdots & T_{im} \\ \vdots & & \vdots & & \vdots \\ T_{n1} & \cdots & T_{nj} & \cdots & T_{nm} \end{pmatrix} \begin{pmatrix} X_1 \\ \vdots \\ X_j \\ \vdots \\ X_m \end{pmatrix} + \boldsymbol{\mu} \tag{2.88}$$

用矩阵形式来表征式(2.88),为

$$\boldsymbol{Y} = \boldsymbol{T}\boldsymbol{X} + \boldsymbol{\mu} \tag{2.89}$$

在式(2.89)两边后乘矩阵 $\boldsymbol{X}$ 的转置 $\boldsymbol{X}^{\mathrm{T}}$,使之转换成方阵,然后求逆。$\boldsymbol{X}$ 与残差信号 $\boldsymbol{\mu}$ 不相关,即 $\boldsymbol{\mu}\boldsymbol{X}^{\mathrm{T}} = 0$,式(2.89)中的传递率矩阵变成

$$\boldsymbol{T} = \boldsymbol{Y}\boldsymbol{X}^{\mathrm{T}}(\boldsymbol{X}\boldsymbol{X}^{\mathrm{T}})^{-1} = \frac{G_{XY}}{G_{XX}} \tag{2.90}$$

式中,G_{XX} 为输入信号的自功率谱;G_{XY} 为输入与输出信号之间的互功率谱。

3. OTPA 路径识别

传递率矩阵也可以表示为

$$T=YX^+ \tag{2.91}$$

式中，X^+ 为伪逆矩阵，表达为

$$X^+=X^T(XX^T)^{-1} \tag{2.92}$$

残余向量 μ 为

$$\mu = Y[I - X^+ X] \tag{2.93}$$

由于输入信号之间存在耦合，矩阵（XX^T）求逆可能带来病态问题，因此必须采用 SVD 方法来求逆。按照前面讲述的奇异值分解方法，通过最小二乘法得到估算的传递率为

$$\hat{T}=V\Sigma^{-1}U^T Y \tag{2.94}$$

通过传递率和输入信号预估的输出信号为

$$\hat{Y}=\hat{T}X \tag{2.95}$$

将预估值与测量值之间做最小二乘运算，可以获取更精准的预估，即

$$\min\left\|Y - \hat{T}X\right\|_2 \tag{2.96}$$

式中，$\left\|Y - \hat{T}X\right\|_2$ 为二范数，即求所有元素平方之和，再开方。

4. OTPA 的特征

OTPA 使用运行时的输入信号和输出信号来计算传递率，而不用测量传递函数，这样就节省了大量时间和资源，这是 OTPA 最大的好处。但是，与传统 TPA 相比，OTPA 存在几个问题。

第一，因果关系的差异。TPA 是响应与激励之间的关系，因为激励而产生响应，即它们之间存在因果关系（causality），所以 TPA 能够反映系统的特征。OTPA 只是响应与响应之间的关系，即数字与数字之间的关系，两个响应虽然同时存在，但是彼此没有必然关系，即没有因果关系。

第二，直接测量与计算的差异。TPA 中的传递函数直接测量得到，而 OTPA 中的传递率是计算出来的，用计算数据构建起来的自功率谱 G_{XX} 中的数据相互关联，因此，求 G_{XX} 的逆矩阵时，可能带来病态问题。

第三，路径上存在耦合，OTPA 带来的能量叠加。TPA 中的每条路径的传递函数彼此独立，即某点的响应一定对应着一个激励输入，但是 OTPA 中的每条路径上的传递率相互耦合，即某点的响应会来自不同点的激励输入。在求传递率过程中，需要计算输入点的响应自谱，因此有些路径上的能量被放大，这就导致了获取的路径贡献不准确。因此，OTPA 只适用于弱耦合的情况。

第四，输入白噪声信号的差异。测量传递函数时，输入信号是白噪声，即每个频率下的输入能量是相等的。而计算传递率时，不同频率下的输入是不一样的，因此无法判断不

同频率下的能量贡献。

5. 识别案例

OTPA 方法有以上缺点，甚至计算结果不可信，但是在工程上，仍然可以用它来快速而粗略地识别贡献源。在试验过程中，将同时采集的车内噪声与悬架加速度信号进行计算，得到每条路径的传递率；再对传递率与悬架加速度进行计算，得到每条路径产生的车内噪声；数据采集和计算过程如图 2.26 所示。

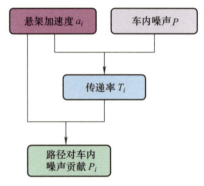

图 2.26　OTPA 实施过程

某车以 60km/h 的速度在粗糙沥青路面上行驶，车内有 40Hz 的敲鼓声。在悬架与车身连接点附近位置布置加速度传感器，包括前减振器安装点（FL_Damper）、前副车架前安装点（SUB_FFL_VM）、前副车架后安装点（SUB_FRL_VM）、后副车架后安装点（SUB_RRL_VM）、后减振器安装点（RL_Damper）、后副车架前安装点（SUB_RFL_VM）、后纵臂安装点（Trailing_ARM）等。按照 OTPA 方法，在采集数据后进行计算，得到了每条路径的贡献量，如图 2.27a 所示。图中显示在 40Hz 处，后副车架、后阻尼器的红色较深，即贡献大。从图 2.27a 中提取 40Hz 的噪声值，如图 2.27b 所示，后副车架前后安装点的 X 方向贡献量最大。

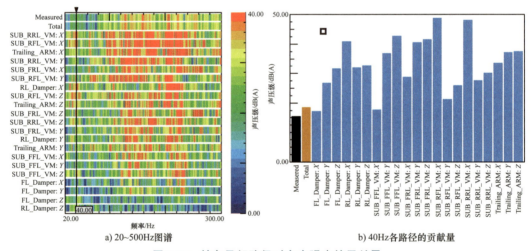

a) 20~500Hz图谱　　　　b) 40Hz各路径的贡献量

图 2.27　某车悬架路径对车内噪声的贡献量

五、多重相干分析方法

1. 多重相干分析原理

在一个系统中，有多个输入和单个输出，如图 2.9 所示。输入信号有 m 个，为 $\boldsymbol{X} = (X_1, X_2, \cdots, X_i, \cdots, X_m)^\mathrm{T}$，输出信号与输入信号之间的传递函数为 $\boldsymbol{H} = (H_1, H_2, \cdots, H_i, \cdots, H_m)^\mathrm{T}$

由输入信号而产生的输出信号为

$$Y_X = H^T X \tag{2.97}$$

输出信号的自功率谱为

$$G_{Y_X Y_X} = H^H G_{XX} H \tag{2.98}$$

输入信号与输出信号的互功率谱为

$$G_{XY} = X^* Y \tag{2.99}$$

输出信号含有输入信号的贡献，也包含其他无关信号的贡献，即

$$Y = Y_X + Y_N = H^T X + Y_N \tag{2.100}$$

将式（2.100）代入式（2.99），得到

$$G_{XY} = X^*(Y_X + Y_N) = X^* Y_X + 0 = G_{XX} H \tag{2.101}$$

由式（2.101），得到 $H = G_{XX}^{-1} G_{XY}$，并代入式（2.98），得到

$$G_{Y_X Y_X} = G_{XY}^H G_{XX}^+ G_{XY} \tag{2.102}$$

式中，G_{XX}^+ 为矩阵 G_{XX} 的伪逆。

根据多重相干函数的定义，即第 i 个输入信号（X_i）对输出的贡献 Y_i 与整个输出信号的功率比值表征了它在输出量中占的比例，多重相干系数的表达式为

$$\gamma_{XY}^2 = \frac{G_{Y_X Y_X}}{G_{YY}} = \frac{G_{XY}^H G_{XX}^+ G_{XY}}{G_{YY}} \tag{2.103}$$

求伪逆矩阵 G_{XX}^+ 时，存在病态问题。与前面讲述的力识别、多参考 TPA 和 OTPA 一样，需要采用奇异值分解的方法来求解。在满足条件数时的情况下，求得多重相干函数。路径的贡献量为

$$v = \gamma_{XY}^2 G_{YY} \tag{2.104}$$

不相干的噪声贡献量为

$$n = (1 - \gamma_{XY}^2) G_{YY} \tag{2.105}$$

2. 多重相干分析的特点

多重相干分析适用于源信号彼此相关的情况，并假设输入信号与噪声不相关。多重相干分析给出的是某个输入信号的输出在整个输出信号的占比，它没有真正分离出路径的贡献量。但是使用这种方法不需要测量传递函数，能够快速识别出能量占比，简单方便，所以在路噪识别中得到广泛应用。

3. 案例分析

某款 SUV 以 60km/h 的速度在粗糙沥青路面行驶时，车内有明显的敲鼓声。经过声音回放和滤波分析后，确认敲鼓声的频率在 26Hz，如图 2.28 所示。低频敲鼓声是典型的结构路噪问题，为了寻找传递路径，采用了多重相干分析方法。

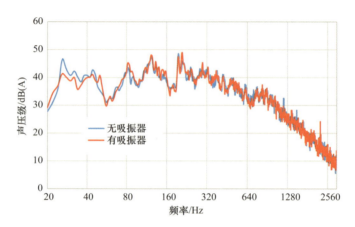

图 2.28　某款车行驶在粗糙路面时的车内声压级，26Hz 频段有明显的敲鼓声

第一，分析前后悬架的贡献。图 2.29 给出了车内声音分别与前悬架振动和后悬架振动之间的多重相干系数。在 26Hz，前悬架的相干系数为 0.3；而后悬架的相干系数达到 0.81，因此，可以确定这个敲鼓声来自后悬架的传递。

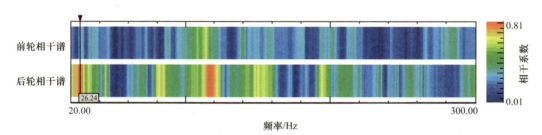

图 2.29　车内声音与前悬架和后悬架振动之间的相干系数

第二，确定后悬架传递的通道。这辆车后悬架与车身的连接点有前摆臂前安装点、前减振器安装点、前摆臂后安装点、后副车架前安装点、后弹簧安装点、后减振器安装点、后副车架后安装点。分析车内噪声与这些连接点振动之间的相干函数，如图 2.30 所示，上述安装点的相干系数分别为 0.72、0.84、0.79、0.64、0.61、0.79 和 0.94。从这组数据可以看出，26Hz 的敲鼓声最主要的传递路径是从后悬架的后副车架安装点传递到车身。

第三，确认辐射声音的车身板。低频敲鼓声最终是由车身板辐射的，因此可以通过分析车内噪声与车身板之间的多重相干来识别。图 2.31 给出了车内噪声与车身板（右后轮毂包、顶棚后横梁、左后轮毂包、前风窗流水槽、背门内侧板、背门外侧板、背门玻璃、顶棚前横梁）振动之间的相干系数，分别为 0.80、0.93、0.83、0.79、0.99、0.99、0.99 和 0.39，因此，可以确认背门是 26Hz 敲鼓声的主要来源。

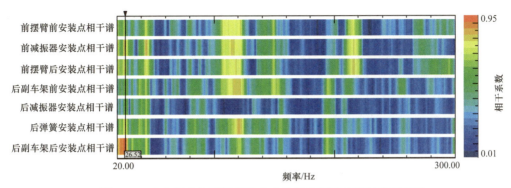

图 2.30　车内噪声与后悬架和车身连接点振动之间的相干系数

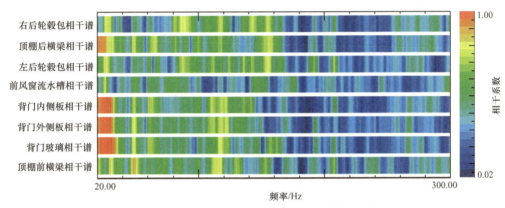

图 2.31　车内噪声与车身板振动之间的相干系数

通过以上分析，路面振动经过轮胎传递到后悬架，再通过后副车架后连接点到车身，激励其背门振动而辐射出敲鼓声。图 2.32 给出了传递路径，因此，修改这条路径上的任何一个结构或者组合结构，都可以降低敲鼓声。第六章和第七章将介绍修改悬架来降低结构声路噪的传递，第八章将讲述从车身控制的角度来降低低频路噪。

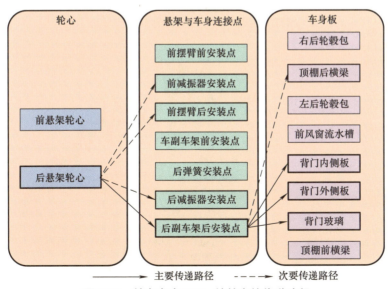

图 2.32　某车车内 26Hz 敲鼓声的传递路径

六、其他分离方法

除了上述基于理论的分离方法之外,一些经验方法在工程上也得到应用,如滑行分离法和转鼓倒拖分离法。

1. 滑行分离法

汽车以中等速度行驶时,路噪最为凸显。如果汽车行驶到某个速度(如 80km/h)时,让发动机熄火,处于空档,它以自由滑行状况行驶。截取某个速度下的噪声数据,如截取(60±2)km/h 速度段的数据,可以等效为匀速行驶噪声。在 60km/h 及以下速度行驶时,风噪很小,可以忽略不计;发动机处于空档,其噪声也可以忽略,因此,这样得到的车内噪声可以视为路噪。将这样获取车内路噪的方法称为滑行分离法。

图 2.33a 是一辆汽车以 60km/h 匀速行驶时的车内噪声与滑行分离法得到的 60km/h 路噪对比,两者非常接近,这说明路噪对整体噪声的贡献占绝对主导。在低频段和高频段,匀速行驶的噪声略大于滑行分离得到的噪声,这是由于匀速行驶时有一定的动力噪声和风噪。

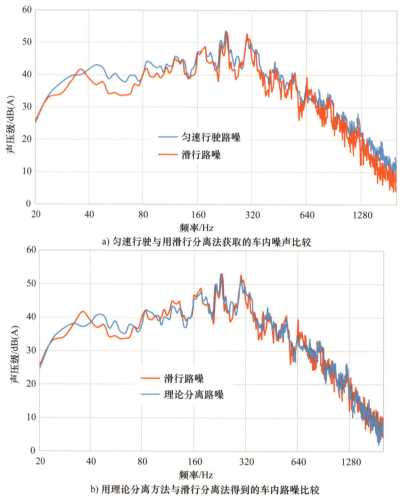

a) 匀速行驶与用滑行分离法获取的车内噪声比较

b) 用理论分离方法与滑行分离法得到的车内路噪比较

图 2.33 滑行分离法路噪对比

图 2.33b 是用理论分离方法从匀速行驶时车内噪声分离出来的路噪与滑行法得到路噪的对比，这两组数据非常吻合，说明滑行方法分离的路噪是可信的。

用滑行分离法能便捷地识别出路噪特征，便于快速比较不同轮胎在不同路面上的噪声。

2. 转鼓倒拖分离法

汽车在消声室的转鼓上运行，得到的车内噪声包括了路噪和发动机噪声。而采用转鼓倒拖汽车运行，发动机处于空档且不运转，车内噪声来自路噪，这种获取路噪的方法就是转鼓倒拖法。图 2.34 是一辆车在转鼓上正常运行和转鼓倒拖测量的车内噪声对比，正常运行的噪声高于倒拖的路噪，而高出部分为明显的发动机点火谐阶次成分。

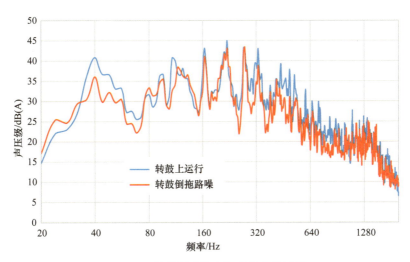

图 2.34 转鼓驱动汽车运行分离的路噪

如果用转鼓只倒拖前轮或后轮，就可以进一步分离出前悬架或后悬架的路噪成分。

3. 结构声路噪与空气声路噪的试验分离

滑行法和转鼓倒拖法能够获取路噪，但是没有分离出空气声路噪和结构声路噪。如果测量从轮胎到车内人耳之间的声-声传递函数 $H_{\text{road}}^{\text{AB}}$，第九章将给出它的定义和详细描述，然后在轮胎附近布置传声器来测量运行时的近场噪声 Q_{near}，就可以得到空气声路噪 $P_{\text{road}}^{\text{AB}}$，表达式为

$$P_{\text{road}}^{\text{AB}} = H_{\text{road}}^{\text{AB}} Q_{\text{near}} \qquad (2.106)$$

结构声路噪为

$$P_{\text{road}}^{\text{SB}} = P_{\text{road}} - P_{\text{road}}^{\text{AB}} \qquad (2.107)$$

式中，P_{road} 为车内噪声。

用这种方法可以分离出类似图 2.6 的空气声路噪和结构声路噪。

参 考 文 献

范大力，庞剑，张健，等，2019. 一种基于主传递路径的分层级路噪仿真优化方法 [C]//2019 中国汽车工程学会年会论文集. 北京：机械工业出版社.

付志芳，华红星，2000. 模态分析理论与应用 [M]. 上海：上海交通大学出版社.

刘浩，周铉，庞赞，2015. 轿车轮胎噪声传递路径分析 [J]. 噪声与振动控制，35(S1).

莫愁，2015. 传递路径分析方法理论研究及其汽车降噪实践 [D]. 广州：华南理工大学.

庞剑，2015. 汽车车身噪声与振动控制 [M]. 北京：机械工业出版社.

宋海深，2012. 基于扩展 OPAX 传递路径方法的轻型客车振动控制研究 [D]. 长春：吉林大学.

王海洋，舒歌群，刘海，2018. 基于运行工况传递路径分析和串扰消除的车内噪声分离技术研究 [J]. 汽车技术，(4)：4-8.

杨洋，褚志刚，2015. 汽车路面噪声多重相干分解方法研究 [J]. 振动与冲击，34(19)：31-36.

BEIGMORADI S, 2015. Low-frequency noise transfer path identification study for engine sub-frame utilizing numerical simulation: 2015-01-2361[R]. Warrendale: SAE International.

CHO B Y, 2005. Spindle load application for NVH CAE models by using principal vector approach: 2005-01-1505[R]. Warrendale: SAE International.

COURTOIS T, BERTOLINI C, TADA H, et al., 2007. Development and application of a hybrid method for road noise optimization: 2007-01-2279[R]. Warrendale: SAE International.

DIEZ-IBARBIA A, BATTARRA M, PALENZUELA J, et al., 2017. Comparison between transfer path analysis methods on an electric vehicle[J]. Applied Acoustics, 118: 83-101.

GAGLIANO C, MARTIN A, COX J, et al., 2005. A hybrid full vehicle model for structure borne road noise prediction: 2005-01-2467[R]. Warrendale: SAE International.

GAJDATSY P, GIELEN L, JANSSENS K, et al., 2009. A novel TPA method using parametric load models: validation on experimental and industrial cases: 2009-01-2165[R]. Warrendale: SAE International.

GAJDATSY P, JANSSENS K, DESMET W, et al., 2010. Application of the transmissibility concept in transfer path analysis[J]. Mechanical Systems and Signal Processing, 24(7): 1963-1976.

GAUDIN A, GAGLIARDINI L, 2007. Recent improvements in road noise control: 2007-01-2358[R]. Warrendale: SAE International.

GELUK T, LINDEN PV, VIGE D, et al., 2011. Noise contribution analysis at suspension interfaces using different force identification techniques: 2011-01-1600[R]. Warrendale: SAE International.

GUASCH O, GARCIA C, JOVE B J, et al., 2013. Experimental validation of the direct transmissibility approach to classical transfer path analysis on a mechanical setup[J]. Mechanical Systems and Signal Processing, 37(1-2): 353-369.

HARTLEIP L G, ROGGENKAMP T J, 2005. Case study—experimental determination of airborne and structure-borne road noise spectral content on passenger vehicles: 2005-01-2522[R]. Warrendale: SAE International.

ICHIKAWA K, 2015. Research on mechanism of change in suspension transfer force in relation to low-frequency road noise: 2015-01-0667[R]. Warrendale: SAE International.

IH J G, KIM B K, KIM G J, 1997. Modeling of airborne tire noise transmission into car interior by using the vibro-acoustic reciprocity and the boundary element method: 972046[R]. Warrendale: SAE International.

JANSSENS K, GAJDATSY P, GIELEN L, et al., 2011. OPAX: a new transfer path analysis method based on parametric load models[J]. Mechanical Systems and Signal Processing, 25(4): 1321-1338.

KIDO I, NAKAMURA A, HAYASHI T, et al., 1999. Suspension vibration analysis for road noise using finite element model: 1999-01-1788[R]. Warrendale: SAE International.

KIDO I, UEYAMA S, 2005. Coupled vibration analysis of tire and wheel for road noise improvement: 2005-01-2525[R]. Warrendale: SAE International.

KIM B S, KIM G J, LEE T K, 2007.The identification of tyre induced vehicle interior noise[J]. Applied Acoustics, 68(1): 134-156.

KIM B L, JUNG J Y, OH I K, 2017. Modified transfer path analysis considering transmissibility functions for accurate estimation of vibration source[J]. Journal of Sound and Vibration, 398: 70-83.

KIM G J, HOLLAND K R, LABOR N, 1997. Identification of the airborne component of tyre-induced vehicle interior noise[J]. Applied Acoustics, 51(2): 141-156.

KIM G J, KIM N J, 2000. The identification of tyre induced vehicle interior noise[C]//2000 FISITA World Automotive Congress, Seoul, Korea. Seoul: KSAE.

KLERK D D, OSSIPOV A, 2010. Operational transfer path analysis: theory, guidelines and tire noise application[J]. Mechanical Systems and Signal Processing, 24(7): 1950-1962.

KONERS G, LEHMANN R, 2014. Investigation of tire-road noise with respect to road induced wheel forces and radiated airborne noise: 2014-01-2075[R]. Warrendale: SAE International.

LÖFDAHL M, NYKÄNEN A, JOHNSSON R, 2015. Prominence of different directions of hub forces and moments in structure-borne tire noise: 2015-01-9106[R]. Warrendale: SAE International.

OKTAV A, YıLMAZ C, GÜANLAŞ G, 2017. Transfer path analysis: current practice, trade-offs and consideration of damping[J]. Mechanical Systems and Signal Processing, 85: 760-772.

PARK J, GU P, 2003. A new experimental methodology to estimate chassis force transmissibility and applications to road NVH improvement: 2003-01-1711[R]. Warrendale: SAE International.

PARK J, GU P, LEE M R, et al., 2005. A new experimental methodology to estimate tire/wheel blocked force for road NVH application: 2005-01-2260[R]. Warrendale: SAE International.

PENG B, PANG J, LIAO X N, et al., 2019. Realization and application of a backward-multiple reference transfer path analysis method for road noise analysis[C]//26th International Congress on Sound and Vibration, Montreal, Canada. Auburn: IIAV.

RAO M V, PRASATH R, PATIL S, et al., 2013. Road noise identification and reduction measures: 2013-01-1917[R].Warrendale: SAE International.

SEIJS M V V D, KLERK D D, RIXEN D J, 2016. General framework for transfer path analysis: history, theory and classification of techniques[J]. Mechanical Systems and Signal Processing, 68-69: 217-244.

SHIN T, KIM Y S, AN K, LEE S K, 2019. Transfer path analysis of rumbling noise in a passenger car based on in-situ blocked force measurement[J]. Applied Acoustics, 149: 1-14.

SHIOZAKI H, GELUK T, DAENEN F, et al., 2012. Time-domain transfer path analysis for transient phenomena applied to tip-in/tip-out (shock &jerk): 2012-01-1545[R]. Warrendale: SAE International.

SILVA C H T, NETO A C, OLIVEIRA L P R. 2010a. Transfer path analysis of road noise: overview and customized approaches for road rumble noise: 2010-36-0448[R]. Warrendale: SAE International.

SILVA C H T, FERRAZ F G, OLIVEIRA L P R, 2010b.Customized road TPA to improve vehicle sensitivity to rumble noise from tires/wheels lateral forces: 2010-36-0553[R]. Warrendale: SAE International.

SOTTEK R, PHILIPPEN B, 2010. Separation of airborne and structure-borne tire-road noise based on vehicle interior noise measurements: 2010-01-1430[R].Warrendale: SAE International.

SOTTEK R, PHILIPPEN B, 2012a. Tire-road noise analysis of on-road measurements under dynamic driving conditions: 2012-01-1550[R]. Warrendale: SAE International.

SOTTEK R, PHILIPPEN B, 2012b. Advanced methods for the auralization of vehicle interior tire road noise: 2012-36-0640[R].Warrendale: SAE International.

SOTTEK R, PHILIPPEN B, 2013. An unusual way to improve TPA for strongly-coupled systems: 2013-01-1970[R]. Warrendale: SAE International.

TATLOW J, BALLATORE M, 2017. Road noise input identification for vehicle interior noise by multi-reference transfer path analysis[J]. Procedia Engineering, 199: 3296-3301.

TSUJI H, MARUYAMA S, ONISHI K, 2015. Reciprocal measurements of the vehicle transfer function for road noise: 2015-01-2241[R]. Warrendale: SAE International.

TSUJI H, NAKANO K, 2014. Road noise transfer path analysis with operational force estimated from the responses: 2014-01-2049[R]. Warrendale: SAE International.

TSUJIUCHI N, KOIZUMI T, NAKAGAWA H, et al., 2007. Dynamic analysis of rolling tire using force sensor and transfer path identification: 2007-01-2254[R]. Warrendale: SAE International.

TSUJIUCHI N, KOIZUMI T, MATSUBARA M, et al., 2009. Prediction of spindle force using measured road forces on rolling tire: 2009-01-2107[R]. Warrendale: SAE International.

VAITKUS D, TCHERNIAK D, BRUNSKOG J, 2019. Application of vibro-acoustic operational transfer path analysis[J]. Applied Acoustics, 154: 201-212.

YE S, HOU L, ZHANG P, et al., 2020. Transfer path analysis and its application in low-frequency vibration reduction of steering wheel of a passenger vehicle[J]. Applied Acoustics, 157:107021.

YOO B K, CHANG K J, 2005. Road noise reduction using a source decomposition and noise path analysis: 2005-01-2502[R]. Warrendale: SAE International.

YU X, PANG J, MIN F, et al., 2014. Structural transfer path analysis of automobile tire/road noise[C]//INTER-NOISE and NOISE-CON Congress and Conference Proceedings, November 16-19, 2014, Melbourne. Reston: Institute of Noise Control Engineering: 2780-2786.

ZAFEIROPOULOS N, BALLATORE M, MOORHOUSE A, et al., 2015. Active control of structure-borne road noise based on the separation of front and rear structural road noise related dynamics: 2015-01-2222[R]. Warrendale: SAE International.

第三章 轮胎结构振动

结构声路噪源头来自轮胎与路面的相互作用。轮胎振动研究的范畴包括激励源分析、轮胎振动特征和振动在轮胎中的传递与控制方法。

模态和激励决定了轮胎振动特征。轮胎承受的激励包括路面冲击激励、胎与路面的黏着效应激励、自身不平衡激励、轮胎声腔激励和悬架激励。当轮胎约束并旋转之后,多普勒效应、回旋效应和材料变化效应使得自由轮胎的重根模态出现了分离现象。冲击激励使得前行端振动大于离地端,胎面振动大于胎侧,但是对某些中频段,离地端振动可能大于前行端和胎侧振动大于胎面。

作为以橡胶为主体的轮胎能够衰减从路面传递到轮心的振动,衡量衰减效果的指标是力传递率或响应传递率。通过控制胎体结构、轮辋刚度、轮胎模态等可以降低传递率,从而降低轮心振动和车内噪声。

轮胎振动及传递特征研究可以用模型分析和试验进行。轮胎模型包括有限元模型、解析模型和半经验模型,试验可以在轮胎台架上和整车上开展。通过分析和试验,可以获取轮胎模态、传递率、胎面和胎侧振动等。

第一节 轮胎振动传递函数和非线性特征

一、轮胎振动传递函数

1. 轮胎传递函数种类

从研究轮胎振动的角度,我们只关心路面激励对轮心的传递,即胎面激励是输入,轮心振动是响应。如果研究轮胎单体(自由轮胎),也可以在轮心处施加力输入,而胎面响应为输出。

为了研究轮胎传递函数、传递率、模态等动态特征，需要了解四种典型的传递函数。图 3.1 给出了传递函数的激励点和响应点。

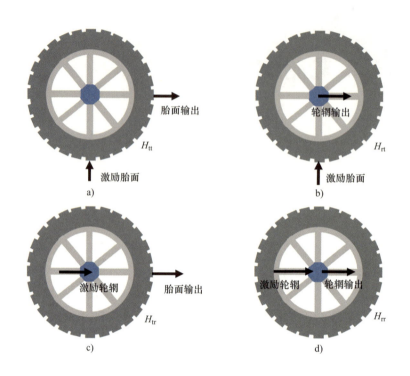

图 3.1　轮胎四种传递函数的激励点和响应点

1）激励胎面，胎面响应：胎面对胎面的传递函数 H_{tt}，称为胎面-胎面传递函数。
2）激励胎面，轮辋响应：轮辋对胎面的传递函数 H_{rt}，称为轮辋-胎面传递函数。
3）激励轮辋，胎面响应：胎面对轮辋的传递函数 H_{tr}，称为胎面-轮辋传递函数。
4）激励轮辋，轮辋响应：轮辋对轮辋的传递函数 H_{rr}，称为轮辋-轮辋传递函数。

分析轮胎传递函数的目的有以下 4 个方面：

第一，了解轮胎的动态特征，如线性与非线性特征。通过激励胎面，得到轮辋响应，以及激励轮辋，得到胎面响应，来比较互逆性是否成立。

第二，为模态分析提供数据。传递函数是模态分析的基础，即只有得到了系统上一系列点的传递函数，才能得到模态振型。

第三，为传递率计算提供基础。本章第六节将介绍轮胎传递率的定义、测试和计算方法。传递率是以传递函数为基础来计算的。

第四，了解轮胎响应与激励的关系，即激励不同位置，其他位置的频率响应特征。比如激励胎面，来了解胎面响应与轮辋响应的差异。

2. 轮胎传递函数特征

轮胎传递函数可以通过模型（如有限元模型）和试验获取，而试验数据更能真实地反映轮胎特征。本章第三节将在轮胎模态试验部分介绍传递函数的测试方法。下面就以测试结果来分析轮胎传递函数的特征。

（1）胎面与轮辋之间传递函数的互逆性特征

研究轮胎互逆性的目的是了解胎面响应对轮辋激励传递函数与轮辋响应对胎面激励传递函数之间的关系，即确定这两个传递函数是否互逆。测量时，轮胎处于自由边界状态，用激振器和力锤来施加力。当施加力超出一定值时，轮胎会移动。在确保轮胎不移动情况下，使用最大激励力。

图 3.2 是一个轮胎（215/50R17）的两条垂向传递函数测试曲线。一条是轮辋响应对胎面激励的传递函数（H_{rt}），一条是胎面响应对轮辋激励的传递函数（H_{tr}）。在 300Hz 之内，这两条曲线基本重合，即这个轮胎传递函数满足互逆性原则，所以可以认为轮胎是一个线性结构。这两条曲线上有三个明显的峰值。第一个和第二个峰值对应的频率分别是 86Hz 和 97Hz，为轮胎结构模态频率。第三个峰值对应的频率是 221Hz，为轮胎声腔模态频率。

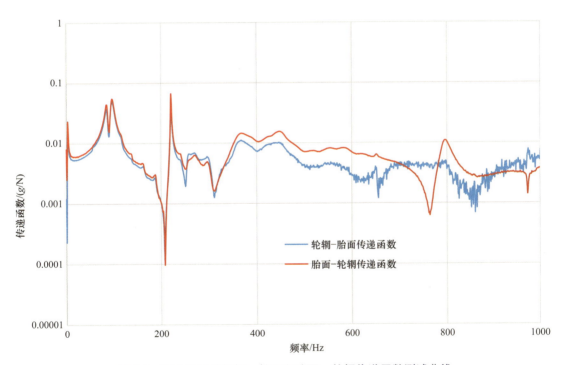

图 3.2　某个轮胎的轮辋－胎面和胎面－轮辋传递函数测试曲线

为了进一步证明轮胎线性特征，表 3.1 给出了另外四个轮胎的传递函数测试曲线。它们的特征与图 3.2 相同，即它们都满足互逆性原则，都有两个轮胎结构模态频率峰值和一个声腔模态频率峰值。

表 3.1　四个轮胎的轮辋－胎面和胎面－轮辋传递函数测试曲线

序号	轮胎型号	传递函数曲线
1	215/50R17	
2	225/55R18	
3	235/45R18	
4	225/60R18	

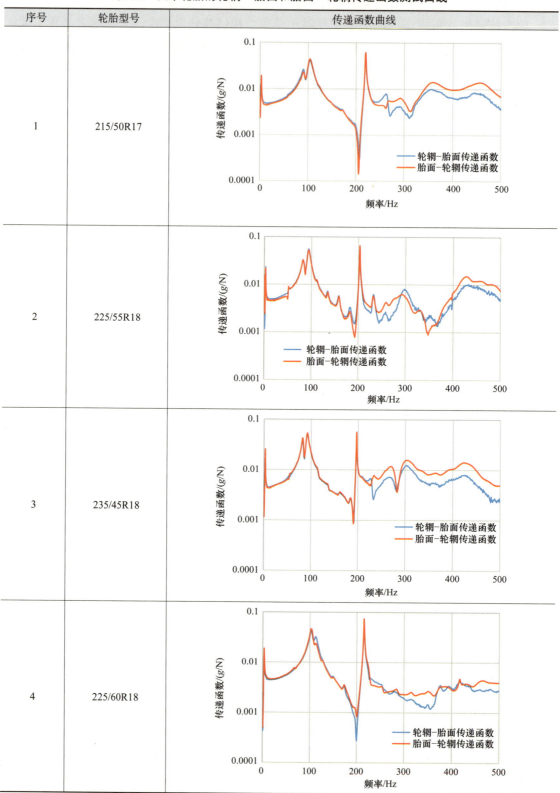

（2）胎面传递函数和轮辋传递函数特征

图 3.3 是一个轮胎（215/50R17）的垂向胎面－胎面传递函数（H_{tt}）和轮辋－轮辋传递函数（H_{rr}）测试曲线。这两种传递函数曲线有比较大的差别。胎面－胎面传递函数在 80～250Hz 频率范围内有密集峰值，它们对应着胎的径向模态，代表了胎的弹性结构特征。轮辋－轮辋传递函数在低频 86Hz 和 99Hz 处有两个峰值，对应着轮辋模态。大多数轮辋材料是铝合金，其单体固有频率大于 300Hz，因此这两个轮辋模态是轮辋与胎的轮胎横向弹性模态。在轮辋－轮辋传递函数上有 221Hz 的峰值，而在胎面－胎面传递函数上也有个小峰值，对应着声腔模态，这说明声腔模态对轮辋的传递大于对胎面的传递。因此，敲击胎面得到轮胎径向模态，而敲击轮辋得到轮胎横向模态与空腔模态。

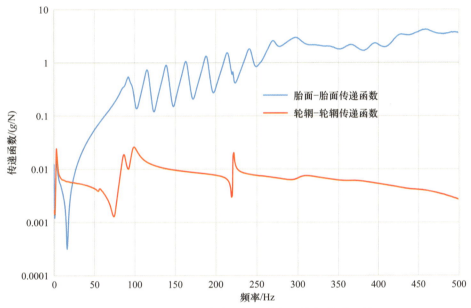

图 3.3　胎面－胎面传递函数和轮辋－轮辋传递函数

二、轮胎的非线性问题与线性化假设

1. 轮胎的非线性问题

众所周知，轮胎是一个非线性结构。轮胎的非线性体现在以下几个方面。

第一，橡胶是超弹性非线性材料，还具备黏弹性特征。发动机橡胶悬置和底盘橡胶衬套就是典型的例子，图 3.4 给出了它们的刚度曲线。在一定载荷下，刚度是线性的，这段载荷－位移区域被称为线性区域；当载荷超过一定值，载荷和位移之间不存在线性关系，即刚度进入非线性区域。因此，以橡胶为主体的轮胎也是非线性结构。

第二，胎体内部的帘线层和带束层材料是各向异性，其结构呈非线性。

第三，轮胎是由橡胶、帘线、钢丝等组成的一体，整体上是一个非线性结构。

第四，橡胶胎和金属轮辋结合，在外界载荷作用下，它们的变形不一致导致了结构呈现非线性特征。

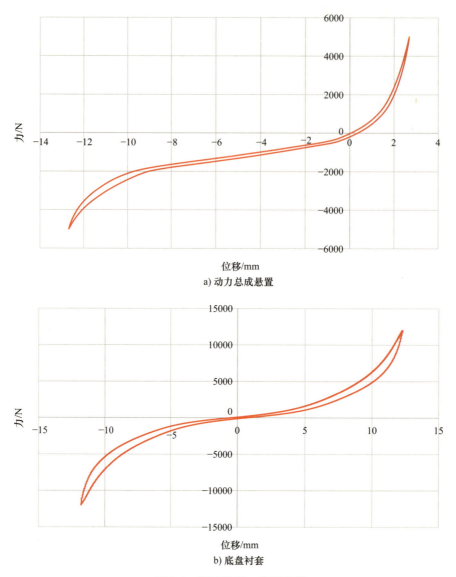

图 3.4 橡胶载荷－位移曲线

2. 轮胎的线性化假设

非线性系统求解和分析非常复杂。因此，将一个非线性结构用线性方法来描述和分析是工程界的期望。在一定范围内和一定条件下，非线性结构分析可以简化成线性分析，很多困难问题就迎刃而解。

在工程实践中，下面几种现象或数据或许能帮助我们来假设轮胎是线性结构。

1）进行模态试验时，用小型激励器或者力锤来激励轮胎。对自由状态下的轮胎，激励力只有控制在一定范围内，才能保证它处于静止状况。如果激励力大，轮胎会移动，从而无法得到轮胎模态。图 3.2 和表 3.1 给出的胎面与轮辋之间的传递函数表明轮胎是线性结构。

2）图 3.5 是测得的一个轮胎的载荷 - 位移曲线和静态刚度 - 位移曲线。在大于 5000N 压力下，静态刚度接近线性。多数乘用车的质量小于 2000kg，即每个轮胎承受的静态力小于 5000N。在这样的压力下，轮胎显现出近似线性特征。

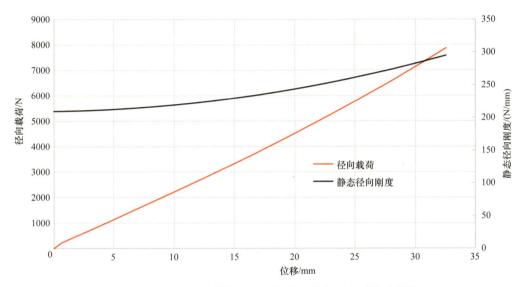

图 3.5　一个轮胎的载荷 - 位移曲线和静态刚度 - 位移曲线

3）汽车在常用路面（光滑沥青路面、粗糙沥青路面和水泥路面）上行驶时，轮毂所承受的动态力比较小。用传递率可以从轮毂受力推算出轮胎承受的路面激励，它属于小激励，可以推测轮胎具备线性特征。当然，在轮胎受到大激励时，如汽车通过冲击路面、破损路面、隔离带等情况，由于激励大，轮胎会表现出非线性特征。

4）许多案例显示采用线性方法求解轮胎有限元模型，得到的模态频率和振型与试验得到的结果非常接近（冯希金等，2013；Brinkmeiera et al., 2008；Chern et al., 2006；Constant et al., 2001；Diaz et al., 2016；Kido et al., 2011；Lee et al., 2003；Wheeler et al., 2005；Yi et al., 2019；Yum et al., 2007）。表 3.2 给出了一个案例，以此推断轮胎线性假设是合理的。

表 3.2　某个轮胎有限元计算与试验测试的模态频率对比（冯希金等，2013）

阶次	1	2	3	4	5	6	7	8	9
仿真值	89.27	108.5	134.05	163.18	193.86	224.97	256.66	289.76	324.61
测试值	88.3	114.0	135	161.0	190.0	221.0	257.0	295.0	331.0
误差（%）	1.10	-4.82	-0.70	1.35	2.03	1.80	-0.13	-1.78	-1.93

5）在验证有限元模型时，在轮胎上施加载荷，计算下沉量，得到载荷 - 下沉量曲线。通过比较试验测量值和有限元计算值来判断有限元模型的准确性，很多案例表明两者的差异在 3% 之内，曲线与图 3.5 类似，接近线性。因此，从工程的角度来看，可以把轮胎视为线性结构。

6）在进行理论分析时，许多学者将轮胎简化成"壳-环"（shell-ring）这样的线性模型，即胎面为"壳"，胎侧为"环"（Heckl, 1986；Huang et al., 1987a；Huang et al., 1987b；Kim et al., 2007a；Kropp, 1999；Kung et al., 1986；Lecomte et al., 2010a；Liu et al., 2018；Matsubara et al., 2011；Matsubara et al., 2013a；Matsubara et al., 2013b；Matsubara et al., 2015；Wei et al., 2009；Yu et al., 2019）。理论计算值与试验值接近，由此也可以假设轮胎为线性结构。

基于以上的现象和数据，在分析和测试乘用车轮胎时，可以将它们近似地视为线性系统。但是如果轮胎受到大冲击载荷，如在严重破损的路面上行驶、穿越隔离带和缓冲带，轮胎线性假设不成立。

第二节　轮胎振动模型

轮胎模型是分析轮胎振动特征的基础。建立轮胎模型有三个目的：一是获取轮胎模态特征，包括传递函数和振型，二是获取结构和声腔的传递率，三是计算结构振动响应与声辐射。轮胎模型分成三大类。第一类是有限元模型，在有限元技术非常成熟和超性能计算高度发达的今天，有限元模型能逼真地反映轮胎的结构特征。第二类是解析模型，把轮胎视为一个简化的连续体或离散体来建立解析方程，通过求解方程得到轮胎振动特征。第三类是半经验模型，即将有限元方法、解析方法和试验数据结合起来建立的模型。绝大多数学者和工程师采用线性方法来建立模型。

一、有限元模型

将轮胎这样复杂的弹性连续体分解成许多个自由度的离散体，形成有限单元。轮胎是一个轴对称结构，建模时，首先建立一个二维模型，然后旋转得到三维模型。

轮胎包括胎、轮辋和空腔三部分，根据模型是否包括这些部件，轮胎有限元模型又分为胎有限元模型、胎-声腔有限元模型、胎-轮辋有限元模型、胎-轮辋-声腔有限元模型。

建立胎有限元模型时，将胎体、帘线、约束层、胎圈等分别处理，再对帘线与橡胶结合等部位进行几何非线性和物理非线性处理。胎体中的帘线层、带束层等由钢丝、复合材料等组成，有的材料各向异性，所以要进行特殊处理，例如在 Abaqus 软件中，用 rebar 来模拟这些结构，并输入帘线层中帘线间的距离、角度、截面积等参数。将测量的轮胎材料参数，例如应力-应变曲线，即材料的刚度，输入有限元模型中。图 3.6 为一个胎的有限元模型。

图 3.6　胎有限元模型

绝大多数轮辋是铝合金，其模态频率高于轮胎振动分析所关注的胎模态频率，因此可以将轮辋视为刚体并作为胎模型的边界。大多数轮胎声腔模态频率与胎模态频率几乎解耦，因此可以将胎和声腔分开来分析。气压对模态影响很大，在胎内壁施加一定的压力来模拟轮胎气压。这种胎模型的用途是研究胎本体的结构特征。

为了研究胎和声腔的耦合，或者为了分析振动在结构和声腔中的传递特征，就将声腔与胎一起来建模，形成胎-声腔模型。胎和声腔分别被划分成网格，用液固耦合关系来建立边界的连接。如果为了研究高阶模态以及胎与轮辋的耦合，轮辋就被视为柔性体，建立胎-轮辋有限元模型。如果要进一步分析胎、轮辋和声腔的耦合关系，就构建胎-空腔-轮辋有限元模型。在这些模型中，胎模型是用得最为广泛的有限元模型。

轮胎有两种边界：自由边界和约束边界。约束边界又包括台架约束边界和装车约束边界。自由轮胎模型是指没有受到任何约束和加载的模型，如图 3.6 所示。约束模型是指与地面接触并且在轮毂处施加载荷的模型，如图 3.7 所示。轮胎受到压力后，与地面接触的区域形成一个接触平面。自由边界模型用于研究轮胎单体结构特征，而约束模型用来模拟轮胎安装在汽车上的振动特征。

旋转轮胎产生离心加速度、哥式（Coriolis）加速度，承受着哥式力和回旋（gyroscopic）力矩。将这些因素加入自由边界模型中就形成了自由运行模型，加入约束边界模型就形成了约束加载运行模型。

图 3.7　约束轮胎有限元模型

近年来，一些学者将其他计算方法与有限元结合起来，形成了很多新型的有限元模型和分析方法，如波导有限元方法（waveguide finite element method）、无限/有限元方法（infinite/finite element method）、波有限元（wave finite element）、能量边界单元分析（energy boundary element analysis）、能量有限元分析（energy finite element analysis）等。其中，波导有限元方法使用最广泛。

用有限元方法计算轮胎模态和响应时存在几个缺陷。第一是网格数量大，计算时间长。第二是在处理固体结构和声腔流体耦合时，要分别处理，再叠加计算。第三是很难在不同部位输入不同的阻尼，而且阻尼随着应变而变化。为了克服这些缺陷，一些学者采用波导有限元方法来分析轮胎振动问题。

波导是一种引导波在一个方向（如轮胎的周向）传播的结构。波导有限元是将有限元网格与波动方程结合起来的分析方法。用粗网格来划分截面，再将截面单元沿着周向（波导方向）扩展，形成波导有限元模型。波导有限元方法能够大大地降低网格数量，极大地提升求解速度。它还可以在不同部位赋予不同的阻尼值，同时求解液固耦合问题。

二、解析模型

自二十世纪六十年代以来,人们不断探索用简单解析模型来表征轮胎结构的振动特征,这些模型包括:质量-弹簧模型、梁模型、板模型、环模型和三维壳模型。

1. 单自由度质量-弹簧模型

在低频段,胎侧振动结构波的波长比地面到轮毂之间的距离长很多,而且在轮毂振动响应中,轮胎第一阶径向模态频率占主导成分,因此可以把轮胎视为一个单自由度质量-弹簧系统,如图3.8所示,胎面是质量,胎侧为弹簧。这个简化的质量-弹簧模型考虑了胎的径向刚度和垂向刚度,表达为(Kim et al., 2007a)

$$M\frac{d^2v}{dt^2} = -K_r v \int_0^{2\pi} \sin^2\theta R_o d\theta - K_t v \int_0^{2\pi} \cos^2\theta R_o d\theta \quad (3.1)$$

式中,K_r和K_t分别为胎侧径向和切向刚度;v为刚性胎面的垂向位移;M为轮胎质量;θ为圆周角;R_o为外径。

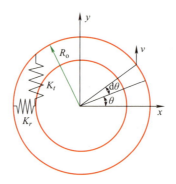

图3.8 轮胎单自由度质量-弹簧模型(Kim et al., 2007a)

这个模型计算得到的第一阶径向模态频率为

$$\omega_r = \sqrt{\frac{\pi R_o(K_r + K_t)}{M}} \quad (3.2)$$

2. 三自由度质量-弹簧模型

将胎体、轮辋和轮心分别视为三个质量,胎侧和轮辐视为两个弹性元件,构建了一个三自由度模型,如图3.9所示,动力方程为

$$\begin{pmatrix} m_1 & 0 & 0 \\ 0 & m_2 & 0 \\ 0 & 0 & m_3 \end{pmatrix}\begin{pmatrix} \ddot{x}_1 \\ \ddot{x}_2 \\ \ddot{x}_3 \end{pmatrix} + \begin{pmatrix} c_1 & -c_1 & 0 \\ -c_1 & c_1+c_2 & -c_2 \\ 0 & -c_2 & c_2 \end{pmatrix}\begin{pmatrix} \dot{x}_1 \\ \dot{x}_2 \\ \dot{x}_3 \end{pmatrix} + \begin{pmatrix} k_1 & -k_1 & 0 \\ -k_1 & k_1+k_2 & -k_2 \\ 0 & -k_2 & k_2 \end{pmatrix}\begin{pmatrix} x_1 \\ x_2 \\ x_3 \end{pmatrix} = \begin{pmatrix} 0 \\ 0 \\ 0 \end{pmatrix} \quad (3.3)$$

式中,m_1、m_2、m_3和x_1、x_2、x_3分别代表胎体、轮辋和轮心的质量和位移;k_1代表胎侧刚度;k_2代表轮辐刚度;c_1代表胎侧阻尼;c_2代表轮辐阻尼。

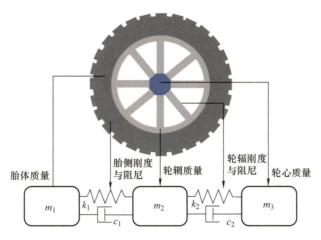

图3.9 轮胎三自由度质量-弹簧模型

这个离散体模型可以用来求解低阶模态频率和计算传递率,特别对计算横向模态和传递率有用。

3. 梁模型

在低频段(低于250Hz),声波沿着圆周方向传播时,轮胎类似于一个受到胎侧弹簧支承的张紧梁;在中频段(250~400Hz),结构波变为沿着胎带做纵向运动的弯曲波,类似于梁中传递的纵波,因此可以把胎带周向视为一个无限长的梁,或两边受到张力作用的有限梁,如图3.10所示,张力代表胎带周向承受的压力。梁的径向运动方程表达为(Kim et al., 2007a)

$$EI\frac{\partial^4 w}{\partial x^4} - T_0\frac{\partial^2 w}{\partial x^2} + K_r w + \rho h\frac{\partial^2 w}{\partial t^2} = 0 \quad (3.4)$$

式中,w代表轮胎的径向位移;E为杨氏模量;I为惯性矩;T_0为张力;ρ为密度;h为板的厚度。

图3.10 轮胎的梁模型(Kim et al., 2007a)

4. 板模型

随着频率升高,波长缩短到与轮胎横向尺寸相当,轮胎内的波导从一维周向变成了二维的周向和径向,因此,必须考虑到轮胎的横向尺寸,用二维模型来表征轮胎,从一维到二维的频率转折点在300~400Hz。从胎带速度导纳统计数据来看,在250Hz以下时,导纳峰值阻尼很大,以member波为主导;在250Hz以上时,以弯曲波为主导,但是不能清晰地识别峰值。这种现象与无限板导纳的结果类似,胎面像一个二维弯曲波导。因此,可以将轮胎建成一个无限板模型,由胎面和胎侧组成的无限板简化为一个放置在弹性支承上

的正交板，如图 3.11 所示，支承刚度由胎压和胎侧刚度决定。板模型的垂向运动方程为（Kropp，1999）

$$-T_0\left(\frac{\delta^2\xi}{\delta x^2}+\frac{\delta^2\xi}{\delta y^2}\right)+B_x\frac{\delta^4\xi}{\delta x^4}+2B_{xy}\frac{\delta^4\xi}{\delta x^2\delta y^2}+B_y\frac{\delta^4\xi}{\delta y^4}-m''\omega^2\xi+s\xi=F_0'' \tag{3.5}$$

式中，ξ 为垂向位移，即轮胎径向位移；B_x 和 B_y 分别代表轮胎周向和轴向弯曲刚度；B_{xy} 为耦合刚度；T_0 为声腔空气产生的张力；F_0'' 为每平方米单元上的作用力；m'' 为每平方米单元上的质量；ω 为角频率；s 为厚度。

图 3.11　轮胎的板模型（Kropp，1999）

除了平板模型外，还有很多其他板模型，例如，为了分析高频振动，胎肩曲率不能忽视，就构建出曲线平板模型，它可以分析周向和径向耦合振动；再例如，为了分析内部结构（如帘布层、钢丝圈等）对轮胎振动的影响，就有了双层或多层板模型。

5. 环模型

梁模型和板模型的优点是结构简单，参数少，计算速度快，在一定频率范围内具备一定的精度。但是，这些模型与真实轮胎结构相差太远，忽略了圆周的周向曲率和胎面与胎侧之间的横向曲率，导致多数计算频率与实测值不一致；另外，它们没有体现出轮胎的几何外貌特征。为了克服这些缺陷，人们用二维环模型和三维壳模型来表征轮胎。

环模型和壳模型是最常用的轮胎模型，其形状与轮胎一样，呈现为圆形。二维环模型由外圆环、弹簧和内圆环组成，如图 3.12 所示，它们分别代表胎体、胎侧和轮辋。假设胎体每个横截面上的位移和变形相同，胎面、带束层和帘布层等就可以假设为一个质量圆环，这样，三维轮胎就可以用二维平面模型来表征。胎体承受气体的径向压力，周向（或切向）被张紧，即承受着切向力，因此环与轮辋之间用径向弹簧（k_r）和切向弹簧（k_θ）连接。铝合金轮辋的模态频率高于胎体模态频率，因此轮辋假设为刚性。

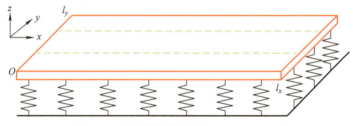

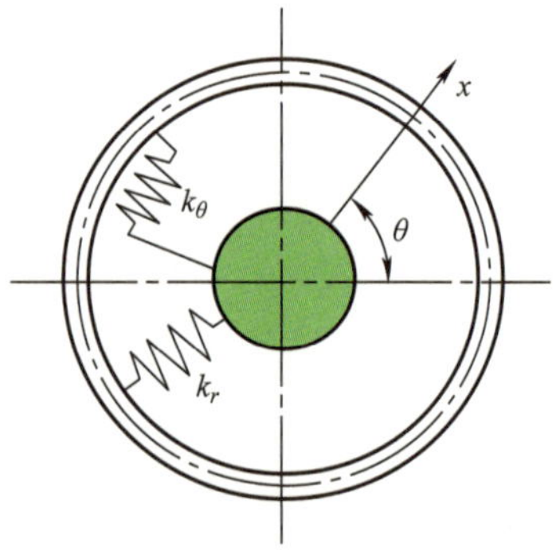

图 3.12　轮胎的二维平面环模型（Matsubara et al.，2011）

德国学者 Boehm 在 1966 年最早提出了环模型，他从声辐射角度来建立轮胎振动模型，认为胎侧对声辐射影响很小。在此基础上，一些学者，如 Kropp（1999）、Heckl（1986）等，将胎面视为环形的欧拉－伯努利梁来分析轮胎的振动。Kung et al.（1986）将轮辋视为刚体质量 M，而不是刚性边界，研究了环振动与轮辋质量的关系，发现轮辋质量只影响轮胎第一阶径向振动模态。

绝大多数学者建立的环模型是线性模型。有少数学者，如 Vu et al.（2017），建立了非线性模型。基于铁木辛柯梁和有限位移，Vu（2017）建立了非线性环模型，用离散方法得到数值解并分析了轮胎在静态和旋转下的特征。

建立圆环模型的方法通常有三种：基于欧拉－伯努利（Euler-Bernoulli）假设的薄环理论、基于哈密尔顿（Hamilton）原理和基于拉格朗日（Lagrange）方法。例如，Huang et al.（1987a）假设平面截面在变形之后仍然是平面，忽略横向剪切变形，只在圆周方向有应变，得到了应变能、势能和动能，用哈密尔顿原理建立了动力学方程。

单层环模型的优点是简单，在 400Hz 以下，模型计算与试验结果接近。模型参数来自轮胎测量数据，所以计算结果只适用于特定轮胎。轮胎不同，模型参数就必须重新测量，因此单层环模型不具备推广意义。

为了克服这个缺点，有些学者建立了多层环模型。例如，O'Boy et al.（2009a；2009b）将胎面和胎带等分成了不同厚度和不同材料的几层，构建了多层黏弹性环模型，如图 3.13 所示。只要知道每层结构的材料参数，就可以预测轮胎振动响应。这种模型的优点是只需更换每个层的设计参数，就可以计算不同轮胎的振型、频率和波数，而不需要测试每个轮胎而获取参数。

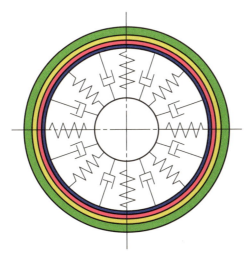

图 3.13　多层黏弹性轮胎环模型（O'Boy et al., 2009a；O'Boy et al., 2009b）

6. 三维壳模型

二维环模型只能用于分析周向和径向平面振动，而无法反映轮胎横向振动特征，当结构波频率升高，波长降低到与轮胎宽度一致时，波不仅在周向传递，也会在横向传播，另外，轮胎与悬架横向耦合振动并传递到车内形成结构声路噪非常普遍。

在二维模型基础上，考虑到横向尺寸，增加了横向刚度（k_z），将二维环模型扩展到三维壳模型，如图 3.14 所示。许多学者，如 Kindt et al.（2009b）、Matsubara et al.（2013a；2015）、Kim et al.（2007a）、Lecomte et al.（2010a）、Liu et al.（2018）、Wei et al.（2009）、Yu et al.（2019）、Huang et al.（1987a）、Campanac et al.（2000）从不同角度建立了不同的三维轮胎模型。这些模型可以分成三大类，第一类模型是横向（轴向）运动与其他两个方向运动解耦，而且模型在轴向做刚体运动（Kindt et al., 2009b）。这是最简单的模型，在二维模型基础上，增加由胎侧横向刚度与轮胎质量组成的一个横向"质量-弹簧"单自由度系统。第二类是轴向运动与径向和周向运动解耦，但是轴向为柔性运动。第三类模型是横向运动与

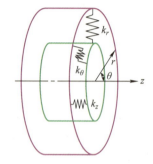

图 3.14 轮胎的三维壳模型

径向运动耦合，可以分析高阶横向弯曲振动。现在，第三类模型最多，模型越来越复杂，包括了更多的轮胎结构和参数，如轮胎厚度、横向-切向平面上的剪切应变、内部压力引起的横向应变、切向-横向预应力等，模型越来越接近实际结构。

建立三维壳模型的方法与二维环模型类似，有壳理论方法、能量分析方法、哈密尔顿变分原理、拉格朗日方法、欧拉-伯努利方法、基尔霍夫（Kirchhoff）方法等。

在圆柱坐标系（z，θ，r）下，胎侧刚度包括了轴向刚度、切向（周向）刚度和径向刚度，分别用 k_z、k_θ 和 k_r 表示；轴向、周向和径向位移分别为 u、v、w。可以用壳理论来分析三维模型的运动和模态。考虑到径向或周向与轴向耦合，对自由振动而言，每个频率下的模态为简谐运动形式，位移是呈现周期性的和谐振动特征，三个方向的位移表达为

$$u = U_{mn} \cos m\theta \cos\left(\frac{n\pi z}{L}\right) \cos \omega t \tag{3.6a}$$

$$v = V_{mn} \sin m\theta \sin\left(\frac{n\pi z}{L}\right) \cos \omega t \tag{3.6b}$$

$$w = W_{mn} \cos m\theta \sin\left(\frac{n\pi z}{L}\right) \cos \omega t \tag{3.6c}$$

式中，U_{mn}、V_{mn} 和 W_{mn} 分别为轴向、周向和径向位移幅值；L 为模型的轴向宽度；m（$m = 1,2,3,\cdots$）为径向模态数，n（$n = 1,2,3,\cdots$）为轴向模态数。

在自由模型或约束模型的基础上，将旋转效应施加到模型上，就可以分析轮胎模态频率随转速变化趋势。模型旋转后，出现了离心加速度和哥式加速度，强迫径向振动与切向振动耦合在一起；同时，出现了多普勒效应，使得静态模型的重根模态分离。结构波在轮胎的两个方向传播，与旋转方向一致的波速度降低，而与旋转方向相反的波速度增加，静态时的驻波现象被打破。

三、半经验模型

环模型和壳模型等解析模型过于简单,模型参数与结构参数没有直接关系。这种模型只能给修改轮胎结构提供方向,而不能给出具体方案。有限元模型的自由度太多,计算量非常大,而胎带等非线性参数也难以获取。因此,在工程中,人们采用一种半经验模型,将有限元模型和解析模型的优点以及工程经验结合起来。半经验模型有 FTIRE、CD-TIRE、RMOD-K、TNOSWIFT 等。

与有限元类似,半经验模型也是将轮胎分离成一些小单元,通常将胎体划分为几百个有限单元,如图 3.15 所示的 FTIRE 模型（Dorfi et al.，2005）。胎侧是由非线性阻尼和非线性弹簧组成,胎面与地面接触用花纹块来表征,有剪切变形和压缩作用,而且胎面上有压力和滑移速度分布,所以这个模型可以用来模拟轮胎运转时与路面的相互作用。Dorfi et al.（2005）分析了在凸出块（cleat）作用下的运行模态。这种半经验模型包括了轮胎的结构参数,而且参数获取比有限元模型参数获取简单,因此对轮胎设计有直接指导意义。但是这种模型的颗粒度比较粗,属于大尺度（macro）级别,因此,它难以模拟胎面与路面之间的非线性接触,而有限元模型是可以模拟的。

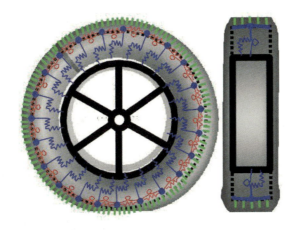

图 3.15　三维半经验模型：FTIRE 模型（Dorfi et al.，2005）

第三节　自由轮胎模态特征

按照轮胎是否被约束来分,轮胎模态分成两类:自由轮胎模态和约束轮胎模态。自由模态是指轮胎单体在"自由－自由"边界条件下的模态,在约束边界下获得的模态称为约束模态。

分析轮胎模态的目的是了解轮胎的模态频率和振型,使得轮胎模态与路面激励、轮胎声腔模态和悬架模态解耦。尽管轮胎是一个复杂系统,包含了非线性成分,但是在工程分析上,用线性模态方法来处理轮胎模态。

一、轮胎模态的获取

1. 自由边界

自由边界是指物体没有受到任何约束的边界。进行轮胎模态测试时,要用特殊的处理将它设置成"自由-自由"的边界条件。当轮胎刚体模态频率比它的最低弹性体模态频率低10%时,就认为它处于自由状态。通常用两种方法来实现这个"自由-自由"的边界条件,一是用柔软的橡胶绳将轮胎吊起;二是将轮胎放置在柔软的空气弹簧垫上。

2. 轮胎模态的获取

轮胎模态可以通过有限元模型、解析模型和试验获取。

建立了有限元模型之后,用模态求解的方法就可以得到轮胎的模态。

在解析模型中,考虑到径向或周向与横向耦合,每个频率下的模态为简谐运动形式,位移呈现周期性和谐振动特征,位移可以用傅里叶级数展开。用模态叠加的方式来表示三个方向的位移,代入动力学方程中,就可以求解模态。

试验方法是通过测量轮胎的传递函数,并对其进行后处理得到轮胎模态。轮胎模态测试系统由激振系统、响应系统和数据处理系统三部分组成。图3.16a给出了用力锤来激励一个自由边界轮胎的测试系统示意图。

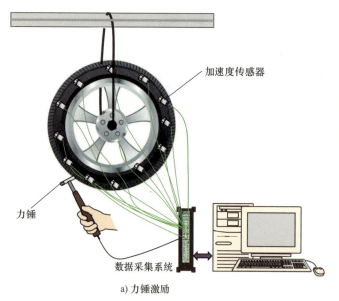

a) 力锤激励　　　　　　　　　　　　b) 激振器激励

图 3.16　轮胎模态测试系统

激励系统包括激励点的选择、激励方式和激励力输入。

激励点是能量的输入点。在图3.2给出的轮辋-胎面和胎面-轮辋传递函数上,只有两三个峰值信号,即从这两种传递函数中不能获得轮胎全部模态信息。在图3.3给出的胎面-胎面传递函数中,有一系列峰值,轮胎模态都能被激励出来。因此,激励点应该选择在胎面,而不是在轮辋上。轮胎是对称结构,激励点选择在胎面的中间位置。

在分析频率范围内，输入力信号应该是白噪声，即在这个频段内，所有频率下输入力大小相等，或者输入能量相等，这样就可以比较每个频率下响应对整体响应的贡献。胎面为橡胶材料，只有用金属头的力锤来激励才能得到在一定频率范围内的白噪声输入信号。如果用激振器来激励轮胎，如图 3.16b 所示，可以得到更宽频带内的白噪声输入。一根挺杆将激振器和轮胎连接起来，挺杆的一端安装有力传感器或者阻抗头。信号发生器将信号传送给功率放大器，经过放大后的信号推动激振器运动，通过挺杆传递到轮胎。激励信号有正弦激励、正弦扫描、随机激励等。

响应系统包括响应点的选取和响应信号的获取。

模态振型要反映出轮胎的轮廓特征。在胎面中线和两侧均匀布置三圈或者更多圈的传感器，在胎侧均匀布置一圈或更多圈传感器，如图 3.17 所示，可以获得轮胎径向模态、横向模态、扭转模态等。当传感器比较少时，只需要在胎面中线上均匀布置传感器，获取径向模态。

数据处理系统是将测量的加速度、激励力等信号进行后期处理的系统。对测量的加速度和力信号进行处理得到响应对激励的传递函数。为了确保测试数据的质量，

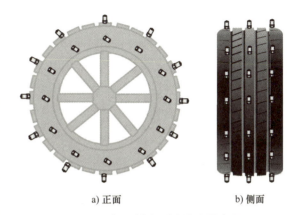

a) 正面　　　　　　b) 侧面

图 3.17　轮胎模态测试传感器布置

必须检查激励力自功率谱、频响函数、线性度、相干函数等。激励力自功率谱检查是检查在测试频率范围内输入信号是否呈现白噪声特征。频响函数检查是观察频响函数曲线的清晰程度，特别是在共振点和反共振点处，曲线过渡应该非常清晰。线性度检查是确保测试数据呈现线性变化，即相关频响函数满足互逆原理。相干函数检查是检查输出信号和输入信号之间的关系，确保两者的相干系数足够高。相干系数越接近 1 时，两个信号之间的相干性就越好。

从频响函数上，可以读取模态频率、模态振型等模态参数。

二、轮胎模态振型的种类与标识

从模态理论分析可知，任何点的响应都是该点各阶模态响应的叠加。对于某阶模态，对应地有模态频率和模态振型。模态振型就是在这个频率下结构振动位移的虚拟"形状"。模态位移为零的点称为节点，在节点处，表明该模态对整体响应没有贡献，而模态幅值最大的点称为反节点。

轮胎振型分为四大类：周向模态、径向模态、横向模态和径向与横向耦合模态。

1. 周向模态

周向模态是指沿着轮胎圆周方向运动的模态，如图 3.18 所示。

周向模态绕着轮胎轴线转动,因此它影响到整车的周向滑移,从而影响到轮胎与地面之间摩擦噪声以及"黏-抓"效应引起的振动。

2. 径向模态

径向模态是指以轮胎轴线为中心,振型沿着径向运动的模态。图 3.19 列出了用有限元模型计算得到的某个轮胎的前 8 阶径向模态振型。一阶径向模态振型沿着垂直方向运动,也被称为垂向模态;二阶振型沿着横向运动,看上去像一个椭圆,也被称为椭圆模态;三阶振型是以轮胎轴线为中心的旋转对称形状,三个幅值的角度相差 120°,振型看上去像一个三瓣的花朵,被称为三瓣径向模态;四阶振型是以轮胎轴线为中心的旋转对称形状,四个幅值角度相差 90°,看上去像一个四瓣的花朵,被称为四瓣径向模态;与三瓣和四瓣振型类似,五阶、六阶等高阶径向振型都是以轴线为中心的旋转对称振型,阶次越高的振型,其花瓣数越多,每个花瓣幅值之间的角度越小,这个角度为 $\left(\dfrac{360}{N}\right)^{\circ}$($N$ 为阶次数)。径向模态是以胎体径向弹性变形为主的模态。

图 3.18 轮胎周向模态

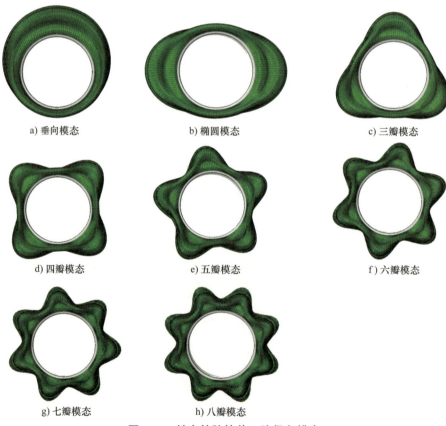

a) 垂向模态　　　b) 椭圆模态　　　c) 三瓣模态

d) 四瓣模态　　　e) 五瓣模态　　　f) 六瓣模态

g) 七瓣模态　　　h) 八瓣模态

图 3.19 某个轮胎的前 8 阶径向模态

从整车角度来看，径向模态沿着整车的垂向（Z方向）和纵向（X方向）运动。轮胎径向模态为 90~180Hz，悬架的垂向模态频率为 18~40Hz，纵向模态频率为 30~90Hz，因此轮胎与悬架垂向几乎不耦合，但是与悬架纵向存在耦合的可能。车身垂向板（如顶棚）的模态频率为 25~75Hz，纵向板（如前壁板、背门）的模态频率为 30~160Hz，因此轮胎与车身垂向板耦合的可能性不大，但是与纵向板可能耦合。

3. 横向模态

横向模态是指振型沿着轮胎轴向运动的模态，也被称为轴向模态，如图 3.20 所示。按照具体的运动形状，横向模态又可以细分为刚体模态、纯横向模态、弯曲模态和扭转模态。横向刚体模态是指轮胎振型以刚体形状沿着轴向运动。纯横向模态是指轮胎整体振型沿着轴向做柔性体运动，如图 3.20a、b 所示。横向弯曲模态是指轮胎振型在轴向做空间弯曲运动，如图 3.20c 所示。横向扭转模态是指轮胎振型做空间扭转运动，如图 3.20d 所示。随着阶次增加，横向模态都是弯曲模态和扭转模态的耦合模态，或称为径向与横向耦合模态。

a) 一阶横向模态　　b) 二阶横向模态　　c) 三阶横向模态　　d) 四阶横向模态
　　　　　　　　　　　　　　　　　　　（一阶弯曲模态）　（一阶扭转模态）

图 3.20　轮胎横向模态

横向模态沿着整车横向（Y向）运动。多数轮胎横向模态频率为 60~120Hz，而悬架横向模态频率为 60~250Hz，因此它们存在耦合的可能性非常大。车身横向板（如车门、侧围板）的模态频率为 30~90Hz，振动传递到车身时，横向板很容易被激励起来。

4. 空腔模态

胎与轮辋之间形成一个封闭的空气体，称为空腔。与固体结构一样，空腔也有模态，即空腔模态。轮胎内部腔体尺寸和填充气体是影响空腔模态的因素。第五章将专题讲述空腔模态。

5. 模态阶数的标识

轮胎模态振型主要沿着径向和横向，因此可以用 (m, n) 两个数来表征其运动形态。(m, n) 是模态阶数的标记（notation），这两个数标识了轮胎的模态振型和阶数。m 表示径向模态数或周向模态数，也代表了二维平面（圆周平面）内弯曲波长（circumferential bending wavelength）的数量；n 表示横向模态数量，即在轴向有显著位移时的半波长的数量。例如（1,0）、（2,0）和（3,0）分别表示第1阶、第2阶和第3阶径向模态，（0,1）表示第1阶横向模态，（1,1）表征了第1阶径向与横向耦合模态。

三、自由轮胎模态特征

1. 振型特征

表3.3列出了某个轮胎测试的模态振型、标识和模态描述。（0,0）为周向模态，（0,1）和（0,2）分别是第1阶和第2阶横向模态，（1,0）、（2,0）、（3,0）、（4,0）和（5,0）分别是第1阶到第5阶径向模态。声腔振动会传递到胎面，从振动测试数据中也能获取声腔模态特征。

表3.3 轮胎标识、振型和模态名称

标识	振型	模态名称
(0,0)	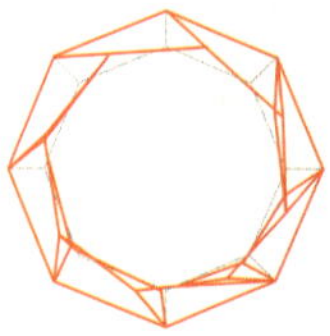	周向模态
(0,1)	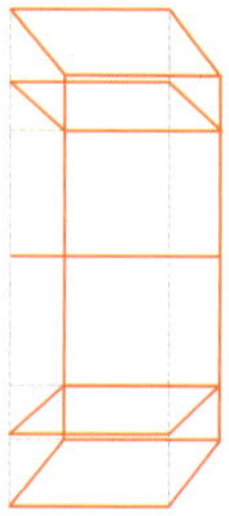	第1阶横向模态
(0,2)	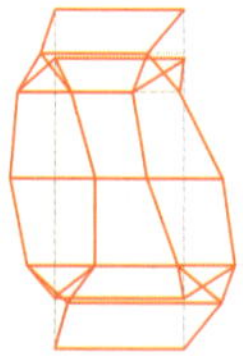	第2阶横向模态
(1,0)	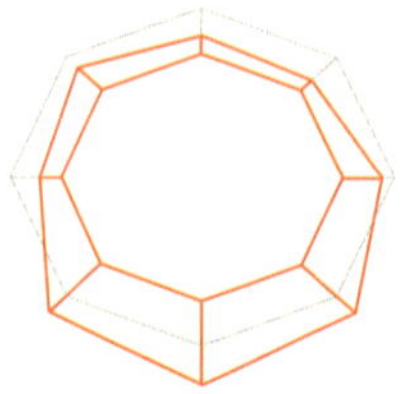	第1阶径向模态（垂向模态）

（续）

标识	振型	模态名称
(2, 0)	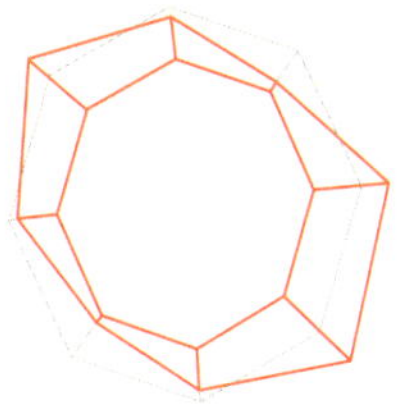	第 2 阶径向模态（椭圆模态）
(3, 0)	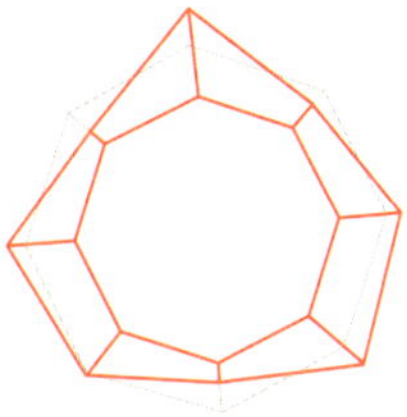	第 3 阶径向模态（三瓣模态）
(4, 0)	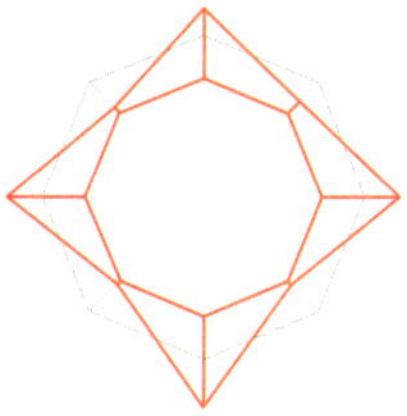	第 4 阶径向模态（四瓣模态）
(5, 0)	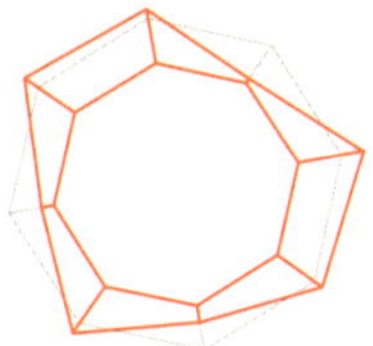	第 5 阶径向模态（五瓣模态）
	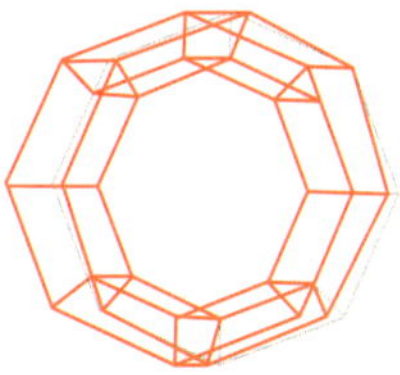	声腔模态

2. 模态频率分布规律

图 3.21 给出了一组乘用车常用尺寸 16～19in（1in = 0.0254m）轮胎模态频率分布的箱线图。箱线图给出了这组数据中每个模态频率的最大值、第三分位数值、中位数值、第一

分位数值和最小值。第 1 阶和第 2 阶横向模态频率范围分别为 49～73Hz 和 83～115Hz；第 1 阶径向模态（垂向模态）频率范围为 88～106Hz，第 2 阶径向模态（椭圆模态）频率范围为 97～119Hz，三瓣模态频率范围为 118～142Hz，四瓣模态频率范围为 141～166Hz，五瓣模态频率范围为 165～192Hz；空腔模态频率范围为 194～230Hz。

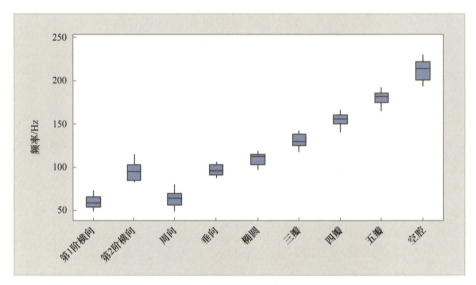

图 3.21　一组轮胎模态频率分布的箱线图

箱线图不仅描述了组内数据的中心位置和分散程度，还揭示了数据的相对关系。随着模态阶数增加，模态频率呈近似线性增加。这种箱线图可以帮助建立轮胎与悬架的模态分布表，也可以根据轮胎规格与频率的关系，在轮胎选型时预估其模态频率。

今天，乘用车使用的轮胎尺寸越来越大，跨度从 16in 到 21in。一般来说，大型车使用的轮胎尺寸大于小型车。按照尺寸大小将轮胎分成两组：将 17in 及其以下尺寸轮胎定义为小尺寸轮胎，大于 17in 定义为大尺寸轮胎。图 3.22 给出了两组轮胎的模态频率箱线图比较。大尺寸轮胎的结构普遍强于小尺寸轮胎，其模态频率高于小尺寸轮胎；但是大尺寸轮胎的空腔直径大于小尺寸轮胎，因此其声腔频率低于小尺寸轮胎。

除了尺寸不同，轮胎还有风格上的不同，如舒适型轮胎、运动型轮胎等。一般来说，运动型车上的轮胎尺寸大于舒适型车，而关键差别是扁平比，运动型轮胎的扁平比偏小，而舒适型轮胎偏大。将扁平比低于 50% 的轮胎定义为运动型轮胎，大于和等于 60% 的轮胎定义为舒适型轮胎，而介于 50%～60% 之间的轮胎定义为综合型轮胎。图 3.23 给出了三类扁平比轮胎模态频率箱线图，运动型轮胎模态频率最大，综合型轮胎次之，舒适型轮胎模态频率最小，特别是横向模态频率，运动型轮胎远大于舒适型轮胎。运动型车为了保证横向的操控性能，轮胎横向刚度大，使用硬度更高的橡胶材料和刚度更大的帘布层结构。

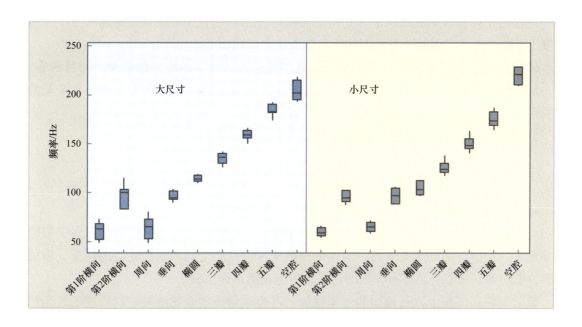

图 3.22 大尺寸和小尺寸轮胎的模态频率箱线图比较

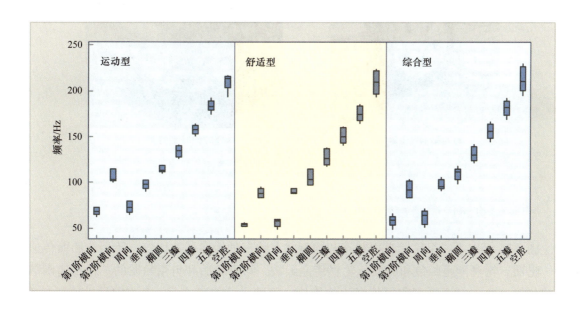

图 3.23 不同风格轮胎（运动型、舒适型和综合型）模态频率的箱线图

第四节　约束轮胎模态特征

当轮胎安装在台架或汽车上，它与地面接触，并承受着台架或悬架施加的力，轮胎受到挤压而发生变形，因此，其模态特征与自由状态下相比会发生变化。

研究自由轮胎模态的目的是了解轮胎本体的动态特征，而研究约束模态的目的在于，第一是找到约束和自由轮胎模态频率和振型之间的关系，第二是分析轮胎本体与悬架的耦合关系，以便指导轮胎动态设计来满足装车要求。

分析约束轮胎模态的方法包括有限元分析方法和试验方法。

一、约束边界

轮胎约束边界分为两种：台架约束边界和装车约束边界。

将轮胎安装在台架或转鼓上，如图3.24a所示。在轮心处施加一定的载荷来模拟轮胎承受汽车的重量，使其承受压力，与地面接触变形。轮胎受到地面和轮心的约束，形成了台架约束边界。轮胎公司都有专用的台架，用于轮胎单体试验。

轮胎安装在汽车上，与地面和悬架接触，汽车重量施加在轮心处，就形成了装车约束边界，如图3.24b所示。汽车公司除了关注轮胎单体的性能，更加关心它们装车后的模态特征、传递率等参数。因此，汽车公司的工程师通常在整车上来测量轮胎动态特征。

a) 台架/转鼓上的约束　　　　　　　b) 汽车上的约束

图 3.24　轮胎约束边界

二、约束轮胎的传递函数特征

图3.25给出了一个轮胎自由状态和约束状态的三种传递函数比较：胎面－胎面传递函数、轮辋－轮辋传递函数和胎面－轮辋传递函数。约束轮胎和自由轮胎的三种传递函数变化的趋势一致，包括频率和幅值变化的趋势。轮胎受到约束之后，X方向尺寸变长，Z方向的尺寸变短，圆形变成了椭圆形，自由状态的径向模态重根分离，形成了两个频率分开的模态。另外，轮胎与悬架耦合，轮胎传递函数中包含了悬架模态特征。与自由轮胎相比，约束轮胎传递函数的峰值变多，曲线光滑程度变差。

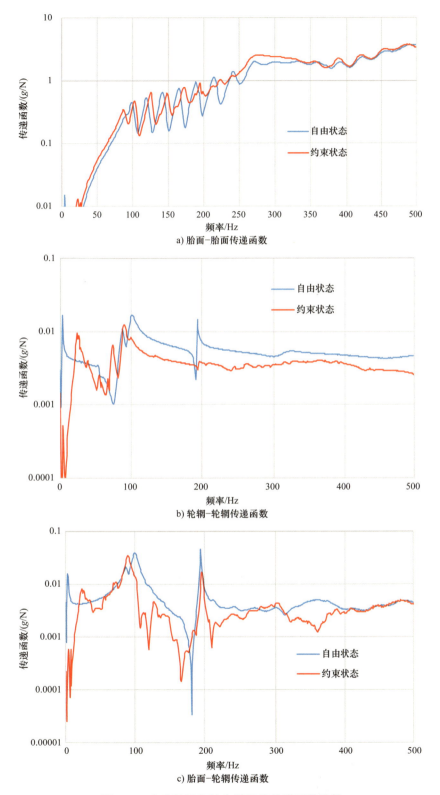

图 3.25　自由轮胎和约束轮胎的传递函数比较

图 3.26 给出了一个装车约束轮胎的轮辋-胎面传递函数与胎面-轮辋传递函数的比较。在 250Hz 以下，两个传递函数非常接近，因此在约束状态下，轮胎也可以视为一个线性系统。

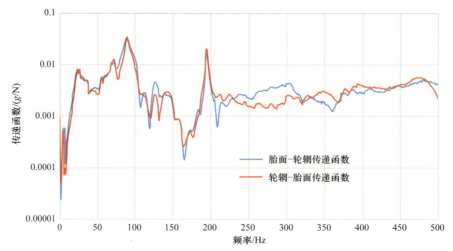

图 3.26 约束轮胎的轮辋-胎面传递函数与胎面-轮辋传递函数的比较

三、约束轮胎模态特征

与自由模态一样，约束模态也分成周向模态、径向模态和横向模态三大类。与自由模态相比，约束模态有几个明显特征。

1. 模态分离

约束轮胎的第一个特征是自由状态下的重根模态分开。当轮胎受载之后，与地面接触部分固定，边界变化导致原来对称的自由轮胎不再是轴对称结构，某些重根模态分离，自由轮胎一个模态变成了约束轮胎的两个模态。

图 3.27 为一个胎压为 260kPa 的 225/50R16 轮胎受到 4900N 静载时的有限元模型和接地印迹图。图 3.28 是自由边界和约束边界下有限元计算的第 3 阶横向模态比较。自由边界下的模态频率为 113Hz，而在约束边界下，出现了两个独立的横向模态，频率分别是 101Hz 和 119Hz。

a) 有限元模型   b) 接地印迹

图 3.27 受载的轮胎

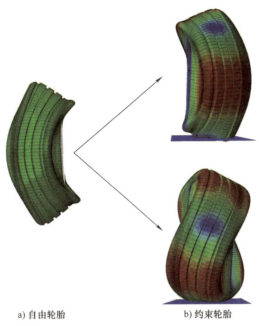

a) 自由轮胎　　　　b) 约束轮胎
图 3.28　第 3 阶横向模态

约束轮胎的第二个特征是模态形态的变化。模态分离不仅是从一个自由模态到两个约束模态，而且有的模态被分离后的模态振型会改变，例如自由状态下的径向模态，可能变成一个径向模态和一个扭转模态。

2. 新的耦合模态

约束轮胎的第三个特征是新模态的出现。

轮胎被约束在刚度非常大的台架上，由于台架频率远大于轮胎频率，因此它与轮胎模态不耦合。可是，当轮胎安装在汽车上与悬架连接，轮胎与悬架组成一个新结构，会产生出新的轮胎模态。新模态振型表现为轮胎沿悬架前束角延长线或外倾角方向的同步运动，被称为"Toe"模态或前束模态，如图 3.29 所示，频率分布范围为 20~50Hz。

因橡胶弹性变形，轮胎接地后沿圆周方向产生一定初始位移，这使得周向模态比自由轮胎更加凸显，如图 3.30 所示，模态频率分布范围为 50~80Hz。

3. 约束轮胎的模态频率分布

表 3.4 给出了一组轮胎在装车状态下的约束模态频率分布。

前束模态频率较低，前后方向的频率在 35Hz 以下，外倾方向的频率在 36~45Hz 之间，这些频段与悬架的纵向（前后方向）有一定范围的重叠。

横向模态频率分布在 60~120Hz，与悬架横向模态分布区域（60~260Hz）重合度很高，因此轮胎与悬架出现耦合的概率非常大。

径向模态频率分布在 90Hz 以上，而悬架的整体垂向模态频率在 40Hz 以下，纵向模态频率在 90Hz 以下，因此轮胎和悬架不会耦合。但是，悬架某些部件频率高，轮胎径向模态与部件之间可能产生耦合。

 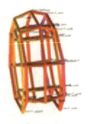 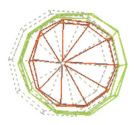 

图 3.29 装车约束边界下的轮胎 Toe 模态（前束模态）　　图 3.30 装车约束边界下的轮胎周向模态

表 3.4 约束轮胎的模态频率分布

模态分类		频率 /Hz
前束模态	前后方向	25 ~ 34
	外倾方向	36 ~ 45
周向模态	周向	53 ~ 60
横向模态	整体	65 ~ 72
	1 阶弯曲模态	81 ~ 90
	2 阶弯曲模态	103 ~ 110
径向模态	1 阶径向模态（垂向）	90 ~ 105
	2 阶径向模态（椭圆）	100 ~ 120
	3 阶径向模态（三瓣）	120 ~ 140
	4 阶径向模态（四瓣）	145 ~ 160
	5 阶径向模态（五瓣）	170 ~ 190
空腔模态		195 ~ 230

第五节　旋转轮胎模态特征

一、旋转的自由轮胎模态特征

1. 模态分离现象

将哥式力和回旋力矩加入自由轮胎有限元模型中，可以计算轮胎旋转时的模态频率和随转速变化的特征。轮胎旋转后，静态时的重根模态分离成两个独立的模态，如图 3.31 所示，即出现了模态分离现象。

a) 静态　　　　　　　　　　　b) 旋转状态

图 3.31 静态时的重根模态分离为旋转时的两个独立模态（Uesaka et al., 2015）

用有限元计算、试验和解析方法来获取旋转轮胎的模态频率和振型。将轮胎安装到台架上并施加很小的预载（如 50N），让轮胎与转鼓接触，以便转鼓能够带动轮胎旋转。与通常 4000 多 N 的预载相比，50N 预载很小，接近空载，所以，将这种"约束"状态视为"准自由旋转"状态，这样就可以通过测试来获取旋转轮胎的特征。

2. 分离现象与轮胎转速的关系

在研究模态分离现象的同时，很多学者探索了旋转速度对分离程度的解析方法，并给出了计算公式。

Brinkmeiera et al.（2008）从模态振型与声波波数的角度，认为频率分离值是由轮胎模态波数和转速决定的，表达如下

$$\Delta f = \pm \frac{n\omega}{2\pi} \tag{3.7}$$

式中，n 和 ω 分别为模态振型中的波数和旋转角速度（rad/s）。

Perisse（2002）分析了哥式加速度的作用和多普勒效应对轮胎弯曲波的影响，给出了弯曲波传递到轮胎前行端和离地端的频率

$$f_a = kf_b \tag{3.8}$$

式中，f_a 和 f_b 分别为弯曲波传递到轮胎前行端和离地端的频率；而 k 由式（3.9）决定。

$$k = \frac{V + c_B}{V - c_B} \tag{3.9}$$

式中，c_B 为胎体内弯曲波的波速；V 为滚动速度。

Dorfi et al.（2005）给出了计算自由轮胎旋转频率的公式

$$\omega_c = -\frac{\Omega n(n^2-1)}{n^2+1} \pm \sqrt{\widetilde{\omega}_c^2 - \frac{(n^2-1)^2 \Omega^2}{(n^2+1)^2}} \tag{3.10}$$

式中，Ω 为角速度；n 为径向模态阶数；$\widetilde{\omega}_c$ 为轮胎静态时的频率。

Huang et al.（1987b）建立了轮胎环模型，并分析了旋转带来的频率分离

$$\omega_n = \frac{2n}{n^2+1}\Omega \pm \sqrt{\omega_{fn}^2 + \frac{n^2(n^2-1)^2}{(n^2+1)^2}\Omega^2} \tag{3.11}$$

式中，ω_{fn} 为轮胎静态时的频率。

Matsubara et al.（2011）建立了二维环模型，考虑了多普勒效应，得到了旋转时的轮胎频率为

$$f'_{rot} = \frac{1}{2\pi}\left(\pm\frac{-n^3+n}{n^2+1}\Omega + \sqrt{\frac{(n^2-1)(n^4+1)}{(n^2+1)^2}\Omega^2 + \omega_{static}^2}\right) \tag{3.12}$$

式中，ω_{static} 为轮胎静态时的频率。

3. 模态分离的机理

通过有限元计算或试验或解析计算，都可以得到旋转轮胎模态分离频率随转速和模态

阶次变化的几个现象和趋势，如图 3.32 所示。第一，旋转使得静态模态重根分离，分离模态振型方向相反，如图 3.31 所示；第二，模态频率分离与转速、模态阶次、自由轮胎模态频率和胎体内弯曲波传递速度有关；第三，分离后的两个模态频率，一个比静态模态频率高，另一个比静态模态频率低，而且随着转速增加，频率分离得越开；第四，随着阶次增加，频率分离得越开。

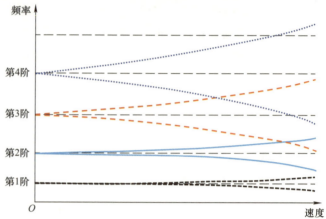

图 3.32　旋转轮胎模态分离频率随转速和模态阶次的变化趋势

导致模态分离的原因是轮胎旋转时出现的三种效应：材料变化效应、哥式加速度导致的回旋效应（gyroscopic effect）；声波传播速度与转速差之间的多普勒效应。

材料变化效应是指轮胎在旋转过程中橡胶材料的刚度和阻尼发生变化。轮胎旋转导致橡胶材料循环变形，使得轮胎变软。轮胎低速旋转 [称为准静态（quasi-static）] 时，橡胶变软，导致频率突然降低。

回旋效应是指轮胎旋转时的哥式加速度引起的效应。旋转轮胎承受着哥式力和离心力。离心力使得橡胶变硬，在高速旋转时，会抵消一部分材料循环变形而变软的效果。

多普勒效应是指物体辐射声波波长随着声源和观测位置的相对运动而变化的现象。在运动的声源前面，声波被压缩，波长变短，频率变高；在运动的声源后面，声波被拉长，波长变长，频率变低。一个声源沿着轮胎周向的两个方向传播，而旋转使得这两个方向的波速不一样。前行波速度加快，而反向波（扩展波）速度降低，所以旋转轮胎结构中没有静态时的驻波。

多普勒效应导致的频率偏移是转速和周向波数的线性关系，而回旋效应与转速是非线性关系。对于低阶模态和低速情况，如（1,0）、（2,0）等模态，回旋效应大于多普勒效应；随着模态数增加，多普勒效应超过了回旋效应；当模态数超过 3 时，多普勒效应远大于哥式加速度回旋效应的影响。在高频时，与多普勒效应相比，哥式加速度的影响可以忽略。

对自由旋转轮胎，哥式加速度的回旋效应和多普勒效应对模态频率的影响远远大于橡胶材料变化效应，但是对约束旋转轮胎，材料变化效应不能忽视。

二、旋转的约束轮胎模态特征

1. 模态的获取

旋转约束轮胎模态可以通过有限元计算或试验获取。将哥式力和回旋力矩作为超级单元加入有限元模型中就可以得到运行模态特征。

在轮胎台架或整车转鼓上，用运行模态分析方法来获取轮胎的模态信息。图 3.33 显示将轮胎安装在转鼓上，在转鼓上安装一个小的凸起物（cleat）。当轮胎旋转触及凸起物时，被激励起来。在轮胎上选择一个参考点，用激光测振仪测量出轮胎上一系列被测点和参考点的振动，然后通过频谱分析来得到轮胎运行模态。

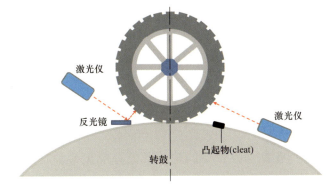

图 3.33　在转鼓上安装凸起物来激励轮胎，测量运行工况下的模态

凸起物的材料、形状和高度影响到激励频率的能量宽度。速度越快，激励频率越宽，激励能量越大。

2. 模态频率随转速变化趋势

表 3.5 为某个轮胎在静态约束和旋转约束下的前几阶模态频率。与静态约束相比，旋转约束轮胎的频率普遍降低，这种现象是由于旋转带来的橡胶刚度和阻尼呈周期性变化、多普勒效应和旋转效应所导致。

表 3.5　约束轮胎静态和旋转的峰值频率比较（Tsujiuchi et al., 2005）

静态 /Hz	旋转 /Hz
88.8	83.8
105.0	98.8
140.0	125.0
157.5	136.2
165.0	147.5

轮胎第一阶垂向模态对轮心力的贡献最大，这个模态频率随转速变化的规律最重要。图 3.34 给出了 4 个轮胎第一阶垂向频率随速度变化趋势。

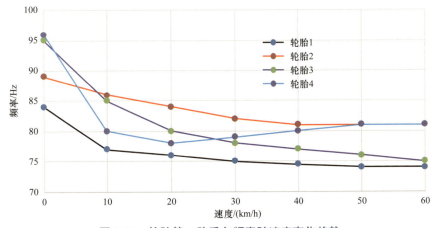

图 3.34　轮胎第一阶垂向频率随速度变化趋势

轮胎刚开始转动时速度低,如从静止到低速(10km/h、20km/h),处于一种准静态,橡胶材料周期性变形使得轮胎变软,导致了频率迅速降低。随着速度增加,离心力的增加使得胎带张力增加,从而导致轮胎刚度和弯曲频率增加。不断增加的胎带张力和变软的轮胎材料相互作用,导致了频率下降的趋势变缓,慢慢趋于稳定。如果张力的作用超过橡胶变软的作用,频率会升高。

第六节 轮胎结构振动传递率

受到路面激励后,具备黏弹性特征的轮胎既储存能量又消耗能量。从衰减能量的角度,轮胎可以视为一个隔振元件。隔振元件的功能是用一个具有阻尼的弹性体来消耗激励端的能量,使得传递到元件另一端的能量降低。衡量隔振元件效果的指标是传递率,定义为输出和输入的比值,如输出位移与输入位移的比值、输出力与输入力的比值。

轮胎振动从胎面传递到轮辋,其传递率为轮辋承受的力或响应与胎面激励力或响应的比值。

一、单自由度轮胎模型的传递率

1. 位移传递率

将轮胎视为一个单自由度质量-弹簧黏弹性阻尼结构,如图 3.35 所示,图 3.35a 表示基础位移激励,图 3.35b 表示激励力施加在质量上。

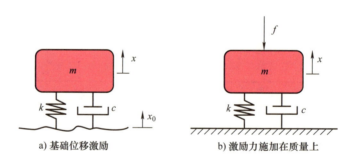

a) 基础位移激励   b) 激励力施加在质量上

图 3.35 单自由度轮胎模型

图 3.35a 的基础位移激励系统运动方程为

$$m\ddot{x} + c(\dot{x} - \dot{x}_0) + k(x - x_0) = 0 \quad (3.13)$$

方程改写为

$$m\ddot{x} + c\dot{x} + kx = c\dot{x}_0 + kx \quad (3.14)$$

基础的位移激励为 $x_0 = X_0 e^{j\omega t}$,而质量块的响应为 $x = X e^{j(\omega t - \varphi)}$,将这两个表达式代入式(3.14),得到

$$[(k - m\omega^2) + jc\omega]Xe^{j(\omega t-\varphi)} = [k + jc\omega]X_0 e^{j\omega t} \quad (3.15)$$

位移传递率是质量块响应位移幅值 X 与基础位移幅值 X_0 的比值。在工程上，加速度更容易测量，因此，采用加速度传递率更为方便。加速度传递率是质量块响应加速度幅值 $\ddot{X}$ 与基础加速度幅值 $\ddot{X}_0$ 的比值。传递率表达为

$$T = \left|\frac{\ddot{X}}{\ddot{X}_0}\right| = \left|\frac{X}{X_0}\right| = \sqrt{\frac{1+(2\zeta\lambda)^2}{(1-\lambda^2)^2+(2\zeta\lambda)^2}} \quad (3.16)$$

式中，$\lambda = \omega/\omega_n$ 为激励频率与系统固有频率比值，$\omega_n = \sqrt{k/m}$；ζ 为阻尼比，$\zeta = c/c_0$，$c_0 = 2\sqrt{km}$ 为临界阻尼。

2. 力传递率

约束轮胎受到地面和轮心约束并承受力。如果把路面激励看成力激励，而得到轮心处的力，那么可以用力对力的传递率来表征轮胎的振动衰减效果。在图 3.35b 中，质量受到力激励，并把力传递到约束部位，系统的运动方程为

$$m\ddot{x} + \dot{x} + kx = f \quad (3.17)$$

将激励力 $f = F_0 e^{j\omega t}$ 代入式（3.17），得到激励力的幅值 F_0

$$F_0 = kX\sqrt{(1-\lambda^2)^2+(2\zeta\lambda)^2} \quad (3.18)$$

传递到约束端的力的幅值 F_r 为

$$F_r = \sqrt{(kx)^2+(c\omega x)^2} = kX\sqrt{1+(2\zeta\lambda)^2} \quad (3.19)$$

力传递率的表达式为

$$T_f = \frac{F_r}{F_0} = \sqrt{\frac{1+(2\zeta\lambda)^2}{(1-\lambda^2)^2+(2\zeta\lambda)^2}} \quad (3.20)$$

工程师关心轮胎安装在车上的力传递率，但是很难测量到胎面和轮心受到的力。通常他们在胎面和轮心上安装加速度传感器，激励轮胎或轮心，测量加速度，用响应与响应之比或者传递函数之比来代替力传递率。对于自由状态轮胎，激励胎面或轮心，只能得到位移或加速度响应，因此也只能获得响应传递率。由于式（3.16）和式（3.20）一样，因此工程师常将力传递率和位移传递率混为一谈，用位移传递率代替力传递率。尽管这两种传递率的物理意义不同，但是在工程实际中，这种取代是有价值的。

二、连续体轮胎的位移传递率

轮胎难以用一个质量、一个弹簧刚度和一个阻尼系数来描述，因此单自由度传递率不适合来表征轮胎的隔振性能。工程上，用测量轮胎的响应或传递函数来表征传递率更有意义。有两种测试方法来得到轮胎的传递率，一种是直接测量法，一种是间接测量法。

1. 直接测量法

对约束轮胎，可以在轮心处和胎面上安装加速度传感器。对自由轮胎，无法直接测量到轮心处的响应，可以做一个半圆形的工装件放置在轮辋内环上，如图 3.36 所示，再将加速度传感器安装在工装件上。与质量非常大的轮胎相比，工装件质量可以忽略不计，这个附加质量对测量结果影响非常小。用激振器或力锤来激励胎面或轮心，测量加速度响应，再通过传递函数来计算传递率。

a) 实物图　　　　　　b) 示意图

图 3.36　自由轮胎传递率直接测量的传感器布置

激励橡胶胎面，激励力的频段窄，而激励金属轮心或轮辋，激励力频段宽，因此，激励位置选择在轮心或轮辋。在轮心上施加力 F_r，胎面上的加速度为

$$a_t = H_{tr} F_r \tag{3.21}$$

式中，H_{tr} 是胎面加速度对轮心力的传递函数。

轮心加速度为

$$a_r = H_{rr} F_r \tag{3.22}$$

式中，H_{rr} 为轮心原点加速度对力的传递函数。

胎面加速度（或位移）响应对轮心加速度（或位移）响应的传递率为

$$T = \frac{a_t}{a_r} = \frac{H_{tr}}{H_{rr}} \tag{3.23}$$

传递率为响应点对激励点的跨点传递函数与激励点的原点传递函数的比值。图 3.37 给出了一个轮胎的传递函数 H_{tr} 和 H_{rr} 及传递率 T。传递率曲线上有两个主要峰值，第一个对应着原点传递函数 H_{rr} 第一个谷值（或称反共振峰值），它是由轮胎结构决定的，而且主要取决于轮辋结构；第二个峰值的频率对应着声腔模态频率，取决于声腔及与胎的耦合。

轮胎传递率是同量纲的比值，没有特定的物理意义。传递率越低，轮胎的隔振越好。

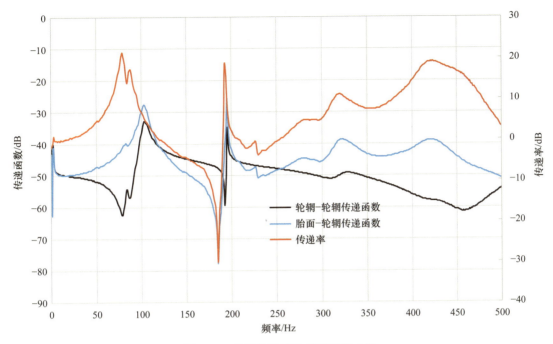

图 3.37 轮胎传递率和传递函数曲线

2. 间接测量法

自由轮胎没有轮心,如图 3.38 所示,就无法在轮心处(0 点)施加激励和布置传感器。于是,采用间接方法来解决这个问题,在胎面上布置传感器(3 点),在轮辋内径相差 180°的位置布置两个传感器(1 点和 2 点)。测量到响应和传递函数之后,间接计算出虚拟轮心处的响应,然后计算传递率。

在第 1 点上施加力,测量得到 1 点的原点传递函数、2 点响应对 1 点激励的传递函数以及胎面上 3 点对 1 点的传递函数,分别为 H_{11}、H_{21} 和 H_{31}。用 H_{11} 和 H_{21} 来计算虚拟轮心点(0 点)响应对 1 点激励的传递函数为

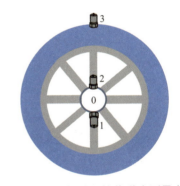

图 3.38 自由轮胎间接传递率测量布点

$$H_{01} = \frac{H_{11} + H_{21}}{2} \qquad (3.24)$$

在第 2 点上施加力,测量得到 2 点的原点传递函数、1 点响应对 2 点激励的传递函数以及胎面上 3 点对 2 点的传递函数,分别为 H_{12}、H_{22} 和 H_{32}。虚拟轮心点(0 点)响应对 2 点激励的传递函数为

$$H_{02} = \frac{H_{12} + H_{22}}{2} \qquad (3.25)$$

这样,虚拟轮心的原点传递函数为

$$H_{00} = \frac{H_{01} + H_{02}}{2} = \frac{H_{11} + H_{21} + H_{12} + H_{22}}{4} \tag{3.26}$$

胎面对虚拟轮心激励的传递函数为

$$H_{30} = \frac{H_{31} + H_{32}}{2} \tag{3.27}$$

根据式（3.23），得到轮胎的传递率为

$$T = \frac{H_{30}}{H_{00}} \tag{3.28}$$

三、基于部件导纳的传递率

将胎和轮辋简化成两个柔性体，即胎（物体 A）和轮辋（物体 B）。在物体 A 的 1 点施加力，获得 1 点和物体 B 上的 3 点响应，就可以计算传递率。图 3.39 给出了两个物体的受力图。

在 1 点施加力 F_1，在物体 A 和物体 B 之间产生内力 F_2。将 A 和 B 分开分析，在 $2a$ 点和 $2b$ 点的速度分别为

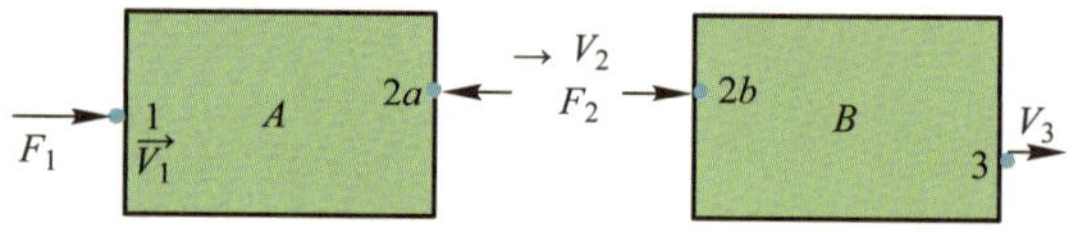

图 3.39 轮胎简化成两个柔性体：胎（A）和轮辋（B）

$$V_{2a} = Y_{21}^A F_1 - Y_{22}^A F_2 \tag{3.29}$$

$$V_{2b} = Y_{22}^B F_2 \tag{3.30}$$

式中，Y_{21}^A 和 Y_{22}^A 分别是物体 A 从 2 点到 1 点的跨点导纳和 2 点的原点导纳；Y_{22}^B 是物体 B 在 2 点的原点导纳。

物体 B 上 3 点的速度为

$$V_3 = Y_{32}^B F_2 \tag{3.31}$$

式中，Y_{32}^B 是物体 B 从 3 点到 2 点的跨点导纳。

在 2 点，物体 A 和物体 B 的位移存在以下关系

$$V_2 = V_{2a} = V_{2b} \tag{3.32}$$

由式（3.29）和式（3.30），得到

$$F_2 = \frac{Y_{21}^A}{Y_{22}^A + Y_{22}^B} F_1 \tag{3.33}$$

将式（3.33）代入式（3.31），得到

$$V_3 = \frac{Y_{21}^A Y_{32}^B}{Y_{22}^A + Y_{22}^B} F_1 \tag{3.34}$$

1 点的速度为

$$V_1 = Y_{11}^A F_1 - Y_{12}^A F_2 \quad (3.35)$$

式中，Y_{12}^A 是物体 A 从 1 点到 2 点的跨点导纳，对线性系统，$Y_{12}^A = Y_{21}^A$。

将式（3.33）代入式（3.35），得到

$$V_1 = \frac{Y_{11}^A (Y_{22}^A + Y_{22}^B) - (Y_{21}^A)^2}{Y_{22}^A + Y_{22}^B} F_1 \quad (3.36)$$

由式（3.34）和式（3.36），得到 1 点到 3 点的传递率为

$$T = \frac{V_3}{V_1} = \frac{Y_{21}^A Y_{32}^B}{Y_{11}^A (Y_{22}^A + Y_{22}^B) - (Y_{21}^A)^2} \quad (3.37)$$

在传递率表达式中，Y_{32}^B 表征轮辋的跨点导纳，它越小，轮辋刚度越大，传递率越低，即增加轮辋刚度可以降低从胎传递到轮辋的响应。

四、自由轮胎传递率特征及隔振评价

轮胎传递率分为垂向传递率和横向传递率。

1. 垂向传递率特征

图 3.40 是一组自由轮胎垂向传递率的测量曲线。曲线上有三个峰值，第一个峰值的频率范围为 60~95Hz，峰值对应着原点传递函数 H_{rr} 第一个谷值（或称反共振峰值）。第二个峰值的频率范围为 80~160Hz，峰值对应着原点传递函数的第二个谷值。这两个峰值与轮胎结构模态相关，第一个峰值远高于第二个峰值，是影响轮胎传递率的主要成分。第三个峰值的频率范围为 180~220Hz，由轮胎声腔模态决定。关于声腔模态和对应传递率峰值

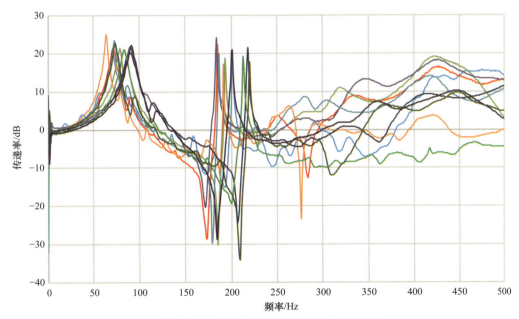

图 3.40　一组自由轮胎垂向传递率测量曲线

特征，第五章将详细描述。

2. 横向传递率特征

图 3.41 是一组横向传递率曲线，曲线形状与垂向传递率类似。图 3.42 给出了一个轮胎的垂向与横向传递率的比较。与垂向传递率相比，横向力传递率有两个特征，第一是第一个峰值频率小于垂向力传递率，频率在 35～60Hz 之间；第二是没有明显的空腔模态频率峰值，因为第一阶声腔模态声波沿着周向传递，能激发起垂向（径向）运动，而它的波长超过了轮胎横向尺寸，很难激励起横向振动。

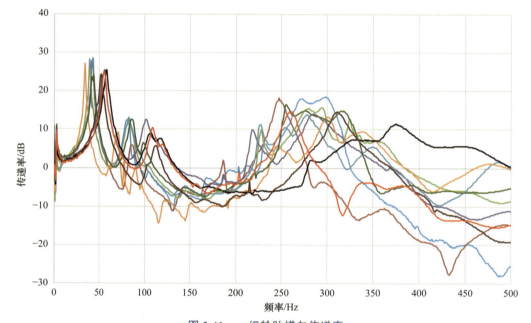

图 3.41　一组轮胎横向传递率

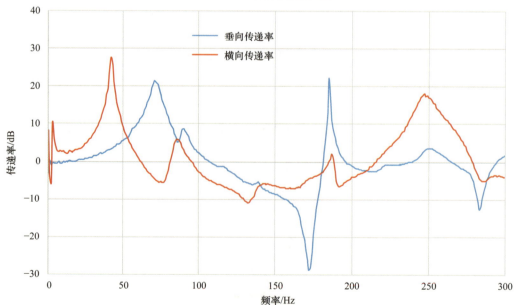

图 3.42　一个轮胎垂向与横向传递率比较

3. 传递率与隔振评价

传递率的第一个峰值是最重要的峰值，对应轮心原点传递函数的谷值，其频率低于第一阶径向模态。空腔峰值对应的频率在 200Hz 左右，高于结构的主要模态频率。轮胎的主要模态在第一个峰值频率和空腔峰值频率之间，从我们大量的工程实践中，可以得到一个结论：这两个峰值频率之间的传递率越低，轮胎的隔振效果越好，而第一个峰值大小没有意义。将这个区间称为轮胎隔振评价区或隔振比较区，如图 3.43 所示，传递率大小表征轮胎隔振的好坏。本章第九节将用例子来证明这个结论。

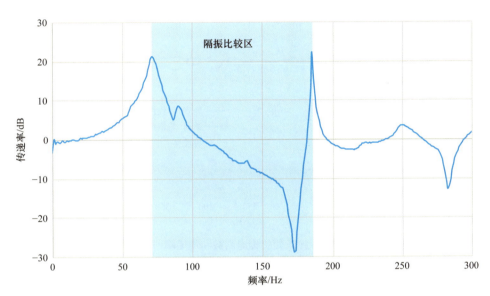

图 3.43　传递率曲线上的隔振评价频率区间

五、约束轮胎的传递率特征

自由轮胎只有响应传递率，而约束轮胎既有响应传递率，也有力传递率。力传递率可以直接测量获取，也可以用测量数据计算而间接获得。图 3.44 给出了一个约束轮胎的传递函数 H_{tr} 和 H_{rr} 及传递率 T。传递函数 H_{tr} 和 H_{rr} 中包含了悬架模态，峰值比自由轮胎传递函数多，导致了传递率峰值也多。在低频段，传递率有两个主要峰值，但是声腔模态频率峰值只有一个。

图 3.45 给出了一个轮胎自由状态和约束状态的传递率比较。从曲线上，可以得到几个结论。第一，传递率曲线的趋势一致，幅值相当，因此，可以用单体轮胎来评价安装在整车上轮胎的隔振效果。第二，约束轮胎隔振率曲线没有单体隔振率那样光滑，在第一个峰值和声腔模态峰值之间多了一些小的峰值，这是由于轮胎与悬架耦合导致了悬架模态和胎面弹性体模态更多地显现出来。第三，自由轮胎的第一个主峰值变成了约束轮胎的两个峰值，这是由于轮辋与悬架耦合导致轮辋上有更多的模态，同时也有了更多的谷底值。第四，

约束轮胎传递率上的声腔模态幅值比自由轮胎低一点，频率高一点，这是由于轮胎受到约束后，圆形的自由轮胎声腔模态变成了一个频率高的垂向模态和一个频率偏低的横向模态，而垂向传递率的峰值以是垂向模态为主，第五章将详细描述这种模态变化。

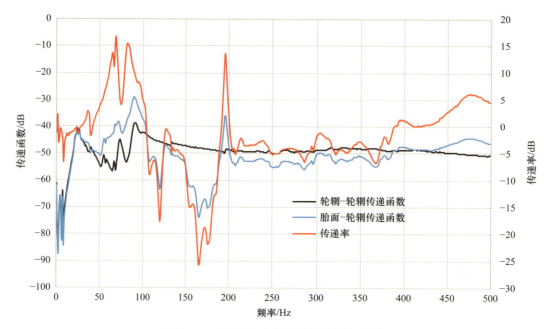

图 3.44 约束轮胎传递函数和传递率曲线

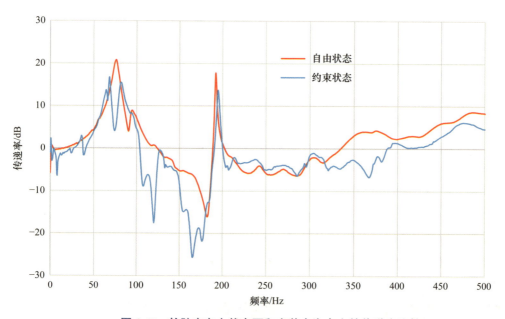

图 3.45 轮胎在自由状态下和安装在汽车上的传递率比较

第七节 轮胎激励源

轮胎承受的激励包括路面冲击激励、胎与路面的黏着效应激励、自身不平衡激励、声腔激励等。

一、轮胎与路面的冲击激励

1. 激励力

当轮胎前行端接触地面时，胎面花纹块拍打地面，路面上的凸起物、凹坑、破损块等挤压胎面，如图 3.46 所示，轮胎承受着冲击力。这个冲击力可以分解成沿着半径方向的径向力（F_R）和沿着轮胎周向的切向力（F_T）。受到挤压的轮胎还承受着平行于轮胎轴线的横向力（F_X）。径向力是主要分力，传递到轮心后，形成了轮心力，输出给悬架。冲击力迫使轮胎振动并将振动波传递到胎面、胎肩和胎侧。

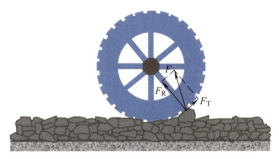

图 3.46　轮胎与路面之间的冲击作用

离地端受挤压的花纹块突然离开地面，轮胎承受的压力被释放，导致它受到了反向冲击激励。反向冲击力也可以分解成径向力、切向力和横向力，其中，径向力是最主要的激励力。

冲击力大小还与冲击角有关。冲击角越大，轮胎振动越大；冲击角越小，轮胎与路面的接触越缓和，振动越小。

2. 频率

胎面上有很多花纹块。假设轮胎一周有 N 个同样的花纹块，汽车行驶在平整的路面上，如图 3.47a 所示，那么它们拍打地面的频率就取决于车速和轮胎花纹块的数量（N）或间距（d），表达为

$$f = \frac{u}{d} \tag{3.38a}$$

或

$$f = \frac{Nu}{2\pi R_o} \tag{3.38b}$$

式中，u 是汽车速度（轮胎前进的速度）；R_o 是轮胎外径。

假设一个光滑轮胎在一个不平路面行驶，而且路面是等纹理波长（λ），如图 3.47b 所示，那么路面对轮胎的冲击频率为

$$f = \frac{u}{\lambda} \tag{3.39}$$

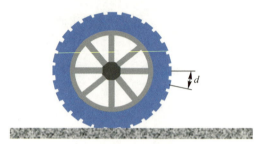

a) 等间距花纹块轮胎与平整路面

b) 光滑轮胎与等纹理波长路面

图 3.47 不同轮胎行驶在不同路面

乘用车轮胎的花纹块间距一般是 20~40mm，路面纹理波长一般是 8~12mm。通过式（3.38）和式（3.39），计算得到轮胎与路面相互作用的频率，列入表 3.6 中。

表 3.6 轮胎与路面相互作用的频率

	花纹块间距或纹理波长 /mm	基频 /Hz							
		30km/h	40km/h	50km/h	60km/h	70km/h	80km/h	90km/h	100km/h
轮胎冲击	20~40	208~416	278~556	347~694	416~833	486~972	555~1111	625~1250	694~1389
路面冲击	8~20	416~1041	555~1389	694~1736	833~2083	972~2430	1111~2778	1250~3125	1388~3472

冲击力大小取决于轮胎硬度、路面硬度、纹理深度、轮胎与路面形成的冲击角。轮胎硬度越大、路面硬度越大、路面越粗糙和纹理深度越大、冲击角越大，轮胎所承受的冲击力越大。

二、"黏-滑"和"黏-抓"效应激励

轮胎花纹块与路面相互作用的过程如图 3.48 所示。在 A 位置，前行端与地面冲击作用之后，花纹块开始受到挤压，轮胎承受着径向力。这种冲击激励导致了轮胎开始振动。

在 B 位置，花纹块受到挤压，轮胎

图 3.48 轮胎花纹块与路面相互作用的过程

变形并开始存储能量。轮胎有向前运动的趋势，花纹块承受着径向压力但没有运动，轮胎与地面之间处于黏着状态，产生了"黏-抓"（stick-snap）效应。它们处于瞬间静止状态，导致轮胎承受切向静摩擦力。随着时间的增加，轮胎承受的径向力和切向力越来越大，花纹块内部变形能进一步存储，形成了一个巨大的内力。

当内力大于静摩擦力时，花纹块开始滑移，达到 C 位置，花纹块与路面之间出现动摩擦，产生了"黏-滑"（stick-slip）效应。在"黏-滑"过程中，轮胎承受着径向力和动摩擦力，存储的能量慢慢释放，内力降低。当径向压力大于内力时，花纹块与路面又黏着在一起，产生了新的静摩擦力。"黏-滑"过程作用产生的切向力（剪切力）在接地中部的花纹块上反复出现，这就导致了轮胎不断地被激励，从而引起轮胎的切向振动。

在 D 位置，轮胎试图与路面分离，但是它承受的压力使得花纹块紧紧抓住路面，即两者之间有黏着力。只有当外力打破这个黏着力，轮胎才能离开地面，而这个外力为来自轮胎内部释放的能量。在轮胎释放内力的过程中，花纹块先被压缩，然后被拉长，当外力大于黏着力时，花纹块离开地面，这是一个反向"黏-抓"过程，即花纹块离开路面如同一个被压缩的弹簧被释放，轮胎承受着反向冲击作用。

三、轮胎不平衡激励

在制造过程中，制造误差使得轮胎不均匀。不均匀包括三个方面：质量不均匀、尺寸不均匀和刚度不均匀。

如果轮胎质量不均匀和尺寸不均匀，它的几何中心、质心和旋转中心都不重合，如图 3.49 所示。几何中心偏离旋转中心的距离是 e，其矢量方向相对 X 轴的角度是 θ；质心偏离几何中心的距离是 r，其矢量方向相对 X 轴的角度是 ωt。质心对旋转中心的向量为

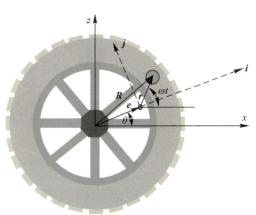

图 3.49 轮胎的质心、几何中心与旋转中心都不重合

$$\boldsymbol{R} = \boldsymbol{e} + \boldsymbol{r} = (e + r\cos(\omega t - \theta))\boldsymbol{i} + r\sin(\omega t - \theta)\boldsymbol{j} \quad (3.40)$$

式中，$\boldsymbol{i}$ 和 $\boldsymbol{j}$ 是一个虚拟坐标系，$\boldsymbol{i}$ 轴线沿着从旋转中心到几何中心的方向，$\boldsymbol{j}$ 轴线与 $\boldsymbol{i}$ 轴线垂直；ω 是质心的角速度。

对式（3.40）两次微分后，就得到了质心的加速度，表达如下

$$\boldsymbol{a}_G = [\ddot{e} - e\dot{\theta}^2 - r\omega^2\cos(\omega t - \theta)]\boldsymbol{i} + [e\ddot{\theta} + 2\dot{e}\dot{\theta} - r\omega^2\sin(\omega t - \theta)]\boldsymbol{j} \quad (3.41)$$

由于质量不均匀导致的轮胎不平衡离心力为

$$F_G = ma_G \quad (3.42)$$

如果只有质量不均匀，即 $e = 0$，那么轮胎不平衡力（离心力）为

$$F_{G1} = mr\omega^2 \qquad (3.43)$$

不平衡力随着轮胎转速的二次方增加。

如果只有尺寸不均匀，即 $r = 0$，轮胎的不平衡力

$$F_{G2} = m\sqrt{(\ddot{e} - e\dot{\theta}^2)^2 + (e\ddot{\theta} + 2\dot{e}\dot{\theta})^2} \qquad (3.44)$$

随着尺寸不均匀度增加，不平衡力增加，而且与矢量夹角有关。

轮胎刚度由胎刚度和轮辋刚度组成，包括径向刚度和横向刚度。径向刚度不平衡是指在圆周不同角度上的刚度不相等，如图 3.50a 所示，而横向刚度不均匀是指在轴向上某些部位的刚度不等，如图 3.50b 所示。刚度不均匀使得轮胎在径向和 / 或横向受力不均匀，会导致轮胎振动，并把不均匀力传递到轮心上。

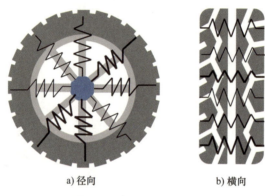

a) 径向　　　b) 横向

图 3.50　轮胎刚度不均匀

轮胎不平衡激励是质量不均匀、刚度不均匀和几何不均匀的综合表现，它对乘坐舒适性，特别是高速行驶时，影响非常大。在轮胎开发过程中，必须做高速均匀性试验来检测动平衡目标。

四、轮胎运动变形自激振动

前行端的花纹块有一定速度，当它们与路面接触后，其垂向速度迅速变为零；而离地端的花纹块在"黏 – 抓"状态下的垂向速度为零，当它们离开地面的瞬间，速度突然增加。前行端花纹块垂向速度急速降低会产生很大的减速度，而离地端花纹块速度快速增加会产生巨大的加速度，这就导致了轮胎运动变形（running deflection），从而产生了自激振动。

五、悬架激励

轮胎在轮心处与悬架连接，而动力总成、车身等系统又与悬架连接，因此发动机、驱动电机、排气挂钩等振动都会传递到轮心，激励轮胎。本章第八节将讲述轮心的振动特征，

振动信号中的一些低频成分是由于悬架激励而产生的，或者是轮胎低频横向模态与悬架模态耦合振动。

第八节　轮胎振动特征

一、轮胎振动机理

由于承受着冲击、黏-抓和黏-滑效应、动不平衡和自激等激励，轮胎有了径向力和切向力，并产生了径向振动、切向振动以及径向和切向耦合的振动。

轮胎振动由稳态运动和非稳态运动两部分组成。光滑轮胎在光滑路面上滚动，胎面受到激励时，结构波在胎体内以相等的速度沿两个相反的方向传播，轮胎内会出现驻波，这种运动就是稳态运动。如果轮胎和路面至少有一个不光滑，轮胎运动过程中受到冲击作用，胎体内的弯曲波在前行端和离地端的传递速度不一样，不能形成驻波，这种运动就是非稳态运动。

图 3.51 是一个光滑轮胎以 40km/h 的速度在光滑路面上的稳态运动和在一个周期性的粗糙路面上非稳态运动的振动比较（Perisse，2002）。非稳态振动比稳态振动大 20~40dB，路面结构、粗糙度和车速等因素还导致在非稳态运动的频谱上出现周期性的高阶次。

对稳态运动而言，激励主要是轮胎与路面之间的黏着效应引起的；而对非稳态运动来说，激励主要是轮胎与路面之间的冲击。冲击作用产生的弯曲波是轮胎振动的核心原因。

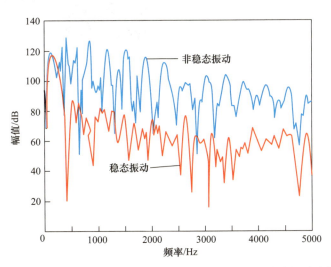

图 3.51　光滑轮胎在光滑路面上的稳态运动和在粗糙路面上非稳态运动的振动比较（Perisse，2002）

二、轮胎表面振动测量

轮胎振动获取方法有试验方法、有限元方法和解析模型方法。有限元和解析方法可以通过求解前面介绍的模型获得,而本小节讲述试验方法。

旋转轮胎振动测试只能用非接触方法,包括激光测量、近场声全息测量、全息干涉测量和非接触加速度测量。

第一种方法是激光测量。这种方法是用激光多普勒测振仪(laser doppler vibrometers,LDV)来测量轮胎振动,是使用最广泛的非接触振动测量方法。激光测振分为单点 LDV 方法、多点扫描 LDV 方法和单点 LDV 与多点扫描 LDV 结合方法,其中,结合方法使用最多。在结合方法中,单点 LDV 用于测量参考点的振动,多点扫描 LDV 来测量响应点的振动。

LDV 发光束必须垂直于测量面。激光可以垂直照射到胎面的一些部位,而在不能垂直照射的部位,则需要采用辅助方式,如镜面,使得激光转弯后垂直照射,如图 3.33 所示。

第二种方法是近场声全息测量。用一系列传声器组成传声器阵列,在声源面的近场构建一个全息测量面,如图 3.52 所示,利用测量面上的声压是声源面上声压和格林函数的卷积关系,将二维傅里叶变换用于 Helmholtz 方程,实现空间域和空间波数域快速变换计算,重新构建声源面的声场,得到物体表面声压分布,最后用照片形式显示出来。这种方法是通过测量面和声源面之间的关系来识别声源特征。近场声全息方法只能用来测量平面体的声源分布,所以对弧形胎面,在轮胎稳定运行的前提下,需要分批测量,每次测量轮胎的一部分并假设这部分接近平面。

获取了近场声压分布后,再用逆向边界元(inverse boundary element method,IBEM)方法来反推胎面振动。

图 3.52　轮胎近场声全息测试图
(Saemann et al., 2003)

第三种非接触式方法是用全息干涉(holography interferometry)技术来测量振动响应和模态。

第四种方法是非接触加速度测量方法。将非接触加速度传感器安装在轮胎内壁上,通过无线传输将振动传递到外面,测量胎面和胎侧振动。

在上述四种非接触方法中,激光测量、全息干涉测量和近场声全息测量只能用来测量在台架或转鼓上运行的轮胎振动,只有非接触加速度测量才能测量运行车辆上的轮胎振动。

三、轮胎振动传递特征

1. 轮胎振动试验

研究轮胎振动是为了了解振动分布特征,即胎面与胎侧振动特征、前行端和离地端振动特征、从胎面传递到轮心的振动衰减特征、胎面和胎侧对近场的声辐射等。

可以从静态导纳传递和动态振动两方面来研究轮胎振动传递特征。在轮胎静止状态下，沿着胎面和胎侧布置加速度传感器，用力锤或激振器在轮胎接地区域附近激励轮胎，如图 3.53 所示。通过比较加速度响应对力的导纳来分析轮胎的稳态振动特征。动态试验是指轮胎在转鼓运转状态下，通过激光测量不同位置的振动来研究轮胎稳态或非稳态振动特征。

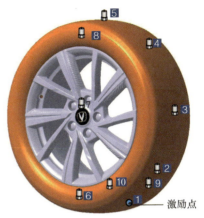

a) 试验布置　　　　　　　　　b) 激励点和响应点

图 3.53　轮胎激励与响应

2. 胎面与胎侧振动比较

胎面中线上选择一点（9），在胎侧上选择一点（10），激励点 1 与响应点 9 和 10 的距离相等，如图 3.53b 所示。图 3.54 为这两个点在径向、轴向和切向的导纳矢量和。在小于 270Hz 和大于 450Hz 范围内，胎面导纳大于胎侧，而在 270~450Hz 之间，即在中频段，胎侧的导纳大于胎面。

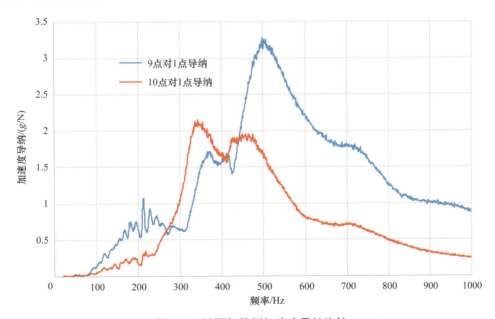

图 3.54　胎面与胎侧加速度导纳比较

图3.55是胎面和胎侧在径向、轴向和切向上的导纳曲线。在径向，在整个频段上（除

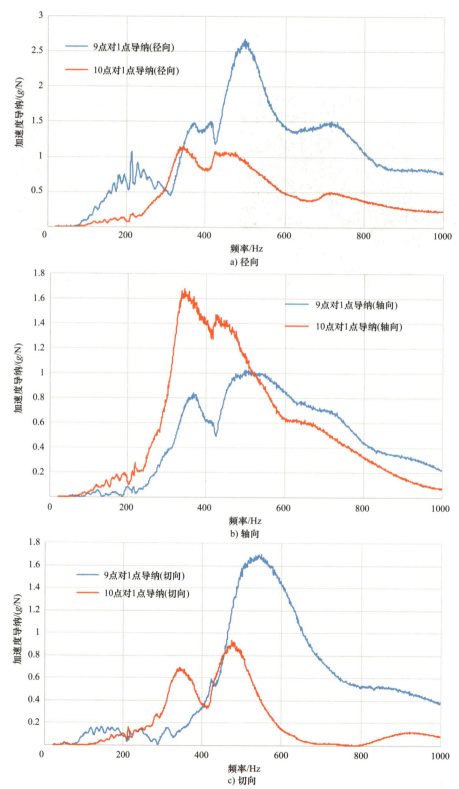

图3.55 胎面与胎侧加速度导纳在径向、轴向和切向的比较

了个别频段外），胎面振动占主导，远大于胎侧振动；但是在轴向和切向，在 200～500Hz 的中频段，胎侧导纳大于胎面。在大于 500Hz 的高频段，胎侧柔度远大于胎面，导致高频结构波在胎侧的衰减更多，胎面振动大于胎侧。

一些学者研究过轮胎运动时的胎面与胎侧振动特征，图 3.56 是两组学者（Kindt et al.，2007；Perisse，2002）分别在转鼓上用激光测量的胎面和胎侧振动。图 3.56a 为轮胎以 28.3km/h 速度在台架上运转时的振动速度频谱，低于 270Hz 和高于 700Hz，胎面振动大于胎侧，而在中频段，特别是在 300～500Hz 之间，胎侧振动大于胎面。图 3.56b 为轮胎以 80km/h 速度在转鼓上运动的加速度频谱，低于 400Hz 和高于 600Hz，胎面振动大于胎侧，而在这两个频率之间，胎侧振动大于胎面。

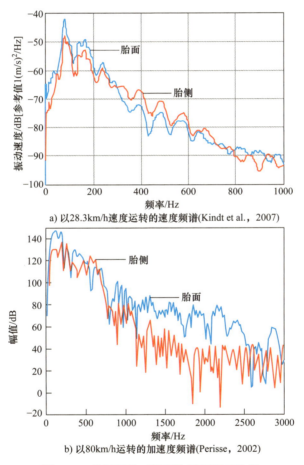

a) 以 28.3km/h 速度运转的速度频谱（Kindt et al.，2007）

b) 以 80km/h 运转的加速度频谱（Perisse，2002）

图 3.56 轮胎运转时胎面和胎侧振动比较

静态试验得到的胎面和胎侧导纳和动态试验获得的胎面和胎侧振动的趋势一致，即胎面总体振动大于胎侧，但是在中频段，胎侧振动大于胎面，具体原因如下。

在低频段，胎面振动大于胎侧。轮胎受到冲击后的振动是以弯曲波形式传递，而弯曲波的波长大于轮胎径向尺寸，导致它很难沿着径向传播，因此周向（胎面）振动大于径向（胎侧）振动。

在中频段（200多Hz到约500Hz），当弯曲波波长小于胎宽时，它同时向周向和径向传递。胎面受到路面垂向方向的挤压，使得胎肩变得扁平，这导致胎肩运动不是沿着径向，而是沿着轴向做活塞运动，如图3.57所示，因此，胎侧振动明显增加。另一方面，胎侧对振动的衰减大于胎面。胎侧振动增加和衰减加快两方面相互作用，而活塞振动占主导，导致了胎侧振动大于胎面。

在高频段（高于500Hz），胎侧对高频振动能量衰减更大，而弯曲波在胎体内被放大，这些导致了胎面振动大于胎侧。1000Hz以上，胎面比胎侧振动大20dB以上。

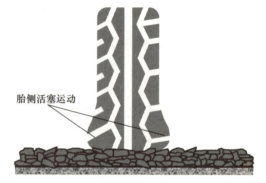

图3.57 沿着轴向做活塞运动的胎肩

导纳和振动大小受到结构波传递、轮胎模态、橡胶材料及内部结构的阻尼、胎面和胎侧弧面结构、弯曲波多普勒效应等因素的影响，因此每个轮胎的低频段、中频段和高频段的频率范围有差异。

3. 振动沿胎面传递特征

在胎面中线上，测量离开激励点（1点）由近及远的4个点（2、3、4和5点）的导纳并进行比较，如图3.58所示。在100Hz以下，随着与激励点距离增加，响应点幅值衰减。在这个频段内，几乎没有径向模态，影响振动的主要因素是胎体中的弯曲波和橡胶阻尼。在100～600Hz之间，响应衰减与点的距离没有明显关系。轮胎的径向模态集中在这个频段内，响应取决于模态和弯曲波传递，而轮胎模态占主导。在600Hz以上，随着距离增加，响应降低。在高频段，模态密度大而幅值小导致模态影响降低，而结构波影响占主导。

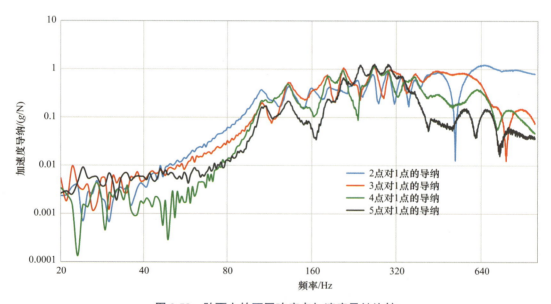

图3.58 胎面上的不同响应点加速度导纳比较

4. 振动沿胎侧的传递特征

选择胎侧上三个点，一个在底部（6 点），一个顶部（8 点），一个在轮的内圈（7 点），如图 3.53b 所示。振动从胎传递到轮外圈，再进入金属轮并传递到内圈。橡胶材料和金属材料的阻抗不一样，在两种材料交界处，阻抗变化大，入射弯曲波中的相当一部分被反射。因此，轮内圈处的振动被极大衰减，远远低于胎侧上的振动，如图 3.59 所示。6 点和 8 点都在胎侧上，其响应受到弯曲波和模态影响。尽管 8 点远离激励点，但是由于 6 点离被约束的地面很近，6 点模态幅值小而 8 点幅值大，而在中频段，模态影响大于弯曲波，因此顶部的响应大于底部。在高频段，弯曲波占主导，其能量随着距离增加而衰减，因此底部的响应大于顶部。

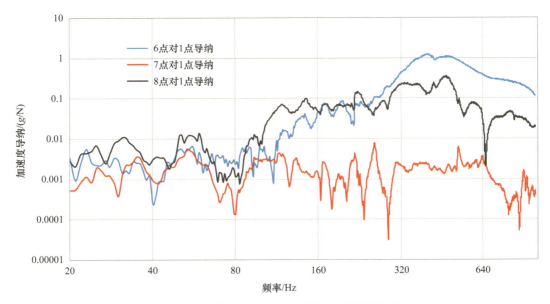

图 3.59　胎侧上的不同响应点加速度导纳比较

5. 胎面前行端和离地端振动比较

前行端和离地端振动受到三种因素的影响，第一是前行端的冲击力和离地端的反向冲击力，第二是轮胎滚动过程中的多普勒效应，第三是离地端在离地瞬间的胎侧与胎面模态耦合作用。这三种因素导致前行端的振动总体上大于离地端，但是在中频段，离地端的振动大于前行端。

前行端的花纹块承受着冲击力，离地端花纹在与地面的反向"黏-抓"过程中承受着反向冲击力。前行端的冲击力大于离地端的反向冲击力，使得前行端振动大于离地端。

轮胎在路面上滚动时，多普勒效应使得弯曲波以不同的速度向前后两个方向传递，如图 3.60 所示。弯曲波在前行端被压缩，形成了前行波。前行波方向与轮胎滚动方向相反，弯曲波更快，频率比静态驻波频率高。离地端的弯曲波被扩展，形成了扩展波。扩展波的方向与轮胎滚动方向相同，波速降低，频率比静态驻波频率低。弯曲波波速使得轮胎模态漂移，而且随着转速增加，多普勒效应更加明显，弯曲波变化加剧了前行端振动。

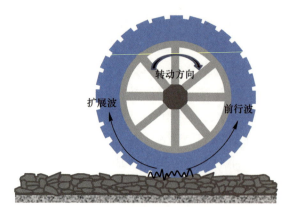

图 3.60 滚动轮胎中的前行波和扩展波

离地端在"黏-着"和"黏-抓"过程中,在周向、切向和轴向都存储着能量。在反向冲击的瞬间,存储的能量释放导致切向(周向)与径向相互作用,也就是说胎侧与胎面耦合,胎侧振动传递到胎面,导致了离地端在中频段的振动大于前行端。

图 3.61 给出了三组学者(Tsujiuchi et al., 2005;Perisse, 2002;Kindt et al., 2007)在转鼓上测量的轮胎运动时前行端和离地端振动的比较。在整个频段内(除了个别频率或窄频段),前行端的振动都大于离地端。图 3.61a 中,轮胎以 50km/h 在转鼓上运行,在绝大多数频率范围(小于 240Hz 和高于 280Hz),前行端振动大于离地端;只有在 240~280Hz 之间,离地端振动大于前行端。在图 3.61b 中,轮胎以 40km/h 速度在光滑转鼓上运转,在 200~600Hz 之间频段内,离地端振动大于前行端,这是由于胎侧密集的模态被激励而传递到胎面;而在其他频率,前行端振动远大于离地端。图 3.61c 中,轮胎以 28.3km/h 速度在台架上运动,前行端振动总体大于离地端;而在有些频率范围,主要在 260~400Hz 之间,离地端振动大于前行端。

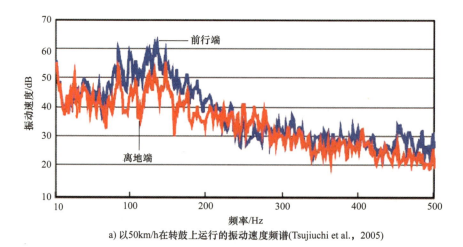

a) 以50km/h在转鼓上运行的振动速度频谱(Tsujiuchi et al., 2005)

图 3.61 前行端与离地端振动比较

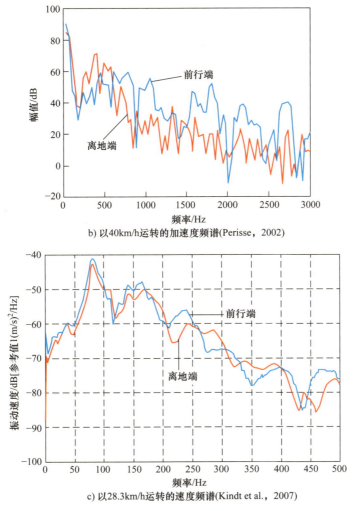

b) 以40km/h运转的加速度频谱(Perisse，2002)

c) 以28.3km/h运转的速度频谱(Kindt et al.，2007)

图 3.61 前行端与离地端振动比较（续）

四、轮心振动响应特征

图 3.62 给出了某个悬架轮心处的加速度和力。这两条曲线是 X 方向（纵向）数据，Y 方向和 Z 方向的特征与 X 方向类似。下面以 X 方向数据来说明加速度和力的特征。

加速度曲线与轮胎和悬架的模态有关。在低频段，加速度峰值与轮胎的周向模态频率、前束模态频率、横向模态频率及部分悬架模态频率对应；在 100Hz 以上，加速度峰值与轮胎垂向模态没有特定的对应关系，与悬架的某些模态对应。

力幅值大的区域集中在低频，随着频率增加，力衰减很快，在 100Hz 以上，力很小。除了个别频率之外，力的峰值与轮胎和悬架模态频率没有明显的对应关系。力是通过测量的传递函数和加速度计算获得，因此它无法与轮胎和悬架的结构特征对应。

在轮胎声腔模态频率处，加速度和力都有明显的峰值，即两者都能反映出声腔特征。

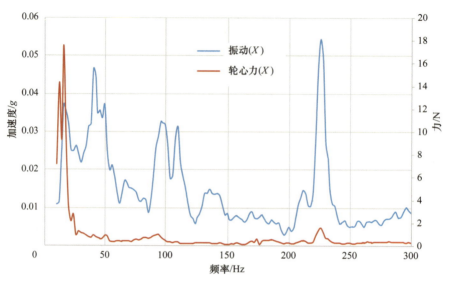

图 3.62　轮心加速度和力比较

第九节　轮胎振动控制方法

一、影响轮胎振动的因素

影响轮胎振动的因素有轮胎结构、轮胎材料、悬架结构和使用状况。

轮胎结构包括胎结构和轮结构，胎结构又包括外部结构和内部结构。外部结构包括胎的直径、胎宽、花纹块和扁平比，它们都影响轮胎振动，比如，扁平比小的轮胎隔振效果差，等节距花纹块带来单频噪声，大的花纹沟深度增加了声源体积。轮胎内部结构包括帘线层、带束层、钢丝圈、胎圈、三角胶等，其结构影响轮胎振动，如增加带束层的层数可以缓冲来自胎面的冲击。

轮由轮辋、轮毂和轮辐组成。轮结构影响整个轮胎的刚度和模态，进一步影响轮胎振动传递，如轮的刚度越大，振动传递率越低，隔振效果越好。

轮胎材料包括胎材料和轮材料。胎的材料包括胎体橡胶材料、帘线材料、带束层材料等。胎体橡胶有天然橡胶和人造橡胶，帘线材料有尼龙、钢丝、聚酯纤维等，不同材料对轮胎振动性能有不同影响，例如，天然橡胶比人造橡胶能更好地吸收振动能量，硬度低的胎体比硬度高的胎体隔振好。

今天，大多数轮采用铝合金材料，因为它的刚度大而且重量轻。少数轮采用钢材、铸铁等。轮的材料影响轮胎刚度，而刚度决定了其隔振性能。

悬架与轮胎连接，振动彼此传递。轮胎和悬架的主要模态频率都在200Hz以下，重叠度高，它们模态耦合的可能性非常大。轮胎的选型和合理的悬架设计对降低轮胎振动十分必要。

使用状态包括路况、环境状况和驾驶状况。路况是指车辆行驶的路面，如光滑沥青路面、粗糙沥青路面、水泥路面、破损路面、冲击路面等。路况对路噪影响非常大，比如驾驶在光滑沥青路面上，轮胎振动小，路噪低，而在破损路面上，轮胎振动大，路噪大，甚至带来不可接受的轰鸣声。环境状况是指环境温度和湿度。在夏天和冬天开车，路噪差别非常大，冬天寒冷，橡胶硬度大，导致轮胎隔振差，路噪大。驾驶状态是指驾驶速度、车辆载荷、胎压、轮胎磨损状况等。一般来说，速度越快，轮胎振动越大；载荷越大，轮胎振动越大；胎压越大，轮胎振动越大；胎面磨损越多，花纹沟越浅，轮胎噪声越小。

以上因素最终影响传递率和轮胎模态。传递率是表征轮胎衰减振动的最重要指标，模态是第二重要指标，它影响与悬架模态甚至车身模态的耦合问题。

二、胎的控制

胎对轮胎振动的影响包括三个方面：结构、几何参数和材料。

胎结构包括胎面、胎侧、冠带层、带束层、帘布层、钢丝圈和三角胶。胎面宽度、厚度、花纹深度和材料，胎侧厚度和材料，冠带层结构、宽度和材料，带束层的角度、宽度和材料，帘线层的宽度、角度、密度和材料，钢丝圈的结构型式，三角胶高度和材料等，会影响到轮胎振动。增加胎面胶厚度可以提升轮胎吸收振动能量，降低力的传递。降低三角胶高度和增高带束层角度，可提高胎侧刚度，从而降低横向传递率，提高轮胎侧向隔振水平。增加钢丝环带宽度能有效抑制胎肩变形，降低断面的二次共振。提高胎冠保护层贴合张力，能够使它与胎面底胶和胎冠带束层结合得更加紧密，有利于提高轮胎均匀性。橡胶硬度影响传递率，硬度越大，传递率越高，隔振越差。

几何参数包括轮胎直径、胎宽度、断面高度和扁平比，其中扁平比是综合直径、高度和宽度的指标。扁平比越大，意味着轮胎越厚。厚的轮胎能够吸收更多的冲击能量，更好地衰减振动。

扁平比降低意味着胎体变薄，橡胶材料减少，使得轮胎吸收能量和隔振能力降低，导致传递到轮心的激励增加。图3.63a和b分别为两个不同扁平比（一个为0.45，另一个为0.55）轮胎的垂向传递率和横向传递率比较，在隔振比较区内，扁平比高的轮胎对应着低的传递率。图3.63c为两个轮胎分别安装在同一辆车上，在同样路面上以同样速度行驶的车内噪声比较。安装小扁平比轮胎的车内噪声明显大于安装大扁平比轮胎，甚至空腔声也明显变大。另外，小扁平比轮胎胎肩与胎侧橡胶厚度薄，在冲击作用下，局部张力大，容易在肩部或胎圈处出现鼓包。为了避免鼓包现象，通常采用加强胎体帘线强度、胎圈强度和提高胎压的方式，但是这样会增加轮胎激励力。

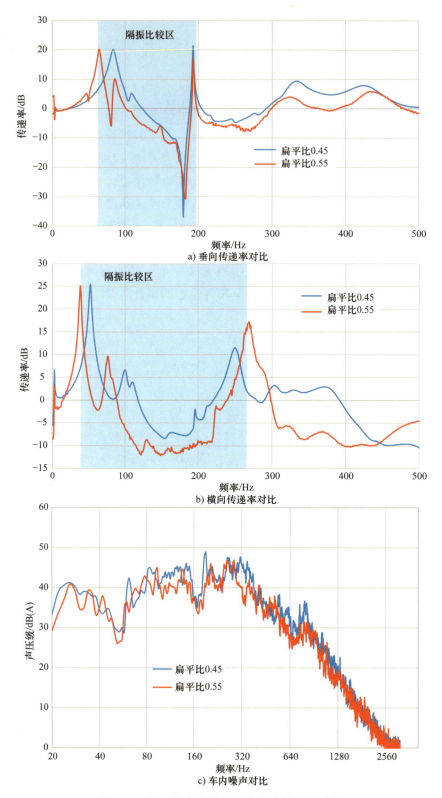

图 3.63 同一辆车安装不同扁平比轮胎的对比

三、轮的控制

刚度是轮结构控制最重要的参数。轮刚度有弯曲刚度和横向刚度。影响轮刚度的因素有外圈结构、内圈结构、轮辐宽度和厚度。

将式（3.34）中的导纳换成刚度来表示，变为

$$V_3 = \frac{K_{22}^A K_{22}^B}{K_{21}^A K_{32}^B (K_{22}^A + K_{22}^B)} F_1 \qquad (3.45)$$

式中，K_{21} 和 K_{32} 分别表征胎刚度和轮刚度。由式（3.45）可知，在胎面上施加一定的力，轮的速度响应与它的刚度成反比，即轮刚度越大，传递到轮的速度越小。因此，提高轮刚度可以降低轮胎传递到轮心的振动。

在轮刚度一定的情况下，再来比较胎刚度对轮刚度的影响，式（3.45）变为

$$V_3 = \frac{1}{K_{21}^A / K_{32}^B} \frac{K_{22}^A K_{22}^B}{(K_{32}^B)^2 (K_{22}^A + K_{22}^B)} F_1 \qquad (3.46)$$

胎与轮刚度比（K_{21}^A / K_{32}^B）越大，轮速度响应越小，即隔振效果越好；反之亦然。

两个轮胎采用相同的胎和不同的轮，轮横向刚度分别为39kN/mm和65kN/mm。图3.64a是两个轮胎的传递率比较。在轮胎隔振评价区，高刚度轮的轮胎传递率低，因此隔振效果好，导致这个频段内的车内噪声低，如图3.64b所示。

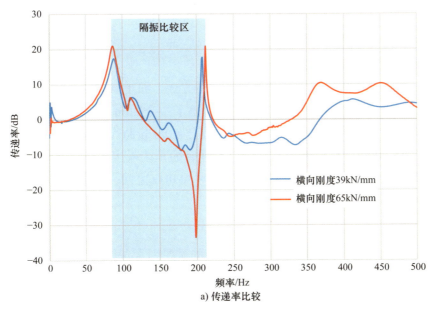

a）传递率比较

图 3.64　不同刚度轮的轮胎

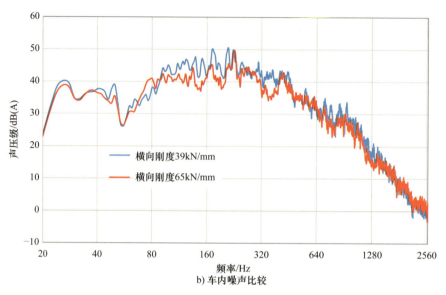

b) 车内噪声比较

图 3.64　不同刚度轮的轮胎（续）

轮横向刚度值通常分布在 40～70kN/mm 之间。提高轮刚度有利于降低结构声路噪，同时还可以提高操控稳定性。铝合金轮自由状态第一阶模态频率在 300Hz 以上，与胎前六阶及空腔模态耦合概率较小，而钢制轮第一阶模态频率在 200Hz 左右，存在胎模态耦合风险。

四、轮胎传递率控制

1. 轮胎传递率对车内噪声的影响

传递率是衡量轮胎隔振效果的综合指标。

传递率与车内噪声的关系可以用传递路径分析方法，如 TPA 方法、多重相干分析方法来得到，也可以从大数据统计中获取。图 3.65 给出了一个 20in 轮胎和一个 21in 轮胎的垂向传递率和横向传递率比较，21in 轮胎的传递率高于 20in 轮胎。图 3.66 是将两个轮胎安装在同一辆车上，以 60km/h 在粗糙沥青路面上行驶时的车内噪声比较。安装 21in 轮胎的车出现了明显的轰鸣声，在 80～150Hz 之间和 270～420Hz 之间，车内声压级大于安装 20in 轮胎的车内噪声。

2. 传递率控制

图 3.63～图 3.66 说明传递率是影响车内噪声的重要因素，传递率低，车内噪声低。作者有大量的工程实践案例来支撑这个结论，由于篇幅有限，不再提供更多的证明。

从传递率隔振比较区的定义和传递率与车内噪声对比的案例中，可以得到如下结论。第一，传递率第一个峰值的大小和频率与车内噪声没有关系，因为它对应着轮辋 - 轮辋传递函数中第一阶模态的谷底，没有明确的物理意义，或者说，在这个频率下，轮胎在垂向

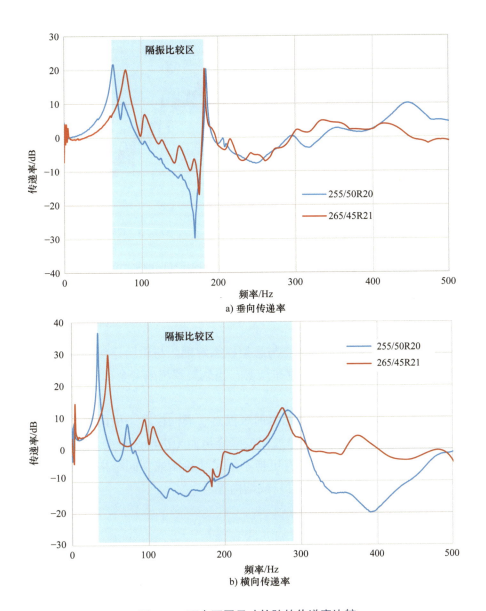

图 3.65 两个不同尺寸轮胎的传递率比较

可以视为刚体。第二，第一个峰值频率比轮胎第一阶模态频率低，此频率可以视为轮胎柔性体的起始频率。轮胎主要模态频率和轮心力频率集中在 200Hz 以下，因此，第一个峰值到空腔模态峰值之间的频段是评价轮胎隔振效果的主要频段，传递率越低，隔振越好，车内噪声越低。第三，空腔模态对应的峰值可以用来评价轮胎空腔声的隔离效果。

总之，传递率是轮胎结构、材料、模态和隔振的综合体现，轮胎振动控制最重要目标是传递率。通过胎和轮结构和材料来改变轮胎的刚度、模态等，最终控制传递率。

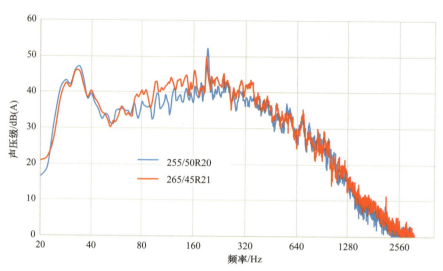

图 3.66　同一辆车上分别安装两个不同传递率轮胎的车内噪声比较

五、模态控制

轮胎模态控制是使得装车轮胎模态与悬架模态解耦。与轮胎连接的部件有摆臂、减振器、弹簧、阻尼器、连杆、稳定杆、副车架等，当悬架系统或某个部件与轮胎模态耦合时，振动被放大，甚至发生共振。

对结构声路噪影响较大的轮胎模态有前束模态、周向模态、横向模态和空腔模态。如果悬架模态与轮胎模态耦合后产生了敲鼓声或隆隆声而无法修改悬架或能修改但成本很高，那就选择修改轮胎。修改轮胎的方法有更换不同尺寸轮胎或不同结构轮胎、在轮胎内部使用谐振腔或加吸声棉、改变轮胎内部材料或结构等。

例如，一款车的前副车架横向模态为325Hz，而轮胎（225/45R19）横向模态为320Hz，两者耦合，振型如图3.67所示，车内出现隆隆声。因为车型的市场定位已经确定，轮胎尺寸无法更改。经过分析，确认轮辋刚度低是导致这个问题的一个原因，于是将刚度为34kN/mm的轮辋换成了51kN/mm轮辋，轮胎模态频率由320Hz提升到454Hz，使得悬架模态与轮胎模态解耦。轮辋刚度提高后，转向节处的响应（导纳）明显降低，峰值频率提高，如图3.68a所示，在240~340Hz之间的车内隆隆声降低，如图3.68b所示。

a）副车架横向模态　　b）轮胎横向模态

图 3.67　副车架与轮胎模态耦合

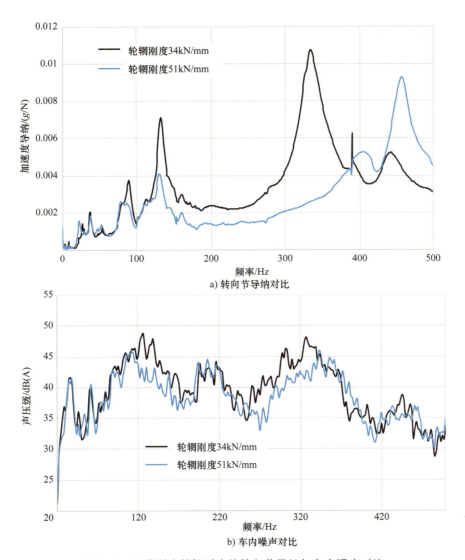

图 3.68　两种刚度轮辋对应的转向节导纳与车内噪声对比

参考文献

冯希金，危银涛，项大兵，等，2015. 基于 MLE 的滚动轮胎冲击振动噪声仿真分析 [J]. 噪声与振动控制，35(4): 20-24.

冯希金，危银涛，朱作勇，等，2017. 载重子午线轮胎滚动振动噪声仿真技术研究 [J]. 轮胎工业，37(3): 131-138.

冯希金，郑小刚，危银涛，等，2013. 轮胎振动特性的有限元分析及关键影响因素研究 [J]. 轮胎工业，33(1): 12-20.

刘哲，文璐，何一超，等，2017. 考虑一阶剪切的三维各向异性轮胎环模型与自由振动分析 [C]// 中国力学大会 -2017 暨庆祝中国力学学会成立 60 周年大会. 北京：中国力学学会：1014-1026.

裴晓朋，王国林，周海超，等，2016. 胎面结构设计参数对轮胎振动噪声的影响 [J]. 浙江大学学报（工学版），50(5): 871-878.

危银涛，刘哲，周福强，等，2016. 考虑面外振动的轮胎三维环模型 [J]. 振动工程学报，29(5): 795-803.

左曙光，冯朝阳，吴旭东，等，2015. 轮胎附着特性的胎面纵向振动建模与分析 [J]. 振动与冲击，34(10): 50-55.

左曙光，苏虎，王纪瑞，2012. 滚动汽车轮胎自激振动仿真及其影响因素分析 [J]. 振动与冲击，31(4): 18-24.

BOT A L, BAZARIA Z, KLEINA P, et al., 2017. Statistical analysis of vibration in tyres[J]. Journal of Sound and Vibration, 392: 187-199.

BRINKMEIERA M, NACKENHORSTA U, PETERSENB S, et al., 2008. A finite element approach for the simulation of tire rolling noise[J]. Journal of Sound and Vibration, 309(1-2): 20-39.

CAMPANAC P, NOMAMI K, DUHAMEL D, 2000. Application of the vibration analysis of linear systems with time-periodic coefficients to the dynamics of a rolling tyre[J]. Journal of Sound and Vibration, 231(1): 37-77.

CHERN Y, KAO B G, 2006. Modal and impact simulations of a tire in time domain: 2006-01-1626[R]. Warrendale: SAE International.

CONSTANT M, LEYSSENS J, PENNE F, et al., 2001. Tire and car contribution and interaction to low frequency interior noise: 2001-01-1528[R]. Warrendale: SAE International.

DIAZ C G, KINDT P, MIDDELBERG J, et al., 2016. Dynamic behavior of a rolling tyre: experimental and numerical analyses[J]. Journal of Sound and Vibration, 364: 147-164.

DORFI H R, WHEELER R L, KEUM B B, 2005. Vibration modes of radial tires: application to non-rolling and rolling events: 2005-01-2526[R]. Warrendale: SAE International.

DOUVILLE H, MASSON P, BERRY A, 2006. On-resonance transmissibility methodology for quantifying the structure-borne road noise of an automotive suspension assembly[J]. Applied Acoustics, 67(4): 358-382.

DUHAMEL D, 2009. A recursive approach for the finite element computation of waveguides[J]. Journal of Sound and Vibration, 323(1-2): 163-172.

GAGLIANO C, TONDRA M, FOUTS B, et al., 2009. Development of an experimentally derived tire and road surface model for vehicle interior noise prediction: 2009-01-0068[R]. Warrendale: SAE International.

GAUDIN A, GAGLIARDINI L, 2007. Recent improvements in road noise control: 2007-01-2358[R]. Warrendale: SAE International.

HAYASHI T, 2007. Experimental analysis of acoustic coupling vibration of wheel and suspension vibration on tire cavity resonance: 2007-01-2345[R]. Warrendale: SAE International.

HECKL M, 1986. Tyre noise generation[J]. Wear, 113(1): 157-170.

HUANG S C, SOEDEL W, 1987a. Response of rotating rings to harmonic and periodic loading and comparison with the inverted problem[J]. Journal of Sound and Vibration, 118(2): 253-270.

HUANG S C, SOEDEL W, 1987b. Effect of Coriolis acceleration on the free and forced in-plane vibrations of rotating rings on elastic foundation[J]. Journal of Sound and Vibration, 115(2): 253-274.

IWAO K, YAMAZAKI I, 1996. A study on the mechanism of tire/road noise[J]. JSAE Review, 17(2): 139-144.

KIDO I, UEYAMA S, HASHIOKA M, et al., 2011. Tire and road input modeling for low-frequency road noise prediction: 2011-01-1690[R]. Warrendale: SAE International.

KIM B S, KIM G J, LEE T K, 2007a. The identification of sound generating mechanisms of tyres[J]. Applied Acoustics, 68(1): 114-133.

KIM B S, KIM G J, LEE T K, 2007b. The identification of tyre induced vehicle interior noise[J]. Applied Acoustics, 68(1): 134-156.

KIM Y J, BOLTON J S, 2004. Effects of rotation on the dynamics of a circular cylindrical shell with application to tire vibration[J]. Journal of Sound and Vibration, 275(3-5): 605-621.

KINDT P, CONINCK F D, SAS P, et al., 2007. Analysis of tire/road noise caused by road impact excitations: 2007-01-2248[R]. Warrendale: SAE International.

KINDT P, BERCKMANS D, DE CONINCK F, et al., 2009. Experimental analysis of the structure-borne tyre/road noise due to road discontinuities[J]. Mechanical Systems and Signal Processing, 23(8): 2557-2574.

KINDT P, CONINCK F D, SAS P, et al., 2009a. Three-dimensional ring-based structural tyre model: development and validation: 2009-01-2105[R]. Warrendale: SAE International.

KINDT P, SAS P, DESMET W, 2009b. Development and validation of a three-dimensional ring-based structural tyre model[J]. Journal of Sound and Vibration, 326(3-5): 852-869.

KOIZUMI T, TSUJIUCHI N, TAMAKI R, et al., 2003. An analysis of radiated noise from rolling tire vibration[J]. JSAE Review, 24(4): 465-469.

KROPP W, 1989. Structure-borne sound on a smooth tyre[J]. Applied Acoustics, 26(3): 181-192.

KROPP W, 1999. A mathematical model of tyre noise generation[J]. International Journal of Heavy Vehicle System, 6(1-4): 310-329.

KUNG L E, SOEDEL W, YANG T Y, 1986. Free vibration of a pneumatic tire-wheel unit using a ring on an elastic foundation and a finite element model[J]. Journal of Sound and Vibration, 107(2): 181-194.

LARSSON K, KROPP W, 1999. A high frequency range tyre model based on two coupled elastic plates[C]//INTER-NOISE and NOISE-CON Congress and Conference Proceedings, December 06-08, 1999, Fort Lauderdale. Reston: Institute of Noise Control Engineering: 131-136.

LECOMTE C, GRAHAM W R, DALE M, 2010a. A shell model for tyre belt vibrations[J]. Journal of Sound and Vibration, 329(10): 1717-1742.

LECOMTE C, GRAHAM W R, DALE M, 2010b. Prediction of tyre hub force transmissibility using a shell model of belt and sidewalls[C]//Proceedings of ISMA2010. Leuven: KU Leuven: 4023-4037.

LEE J U, SUH J K, JEONG S K, et al., 2003. Development of input loads for road noise analysis: 2003-01-1608[R]. Warrendale: SAE International.

LIU Z, ZHOU F, OERTEL C, et al., 2018. Three-dimensional vibration of a ring with a noncircular cross-section on an elastic foundation[J]. Proceedings of the Institution of Mechanical Engineers, Part C: Journal of Mechanical Engineering Science, 232(13): 2381-2393.

MATSUBARA M, KOIZUMI T, TSUJIUCHI N, et al., 2011. Identification of tire equivalent stiffness for prediction of vertical spindle forces: 2011-28-0093[R]. Warrendale: SAE International.

MATSUBARAN M, TAJIRI D, ISE T, et al., 2017. Vibrational response analysis of tires using a three-dimensional flexible ring-based model[J]. Journal of Sound and Vibration, 408: 368-382.

MATSUBARA M, TSUJIUCHI N, KOIZUMI T, et al., 2013a. Vibration behavior analysis of tire bending mode exciting lateral axial forces: 2013-01-1911[R]. Warrendale: SAE International.

MATSUBARA M, TSUJIUCHI N, KOIZUMI T, et al., 2013b. Vibration analysis of tire circumferential mode under loaded axle: 2013-01-1909[R]. Warrendale: SAE International.

MATSUBARA M, TSUJIUCHI N, KOIZUMI T, et al., 2015. Natural frequency analysis of tire vibration using a thin cylindrical shell model: 2015-01-2198[R]. Warrendale: SAE International.

O'BOY D J, DOWLING A P, 2009a. Tyre/road interaction noise—a 3D viscoelastic multilayer model of a tyre belt[J]. Journal of Sound and Vibration, 322(4-5): 829-850.

O'BOY D J, DOWLING A P, 2009b. Tyre/road interaction noise—numerical noise prediction of a patterned tyre on a rough road surface[J]. Journal of Sound and Vibration, 323(1-2): 270-291.

PERISSE J, 2002. A study of radial vibrations of a rolling tyre for tyre-road noise characterisation[J]. Mechanical

Systems and Signal Processing, 16(6): 1043-1058.

RUSTIGHI E, ELLIOTT S J, FINNVEDEN S, et al., 2008. Linear stochastic evaluation of tyre vibration due to tyre/road excitation[J]. Journal of Sound and Vibration, 310(4-5): 1112-1127.

SANDBERG U, 2001. Tyre/road noise—myths and realities[C]//The 2001 International Congress and Exhibition on Noise Control Engineering, August 27-30, 2001, Hague. [S.l.: s.n.].

SAEMANN E U, ROPERS C, MORKHOLT J, et al., 2003. Identification of tire vibrations: 2003-01-1528[R]. Warrendale: SAE International.

TSUJIUCHI N, KOIZUMI T, MATSUBARA M, et al., 2009. Prediction of spindle force using measured road forces on rolling tire: 2009-01-2107[R]. Warrendale: SAE International.

TSUJIUCHI N, KOIZUMI T, OSHIBUCHI A, 2005. Rolling tire vibration caused by road roughness: 2005-01-2524[R]. Warrendale: SAE International.

UESAKA T, SUMA T, 2015. Method of experimental identification of change in dynamic characteristics of rolling tires: 2015-01-1523[R]. Warrendale: SAE International.

VU T D, DUHAMEL D, ABBADI Z, et al., 2017. A nonlinear circular ring model with rotating effects for tire vibrations[J]. Journal of Sound and Vibration, 388: 245-271.

WANG X, 2020. Automotive tire noise and vibrations analysis, measurement, and simulation[M]. Cambridge, Mass.: Elsevier.

WEI Y T, NASDALA L, ROTHERT H, 2009. Analysis of forced transient response for rotating tires using REF models[J]. Journal of Sound and Vibration, 320(1-2): 145-162.

WHEELER R L, DORFI H R, KEUM B B, 2005. Vibration modes of radial tires: measurement, prediction, and categorization under different boundary and operating conditions: 2005-01-2523[R]. Warrendale: SAE International.

YI J, LIU X, SHAN Y, et al., 2019. Characteristics of sound pressure in the tire cavity arising from acoustic cavity resonance excited by road roughness[J]. Applied Acoustics, 146: 218-226.

YU X, HUANG H, ZHANG T, 2019. A theoretical three-dimensional ring based model for tire high-order bending vibration[J]. Journal of Sound and Vibration, 459: 114820.

YUM K, HONG K, BOLTON J S, 2007. Influence of tire size and shape on sound radiation from a tire in the mid-frequency region: 2007-01-2251[R]. Warrendale: SAE International.

第四章 近场路噪与远场路噪

空气声路噪的源头来自轮胎与空气、路面的相互作用。轮胎与空气的相互运动产生了近场噪声，胎面花纹沟和花纹块的形状、数量、分布等影响着噪声大小和频谱分布。轮胎与路面的相互冲击、摩擦和黏着等振动作用也产生了近场噪声。轮胎与路面之间形成的"喇叭"放大了近场噪声，轮胎宽度和直径影响到"喇叭"效应效果。

合理的花纹块和花纹沟设计，包括形状、尺寸、数量、节距、排列等，会降低空气运动产生的近场噪声。合理的结构设计，包括轮胎直径、宽度、扁平比、胎肩弧度、胎面吸声结构、材料的硬度和刚度等，会降低振动引起的近场噪声。

轮胎近场噪声主要是通过试验获取。试验包括轮胎台架试验、整车转鼓试验、拖车试验等。

远场噪声是近场噪声辐射到远处自由场的噪声。在法规中，远场噪声称为通过噪声，是限制汽车销售的门槛。

第一节 近场路噪分类与特征

一、轮胎胎面花纹结构与作用

轮胎胎面是由花纹块和花纹沟组成。花纹沟又分成了纵向花纹沟和横向花纹沟。纵向花纹沟主要起排水作用，但是会导致轮胎抓地能力减弱；而横向花纹沟抓地性能强，但是排水能力和导向性不好；因此胎面上的纵向和横向花纹沟要协调设计，使得轮胎兼具良好的排水性能和抓地能力。轮胎胎面花纹结构的种类非常多，根据花纹不同，轮胎可以分成以下几种：

1) 纵向花纹轮胎：胎面上只有纵向花纹沟，方向与圆周方向一致，花纹在纵向连续，横向断开，如图 4.1a 所示。

2）横向花纹轮胎：胎面上只有横向花纹沟，方向与圆周方向垂直，花纹在横向连续，纵向断开，如图 4.1b 所示。

3）复合花纹轮胎：胎面中间有几条纵向花纹沟，纵向花纹块上和胎肩上有横向花纹沟，如图 4.1c 所示。

4）对称花纹轮胎：在轮胎周向中心线两边花纹相同，对称分布，如图 4.1d 所示。

5）反向对称花纹轮胎：在轮胎周向中心线两边的花纹形状相同，但是反向对称分布，如图 4.1e 所示。

6）非对称花纹轮胎：在轮胎周向中心线两边的花纹不相同，如图 4.1f 所示。

7）单向花纹轮胎：胎面上的花纹沟和花纹块沿着一个方向，如图 4.1g 所示。

8）双向花纹轮胎：胎面上的花纹沟和花纹块沿着两个方向，如图 4.1h 所示。

图 4.1 轮胎胎面花纹结构的种类

工程应用中，轮胎花纹是由以上几种组合而形成的，例如对称、非对称、单向和双向可以组合成很多不同花纹轮胎，如双向对称轮胎、双向反对称轮胎、单向对称轮胎等。

花纹块是轮胎直接与路面接触的部位，其功能是增加胎面与路面间的摩擦力，将发动机或电驱动产生的驱动力通过轮胎传递到地面，使得汽车行进。同时，胎面还向地面传递汽车所需要的制动力和转向力。

轮胎花纹是轮胎重要部位，其作用主要有：

1）抓地功能：轮胎将动力系统的驱动力传递到路面的能力。花纹块的大小、形状、排列等影响到抓地性能。

2）排水功能：在湿滑路面上，夹杂在胎面和路面之间的积水会使得轮胎抓地能力下降,影响汽车的正常行驶。所以,合理的花纹设计应该能够使水很快地从胎面排出。花纹沟的排列、形状和容积影响排水性能。

3)散热功能:轮胎与路面摩擦产生热量,如果热量过大,会改变橡胶特性,甚至损伤橡胶。花纹块的体积(厚度和深度)决定了轮胎的散热能力。

4)低噪声功能:轮胎与路面相互作用产生噪声。其机理非常复杂,本章将详细介绍这方面内容。影响噪声的因素很多,如花纹沟和花纹块的形状、大小、排列、材料等。

5)低滚阻功能:低滚阻要求轮胎与路面滚动阻力小、摩擦小,减少热量等能量损耗。花纹块结构和材料是影响滚阻的重要因素。

根据不同的需求,胎面花纹块和花纹沟设计不同。有的是为了实现良好的抓地性能,有的是为了达到好的操控性能,有的是为了低噪声的目的,等等。这些性能对胎面花纹的要求通常是矛盾的,所以要设计出一个轮胎同时满足这些性能,既有良好的抓地性能,又有好的操控性能,同时噪声低,还要求低滚阻,几乎是不可能的。

二、近场噪声分类

轮胎与路面相互作用时,花纹块撞击路面或者路面上的凸起物冲击胎面,就会使得轮胎振动并产生噪声。同时,轮胎和路面之间的空气气流运动,并且作用到花纹块上和花纹沟里面,产生了噪声。另外,轮胎和路面之间的空间形成了一个特殊的声场,会对以上噪声起到特殊的放大或减小的作用。

根据噪声产生的机理,近场噪声分成三大类:空气运动产生的噪声、轮胎振动产生的噪声和轮胎-路面的界面效应。图4.2列出了近场路噪分类。

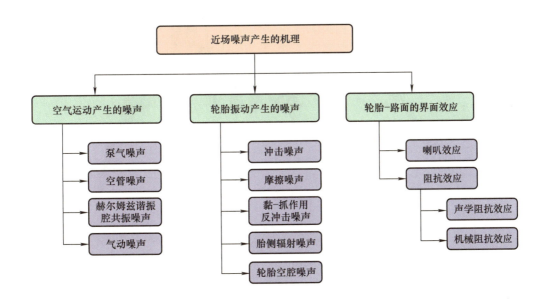

图4.2 近场路噪分类

空气运动产生的噪声又分成四类：泵气噪声、空管噪声、赫尔姆兹谐振腔噪声和气动噪声。

振动产生的噪声又分成五类：冲击噪声、摩擦噪声、黏－抓作用反冲击噪声、胎侧辐射噪声和轮胎空腔噪声。

轮胎－路面的界面效应分成两类：喇叭效应和阻抗效应。阻抗效应又分为声学阻抗效应和机械阻抗效应。

在粗糙路面上，振动（冲击）作用产生的噪声占主导；而在光滑路面上，空气运动产生的噪声占主导。

三、轮胎近场噪声的特征

在轮胎与路面接触面附近布置传声器，可以测量到近场噪声。本章第七节将详细描述近场噪声的测量方法。

图 4.3 给出了一组不同汽车和不同轮胎以 60～80km/h 的速度在不同路面上行驶时的近场路噪图谱。从这组数据中，可以看到近场路噪的主要频段集中在 700～1200Hz 区间。随着车速增加，峰值增加及对应的频率增加。空气作用在胎面上产生的噪声和轮胎与路面相互冲击产生的噪声集中在这个频段区间，这是由它们产生的机理决定的。后续小节将详细描述每种噪声产生的机理和噪声频率区间。了解了近场噪声的频率特征后，就能够针对性地设计车身声学包装。

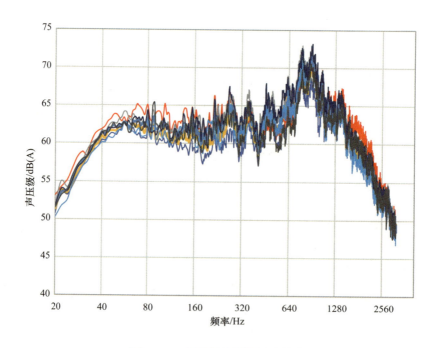

图 4.3　一组近场路噪的测试曲线

第二节　空气运动产生的近场噪声

一、泵气噪声

车轮前行时，前行端花纹沟与路面逐渐形成封闭的空腔，而且这个空间被压缩，里面的空气被挤出。离地端被压缩的花纹沟封闭空间逐渐变大，直到花纹沟离开地面，封闭空间逐渐消失，在这个过程中，空气被吸入。图4.4显示了花纹沟接触和离开地面的情形。

胎面上孤立的花纹凹陷与周边的花纹沟不连通，如图4.5所示，它被胎面与路面挤压之后形成了封闭的空腔。空腔受到的压力是动态的，轮胎橡胶在压力作用下不断变形，使得空腔的体积不断变化。受到扰动的空腔内的空气剧烈运动，从而产生了噪声。

图4.4　花纹沟接触和离开地面的情形

图4.5　胎面上孤立的花纹凹陷

另外，在形成空腔的瞬间，空气不断被排出；在空腔破裂的瞬间，空气不断被吸入。因此，在这两个瞬间，空气质量流不断地作用在花纹沟的边缘，形成了脉动质量流，便产生了声音。或者，用逆向思维来考虑这个问题，可以认为是花纹块不断地送入和移出空气气流，使得当地流体不断压缩和膨胀，从而发出声音。这种发声机理属于气动噪声的范畴。

迄今为止，无法得到气动噪声的解析解。人们只能用类比的方法，即将气动声学与经典声学比较，得到气动声学的近似解。以上气动噪声的产生过程类似于单极子声源发声过程。在经典声学中，单极子声源是由于不稳定的体积气流运动产生的，它是一个脉动球源，以小幅度和周期性的形式不断地做膨胀和收缩运动，向空间均匀地辐射球面波，如图4.6所示。单极子声源在低马赫数气流中的效率最高。

基于这种类比，我们可以认为在空腔产生和破坏的瞬间，有两个单极子声源，分别在前行端和离地端，如图4.7所示。

空腔形成和破坏过程中，空气不断地被挤出和吸入。这个过程类似于泵气过程，因此这个过程中产生的噪声被称为泵气噪声（pumping noise），也有人称之为泵浦噪声。在研究泵气噪声方面最有名的学者之一是Hayden（1971），他提出了一种基于单极子的泵气噪声模型。

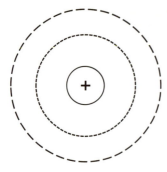

图 4.6　单极子声源

图 4.7　轮胎空腔的两个单极子声源

单极子声源在远场的声压为

$$p(r,t) = \mathrm{i}\frac{\rho_0 c_0 k}{4\pi r} Q_A \mathrm{e}^{\mathrm{i}(\omega t - kr)} \qquad (4.1)$$

式中，r 是与声源的距离；k 是波数；Q_A 是流体的体积流量；ρ_0 和 c_0 分别是空气密度和声速。

空腔的初始体积为

$$V_0 = DWL \qquad (4.2)$$

式中，D、W 和 L 分别是空腔的高度、宽度和长度，如图 4.5 所示。

体积流量表示空腔体积的变化率，可以表示为

$$Q_A = \frac{\partial V}{\partial t} = \frac{C_v DWL}{L/u} = C_v DWu \qquad (4.3)$$

式中，u 是轮胎前进的速度；C_v 是体积变化系数。

轮胎周向有很多花纹沟，它们不断地形成空腔。假设两个沟槽之间的距离为 d_{cir}，那么空腔形成的频率为

$$\omega = \frac{2\pi u}{d_{\text{cir}}} \qquad (4.4)$$

把式（4.3）和式（4.4）代入式（4.1），得到

$$p(r,t) = \mathrm{i}\frac{\rho_0 u^2 C_v DW}{2 d_{\text{cir}} r} \mathrm{e}^{\mathrm{i}(\omega t - kr)} \qquad (4.5)$$

声压级为

$$L_p(r,v) = 10\log\left(\frac{p}{p_{\text{ref}}}\right)^2 = 20\log\frac{\rho_0 u^2 C_v DW}{2 p_{\text{ref}} d_{\text{cir}} r} \qquad (4.6)$$

从式（4.6）可知，声压级与宽度（W）和高度（D）有关，而与周向长度（L）没有关系，但是与花纹沟之间的距离有关系。空腔体积的变化取决于很多因素，导致体积变化系数（C_v）很难确定，Hayden 假设这个系数为 0.1。

在 Hayden 之后，有很多学者进行了泵气噪声的研究，有的学者还推翻 Hayhen 的假设。在单极子理论中，体积流量的变化，即空腔中被泵出或泵入的流量，很重要。但是实际上，轮胎空腔被压缩的情况非常复杂，体积流量的变化并不等于实时的泵出或泵入流量。因此，一些学者，例如 Gagen（1999），修改了或者推翻了 Hayden 的假设，而从计算流体力学的角度来建立轮胎接触端的模型。

在胎面花纹设计中，应该避免空腔出现。但是，有的轮胎胎面专门设计出空腔来达到特定目的，例如利用空腔的"吸附"原理来增加轮胎的抓地能力，利用空腔来增加特制轮胎的噪声。在备胎设计中，专门在胎面上设计出很多空腔，如图 4.8 所示。在汽车行驶过程中，轮胎出现故障后，通常是用备胎来代替故障轮胎，以便使汽车行驶到某个安全的地方。备胎只能是临时、短时间使用，因此，为了提醒用户避免长时间使用备胎，特地在胎面上设计出许多空腔，使得轮胎噪声巨大。

图 4.8　备胎胎面上的专门设计出的孤立花纹凹陷（空腔）

二、空管噪声

轮胎胎面通常有 2~4 条纵向花纹沟和很多条横向花纹沟。横向花纹沟的形状各种各样，非常复杂。有的横向花纹沟贯穿轮胎整个宽度，有的只有宽度的一半或者一半都不到。有的横向花纹沟与子午线平行，有的与子午线形成一定角度，有的呈现为直线，有的是弧线。

在轮胎与地面接触的部分，这些花纹沟与地面就形成了一些纵向和横向的管道。图 4.9a 表示胎面上只有一条纵向花纹沟，其他部分光滑。轮胎受到压力，使得一部分纵向花纹沟与地面形成了一条纵向管道。图 4.9b 表示轮胎胎面上只有一条贯穿的横向花纹沟，形成横向管道。还有的花纹沟与地面形成半开口的管道，如图 4.9b 所示。

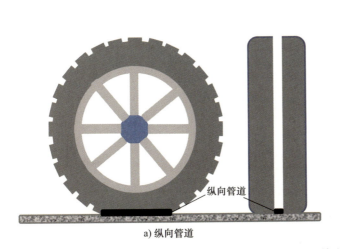

a) 纵向管道

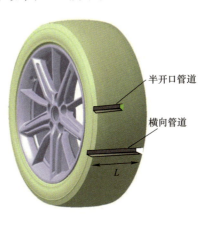

b) 横向管道和半开口管道

图 4.9　胎面与地面管道

对于开口和半开口管道，可以用一维管道声学来分析声波的传递和管道共振频率。声波在管道中传播，遇到阻抗变化时，一部分波会被反射回来，形成反射波，剩下的声波继续向前传播。管道中任何一点的声波是由入射波和反射波组成，如图4.10所示。

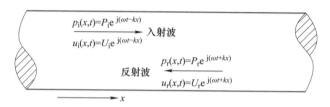

图 4.10 管道中的声波

在管道中，波动方程简化为一维波动方程，表达为

$$\frac{\partial^2 p}{\partial x^2} = \frac{1}{c^2}\frac{\partial^2 p}{\partial t^2} \tag{4.7}$$

入射波的声压 p_i 和声速 u_i 分别为

$$p_i(x,t) = P_i e^{j(\omega t - kx)} \tag{4.8}$$

$$u_i(x,t) = U_i e^{j(\omega t - kx)} \tag{4.9}$$

式中，P_i 和 U_i 分别是入射声波声压幅值和速度幅值。

反射波的声压 p_r 和速度 u_r 分别为

$$p_r(x,t) = P_r e^{j(\omega t + kx)} \tag{4.10}$$

$$u_r(x,t) = U_r e^{j(\omega t + kx)} \tag{4.11}$$

式中，P_r 和 U_r 分别是反射声波声压幅值和速度幅值。

管道中任何一点的声压是入射波声压和反射波声压的合成，或者说是方程（4.7）的解，可以写成如下形式

$$p(x,t) = P_i e^{j(\omega t - kx)} + P_r e^{j(\omega t + kx)} \tag{4.12}$$

式中，第一部分表示入射波，第二部分表示反射波。反射波速度方向与入射波速度方向相反，所以合成声速为

$$u(x,t) = U_i e^{j(\omega t - kx)} - U_r e^{j(\omega t + kx)} \tag{4.13}$$

将声压和速度之间的关系（$p = zu$）分别代入射声速（式（4.9））和反射声速（式（4.11）），然后将其结果代入式（4.13）中，得到

$$u(x,t) = \frac{1}{z}(P_i e^{j(\omega t - kx)} - P_r e^{j(\omega t + kx)}) \tag{4.14}$$

式中，z 为阻抗率。

假设入射波的声压幅值与反射波的声压幅值相等，即 $P_i = P_r = P$，方程（4.12）可以写成

$$p(x,t) = 2Pe^{j\omega t}\cos(kx) \tag{4.15}$$

上式的实部可以写成

$$p(x,t) = 2P\cos(\omega t)\cos\left(\frac{2\pi f}{c}x\right) \tag{4.16}$$

对一个长度为 L 的管道，假设管道两端的声阻抗分别已知，即在 $x = 0$ 处，声阻抗为 $Z(0)$，在 $x = L$ 处，声阻抗为 $Z(L)$。由式（4.12）和式（4.14），可以得到管道中任一点的声阻抗为

$$Z(x) = \frac{\rho c}{S}\frac{P_i e^{-jkx} + P_r e^{jkx}}{P_i e^{-jkx} - P_r e^{jkx}} \tag{4.17}$$

将 $x = 0$ 代入式（4.17）中，得到该处的声阻抗为

$$Z(0) = \frac{\rho c}{S}\frac{P_i + P_r}{P_i - P_r} \tag{4.18}$$

将 $x = L$ 代入式（4.17）中，得到该处的声阻抗为

$$Z(L) = \frac{\rho c}{S}\frac{P_i e^{-jkL} + P_r e^{jkL}}{P_i e^{-jkL} - P_r e^{jkL}} \tag{4.19}$$

式（4.19）可以重新写成下面的形式

$$Z(L) = \frac{\rho c}{S}\frac{(P_i+P_r)\cos kL - j(P_i-P_r)\sin kL}{(P_i-P_r)\cos kL - j(P_i+P_r)\sin kL} = \frac{\rho c}{S}\frac{\frac{P_i+P_r}{P_i-P_r}\cos kL - j\sin kL}{\cos kL - j\frac{P_i+P_r}{P_i-P_r}\sin kL} \tag{4.20}$$

将方程（4.18）代入方程（4.20）中，消除 P_i 和 P_r，就得到输入声阻抗 $Z(0)$ 和输出声阻抗 $Z(L)$ 的关系，如下

$$Z(L) = \frac{Z(0)\cos kL - j\frac{\rho c}{S}\sin kL}{\cos kL - j\frac{S}{\rho c}Z(0)\sin kL} \tag{4.21}$$

$$Z(0) = \frac{Z(L)\cos kL + j\frac{\rho c}{S}\sin kL}{\cos kL + j\frac{S}{\rho c}Z(L)\sin kL} \tag{4.22}$$

对于两端开口的管，在理想状况下，两端的阻抗为零。在这个假设下，由式（4.21）

或式（4.22），可以得到

$$\tan kL = 0 \tag{4.23a}$$

$$kL = (2n-1)\pi \tag{4.23b}$$

管道声腔共振频率为

$$f = \frac{(2n-1)c}{2L} \tag{4.24}$$

对于长度为 $L = W_2$、一端开口和一端闭口管道，在理想状况下，开口端的阻抗为零，而闭口端的阻抗趋于无穷。在这个假设下，由式（4.21）或式（4.22），可以得到管道的共振频率为

$$f = \frac{(2n-1)c}{4W_2} \tag{4.25}$$

开口-闭口管道的第一阶模态频率（$f = \frac{c}{4W_2}$）对应的波长为平面波长的四分之一，这个开口-闭口管道可以认为是一个四分之一波长管。

从式（4.24）和式（4.25），可以看到由于胎面与路面之间形成的管道，其频率仅仅取决于管道的长度，所以空管噪声的频率与车速无关。空管噪声频率集中在 800~1600Hz 之间。

三、赫尔姆兹谐振腔共振噪声

在前行端和离地端，气流分别被排除和吸入，空腔中的气流剧烈运动。在离地端，气流瞬间被吸入之后，空腔破裂。此时，原来封闭的空腔变成了一个开口的空腔。开口空腔与周边花纹块与地面之间的空气形成了一个类似于"赫尔姆兹谐振腔"的结构，如图 4.11 所示。

图 4.11 轮胎与地面形成的赫尔姆兹谐振腔

图 4.12 为一个赫尔姆兹谐振腔，由一个空腔和一根短管道组成。当外界的压力推动管道内的空气运动时，空腔内的空气被压缩，然后又膨胀，再推动管道里的空气运动，形成了一个"弹簧-质量"系统，空腔内的空气为弹簧，管道中的空气为质量。赫尔姆兹谐振腔的频率为

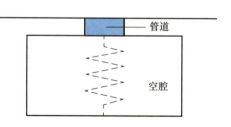

图 4.12 赫尔姆兹谐振腔

$$f = \frac{c}{2\pi}\sqrt{\frac{S}{Vl}} \quad (4.26)$$

式中，V 是空腔容积；S 和 l 分别是管道的截面积和长度。

图 4.11 中的开口空腔如同赫尔姆兹谐振腔中的空腔，具备弹性；而花纹块与路面之间的空气如同管道，具备质量。

气流作用到这个"赫尔姆兹谐振腔"边缘时，就与空腔相互作用，并产生共振。这种空腔容积小，发出的声音频率比较高，甚至会产生啸叫声，频率通常在 600～1300Hz 范围内。轮胎在不停地运动，使得"赫尔姆兹谐振腔"的容积和管道尺寸不断变化，因此，它的频率也在不断变化。

在前行端，在空腔内的气流还没有被排除和还没有形成封闭空腔时，也存在着与离地端类似的"赫尔姆兹谐振腔"。

四、气动噪声

汽车运行时，空气流作用在轮胎上，导致气流与轮胎之间产生了剧烈摩擦。轮胎表面的气流边界层处于紊流状态，在表面产生不稳定的压力波动。气流与花纹沟和花纹块之间的摩擦产生了漩涡流。同时，轮胎在旋转过程中，花纹块会带动空气运动，在轮胎表面产生脉动。这种压力波动和漩涡流就产生了脉动噪声，向各个方向辐射。另外，气流吹到轮胎上，形成附着区和分离区，在轮胎背面形成漩涡流。在分离区内，涡流产生的噪声非常大。图 4.13 显示了气流作用到轮胎上形成的脉动、附着区、分离区和涡流。

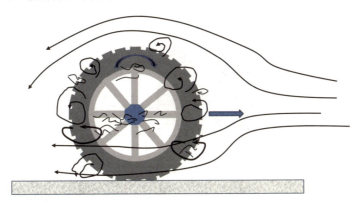

图 4.13 气流作用到轮胎上形成的脉动、附着区、分离区和涡流

脉动噪声是气动噪声的一种，属于双极子噪声，其频带比较宽。两个距离很近、相位相反的单极子声源就构成了双极子声源，如图 4.14 所示。

双极子噪声源的声功率与气流速度的六次方成正比，表达为

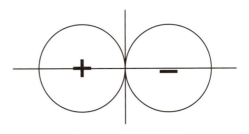

图 4.14 双极子噪声源

$$W \propto (\rho_0 l^2 c^3)\frac{u^6}{c^6} \tag{4.27}$$

一款外观设计好的汽车，轮胎通常被车身和轮毂包包裹着，如图4.15a所示，因此只有轮胎底部区域才被气流吹到，如图4.15b所示，即表现为轮胎近场噪声。

a) 被车身和轮毂包包裹的轮胎　　　　b) 气流吹到轮胎底部

图 4.15　轮胎-车身与气流

在风洞内做风噪试验时，汽车没有运动。轮胎可以在平衡台的皮带上运动，也可以保持静止。图4.16为用波束形成法（beamforming）在远场测量的汽车外表面某个频率噪声分布图。风噪大（图中的红颜色）的地方有后视镜区域和轮胎底部区域。此时的轮胎噪声是由于气流与轮胎之间的相互作用而产生。

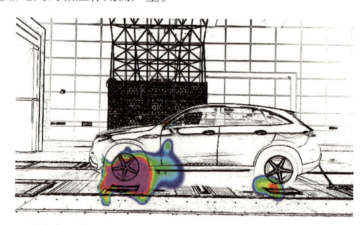

图 4.16　用波束形成法（beamforming）在远场测量的汽车外表面噪声分布图

后视镜区域通常是车内风噪的主要来源之一，但是图4.16中的色彩显示轮胎区域噪声比后视镜和A柱区域大。将这两个区域的噪声频谱提取出来，绘制在一起来比较。图4.17给出了风速为80km/h时后视镜/A柱和轮胎区域的频谱图。在低于4000Hz的频段，轮胎区域噪声比后视镜和A柱区域的噪声大，特别是在中低频段，大10～17dB。图4.18为车身对轮胎和车身对后视镜/A柱的隔声量比较。由于轮胎到人耳的距离比后视镜/A柱到人耳距离远，因此车身对轮胎的隔声量大于它对后视镜/A柱的隔声量。隔声量越大，表明隔声效果越好，因此，车身对轮胎近场的隔声好于对后视镜/A柱的隔声。车内噪声是声源噪声与隔声量的综合结果，图4.19将轮胎气动噪声和后视镜/A柱气动噪声对车内的贡献绘制在一起，在1600Hz以下，轮胎气动噪声源传递到车内的噪声大于来自后视镜/A柱区域气流噪声对车内的贡献；在1600Hz以上，后视镜/A柱区域的贡献大于轮胎贡献，而且随着频率增加，差距越大。

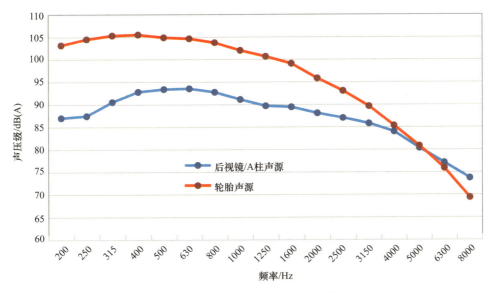

图 4.17 轮胎处和后视镜/A柱处声源强度比较

图 4.18 轮胎处和后视镜/A柱处声源对车内的隔声量比较

尽管在中低频区域，轮胎的气动噪声有一定贡献，但是其绝对值并不大。图4.19中的轮胎气动噪声最大值在400Hz处，为42dB(A)。很多汽车以80km/h速度行驶时的中低频噪声幅值达到50dB(A)（请参阅本书中的相关曲线），因此轮胎气动噪声对整体路噪贡献很小，绝大多数情况下可以忽略不计。

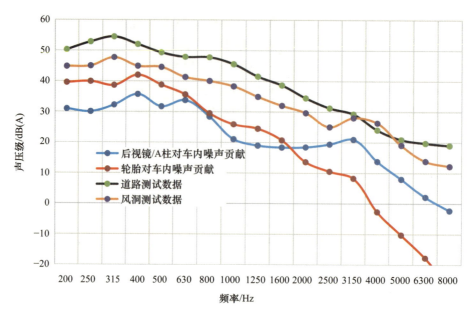

图 4.19 轮胎处和后视镜处声源对车内噪声贡献的比较

第三节　轮胎振动产生的近场噪声

一、冲击噪声

本书第三章讲述了轮胎与路面相互作用而产生的冲击作用力和振动频率，本章讲述这种相互作用而产生的噪声。有花纹块的轮胎在理想平直路面上向前滚动时，花纹块与路面发生冲击，路面给轮胎施加反冲击作用，如图 3.47a 所示，同时发出"砰、砰"的冲击声。光滑轮胎在粗糙路面行驶时，受到路面凸出物对它的冲击作用，如图 3.47b 所示，也会发出"砰、砰"的冲击声音。

胎面花纹块与粗糙路面不断冲击所产生的噪声称为冲击噪声。在粗糙路面和坎道上，比如在破损路面、石头路面、砖块路面、隔离缓冲带等，冲击噪声尤为突出。

由于轮胎表面有许多花纹块，因此轮胎对路面的冲击是连续的。两个花纹块之间距离称为节距。假设花纹块是等节距的，轮胎冲击路面的频率为

$$f = \frac{u}{d} = \frac{u}{L/N} \tag{4.28}$$

式中，u 是车速；d 是花纹块节距；L 为轮胎胎面周长；N 为花纹块数量。

乘用车轮胎的节距多数在 20~40mm，城市道路常用车速为 30~100km/h 时。根据式（4.28），可以计算出冲击噪声的频率范围在 208~1389Hz，见表 4.1。在路噪最显著的车速（60~80km/h）范围内，冲击噪声频率分布在 416~1111Hz。

表 4.1　冲击噪声的频率（Hz）范围

节距 /mm	冲击噪声的频率 /Hz							
	30km/h	40km/h	50km/h	60km/h	70km/h	80km/h	90km/h	100km/h
20	417	556	694	833	972	1111	1250	1389
30	278	370	462	556	648	740	833	925
40	208	278	347	416	486	556	625	694

同样，一个光滑轮胎受到路面凸出物冲击时，产生的冲击噪声频率可以表达为

$$f = \frac{u}{\lambda} \tag{4.29}$$

式中，λ 是路面纹理波长。

路面施加到轮胎冲击力而引起的噪声频率取决于路面纹理结构和车速。

冲击噪声的幅值取决于轮胎材料和结构、胎面结构、路面结构、轮胎与路面的作用角度、冲击力大小等。对轮胎来说，花纹块的深度、花纹沟的宽度、橡胶硬度等影响到冲击噪声的大小。乘用车使用的轮胎，其花纹块深度一般在 7～9mm。对路面来说，其硬度、粗糙度、纹理深度等影响到冲击噪声。

轮胎与路面的作用角度被称为冲击角，如图 4.20 所示，它对冲击力和噪声影响很大。冲击角越大，轮胎所承受的冲击力越大，产生的噪声越大。对同样结构和材料的轮胎，轮胎的直径越大，冲击角越小。小直径轮胎所产生的冲击噪声比大直径轮胎大。

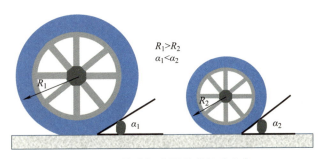

图 4.20　轮胎与路面形成的冲击角

实际应用中，轮胎节距没有等节距的，也没有光滑轮胎；同样没有理想平整路面，因此频率比式（4.28）和式（4.29）计算得到的值复杂。

二、摩擦噪声

在图 3.48 中，当花纹块处在 B 位置时，轮胎与地面"黏着"在一起，没有相对运动，产生了"黏-抓"（stick-snap）效应。轮胎承受的径向力和切向力越来越大，花纹块内部变形能进一步存储，形成了一个巨大的内力。当内力大于静摩擦力，花纹块开始滑移，达到 C 位置，形成了轮胎与路面的动摩擦，并产生了"黏-滑"（stick-slip）效应。在轮胎滑动过程中，"黏-滑"效应产生出嗞嗞声（sizzling）或啸叫声（squealing）。

当径向压力大于内力时，花纹块与路面之间又黏在一起，两者之间形成新的静摩擦力，花纹块再次被"黏着"。当"黏着"被打破后，形成新的"黏-滑"效应。在 B 和 C 位置，"黏-抓"和"黏-滑"效应相互交替，不断产生摩擦噪声。

摩擦噪声的频率成分在 800～4000Hz 之间。摩擦力越大，摩擦噪声越大，特别是高频成分增加越多，例如汽车在转弯、制动、加速时，轮胎与路面很容易产生摩擦噪声。轮胎和/或路面的摩擦系数越低，摩擦噪声越大，频率越高，例如汽车在油漆路面和潮湿路面上行驶时发出的高频摩擦噪声远大于在普通路面上产生的声音。轮胎使用时间越长，花纹沟越来越浅，摩擦噪声也会变得越来越大。

三、黏-抓作用反冲击噪声

在图 3.48 中的 D 位置，被压缩的花纹块慢慢地被轮胎释放的内力拉长，花纹块与地面仍然"黏-抓"在一起。一旦轮胎的内力大于黏着力时，轮胎如同一个被压缩的弹簧被释放，轮胎承受着"反向冲击"作用。这个过程犹如一个葡萄酒瓶塞子被打开，塞子不仅被拔出，而且伴随着"砰"的响声。花纹块离开地面也像一个橡皮筋先被拉长，再被释放，这个过程产生噪声被称为黏-抓反作用噪声，频率成分在 1000～2000Hz，有少数情况，频率更高。

四、胎侧辐射噪声

根据声辐射理论，结构振动产生的辐射声功率表达为

$$W_{rad} = \sigma \rho_0 c S \overline{u}_n^2 \tag{4.30}$$

式中，σ 是声辐射效率；$\overline{u}_n$ 是结构表面振动平均值；S 是结构表面面积。

轮胎振动辐射声功率也可以用式（4.30）来计算，其辐射能力受到轮胎表面振动幅值和频率、辐射效率、结构波与声波的波数关系的影响。

轮胎前行端受到冲击力，离地端承受着黏-滑作用力，而胎侧间接地受到冲击力和黏-滑力共同作用，但是作用力介入前行端和离地端之间。在低频段（低于 400Hz）时，弯曲波沿着轮胎周向传递比径向传递容易，因此振动更容易传递到胎面，导致胎面振动大于胎侧。在中频段（400～800Hz），弯曲波波长小于胎宽，它同时向周向和径向传递，使得胎侧振动明显增加。同时，胎侧对振动的衰减能力大于胎面。胎侧受迫振动增加和自身衰减能力两方面相互作用，导致了某些中频段的胎侧振动大于胎面。在高频段（高于 800Hz），胎侧对高频振动能量衰减更大，而弯曲波依然能在胎体内传递，这就导致了胎面振动大于胎侧。

轮胎振动辐射还取决于结构波波数和声辐射波数之间的关系。只有当结构波波数小于声波波数时，辐射效率才高。对中低频辐射声，由于结构波波数大于声波波数，结构振动辐射效率低。在中频段，胎肩受到路面挤压变得扁平，这导致它沿着轴向做活塞运动，这

使得胎肩振动像单极子一样辐射声音，因此胎肩区域的声辐射效率远高于胎面。

图 4.21 是在转鼓上测量的一个轮胎在前行端、离地端和侧面的噪声。在 350～550Hz 范围内，胎侧的声压级明显大于前端和尾端。前行端噪声主要来自泵气和冲击的作用，离地端噪声主要来自泵气和黏-滑作用，胎侧噪声主要来自空管辐射和振动辐射。增加胎面弯曲刚度，可以降低胎肩振动，从而降低轮胎辐射噪声。

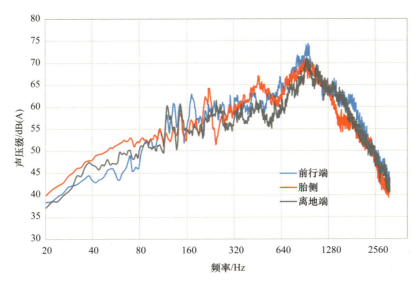

图 4.21　轮胎在前行端、离地端和侧面的噪声比较

轮胎振动产生的声辐射可以用测量方法、边界元计算和解析解计算获得。测量方法包括近场传声器或传声器阵列测量、近场声强测量和近场声全息测量。有限元模型与边界元模型结合可以用来分析轮胎的声辐射，即用有限元计算轮胎表面的振动，然后将振动输入边界元模型中计算声辐射。声辐射可以根据板振动与声辐射的关系来计算，也可以通过声振阻抗关系来计算。

五、轮胎空腔声

轮胎内部的空气组成一个特殊结构，被称为轮胎空腔。当空腔内的气体受到轮胎结构振动的扰动时，会产生声音，被称为空腔声。空腔声主要是通过轮胎结构传递到悬架再到车身，形成结构声对车内辐射。空腔声是一种非常特别的声音，本书用一整章篇幅（第五章）来讲解它。

空腔声声压级很大，但是轮胎胎面和胎侧厚、质量大，隔声效果很好，最终传递到外部的噪声低。图 4.22 为某个轮胎（215/55R17）的前行端、离地端和侧面的噪声图。180～210Hz 范围内，侧面噪声大于前行端和离地端，而在 194Hz 和 204Hz 处有两个峰值，其中 204Hz 处的峰值最大。这个轮胎自由状态下的声腔模态频率为 197Hz，安装在汽车上并运转时，声腔频率发生了偏移。显然，这个频段内的噪声是声腔噪声穿过胎侧而辐射出来。由于胎侧比胎面薄，所以空腔声在胎侧外面明显，而在前行端和离地端不明显。与图 4.3

给出的整体近场噪声相比，声腔辐射声对总噪声影响不大，甚至对这个频段内的噪声影响也不大。

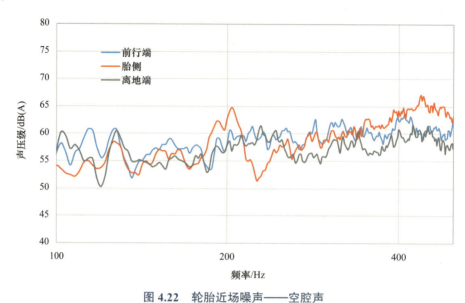

图 4.22 轮胎近场噪声——空腔声

第四节 轮胎-路面的界面效应及对近场路噪的影响

近场噪声大小和频率特征除了与轮胎结构和路面的相互作用有关外，还与轮胎与路面形成的声场环境以及结构特征有关。声场环境指的是喇叭放大效应和声学阻抗效应，结构特征是指轮胎和路面的结构与硬度。

一、轮胎-路面的喇叭效应

图 4.23 显示了一个轮胎的侧面图。从侧面来看，前行端与路面接触的部位形成一个半封闭的喇叭形状空间，随着轮胎与路面之间的距离逐步放大。离地端与路面之间也形成一个喇叭形状空间。把这两个喇叭形状的空间称为喇叭区域。喇叭区域与声学喇叭类似，喇叭形状使得声源的声学阻抗与大气声学阻抗匹配得更好，并且将声源集中到一个区域内，于是放大了声源的声音。轮胎与路面相互作用产生的噪声会被放大的现象被称为喇叭效应。

假设一个声源在长度为 L、角度为 θ 的扇形空间传播，如图 4.24 所示，在扇形圆柱表面传播的能量和声强为 W_1 和 I_1，在两侧表面传播的能量和声强为 W_2 和 I_2。当扇形角度一定时，随着长度增加，声能会聚集到扇形区域，而两边区域能量降低；长度增加越多，能量聚集到扇形区域越强，即它在总能量中的占比增加；随着长度增加，声能在胎面与路面之间的反射能量越多；因此，可以假设总能量 W_1 分解到扇形区域能量为

$$W_1 = \alpha L^\beta W \qquad (4.31)$$

式中，W 为总能量；α 和 β 为能量集中到扇形区域的系数，α 反映了扇形能量的初始占比，β 反映出长度效应，$\beta > 1$。

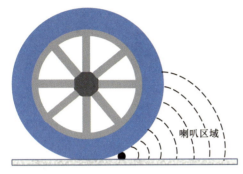

图 4.23　轮胎和地面之间的喇叭区域

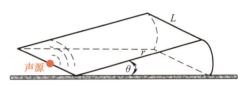

图 4.24　声源在扇形区域辐射

沿着扇形面的辐射声功率为

$$I_\theta = \frac{W_1}{r\theta L} = \frac{\alpha L^{\beta-1} W}{r\theta} \tag{4.32}$$

式中，r 为扇形的半径。

扇形空间辐射声强与扇形的角度和离声源的距离成反比。当长度 L 到达一定值时，随着长度增加，声强增加；当长度 L 比较小时，能量主要辐射到两边的区域，其扇形区域内声强的变化不确定。

半球形空间的声强为

$$I_q = \frac{W}{2\pi r^2} \tag{4.33}$$

如果把扇形空间看成一个轮胎喇叭区域，那么轮胎侧面距离声源距离 r 处，在放置轮胎前后的声强级差为

$$\Delta I = \lg \frac{\alpha L^{\beta-1} W}{r\theta} - \lg \frac{W}{2\pi r^2} = \lg \frac{2\pi r \alpha L^{\beta-1}}{\theta} \tag{4.34}$$

这个声强级差就是放置轮胎后的喇叭效应声强放大因子。放大因子与轮胎宽度和直径成正比，与轮胎与路面形成的角度成反比。

为了验证喇叭效应对近场噪声的放大作用，可以用以下两种方法来测试。

第一种方法是近场声源正向测量方法。将声源放置在轮胎与地面接触的部位（A点），在轮胎外距离声源一定位置放置传声器（B点），如图 4.25a 所示，测量声压，得到 L_{p1}。然后移去轮胎，再次测量声压，得到 L_{p2}，如图 4.25b 所示。两者的声压级差为

$$\Delta L = L_{p1} - L_{p2} \tag{4.35}$$

图 4.26a 为放置一个轮胎前后测量得到的声压级。放置轮胎之后，在整个中高频段（250~8000Hz）内，放置轮胎之后的声压级大于没有轮胎时的声压级。图 4.26b 为两者声

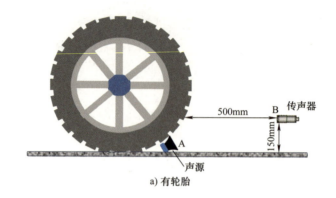

a) 有轮胎

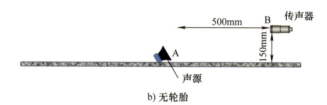

b) 无轮胎

图 4.25 喇叭效应的近场声源测量示意图

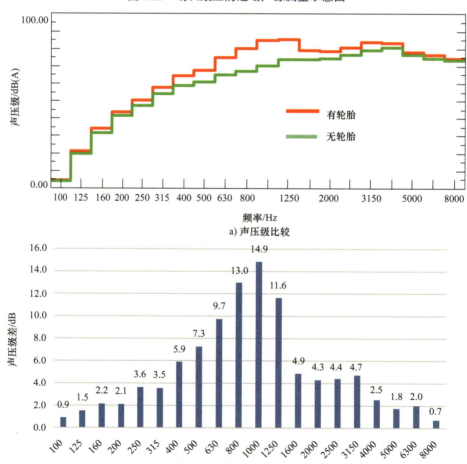

a) 声压级比较

b) 声压放大因子

图 4.26 在近场放置声源，放置轮胎之前和之后在远场测量的结果

压级差，在 400～1600Hz，两者差值非常明显，特别是在 1000Hz 附近，差值达到 14.9dB，即显示轮胎对声源有明显的放大作用，这是喇叭效应的结果。放大量可以用声压级差或者插入损失来衡量，它被称为喇叭效应的声压放大因子。

第二种方法是互易法的逆向测量方法。将声源放置在 B 点，将传声器放置在 A 点，同时测量声源激励和响应，如图 4.27 所示。与结构系统互逆一样，线性声学系统也存在互逆关系，表达为

$$\frac{P_{BA}}{Q_A} = \frac{P_{AB}}{Q_B} \tag{4.36}$$

式中，Q_A 和 P_{BA} 分别是 A 点声源和对应在 B 点的声压；Q_B 和 P_{AB} 分别是 B 点声源和对应在 A 点的声压。

图 4.27　与图 4.25 对应的互逆法：测量喇叭效应的试验布置

图 4.28a 为没有轮胎时，即在半自由声场中，声源置于 A 点测量 B 点声压和声源置于 B 点测量 A 点声压的比较。两者基本吻合，即互逆性正确。图 4.28b 为有轮胎时，声源置于 A 点测量 B 点声压和声源置于 B 点测量 A 点声压的比较。当声源放置在远场而得到近场的声压高于正向测量结果，这是由于地面对声源的反射声射入轮胎近场以及轮胎边缘的效应所致。

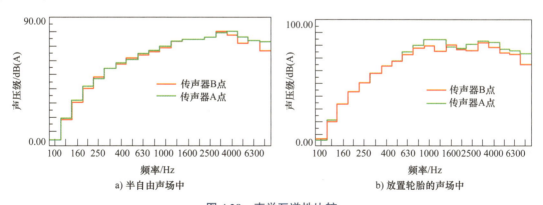

图 4.28　声学互逆性比较

将声源放置在远场 B 点，将传声器放置在轮胎近场 A 点，测量声压，得到 L'_{p1}；然后移去轮胎，再测量得到同一点的声压，得到 L'_{p2}。用互易法得到的喇叭效应放大因子为

$$\Delta L' = L'_{p1} - L'_{p2} \tag{4.37}$$

两个轮胎（235/45R18 和 215/55R17）的两个外径几乎相同，分别为 669mm 和 668mm，宽度分别为 235mm 和 215mm。将它们分别安装在同一辆车上，用正向方法测量声压，如图 4.29 所示。宽度大，远场声压大，即喇叭效应强，放大因子越大，这验证了式（4.34）中的宽度对喇叭效应因子的影响结论。

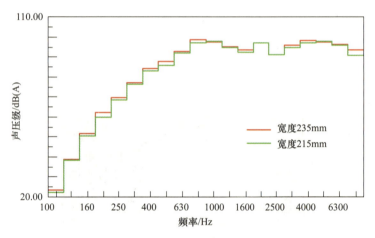

图 4.29　外径相同而宽度不同轮胎的喇叭效应比较

两个宽度相同而外径不同的轮胎，外径分别为 622mm 和 693mm。将它们分别安装在同一辆车上，用正向方法测量声压，如图 4.30 所示。轮胎的直径越大，喇叭区域越小，喇叭角小，能量更加集中，即喇叭效应强，放大效应越大，这验证了式（4.34）中的轮胎直径对喇叭效应因子的影响结论。

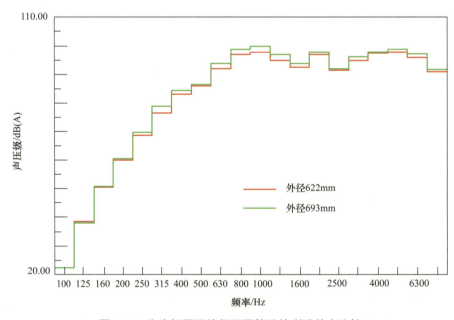

图 4.30　宽度相同而外径不同轮胎的喇叭效应比较

二、轮胎-路面的阻抗效应

机械阻抗定义为简谐运动系统的激励力与响应之比，反映了一个系统在外力作用下发生振动的难易程度。

当轮胎冲击路面时，路面的机械阻抗影响轮胎振动。软路面的阻抗低，在轮胎同样冲击力作用下，软路面会比硬路面吸收更多冲击能量，从而降低冲击噪声、轮胎振动和胎侧辐射声。例如，对同样纹理的水泥路面和沥青路面，沥青路面会吸收更多的轮胎冲击能量。轮胎机械阻抗也影响冲击与振动，即硬度低的轮胎机械阻抗低，它可以吸收更多来自路面的冲击能量。

声学阻抗是声压与声速之比，反映了在外界压力下声波传递的难易程度。

路面纹理、波长、孔隙等都会影响到声学阻抗。声波抵达光滑路面时的声速趋于零，界面的声学阻抗非常大，导致声压大，容易形成反射声。多孔路面的声学阻抗小，声波遇到路面时，部分声波进入孔隙，其能量在孔隙之间耗散，使得近场声波的压缩和扩张效应降低，从而减少了反射到远场的声能。有孔隙的路面如同吸声材料会吸收噪声，它被称为吸声路面。吸声路面不仅可降低近场噪声，而且还可降低喇叭效应。对同样的轮胎，吸声路面所产生的噪声比普通路面低 2~5dB。

路面和轮胎的机械阻抗和声学阻抗共同作用会使得同一辆车在不同路面上产生的远场噪声相差超过 10dB。

第五节 胎面花纹块设计及对近场路噪的影响

一、影响轮胎近场噪声的因素

轮胎和路面会影响到近场噪声。路面结构设计不属于汽车范畴，本书只讲述影响近场噪声的轮胎因素。影响近场噪声的轮胎因素包括四个方面：胎面结构、轮胎结构尺寸、轮胎材料和运行状况。胎面结构包括花纹块和花纹沟的形状、尺寸、数量、节距、排列等；轮胎结构尺寸包括直径、宽度、扁平比、胎肩弧度、胎面吸声结构等；材料指的是它的硬度和刚度；运行状况包括胎压、承载载荷、车速、路面和环境温度。这些因素分别影响着不同机理产生的噪声，见表 4.2。

本节介绍胎面结构对近场噪声的影响以及控制方法，第六节将介绍轮胎结构尺寸、材料和运行状况对近场噪声的影响及控制方法。

表 4.2 轮胎参数对近场噪声的影响

噪声机理分类	噪声机理细分类	影响因素
空气运动产生的噪声	泵气噪声	花纹沟结构
	空管噪声	花纹沟结构
	赫尔姆兹谐振腔共振噪声	花纹沟结构
	气动噪声	花纹块结构

(续)

噪声机理分类	噪声机理细分类	影响因素
轮胎振动产生的噪声	冲击噪声	轮胎尺寸、花纹块结构、轮胎材料
	摩擦噪声	花纹块结构和材料
	黏-抓作用反冲击噪声	花纹块结构、轮胎材料
	胎侧辐射噪声	胎侧结构、刚度和厚度
	轮胎空腔噪声	胎侧厚度
轮胎-路面的界面效应	喇叭效应	轮胎直径和宽度
	机械阻抗效应	轮胎材料
	声学阻抗效应	轮胎表面结构

二、花纹块节距对近场噪声的影响及节距设计

1. 花纹块对近场路噪的影响

花纹块对轮胎近场噪声影响非常大。花纹块大小和材料决定了冲击噪声、黏-滑和黏-抓作用；花纹块厚度和深度决定了花纹沟的大小，这影响到了泵气噪声和空管噪声。

光滑轮胎表面没有花纹块和花纹沟，因此，它的表面没有泵气噪声源、空管噪声源、赫尔姆兹谐振腔噪声源、冲击噪声源等。光滑轮胎与地面的接触面积最大，因此在干燥路面上，它与地面的摩擦力最大，具备最大的抓地能力，有些赛车为了达到更佳的抓地和转弯性能而采用光滑轮胎。一般认为光滑轮胎是最安静的轮胎，但是当它与地面有过大的滑动摩擦，产生的噪声会非常大。

图 4.31 给出了同一辆车分别用光滑轮胎与普通轮胎在光滑沥青路面和粗糙沥青路面上，以 60km/h 行驶时的近场路噪比较。普通轮胎的噪声比光滑轮胎大，这是因为普通轮胎与路面的冲击大于光滑轮胎，还有泵气噪声和空管噪声等。但是在图 4.31a 中，光滑轮胎在光滑路面上行驶时，高频段噪声大于普通轮胎，而在图 4.31b 的粗糙路面上没有这个特征，这说明光滑轮胎在光滑路面上的摩擦噪声大。

图 4.32 给出了一辆安装了光滑轮胎的车以 60km/h 的速度在光滑沥青路面和粗糙沥青路面上行驶时的轮胎近场噪声比较。在 100～1300Hz 范围内，在粗糙路面上的噪声明显大于在光滑路面上，这是由粗糙路面带来的冲击噪声所致；而在 1300Hz 以上，光滑路面上的噪声大于粗糙路面，这是由于光滑轮胎在光滑路面上摩擦噪声大。

在某些特定工况下，光滑轮胎产生的噪声甚至比有花纹块轮胎的噪声更大。在特殊的粗糙路面上，光滑轮胎也会有冲击噪声源，胎面与粗糙路面间会形成空腔而产生泵气噪声，还有黏-滑和黏-抓作用，这些会导致很大的噪声。

2. 花纹块节距对近场路噪的影响及节距设计

胎面上两个花纹块之间的距离称为节距（pitch），如图 4.33 所示。冲击噪声是花纹块与路面的冲击引起的，而节距决定了它的频率特征，因此冲击噪声也称为节距噪声。

近场路噪与远场路噪 第四章

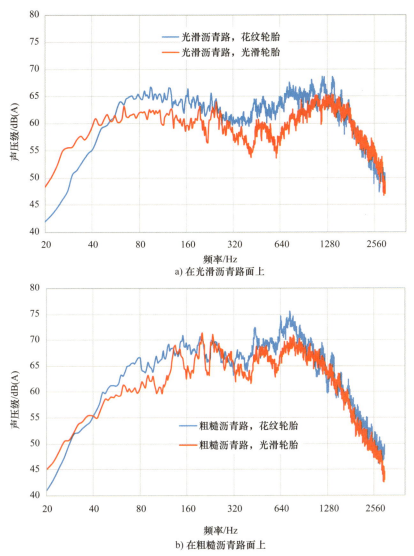

a) 在光滑沥青路面上

b) 在粗糙沥青路面上

图 4.31 光滑轮胎与普通轮胎近场路噪比较

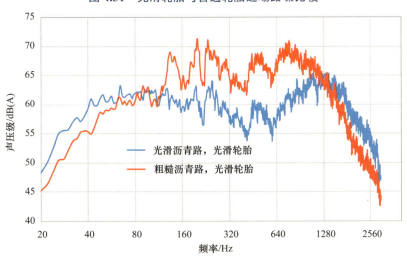

图 4.32 光滑轮胎在光滑路面和粗糙路面上的近场噪声比较

179

图 4.33　胎面花纹块之间的节距

等节距轮胎使得噪声能量集中在某个单频上,在谐频上有少量能量分布,如图 4.34a 所示。这个频率是由节距和车速决定,见式(4.4)或式(2.28)。这种单频噪声会让人不舒服,甚至烦躁。解决等节距带来的单频噪声最简单的方法就是"变节距"设计,即使节距不相等。这样就使得声音的能量不集中在某个频率,而是分布在较宽的频段,破坏了单频不舒服的声音。图 4.34b 是一个随机变节距轮胎的近场噪声示意图。

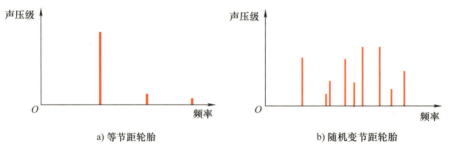

图 4.34　节距噪声示意图

花纹块应该尽可能地设计成变节距的。由于制造难度、成本控制等原因,花纹块节距不可能随意设计成随机变节距。工程设计中,通常把花纹块设计成几种花纹段,然后在每个花纹段里面再设计出花纹块节距,如图 4.35 所示。图中的胎面花纹只有一种花纹段,由三个花纹块组成。花纹段等距离地重复分布在胎面上,一个完整花纹段的循环单元长度称为花纹段节距或简称节距。

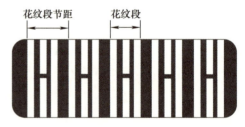

图 4.35　胎面花纹段

显然,一种花纹段虽然不会带来单频噪声,但是频率会集中在几个频率上。这种声音可能让人不舒服,甚至出现调制现象。那么将图 4.35 中的同一种花纹段以不同的节距分布,这会使得频率分散些,如图 4.36 所示。如果在胎面上设计出几种花纹段,而且每种花纹段内的节距又不相同,再以一定规律分布在胎面上,就可以使得频率更加分散,如图 4.37 所示,图中有三种花纹段,而且每种花纹段内的节距不同。

图 4.36 一种花纹段按照不同的节距分布在胎面上

图 4.37 三种花纹段按照不同的节距分布在胎面上

图 4.35～图 4.37 中的花纹块是沿着轮胎的轴向分布的，即垂直于胎面纵轴线，花纹块与路面相互冲击时，轮胎所承受的冲击力非常大。将花纹块设计成与轴向成一个角度，如图 4.38 所示，会降低轮胎的冲击力。每种轮胎都有一个使得轮胎承受冲击力和产生冲击噪声最小的角度 β。花纹块与轴向的最佳角度取决于轮胎的结构、参数和运行方向。

三、花纹沟对空气运动噪声的影响及花纹沟设计

1. 花纹沟与空腔噪声

胎面与地面形成了空腔，空腔里面的空气受到扰动而发出空腔噪声或泵气噪声。没有空腔就不存在空腔噪声，例如光滑胎面和光滑路面就是这种情况。如果胎面与路面形成了空腔，如图 4.39a 所示，只要用设计恰当的空管（花纹沟）使得空腔与大气相通，如图 4.39b 所示，空腔噪声也可以消除。

图 4.38 花纹块与轮胎轴向的角度

a) 胎面与地面形成的空腔   b) 空腔与大气相通

图 4.39 花纹沟与空腔

2. 花纹沟与空管噪声

空管噪声频率取决于两端的边界（开口或闭口）和长度，而大小取决于空管长度和截面积（花纹沟的宽度和深度）。解决空管噪声最直接的方法就是消除空管，但是除了光滑轮胎之外，胎面一定存在空管，因为排水等功能需要它。现实的方法是通过设计空管的走向、宽度、深度等来降低噪声。

第一，空管的走向应该避免与胎印轮廓一致。胎印是指轮胎与地面接触的印迹，如

图 4.40a 所示。空管与胎印轮廓一致,如图 4.40b 所示,会导致前行端在接触地面和离地端在离开地面时,空管中的气流扰动非常大,产生的噪声也大;空管与胎印轮廓不一致有利于降低空管噪声。

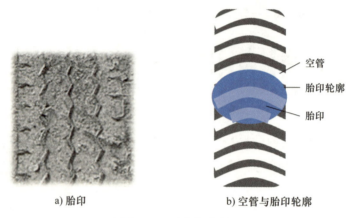

图 4.40 胎印与空管

第二,横向花纹沟的方向。横向花纹沟是产生空管噪声的主要部位,而纵向花纹沟对空管噪声的影响不大。轮胎在运行过程中,花纹沟与路面接触形成了空管,不断有气体被挤出和吸入。如果花纹沟与轮胎的轴向平行,那么它很容易与轮胎的印迹轮廓重合,噪声最大。类似于图 4.38 中花纹块与轴向的夹角,花纹沟与轴向形成一定角度时,噪声降低;在最优角度下,噪声最小。花纹沟和花纹块的要求是一致的,两者设计成最优角度,可以同时降低冲击噪声和空管噪声。

第三,横向花纹沟宽度和深度。从式(4.6)可知,花纹沟的宽度和深度对空管噪声影响大。增加花纹沟的宽度和/或深度使得空管体积增加。泵气噪声是单极子噪声源,从式(4.1)可知,单极子辐射声压与气体的体积流量成正比。增加花纹沟的宽度和/或深度,不仅增加了空管体积,也增加了气体的体积流量,因此,噪声变大。大量的试验统计数据显示,深度对噪声的影响大于宽度。

在一定范围内,增加花纹沟宽度和/或深度,空管噪声增加。但是,当花纹沟宽度和/或深度进一步增加时,虽然空管体积增加,但是体积流速和体积流量反而下降,空管噪声会降低。

第四,纵向花纹沟与横向花纹沟贯通。对开口的空管,增加纵向花纹沟的数量(图 4.41)可以降低气流的体积流量,从而降低空管噪声。对闭口空管,增加纵向花纹沟(图 4.42)后,横向空管贯通,从而降低了横向空管的噪声。

图 4.41 增加纵向花纹沟来降低空管噪声

a) 没有纵向花纹沟　　　　　　　　　b) 有纵向花纹沟

图 4.42　纵向花纹沟贯穿闭口的横向空管

第五，花纹沟长度。与等节距花纹块带来的单频噪声一样，等长度的花纹沟也会带来单频噪声。等长度开口 - 开口管（图 4.43a）和等长度开口 - 闭口管（图 4.43b）所产生的空管噪声能量集中在单一频率上，产生烦人的单频噪声。为了避免单频噪声，胎面上的花纹沟要设计成几种长度不等和宽度不等的空管，如图 4.43c 所示，使得声音能量分散在几个频段上。

a) 等长度开口-开口管　　　　　b) 等长度开口-闭口管　　　　　c) 变长度管

图 4.43　横向空管长度

第六，花纹沟中的薄片或凸起物。在花纹沟中增加一些薄片结构（lamellae）或凸起结构，如图 4.44 所示，可以把单一频率的空管噪声打乱，让能量分配在更多频率上。

图 4.44　纵向花纹沟中的凸起结构

四、花纹段的整体设计与分类

前面讲述了花纹块和花纹沟的基本设计原则，如花纹块节距、花纹块和花纹沟与轴向的夹角、横向和纵向花纹沟贯通等。按照这些原则设计，就可以降低近场路噪。

胎面上的花纹块和花纹沟众多而复杂，构成了不同花纹段结构。在基本设计原则基础上，胎面按照花纹段来整体设计，好的花纹段要满足抓地性能、低滚阻性能、低噪声性能等，同时要成本低和便于制造。常用的花纹段结构有以下几种。

1. 对称花纹段和非对称花纹段

胎面花纹通常分成左、右两部分，中间是一个纵向花纹沟。对称花纹段指中间纵向花纹沟左边和右边的花纹段相同，两边的花纹有的对称排列，有的错位排列，如图 4.45 所示，它又分成单向对称和双向对称花纹段。单向对称花纹段（图 4.45a）是指中间纵向花纹沟两边的花纹段相同、方向相同而且完全对称，它也被称为同向花纹段。

图 4.1g 的单导向轮胎就是一种典型而极端的对称花纹段轮胎，它可以视为同向花纹段的特例。它的花纹朝一个方向，花纹块大而横向花纹少，花纹与轴向形成比较大的夹角，因此它的滚阻小、抓地性能、排水性能和操控性都好。但是它只能朝一个方向滚动，安装

轮胎时，一定要确认轮胎的滚动方向，否则轮胎磨损快，抓地性能下降，甚至带来危险。单导向轮胎只能同侧前后互换，不能左右互换。

双向对称花纹段的两边花纹相同，但是方向相反，如图 4.45b 所示。

非对称花纹段指轮胎左边和右边的花纹段完全不相同，如图 4.46 所示。由于不对称，外侧可以设计成具备良好的抓地能力、转弯能力和高耐磨性能的花纹，而另内侧设计成具备良好的排水性能的花纹。不对称花纹使得噪声频率分散，有利于降低噪声和提升声品质。

a) 单向或同向对称

b) 双向对称

图 4.45 对称花纹段

图 4.46 非对称花纹段

2. 同步花纹段和异步花纹段

胎面上有多个不同的花纹段，而左右两边的相同花纹段并列排列或者不同花纹段的排列顺序一致就形成了同步花纹段，如图 4.47a 所示；反之，左右相同花纹段错位排列或不同花纹段排列顺序不一样就是异步花纹段，如图 4.47b 所示。

3. 等节距花纹段和随机花纹段

节距相等或者花纹段节距相等就构成了等节距花纹段。花纹段之间距离不等，或者分布随机，就构成了随机花纹段。

4. 同步随机花纹段和异步随机花纹段

同步随机花纹段指的是花纹段结构不同和节距不相等，但是左边和右边花纹段分布次序一样；异步随机花纹段指的是不仅花纹段结构不同和节距不相等，而且左边和右边分别的次序也不一样。

a) 同步花纹段

b) 异步花纹段

图 4.47 同步和异步花纹段

图 4.48 给出了同步随机花纹段和异步随机花纹段两种胎面设计所带来的噪声比较。异步随机花纹段胎面的近场噪声比同步随机花纹段胎面低。异步随机花纹段还可以使得轮胎质量分布更加均匀。因此，在设计胎面时，胎面两边的花纹段错开，节距错开，花纹随机分布，这样可以分散噪声能量的分布，避免某些单频噪声的出现。

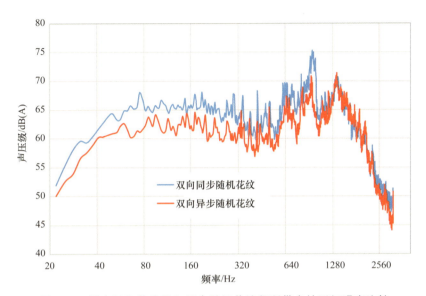

图 4.48　同步随机花纹段和异步随机花纹段所带来的近场噪声比较

第六节　轮胎结构参数和运行工况对近场路噪的影响

轮胎结构参数包括宽度、直径、材料、胎肩弧度、胎面吸声结构、帘布层、带束层等。结构参数主要影响轮胎振动引起的近场路噪和喇叭效应，也部分影响到空气运动引起的近场路噪。汽车的运行工况，如车速、载重、胎压等也对近场路噪产生影响。

一、轮胎宽度对近场路噪的影响

自从充气轮胎开始应用以来，轮胎的宽度越来越宽。主要原因是汽车的动力越来越大，速度越来越高，汽车需要更强的抓地力和更好的操控性能，只有越来越宽的轮胎才能满足这个要求。

二十世纪八十年代，普通乘用车的轮胎宽度一般为 165mm，极少数达到 195mm。到了九十年代，普通胎的宽度增加到 175mm，而有 10% 的汽车轮胎宽度达到 205mm。进入二十一世纪，宽度大于 200mm 的轮胎已经广泛应用在乘用车上。

宽轮胎给人的视觉效果比较好，装配宽轮胎的车看上去运动感强，因此，在 SUV 和轿跑车上，宽轮胎应用得比较多。很多年轻人喜欢宽轮胎的汽车，当驾驶这样的汽车时，他们会感受到力量。在电动车到来的时代,电动车使用的轮胎普遍比传统内燃机车轮胎宽。

但是,宽轮胎带来的副作用是轮胎噪声大。图 4.49 是两个直径相同而宽度不同的轮胎(195/55R16 和 205/55R16)在水泥路面上以 65km/h 行驶时的近场噪声比较。宽度为 205mm 的轮胎噪声比 195mm 轮胎大,差异集中在中低频,特别在 500 ~ 1000Hz 之间。一般来说,宽度增加 10mm,噪声增加 0.4dB;轮胎宽度增加一倍,噪声增加 4dB。导致轮胎宽度增加时噪声增加的原因有四个。

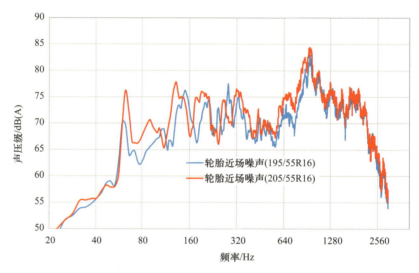

图 4.49　轮胎宽度与近场路噪的关系

一是宽度大的轮胎使得胎面上有更多的空气运动。对胎面花纹块和花纹沟相同的轮胎,轮胎宽就意味着在前行端有更多的空气被排除,在离地端有更多的空气被吸入,这样就导致了泵气噪声更大,空腔的赫尔姆兹效应更强。

二是宽度大的轮胎与地面接触面积更大,使得胎面承受的冲击运动更强。对胎面花纹块和花纹沟相同的轮胎,轮胎宽就意味着更多的花纹块冲击路面,冲击噪声源更多,因此冲击噪声更大。

三是宽度大的轮胎具备更强的喇叭效应。宽度越大,喇叭区域越大,因此声音的聚集和放大区域越大,这就导致了更大的噪声。

四是宽度大的轮胎与路面之间的"黏-滑"运动更强。轮胎与路面存在切向的"黏-滑"运动,而轮胎左右两边"黏-滑"运动存在差异。轮胎越宽,"黏-滑"运动差越大,因此引起的噪声越大。特别是在转弯、变道时,"黏-滑"运动差更为突出。

二、轮胎直径对近场路噪的影响

直径对轮胎噪声的影响主要有两个因素:喇叭效应和冲击角。

对于宽度相同而直径不同的轮胎,其胎面与路面所产生的泵气噪声、赫尔姆兹共振噪声相同，但是胎面与路面形成的喇叭区域不一样，导致放大效应不一样。图 4.50 表示两个不同直径轮胎与路面的喇叭区域。大直径轮胎的喇叭区域是图中的斜线部分，而小轮胎喇叭区域是斜线部分加上阴影部分。显然，直径大的轮胎与路面所形成的喇叭区域比直径小的轮胎与路面形成的喇叭区域小。喇叭区域小就意味着声音能量更加集中，它对声音的放大能力更强，即大直径轮胎比小直径轮胎的喇叭放大效应更强，近场噪声更大。

不同直径的轮胎遇到路面上的障碍物时所形成的冲击角是不一样的。图 4.51 为两个不同直径轮胎与同样的路面障碍物形成的两个冲击角。大直径轮胎和小直径轮胎的冲击角分别为 α_1 和 α_2。

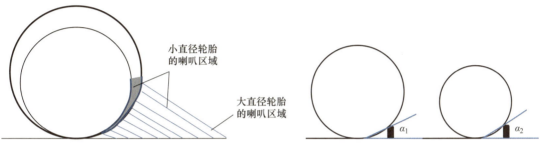

图 4.50　两个不同直径轮胎与路面的喇叭区域　　图 4.51　两个不同直径轮胎与同样的路面障碍物形成的冲击角

大直径轮胎的冲击角小于小直径轮胎的冲击角。冲击角小意味着冲击缓慢些，所带来的冲击噪声小些。因此，大直径轮胎比小直径轮胎所产生的冲击噪声小。

直径对近场噪声的影响受到喇叭放大效应和冲击角影响，而且随直径变化，这两个影响大小变化相反。

三、轮胎材料对近场路噪的影响

轮胎材料主要是指胎面橡胶材料，而影响噪声的主要指标是材料的硬度。硬度越大，胎面与路面的冲击力越大，导致冲击噪声增加，同时通过悬架传递到车内的结构声路噪也有所增加。

四、其他轮胎结构参数的影响

除了上述的宽度、直径和材料之外，其他轮胎结构参数（胎侧刚度、胎面与胎侧之间的弧度、附加结构等）也会影响近场路噪。

降低胎侧刚度可以降低其活塞运动和对外辐射噪声，还可以衰减更多来自路面的振动，降低传递到悬架的振动和结构声路噪。增加胎面与胎侧之间的弧度可以使得喇叭边缘逐步扩大，声能从边缘扩散，降低喇叭效应。在轮胎内部增加附加质量，可以衰减胎面振动，打破声腔单一频率。在轮胎内部增加吸声材料、谐振腔等结构，可以衰减轮胎空腔声。

五、行驶状况对轮胎辐射噪声的影响

与轮胎相关的行驶参数主要有速度、路面、胎压和环境温度。

1. 汽车速度

图 4.52 为同一辆车分别在粗糙沥青路面上以不同速度（50km/h、65km/h 和 80km/h）行驶的近场噪声。汽车速度增加，轮胎近场噪声增加。

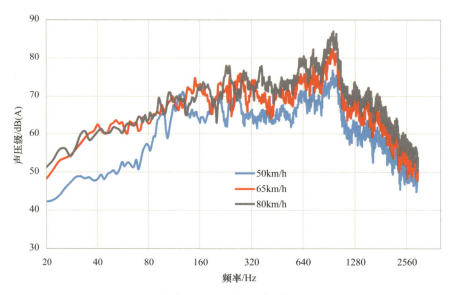

图 4.52　汽车以不同速度行驶时的近场路噪

从式（4.6）可知，泵气噪声声压级与轮胎前进速度的平方成正比，即汽车的速度越快，泵气噪声越大。车速决定了空腔形成和破裂的速度，在同样时间内，速度快使得空腔形成得更多，这导致声音能量更多。车速提高还使得花纹块冲击路面的频次增加，即在同样的时间内，轮胎承受的冲击次数增多，即声音能量更大，增加了冲击噪声。

2. 路面

路面构造和材料影响着轮胎和路面之间形成的机械阻抗和声学阻抗，因此也影响着路噪。图 4.53 是同一辆车以 80km/h 的速度在三种不同路面（光滑沥青路面、水泥路面和粗糙沥青路面）上行驶时的近场路噪。在低频段，水泥路面带来的噪声最大，这是因为这条水泥路面上有浅的横向沟槽，激励起低频声，而且呈现阶次特征。在中频段，粗糙沥青路面的宏观纹理结构和大的纹理深度使得激励变大，导致噪声大。光滑沥青路面为微观纹理，纹理深度小，所以路面激励非常小，因此全频段范围内的近场路噪都远远低于另外两种路面上的噪声。

3. 轮胎胎压

轮胎压力增加意味着轮胎变硬，刚度变大，冲击噪声变大。但是胎压增加会使胎面与路面的接触面积变小，有可能使得空腔和空管减少，所以泵气噪声和空管噪声可能降低。在噪声变大和变小的两方面中，冲击噪声变大通常更加显著。

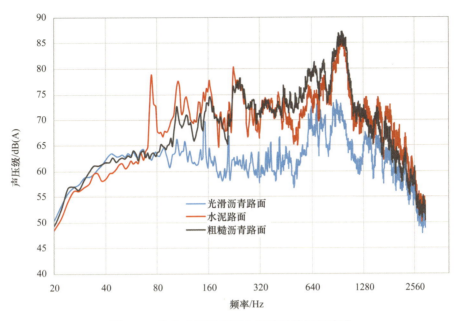

图 4.53 汽车在不同路面上行驶时的近场路噪

胎压增加后，轮胎承受的冲击力增加，使得传递到悬架和车身的振动增加，导致结构声路噪增加。图 4.54 为某辆车以 60km/h 行驶时的车内噪声，三组曲线表示胎压分别为 1.8bar⊖、2.4bar 和 2.8bar 对应的噪声。胎压为 2.8bar 时的车内噪声最大、2.4bar 次之、1.8bar 最小。声压级差别最大的频段在 80~130Hz 之间，高频段的声压差别不大，这说明了胎压影响着结构声，而对空气声影响不大。工程数据统计表明，胎压每升高 0.3bar，车内噪声升高 0.3dB。

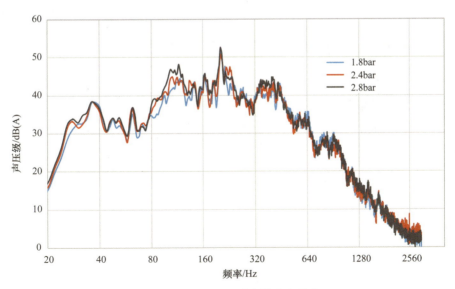

图 4.54 不同胎压对应的车内噪声

⊖ 1bar = 0.1MPa。

4. 环境温度

环境温度提高，轮胎温度的增加使得胎面刚度降低，路面温度提高会使得路面变"软"，这样轮胎与路面的冲击力降低，从而冲击噪声和结构路噪都降低。

第七节　近场路噪试验

轮胎噪声测试分为轮胎单体测试和装车轮胎测试两种。单体试验是为了了解轮胎自身的噪声问题，装车试验是为了了解轮胎与汽车之间相互作用所带来的噪声问题。

一、轮胎单体噪声测试

轮胎单体噪声测试方法有两种：台架测试和拖车试验。

1. 台架测试

用来测量轮胎噪声的台架都是特制的轮胎转鼓试验台架，如图 4.55 所示。这个台架安装在消声室内，以便能在安静的环境中测量轮胎噪声。将轮胎安装在台架上后，模拟安装在车上的状态，给轮胎施加一定压力。驱动电机带动轮胎运转，轮胎再带动转鼓运转，模拟轮胎在路面上运动。在轮胎附近布置传声器测量近场声压，或用声强仪来测量近场声强，或用近场声全息来测量近场声场分布，如图 4.56 所示。

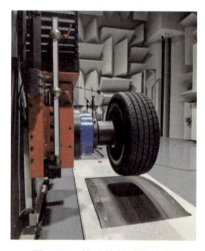

图 4.55　轮胎转鼓试验台架

图 4.56　近场路噪的声全息测量（Saemann et al., 2007）

转鼓面模拟实际路面，即鼓面的纹理和机械阻抗与实际路面一致，有光滑路面、粗糙路面等。

台架测试的好处是可以专注研究轮胎结构对噪声的影响，而且一致性高。多数轮胎公司都有这样的试验装置。在开发过程中，轮胎工程师们通过测试结果来分析轮胎的特征，进行多方案设计的比较，优化轮胎结构，以便满足 OEM（整车公司）的要求。台架试验的劣势是轮胎周边的声学环境与实车有差异，例如在实车上，轮胎被轮毂包环绕着，存在反射声。实验室使用的转鼓面有限，难以模拟更多类型的路面带来的轮胎噪声问题。

2. 拖车试验

拖车试验是将需要测试的轮胎安装在一个专用的消声拖车上，如图4.57a所示，来测量近场路噪。拖车车厢是一个半封闭的消声舱，四周板壁上安装着吸声结构和吸声材料，如图4.57b所示，轮胎安装在消声舱内。拖车远离发动机，所以发动机声音的影响可以大大降低。轮胎安装在消声舱内，车辆的其他噪声和环境噪声与轮胎近场噪声隔离开。消声舱内安装的传声器所测量的声音就是轮胎与路面作用所产生的噪声。由于排除了外界的影响，这种方法能很好地识别出轮胎路噪特征。拖车试验方法能更精确地得到轮胎近场噪声，反映了轮胎与路面的实际工况。

a) 拖车外部　　　　　　　　　　b) 拖车内部

图4.57　用于轮胎路噪测试的消声拖车（Slama，2012）

另一种拖车是没有消声舱的简易拖车，如图4.58所示。汽车与拖车之间用足够长的拉杆连接，使得汽车在拖车轮胎处的噪声尽可能低。在轮胎附近安装传声器或者近场声全息设备来测量轮胎噪声。

除了检测轮胎单体路噪之外，用拖车的方法还可以检查路面带来的噪声问题。同样的轮胎在不同路面上行驶，将得到的噪声进行比较，就可以得到路面对路噪的影响。

图4.58　简易拖车和轮胎近场声全息测量（Ruhala et al.，1999）

二、装车轮胎噪声测量

1. 装车试验与台架试验的区别

轮胎工程师关注轮胎性能，而OEM工程师关心轮胎安装到汽车上的表现。装车轮胎与单体轮胎的差别在于：轮胎边界和耦合不同、声场环境不同和测量范围不同。

单体轮胎在台架上和在拖车上只承载载荷，但是安装到汽车上之后，轮胎不仅承载载荷，而且与悬架耦合，即轮胎的边界不同。在整车上，可以获得轮胎传递到车内的结构声。

台架上的单体轮胎处于一个自由场环境中，几乎没有声音的反射。安装在拖车上，轮胎要么处在消声场环境中，轮胎噪声被吸收，没有反射声；要么在扩散场环境中，辐射的声音没有反射。可是，安装到汽车上，轮胎处在一个复杂的声场环境中，噪声声波会被地板、底盘等部件反射，因此，测量到的近场噪声既有轮胎产生的噪声，还有反射声。

台架测试只能得到轮胎的近场噪声，而整车测试不仅能得到近场噪声，还可以得到空气声路噪和结构声路噪，进而可以分析近场路噪和车内路噪的相关性。

基于以上区别，装车轮胎测试非常重要，测试可以在整车转鼓上和道路上进行。

2. 整车转鼓测试

将汽车放置在消声室内的转鼓上，汽车运行时带动转鼓运转，模拟汽车在道路上运行。转鼓面模拟路面的纹理和阻抗特征，而且转鼓表面可以更换，用于模拟不同路面。

在轮胎附近布置传声器，如图4.59所示，来测量轮胎近场噪声。为了研究轮胎辐射噪声的特征，还可以用声全息技术来测量近场路噪，或者环绕轮胎四周布置若干个传声器来测量噪声的分布。

在车内布置传感器来测量乘员感知的噪声与振动。工况可以模拟汽车匀速运行和滑行，其运行状况测试与在道路上测试一样。

3. 道路测试

（1）试验装置

为了测量近场噪声，制作一个特殊架子，安装在车身板和轮毂上，然后在支架上布置传声器，如图4.60所示。在轮胎纵向中线的前后各布置一个传声器，离地面和离轮胎边缘一定距离（如5cm、10cm等）；在轮胎中心外侧布置一个传声器，离地面和离胎侧一定距离（如5cm、10cm等）。在乘客的耳朵处布置传声器，在驾驶员身体感知的部位（方向盘、座椅导轨、地板和换挡手柄）布置加速度传感器，来测量车内噪声与振动。

图4.59 在整车转鼓上测量轮胎近场噪声

图4.60 传声器布置在轮胎周边的示意图

（2）试验工况

测量路噪的工况包括匀速行驶工况和滑行工况。

匀速行驶工况是指汽车以一个固定的速度（如 50km/h）行驶的状况。速度范围通常是从 30km/h 到 100km/h，速度间隔因路面和需求而确定，通常选择三种速度，如 50km/h、65km/h 和 80km/h。

滑行工况是指汽车高速行驶到某个速度，如 100km/h，然后让发动机熄火，汽车处于滑行状态，速度逐步降低，直到某个速度，如 30km/h，停止。与匀速工况测试相比，滑行工况测试的好处是动力系统噪声被排除，风噪忽略不计，测量的噪声是单纯的路噪。匀速试验只能发现几个速度下的路噪问题，而滑行能够快速获取从高速到低速多个速度的路噪数据并识别出问题。图 4.61 是某车从 100km/h 速度滑行到 40km/h 速度的车内噪声曲线，在 86km/h 速度处，车辆 B 有一个凸显峰值，乘客能听到嗡嗡声，而车辆 A 没有。这说明车辆 B 在这个速度下存在明显的路噪问题，可是如果只做几个固定速度路噪试验，这个速度下的问题可能会被遗漏。

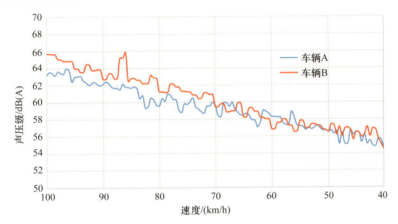

图 4.61 两辆车在光滑沥青路面上从 100km/h 滑行到 40km/h 的车内声压级

（3）试验路面

为了分析和比较不同路面上测量的路噪数据，通常会选择三种路面作为标准路噪测试路面：光滑沥青路、粗糙沥青路和水泥路。光滑沥青路面的颗粒度比较细，表面光滑，有微观纹理，波长小，构造深度小，所以它对轮胎的激励输入比较小。粗糙沥青路面的颗粒度粗糙，有宏观纹理，波长比较大，构造深度大，因此，它对轮胎的激励输入比光滑沥青路面大许多。粗糙沥青路面主要激励起轮胎和悬架的低频振动，再传递到车内，所以车内低频声比较凸显。水泥路面的纹理既有微观纹理型也有宏观纹理型，但是路面坚硬，属于刚性路面，而且路面的刚性作用比纹理波长影响更加突出，因此它对轮胎的低频激励输入大，能够激励起轮胎和悬架的低频和中频振动。

汽车在粗糙沥青路和水泥路行驶时，车内噪声整体比在光滑沥青路面上行驶大。在低频段，主要是轮胎冲击地面，受到激励的轮胎将振动经过悬架传递到车身，被激励的车身板向车内辐射低频声，车内路噪以结构声为主。在中高频率段，轮胎与路面相互作用产生的泵气噪声、空管噪声和冲击噪声是空气声路噪的主要贡献源；同时，轮胎的振动也通过悬架传递到车身，形成少量的中高频结构声。

即便在上述三种常见的路面上,汽车没有明显的路噪,但是在特殊路面上,可能出现引起市场抱怨的问题。图 4.62 表示同一辆车在一条破损路面上和在粗糙沥青路面及水泥路面上行驶的车内声压级比较。在中低频段,破损路面引起的车内噪声明显高于水泥路面和沥青路面,特别是在 70~90Hz 区间,出现了凸显峰值,主观上能够感受到强烈的轰鸣声。因此,在特殊情况下,需要在更多的路面上来测量路噪。比如,有的地区砖块路很多,有的地方破损路较多,那么在开发汽车时,必须在这些路面上进行试验,以满足不同市场的需求。

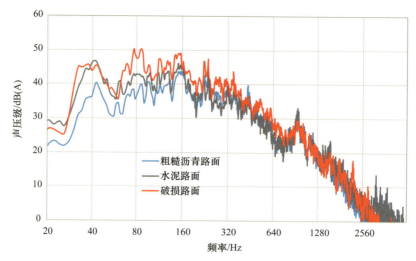

图 4.62 同一辆车在破损路面与粗糙沥青路面和水泥路面行驶的车内噪声对比

第八节 远场路噪

一、远场路噪与通过噪声

在都市里,汽车噪声干扰行人,影响居民生活,产生噪声污染。在法规中,把这种辐射噪声称为通过噪声,其意义是评估汽车"通过"街道时对周围辐射的噪声大小。在声学分析中,把声源辐射到远处自由场的噪声称为远场噪声。因此,远场噪声与通过噪声是一个概念。

通过噪声源包括近场路噪、发动机噪声、进气口噪声、排气尾管噪声、驱动电机噪声、车身风噪、路噪等。在众多噪声源中,近场路噪是最主要的源。第一,随着发动机和动力系统技术的飞速发展,它们所产生的噪声逐年降低。第二,在都市内行驶,汽车运行工况基本是处于发动机半负荷的状况,极少有全加速工况,因此,发动机和其他动力相关系统的噪声进一步降低。第三,汽车在城市里基本上是以中低速行驶,风噪小,对周围环境的影响可以忽略不计。第四,电动汽车越来越多,发动机和相关动力系统的噪声源消失,电驱动系统产生噪声的声压级很低，对周边辐射很小。第五，轮胎的尺寸越来越大，越来越宽，它所产生的近场噪声比以前更大。基于这些因素，路噪日益凸显，成为通过噪声的最主要噪声源，对行人和居民的影响更加严峻。

二、通过噪声的测试

通过噪声测试可以在专门的试验场进行，也可以在大型半消声室进行。很多国际组织和国家都制定了通过噪声标准和测试方法，如中华人民共和国国家标准 GB 1459—2002《汽车加速行驶车外噪声限值及测量方法》、美国汽车工程学会标准 SAE 1470《汽车在高速公路上加速时辐射噪声的测量标准》、ISO 10844《声学—测量道路车辆及车辆轮胎噪声排放的试验车道规范》。各国的标准虽然有自己的特色，但是基本方法是一致的。下面简单介绍通过噪声的测试方法。

图 4.63 为测试通过噪声的试验场。试验场包括一个长 20m、宽 20m 的主体部分，10m 长的驶入道路和 10m 长的驶出道路。这两个道路的宽度至少为 3m。在驶入和驶出道路两边还要有与之连接的道路，以便汽车开进和离开试验场地。通过噪声的试验场必须满足下面的条件：

1）声场条件：在 50m 半径范围内，不能有明显的障碍物，如建造物、墙壁、桥梁、岩石等。在传声器附近，不能有任何影响声场的物体。人也不能站在声源和传声器之间。

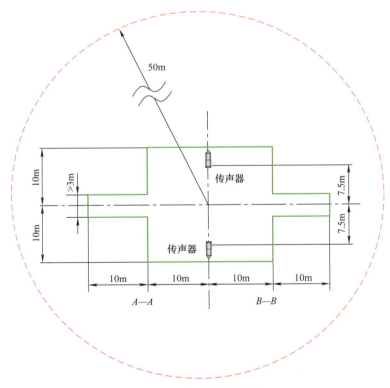

图 4.63　通过噪声试验场

2）背景噪声：一般要求背景噪声比汽车通过时的噪声低 15dB。

3）路面条件：路面的不平度要足够小，起伏不能超过 ±0.05m。路面不许使用吸声材料，路面吸声系数小于 0.1，孔隙率小于 8%，构造深度大于 0.4mm。

4）天气条件：大气的温度在 0～40℃之间。在传声器高度处的风速不能超过 5m/s。下雨的时候不能进行测试。

传声器布置、汽车速度及测试状况为：

传声器的位置：如图 4.63 所示，两个传声器放在试验场南北中轴线上，离水平中轴线的距离为 7.5m±0.05m。传声器离地面的高度为 1.2m±0.05m。

汽车的速度：不同的汽车（如乘用车、货车等）和不同的变速器（如自动变速器和手动变速器），到达 A—A 线时的速度和离开 B—B 线的速度是不一样的。在 GB 1459、SAE 1470 和其他标准中，对不同车型和变速器的汽车速度和使用变速档都有详细规定。一般情况下，到达 A—A 线时的速度应该为 50km/h。汽车沿着水平中心线行驶，当接近 A—A 线时，尽快地将加速踏板踩到底，进气控制阀全开，汽车处在全加速状态。一直保持这种状态，直到汽车尾部离开了 B—B 线，这时迅速松开加速踏板，进气控制阀关闭。

测量次数：最少测量四次。四次测量中，每两次测量的最大噪声的差值不能超过 2dB，否则要增加测量次数。

三、通过噪声法规

在人类发展进程中，当城市发展到一定的规模时，居住密度增加，"车辆"产生的噪声就开始引起人们的关注。早在 2000 多年前的古罗马时代，罗马已经是一个颇具规模的繁华都市，街道上车水马龙，马车碾压着粗糙路面发出令人厌烦的噪声。于是，罗马政府就制定了马车通过医院时的噪声标准。

今天，随着生活水平的提高，人们对噪声污染越来越关注。一些国际组织和主要国家都制定了限制汽车噪声的标准，来降低噪声对居民和行人的危害。现代社会真正对汽车噪声立法是在二十世纪六十年代。国际标准化组织（ISO）在 1964 年推出了"通过噪声标准" ISO/R 362。在这个标准基础上，许多国家根据本国国情制定了相应的标准。欧洲在这方面做的工作最多，欧洲共同体在 ISO/R 362 之后推出了 70/157/EEC 标准，针对 M1 类型的汽车，通过噪声限值为 82dB(A)。在随后的 30 多年中，这个标准被不断修改，指标越来越严。到二十世纪九十年代，新标准 92/97/EEC 中规定 M1 类型车的通过噪声限值为 74dB(A)，从 82dB(A) 到 74dB(A)，其噪声值降低了 8dB(A)。

中国汽车噪声标准制定起步较晚，1979 年首次颁布了 2 项车辆加速行驶噪声限值和测量方法国家标准：《机动车辆允许噪声》（GB/T 1495—1979）和《机动车辆噪声测量方法》（GB/T 1496—1979），主要用于新车型认证。2002 年，为了适应现代汽车的发展以及与国际惯例保持一致，国家环境保护总局和国家质量监督检验检疫总局在参考欧洲共同体 ECE 51 和 ISO 362 噪声测量标准基础上，联合发布了《汽车加速行驶车外噪声限值及测量方法》（GB 1495—2002）。

目前通过噪声限值是 74dB(A)。ISO 和一些国家（包括中国）一直在讨论将限值降低到 71dB(A)，但是都还没有开始执行。图 4.64 给出了通过噪声限值的发展历程，标准将越来越严。

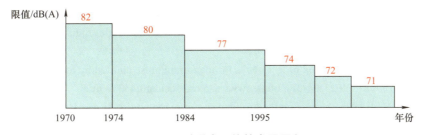

图 4.64 通过噪声限值的发展历程

参 考 文 献

陈霞，2012. 轮胎噪声分析评价与试验研究 [D]. 武汉：武汉理工大学 .

冯希金，危银涛，冯启章，等，2015. 轮胎噪声研究进展 [J]. 轮胎工业，35(9): 515-523.

王丽雪，李子然，夏源明，2014. 轮胎泵浦噪声的数值模拟 [J]. 中国科学技术大学学报，44(6): 483-487.

项大兵，危银涛，冯希金，2016. 花纹结构对轮胎滚动噪声影响的研究 [J]. 汽车工程，38(6): 754-760.

国家环境保护总局科技标准司，2002. 汽车加速行驶车外噪声限值及测量方法：GB 1495—2002[S]. 北京：中国标准出版社 .

ANDERSSON P B U, KROPP W, 2009. Rapid tyre/road separation: an experimental study of adherence forces and noise generation[J]. Wear, 266(1/2): 129-138.

ANFOSSO-LEDEE F, PICHAUD Y, 2007. Temperature effect on tyre–road noise[J]. Applied Acoustics, 68(1): 1-16.

BERCKMANS D, KINDT P, SAS P, et al., 2010. Evaluation of substitution monopole models for tire noise sound synthesis[J]. Mechanical Systems and Signal Processing, 24(1): 240-255.

BOULAHBAL D, MUTHUKRISHNAN M, SHANSHAL Y, 2003. Tire mobility measurements: compensation for transducer and mounting effects: 2003-01-1531[R]. Warrendale: SAE International.

BRAVO T, 2017. An analytical study on the amplification of the tyre rolling noise due to the horn effect[J]. Applied Acoustics, 123: 85-92.

BRINKMEIERA M, NACKENHORSTA U, PETERSENB S, et al., 2008. A finite element approach for the simulation of tire rolling noise[J]. Journal of Sound and Vibration, 309(1/2): 20-39.

CAMPILLO-DAVO N, PERAL-ORTS R, VELASCO-SANCHEZ E, et al., 2013. An experimental procedure to obtain sound power level of tyre/road noise under coast-by conditions[J]. Applied Acoustics, 74(5): 718-727.

CHIU J T, TU F Y, 2015. Application of a pattern recognition technique to the prediction of tire noise[J]. Journal of Sound and Vibration, 350: 30-40.

CLAR-GARCIA D, VELASCO-SANCHEZ E, CAMPILLO-DAVO N, et al., 2016. A new methodology to assess sound power level of tyre/road noise under laboratory controlled conditions in drum test facilities[J]. Applied Acoustics, 110: 23-32.

EISENBLAETTER J, 2008. Experimental investigation of air related tyre/road noise mechanisms[D]. Loughborough: Loughborough University.

EISENBLAETTER J, WALSH S J, KRYLOV V V, 2010. Air-related mechanisms of noise generation by solid rubber tyres with cavities[J]. Applied Acoustics, 71(9): 854-860.

GAGEN M J, 1999. Novel acoustic sources from squeezed cavities in car tires[J]. The Journal of the Acoustical Society of America, 106(2): 794-801.

HAYDEN R E, 1971. Roadside noise from the interaction of a rolling tire with the road surface[C]//Proceedings of the Purdue Noise Control Conference, Purdue University, West Lafayette, Indiana. West Lafayette: Purdue University.

ISO, 2011. Acoustics — Specification of test tracks for measuring noise emitted by road vehicles and their tyres: ISO 10844: 2011[S/OL]. [2023-08-01]. https://www.iso.org/standard/45358.html.

IWAO K, YAMAZAKI I, 1996. A study on the mechanism of tire/road noise[J]. JSAE Review, 17(2): 139-144.

KHAN J, KETZEL M, KAKOSIMOS K, et al., 2018. Road traffic air and noise pollution exposure assessment – a review of tools and techniques[J]. Science of the Total Environment, 634: 661-676.

KIM G J, HOLLAND K R, LALOR N, 1997. Identification of the airborne component of tyre-induced vehicle interior noise[J]. Applied Acoustics, 51(2): 141-156.

LICITRA G, TETI L, CERCHIAI M, 2014. A modified close proximity method to evaluate the time trends of road pavements acoustical performances[J]. Applied Acoustics, 76: 169-179.

LI D F, 2021. Advancement of close-proximity (CPX) measurement methodology for tyre/road noise[D]. Hong Kong: The Hong Kong Polytechnic University.

LI T, 2018. A state-of-the-art review of measurement techniques on tire–pavement interaction noise[J]. Measurement, 128: 325-351.

NAKAJIMA Y, 2013. Theory on pitch noise and its application[J]. Journal of Vibration and Acoustics, 125(3): 252-256.

RUHALA R J, BURROUGHS C B, 1999. Tire/pavement interaction noise source identification using multi-planar nearfield acoustical holography: 1999-01-1733[R]. Warrendale: SAE International.

SAEMANN E U, MORKHOLT J, SCHUHMACHER A, 2007. New methods for tire NVH modeling: 2007-01-2249[R]. Warrendale: SAE International.

SANDBERG U, DESCORENT G, 1980. Road surface influence on tire/road noise[C]//International Conference on Noise Control Engineering, Miami, Florida. Poughkeepsie: Noise Control Foundation.

SANDBERG U, EJSMONT J A, 2002. Tyre/road noise reference book[M]. Kisa: INFORMEX.

SLAMA J, 2012. Evaluation of a new measurement method for tire/road noise[D]. Stockholm: KTH Royal Institute of Technology.

WANG B, DUHAMEL D, 2017. On the design and optimization of acoustic network resonators for tire/road noise reduction[J]. Applied Acoustics, 120: 75-84.

WANG X, 2020. Automotive tire noise and vibrations analysis, measurement, and simulation[M]. Cambridge, Mass.: Elsevier.

WEHR R, FUCHS A, AICHINGER C, 2018. A combined approach for correcting tyre hardness and temperature influence on tyre/road noise[J]. Applied Acoustics, 134: 110-118.

YUM K, HONG K, BOLTON J S, 2005. Sound radiation control resulting from tire structural vibration: 2005-01-2521[R]. Warrendale: SAE International.

YUM K, HONG K, BOLTON J S, 2007. Influence of tire size and shape on sound radiation from a tire in the mid-frequency region: 2007-01-2251[R]. Warrendale: SAE International.

第五章 轮胎声腔模态与空腔噪声

轮胎内部空气形成了一个特殊腔体,被称为声腔。声腔受到挤压,空气受到扰动,产生噪声。噪声声压反过来作用到轮辋上,通过悬架传递给车身板,板对车内辐射声音,形成空腔噪声。

轮胎受到载荷之后,自由声腔的重根模态分离成垂向模态和横向模态。当汽车运行后,声腔响应以垂向模态为主。在多普勒效应作用下,垂向声腔模态作用到悬架上并产生了两个振动峰值,一个高于和一个低于轮胎垂向声腔模态频率,对应的车内噪声也有这两个频率峰值而且以高频峰值为主。

声腔模态取决于轮胎尺寸和空腔中的气体。消除传递到车内的空腔噪声峰值方法有两种,一种是通过更换气体、改变轮胎尺寸和结构来消除噪声源头,另一种是改变悬架结构和/或车身板结构来从路径上消除空腔声的传递。

轮胎空腔声可以用经典声学理论、简化一维管道声学模型和有限元模型来分析,也可以在声腔内安装特殊的传声器来测试获取。

第一节 轮胎声腔模态以及带来的车内噪声

一、声腔结构与表征

轮胎内壁和轮辋形成了一个封闭空间,里面充满空气,这个空间被称为轮胎空腔。轮胎受到来自路面、悬架、传动轴等系统的激励,而这些外界激励作用到轮胎空腔上。空腔受到扰动后,内部压力发生变化,产生巨大的声音。因此这个空腔又被称为声学空腔,或简称为声腔,如图 5.1 所示。

图 5.1 轮胎声腔

结构体(如车身、轮胎)存在着其固有的模态振型和模态频率。同样,声腔也存在着模态振型和模态频率。由封闭空气而形成的模态被称为声腔模态。结构体在外力作用下产生振动,而声腔受到外界扰动时,压力变化而产生声音。结构体的模态振型用位移来表征,而声腔的模态分布是用压力来表征的。结构模态和声腔模态有相似的地方,表 5.1 给出了两者的比较。

表 5.1 结构模态和声腔模态的比较

物体	结构体	(封闭空间)空气体
模态	结构模态	声腔模态
表征物理量	位移	压力
外界激励	力	压力扰动
模态形状	位移变化	压力变化

二、轮胎声腔模态振型

轮胎声腔模态可以通过测试或 CAE 分析得到。一个连续结构体(如车身、轮胎)有无数个模态,如第一阶弯曲模态、第二阶扭转模态等。一个封闭的声腔也有许多模态,被称为一阶声腔模态、二阶声腔模态等。

图 5.2 给出了一个用有限元计算得到的轮胎第一阶声腔模态振型。图中的颜色表示压力大小,深红色表示压力最大,深蓝色代表压力最小,其他颜色(橘红、黄色、草绿、墨绿、淡绿、浅蓝、海蓝)表示压力从大到小逐渐变化。声腔内不同位置的压力不一样,有的地方压力为零。压力为零处的连线称为声腔模态的节线或节面,这类似于结构模态的节点、节线或节面。

a) 正视图   b) 斜视图

图 5.2 轮胎空腔的第一阶声腔模态振型

在振型图中,压力沿着轮胎周向变化,而在轴向和径向,压力没有变化。在建立有限元模型时，轴向和径向的边界设定为刚性，而实际空腔的径向和轴向被胎面和胎侧橡胶层包围，即边界为弹性，因此实际声腔模态比图 5.2 复杂。随着模态阶次增加，模态形状越来越复杂。本章后续将详细介绍更多声腔模态振型。

三、轮胎声腔带来的车内噪声问题

1. 轮胎声腔带来车内隆隆声

路面激励轮胎振动，进而激励声腔振动。当声腔模态与轮胎结构模态和/或悬架结构模态耦合时，结构体被声波激励起来，结构波在悬架中传递，到达车身并激励车身板振动，最后板对车内辐射声音，形成车内的隆隆声。

图 5.3 是某车在巡航时的车内声压级图，在 214Hz 处有一个大峰值，在 190Hz 处有一个小峰值。车内乘客听到了中频隆隆声，声音压迫人耳，让人不舒服。长时间乘车后，有些乘客感到头晕。

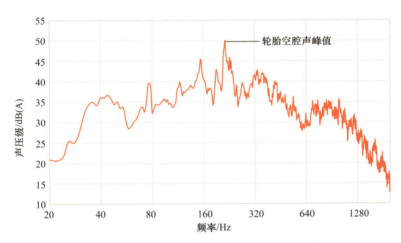

图 5.3　某车在巡航时的车内声压及轮胎声腔带来的隆隆声峰值

2. 声腔隆隆声的识别

该车安装的轮胎型号是 215/45R17，怎样证明图 5.3 中的隆隆声是由轮胎声腔模态引起的呢？

声腔模态频率取决于空腔形状和媒介，即取决于轮胎内外直径和充满的气体。快速识别方法有两种：改变轮胎空腔内的气体种类和更换不同尺寸的轮胎。如果这些方法使得 214Hz 的峰值偏移，那么就可以证明这个峰值来自轮胎声腔模态。

第一种方法是更换气体。例如，将轮胎中空气更换为氦气，使得声速变化，从而改变频率。表 5.2 列出了声音在空气和氦气中的传播速度和轮胎 215/45R17 在自由状态下对应的第一阶声腔模态频率。

根据理论分析计算（见本章后续内容）得到自由轮胎 215/45R17 充满空气的第一阶声腔模态频率分别是 207Hz，而轮胎安装在车上之后，受到载荷后变形，汽车运行时的多普勒效应使得车内噪声出现频率分别为 190Hz 和 214Hz 的两个峰值，其中 214Hz 对应的峰值为主。本章后续将详细介绍这种声腔模态和频率分离特征。轮胎充满氦气时的第一阶模态声腔频率为585Hz。图5.4为轮胎充满这两种气体的车内噪声比较,充满氦气后,190Hz和214Hz两个峰值消失,而在596Hz处出现了一个小峰值。主观上,乘客感受不到隆隆声和压耳感,这样就识别了214Hz处的峰值来自轮胎声腔。

表5.2 声音在空气和氦气中的传播速度及215/45R17轮胎自由声腔模态频率

媒介	空气	氦气
声音速度/(m/s)	344	972
第一阶声腔模态频率/Hz	207	585

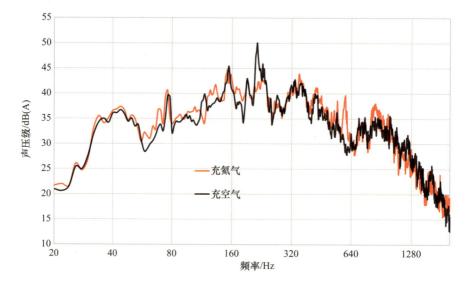

图5.4 轮胎充满空气和氦气的车内声压级比较

第二种方法是更换不同尺寸的轮胎。如图5.5所示,一辆使用19in轮胎的汽车以60km/h的速度在粗糙路面行驶时,空腔声被激励起来并传递到车内,车内噪声曲线在194Hz处有一个峰值。将轮胎更换成18in轮胎,直径变小,扁平比增加,194Hz的峰值消失。由此可以判断,产生车内隆隆声的194Hz峰值的源头来自轮胎。

除了以上两种快速方法外,还有一种方法,即相干分析法。首先分析车内噪声与轮心(转向节)振动之间的多重相干函数,根据空腔频率对应的函数值大小来判断产生空腔声的悬架。第二,在轮胎内安装空腔传声器(本章后续部分将详细介绍)测量空腔内的声压,然后分析车内声压与空腔声压之间的相干函数,根据值的大小就可以确认产生车内空腔声的轮胎。

3. 声腔隆隆声对车内的传递

声腔隆隆声穿过胎体、胎侧和轮毂表面向外传递,形成了空气声。与车身板和隔吸声层相比,胎体、胎侧和轮毂的厚度和质量大许多,传递到轮胎外面的空气声被大大衰减。另外,轮胎远离乘客,在传递路径上被进一步衰减,因此,乘客在车内几乎听不到声腔传来的空气声。乘客感受到的隆隆声是以结构声的形式从声腔传递到轮胎、到悬架、再到车身、最后到车内。

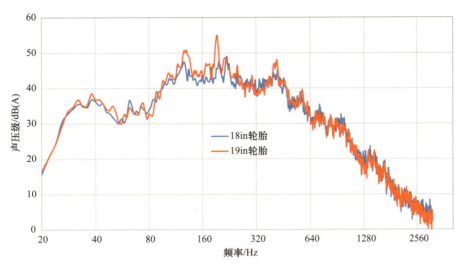

图 5.5　某车分别用 19in 和 18in 轮胎行驶在粗糙路面上的车内声压级比较

第二节　轮胎声腔模态的理论分析

一、三维轮胎声腔模态理论分析

声腔模态分析基于经典声学理论。在理想流体分析中，有几条假设，即流体是不可以压缩的；介质是连续的和均匀的；没有声扰动的时候，介质是静态的；声音在传播过程中，介质的稠密和稀疏过程是绝热的；介质中传递的是小振幅声波，即声压远小于静态声压。在这些条件下，对介质建立三个方程：运动方程、连续方程和理想气体方程。将这三个方程结合在一起，就得到了三维声波方程

$$\frac{1}{c^2}\frac{\partial^2 p}{\partial^2 t} - \nabla^2 p = 0 \quad (5.1)$$

式中，c 是声速；t 是时间；p 是声压，声压是时间和空间的函数；∇ 为拉普拉斯算符，在圆柱坐标 (r, θ, z) 下，拉普拉斯算符表达为

$$\nabla^2 = \frac{\partial^2}{\partial r^2} + \frac{1}{r}\frac{\partial}{\partial r} + \frac{1}{r^2}\frac{\partial^2}{\partial \theta^2} + \frac{\partial^2}{\partial z^2} \quad (5.2)$$

轮胎可以看成是一个圆柱体，如图 5.6 所示，在圆柱坐标下来分析它的声腔特征。声压 $p(r, \theta, z, t)$ 与空腔的空间位置和时间有关系，空间位置取决于它的模态。声压可以分解成与声腔模态相关的部分和与时间相关的部分，表达为

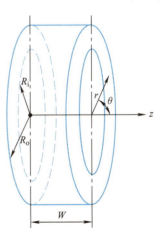

图 5.6　轮胎圆柱体模型

$$p(r,\theta,z,t) = p(r,\theta,z,\omega)\mathrm{e}^{\mathrm{i}\omega t} \tag{5.3}$$

式中，ω 为系统的频率。

在某个时刻，声压是由一系列声腔模态响应组成，表达为

$$p(r,\theta,z,\omega) = \sum_{i=1}^{N} D_i \phi_i(r,\theta,z) \tag{5.4}$$

式中，ϕ_i 为第 i 阶模态振型；D_i 为对应模态的幅值。

将式（5.3）和式（5.4）代入式（5.1）中，得到

$$\nabla^2 \phi_i + k^2 \phi_i = 0 \tag{5.5}$$

式中，k 为波数，$k = \omega/c$。

在圆柱坐标下，式（5.5）表达为

$$\frac{\partial^2 \phi_i}{\partial r^2} + \frac{1}{r}\frac{\partial \phi_i}{\partial r} + \frac{1}{r^2}\frac{\partial^2 \phi_i}{\partial \theta^2} + \frac{\partial^2 \phi_i}{\partial z^2} + k^2 \phi_i = 0 \tag{5.6}$$

每一阶模态在三个方向（r，θ，z）上可以分解成独立的模态形式，即

$$\phi_i(r,\theta,z) = R(r)\Theta(\theta)Z(z) \tag{5.7}$$

将式（5.7）代入式（5.6），得到

$$\Theta Z \frac{\partial^2 R(r)}{\partial r^2} + \frac{1}{r}\Theta Z \frac{\partial R}{\partial r} + \frac{1}{r^2}RZ\frac{\partial^2 \Theta}{\partial \theta^2} + \Theta R \frac{\partial^2 Z}{\partial z^2} + k^2 R\Theta Z = 0 \tag{5.8}$$

将式（5.8）中的每一项除以 $R\Theta Z$，得到

$$\frac{1}{R}\frac{\partial^2 R}{\partial r^2} + \frac{1}{rR}\frac{\partial R}{\partial r} + \frac{1}{r^2 \Theta}\frac{\partial^2 \Theta}{\partial \theta^2} + \frac{1}{Z}\frac{\partial^2 Z}{\partial z^2} = -k^2 \tag{5.9}$$

在模态 $\phi_i(r,\theta,z)$ 中，r、θ、z 三个变量是相互独立的，而且在式（5.9）中，$\frac{1}{Z}\frac{\partial^2 Z}{\partial z^2}$ 项只有独立的变量 z，所以可以认为它是常数，即

$$\frac{1}{Z}\frac{\partial^2 Z}{\partial z^2} = -k_z^2 \tag{5.10}$$

式（5.10）可以写成

$$\frac{\partial^2 Z}{\partial z^2} + k_z^2 Z = 0 \tag{5.11}$$

它的解是

$$Z(z) = A_1 \mathrm{e}^{\mathrm{i}k_z z} + A_2 \mathrm{e}^{-\mathrm{i}k_z z} \tag{5.12}$$

式中，A_1 和 A_2 为常数。

于是，式（5.9）可以写成

$$\frac{1}{R}\frac{\partial^2 R}{\partial r^2} + \frac{1}{rR}\frac{\partial R}{\partial r} + \frac{1}{r^2\Theta}\frac{\partial^2 \Theta}{\partial \theta^2} = -k_{mn}^2 \tag{5.13}$$

由式（5.10）和式（5.13）得到

$$k^2 = k_{mn}^2 + k_z^2 \tag{5.14}$$

式（5.13）改写为

$$\frac{r^2}{R}\frac{\partial^2 R}{\partial r^2} + \frac{r}{R}\frac{\partial R}{\partial r} + k_{mn}^2 r^2 = -\frac{1}{\Theta}\frac{\partial^2 \Theta}{\partial \theta^2} \tag{5.15}$$

式（5.15）右边的变量（θ）独立于左边的变量，因此，公式两边都等于一个常数，即

$$\frac{1}{\Theta}\frac{\partial^2 \Theta}{\partial \theta^2} = -m^2 \tag{5.16}$$

式（5.16）改写为

$$\frac{\partial^2 \Theta}{\partial \theta^2} + m^2 \Theta = 0 \tag{5.17}$$

它的解为

$$\Theta(\theta) = A_3 e^{im\theta} + A_4 e^{-im\theta} \tag{5.18}$$

式中，A_3 和 A_4 为常数。

将式（5.16）代入式（5.15），得到

$$r^2 \frac{\partial^2 R}{\partial r^2} + r\frac{\partial R}{\partial r} + (k_{mn}^2 r^2 - m^2)R = 0 \tag{5.19}$$

式（5.19）是典型的贝塞尔方程，因此它的解可以用贝塞尔函数表达如下

$$R(r) = A_5 J_m(k_{mn}r) + A_6 Y_m(k_{mn}r) \tag{5.20}$$

式中，A_5 和 A_6 为常数；$J_m(k_{mn}r)$ 和 $Y_m(k_{mn}r)$ 分别是第一类和第二类贝塞尔函数。

将式（5.12）、式（5.18）和式（5.20）代入式（5.7），就构成了轮胎空腔的模态，表达为

$$\phi_i(r,\theta,z) = (A_1 e^{ik_z z} + A_2 e^{-ik_z z})(A_3 e^{im\theta} + A_4 e^{-im\theta})[A_5 J_m(k_{mn}r) + A_6 Y_m(k_{mn}r)] \tag{5.21}$$

声压（p）与声速（$\boldsymbol{u}$）的关系为

$$\boldsymbol{u} = -\frac{1}{j\omega\rho}\frac{\partial p}{\partial n} \tag{5.22}$$

式中，ρ 为媒介密度；n 表示方向。

在模态坐标下的声压和声速关系为

$$\frac{\partial \phi_i}{\partial r}\boldsymbol{e}_r + \frac{\partial \phi_i}{\partial \theta}\boldsymbol{e}_\theta + \frac{\partial \phi_i}{\partial z}\boldsymbol{e}_z = -\mathrm{i}\rho\omega v \tag{5.23}$$

式中，$\boldsymbol{e}_r$、$\boldsymbol{e}_\theta$ 和 $\boldsymbol{e}_z$ 分别为 r、θ 和 z 三个方向上的方向矢量。

将式（5.7）代入式（5.23），得到

$$\Theta Z \frac{\mathrm{d}R}{\mathrm{d}r}\boldsymbol{e}_r + RZ\frac{\mathrm{d}\Theta}{\mathrm{d}\theta}\boldsymbol{e}_\theta + R\Theta\frac{\mathrm{d}Z}{\mathrm{d}z}\boldsymbol{e}_z = -\mathrm{i}\rho\omega v \tag{5.24}$$

圆柱体两边为刚性界面，边界（$z = 0$ 和 $z = W$）上的声速为零，即

$$\boldsymbol{u}(r,\theta,0) = \boldsymbol{u}(r,\theta,W) = 0 \tag{5.25}$$

$$\left.\frac{\mathrm{d}Z}{\mathrm{d}z}\right|_{z=0} = \left.\frac{\mathrm{d}Z}{\mathrm{d}z}\right|_{z=W} = 0 \tag{5.26}$$

对式（5.12）求导，然后将边界条件代入，得到

$$A_1 = A_2 \tag{5.27}$$

$$k_z = \frac{q\pi}{W} \tag{5.28}$$

$$Z(z) = 2A_1 \cos(qz) \tag{5.29}$$

圆柱体内径和外径圈上为刚性界面，边界（$r = R_\mathrm{i}$ 和 $r = R_\mathrm{o}$）上的声速为零，即

$$\boldsymbol{u}(R_\mathrm{i},\theta,z) = \boldsymbol{u}(R_\mathrm{o},\theta,z) = 0 \tag{5.30}$$

$$\left.\frac{\mathrm{d}R}{\mathrm{d}r}\right|_{r=R_\mathrm{i}} = \left.\frac{\mathrm{d}R}{\mathrm{d}r}\right|_{r=R_\mathrm{o}} = 0 \tag{5.31}$$

对式（5.20）求导，然后将边界条件代入，得到

$$A_5 J'_m(k_{mn}R_\mathrm{i}) + A_6 Y'_m(k_{mn}R_\mathrm{i}) = 0 \tag{5.32}$$

$$A_5 J'_m(k_{mn}R_\mathrm{o}) + A_6 Y'_m(k_{mn}R_\mathrm{o}) = 0 \tag{5.33}$$

式（5.32）乘以 $Y'_m(k_{mn}R_\mathrm{o})$ 和式（5.33）乘以 $Y'_m(k_{mn}R_\mathrm{i})$ 之后，两者相减，得到

$$J'_m(k_{mn}R_\mathrm{i})Y'_m(k_{mn}R_\mathrm{o}) - J'_m(k_{mn}R_\mathrm{o})Y'_m(k_{mn}R_\mathrm{i}) = 0 \tag{5.34}$$

Blevins（1995）得到了式（5.34）特征方程的近似解，为

$$k_{mn} = \sqrt{\left(\frac{2m}{R_\mathrm{i}+R_\mathrm{o}}\right)^2 + \left(\frac{n\pi}{R_\mathrm{i}-R_\mathrm{o}}\right)^2} \tag{5.35}$$

圆周方向上存在特殊的边界，即 $\Theta(\theta) = \Theta(\theta+2\pi)$，这表明方程（5.18）的解在 2π 内呈周期性特征，所以它的解可以表达为

$$\Theta(\theta) = B\cos(m\theta + \varphi) \quad (5.36)$$

式中，B 是与 A_3 和 A_4 有关的常数；φ 为相位角。

将式（5.28）和式（5.35）代入式（5.14）中，得到方程的特征值为

$$k_{mnq} = \sqrt{\left(\frac{2m}{R_i+R_o}\right)^2 + \left(\frac{n\pi}{R_i-R_o}\right)^2 + \left(\frac{q\pi}{W}\right)^2} \quad (5.37)$$

声腔第一阶模态在周向，即 $m=1$，$n=0$，$q=0$，模态频率为

$$f_{100} = \frac{ck_{100}}{2\pi} = \frac{c}{\pi(R_i+R_o)} = \frac{c}{L} \quad (5.38)$$

式中，$L = \pi(R_i+R_o)$ 是轮胎空腔中线的长度。

将式（5.29）和式（5.36）代入式（5.21），得到特征向量或模态

$$\phi_i(r,\theta,z) = A_R[A_5 J_m(k_{mn}r) + A_6 Y_m(k_{mn}r)]\cos(m\theta+\phi)\cos(qz) \quad (5.39)$$

式中，A_R 是与 A_1、A_3 和 A_4 有关的常数。

二、一维轮胎声腔模态频率计算

用三维理论分析轮胎声腔可以得到精确的模态振型和频率，但是这种分析方法非常复杂。为了快速地得到声腔模态频率，还可以用一维管道声学模型来近似地分析。轮胎空腔是一个环形结构，可以想象从一个截面把环展开成一个管道，如图 5.7 所示。这个管道在 OO' 截面是贯通的，因此可以假设这是一个两端开口的管道，即轮胎声腔假设为一维管道声腔。轮胎声腔模态频率比较低，其声波波长远远大于管道直径，因此在这个展开的管道中，声波被认为以平面波的形式传播。

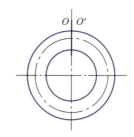

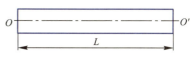

图 5.7 将轮胎空腔环展开成一个开口管道

在理想状况下，开口管道两端的阻抗为零，即截面 OO' 连接处的阻抗为零。在这个假设下，第一阶模态频率为

$$f = \frac{c}{L} \quad (5.40)$$

第三节 轮胎声腔模态

一、轮胎声腔模态的获取

轮胎声腔模态可以通过 CAE 分析（如有限元）方法和试验测试获取。

1. 轮胎声腔有限元模型

除了用声学理论来分析声腔模态之外，在工程上，常常用 CAE 的方法来分析，其中有限元方法应用最为广泛。

以轮胎空腔作为分析对象，首先画出空腔断面网格，如图 5.8a 所示，然后旋转拉伸得到整个空腔网格，如图 5.8b 所示。再赋予空气介质的密度、传播速度等参数。模型的边界条件为：内径（轮辋）和外径（胎面）为刚性，轴向（胎侧）两面为刚性，仅周向自由。

a) 断面网格　　　　　　　　　　b) 整个声腔网格

图 5.8　轮胎声腔有限元模型

本章以一个 185/60R15 轮胎为例来进行有限元分析。内径为 381mm，外径为 603mm，空气密度为 1.225kg/m³，空气中声速为 344m/s。根据声学理论计算的第一阶声腔模态频率为 222.7Hz。

2. 轮胎声腔模态测试

在结构模态试验中，在结构上布置足够多的加速度传感器或者采用激光扫描，用力锤或激振器来激励结构体。在得到了响应对激励的传递函数之后，对它进行数据处理便得到结构的模态参数。

在进行轮胎声腔测试时，也需要激励和响应信号。在封闭的轮胎空腔内布置足够多的传声器和一个扬声器，如图 5.9 所示，就可以测量到轮胎声腔模态。但是实际上没有人这样做，原因是声腔模态振型对结构对称且不停转动的轮胎没有什么意义。

在工程上，了解声腔模态频率以及它与悬架模态频率之间的关系是有意义的。为了测量声腔模态频率，可以在空腔内安装一个轮胎声腔传声器（tyre cavity microphone，TCM），如图 5.10 所示。用不锈钢片和高强度胶带将 TCM 固定在轮辋内壁上，与之 180° 相对应的轮辋处安装电池，如图 5.11 所示。电池与传声器之间用导线连接，电池一方面给传声器提供电源，另一方面使之与传声器实现轮胎的动平衡。

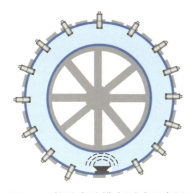

图 5.9　轮胎声腔模态测试示意图

图 5.10　测量轮胎声腔响应的无线传声器（TCM）

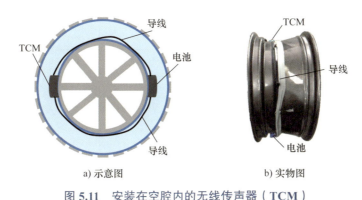

a) 示意图　　　　b) 实物图

图 5.11　安装在空腔内的无线传声器（TCM）

除了在空腔内布置 TCM 外，还需要在轮胎、轮辋和悬架上布置加速度传感器。当轮胎受到激励时，如力锤激励、道路激励等，空腔内的空气受到扰动，产生声音。TCM 将信号传递到轮胎外面的接收天线，再传递到测试前端。通过比较声压和加速度信号，就可以得到声腔与轮胎或悬架结构之间的频率与响应关系。用锤击法测量自由状态轮胎声腔声压和胎面加速度的实物图如图 5.12 所示。

二、轮胎声腔模态特征

表 5.3 列出了用有限元模型计算得到的自由轮胎（185/60R15）前 15 阶声腔模态振型和对应的频率。第 1 阶模态的频率为 228Hz。某个位置幅值最大，然后声压沿着周向逐渐减小；在与最大值相差 180° 的地方，声压达到一个最小值，然后逐渐变大并回到最大值；即这阶模态振型的最大值和最小值相差 180°，而其他值在最大值和最小值之间逐渐变化。

图 5.12　用锤击法测量自由状态轮胎的声腔声压和胎面加速度

表 5.3 有限元计算得到的自由轮胎（185/60R15）前 15 阶声腔模态振型与频率

模态阶次	模态图	模态阶次标识（m, n, q）	频率/Hz	备注
1		(1, 0, 0)	228	重根模态
2		(1, 0, 0)	228	
3		(2, 0, 0)	454.8	重根模态
4		(2, 0, 0)	454.8	
5		(3, 1, 0)	679.2	重根模态
6		(3, 2, 0)	679.2	

（续）

模态阶次	模态图	模态阶次标识（m, n, q）	频率/Hz	备注
7		(4, 3, 0)	900.3	重根模态
8		(4, 4, 0)	900.3	
9		(0, 0, 1)	1037	独立模态
10		(5, 5, 2)	1061	重根模态
11		(5, 6, 3)	1061	
12		(6, 7, 0)	1117	重根模态

（续）

模态阶次	模态图	模态阶次标识（m，n，q）	频率/Hz	备注
13		(6，8，0)	1117	重根模态
14		(6，0，4)	1129	重根模态
15		(6，0，5)	1129	

　　第 2 阶模态频率也是 228Hz，振型与第 1 阶模态振型一样，只是最大值旋转了 90°，即把第 1 阶模态逆时针旋转 90°，就与第 2 阶模态一模一样。轮胎空腔是一个沿轴线对称结构，存在着重根模态。这两阶模态的频率和振型一样，所以它们是一对重根模态。

　　式（5.18）可以写成另一种形式，即

$$\Theta(\theta) = C_1 \cos(m\theta) + \mathrm{i}C_2 \sin(m\theta) \tag{5.41}$$

式中，C_1 和 C_2 为常数。

　　将式（5.41）和式（5.36）代入式（5.21），得到

$$\phi_i(r,\theta,z) = [A_5 J_m(k_{mn}r) + A_6 Y_m(k_{mn}r)][C_3 \cos(m\theta) + \mathrm{i}C_4 \sin(m\theta)]\cos(qz) \tag{5.42}$$

式中，C_3 和 C_4 是与 C_1、C_2、A_3 和 A_4 相关的常数。

　　式（5.42）可以拆分成两支，得到两个解，即

$$\phi_{i1}(r,\theta,z) = [A_5 J_m(k_{mn}r) + A_6 Y_m(k_{mn}r)]C_3 \cos(m\theta)\cos(qz) \quad (5.43\text{a})$$

$$\phi_{i2}(r,\theta,z) = [A_5 J_m(k_{mn}r) + A_6 Y_m(k_{mn}r)]C_4 \sin(m\theta)\cos(qz) \quad (5.43\text{b})$$

假设上述两个公式中的系数相等,那么对 m 阶模态,就存在两个幅值和形状相同而相位不同的模态振型,即存在重根模态。对重根模态,另一种解释是当系统特征方程出现重根时,重根对应的特征向量方向不能唯一确定,系统就有了重根模态,而这种系统被称为"简并"系统(师汉民,2013)。

第 3 阶模态频率是 454.8Hz。某个位置幅值最大,然后声压沿着周向逐渐减小;在与最大值角度相差 90° 的地方,声压达到最小值;然后逐渐变大,在与最大值相差 180° 的地方,声压再次达到最大值;之后,声压逐渐降低,再次达到最小值,然后又回到最大值。第 4 阶模态振型与第 3 阶模态振型一样,只是最大值逆时针旋转了 45°。这两个模态的频率一样,它们也是一对重根模态。第 3 阶和第 4 阶模态振型比第 1 阶和第 2 阶模态振型复杂,它们有两个最大值和两个最小值。

第 5 阶模态和第 6 阶模态是一对重根模态,频率都是 679.2Hz。它们的振型一样,都有三个最大值和三个最小值,只是相位有差别。最大值之间相差 120°,最小值也相差 120°。

第 7 阶模态和第 8 阶模态是一对重根模态,频率都是 900.3Hz。它们的振型一样,都有四个最大值和四个最小值,只是相位有差别。最大值之间相差 90°,最小值也相差 90°。

第 9 阶模态的频率是 1037Hz,振型(0,0,1)是沿着轴向变化。把 $m = 0$ 代入式(5.39)或式(5.42),它只有一个解;或代入式(5.43),式(5.43b)的解为零,而只剩下式(5.43a)一个解,因此它是一个独立模态,即没有与其他模态形成重根模态。

第 10 阶和第 11 阶模态、第 12 阶和第 13 阶模态、第 14 阶和第 15 阶模态都分别构成了重根模态。阶数越高,频率越高,模态越复杂。

带来车内噪声问题的轮胎声腔模态通常是第 1 阶模态,所以人们只关注第 1 阶模态的频率。在工程应用中,其他模态没有太大意义。

三、轮胎声腔模态的结构传递特征

在轮胎胎面和内部分别布置加速度传感器和 TCM,用力锤分别激励轮辋和胎面,得到响应对激励的传递函数。图 5.13a 为胎面加速度对轮辋激励的传递函数和 TCM 信号对轮辋激励的传递函数的比较,两个传递函数都有一个 194Hz 的峰值,即声腔压力传递到了胎面。图 5.13b 为胎面加速度对胎面激励的传递函数和 TCM 信号对胎面激励的传递函数,两个传递函数也都有一个 194Hz 的峰值。同样敲击胎面橡胶材料和轮辋金属材料,橡胶的变形大,导致对空腔中空气扰动大,因此 TCM 对胎面激励的响应比轮辋激励大。该轮胎的型号为 225/55R19,在 2.3bar 压力和 25℃温度时的声速为 353m/s,按照理论公式计算得到这个轮胎的空腔声频率为 185.4Hz,与测试结果的误差为 4.4%。

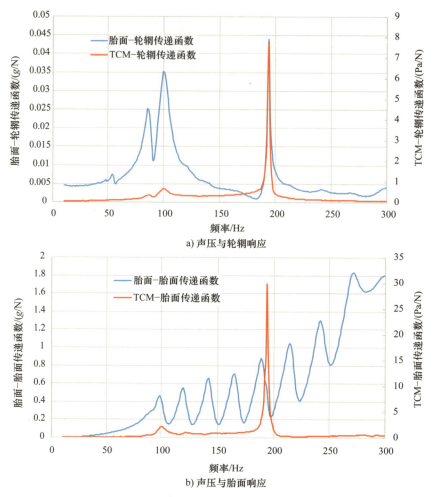

图 5.13　声腔声压与轮胎振动比较

第四节　约束轮胎的声腔模态

安装在汽车上的轮胎承受压力，受到地面和悬架的约束，它变成了一个约束状态的轮胎。

一、约束轮胎声腔模态

约束轮胎的模态振型和频率也可以通过有限元来计算或测试获取。图 5.14 为轮胎 185/60R15 受约束之后的有限元网格图。轮胎承受外力后，垂向被压缩了 20mm，横向与地面接触的长度是 216mm。

表 5.4 列出了这个约束轮胎声腔前 15 阶模态振型

图 5.14　受压轮胎

和频率。第 1 阶模态频率是 227.6Hz，振型最大值和最小值沿着水平方向，即汽车的纵向，相差 180°。第 2 阶模态频率是 230.4Hz，振型最大值和最小值的方向沿着垂直方向，相差 180°。受压声腔在水平方向变长，在垂直方向变短。约束模态振型与自由模态振型类似，但是频率不一样，长尺寸方向的模态频率比短尺寸方向的模态频率低，即由原来自由声腔的一对重根模态（228Hz）演变成了频率不一样的两个独立模态（227.6Hz 和 230.4Hz）。

表 5.4 有限元计算得到的约束轮胎（185/60R15）前 15 阶声腔模态振型与频率

模态阶次	模态图	模态阶次标识（m, n, q）	频率/Hz	备注
1		(1, 0, 0)	227.6	独立模态
2		(1, 0, 0)	230.4	独立模态
3		(2, 0, 0)	435.3	独立模态
4		(2, 0, 0)	460	独立模态
5		(3, 1, 0)	677	独立模态

（续）

模态阶次	模态图	模态阶次标识（m, n, q）	频率/Hz	备注
6		(3, 2, 0)	687.1	独立模态
7		(4, 3, 0)	899.4	独立模态
8		(4, 4, 0)	908.8	独立模态
9		(0, 0, 1)	1037	独立模态
10		(5, 5, 2)	1060	独立模态
11		(5, 6, 3)	1061	独立模态

模态阶次	模态图	模态阶次标识（m, n, q）	频率/Hz	备注
12		（6，7，0）	1120	独立模态
13		（6，8，0）	1123	独立模态
14	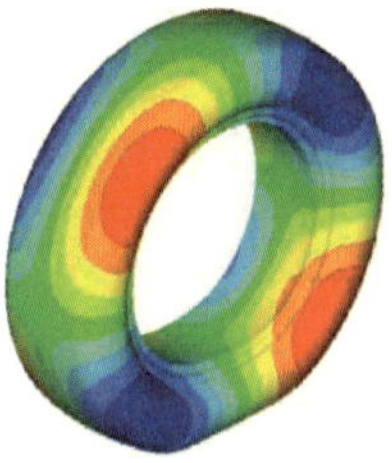	（6，0，4）	1129	独立模态
15		（6，0，5）	1132	独立模态

第 3 阶和第 4 阶模态、第 5 阶和第 6 阶模态、第 7 阶和第 8 阶模态都遵循由重根模态演变成频率不一样的独立模态的规律。约束声腔的第 9 阶模态依旧是独立模态。第 10 阶和第 11 阶、第 12 阶和第 13 阶，以及第 14 阶和第 15 阶也从重根模态演变成了独立模态。

二、约束轮胎一维声腔模态频率计算

约束声腔是一个非轴对称结构，很难得到三维理论解，但是可以从一维管道的角度来分析它的模态频率。Thompson（1995）将环状的空腔展开成一根变截面的管道，如图 5.15 所示。轮胎被压缩的部分假设成截面收缩段，收缩段长度为轮胎与地面接触长度。

在截面积变化的地方，声阻抗发生变化。声音在管道内传播，阻抗的变化使得一部分入射波被反射回原来的管道，另一部分入射波在新截面管道中继续传播。可以用类似于等截面管道声学分析方法来分析这个变截面管道的声波传递，推导出它的第 1 阶和第 2 阶声

腔模态频率，表达为

$$f_1 = \frac{c}{L+(1-\delta_m)L_{cp}} \quad (5.44a)$$

$$f_2 = \frac{c}{L-(1-\delta_m)L_{cp}} \quad (5.44b)$$

式中，L 是声腔中线的长度；L_{cp} 是轮胎接地长度；δ_m 是变形截面积与原截面积的比值。

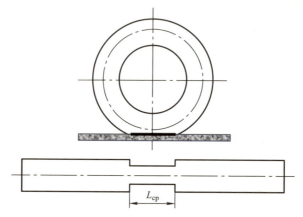

图 5.15　受压轮胎简化成一维变截面管道模型

从式（5.44）可以得知，f_1 比自由状态轮胎的声腔模态频率 f 低，f_2 比 f 高，即 $f_1 < f < f_2$。轮胎接地面积越大，接地长度会越长，即 L_{cp} 越大，δ_m 越小，因此，f_1 会越小，f_2 会越大，即两个模态的频率相差越大。如果 L_{cp} 为零，即轮胎不受压，它与地面只是线接触而不是面接触，那么两个模态的频率一样，所以，等截面管道是变截面管道的一个特例。

三、自由和约束轮胎的模态特征比较

分别从理论计算、有限元分析、测试三个维度来比较自由轮胎和装车约束轮胎的模态振型和频率。

1. 理论计算的比较

根据式（5.44）可知，当轮胎安装在汽车上并承受载荷之后，它与地面有 L_{cp} 长度的接触，被压缩部分的截面积与原始截面积之比 δ_m 小于 1。随着载荷增加，L_{cp} 变得越来越长，δ_m 变得越来越小，即声腔横向尺寸和纵向尺寸的差越来越大，这导致了第 1 阶声腔频率越来越低，而第 2 阶频率越来越高。

以 185/60R15 为例，计算自由状态和装车状态下的声腔频率。假设轮胎受载后，与地面的接触长度为 216mm，垂向变形量为 20mm，而截面积之比为 0.672。表 5.5 列举了轮胎的参数和计算频率。自由状态下的 222Hz 模态变成了 212Hz 和 233Hz 的两个模态。

表 5.5　某 185/60R15 轮胎自由和约束状态下的参数和用一维模型计算得到的声腔频率

	自由状态	约束状态
参数	L = 1545mm	L_{cp} = 216mm δ_m = 0.672
频率	222Hz	212Hz
		233Hz

2. 有限元分析的比较

表 5.6 列出了轮胎自由状况和约束状况下的声腔模态频率。除了个别模态（例子中的第 9 阶）外，自由声腔的重根模态演变成了约束声腔两个独立模态，一个频率变大，另一个变小。

表 5.6　自由和约束轮胎的声腔模态频率比较

模态阶次	自由声腔模态频率/Hz	约束声腔模态频率/Hz	备注
1	228	227.6	重根模态演变成两个独立模态
2		230.4	
3	454.8	435.3	重根模态演变成两个独立模态
4		460	
5	679.2	677	重根模态演变成两个独立模态
6		687.1	
7	900.3	899.4	重根模态演变成两个独立模态
8		908.8	
9	1037	1037	独立模态不变
10	1061	1060	重根模态演变成两个独立模态
11		1061	
12	1117	1120	重根模态演变成两个独立模态
13		1123	
14	1129	1129	重根模态演变成两个独立模态
15		1132	

3. 测试的比较

图 5.16 为装车约束轮胎的声腔响应测试图。测试系统与分析方法与自由轮胎一样。

在图 5.17a 中，加速度传感器和 TCM 安装在垂向，然后在胎面垂向施加激励，得到 TCM 声压和胎面加速度对激励的传递函数，如图 5.17b 所示。加速度和声压传递函数在 196Hz 都有一个峰值。

图 5.18a 中的加速度传感器和 TCM 安装在横向，然后在胎面横向施加激励，得到 TCM 声压和胎面加速度对激励的传递函数，如图 5.18b 所示。加速度和声压的传递函数在 188Hz 都有一个峰值。

图 5.16　轮胎装车状态下的声腔响应测试

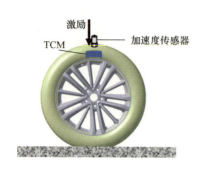 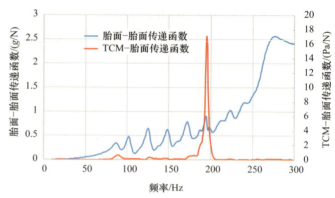

a) 加速度传感器和TCM垂向布点及垂向激励　　　　b) TCM声压和胎面加速度对激励的传递函数

图 5.17　垂向 TCM 和胎面加速度测量

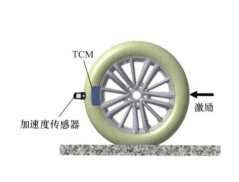 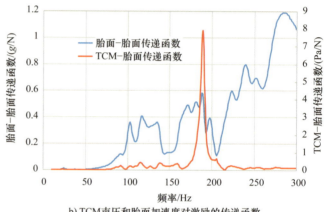

a) 加速度传感器和TCM横向布点及横向激励　　　　b) TCM声压和胎面加速度对激励的传递函数

图 5.18　横向 TCM 和胎面加速度测量

图 5.17 和图 5.18 显示将 TCM 安装在与激励同一方向时，只能得到该方向的声腔模态。把 TCM 安装在一个非垂向的位置，如图 5.19a 所示，在胎面上任意一点激励，得到 TCM 对激励的传递函数，如图 5.19b 所示。曲线上有两个峰值频率分别是 188Hz 和 196Hz。在这种情况下，约束轮胎的两个模态都被激励起来。

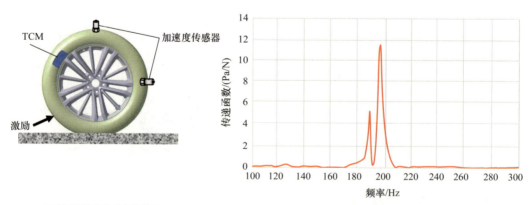

a) TCM安装在非垂向的位置　　　　b) TCM声压对激励的传递函数

图 5.19　非垂向 TCM 测量

将自由状态和约束状态轮胎声腔声压曲线绘制在一起，如图 5.20 所示，自由状态下的单峰（194Hz）变成了约束状态下的双峰（188Hz 和 196Hz），即重根模态变成了两个独立模态。

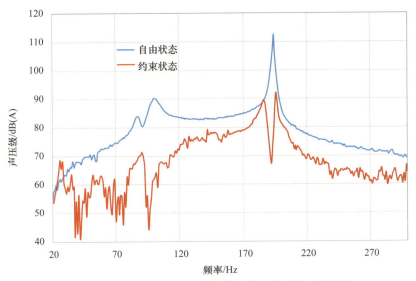

图 5.20　自由状态轮胎和约束状态轮胎的声腔声压比较

4. 轮胎约束静止和运动状态下的声腔声压比较

图 5.21 是汽车静止状态声腔压力对激励的传递函数和不同速度（40km/h、60km/h 和 80km/h）行驶的声腔声压比较。在静态约束状态下，传递函数有两个峰值，但是当汽车运动时，垂向和横向模态不断交织在一起，以至于难以区分彼此，因此声腔声压只有一个主要峰值，以 196Hz 峰值的垂向模态为主导。在 188Hz 处，行驶时的声腔都有一个小峰值，与声腔的横向模态频率对应。声腔内的空气与轮胎之间几乎没有相对运动，多普勒效应影响甚微，因此，声腔声压峰值频率几乎不受车速的影响。车速越高，空腔受到的激励越大，声压就越大。

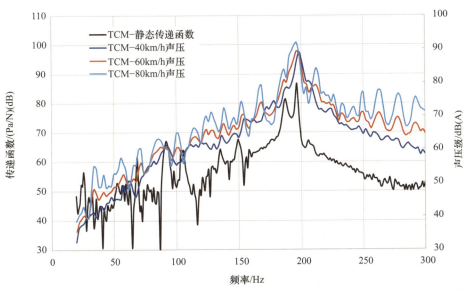

图 5.21　汽车静止状态下轮胎声腔压力对激励的传递函数和不同车速的轮胎声腔声压比较

第五节 轮胎声腔模态与结构模态的耦合

一、声腔模态与结构模态的耦合

声腔内的空气有一定的质量、刚度和阻尼，将封闭空间分成若干个小的有限单元，建立流场内的动力学方程

$$M_f \ddot{P} + C_f \dot{P} + K_f P = 0 \quad (5.45)$$

式中，P 为声腔声压；M_f 为流体等效质量矩阵；C_f 为流体等效阻尼矩阵；K_f 为流体等效刚度矩阵。

与结构模态分析类似，求解式（5.45），可以得到声腔模态的声压分布形态，即声腔模态。式（5.45）中没有外界的激励输入，它是空腔自由运动方程。

空腔内的空气与胎和轮辋连在一起。路面和悬架的激励使得空气扰动，声压变化。与此同时，空气运动也会作用到胎和轮辋上，激励起结构振动。声腔与结构之间相互作用，形成了流体和固体耦合作用。流体和结构之间的耦合关系可以用一个耦合矩阵 R 来表示。

结构施加在声腔上的力表示为

$$F_1 = -R\ddot{U} \quad (5.46)$$

式中，U 为结构的位移；$\ddot{U}$ 为加速度。

声腔作用在结构上的力表示为

$$F_f = R^T P \quad (5.47)$$

如果将结构振动输入加到声腔上，式（5.45）就变成了

$$M_f \ddot{P} + C_f \dot{P} + K_f P = -R\ddot{U} \quad (5.48)$$

轮胎结构受到路面等外界激励力 F_s 和声腔施加的力 F_f，结构振动的动力学方程表示为

$$M_s \ddot{U} + C_s \dot{U} + K_s U = F_s + R^T P \quad (5.49)$$

式中，M_s、C_s 和 K_s 分别是结构的质量矩阵、阻尼矩阵和刚度矩阵。

将式（5.48）和式（5.49）写成一个矩阵方程组，得到

$$\begin{pmatrix} M_s & 0 \\ R & M_f \end{pmatrix} \begin{pmatrix} \ddot{U} \\ \ddot{P} \end{pmatrix} + \begin{pmatrix} C_s & 0 \\ 0 & C_f \end{pmatrix} \begin{pmatrix} \dot{U} \\ \dot{P} \end{pmatrix} + \begin{pmatrix} K_s & -R^T \\ 0 & K_f \end{pmatrix} \begin{pmatrix} U \\ P \end{pmatrix} = \begin{pmatrix} F_s \\ 0 \end{pmatrix} \quad (5.50)$$

结构与声腔耦合分析的目的是分析声腔频率与轮胎悬架结构频率的耦合关系，以及它们相互作用而传递到悬架的力。

二、轮胎声腔模态与悬架结构模态的耦合

安装到汽车上的轮胎与悬架耦合。汽车运动时，空腔声传递到悬架并激励它振动。约

束声腔的运动受到多普勒效应、变形效应和模态耦合效应的影响。

第一是多普勒效应。路面施加到轮胎上的力激励声腔，产生了前行波和扩展波。前行波与轮胎运动方向相反，相对波速增加，而扩展波与运动方向一致，相对波速降低，就导致了两个声腔模态，频率为

$$f' = \frac{c \pm u}{c} f \tag{5.51}$$

式中，c 是声速；u 是车速；f 为静态时的声波频率。

第二是轮胎变形效应。轮胎受压后，声腔形状呈椭圆形，垂向尺寸变短，横向尺寸变长，重根模态变成了两个独立的模态。

第三是模态耦合效应。旋转声腔的模态振型不断变化，X 方向的振型很快就变成了 Z 方向的振型，Z 方向的振型很快就变成了 X 方向的振型，即 X 方向模态和 Z 方向模态不断交替变化，使得两个模态耦合在一起，形成了一个特殊的模态。

图 5.22 为汽车以 60km/h 速度运动时声腔声压和悬架轮心振动的比较。声腔声压主要峰值是以垂向模态为主的 196Hz 的单峰。悬架上加速度响应有两个峰值，频率分别是 190Hz 和 204Hz。虽然声腔声压只有一个主要峰值，但是多普勒效应导致声腔对悬架产生了两个频率的激励，一个高于和一个低于声腔频率。

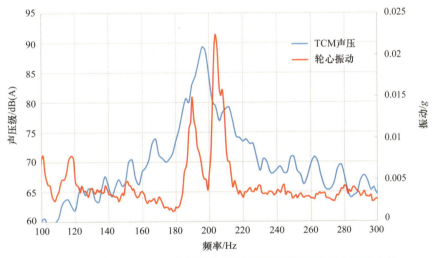

图 5.22　汽车以 60km/h 速度运动时的轮胎声腔声压和轮心振动比较

图 5.23 给出了汽车以 40km/h、60km/h 和 80km/h 速度行驶时的轮心振动比较，表 5.7 列出了声腔声压和悬架振动峰值频率。随着车速增加，轮胎与地面的相互作用力增加，第一个峰值频率对应的振动幅值增加，而对应的频率降低，分别是 193Hz、190Hz 和 188Hz；第二个峰值频率对应的振动幅值也增加，而对应的频率提高，分别是 202Hz、204Hz 和 208Hz。随着速度增加，多普勒效应加强，导致两个激励频率分离越来越大。图 5.24 为一辆汽车从 50km/h 加速到 100km/h 时的悬架振动幅值与速度和频率的关系。随着车速的增加，轮心振动中受声腔影响的两个频率分离得越开，低频变低，而高频变高。

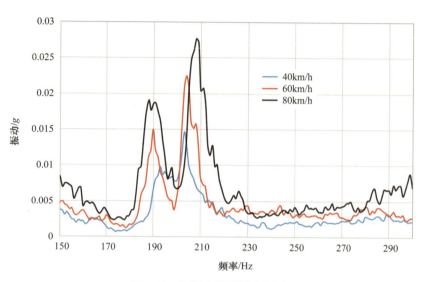

图 5.23　不同车速下轮心振动

表 5.7　约束静态和运动状态下，轮胎声腔声压与悬架振动峰值频率

状态	TCM 声压峰值频率 /Hz		轮心振动峰值频率 /Hz	
静态	188	196		
运动（40km/h）	196		193	202
运动（60km/h）	196		190	204
运动（80km/h）	196		188	208

在影响悬架振动的三个效应中，多普勒效应占主导。

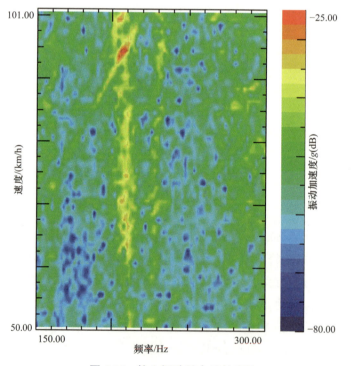

图 5.24　轮心振动随车速的变化

三、轮胎声腔模态与车内噪声的关系

轮胎声腔模态一直都存在，它可能引起车内隆隆声，也可能不引起。只有当声腔模态与悬架模态和车身模态耦合时，才可能引起隆隆声。图5.3给出的例子中，214Hz的隆隆声就是轮胎空腔模态与悬架模态耦合而产生。当空气换成了氦气之后，声腔模态与悬架模态解耦，隆隆声消除。

图5.25是汽车以60km/h速度行驶时的车内噪声与轮胎声腔声压和轮心振动的比较，表5.8列出了它们的峰值频率。悬架振动的两个峰值（190Hz和204Hz）也引起了车内噪声的两个峰值（190Hz和204Hz）。这两个频率的轮心振动经过悬架、衬套、车身梁和板之后，通过板辐射到车内，也形成了对应频率的两个噪声峰值。204Hz的振动峰值大于190Hz的峰值，即悬架主要激励峰值导致了车内噪声的主峰值。

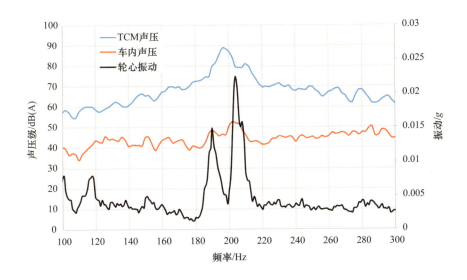

图 5.25　车内噪声与轮胎声腔声压和轮心振动的比较

表 5.8　汽车以 60km/h 速度行驶时，轮胎声腔、悬架振动和车内噪声峰值频率比较

车速 /(km/h)	TCM 声压峰值频率 /Hz	悬架振动峰值频率 /Hz		车内噪声峰值频率 /Hz	
60	196	190	204	190	204

图5.26是不同车速下车内噪声比较。车速40km/h、60km/h和80km/h下的车内声压主峰值对应的频率分别是202Hz、204Hz和208Hz，频率与悬架激励频率对应。随着车速增加，悬架振动增加，导致了车内声压增加。

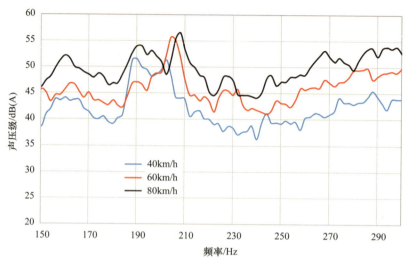

图 5.26 不同车速下车内噪声比较

第六节 轮胎声腔模态的控制

一、影响轮胎声腔模态的因素

影响轮胎声腔模态频率的因素有气体、轮胎的结构尺寸（扁平比和直径）、承受的载荷和胎压、车速等。

1. 气体

从式（5.38）和式（5.40）中知道，声腔频率与轮胎中线长度和气体有关。图 5.4 证明了声腔频率与气体有关，当轮胎中的空气被换成了氦气之后，214Hz 的隆隆声峰值消失，而在 596Hz 处出现一个小的峰值。

空腔中的气体影响声腔声压峰值频率和声压级，但是，除了极端情况使用特殊气体之外，轮胎空腔内都是充满空气。因此，通过更换气体来解决由于轮胎声腔引起的车内隆隆声不现实，这种方法仅仅适合于问题诊断。

2. 轮胎结构尺寸

轮胎结构尺寸包括轮胎的直径和扁平比。

声腔长度取决于轮胎空腔的中线长度。由式（1.13），得到声腔长度为

$$L = \pi(2R_o - \lambda W) = \pi(2R_i + \lambda W) \tag{5.52}$$

式中，λ 为扁平比；W 为轮胎宽度。

由式（5.40），得到声腔模态频率为

$$f = \frac{c}{\pi(2R_o - \lambda W)} = \frac{c}{\pi(2R_i + \lambda W)} \tag{5.53}$$

轮胎直径越大，对应的中线长度越长，因此声腔模态频率越低。图 5.27 给出了一个 18in 轮胎（225/55R18）和一个 19in 轮胎（225/55R19）的传递率比较，声腔模态频率分别为 203Hz 和 195Hz。

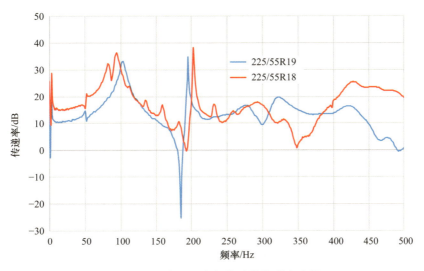

图 5.27　两个不同直径轮胎的传递率比较

根据式（5.53），在轮胎内径不变的情况下，扁平比越大，声腔长度越长，频率越低。图 5.28 是三个轮胎垂向传递率测试值的比较，三个轮胎分别是 235/60R19、225/55R19 和 245/45R19，扁平比分别是 0.60、0.55 和 0.45，声腔频率分别为 187Hz、193Hz 和 201Hz，声腔频率随着扁平比降低而增加。但是，在保持外径不变的情况下，扁平比越大，声腔长度越短，频率越高。

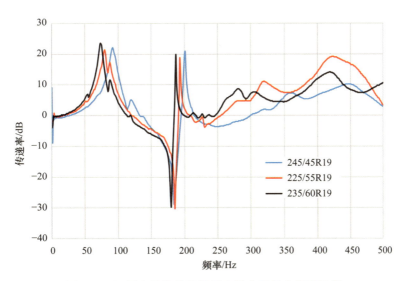

图 5.28　不同扁平比轮胎传递率的声腔模态频率比较

3. 载荷与胎压

随着载荷增加，轮胎接触地面的长度（L_{cp}）变大，截面比（m）变小，即横向（X方向）尺寸增加，垂向（Z方向）尺寸减小。根据式（5.44），低频f_1（X方向）变得更低，高频f_2（Z方向）变得更高。

图 5.29 为用有限元计算的约束轮胎静态声腔模态频率随着变形量（即载荷）变化的曲线。当变形量为零时，轮胎为自由状态，只有一个重根模态频率。随着载荷增加，垂向模态频率越来越大，横向模态频率越来越小，即随着变形量增加，两个模态频率越分越开。

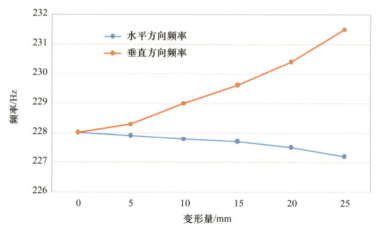

图 5.29 声腔模态频率随轮胎载荷的变化

胎压增加使得轮胎与地面的接触长度降低，因此声腔频率变高。胎压增加也使得轮胎整体刚度增加，导致声腔噪声增大。

4. 车速

车速增加使得声腔横向模态与垂向模态耦合更加强烈，能量集中到更加窄的频段上。速度增加还使得轮胎旋转的离心力增加、与地面的接触长度和接触面积降低，使得椭圆形的约束声腔更加趋向圆形，导致垂向尺寸增加，而垂向模态在响应中占主导。在图 5.21 显示的不同速度（40km/h、60km/h 和 80km/h）下声腔声压曲线中，随着速度增加，声腔声压峰值频率略有降低，峰值更大而且更加尖锐，即能量更加集中，这是由于声腔内的空气与轮胎之间存在微小的相对运动，车速越高，相对运动越强，导致了声腔内的微弱多普勒效应。

5. 路面激励

图 5.30 为汽车以相同速度在三种不同路面（光滑沥青路面、粗糙沥青路面和水泥路面）上行驶时的声腔声压。试验使用的水泥路面上有纵向刻痕，它的激励大于粗糙沥青路面，粗糙沥青路面激励大于光滑沥青路面。当路面激励增加时，声腔响应增加，从而使得传递到车内的噪声增加。

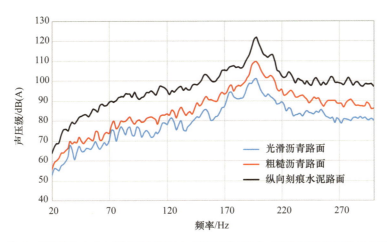

图 5.30　汽车以相同速度在三种不同路面（光滑沥青路面、粗糙沥青路面和水泥路面）上行驶时的声腔声压

二、轮胎声腔模态的控制方法

在影响轮胎声腔模态的因素中，胎压取决于用户的使用习惯和环境温度，车速在不断变化，轮胎尺寸取决于车型定位和用户的选配风格，载荷由汽车自身质量和承载质量决定。也就是说，胎压、车速、轮胎尺寸和载荷虽然影响声腔模态，但是从模态控制的角度来看，它们无法控制。

声腔模态引起车内隆隆声的源头是声腔，而传递路径包括悬架和车身。抑制这个隆隆声的第一种方法就是源头控制，即消除声腔内部的噪声源。源头控制方法有：改变气体、改变轮胎尺寸或结构、加谐振腔和加吸声材料。第二种方法是传递路径控制，包括悬架控制和车身控制。悬架控制是使得声腔模态与悬架模态解耦，在悬架上加质量、动态吸振器等来抑制能量的传递。车身控制是通过在车身板上增加刚度、质量、吸振器和阻尼等方法来降低车身的振动和辐射声。本章只讲述第一种方法，第六章和第八章将分别讲述悬架控制和车身控制。

1. 改变气体

改变气体可以改变声音的传播速度，从而改变声腔模态频率，使之避开结构模态频率。

图 5.4 中的声腔气体由空气换成氦气之后，引起隆隆声对应的峰值消失，确认了轮胎声腔是产生隆隆声的原因。这种更换气体的方法还可以用来进一步确认轮胎声腔的传递路径。例如为了确认一辆汽车的隆隆声是否来自轮胎，是来自前轮还是后轮，就可以采用三种充满空气和氦气的组合做试验。三种组合分别是四个轮胎全部充满空气、前两个轮胎充满空气而后两个轮胎充满氦气、前两个轮胎充满氦气而后两个轮胎充满空气。图 5.31 是汽车以 60km/h 速度行驶时的三种组合对应的车内噪声。这三种组合在声腔模态频率（228Hz）对应的车内噪声峰值分别为 52.4dB(A)、52.2dB(A) 和 46.7dB(A)。从这组数据上，可以判

定 228Hz 峰值的源头是轮胎声腔；由于前轮充空气和后轮充氦气并没有降低峰值，即后轮对空腔声不敏感，所以可以判断这个峰值不是通过后悬架传递的；当前轮充氦气和后轮充空气之后，峰值降低，因此可以判定空腔声是通过前悬架传递到车内。这组曲线证明了隆隆声的传递路径是前悬架模态与轮胎声腔模态耦合，振动沿着前悬架传递到车身，再由车身板辐射到车内。

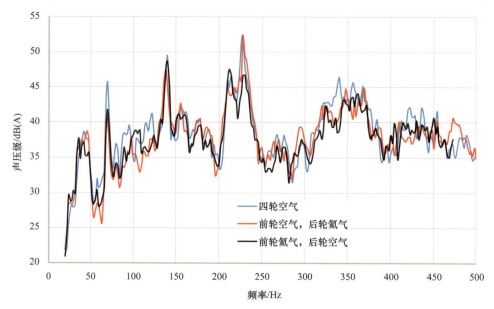

图 5.31　前轮和后轮分别充满空气和氦气组合的车内噪声比较

空气是使用最方便的免费气体。氦气成本高，需要专门设备来存储，使用不方便。因此，在日常出行中，用氦气或其他气体来代替空气是不现实的。在汽车开发过程中，可以用这种方法来验证轮胎声腔带来的隆隆声问题。

2. 改变轮胎尺寸或结构

改变轮胎尺寸改变了声腔中线长度，如改变轮胎直径和扁平比，就改变了声腔频率，从而避开悬架结构模态频率。另外，轮胎厚度增加可以提高隔振性能，衰减空腔声幅值。

轮胎圆形外轮廓不可能改变，但是内部结构可以调整。例如将轮胎内部做成椭圆或者其他形状来打破圆形声腔单一频率大峰值的模态。

3. 使用吸声材料

吸声材料主要是消除中高频噪声，而且是消除宽频带噪声。在轮胎空腔内使用吸声材料，如聚氨酯材料等，可以消除一部分空腔噪声，如图 5.32 所示。图 5.33 为有和没有聚氨酯吸声层的自由轮胎传递率比较和轮胎安装到车上之后的车内噪声对比。使用了吸声材料后，传递率曲线上的声腔频率（180Hz）对应的峰值降低了 20 多 dB，而车内空腔声频率（191Hz）对应的峰值降低了 12dB(A)，其他频率的幅值也有所降低。

a) 放置在轮辋上　　　　　　　　b) 放置在胎内侧

图 5.32　轮胎内的吸声材料

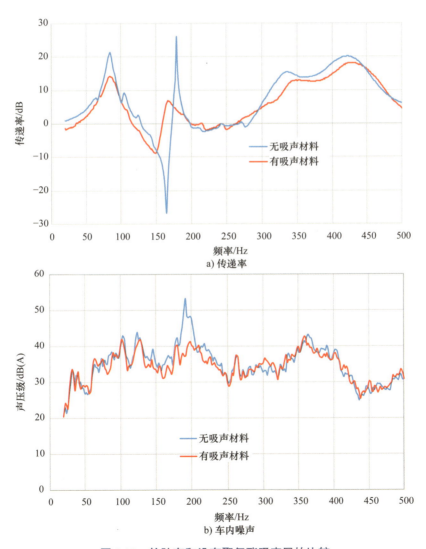

a) 传递率

b) 车内噪声

图 5.33　轮胎有和没有聚氨酯吸声层的比较

4. 使用谐振腔

轮胎空腔可转换成一个开口的管道。当空腔内产生轰鸣声时，管内出现了驻波。为了消除这个频率下的驻波，可以在轮辋上安装一个弧形的赫尔姆兹谐振腔，如图 5.34 所示。谐振腔卡在轮辋两边，腔体上开一些小孔，即它是由空腔和管道组成，其原理已经在第四章介绍了。当管道的压力推动空腔内的空气运动，空气被压缩，然后又膨胀，再反向推动管道空气运动。空气的来回振动使得声能转换成热能，从而消除共振声。

图 5.34　安装在轮辋上的赫尔姆兹谐振腔

某辆车的车内隆隆声是由 224Hz 的轮胎空腔声引起的。在轮胎内部安装谐振腔，轮胎传递率峰值降低，车内隆隆声消除，图 5.35 给出了有和没有轮辋谐振腔的车内噪声对比，轮辋安装了谐振腔之后，隆隆声峰值降低了 5dB(A)。

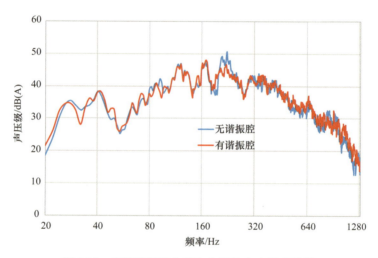

图 5.35　安装谐振腔之前和之后的车内噪声比较

5. 从传递路径上控制轮胎空腔噪声的传递

空腔噪声以结构声形式传递到车内，合理控制相关结构的模态就可以阻止或衰减这个传递。在设计悬架结构时，一定要制定一张模态表，将与悬架有关的模态频率都列在这张表上，包括悬架模态、轮胎空腔模态和结构模态、车身模态，使得声腔模态频率与悬架结构模态频率避开。

对于悬架结构模态与轮胎空腔模态已经耦合，而且又无法改变轮胎结构的情况，可以改变悬架结构来避频，即从路径上抑制空腔声的传递。在产品开发过程中，为了快速识别隆隆声是否通过悬架传递，可以采用"试错"方法，在悬架上放置沙袋、磁铁、铁块等来观察隆隆声是否消失或降低。第六章将详细介绍悬架结构特征以及通过修改悬架来抑制轮胎空腔声的方法。

参 考 文 献

师汉民，黄其柏，2013. 机械振动系统：分析、建模、测试、对策 [M]. 武汉：华中科技大学出版社.

BARO S, CORRADI R, ÅBOM M, 2016. Tyre cavity noise: porous materials as a countermeasure[C]//45th International Congress and Exposition on Noise Control Engineering: Towards a Quieter Future, INTER-NOISE 2016, August 21-24, 2016, Hamburg. Berlin: German Acoustical Society (DEGA): 2313-2318.

BARO S, CORRADI R, ABOM M, et al., 2019. Modelling of a lined tyre for predicting cavity noise mitigation[J]. Applied Acoustics, 155: 391-400.

BENNETTS A, 2012. Tyre cavity tones and road surface noise—an investigation using the tyre cavity microphone[R]. Somerset: BAY SYSTEMS Ltd.

BLEVINS R D, 1995. Formulas for natural frequency and mode shape[M]. Malabar: Krieger Publishing Company.

CAO R, BOLTON J S, 2018. Point excitation of a coupled structural-acoustical tire model with experimental verification: higher order cavity modes[J]. Applied Acoustics, 136: 48-60.

FENG Z C, GU P, CHEN Y J, et al., 2009. Modeling and experimental investigation of tire cavity noise generation mechanisms for a rolling tire: 2009-01-2104[R]. Warrendale: SAE International.

FENG Z C, GU P, 2011. Modeling and experimental verification of vibration and noise caused by the cavity modes of a rolling tire under static loading: 2011-01-1581[R]. Warrendale: SAE International.

FERNANDEZ E T, 2006. The influence of tyre air cavities on vehicle acoustics[D]. Stockholm: KTH Royal Institute of Technology.

HAYASHI T, 2007. Experimental analysis of acoustic coupling vibration of wheel and suspension vibration on tire cavity resonance: 2007-01-2345[R]. Warrendale: SAE International.

HU X J, LIU X D, WAN X F, et al., 2020. Experimental analysis of sound field in the tire cavity arising from the acoustic cavity resonance[J]. Applied Acoustics, 161: 107172.

ISHIHAMA M, MIYOSHI K, YOSHII K, et al., 2016. Tire cavity sound measurement for identifying characters of road surfaces and tire structures[C]//INTER-NOISE and NOISE-CON Congress and Conference Proceedings, 2016, Hamburg. Reston: Institute of Noise Control Engineering: 2872-2882.

KAMIYAMA Y, 2014. Development of a new on-wheel resonator for tire cavity noise: 2014-01-0022[R]. Warrendale: SAE International.

KIM B S, KIM G J, LEE T K, 2007. The identification of sound generating mechanisms of tyres[J]. Applied Acoustics, 68(1): 114-135.

LECOMTE C, GRAHAM W R, DALE M, 2010. Prediction of tyre hub force transmissibility using a shell model of belt and sidewalls[C]//Proceedings of ISMA2010. Leuven: KU Leuven: 4023-4037.

MASINO J, PINAY J, REISCHL M, et al., 2017. Road surface prediction from acoustical measurements in the tire cavity using support vector machine[J]. Applied Acoustics, 125: 41-48.

MOHAMED Z, WANG X, 2015. A study of tyre cavity resonance and noise reduction using inner trim[J]. Mechanical Systems and Signal Processing, 50: 498-509.

MOHAMED Z, WANG X, JAZAR R, 2013. A survey of wheel tyre cavity resonance noise[J]. International Journal of Vehicle Noise and Vibration, 9(3-4): 276-293.

MOLISANI L, 2004. A coupled tire structure-acoustic cavity model[D]. Blacksburg: Virginia Polytechnic Institute and State University.

MOLISANI L R, BURDISSO R A, TSIHLAS D, 2003. A coupled tire structure/acoustic cavity model[J]. International Journal of Solids and Structures, 40(19): 5125-5138.

O'BOY D J, 2020. Automotive wheel and tyre design for suppression of acoustic cavity noise through the incorporation of passive resonators[J]. Journal of Sound and Vibration, 467: 115037.

O'BOY D J, WALSH S J, 2016. Automotive type cavity noise modelling and reduction[C]//INTER-NOISE and NOISE-CON Congress and Conference Proceedings, 2016, Hamburg. Reston: Institute of Noise Control Engineering: 3697-3707.

PENG B, PANG J, GONG S, et al., 2017. Modeling and experimental investigation of mechanism of tire cavity noise[C]//INTER-NOISE and NOISE-CON Congress and Conference Proceedings, 2017, Hong Kong. Reston: Institute of Noise Control Engineering: 3752-3762.

SILVA C W D, 2013. 振动阻尼、控制和设计 [M]. 李惠彬，张曼，等译. 北京：机械工业出版社.

TANAKA Y, HORIKAWA S, MURA S, 2016. An evaluation method for measuring SPL and mode shape of tire cavity resonance by using multi-microphone system[J]. Applied Acoustics, 105: 171-178.

THOMPSON J K, 1995. Plane wave resonance in the air cavity as a vehicle interior noise source[J]. Tire Science and Technology, 23(1): 2-10.

WAISANEN A S, BLOUGH J R, 2009. Road noise TPA simplification for improving vehicle sensitivity to tire cavity resonance using helium gas: 2009-01-2092[R]. Warrendale: SAE International.

WANG X, 2020. Automotive tire noise and vibrations analysis, measurement, and simulation[M]. Cambridge, Mass.: Elsevier.

WANG X, MOHAMED Z, REN H, et al., 2014. A study of tyre, cavity and rim coupling resonance induced noise[J]. International Journal of Vehicle Noise and Vibration, 10(1-2): 25-50.

WILLIAMS E G, 1999. Fourier acoustics: sound radiation and nearfield acoustical holography[M]. San Diego: Academic Press.

YAMAUCHI H, AKIYOSHI Y, 2002. Theoretical analysis of tire acoustic cavity noise and proposal of improvement technique[J]. JSAE Review, 23(1): 89-94.

YI J, LIU X, SHAN Y, et al., 2019. Characteristics of sound pressure in the tire cavity arising from acoustic cavity resonance excited by road roughness[J]. Applied Acoustics, 146: 218-226.

第六章 悬架系统振动模型与模态控制

悬架种类多、结构复杂，有麦弗逊悬架、双叉臂悬架、扭力梁悬架、多连杆悬架、E形悬架、H形悬架等。悬架涉及的性能多，包括可靠性、操控性、乘坐舒适性、振动和路噪等。在众多性能中，操控性最重要，因为它决定了汽车的驾驶风格和安全性。悬架振动控制是在保证操控性的前提下开展的。

在轮心输入力一定的情况下，悬架振动研究最重要的任务是控制传递到车身的力，即悬架输出力，而输出力取决于悬架模态特征、隔振功能和力的传递。振动分析可以通过模型和试验开展，所用到的模型有传递力模型、低频振动模型、多体动力学模型、有限元模型、机器学习模型等。

悬架是轮胎和车身的桥梁，彼此耦合可能性非常大。模态控制的首要任务是使得悬架模态与轮胎模态和车身模态解耦。通过改变悬架型式、调整悬架刚度、质量等方法可以改变悬架模态或抑制振动能量，也可以通过改变轮胎和车身结构来使得它们与悬架模态避频。

第一节 悬架结构

一、悬架基本结构与作用

1. 悬架基本结构

悬架是连接车身与车轮并支承车身的装置，包括弹簧、阻尼器、减振器、摆臂、拉杆、橡胶或液压衬套、稳定杆等，如图6.1所示。悬架的主要功能是传递车轮与车身之间的力和力矩、承载车身重量、实现整车的操控性和乘坐舒适性。悬架结构看起来简单，但是要实现的这些功能非常难，因为它们彼此矛盾。例如，要实现良好的舒适性，悬架刚度必须小，但是低悬架刚度会使得汽车在起步、制动和变道瞬间的冲击感很强，操控性变差；反之也一样。

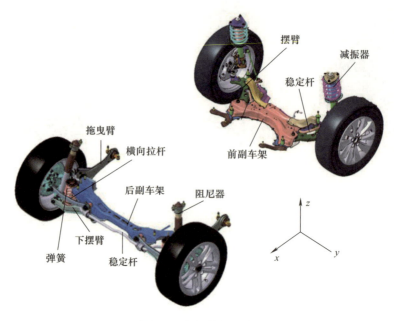

图 6.1　悬架基本结构

除了传统悬架系统，还有空气悬架系统和主动悬架系统。空气悬架系统在高级客车和重载货车上得到了广泛应用，少数乘用车也采用。主动悬架可以调节悬架的刚度和阻尼，根据路况来实现舒适性、操控性和稳定性的最优搭配。阻尼连续可调（continuous damping control，CDC）悬架就是一种主动控制悬架，它在乘用车上用得越来越多。

悬架中的部件包括弹簧、减振器、摆臂、拉杆、稳定杆、衬套、支承胶垫等。

弹簧是一个利用变形来吸收地面冲击和其他力传递能量的部件，如图 6.2a 所示。适度的弹簧刚度可以保证良好的舒适性；同时，汽车受到冲击过程中，弹簧能迫使轮胎与地面接触，保证汽车的操控性能。

乘用车上使用的弹簧基本上是圈形螺旋弹簧，极少数低端车上使用钢板弹簧，部分中高端车上使用空气弹簧。螺旋弹簧能够较好地吸收冲击能量，带来较好的乘坐舒适性。缺点是为了吸收足够的能量，它必须有足够的长度，同时，安装基座面积大，占据空间大。弹簧只能承受垂向载荷，必须与减振器和导向装置一起使用。

除了螺旋弹簧，还有钢板弹簧、扭杆弹簧和空气弹簧。钢板弹簧用在商用车上，它的优点是承载能力强、成本低、结构简单，缺点是减振效果和吸收振动能量较差，影响乘坐舒适性。扭杆弹簧是将一定弹性的钢板安装在车身和悬架摇臂上，当汽车上下运动时，钢板扭转而起到弹簧的作用。空气弹簧是用封闭可压缩的空气来做弹簧。由于空气可以压缩，因此，弹簧刚度可以连续调节，实现更好的乘坐舒适性。它的缺点是系统复杂，需要泵气设备，而且当漏气的时候，就无法实现弹簧功能。

阻尼器（dashpot），也称为筒式减振器，是提供阻尼来衰减冲击和振动能量的部件，如图 6.2b 所示。阻尼器只提供阻尼力，不提供承载力，它又分为单筒减振器和双筒减振器。阻尼器主要是通过阻尼来消耗由于外力作用而储存在悬架中的能量。阻尼器产生的阻力与运动相关，压缩和回弹的阻尼不一样。压缩时的阻尼小，而回弹时阻尼大，这样遇到路面冲击时，传递到车内的振动小。通常，在大位移时，阻力与速度的关系是非线性的，而且阻尼的非线性还与频率有关。乘用车上应用最多的是双筒式阻尼器。车轮与车身相对运动时，活塞在缸筒内部做往复运动，具有黏性的液体从活塞上的节流孔流出，与孔壁和筒壁摩擦，使得运动产生的动能转化成热能而耗散掉。阻尼力大小涉及乘坐舒适性、操控性和稳定性。当阻尼力小时，舒适性好，但操控性和稳定性差；反之一样。

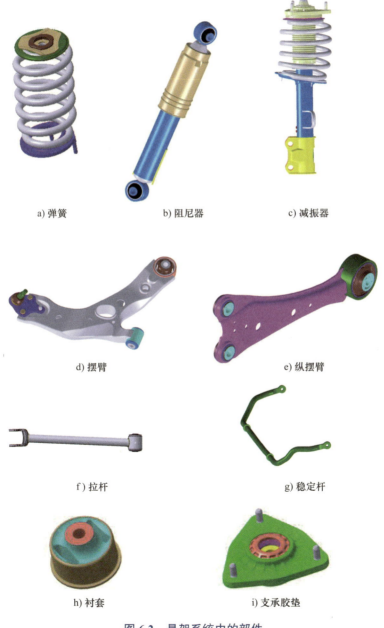

图 6.2　悬架系统中的部件

减振器（shock absorber），也称为支承减振器，是集成弹簧和阻尼器为一体的结构，如图 6.2c 所示，它不仅给悬架提供阻尼力，还承载载荷。减振器既有弹性力也有阻尼力，起到改进乘坐舒适性、操控性和降低模态共振的作用，通常用来解决 20Hz 以下的低频晃动和冲击问题。

摆臂，也称为控制臂，是悬架导向、支承和传递力的部件。它与轮胎和车身或副车架连接，使得车轮按照设计的轨迹运动；它支承着悬架和车身，特别是横向和纵向支承，将轮胎力传递到车身，使得汽车稳定。摆臂有前摆臂、横摆臂、纵摆臂、上摆臂、下摆臂等，图 6.2d 所示为麦弗逊悬架的摆臂，如图 6.2e 为后悬架中的纵摆臂或拖曳臂。

拉杆的一端与轮毂（转向节）连接，另一端与副车架或车身连接。拉杆有横拉杆、纵拉杆等，外形多数是圆形杆，如图 6.2f 所示。拉杆承载着车轮的横向或纵向载荷，同时也起到导向轮胎的作用。

稳定杆，也被称为扭力杆、平稳杆、防倾杆等，是连接左右悬架的一根横向杆，如图 6.2g 所示，其功能是防止汽车产生过大的侧向倾斜。当左右车轮上下运动相差比较大时，汽车有可能侧倾，这时稳定杆被扭转，杆的扭矩使得左右两边趋向平衡，减小汽车的侧倾角度，维持汽车平衡，提高操控性。

衬套是安装在摆臂、副车架、拉杆等部位的橡胶或液压部件，如图 6.2h 所示。其目的是衰减来自路面的振动，并使汽车有良好的操控性和稳定性。衬套刚度低有利于衰减振动，但却有损于操控性和稳定性；反之一样。衬套在三个方向的刚度可以设计成不同的值，以便同时满足舒适性、操控性和稳定性。

支承胶垫是减振器或弹簧上部或下部的橡胶垫，图 6.2i 为一个减振器上部的胶垫，其功能是衰减弹簧和减振器对车身的冲击。

2. 悬架的作用

悬架的作用是支承车身，给驾驶员提供良好的操控感，给车内乘客提供舒适感和低噪声与小振动的环境，具体功能包括：

1）支承车身的重量。

2）将车轮力和力矩传递到车身。将路面作用到轮胎上的力和力矩按照设计传递到车身，使得车身与轮胎有良好的跟随感，从而提高整车的操控性和稳定性。

3）承受来自车身的侧倾力。用稳定杆来控制汽车在变道、转弯等动作时过大的倾斜。

4）抑制在起动和制动过程中车身的俯仰和点头运动。

5）用减振器和弹簧来衰减来自路面的颠簸和冲击，提高乘坐舒适性。

6）衰减行驶过程中来自路面的振动，降低传递到车内的振动和噪声。

二、悬架结构型式

悬架结构型式包括独立悬架、非独立悬架和半独立悬架。

1. 独立悬架

独立悬架是指只与一个车轮连接的悬架，即左右两边的车轮有各自独立的悬架，这两个悬架之间没有连接，如图 6.3 所示。当一边车轮运动时，另一边的车轮不受影响，即左右两边车轮的运动相互独立。

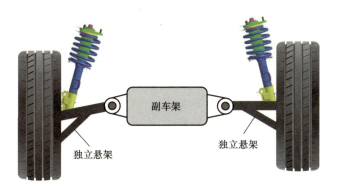

图 6.3　独立悬架示意图

独立悬架的优点是：由于车轮运动彼此独立，一边运动不会影响到另一边，车身倾斜度会减小；独立悬架重量轻，弹簧刚度低，能更好地衰减悬架振动，车内乘坐舒适性高；可以使得动力总成安装位置降低，从而降低整车质心，提高行驶稳定性。

按照悬架的结构，独立悬架又分成麦弗逊悬架、双叉臂悬架、多连杆悬架等。

（1）麦弗逊悬架

麦弗逊悬架以美国人麦弗逊（MacPherson）的名字命名。他创造性地将减振器和螺旋弹簧套在一起，改变了当时钢板弹簧与扭杆弹簧组合的前悬架结构，大大地提升了乘坐舒适性。

麦弗逊悬架由减振器、下摆臂和横向稳定杆组成，如图 6.4 所示。减振器上端与车身用支柱上衬套连接，下端与转向节连接。弹簧套在阻尼器外面，上端与车身之间有橡胶衬垫。下摆臂是一个 V（或 A）形的摆臂，内端与转向节用铰链连接，两支臂的外端与副车架或车身以刚性或柔性方式连接。

减振器除了减振作用外，还承载了垂向载荷和冲击。V 形摆臂承载着横向和纵向冲击。

麦弗逊悬架的优点是结构简单、重量轻、成本低、占用空间小。由于重量轻，悬架的反映速度和回弹速度快，减振效果好。V 形摆臂安装在下面，上面留出了很大空间，便于动力总成的布置。减振器下端随着摆臂运

图 6.4　麦弗逊悬架结构

动,因此主销轴线角度会变化,使得它能自动地调节车轮的外倾角,使得轮胎与地面接触面积大。

由于只靠减振器和下摆臂来承受来自轮胎的冲击,因此,驾驶稳定性较差。由于只有下摆臂承受横向载荷,其横向刚度小,转弯时汽车侧倾大。纵向载荷也是靠下摆臂来承担的,因此,纵向刚度不足会导致制动时汽车容易前倾"点头"。

(2)双叉臂悬架

双叉臂悬架是在麦弗逊悬架的基础上,增加一个上摆臂而形成的,即它包括减振器、V形下摆臂和V形上摆臂、横向稳定杆,如图6.5所示。

双叉臂悬架也称为双横臂悬架、双许愿骨(double wish bone)悬架。感恩节是西方最重要的家庭团聚节日,类似中国的春节,而火鸡是最重要和最美味的佳肴。用餐时,人们会拿着火鸡上的一根骨头来祈祷或许愿,而这根骨头呈A(或V)形。悬架上的叉臂与这根骨头很像,双许愿骨悬架因此而得名。

图 6.5 双叉臂悬架结构

上、下摆臂分开一定距离,一端安装在转向节上,另一端安装在车身和副车架上。横向载荷由上、下两个叉臂承担,因此其横向刚度大,转弯时的侧倾小。上下叉臂长度不一样,车轮的外倾角可以自动调节,使得轮胎与路面接触面积大,减小了轮胎的磨损。双摆臂使得减振器只承载车身重量并衰减冲击,因此,提高了汽车的行驶稳定性。

与麦弗逊悬架相比,双叉臂悬架的缺点是结构复杂、占用空间大、成本高,通常在中大型轿车、SUV和越野车上应用。与麦弗逊悬架相比,双叉臂悬架复杂的结构使得汽车的反应速度慢些。

(3)多连杆悬架

多连杆悬架是以多根连杆来连接转向节和车身或副车架的悬架,三连杆悬架和五连杆悬架是常见的多连杆悬架,如图6.6所示。

多连杆悬架的型式比较自由,每根杆都是独立的。多连杆悬架可以更好地控制悬架在各个方向的受力,使得车轮的主销后倾角自动调节到最佳位置,这样,车轮与地面很好地贴合,轮胎作用在路面的力更加牢固,提升了汽车的操控性。它能够很好地衰减路面的冲击力,从而提高乘坐舒适性。因此,它是同时兼顾良好舒适性和操控性的最佳悬架。连杆越多,悬架力分布的空间维度越多,每根连杆承载的力越容易调节,传递到车身的力越小,因此舒适性和操控性越好。

但是,多连杆也有不少缺陷。第一是结构复杂,部件多,占据的空间比较大;第二是材料成本、制造成本和维修成本都高;第三是技术难度大,调校好一个多连杆悬架非常困难;第四是连杆的支承强度不及摆臂。

a) 三连杆悬架(筷子悬架)

b) 五连杆悬架

图 6.6　多连杆悬架结构

根据汽车风格和定位来确定连杆的数量和布置。经济型车型后悬架一般采用三连杆或四连杆，豪华车型后悬架使用五连杆是主流。图 6.6a 中的三根连杆分别是两根横向拉杆和一根纵向拉杆，从俯视角度看上去，它像一双筷子，因此，也被称为"筷子"悬架。图 6.6b 为一个五连杆悬架，它的五根"杆"为横向拉杆、侧向拉杆、拖曳臂杆和 A 形叉杆的两根杆。

（4）其他独立悬架

三连杆悬架和五连杆悬架中的连接件有的是杆，而有的是梁或臂，如图 6.6b 中的拖曳臂。有些多连杆悬架中杆被特殊的结构取代，形成新型的独立悬架，如 H 形悬架、E 形悬架等，其实它们是多连杆悬架的变种。

图 6.7 所示的 H 形悬架由下控制臂（H 臂）、外倾连杆、前束连杆、弹簧和阻尼器组成。从俯视角度看，下控制臂像一个"H"字母，因此称它为 H 形悬架。下控制臂面积大，结构强度和刚度都比普通三连杆悬架大，因此它能更好地传递力，操控性更好。

a) 斜视图

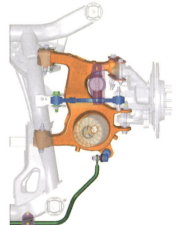
b) 俯视图

图 6.7　H 形悬架结构

图 6.8 所示的 E 形悬架由纵臂、前束调节杆、后摆臂、横向控制臂、阻尼器、弹簧等组成，从俯视图看，它像一个"E"字母，如图 6.8b 所示，因此被称为 E 形悬架。E 形悬架可以说是一种改良的双叉臂悬架。

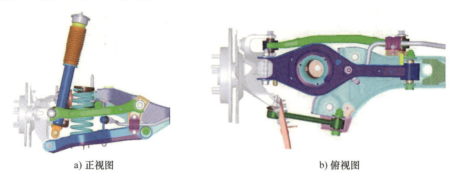

a) 正视图　　　　　　　　　　　　b) 俯视图

图 6.8　E 形悬架结构

2. 非独立悬架

非独立悬架是指用一根刚性很大的车轴连接左右两个车轮的悬架系统，如图 6.9 所示。悬架中的弹簧直接与车轴和车身连接。它的特点是当一边车轮运动时，另一边的车轮也一起运动，即左右车轮的运动不能彼此独立。非独立悬架的优点是结构简单、可靠性高、成本低；缺点是左右车轮相互关联，使得乘坐舒适性差、操纵稳定性差。非独立悬架主要用在大型货车上，在乘用车上几乎不使用。

3. 半独立悬架

半独立悬架是介于独立悬架和非独立悬架之间的一种悬架。图 6.10 为一个扭力梁式半独立悬架。从结构上看，一根粗壮横梁与左右车轮的纵向摇臂连接，因此，它是一个非独立悬架。从动态特征来看，这根横梁具备一定弹性，左右车轮有相对运动时，横梁被扭转，因此，左右车轮具备一定的独立性。扭力梁的弹性运动使得左右车轮既有一定的独立性，又相互牵制，因此，它是一个半独立悬架。扭力梁悬架的优点和缺点都介于独立悬架和非独立悬架之间，即它的乘坐舒适性和操控性都介于两者之间。

图 6.9　非独立悬架　　　　　　　图 6.10　半独立扭力梁悬架

4. 主动悬架和半主动悬架

悬架设计影响到汽车的舒适性和操控性，而这两者性能对悬架参数的要求通常相互矛盾。例如，为了达到良好的舒适性，衬套刚度必须低；而为了达到良好的操控性，衬套刚度必须高。传统悬架很难同时兼顾这两方面的要求，而只能寻找平衡方案。

主动悬架是通过控制的方法，使得汽车根据车速、路面状况等因素来实时调整悬架的刚度、阻尼等参数，以便同时获取最佳舒适性和操控性的悬架。

主动悬架中，除了控制系统，还有一套激励系统，通过控制激励系统来实现目标。半主动悬架中，只有控制系统，通过控制来自悬架运动的能量来实现目标。

主动悬架的优点是可以同时兼顾舒适性和操控性。缺点是需要额外的控制系统、成本高、结构复杂。

三、前悬架与后悬架特征

1. 前悬架

前悬架是指连接前车轮与车身的悬架，如图 6.11 所示。乘用车前悬架主要的型式有麦弗逊悬架和双叉臂悬架。安装在汽车前部的发动机需要比较大的空间来布置，这样只有下摆臂而没有上摆臂的麦弗逊悬架能够提供大空间；另外，其结构简单和成本低，这些因素使得它成为使用最广泛的前悬架。大型高端车和 SUV 空间相对大，而对操控性要求高，因此，双叉臂悬架也得到了广泛应用。电动汽车前部的空间大，所以，绝大多数电动汽车采用双叉臂悬架作为前悬架。

a) 麦弗逊悬架　　b) 双叉臂悬架

图 6.11　前悬架图

前副车架是前悬架的一部分，动力总成的悬置和悬架的摆臂都安装在它上面，所以它既要承受动力总成的激励，还要承受来自车轮的激励，这些激励都会通过副车架传递到车身，如图 6.12 所示。副车架是悬架与车身之间的一个桥梁，因此它的结构型式，特别是与车身的连接方式影响到结构声路噪的传递。前副车架的型式有框形、蝶形、蝶形与框形组合型，如图 6.13 所示。

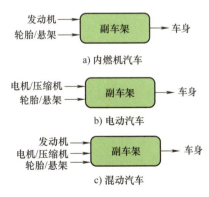

图 6.12　副车架与悬架、车身和动力总成的连接关系

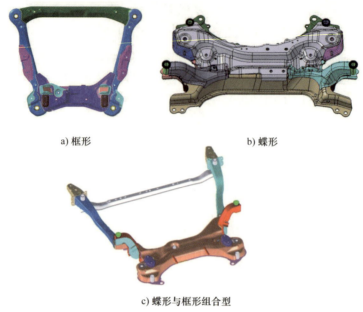

a) 框形　　　　　　　　b) 蝶形

c) 蝶形与框形组合型

图 6.13　前副车架的类型

按照副车架与车身的连接是否使用了衬套，副车架分为柔性副车架、刚性副车架和半柔半刚副车架。刚性连接是指副车架与车身之间用刚性套筒直接连接，如图 6.14a 所示，而柔性连接是副车架和车身之间通过柔性衬套（橡胶衬套或液压衬套）连接，如图 6.14b 所示。半柔半刚副车架是副车架上与车身连接处有的采用柔性连接，而有的采用刚性连接。

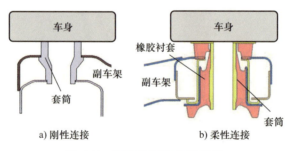

a) 刚性连接　　　　　　b) 柔性连接

图 6.14　副车架与车身的连接

2. 后悬架

后悬架是指连接后车轮与车身的悬架，如图 6.15 所示。乘用车后悬架的主要型式有多连杆独立悬架和扭力梁半独立悬架。

对于前置前驱的车辆，后车轮是被动型的跟随车轮。后悬架的主要作用是支承车身，承受横向载荷，保持轮胎与路面的稳定接触。很多经济型车的后悬架采用扭力梁悬架，容易布置和成本低；而中高级乘用车采用多连杆独立悬架，以便获得良好的操控性和舒适性。

对于后驱车和四驱车，后车轮是主动型车轮，后悬架采用独立悬架，以便得到更好的操控性能和稳定性。

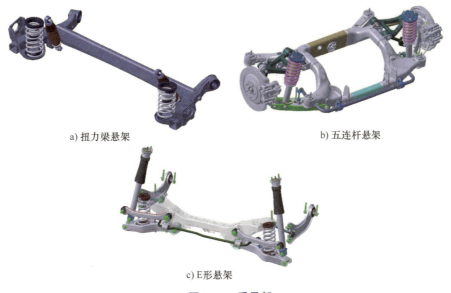

a) 扭力梁悬架　　　　　　　　b) 五连杆悬架

c) E形悬架

图 6.15　后悬架

独立后悬架也有后副车架。后副车架可以视为后悬架的一部分，悬架摆臂、控制杆等部件安装在副车架上，承受来自车轮的激励。对于四驱车，后副车架还承载来自传动系统的激励；对于安装有后驱电机的悬架，它还承载着电机的激励。这些激励都会通过副车架传递到车身，后副车架是后悬架与车身之间的一个桥梁，因此它的结构型式和与车身的连接方式影响到结构声路噪的传递。常用的后副车架的型式有一字形、框形和井字形，如图 6.16 所示。

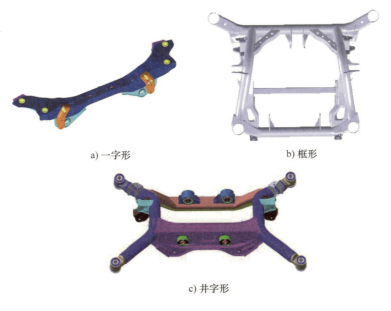

a) 一字形　　　　　　　　b) 框形

c) 井字形

图 6.16　后副车架类型

第二节 悬架低频振动模型

悬架低频振动是指 20Hz 以下的振动，主要影响汽车的乘坐舒适性和操控性。尽管它与结构声路噪没有直接关系，但是却有关联，所以本节讲述悬架低频振动模型。

一、悬架涉及的性能与低频振动模型

1. 悬架涉及的性能

悬架涉及的性能有安全性、可靠性、操控性、乘坐舒适性、振动和路噪，其中安全性和可靠性是最基本的性能，操控性是最主要的性能。图 6.17 给出了这些性能的频率影响范围。

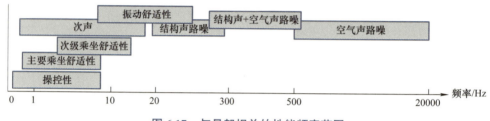

图 6.17 与悬架相关的性能频率范围

操控性是指汽车按照驾驶员的意愿来稳定行驶的性能，包括直线行驶稳定性、加速稳定性、减速稳定性、弯道行驶稳定性、瞬态操纵稳定性等。

乘坐舒适性是指在低频段人体对振动、声音和冲击的舒适感受程度，它分为主要乘坐舒适性和次级乘坐舒适性。主要乘坐舒适性，也称为初级乘坐舒适性，是乘员对汽车跳动、俯仰、侧倾、冲击衰减的感受。次级乘坐舒适性是指乘员对由于路面引起的跳动、俯仰、低频振动和低频路噪的感受。

路噪是指乘员对路面引起的可听频率范围内的声音感受。振动舒适性是乘员在人体感受频率范围内的振动感受。

乘坐舒适性和路噪控制开发是在满足安全性、可靠性和操控性的前提下进行的。在汽车公司内部，涉及悬架的设计和修改，操控性团队比 NVH 团队更有话语权。操控性与路噪有矛盾的地方，比如操控性要求衬套刚度高，而路噪期望刚度低；但是两者之间有很多兼容性，比如操控性希望有些衬套的横向刚度高而不关注垂向刚度，而 NVH 团队则相反。因此，NVH 团队必须了解影响操控性的指标和分析模型。

2. 悬架低频振动模型

低频振动模型是指用来研究悬架 20Hz 以下振动特征的模型，包括 1/4 车二自由度悬架模型、半车四自由度悬架模型、整车七自由度悬架模型和多体动力学模型。

20Hz 以下处于次声区域，但是影响到低频路噪的舒适性。

平衡路噪、操控性和舒适性之间的需求是行业难题，而利用低频振动模型可以分析它

们的特征。在悬架性能设计与控制上，往往是操控性团队为主导，一旦他们确定了悬架参数，比如悬架型式、衬套刚度，处于被动或次要位置的 NVH 团队很难改变。如果 NVH 工程师了解悬架低频问题并掌握分析模型，就可以更好地与操控性能等团队沟通，提出 NVH 的需求，让自己处于主动位置。

二、影响悬架性能的因素

影响悬架性能的因素有：悬架结构型式、硬点位置、隔振和控制系统。

1. 悬架结构型式

悬架结构型式是影响悬架性能最主要的因素，不同型式的悬架对汽车性能带来巨大影响。比如一辆车的前麦弗逊悬架换成了双叉臂悬架，其操控性和舒适性都会提升，路噪降低。双叉臂悬架比麦弗逊悬架在上部空间多了一个叉臂，因此其横向刚度大大增加，从而横向稳定性和操控性提升；由于增加了力传递路径和隔振数量，悬架中的传递力减小，而且车身受力均匀性提高，因此路噪性能和舒适性得以提升。

再比如，五连杆悬架比三连杆悬架带来更好的操控性和更低的路噪；独立悬架比扭力梁悬架具备更好的操控性和更低的路噪。

但是，双叉臂悬架比麦弗逊悬架成本高而结构复杂，五连杆悬架比三连杆悬架贵而结构复杂，独立悬架比扭力梁悬架成本高而结构复杂。

悬架型式的选择是由车型的市场定位决定的。在这个前提下，开展性能开发工作。

2. 硬点位置

硬点是指悬架与车身连接的点，影响着操控性、路噪性能和舒适性。

对同一悬架而言，硬点改变就意味着车身的受力分布和大小的改变，从而影响到操控性、传递到车身力的大小和方向。假设 Z 方向是对路噪最敏感的方向，那么将 Z 方向的力减小，就可以降低路噪传递。

硬点还影响到振动对车身的传递，比如将硬点选择在车身模态节点或附近位置，就可以大大减小传递到车身的力；将硬点选择在车身 NTF 低的点，也可以降低结构声路噪的传递。

3. 隔振

悬架中有很多橡胶和液压衬套，其硬度 / 刚度会影响力的传递。硬衬套有利于力的传递，能够准确地传达人的操控意识。软衬套会衰减力的传递，隔振效果好，有利于降低结构声路噪。衬套在各个方向上的刚度可以不一样，刚度值的选择要平衡悬架隔振、操控性和舒适性。

4. 控制系统

由于主动控制和半主动控制悬架越来越多，因此可以通过主动控制来随心所欲地实现不同频率、不同操控工况、不同路况下的操控性和路噪性能。

三、简单悬架模型

操控性和舒适性属于低频问题。为了使得问题简化，往往大大简化汽车模型，用几个质量或刚体、弹性元件、阻尼元件来构建汽车模型。使用比较多的舒适性模型包括 1/4 车二自由度悬架模型、半车四自由度悬架模型、整车七自由度悬架模型和多体动力学模型。这些模型可以用来分析汽车最基本的频率与振型特征。

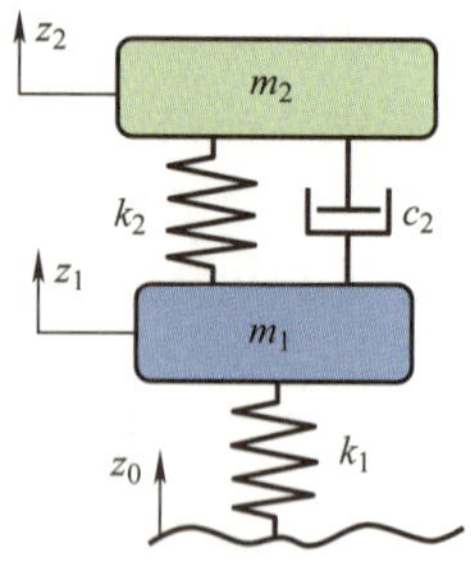

图 6.18　1/4 车二自由度悬架模型

1. 1/4 车二自由度悬架模型

假设汽车是一个左右对称和前后对称的结构，每个悬架运动彼此独立，那么就可以用汽车的 1/4 来描述它的垂向运动，建立"1/4 车二自由度悬架模型"，如图 6.18 所示。

模型的动力方程可以表达如下

$$m_1\ddot{z}_1 + c_2\dot{z}_1 + (k_1+k_2)z_1 = k_2 z_2 + c_2\dot{z}_2 + k_1 z_0 \tag{6.1}$$

$$m_2\ddot{z}_2 + c_2\dot{z}_2 + k_2 z_2 = k_2 z_1 + c_2\dot{z}_1 \tag{6.2}$$

式中，m_1 为轮胎质量；k_1 为车轮等效刚度；m_2 为车身质量；k_2 为悬架系统等效刚度；c_2 表示悬架系统的阻尼；z_1、z_2 和 z_0 分别是车轮、车身和路面的位移。

求解式（6.1）和式（6.2），得到车身对路面激励的位移传递率为

$$\frac{z_2}{z_0} = \frac{k_1(k_2 + jc_2\omega)}{(k_1+k_2-m_1\omega^2+jc_2\omega)(k_2-m_2\omega^2+jc_2\omega)-(k_2+jc_2\omega)^2} \tag{6.3}$$

图 6.19 为车身响应对路面激励的传递率幅值曲线。这条曲线表示了受路面位移激励时，轮胎和悬架系统对车身振动的放大（或衰减）系数。当频率很低时，即远小于车身悬架系统频率，这个系数近似为 1。当悬架系统以 1Hz 左右的低频上下运动时，这个系数达到最大，这表明悬架放大振动，然后传递到车身。这个频率取决于车身质量（也称簧上质量）与悬架刚度。随着频率增加，悬架系统对地面激励起到衰减作用。当频率达到 10Hz 左右时，出现第二个峰值。这是轮胎质量（也称簧下质量）和刚度组成的系统上下跳动的频率。

1/4 车二自由度悬架模型没有考虑前后悬架的差异和左右差异，所以无法反映出汽车的俯仰运动和侧倾运动，因此，在工程上，这个模型没有什么意义。但是，它对了解悬架跳动和初步选择悬架弹簧刚度和阻尼有一定帮助，如调节阻尼可以控制图 6.19 中的第一个峰值，而它影响到乘坐舒适性。另外，在理论上，可以帮助主动控制等技术的研究。

2. 半车四自由度悬架模型

在 1/4 车二自由度悬架模型中，只考虑了汽车的垂向运动。由于汽车前后是不对称的，当它在粗糙路面行驶或通过障碍物时，它不仅会垂直运动，而且由于前后轴垂向运动不同步，前后会相对转动。将车身简化成一刚体梁，并假设前后悬架独立，就演变成半车四自由度悬架模型，如图 6.20 所示。

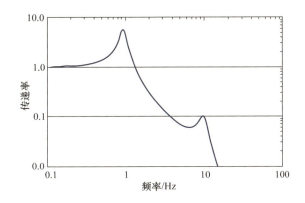

图 6.19　车身响应对路面激励的传递率曲线

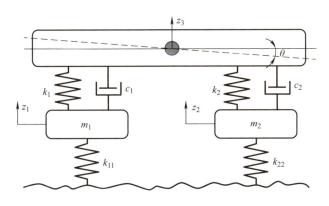

图 6.20　半车四自由度悬架模型

四自由度模型中，前后悬架做垂向运动（z_1 和 z_2），刚性车身在质心处做垂向运动（z_3）和绕 Y 轴（横向轴）的转动（θ），即俯仰（pitch）运动。这个模型可以用来分析前悬架和后悬架跳动，前后悬架之间的车身（簧上质量）俯仰运动。

3. 整车七自由度悬架模型

在半车四自由度悬架模型中，考虑了汽车垂向运动和前后俯仰运动。当汽车左右轮胎受到不同激励时，它不仅会垂直运动和俯仰运动，还会有横向或侧倾运动。将半车四自由度悬架模型扩展，将刚性梁演变成一个刚性板，考虑四个独立悬架，就形成了一个七自由度的车悬架模型，如图 6.21 所示。

七自由度模型中，四个悬架独立做垂向运动（z_1、z_2、z_3 和 z_4），刚性车身板在质心处做垂向运动（z_5）、绕 Y 轴的前后俯仰运动（θ）和绕 X 轴（纵向轴）的左右横向摆动或侧倾运动（γ）。这个模型考虑轴距和轮距对舒适性的影响，可以用来分析前悬架和后悬架同步跳动和异步跳动、前后悬架之间的俯仰运动和左右悬架的侧倾运动。

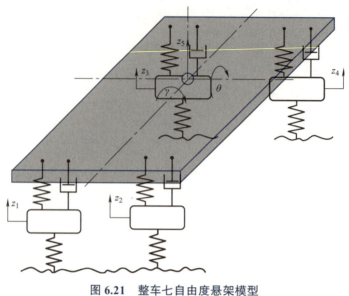

图 6.21 整车七自由度悬架模型

四、多体动力学模型

1. 多体动力学模型概念

1/4 车二自由度悬架模型、半车四自由度悬架模型和整车七自由度悬架模型可以用于了解汽车的基本动力学特征，但是由于自由度太少且不包括悬架具体部件，因此这种模型无法在工程开发中应用。为了建立接近实物的模型，人们提出用多体动力学模型来分析悬架基本特征。

多体系统是指用运动副将多个物体连接起来以实现某种动作的机械系统。如果系统中每个部件都是刚体，则系统为刚性多体系统；若其中一部分部件是柔性体，其他为刚体，则系统是刚性－柔性多体系统。

多体动力学是研究多体系统运动规律的学科。它是在经典力学基础上发展起来的，但是只有当计算机和软件技术发展到一定程度，它才得以广泛应用。所以，可以认为多体动力学是融入了分析力学、结构动力学、计算机和软件技术，来研究多体系统运动规律的学科。多体动力学软件给复杂机械系统分析提供了很好的平台，工程师不必推导复杂的公式，只要输入相应的参数，就可以让软件自动生成模型并计算。它可以做大位移的运动分析、振动分析、动力学分析、结构优化、热传导分析、声振耦合分析等，可以用于线性和非线性计算，可以用于平面模型和空间模型，可以用于分析刚性多体或刚性－柔性多体。多体动力学分析方法有牛顿－欧拉法、拉格朗日方程法、图论法、凯恩法、变分法、虚位移法等。

分析多体动力学模型的软件有两种，一种是建立以可视实物展现的模型，如 Adams，只要将系统的结构参数、物理参数和激励等输入模型中，就可以计算系统的位移、振动等响应。另一种是建立多体动力学方程，再将方程输入以框图模块形式呈现的软件中而建立模型，如 Simulink，只需列出动力学方程组并输入软件中，软件自动求解给出需要的数据，但是这种方法只适用于自由度不太多的多体系统。

2. 悬架 Adams 模型

在多体动力学软件中，Adams 使用最广。它采用拉格朗日方法来建立系统动力学方程，可以用于静力分析、运动学分析和动力学分析，输出力、位移、速度、加速度等。它有几个模块，其中 Adams Car 可以构建悬架系统、动力系统、制动系统、转向系统、整车等多体动力学模型，并用于分析汽车操控性、舒适性、制动性等。

悬架多体模型是将摆臂、减振器、弹簧、衬套、副车架等部件以刚体或柔性体形式建立部件模块，并以运动副将它们连接起来的模型。在建立悬架模型时，第一是输入几何参数，如悬架硬点坐标、部件外形尺寸等；第二是输入质量参数，如每个部件的质心、质量和转动惯量等；第三是输入力学参数，如弹簧刚度、阻尼器阻尼、衬套刚度等；第四是输入外界激励，如路面激励。部件之间用运动副（如铰链或衬套）连接。悬架中的柔性体模型可以利用 Adams 柔性体模块来建立，也可以将有限元计算的模态输入模型中。

为了将悬架置于整车中进行分析，还需要建立车身和轮胎模型。分析聚焦于悬架系统，因此车身和轮胎可以用简化模型。在车身质心位置设立质点或刚性球，并将它与悬架与车身连接点刚性连接，在质点位置赋予车身的质量和转动惯量，就构建出车身模型。轮胎模型与车身模型一样建立。如果需要考虑动力系统，可以用同样的方法来建模。图 6.22 为一个以悬架为主，包括了简易车身和轮胎的 Adams 模型。

图 6.22 整车多体动力学 Adams 模型

悬架动力学模型主要用于操控性、乘坐舒适性和低频结构振动分析。操控性分析包括计算前束角变换、外倾角变化、主销内倾角、主销后倾角、车身侧倾角、侧倾加速度、横摆角速度、转向回正等；乘坐舒适性分析包括垂向加速度、俯仰速度等；低频结构振动分析包括悬架同步跳动、异步跳动等。

五、低频振动模型与次声波激励引起的路噪

1/4 车二自由度悬架模型和半车四自由度悬架模型可以用来分析与乘坐舒适性有关的最基本汽车特征，而整车七自由度悬架模型和多体动力学模型可以用来分析悬架的同步和异步跳动、俯仰运动和侧倾运动等问题。这些模型用来分析操控性和舒适性等低频（如小于 20Hz）悬架和整车振动问题。

人耳听不到 20Hz 的次声波，但是人体器官能够感受，即 20Hz 以下的振动不仅降低乘坐舒适性，而且影响人的头部感受。人体很多器官频率在 8~20Hz，见表 6.1。悬架某些

8~20Hz 之间的振动传递到车身并激励车身板，共振的板会辐射低频声，即发出次声波。在车内次声波环境中，人体器官可能共振，使人烦躁、头晕、耳鸣、恶心、心悸、呕吐等。特别是传递到人脑之后，脑部会感受到轰鸣感，而这种轰鸣感与耳朵听到的轰鸣声不一样。

表 6.1 人体器官频率

部位	频率/Hz
头部	20~30
胸腔与内脏	4~6
腹腔	8
背部	8~12

几十赫兹的敲鼓声或轰鸣声是常见的路噪，而低于 20Hz 的次声波带来的脑部轰鸣感却少见，但是悬架跳动模态和车身板模态耦合可能带来次声波问题。例如，一辆车在粗糙沥青路面上行驶，乘客不仅感觉到敲鼓声，而且脑部有沉闷感。在 20~50Hz 频段内，噪声曲线上有峰值，如图 6.23 所示，通常这些峰值是引起这类问题的原因。在悬架上和背门上添加吸振器和质量后，峰值降低，敲鼓声明显降低，但是沉闷感依旧存在。

如果观察 20Hz 以下的声压曲线，可以发现加质量和吸振器前后的声压级几乎相同，由此判断引起脑部沉闷感的原因是次声波对人体的冲击。这辆车的后悬架同步和异步跳动频率分别是 13.2Hz 和 17.5Hz，而车身背门板存在 18Hz 的刚体模态。悬架低频模态与车身板模态耦合，而这个频率与人脑频率共振，声音使得人脑感受到沉闷难受。通过调节悬架参数、改变背门结构等，沉闷感消除，12~20Hz 内的声压级降低，如图 6.23 所示。

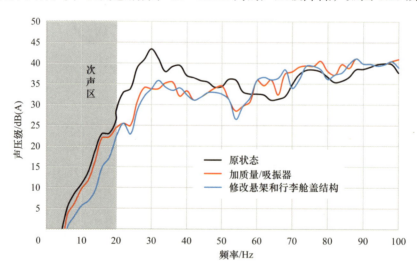

图 6.23 不同悬架结构对应的车内低频可听声和次声声压比较

当遇到这种情况时，乘客通常抱怨这是路噪带来的轰鸣声。从这个案例可以得知，分析 20Hz 以下的低频悬架振动模型不仅对改善乘坐舒适性有用，而且对路噪控制也有帮助。

第三节 悬架振动传递模型

一、振动在悬架内的传递过程

1. 悬架输入力和输出力

第二章详细地讲述了力在悬架中的传递。为了说明悬架输入力和输出力,本章将图 2.14 中的悬架用框图强调出来,如图 6.24 所示。

在结构声传递路径中,结构声路噪取决于车身传递函数 $H^{SB-body}$ 和作用在车身上的力 F^{body},把式(2.16)再次写在下面

$$P^{SB} = H^{SB-body} F^{body} = \sum_{j=1}^{N} H_j^{SB-body} F_j^{body} \qquad (6.4)$$

作用在车身上的力 F^{body} 就是悬架的输出力 F_{out},如图 6.24 所示。研究悬架系统振动的最终目标是确定传递到车身的力,即要把输出力控制在目标之内。

除了输出力,悬架输入力也非常重要,悬架输入力(F_{in})就是轮胎的输出力,称为轮心力。轮心力是轮胎振动控制的最终目标,它的大小取决于路面激励、轮胎结构和声腔。

悬架输出力取决于输入力和悬架力传递函数(H^{susp}),表达为

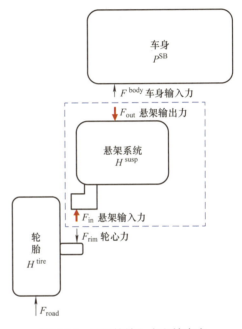

图 6.24 悬架的输入力和输出力

$$F_{out} = H^{susp} F_{in} \qquad (6.5)$$

如果在悬架 NVH 开发前期,确定了轮心力目标和悬架输出力目标,那么悬架力传递函数就确定了。有了传递函数,悬架就可以独立开发。悬架结构振动研究的对象就是图 6.24 中的虚线框部分,即研究传递函数 H^{susp} 的特征。悬架传递函数与它的模态、振动传递路径和每条路径的组成有关。

2. 力在悬架中的传递

第二章介绍了悬架力的识别原理和力从轮心到车身的传递过程,本章把这个过程展开,做进一步分析。我们以一辆前麦弗逊悬架和后 E 形悬架的车为例来分析力的传递过程。

在前麦弗逊悬架中,减振器和摆臂与转向节连接,轮心力传递给转向节,然后再经过三条悬架路径传递到车身,如图 6.25 所示。麦弗逊悬架与转向节有两个连接点,一个是摆臂,另一个是减振器。力传递到摆臂之后,分别传递到大摆臂衬套和小衬套,再传递到副

车架,最后经过副车架衬套传递到车身。力传递到减振器与转向节的连接点后,经过弹簧和阻尼器,传递到支柱上衬套(top mount),最后到达车身。图6.26建立了这个力在麦弗逊悬架中的传递过程模型。

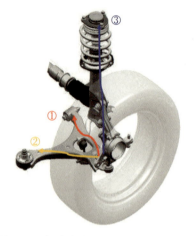
图 6.25 振动在麦弗逊悬架中的传递

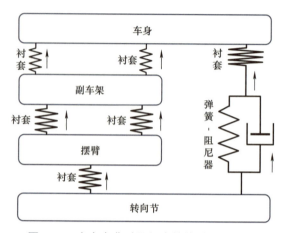
图 6.26 力在麦弗逊悬架中的传递过程模型

图6.27给出了E形后悬架中的振动传递路径,振动通过六条路径从转向节传递到车身。第一条路径是从转向节到纵臂前衬套,再经过纵臂和衬套,传递到车身;第二条是从转向节到横向拉杆,经过拉杆衬套,传递到副车架,再经过副车架衬套传递到车身;第三条是从转向节到横向控制臂,经过控制臂衬套,传递到副车架,再经过副车架衬套传递到车身;第四条是从转向节到下摆臂,经过下摆臂衬套传递到副车架,再经过副车架衬套传递到车身;第五条是从下摆臂到弹簧下衬套,经过弹簧和上衬套,传递到车身;第六条是从转向节到阻尼器,经过支柱上衬套后,传递到车身。图6.28建立了这个力在E形后悬架中的传递过程模型。

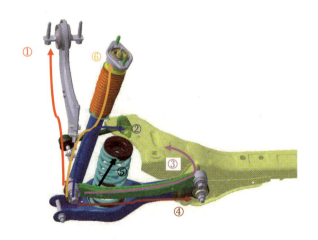
图 6.27 振动在E形后悬架中的传递

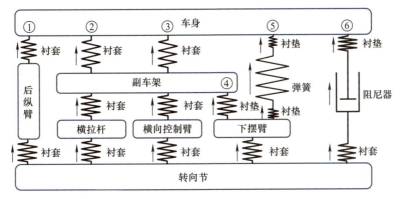

图 6.28 力在 E 形后悬架中的传递过程模型

二、悬架振动传递模型

以麦弗逊悬架为例来介绍悬架振动传递模型，或力传递模型。将图 6.26 中的力传递过程分解来分析每个部件的受力情况，如图 6.29 所示。转向节与摆臂连接处的力 F_1 输入摆臂，传递到两个摆臂衬套，再到副车架，力经过副车架衬套后传递到车身。减振器与转向节连接处承受另一个力 F_2，力经过弹簧和阻尼器后传递到支柱上衬套后抵达车身。在第二章描述力的传递和力识别中，将轮心力（F_{rim}）作为输入，做了简化处理。然而轮心力无法直接测量，而转向节上的力可以通过测量加速度和传递函数，然后用逆矩阵分析法等方法获得，因此，本章选取转向节上的两个力作为输入。在这个系统中，输入力为 F_1 和 F_2，输出力为传递到车身的力 F_{10}、F_{11} 和 F_{13}。

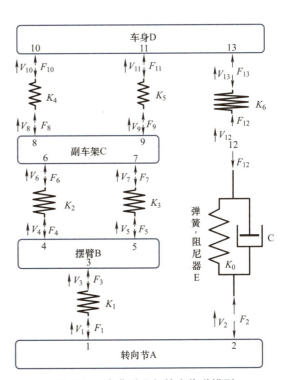

图 6.29 麦弗逊悬架的力传递模型

转向节上 1 点的速度为

$$V_1 = -Y_{11}^A F_1 - Y_{12}^A F_2 \tag{6.6}$$

式中，Y_{11}^A 和 Y_{12}^A 分别是部件 A（转向节）上 1 点的原点导纳和 1 点到 2 点的跨点导纳。F_1 和 F_2 分别是 1 点和 2 点的力。

摆臂（部件 B）上 3 点的速度为

$$V_3 = Y_{33}^B F_3 - Y_{34}^B F_4 - Y_{35}^B F_5 \tag{6.7}$$

式中，Y_{33}^B 是部件 B 上 3 点的原点导纳；Y_{34}^B 是 3 点到 4 点的跨点导纳；Y_{35}^B 是 3 点到 5 点的跨点导纳；F_3、F_4 和 F_5 分别是 3 点、4 点和 5 点的力。

作用在弹簧 K_1 两边的力为

$$F_1 = F_3 = \frac{K_1}{j\omega}(V_3 - V_1) \tag{6.8}$$

部件 B 上 4 点和 5 点的速度为

$$V_4 = Y_{43}^B F_3 - Y_{44}^B F_4 - Y_{45}^B F_5 \tag{6.9}$$

$$V_5 = Y_{53}^B F_3 - Y_{54}^B F_4 - Y_{55}^B F_5 \tag{6.10}$$

式中，Y_{44}^B 和 Y_{55}^B 分别是部件 B 上 4 点和 5 点的原点导纳；Y_{43}^B 和 Y_{53}^B 分别是 4 点到 3 点和 5 点到 3 点的跨点导纳；Y_{45}^B 和 Y_{54}^B 分别是 4 点到 5 点和 5 点到 4 点的跨点导纳，$Y_{45}^B = Y_{54}^B$。

部件 C 上 6 点和 7 点的速度为

$$V_6 = Y_{66}^C F_6 + Y_{67}^C F_7 - Y_{68}^C F_8 - Y_{69}^C F_9 \tag{6.11}$$

$$V_7 = Y_{76}^C F_6 + Y_{77}^C F_7 - Y_{78}^C F_8 - Y_{79}^C F_9 \tag{6.12}$$

式中，Y_{66}^C 和 Y_{77}^C 分别是部件 C 上 6 点和 7 点的原点导纳；Y_{67}^C、Y_{68}^C 和 Y_{69}^C 分别是 6 点到 7 点、6 点到 8 点和 6 点到 9 点的跨点导纳；Y_{76}^C、Y_{78}^C 和 Y_{79}^C 分别是 7 点到 6 点、7 点到 8 点和 7 点到 9 点的跨点导纳；F_6、F_7、F_8 和 F_9 分别是 6、7、8、9 点的力。

作用在弹簧 K_2 两边的力为

$$F_4 = F_6 = \frac{K_2}{j\omega}(V_6 - V_4) \tag{6.13}$$

作用在弹簧 K_3 两边的力为

$$F_5 = F_7 = \frac{K_3}{j\omega}(V_7 - V_5) \tag{6.14}$$

部件 C 上 8 点和 9 点的速度为

$$V_8 = Y_{86}^C F_6 + Y_{87}^C F_7 - Y_{88}^C F_8 - Y_{89}^C F_9 \tag{6.15}$$

$$V_9 = Y_{96}^C F_6 + Y_{97}^C F_7 - Y_{98}^C F_8 - Y_{99}^C F_9 \tag{6.16}$$

式中，Y_{88}^C 和 Y_{99}^C 分别是部件 C 上 8 点和 9 点的原点导纳；Y_{86}^C、Y_{87}^C、Y_{89}^C 分别是 8 点到 6 点、8 点到 7 点和 8 点到 9 点的跨点导纳；Y_{96}^C、Y_{97}^C、Y_{98}^C 分别是 9 点到 6 点、9 点到 7 点和 9 点到 8 点的跨点导纳。

部件 D 上 10 点、11 点和 13 点的速度为

$$V_{10} = Y_{1010}^{D} F_{10} + Y_{1011}^{D} F_{11} + Y_{1013}^{D} F_{13} \tag{6.17}$$

$$V_{11} = Y_{1110}^{D} F_{10} + Y_{1111}^{D} F_{11} + Y_{1113}^{D} F_{13} \tag{6.18}$$

$$V_{13} = Y_{1310}^{D} F_{10} + Y_{1311}^{D} F_{11} + Y_{1313}^{D} F_{13} \tag{6.19}$$

式中，Y_{1010}^{D}、Y_{1111}^{D} 和 Y_{1313}^{D} 分别是部件 D 上 10 点、11 点和 13 点的原点导纳；Y_{1011}^{D}、Y_{1013}^{D} 和 Y_{1113}^{D} 分别是 10 点到 11 点、10 点到 13 点和 11 点到 13 点的跨点导纳；Y_{1110}^{D}、Y_{1310}^{D} 和 Y_{1311}^{D} 分别是 11 点到 10 点、13 点到 10 点和 13 点到 11 点的跨点导纳；F_{10}、F_{11} 和 F_{13} 分别是 10 点、11 点和 13 点的力。

作用在弹簧 K_4 两边的力为

$$F_8 = F_{10} = \frac{K_4}{j\omega}(V_{10} - V_8) \tag{6.20}$$

作用在弹簧 K_5 两边的力为

$$F_9 = F_{11} = \frac{K_5}{j\omega}(V_{11} - V_9) \tag{6.21}$$

在转向节和弹簧－阻尼器连接点的力为

$$F_2 = F_{12} = \left(\frac{K_0}{j\omega} + C\right)(V_{12} - V_2) \tag{6.22}$$

式中，V_{12} 是弹簧－阻尼器和弹簧 K_6 之间的速度。

作用在弹簧 K_6 两边的力为

$$F_{12} = F_{13} = \frac{K_6}{j\omega}(V_{13} - V_{12}) \tag{6.23}$$

联立求解方程（6.6）～方程（6.23），可以得到输出与输入的力传递函数。这些函数的表达式非常长，此处省略推导过程和表达式。最终可以得到麦弗逊悬架输出力与输入力的关系为

$$\begin{pmatrix} F_{10} \\ F_{11} \\ F_{13} \end{pmatrix} = \begin{pmatrix} H_{10-1} & H_{10-2} \\ H_{11-1} & H_{11-2} \\ H_{13-1} & H_{13-2} \end{pmatrix} \begin{pmatrix} F_1 \\ F_2 \end{pmatrix} \tag{6.24}$$

式中，H_{10-1}、H_{11-1} 和 H_{13-1} 分别是 10 点、11 点和 13 点输出力对 1 点输入力的传递函数；H_{10-2}、H_{11-2} 和 H_{13-2} 分别是 10 点、11 点和 13 点输出力对 2 点输入力的传递函数。

这些传递函数展开之后，都是部件原点导纳、跨点导纳、弹簧刚度和阻尼器阻尼的函数，例如 H_{10-1} 可以写成

$$H_{10-1} = f(Y_{11}^{A}, Y_{34}^{B}, \cdots, Y_{68}^{C}, \cdots, K_1, K_2, \cdots) \tag{6.25}$$

式（6.24）构成了麦弗逊悬架力的传递模型。这种分析方法和推导过程可以用于双叉臂悬架、扭力梁悬架、多连杆悬架等。力的传递与结构参数有关，主要与部件原点动刚度、跨点动刚度、衬套刚度和减振器参数有关。

在第二章用逆矩阵法识别悬架力时，测量转向节上几个点的加速度以及响应对轮心力的传递函数，然后计算得到轮心力。假设转向节是刚体，通过几何计算得到轮心力；假设转向节是柔性体，可以用上述方法得到轮心力与 F_1 和 F_2 的关系。进而可以获取输出力对轮心力的传递函数。

三、悬架振动目标与控制方法

1. 振动目标

在整车上，悬架系统最重要的 NVH 指标就是输出力，因此它被确定为悬架系统的一级目标。

输出力是由输入力和力传递函数决定的。输入力是轮胎的一级振动目标，而力传递函数非常复杂而且数量庞大，难以获取。力传递函数与部件的原点导纳、跨点导纳、衬套刚度等有关，因此基于这些参数，可以构建出悬架系统的二级目标。二级目标包括悬架整体模态、部件模态、部件连接点动刚度、衬套隔振率等。

悬架模态必须和与之相连接的轮胎模态与车身模态解耦。在制订模态规划时，悬架、轮胎和车身列在一起，确定各自的模态频率范围，使它们避开。局部模态会影响到特定频率下力或能量的传递。力通过部件连接点传递，所以连接点（即部件原点）动刚度对力的传递影响很大，大的原点动刚度能够更好地抑制能量的输入；原点动刚度还影响着衬套的隔振效果，刚度越大，隔振效果越好。衬套是悬架系统衰减振动能量最重要的部件，其隔振率是衡量能量衰减的指标。

2. 控制方法

从式（2.37）可知，悬架输出力与部件的跨点导纳、原点导纳和衬套刚度有关。因此，悬架振动控制方法可以分成两大类：模态控制和隔振控制。

跨点导纳与结构模态相关。模态控制的目的是使得悬架模态与轮胎模态和车身模态避频，或者抑制耦合模态的响应。悬架模态包括整体模态和局部模态。整体模态是指悬架在某个频率下整体运动的形态，而局部模态是指某个部件（如摆臂、减振器、弹簧、副车架）在某个频率下的运动形态。整体模态控制是指合理地设计悬架整体系统的模态分布，使得整体模态与轮胎模态和车身模态频率避开。局部控制是使得相邻部件模态避频，抑制某些模态频率下的响应。

衬套刚度是决定隔振率最重要的因素。隔振控制的目的是使得振动能量在传递路径上衰减。合理的衬套动刚度能够取得衰减结构声路噪和提高操控性两者之间的平衡。

原点导纳是原点动刚度的倒数。控制原点动刚度的目的是抑制能量输入、抑制耦合模态的幅值和提升隔振率。在模态控制和隔振控制中都包含了原点动刚度的控制。

本章将详细讲述悬架的模态控制，第七章将介绍悬架的隔振控制。除了这两种主要控制方法，通过改变结构的布置和/或增加部件可以直接改变悬架力及其分布，从而实现力的直接控制，这也是悬架控制的一种方法。由于有些改变会改变悬架模态，但是与传统模态控制方法相比，它又别具一格，所以下面用一小节对此做一点描述。

四、力的直接控制

力的直接控制有被动控制和主动控制两种。

力的被动控制是指通过改变悬架结构参数或调整受力点的位置或受力方向来降低传递力的方法，比如，改变弹簧刚度、更换阻尼器中的液体材质、改变部件的安装点或安装角度等。

假设一个部件受力（F）与z轴的夹角是α，与x轴的夹角是θ，如图6.30所示，那么它分解到x、y和z轴上的力为

$$F_x = F\sin\alpha\cos\theta \tag{6.26a}$$

$$F_y = F\sin\alpha\sin\theta \tag{6.26b}$$

$$F_z = F\cos\alpha \tag{6.26c}$$

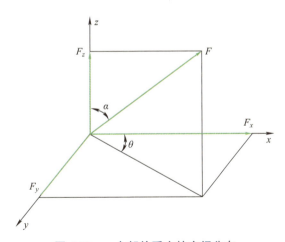

图6.30 一个部件受力的空间分布

这个部件与车身在A点连接，它对车内声压的贡献表达为

$$P_A = F_{Ax}\mathrm{NTF}_{Ax} + F_{Ay}\mathrm{NTF}_{Ay} + F_{Az}\mathrm{NTF}_{Az} \tag{6.27}$$

式中，F_{Ax}、F_{Ay}和F_{Az}分别为力在A点在x、y和z方向的分量；NTF_{Ax}、NTF_{Ay}和NTF_{Az}分别为车身A点在x、y和z方向的声振传递函数。

调整部件与车身安装位置，使得部件与z轴的角度由α变为$\alpha+\delta$，在B点连接。部

件对车内声压贡献为

$$P_B = F_{Bx}\text{NTF}_{Bx} + F_{By}\text{NTF}_{By} + F_{Bz}\text{NTF}_{Bz} \qquad (6.28)$$

式中,F_{Bx}、F_{By} 和 F_{Bz} 分别为力在 B 点在 x、y 和 z 方向的分量;NTF_{Bx}、NTF_{By} 和 NTF_{Bz} 分别为车身 B 点在 x、y 和 z 方向的声振传递函数。

这样的调整不仅使得部件的受力大小和方向发生改变,同时连接点的位置也改变。如果受力点选择在原点动刚度大的位置,NTF 降低,车内声压降低;如果调整力的角度,使得力敏感方向的量降低,也会降低声压。例如,只改变部件(如减振器)与 z 轴的夹角,从 α 增加到 $\alpha+\delta$,如图 6.31 所示,使得垂向力降低,即 $F_{Bz} < F_{Az}$,纵向力增加,即 $F_{Bx} > F_{Ax}$,但总受力不变。对于车身梁来说,其 x 方向的刚度非常大,即 NTF_x 很小,而大多数情况下,z 方向是对声音传递最敏感方向。综合 x 和 z 方向的贡献,车内噪声会降低。如果 B 点选择在 NTF 更小的位置,那么噪声会进一步降低。

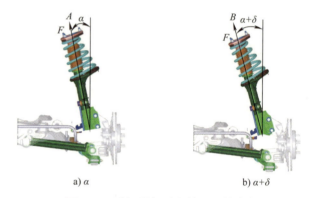

图 6.31 减振器与垂向轴不同的夹角

这样的改变不仅用在与车身连接的部件,还可以用在悬架中间相互连接的部件,比如摆臂与副车架的连接。副车架 z 方向刚度远低于 x 和 y 方向,所以调整摆臂角度,使得副车架 x 和 y 方向的受力增加,而降低 z 方向的受力,就可以降低力的传递。

力的主动控制是指在悬架上增加作动器/控制器,如图 6.32 所示,通过控制系统使得作动器运动而改变悬架的力。不过悬架主动控制主要是控制低频运动,提升操控性和乘坐舒适性,对降低路噪有一定帮助。

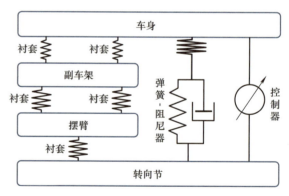

图 6.32 在悬架上增加主动控制系统

第四节 悬架与整车有限元模型

低自由度模型和多体动力学模型没有考虑悬架和车身的弹性特征,缺乏足够的局部结构,因此只能用于低频振动分析,而无法用来做常规路噪分析。为了克服这个缺陷,必须建立悬架弹性体模型。常用于结构声路噪分析的悬架模型有悬架有限元模型、整车有限元模型、传递矩阵模型和机器学习模型。

一、悬架有限元模型

悬架有限元模型只对悬架进行详细的有限元网格划分，而对轮胎和车身进行简化处理。图 6.33a 为一辆车的悬架有限元模型，包括麦弗逊前悬架、前副车架、扭力梁后悬架、轮胎、动力总成集中质量和车身集中质量。

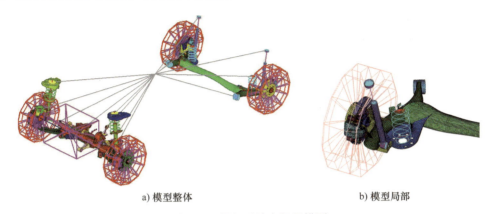

a) 模型整体　　　　　　　　　b) 模型局部

图 6.33　悬架系统有限元模型

用软件来建立悬架有限元模型，例如，在 HyperMesh 中，用壳（Shell）单元模拟减振器上下套筒，用 Cbeam 单元模拟筒杆，用 Cbush 模拟衬套的刚度和阻尼。摇臂与轮毂通过球铰链连接，用释放转动自由度的 Rbe2 来模拟球铰。图 6.33b 为悬架有限元模型的局部。

为了使悬架处在一个接近整车的环境中，用一个集中质量来模拟动力总成，质量位于动力总成的质心，同时施加转动惯量，用刚性单元将集中质量与悬架连接。用另外一个位于车身质心的集中质量和转动惯量来模拟车身，用刚性单元将集中质量与悬架和车身连接点连接。

轮胎采用简易轮胎模型。用 Rbe2 和 Plotel 模拟轮胎外轮廓，在轮心位置用 CONM2 模拟轮胎及轮辋的质量及惯量（或将质量按比例分布于轮心和轮胎边缘），用 Cbush 模拟轮胎与地面的连接。这种模型的优点是简单；缺点是它不能精确地反映轮胎的非线性振动特征，因此仅仅只能作为一个边界支撑。

为了分析悬架对车内噪声的贡献，可以用车身声振传递函数（NTF）的试验数据来代替复杂的车身模型。当用悬架有限元模型计算出悬架输出力之后，根据式（6.4），与车身 NTF 一起计算得到车内噪声。这种将悬架有限元模型与测试 NTF 混合在一起的模型是一种数值与试验混合模型。

由于轮胎模型是简易模型，所以用路谱作为激励输入给轮胎而得到的轮心力将失真，因此，必须采用测量得到的轮心力作为输入。第二章介绍了轮心力识别方法，在轮心附近布置加速度传感器，通过测量这些位置对轮心的传递函数和汽车运行时的加速度响应，就可以计算轮心力。

对于新开发的车型，由于没有样车，无法得到测量数据。但是，车型的发展是渐进性的，要么从前一代车型升级到后一代车型，要么在一个平台上开发。前一代车型或同平台车型的测试数据可以为新车型提供参考。很多车型的底盘系统是共用的，因此，可以用相同或类似底盘车型的测量数据来获取轮心力。

悬架混合模型有几个用途。第一，计算悬架模态，得到悬架整体和局部模态频率和振型，以便了解悬架的振动特征。第二，计算各个衬套的隔振效果。第三，计算悬架传递力，即将轮心力输入模型中，就可以计算力在悬架中的传递，并得到作用到车身上的力。第四，用计算得到的车身力和NTF测量数据来计算车内噪声。第五，计算每个轮胎或每个悬架部件对车内噪声的贡献。第六，可以进行悬架优化设计，即修改悬架结构、衬套刚度等来达到传递力的目标或车内噪声目标。第七，将整车NVH目标分解到悬架系统以得到悬架输出力目标。

为了验证悬架输出力计算的精度，可以将悬架混合模型计算得到的结果与实测的车内噪声进行比较。如果已经有实车，测量车内噪声和NTF、轮心附近点的加速度和它们对轮心的传递函数，然后计算出轮心力。再用悬架有限元混合模型计算出传递到车身的力和车内噪声。图6.34是某款车计算与测量车内噪声的比较，两者趋势一致，主要低频峰值非常接近，中高频段的差异比较大。造成差异的原因是测试车内噪声包括了空气声和结构声，而计算值只有结构声；模型用线性参数代表衬套、减振器等单元，而实际结构存在非线性特征；模型只包括了简化轮胎，没有反映出它的结构特征，无法体现悬架与轮胎耦合。在低频段，结构声占主导，计算值的精度高于中高频段。

悬架有限元模型简单，计算快，但是轮心力的识别难度大。

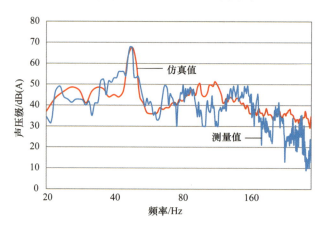

图6.34 悬架有限元模型计算的结果与测量的车内噪声比较

二、整车有限元模型

整车有限元模型由车身结构有限元模型、车身声腔有限元模型、悬架有限元模型和轮胎模型组成，如图6.35所示。轮胎有限元模型可以采用详细的、大网格有限元模型；也可以将大网格模型进行浓缩处理得到浓缩模型，以便降低计算量；还可以用半经验模型，如FTIRE模型、CD-TIRE模型等。相对有限元模型建模的工作量而言，半经验模型要简单些，但是需要很多经验参数。

有限元轮胎模型的网格数很大，导致整车模型计算工作量大。通过模型浓缩处理，将大网格的有限元模型（图 6.36a）浓缩到只有几百个自由度的浓缩模型（图 6.36b），而浓缩模型保持了原模型的基本特征，因此计算量大大降低。

图 6.35　整车有限元模型

a) 有限元模型　　　b) 浓缩模型

图 6.36　轮胎模型

在整车有限元模型中，激励可以施加在轮胎与路面接触的地方，即可以用路谱作为激励输入，而悬架有限元模型往往只能用轮心力作为激励源。

第五节　悬架机器学习模型

一、因果关系与关联关系

1. 因果关系模型

在科学研究和工程分析中，经常用模型或方程来寻找输入量与输出量的关系。输入量是原因，而输出量是结果，它们之间存在着"因果"关系，内在逻辑是理论或模型或方程等。本书讲述的传递函数就是振动声音信号传递模型，比如轮心力经过悬架传递到车身，形成对车身的输入力，这个传递过程与悬架的结构模态、衬套刚度等因素有关，可以用力学模型和数学公式来表征，即输出力与输入力之间存在因果关系。再比如，板辐射功率与振动速度的关系、轮胎空腔声频率与直径和媒介的关系都是因果关系。通过因果关系建立起来的模型就是因果关系模型。

2. 关联关系模型

日常生活中，关联关系的例子很多，例如，根据西瓜外在特征（色泽、根蒂和敲打声）来判断一个西瓜的好坏。色泽有青绿、深绿和乌黑，根蒂有卷缩、微卷和硬挺，敲打声有清脆、沉闷和浑浊。一个西瓜的色泽是青绿色，根蒂卷缩，敲打声听上去浑浊，就可以判定它是好瓜。人们在西瓜质量与色泽、根蒂和敲打声之间建立了一种特定的关联关系。

用理论和数学来描述物理现象是非常复杂的，而且很难获取精确解。于是科学家和工程师有时在分析输入数据和输出数据时，不去研究理论，不用建立物理模型，抛弃"因果"关系，而是建立输入参数与输出响应的映射关系，即两者之间数字上的"关联"关系。

悬架振动到车内噪声的传递过程中，有多个层级的数据，如轮心或转向节振动、副车架振动、车身振动和车内噪声,它们之间存在着因果关系。抛弃它们之间的力学传递因果关系,而只从纯数据的角度来处理它们之间的关系,如车内噪声与车身振动之间的数据关系,就形成了关联关系。这种关系可以从统计分析或大数据分析中得到。

机器学习就是建立关联关系的一种方法。

3. 机器学习

机器学习是一门从数据中研究算法的学科,是一门交叉学科,涉及统计学、概率论、计算机等学科。将大量数据输入模型中,用算法来解析数据和训练模型,使得模型掌握某种内在的规律,然后再对新的输入数据做出预测或判断。机器学习分为三类:监督学习、无监督学习和强化学习。

监督学习是用已知的输入和输出样本来训练出一个最优模型,主要方法有分类和回归。分类是对已知的数据进行判断,再归类;回归是两种或多种变量之间的相互依赖的定量关系,回归分析是研究预测因变量(输出)和自变量(输入)之间关系的方法。

无监督学习是在不使用目标变量进行预测的情况下,对数据点进行关联和分组,无监督学习主要方法有聚类和降维。聚类是在得到数据内在结构后,按照最大相似特征将数据进行归类。降维是去掉系统或模型中冗余的特征,降低参数纬度,用更少的纬度来表征系统特征。

强化学习是在设定一个回报函数后,输入数据直接反馈到强化学习模型中,模型根据数据进行调整,让这个函数逐步接近目标。

4. 悬架振动传递的关联关系

以麦弗逊悬架为例来说明悬架振动数据与车内噪声数据的关联关系。将从转向节振动向车内噪声传递的数据分成四个层级,如图 6.37 所示,第一级数据是悬架与转向节连接处的振动(x_1^1)和球铰衬套的刚度(x_2^1);第二级数据是前摆臂前安装点主动侧的振动(x_1^2)和衬套刚度(x_2^2)、后安装点主动侧振动(x_3^2)和衬套刚度(x_4^2)、弹簧刚度(x_5^2)、减振器速

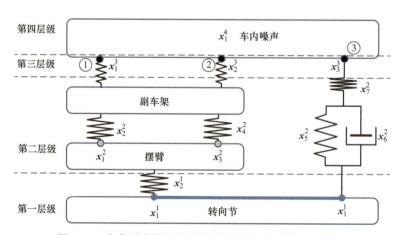

图 6.37 麦弗逊前悬架振动到车内噪声传递的层级构架

度－阻尼力（x_6^2）和前支柱上衬套刚度（x_7^2）；第三级数据是副车架传递到车身的振动（x_1^3、x_2^3）和前支柱与车身连接处的振动（x_3^3）；第四级是车内噪声（x_1^4）。层级的划分是根据需求决定的。虽然图 6.37 划分了四个层级，但根据需求可以将它划分成其他层级，比如只用悬架某些点的振动来预测噪声，就可以分成二级。

关联关系是用机器学习方法（如支持向量回归）来建立下一级数据与上一级数据之间的数据关系，比如，第三层级的悬架与车身连接点振动与第四层级的车内噪声之间的数据关系。在这些不同层级数据之间，忽视它们的物理关系或力学关系，不建立动力学方程，而是寻找不同层级数据之间的关联，即这些数据关联没有物理意义，只是纯粹的数字关系。通过大量数据的统计与学习，找到彼此之间的关联关系。一旦这种关联关系建立起来，就可以用下一级数据来预测上一级数据，如用车身侧振动数据来预测车内噪声。

通过机器学习的方法，对大量数据进行分类与整理，得到上一级数据与下一级数据之间的关联关系，表达为

$$(x_1^{j+r}, x_2^{j+r}, \cdots, x_n^{j+r}) = (y_1^j, y_2^j, \cdots, y_n^j) = f^j(x_1^j, x_2^j, \cdots, x_m^j) \quad (6.29)$$

式中，x^j 和 y^j 分别表示第 j 层级的输入和输出数据；m 表示在 j 层级的输入数据个数；n 表示在 $j+r$ 层级的输出数据个数；r 为两个层级的跨越级差。

二、支持向量机与支持向量回归

机器学习的方法很多，如神经网络、支持向量机、遗传算法、聚类分析、强化学习、贝叶斯学习、决策树等。本书使用支持向量回归方法来分析悬架振动和车内噪声数据之间的关系。

支持向量机（support vector machine，SVM）是一种机器学习方法，由 Vapnik 提出，是以结构风险最小化为基础，将数据之间的学习问题转化为优化求解问题的方法，主要用于分类问题和回归问题。用支持向量机来解决回归算法就是支持向量回归（support vector regression，SVR）。

1. 支持向量的概念

假设有两类数据（圆点类和五星类），我们要用一条线（分界线，也称为决策线或决策面）将它们分开，显然，这样的分界线很多，如图 6.38 所示。过两类数据中离分界线最近的点画两条线与分界线平行，如图中的虚线，而且两条虚线到分界线的距离相等。这种分界线可以有很多种，图 6.38a 的两条虚线距离小，而图 6.38b 的两条虚线距离大。在众多分界线中，我们可以找一条分界线，使得两条虚线之间的垂直距离最大，即使得两类数据分开程度最大，它们有"最大间隔"。这种最大间隔对应的分界线就是最优解，或者说这个决策线是 SVM 寻找的最优解，而最优解对应的两侧虚线所穿过的样本点是 SVM 中的支持样本点，称为支持向量。

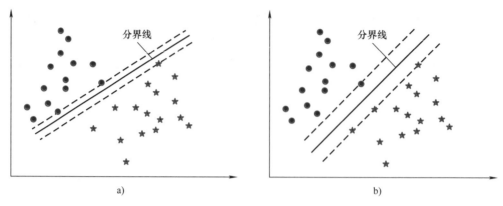

图6.38 两类数据的分界线与支持向量

2. 点到超平面的距离

一个三维空间平面方程为

$$Ax + By + Cz + b = 0 \tag{6.30}$$

空间中一个点（x_0, y_0, z_0）到这个平面的距离为

$$d = \frac{|Ax_0 + By_0 + Cz_0 + b|}{\sqrt{A^2 + B^2 + C^2}} \tag{6.31}$$

平面方程（6.30）可以改写成

$$\boldsymbol{w}^\mathrm{T}\boldsymbol{x} + b = 0 \tag{6.32}$$

式中，$\boldsymbol{w} = (A, B, C)^\mathrm{T}$ 为平面的法向量，决定了平面的方向；$\boldsymbol{x} = (x, y, z)^\mathrm{T}$ 为三维空间向量。

将三维空间平面拓展到 n 维空间，即在 n 维空间中，存在一个超平面，方程为

$$w_1 x_1 + w_2 x_2 + \cdots + w_n x_n + b = 0 \tag{6.33}$$

将超平面方程写成与式（6.32）同样的矩阵形式

$$\boldsymbol{w}^\mathrm{T}\boldsymbol{x} + b = 0 \tag{6.34}$$

式中，$\boldsymbol{w} = (w_1, w_2, \cdots, w_n)^\mathrm{T}$ 为超平面的法向量，决定了超平面的方向；$\boldsymbol{x} = (x_1, x_2, \cdots, x_n)^\mathrm{T}$ 为 n 维空间向量。

在 n 维空间中，样本中的任意点（向量为 $\boldsymbol{x}_0$）到超平面的距离为

$$d = \frac{|\boldsymbol{w}^\mathrm{T}\boldsymbol{x}_0 + b|}{\|\boldsymbol{w}\|} \tag{6.35}$$

式中，$\|\boldsymbol{w}\|$ 为 $\boldsymbol{w}$ 的二范数，即求所有元素平方之和，再开方。

3. 支持向量机

支持向量机的目标是寻找一个超平面，使得两类数据尽可能地分开，即支持向量之间

的距离最大，这样的超平面也被称为决策面。

超平面将两类数据分开后，在超平面上方的数据为 1，而下方的数据为 -1，如图 6.39 所示，这两类数据在超平面上的方程为

$$\begin{cases} \boldsymbol{w}^\mathrm{T}\boldsymbol{x}_i + b \geqslant 1, y_i = 1 \\ \boldsymbol{w}^\mathrm{T}\boldsymbol{x}_i + b \leqslant -1, y_i = -1 \end{cases} \tag{6.36}$$

式（6.36）构成了边界条件，这两个方程统一写成

$$y_i(\boldsymbol{w}^\mathrm{T}\boldsymbol{x}_i + b) \geqslant 1 \tag{6.37}$$

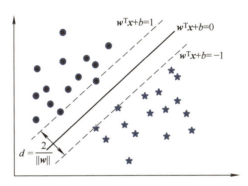

图 6.39 支持向量机的决策面和数据分隔

两个异类支持向量到超平面的距离之和，即两个支持向量之间的距离，为

$$d = \frac{2}{\|\boldsymbol{w}\|} \tag{6.38}$$

这个距离表征了两类数据之间的"间隔"。"间隔"越大，表明分类的确信度（confidence）越高，因此，为了得到尽可能高的确信度，就需要让超平面能够最大化这个"间隔"值。支持向量机求解就是在式（6.37）的边界条件下，求解最大间隔值，即 $\|\boldsymbol{w}\|^{-1}$ 的最大值，也就是等价于求 $\|\boldsymbol{w}\|^2$ 的最小值，表达为

$$\begin{aligned} &\min_{\boldsymbol{w},b} \frac{1}{2}\|\boldsymbol{w}\|^2 \\ &\text{s.t. } y_i(\boldsymbol{w}^\mathrm{T}\boldsymbol{x}_i + b) \geqslant 1, i = 1, 2, \cdots, n \end{aligned} \tag{6.39}$$

支持向量机求解目标就是要寻找最优化"决策面"，即目标函数是"分类间隔"，而优化对象则是决策面。目标函数是二次型，约束条件是线性，这是一个凸二次规划问题。求解式（6.39），可以得到最大间隔划分超平面所对应的模型，为

$$f(\boldsymbol{x}) = \boldsymbol{w}^\mathrm{T}\boldsymbol{x} + b \tag{6.40}$$

4. 支持向量回归

支持向量回归（SVR）与支持向量机的原理相同，但是与支持向量机将两类数据最大化分离不同，支持向量回归是对同一类数据进行回归，使得离超平面最远的数据的距离最大，如图 6.40 所示，可以理解为容纳尽可能多的数据，即超平面是拟合点数最多的平面。这样，也是求解 $\|\boldsymbol{w}\|^2$ 的最小值问题。

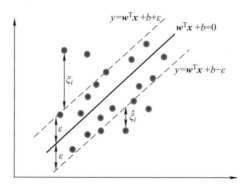

图 6.40　支持向量回归示意图

在一般的线性回归方程 $y = f(x)$ 中，只有当输出数据 y 与回归方程响应 $f(x)$ 相等时，才没有损失。而支持向量回归则没有这个要求，只要输出数据 y 在响应 $f(x) \pm \varepsilon$ 一个带内，就不计及损失，即边界条件为

$$\left| y_i - (\boldsymbol{w}^\mathrm{T} \boldsymbol{x}_i + b) \right| \leq \varepsilon \quad (6.41)$$

在这个边界条件下，求解距离的最大值，即 $\|\boldsymbol{w}\|^2$ 的最小值

$$\begin{aligned}&\min_{\boldsymbol{w},b} \frac{1}{2}\|\boldsymbol{w}\|^2 \\ &\text{s.t. } \left| y_i - (\boldsymbol{w}^\mathrm{T} \boldsymbol{x}_i + b) \right| \leq \varepsilon\end{aligned} \quad (6.42)$$

ε 是根据经验设定的值，也叫容忍偏差，是为了在超平面之间设立一个"间隔带"。在实际应用中，很难选择合适的 ε。如果 ε 太小，无法使得尽可能多的数据包容在带内，如图 6.41a 所示；如果 ε 太大，回归得到的超平面会出现偏移，如图 6.41b 所示。所以，选择

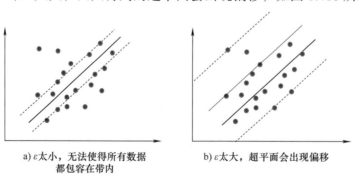

a) ε 太小，无法使得所有数据　　　b) ε 太大，超平面会出现偏移
都包容在带内

图 6.41　ε 间隔带的选择

合适的 ε 使得绝大多数数据在带内,而对少数间隔带外面的数据,用松弛变量(ξ_i)来处理,如图 6.40 所示。在间隔带内和边界上的数据不计算损失,$\xi_i = 0$。在间隔带之外的数据才计算损失,在隔离带上方,$\xi_i > 0$,$\hat{\xi}_i = 0$;在隔离带下方,$\hat{\xi}_i > 0$,$\xi_i = 0$。ξ_i、$\hat{\xi}_i$ 分别是隔离带上方和下方的数据。

考虑了松弛变量之后,式(6.41)的边界条件变为

$$\left|y_i - (\boldsymbol{w}^T \boldsymbol{x}_i + b)\right| \leq \varepsilon + \xi_i \tag{6.43}$$

如果松弛变量任意大,那么任何超平面都符合条件,因此必须对它进行约束。约束条件是在间隔带之外松弛变量损失最小,即所有松弛变量之和最小。于是,在考虑了松弛变量条件下的 $\|\boldsymbol{w}\|^2$ 和 $\sum(\xi_i + \hat{\xi}_i)$ 最小值求解为

$$\begin{aligned}
&\min_{\boldsymbol{w},b,\xi,\hat{\xi}} \frac{1}{2}\|\boldsymbol{w}\|^2 + C\sum_{i=1}^{m}(\xi_i + \hat{\xi}_i) \\
&\text{s.t. } y_i - (\boldsymbol{w}^T \boldsymbol{x}_i + b) \leq \varepsilon + \xi_i \\
&\quad (\boldsymbol{w}^T \boldsymbol{x}_i + b) - y_i \leq \varepsilon + \hat{\xi}_i \\
&\quad \xi \geq 0, \ \hat{\xi} \geq 0
\end{aligned} \tag{6.44}$$

式中,ξ_i 和 $\hat{\xi}_i$ 是变量;C 是常数。C 用来控制间隔带最大的超平面和松弛变量损失最小之间的权重。

三、悬架数据支持向量回归模型

1. 层级划分

以一辆使用麦弗逊前悬架和 E 形后悬架的车为例来分析结构声路噪的数据传递。为了得到悬架各层级振动数据之间的关系以及与车内噪声的关系,我们将悬架振动数据分成 3 个层级,车内噪声是第四层级。在麦弗逊悬架中,振动通过 3 条路径传递到车身,如图 6.37 所示。

在 E 形后悬架中,振动通过 6 条路径从转向节传出,其中 5 条路径抵达车身,1 条(路径 4)抵达副车架再传递到车身,如图 6.42 所示。

第一层级数据是转向节振动(x_3^1)、横拉杆与转向节连接衬套刚度(x_4^1)、横向控制臂与转向节连接衬套刚度(x_5^1)、下摆臂与转向节连接衬套刚度(x_6^1)。

第二层级数据是后纵臂衬套刚度(x_8^2)、横拉杆主动侧振动(x_9^2)、横拉杆内侧衬套刚度(x_{10}^2)、控制臂主动侧振动(x_{11}^2)、控制臂内侧衬套刚度(x_{12}^2)、下摆臂主动侧振动(x_{13}^2)、下摆臂内侧衬套刚度(x_{14}^2)、弹簧刚度(x_{15}^2)及上和下衬垫刚度(x_{16}^2、x_{17}^2)、阻尼器的阻尼力-速度(x_{18}^2)和上衬垫刚度(x_{19}^2)。

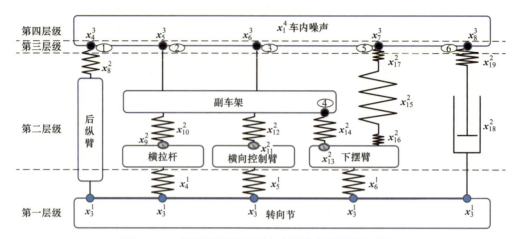

图 6.42 E 形后悬架振动到车内噪声传递的层级构架

第三层级数据是悬架与车身连接点的振动，包括后纵臂与车身连接点振动（x_4^3）、副车架与车身连接点振动（x_5^3、x_6^3）、弹簧与车身连接点振动（x_7^3）和阻尼器与车身连接点振动（x_8^3）。

第四层级是车内噪声数据（x_1^4）。

一个麦弗逊悬架有 3 条路径传递到车身，前悬架共有 6 条路径；E 形悬架的一侧有 5 条路径传递到车身，后悬架共有 10 条路径；因此整车前后悬架共有 16 条路径传递到车身。

2. 悬架输出与输入支持向量模型

回归模型是寻找输出与输入的关系。对图 6.37 中的麦弗逊悬架，第二层级振动数据与第一层级数据之间的关系表达为

$$x_1^2 = y_1^1 = f(x_1^1, x_2^1) \tag{6.45a}$$

$$x_3^2 = y_3^1 = f(x_1^1, x_2^1) \tag{6.45b}$$

第三层级振动数据中，有的来自第二层级数据，有的来自第二层级和第一层级数据，它们之间的关系表达为

$$x_1^3 = y_1^2 = f(x_1^2, x_2^2, x_3^2, x_4^2) \tag{6.46a}$$

$$x_2^3 = y_2^2 = f_1(x_1^2, x_2^2, x_3^2, x_4^2) \tag{6.46b}$$

$$x_3^3 = y_3^2 = f(x_1^1, x_5^2, x_6^2, x_7^2) \tag{6.46c}$$

对图 6.42 中的 E 形悬架，第二层级振动数据与第一层级数据之间的关系表达为

$$x_9^2 = y_9^1 = f(x_3^1, x_4^1) \tag{6.47a}$$

$$x_{11}^2 = y_{11}^1 = f(x_3^1, x_5^1) \tag{6.47b}$$

$$x_{13}^2 = y_{13}^1 = f(x_3^1, x_6^1) \tag{6.47c}$$

第三层级振动数据中，有的来自第二层级数据，有的来自第二层级和第一层级数据，它们之间的关系表达为

$$x_4^3 = y_4^2 = f(x_3^1, x_8^2) \tag{6.48a}$$

$$x_5^3 = y_5^2 = f(x_9^2, x_{10}^2, x_{11}^2, x_{12}^2, x_{13}^2, x_{14}^2) \tag{6.48b}$$

$$x_6^3 = y_6^2 = f_2(x_9^2, x_{10}^2, x_{11}^2, x_{12}^2, x_{13}^2, x_{14}^2) \tag{6.48c}$$

$$x_7^3 = y_7^2 = f(x_{13}^2, x_{15}^2, x_{16}^2, x_{17}^2) \tag{6.48d}$$

$$x_8^3 = y_8^2 = f(x_3^1, x_{18}^2, x_{19}^2) \tag{6.48e}$$

从第三层级到第四层级的传递是左右和前后悬架振动对车内噪声的贡献，即

$$x_1^4 = y_1^3 = f(x_1^3, x_2^3, \cdots, x_8^3, x_9^3, \cdots, x_{16}^3) \tag{6.49}$$

式中，$x_9^3, x_{10}^3, x_{11}^3$ 是另一侧麦弗逊悬架传递到车身的振动；$x_{12}^3, x_{13}^3, x_{14}^3, x_{15}^3, x_{16}^3$ 是另一侧 E 形悬架传递到车身的振动。

当层级确定后，通过低层级输入数据得到高层级的输出数据，即 x^j 和 y^j 分别表示第 j 层级的输入和输出数据，而这个输出数据 y^j 又成为第 $j+1$ 层级的输入数据。按照支持向量回归方法来建立目标方程，即

$$f(x^j) = x^{j+1} = y^j = w^T x^j + b \tag{6.50}$$

四、悬架数据支持向量回归模型计算

下面简单地描述用支持向量回归来计算悬架振动与车内噪声数据关系的过程。读者可以参阅机器学习方面的资料来详细了解公式的推导过程。

1. 拉格朗日函数

式（6.44）是求解约束条件下的优化问题，但是求解困难。于是通过拉格朗日函数，将约束条件放入目标函数中，将约束优化问题变成无约束优化问题。对式（6.44）每个约束项都添加拉格朗日乘子，再与目标函数一起构建成一个无约束的拉格朗日函数

$$L(w, b, \xi, \hat{\xi}, \alpha, \hat{\alpha}, \mu, \hat{\mu}) = \frac{1}{2}\|w\|^2 + C\sum_{i=1}^m (\xi_i + \hat{\xi}_i) + \sum_{i=1}^m \alpha_i [y_i - (w^T x_i + b) - \varepsilon - \xi_i] +$$

$$\sum_{i=1}^m \hat{\alpha}_i (w^T x_i + b - y_i - \varepsilon - \hat{\xi}_i) - \sum_{i=1}^m \mu_i \xi_i - \sum_{i=1}^m \hat{\mu}_i \hat{\xi}_i \tag{6.51}$$

式中，α、$\hat{\alpha}$、μ、$\hat{\mu}$ 为拉格朗日系数向量，且 $\alpha \geq 0$、$\hat{\alpha} \geq 0$、$\mu \geq 0$、$\hat{\mu} \geq 0$。

通过拉格朗日函数，将约束条件下的优化问题转变成了无约束条件下对参数 w、b、ξ、$\hat{\xi}$ 求最小化和对 α、$\hat{\alpha}$、μ、$\hat{\mu}$ 求最大值的优化问题，即

$$\min_{w,b,\xi,\hat{\xi}} \max_{\alpha,\hat{\alpha},\mu,\hat{\mu}} L(w,b,\xi,\hat{\xi},\alpha,\hat{\alpha},\mu,\hat{\mu}) \tag{6.52}$$

在一定条件（如KKT条件）下，$\min\limits_{w,b,\xi,\hat{\xi}}\max\limits_{\alpha,\hat{\alpha},\mu,\hat{\mu}} L(w,b,\xi,\hat{\xi},\alpha,\hat{\alpha},\mu,\hat{\mu})$ 和 $\max\limits_{\alpha,\hat{\alpha},\mu,\hat{\mu}}\min\limits_{w,b,\xi,\hat{\xi}} L(w,b,\xi,\hat{\xi},\alpha,\hat{\alpha},\mu,\hat{\mu})$ 是对等的，即两者之间是对偶问题。这样可以先求极小值得到 w、b、ξ、$\hat{\xi}$，然后求最大值得到 α、$\hat{\alpha}$、μ、$\hat{\mu}$，便于求解。

将式（6.51）分别对 w、b、ξ_i、$\hat{\xi}_i$ 求偏导，并使其等于零，得到

$$\begin{aligned} w &= \sum_{i=1}^{m}(\hat{\alpha}_i - \alpha_i)x_i \\ 0 &= \sum_{i=1}^{m}(\hat{\alpha}_i - \alpha_i) \\ C &= \alpha_i + \mu_i \\ C &= \hat{\alpha}_i + \hat{\mu}_i \end{aligned} \tag{6.53}$$

将式（6.53）代入式（6.51）中，就得到了函数 $L(w,b,\xi,\hat{\xi},\alpha,\hat{\alpha},\mu,\hat{\mu})$ 的极小值，为 $-\frac{1}{2}\sum\limits_{i=1}^{m}\sum\limits_{j=1}^{m}(\alpha_i-\hat{\alpha}_i)(\alpha_j-\hat{\alpha}_j)x_i^T x_j - \sum\limits_{i=1}^{m}[(\varepsilon-y_i)\hat{\alpha}_i+(\varepsilon+y_i)\alpha_i]$。根据对偶原理，在极小值基础上再来求极大值，即

$$\max_{\alpha,\hat{\alpha}} -\frac{1}{2}\sum_{i=1}^{m}\sum_{j=1}^{m}(\alpha_i-\hat{\alpha}_i)(\alpha_j-\hat{\alpha}_j)x_i^T x_j - \sum_{i=1}^{m}[(\varepsilon-y_i)\hat{\alpha}_i+(\varepsilon+y_i)\alpha_i] \tag{6.54}$$

根据 $\alpha \geq 0$、$\hat{\alpha} \geq 0$、$\mu \geq 0$、$\hat{\mu} \geq 0$ 和 $C = \alpha_i + \mu_i$、$C = \hat{\alpha}_i + \hat{\mu}_i$，得到新的约束条件

$$\begin{aligned} 0 &\leq \alpha_i \leq C \\ 0 &\leq \hat{\alpha}_i \leq C \end{aligned} \tag{6.55}$$

经过求最小值后得到的式（6.54）中没有 w 和 b，而只有 α_i、$\hat{\alpha}_i$。将式（6.53）和式（6.55）的约束条件与求极大值写在一起

$$\begin{aligned} &\max_{\alpha,\hat{\alpha}} -\frac{1}{2}\sum_{i=1}^{m}\sum_{j=1}^{m}(\alpha_i-\hat{\alpha}_i)(\alpha_j-\hat{\alpha}_j)x_i^T x_j - \sum_{i=1}^{m}[(\varepsilon-y_i)\hat{\alpha}_i+(\varepsilon+y_i)\alpha_i] \\ &\text{s.t.} \sum_{i=1}^{m}(\hat{\alpha}_i - \alpha_i)=0 \\ &\quad 0 \leq \alpha_i \leq C \\ &\quad 0 \leq \hat{\alpha}_i \leq C \end{aligned} \tag{6.56}$$

将式（6.56）的负号"-"去掉，公式从求最大值问题变成了求最小值问题，为

$$\min_{\boldsymbol{\alpha},\hat{\boldsymbol{\alpha}}} \frac{1}{2}\sum_{i=1}^{m}\sum_{j=1}^{m}(\alpha_i-\hat{\alpha}_i)(\alpha_j-\hat{\alpha}_j)\boldsymbol{x}_i^\mathrm{T}\boldsymbol{x}_j+\sum_{i=1}^{m}[(\varepsilon-y_i)\hat{\alpha}_i+(\varepsilon+y_i)\alpha_i]$$

$$\text{s.t.} \sum_{i=1}^{m}(\hat{\alpha}_i-\alpha_i)=0 \qquad (6.57)$$
$$0 \leq \alpha_i \leq C$$
$$0 \leq \hat{\alpha}_i \leq C$$

在求极小值过程中,通过序列最小优化(sequential minimal optimization,SMO)算法,可以求得 α_i、$\hat{\alpha}_i$。SMO 算法是一种用来训练 SVM 的强大算法,它将一个大的优化问题分解成多个小的优化问题来求解。小优化问题很容易求解,而分序列的小问题求解结果与大问题的求解结果一致。

根据 α_i、$\hat{\alpha}_i$,就可以求解出 w 和 b,最终得到超平面。将式(6.53)中的表达式代入式(6.40)中,得到超平面方程

$$f(\boldsymbol{x}) = \sum_{i=1}^{m}(\alpha_i - \hat{\alpha}_i)\boldsymbol{x}_i^\mathrm{T}\boldsymbol{x} + b \qquad (6.58)$$

$$b = y_i + \varepsilon - \sum_{j=1}^{m}(\alpha_j - \hat{\alpha}_j)\boldsymbol{x}_j^\mathrm{T}\boldsymbol{x}_i \qquad (6.59)$$

式(6.58)是一个二次规划问题,有很多方法可以解决,SMO 算法是目前最有名的方法之一,计算效率很高。用 SMO 算法求解得到 α_i 之后,问题就得到解决。

2. 核函数

在工程中,很难找到一个线性平面来做超平面,即超平面可能是一个复杂的空间曲面,系统是非线性的。对于非线性问题,可以用核函数将数据从原始空间映射到一个更高维的特征空间,使得数据线性可分。

令 $\phi(\boldsymbol{x})$ 是将原始空间的 $\boldsymbol{x}$ 映射到特征空间的特征向量。在特征空间中,式(6.58)的超平面方程为

$$f(\boldsymbol{x}) = \sum_{i=1}^{m}(\alpha_i - \hat{\alpha}_i)\phi(\boldsymbol{x}_i)^\mathrm{T}\phi(\boldsymbol{x}) + b \qquad (6.60)$$

$\phi(\boldsymbol{x}_i)^\mathrm{T}\phi(\boldsymbol{x}_j)$ 是样本(数据)x_i 和 x_j 映射到特征空间之后的内积。由于从原始空间到特征空间的映射会使得维度爆炸式增长,因此直接计算 $\phi(\boldsymbol{x}_i)^\mathrm{T}\phi(\boldsymbol{x}_j)$ 的计算量超级大,非常困难。为了避免这个问题,就引入了核函数(kernel function),它是计算两个向量在特征空间中的内积的函数,表达为

$$k(\boldsymbol{x}_i,\boldsymbol{x}_j) = \langle \phi(\boldsymbol{x}_i)^\mathrm{T},\phi(\boldsymbol{x}_j) \rangle = \phi(\boldsymbol{x}_i)^\mathrm{T}\phi(\boldsymbol{x}_j) \qquad (6.61)$$

式(6.55)的对偶问题变为

$$\max_{\boldsymbol{\alpha},\hat{\boldsymbol{\alpha}}} -\frac{1}{2}\sum_{i=1}^{m}\sum_{i=1}^{m}(\alpha_i - \hat{\alpha}_i)(\alpha_i - \hat{\alpha}_j)k(\boldsymbol{x}_i,\boldsymbol{x}_j) - \sum_{i=1}^{m}[(\varepsilon - y_i)\hat{\alpha}_i + (\varepsilon + y_i)\alpha_i]$$

$$\text{s.t.} \sum_{i=1}^{m}(\hat{\alpha}_i - \alpha_i) = 0 \quad (6.62)$$

$$0 \leq \alpha_i \leq C$$

$$0 \leq \hat{\alpha}_i \leq C$$

核函数可以在原始空间内计算，而不需要在特征空间内计算内积，因此计算大大简化，即先在低维空间内计算，再通过核函数将原始空间的结果映射到高维特征空间，并构建出最优超平面。

如果知道映射 $\phi(\boldsymbol{x})$ 的具体形式，则可以写出核函数，但是在现实中，往往不知道映射形式，因此寻找合适的核函数是支持向量机的关键。常见的核函数有线性核函数、多项式核函数、高斯核函数、拉普拉斯核函数、sigmoid 核函数、径向基函数等。

对悬架振动与车内噪声这类回归问题，径向基函数拟合精度高，因此对本节的麦弗逊前悬架和 E 形后悬架模型，采用径向基函数

$$K(\boldsymbol{x}_i,\boldsymbol{x}_j) = \exp(-\gamma\|\boldsymbol{x}_i - \boldsymbol{x}_j\|^2), \gamma > 0 \quad (6.63)$$

式中，γ 为核宽度。

3. 回归模型计算与验证

根据支持向量回归模型，用悬架参数和振动数据来预测车内噪声。

输入第一层级的参数，如转向节激励（振动加速度）、悬架部件参数（如衬套刚度），通过回归模型计算得到第二层级参数（悬架振动加速度）；将计算得到的第二层级参数、悬架的其他参数（如减振器阻尼、弹簧刚度等）输入回归模型，就得到第三层级参数（悬架与车身连接点的振动加速度）；最后将第三层级参数输入回归模型，就得到了车内噪声。图 6.43 是用支持向量回归模型预测的结果和测试的车内噪声比较，预测结果与测试结果非常接近。

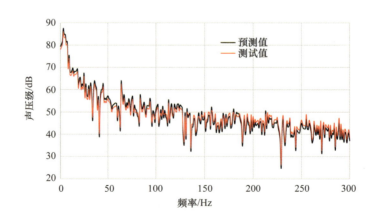

图 6.43 用支持向量回归模型预测的车内噪声和测试的车内噪声比较

第六节　悬架机理模型与数据模型的双驱动模型

一、悬架机理模型

1. 定义

机理模型是根据分析对象和内部结构传递机制，通过物理方程（如能量守恒方程、动力学方程、振动方程、声学方程等），用特定参数建立起来的数学模型。这个模型可以得到精确的或近似的数学解，参数之间的关系可以用公式来描述，输入与输出的关系是确定的。本章所述的悬架振动传递模型、有限元模型、多自由度模型等都是悬架的机理模型。

机理模型是在一定假设下建立的。它是对现实世界或物理世界的一种简化或抽象，即针对特定分析对象来抓住事物的主要因素，而忽视次要因素，如图 6.44 所示的机理模型中，选取 R 个主要参数。例如，悬架多自由度模型分析的对象是汽车的低频振动，因此它将轮胎、悬架与车身简化为刚体，将衬套和减振器简化为弹簧和阻尼参数，忽视这些结构复杂的弹性体特征、衬套和减振器的非线性特征等。机理模型可以用数学公式来表达，输出 Y 与输入 X 的关系是确定的，表达为

图 6.44　机理模型及输入和输出的关系

$$Y = H(c_1, c_2, \cdots, c_m, \cdots, c_R)X \quad (6.64)$$

式中，H 为传递函数；$c_1, c_2, \cdots, c_m, \cdots, c_R$ 为系统参数。

2. 机理模型的优点

机理模型有下面三大优点。

（1）有非常清晰的物理意义

机理模型是根据一定的物理意义建立的，比如悬架振动模型是根据力的传递或动力学定律建立的。模型中的变量和参数有着清晰的物理意义，在悬架多体动力学模型、有限元模型和力传递模型中的变量是位移或速度或加速度，刚度系数代表着弹性，阻尼系数代表了阻尼，导纳代表了响应对力的传递。参数与物体结构密切相关，变量改变意味着响应也会改变。

（2）可以定性分析

机理模型有物理意义，可以用来做定性分析。例如降低悬架衬套刚度后，可以定性判定悬架振动响应降低；原点动刚度增加意味着局部结构加强，从而能够抑制输入能量。

（3）可以定量计算

有些机理模型可以用数学公式表征，简单模型可以得到解析解。通过输入和输出参数识别模型参数后，就可以求解。对于复杂的机理模型，可以得到数值解，或者用软件建立模型（如有限元模型）来求解。

3. 机理模型的缺点

虽然机理模型优点突出，但是在应用中会有很多困难。以下列举它的缺点。

（1）难以反映问题的复杂性

机理模型是在一些假设前提下建立的，因此它与现实世界存在一定差距。机理模型是由个人根据自身对问题的理解而建立的，即对同一问题，不同人可以建立不同模型，即模型是以个人对问题的理解来驱动，而不是以数据来驱动。

悬架结构非常复杂，无法将每个部件用精确的数学公式来描述，只能将它们简化。多自由度动力学模型中，复杂的悬架被弹簧和阻尼器取代，轮胎被质量和弹簧取代，车身被刚体取代，因此，模型无法表征汽车的柔性特征。即便在复杂的有限元模型中，由于受到网格划分尺度的限制，高频结构波特征无法反映出来，导致计算误差。在力传递模型中，将部件用原点动刚度和跨点动刚度来表征，模型无法反映真实的结构模态特征。

（2）计算精度问题

机理模型是在一定条件下对现实问题简化后的结果，因此它的应用有局限性，计算精度可能不高。比如，多体动力学模型只能用来计算低频振动；有限元模型只能计算一定频率范围内的响应；力传递模型中，部件原点和跨点动刚度并不能精确反映出结构传递特征，因此计算会带来误差。

（3）模型参数带来不确定性和不准确性

机理模型建立之后，需要用输入和输出数据来识别模型中的参数。传统的模型参数识别方法采用的测试数据有限，即数据是小样本和小数据，而且数据还局限在特定范围，如特定的温度环境、特定的施压条件。一旦离开了特定环境，模型计算的结果往往与实际有较大差距。

（4）计算复杂或不可能计算

对于简单机理模型，如 1/4 车二自由度悬架模型，可以得到解析解；对于复杂模型，几乎得不到解析解，例如，要获得七自由度整车模型的解析解不是一件容易的事情，更不要说其他更复杂的模型。

复杂机理模型的计算很复杂，甚至无法获得解。有的可以用商业软件来得到数值解，如悬架有限元模型，然而，网格划分影响分析波长/频率、刚度非线性等，导致了结构声路噪计算不准确。

二、悬架数据模型

1. 定义

随着计算机的飞跃发展和广泛应用，生活中、科研中和工程上产生了海量数据，而计算机能够处理这些数据，在这个基础上，数据模型应运而生。

数据模型是对大量经验数据进行训练的计算机算法，可以用于数据之间的关联分析、数据分类、数据回归等。常见的数据模型有人工神经网络、决策树、boosting、随机森林、支持向量机等。

数据模型有两大特点，第一是模型用海量数据训练出来，具备复制过去经验能力；第二是它可以实时学习，不断迭代，具备一定的自适应、判断和决策能力。

今天，数据模型及分析已经广泛地应用到各个方面，它与机理模型并驾齐驱，成为科学研究和工程分析的重要方法。

2. 数据模型的优点

数据模型有以下优点。

（1）避免了建立复杂机理模型

对于复杂系统，建立机理模型非常困难，例如，几乎不可能建立一个能够反映悬架详细结构的机理模型，即便建立详细的悬架有限元模型也要花费很多时间，而且模型精度受到非线性元件和网格划分的影响。而建立数据模型比较简单，对悬架而言，只需要悬架某些位置的振动数据和车内噪声数据便可以建立悬架数据模型。简单的数据模型可以反映出复杂结构的数据传递关系，而且随着数据增加，模型精度可以不断提升。例如，支持向量回归模型建立了悬架各个层级的振动传递和最终传递到车内噪声的数据关系，而且可信度高。

对复杂结构建立机理模型时，由于参数太多，难以得到优化解，而数据模型可以做到这一点。例如，悬架有限元模型太复杂，很难获取优化参数，而支持向量回归模型可以通过调节间隔带和松弛变量来获取最优的超平面。

（2）客观真实地反映输入与输出的数据关系

机理模型的假设和简化使得计算出来的数据与实际数据可能有偏差，有的偏差很大，所以这些计算结果很难反映真实世界的情况。而数据模型来自真实世界，因此它能够客观地反映出输入和输出的关系，例如支持向量回归模型得到的超平面。

（3）自学习能力

机理模型确定后，输出与输入的关系就确定了，它可以对模型参数进行优化而寻找到问题的最优解，却不能自我学习和演化。数据模型克服了机理模型的缺点，它具备不断学习和演化的自适应能力，即根据新的数据，模型不断自我调整来适应新的环境。数据模型可以通过对新数据的学习来不断迭代模型参数。例如在支持向量回归中，模型用新的数据来更新 w 和 b 并生成新的超平面，更好地预测新的数据场景。

3. 数据模型的缺点

在大数据时代，数据模型应用越来越广，然而它有无法回避的缺点。最大的缺点是这些数据的物理意义不清晰，或它们无法与结构的物理量关联，因此，这些数据很难为结构修改提供清晰的方向。比如，在本章第五节的例子中，用支持向量回归建立起悬架振动和车内噪声数据之间的关联关系，但是很难用这些数据和关联关系来解读它们与部件模态、原点动刚度、衬套刚度等之间的关系。

数据模型的另一个缺点是需要海量数据。只有运用大量数据才能建立起可信的模型，而数据的积累或收集需要时间和成本。

三、悬架机理与数据双驱动模型

机理描述定性问题,而数据解决定量问题。传统上和习惯上,在建立振动与声学模型和汽车模型时,学者们和工程师们采用了机理模型,但是在计算技术高度发达和数据大量产生的今天,数据对这些领域的影响越来越大。如果他们仍然固执地只用机理模型来分析问题,那么将被历史淘汰。机理驱动是根据事物本质特征(如物理特征)构建模型来对系统进行分析的方法,而数据驱动是根据事物的数据构建数据模型来进行系统分析的方法。将机理模型的物理意义和数据模型的大量数据和自学习能力结合起来形成双驱动模型将是分析 NVH 问题的大势所趋,可以在以下方面得到应用。

1. 数据模型的数据用于机理模型的参数识别

在机理模型中,很多参数需要用试验数据来识别,但是过去所使用的数据有限,因此,模型参数只适合于某些特定工况,导致模型的应用局限性大和误差大。如果使用大量数据模型的数据(图 6.45),那么识别的参数将更加准确或者参数可以随着外界环境而自适应变化,因此,机理模型适应范围扩大,或者通过建立参数与数据的关系使得模型应用更广。

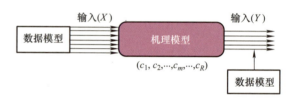

图 6.45 用数据模型的数据来识别机理模型的参数

例如,在本章描述的悬架振动传递模型和多自由度动力学模型中,衬套刚度或阻尼只是一个值;在有限元模型中,刚度或阻尼是一个值或随频率而变化的多个值;这些参数来自部件测试结果,或用输入和输出数据来识别获取。这些参数随着温度、频率和载荷等工况而动态变化,如果参数是常温等特定环境下获取的,那么这些模型的应用范围很窄。要获取这些动态变化参数并不容易,即便在实验室测试得到了部件参数,但在整车上,它们也会变化。对这种情况,引入数据模型,如支持向量回归模型,对大数据进行不同的组合而得到不同的回归模型和数据,再把这些数据引入机理模型中,便可以准确识别各种工况下的参数。有了大量动态参数的机理模型将使得悬架计算结果更加接近汽车的真实运行状况。

2. 数据模型对机理模型进行修正

给机理模型输入,计算输出值并与测试值比较来判定模型的准确性。当模型计算与测试结果不一致时,要寻找模型的错误并不容易。如果采用数据模型中的中间数据来与模型计算的中间结果比较,那么寻找模型错误就容易得多,即将模型分层级来验证,如图 6.46 所示。例如悬架振动传递模型中,除了轮心或转向节振动输入和车内噪声输出数据外,还有结构中间数据,如控制臂振动、车身振动等,作为验证数据。当机理模型计算的中间数据与数据模型的数据有差异时,可以分层级地修改机理模型参数,如 c_m。在某种程度上,这种通过数据来修改模型的方

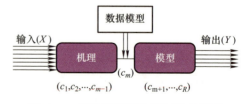

图 6.46 用数据模型来修正机理模型

法是一种强化学习。

3. 数据模型中的数据用作机理模型的边界或约束条件

在建立模型或模型识别时，可以将中间数据作为一个边界条件或约束条件，即用数据模型提供的数据来约束机理模型的计算结果。比如在悬架机器学习模型中，将悬架振动数据作为机理模型的边界条件，一旦计算结果超出了数据范围，就修改模型。

4. 数据模型使得机理模型从黑盒子变成灰盒子

假设机理模型有参数 $(c_1,c_2,\cdots,c_m,\cdots,c_R)$，如果将数据模型迭代进入机理模型，用数据取代一部分变量，就会使得模型的自由度降低，参数减少为 $(c_1,c_2,\cdots,c_m), m<R$，如图 6.47 所示。机理模型的部分未知量变成已知量，原来的黑盒子模型变成灰盒子模型，从而简化计算。比如本章描述的麦弗逊悬架传递模型包含几十个未知量，展开式（6.24）所描述的传递矩阵非常复杂。如果用数据取代一部分未知量，降低机理模型的自由度，那么计算将大大简化。

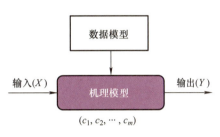

图 6.47 数据模型迭代进入机理模型使得它变成灰盒子

5. 数据模型帮助构建更加复杂、更接近实际的机理模型

采用了数据模型的数据之后，一个复杂模型的很多未知变量变成已知量，计算量会大大降低。这样，机理模型可以构建得很复杂，甚至无限接近实际，在数据模型介入下，未知变量可以控制在有限范围内。比如，一个 30 个自由度悬架模型远比 7 自由度模型更加接近实际悬架，但是 30 个自由度模型比 7 自由度模型求解难度大得多。如果引入数据模型使得 30 自由度模型中的 23 个未知量变成已知量，它就降维成一个高精度的 7 自由度模型。

总之，机理模型与数据模型结合的双驱动模型不仅仅在工程界，而且在数学界，都是一个新的研究方向，越来越多的工程专家和应用数学家在进军这个领域。在本书中，作者从悬架模型的角度抛出了一些自己的思考，供读者参考，期望更多的同行一起来探索。

第七节　悬架模态分析

了解悬架模态的目的是使得悬架与轮胎和车身解耦，分析悬架模态与车内噪声的关系。悬架模态包括跳动模态、整体模态和局部模态。

一、悬架跳动模态

悬架跳动模态是一种悬架整体运动的模态，其频率在 20Hz 以下。它主要影响乘坐舒适性，因此单独将之归为一类。跳动模态又分为同步跳动模态和异步跳动模态。

1. 同步跳动模态

在某个频率下，悬架与车轮组成一个整体，左边和右边以相同相位沿垂直方向运动的模态被称为同步跳动模态，如图 6.48 所示。乘用车前悬架同步跳动模态频率范围在 11～18Hz 之间，后悬架同步跳动模态频率范围在 9～16Hz 之间。

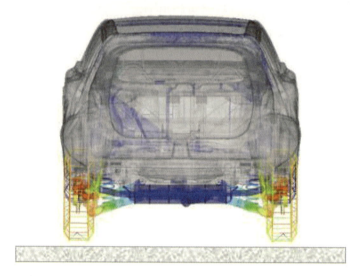

图 6.48 悬架同步跳动模态

2. 异步跳动模态

在某个频率下，悬架与车轮组成一个整体，左边和右边以相位相差 180°沿垂直方向跳动的模态被称为异步跳动模态，如图 6.49 所示。乘用车前悬架异步跳动模态频率范围在 12～18Hz 之间，后悬架异步跳动模态频率范围在 12～16Hz 之间。

跳动模态的频率一般在 9～18Hz 之间，不在人听力感知频率范围，它主要影响乘坐舒适性。尽管跳动模态对路噪没有直接影响，但是当它与车身板共振时，板发出的次声波可能引起人体不适，另外，不好的乘坐舒适感也会让乘客抱怨路噪性能不好。

二、悬架整体模态

1. 模态振型

整体模态是指悬架在 20Hz 以上呈现整

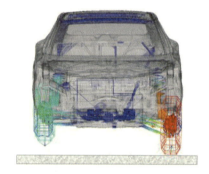

a) 后视图

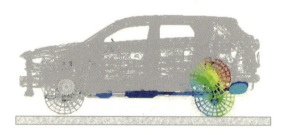

b) 侧视图

图 6.49 悬架异步跳动模态

体运动形态的模态。前悬架和后悬架是相互独立的，因此整体模态分为前悬架整体模态和后悬架整体模态。

按照模态形态来分类，整体模态分为刚体模态、弯曲模态（垂向弯曲、纵向弯曲和横向弯曲）、扭转弯曲模态、复合模态等。

刚体模态是指悬架在某个频率下以刚体运动的形态，它频率偏低。

垂向模态是指悬架与车轮组成一个整体，沿着垂向运动的模态，以弯曲模态为主。一个麦弗逊悬架的垂向模态、一个 E 形多连杆悬架的垂向模态和一个扭力梁悬架的垂向模态分别如图 6.50a ~ c 所示。悬架整体垂向模态频率一般在 20 ~ 30Hz 之间，它主要影响乘坐舒适性。

纵向模态是指悬架与车轮组成一个整体，沿着纵向（车的前后方向）运动的模态，以弯曲模态为主。双叉臂悬架的纵向模态和扭力梁悬架的纵向模态分别如图 6.51a 和 b 所示。悬架整体纵向模态频率一般在 20 ~ 50Hz 之间，它会与车身板模态耦合，引起轰鸣声。

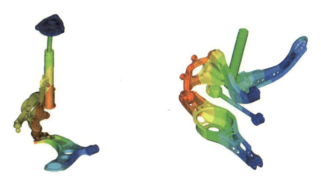

a) 麦弗逊悬架　　　　b) E 形多连杆悬架

c) 扭力梁悬架

图 6.50　悬架垂向模态

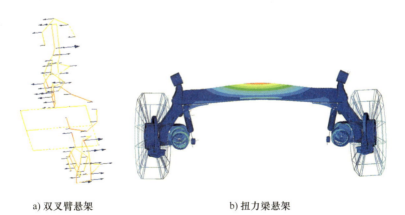

a) 双叉臂悬架　　　　b) 扭力梁悬架

图 6.51　悬架纵向模态

横向模态是指悬架与轮辋组成一体，在横向（车的左右方向）做运动的模态，以弯曲模态为主。一个麦弗逊悬架的横向弯曲模态和一个 E 形多连杆悬架的横向弯曲模态分别如图 6.52a 和 b 所示。弯曲模态的频率在 100Hz 以上，它可能与车身板和声腔模态耦合，引起车内轰鸣声。

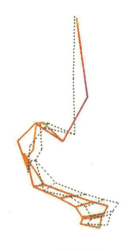
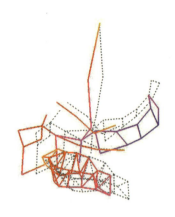

a) 麦弗逊悬架　　　　　　　　　b) E形多连杆悬架

图 6.52　悬架横向弯曲模态

扭转模态是指悬架和轮辋做扭转运动的模态。一个扭力梁的扭转模态如图 6.53 所示。

2. 频率分布统计

表 6.2 列出了一些前悬架（麦弗逊悬架和双叉臂悬架）模态频率统计值。表 6.3 列出了一些后悬架（五连杆悬架、E形连杆悬架和H形悬架）的模态频率统计值。

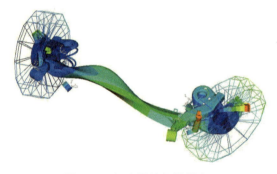

图 6.53　扭力梁的扭转模态

表 6.2　前悬架模态频率统计值　　　　　　　　（单位：Hz）

悬架类型	垂向模态	纵向模态	横向模态
麦弗逊悬架	13~36	20~90	60~260
双叉臂悬架	15~21	25~45	>110

表 6.3　后悬架模态频率统计值　　　　　　　　（单位：Hz）

悬架类型	垂向模态	纵向模态	横向模态
五连杆悬架	20~22	42~55	120
E形连杆悬架	15~27	23~78	70~280
H形悬架	20~30	49~92	101~160

悬架垂向模态频率比较低，一般低于30Hz，而顶棚大平面板和地板大平面板法向振动沿着垂向，模态频率也比较低，因此悬架与顶棚和地板在垂向存在振动耦合的可能。

悬架纵向模态频率统计值在 20～90Hz 之间，而纵向振动的背门、行李舱盖板频率多数也在这个频率范围内，因此它们与悬架纵向模态存在耦合的可能。

悬架横向模态频率比较高，大多数高于100Hz，高于做法向振动的门板和侧围板的频率,因此,悬架与车身在横向耦合的概率不高。但是轮胎横向模态频率与悬架横向频率有较大的重叠范围,因此它们可能耦合。

在前悬架中,两种悬架的垂向模态频率比较低,主要影响着乘坐舒适性。双叉臂的第一阶横向模态频率比麦弗逊悬架高,因此它横向操控性好于麦弗逊悬架。麦弗逊悬架的横向模态频率与轮胎横向模态频率重叠率高于双叉臂悬架,因此双叉臂悬架与轮胎的横向解耦更好。

三、悬架局部模态

局部模态是指某个部件(如摆臂、减振器、弹簧、副车架)在某个频率下的运动形态。局部模态的形式也有垂向模态、纵向模态、横向模态、扭转模态,以及复杂的空间模态形式。图 6.54 给出了麦弗逊悬架中减振器弯曲模态(图 a)和 E 形多连杆悬架的后纵臂横向侧偏模态(图 b)。

当局部模态与悬架整体耦合时,会带来共振,振动在悬架传递中被放大。即便悬架局部模态与悬架整体模态不耦合,却与车身模态耦合,悬架的局部振动也会传递到车身而引起板振动,甚至辐射出噪声。

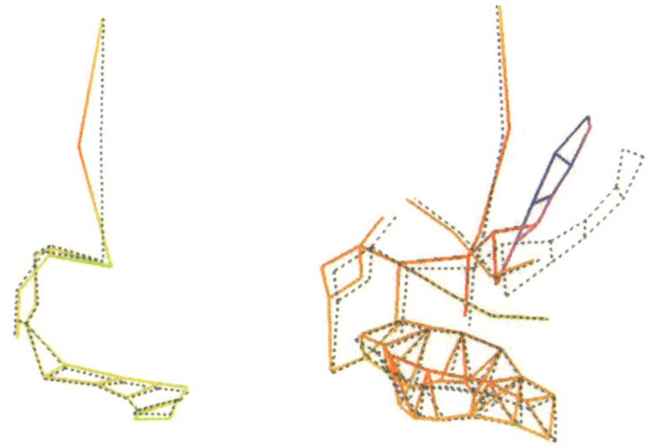

四、副车架模态

副车架是悬架的一部分,其模态属于局部模态,但是它具有独特性,因此把它单列出来。它的独特性在于它承载了路面和动力系统的激励,而它的垂向模态频率通常在这两个激励的频率范围内,因此副车架会被激励引起共振。

副车架也有垂向模态、纵向模态、横向模态、扭转模态,以及复杂的空间模态形式,如图 6.55 为一个蝶形副车架的垂向弯曲模态。副车架的垂向尺寸最小,导致垂向刚度低和模态频率低,所以垂向模态是副车架最重要的模态。

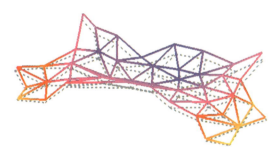

a) 麦弗逊悬架中减振器弯曲模态　　b) E形多连杆悬架的后纵臂横向侧偏模态

图 6.54　悬架中的局部模态图

图 6.55　蝶形副车架的垂向弯曲模态

表 6.4 列出了一些副车架的模态频率统计值。前副车架主要有框形和蝶形结构,绝大部分框形副车架与车身之间是柔性连接,而绝大部分蝶形副车架与车身之间是刚性连接。

柔性副车架除了有弹性体模态之外,还有刚体模态,频率范围在 50~100Hz 之间。四缸发动机转速从 1000r/min 到 3000r/min 对应的 2 阶发火频率在 33~100Hz 之间,这与副车架模态频率有相当多重叠区域，因此，采用柔性副车架有利于衰减路噪，但是可能恶化加速噪声，第七章将详细阐述这个问题。

表 6.4　副车架模态频率统计值　　　　　　　　　　（单位：Hz）

悬架类型	刚体模态	第一阶模态	第二阶模态
柔性前副车架	50~100	110~120	140~150
刚性前副车架		100~130	110~170
柔性后副车架	40~140	100~190	120~210
刚性后副车架		130~200	150~220

第八节　悬架模态控制

悬架处于轮胎和车身之间，悬架与轮胎模态耦合和悬架与车身模态耦合是导致结构声路噪的原因之一，而且这些耦合出现的情况非常多。在车型开发前期，制定轮胎-悬架-车身模态分布表是结构声路噪控制的基础。如果出现了耦合现象，就必须修改这些结构。至于修改轮胎或悬架或车身，取决于产品开发的进度和成本。通过改变悬架模态来抑制结构声路噪的方法有改变悬架模态、降低悬架输入车身的能量等。改变悬架模态的方法有提高悬架部件刚度、增加动态吸振器和质量块等。

一、悬架模态问题识别

悬架模态控制的前提是要识别出对结构声路噪有贡献的悬架和部件，识别方法有贡献源分析方法和频率比较法。

1. 贡献源分析方法

为了识别悬架振动对车内噪声的贡献，可以使用第二章介绍的多重相干分析（MCF）、传统传递路径分析（TPA）、运行工况传递路径分析（OTPA）等方法。通过分析声音信号和振动信号之间的关系，找到对车内贡献噪声的悬架部件。

例如，某车车内有明显的隆隆声，主要峰值频率为86Hz、115Hz 和207Hz。首先分析车内噪声与四个悬架转向节振动之间的多重相干系数，如图6.56 所示，表6.5 列出了三个频率下的相干系数。

由表6.5 可知，这三个频率下，后悬架振动与车内噪声的相干系数远远大于前悬架，所以后悬架是贡献源。进一步分析车内噪声与后悬架每条传递路径和车身连接点振动之间的多重相干系数，如图6.57 所示。从图中列出的三个频率下的相干系数可以得知，86Hz 声音的主要传递通道是后悬架阻尼器，115Hz 声音主要贡献来自后悬架阻尼器和后桥衬套后，207Hz 的贡献来自后悬架阻尼器、后桥衬套和后弹簧。

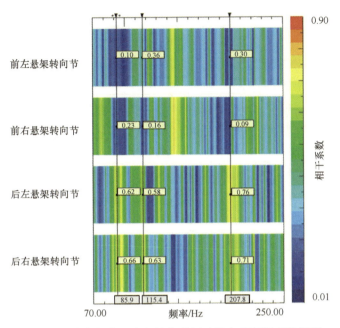

图 6.56　某车车内噪声与转向节振动的多重相干系数图谱

表 6.5　某车车内噪声与转向节振动的多重相干系数

频率	前左悬架转向节	前右悬架转向节	后左悬架转向节	后右悬架转向节
86Hz	0.10	0.23	0.62	0.66
115Hz	0.36	0.16	0.58	0.63
207Hz	0.30	0.09	0.76	0.71

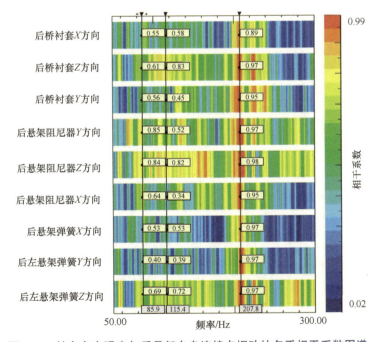

图 6.57　某车车内噪声与后悬架车身连接点振动的多重相干系数图谱

2. 频率比较法

在汽车开发过程中，为了快速地分析和解决问题，工程师们习惯于将两个信号放在一起比较，不去纠结它们内在的机理关系，只是通过数据关系来快速识别问题，然后再用试错方法来证明他们的分析结果。为了快速地找到车内噪声与悬架振动的关系，工程师们通常这样做，即将车内噪声信号和悬架振动信号从频率上比较，观察是否在同一频率下两个信号都存在峰值。如果存在共同峰值，他们会采用试错的方法来改变悬架模态（如在悬架上加质量块），再观察这两个信号的变化。如果信号发生了变化，比如加质量块之后，车内噪声峰值明显降低，那么就可以判断悬架模态对这个峰值的车内噪声有贡献。我们把这种方法称为频率比较法。尽管这种方法缺乏理论支撑，但是对工程开发非常有用。

例如，某车在粗糙路面上行驶时，出现了123Hz的轰鸣声，而悬架有123Hz模态。将车内噪声与悬架振动曲线放在一起，这个频率下都存在峰值，因此悬架可能是贡献源。为了进一步确定，在悬架上加一个质量块来抑制悬架振动，123Hz振动和车内噪声峰值同时降低，如图6.58所示，因此，就可以判断悬架是这个轰鸣声的贡献源。

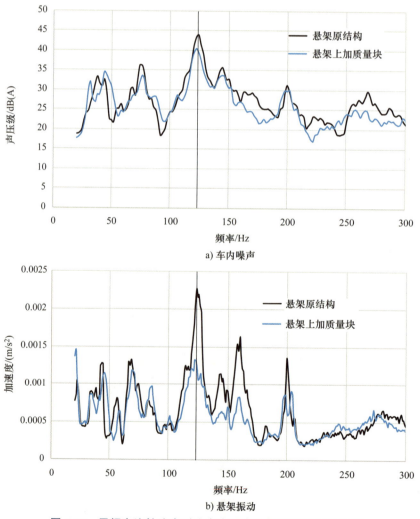

图 6.58　用频率比较法来对比车内噪声和悬架振动峰值频率

二、悬架模态规划

模态规划表是悬架 NVH 设计的基石，它引导着悬架结构开发并给相关系统开发提供参考。悬架与轮胎、车身和动力总成连接，因此悬架模态规划表包括悬架整体模态和部件模态、轮胎结构模态和声腔模态、车身结构模态和车内声腔模态频率、路面和动力总成激励频率，见表 6.6。

表 6.6　悬架模态规划表

系统	部件	模态	频率/Hz
车身	车身结构	整体弯曲模态	
		整体扭转模态	
		背门/行李舱盖板模态	
		顶棚模态	
		地板模态	
		……	
	车身声腔	声腔模态	
悬架	前悬架整体	同步跳动模态	
		异步跳动模态	
		垂向弯曲模态	
		纵向平动模态	
		纵向弯曲模态	
		横向弯曲模态	
	前悬架部件	副车架模态	
		减振器模态	
		摆臂模态	
		……	
	后悬架整体	……	
	后悬架部件	……	
轮胎	轮胎结构	前束模态	
		周向模态	
		径向模态	
		横向模态	
	轮胎声腔	声腔模态	
路面	激励频率		
动力总成	激励频率		

从表 6.6 中，可以解读几个信息。第一是可以看到悬架以及相关系统的模态分布全貌。表是以悬架为核心，中部为悬架整体模态频率和局部模态频率，上部是车身模态频率，下部是轮胎模态频率。从表中，可以清晰地看到悬架与车身和轮胎之间的模态频率关系。第二是可以看到悬架局部模态分布。悬架中的某个局部模态可能会与相连接系统模态产生耦合，如摆臂模态与轮胎声腔模态的耦合。第三是了解路面激励源频率与系统模态频率之间的关系。将主要路面（如光滑沥青路面、粗糙沥青路面和水泥路面）的常用车速下激励频

率放置在表中,就可以看到哪些部件可能被激励起来。

在开发前期,根据以往车型平台,制定一张悬架模态表,以指导悬架 NVH 开发。在开发过程中,悬架工程师、轮胎工程师、车身工程师和供应商既可以相互协作又可以独立工作。每个系统的工程师以模态分布表为指南,并行而独立工作。当遇到系统模态频率冲突时,可以对模态表进行修正,确定可行而经济的修改方案。

在开发后期,当出现由于悬架设计不当而引起的车内噪声和振动问题时,可以根据这张模态表来快速地寻找问题根源,比如模态耦合问题、连接点隔振问题、车身刚度问题等。一旦问题确立,就对有问题的系统或部件进行修改,同时调整表中的模态数据。

三、悬架模态避频控制

1. 避频原则

悬架处在汽车的中间位置,它与轮胎、车身、动力总成相连,因此它与这些系统的避频非常重要。悬架要遵循的几个避频原则如下。

1)悬架与轮胎避频。悬架整体模态与轮胎结构模态和声腔模态避开;悬架局部模态与轮胎结构模态和声腔模态避开。

2)悬架与车身避频。悬架同步跳动/异步跳动模态与车身整体一阶弯曲模态和一阶扭转模态避频、悬架整体模态和局部模态与车身结构及声腔模态避频。

3)悬架部件之间的避频。悬架局部模态与整体模态避频、悬架局部模态彼此避频。

4)轮胎与车身避频。轮胎一阶动不平衡激励频率与车身整体模态避频;轮胎结构模态和声腔模态与车身结构和声腔模态避频。

本书第三章给出了轮胎的模态统计值,包括径向(垂向)模态、横向模态、前束模态和周向模态;第八章将给出车身板模态和声腔模态统计值,板模态包括垂向模态、纵向模态和横向模态,声腔模态包括纵向模态和横向模态。将悬架模态频率分布与轮胎和车身的模态频率分布绘制在一张图上,如图 6.59 所示,便于从模态振型方向和频率范围两个纬度来判定存在耦合的部件,并且可以细化避频原则,更好地解决悬架与车身和轮胎的避频问

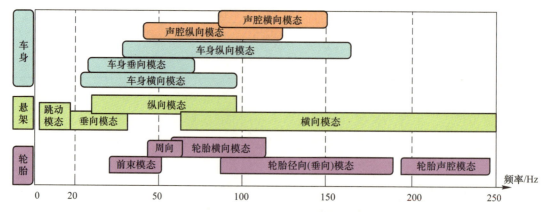

图 6.59 轮胎、悬架和车身的模态频率分布图

题。例如,图中显示悬架纵向模态频率范围与车身板纵向模态和声腔纵向模态频率范围重叠,所以它们存在耦合的可能;悬架垂向模态频率范围与轮胎垂向模态频率范围是分开的,因此它们不可能耦合。

2. 悬架与轮胎避频

当悬架模态与轮胎模态耦合时,必须修改其一,使得两者的模态频率避开。

(1) 改变悬架局部结构

悬架结构的改变包括更换整体悬架型式、改变整体结构和改变局部结构。更换整体悬架型式是从一种悬架类型更换成另一种类型,如从麦弗逊悬架变换成双叉臂悬架。整体结构改变是在悬架类型不变的情况下,对悬架设计进行大的调整,比如对麦弗逊悬架的摆臂、衬套、与副车架的连接位置等进行调整。局部结构改变只是对现有悬架进行小的修改。在汽车开发初期,可以在悬架选型时,更换悬架类型;在开发前期,若发现悬架设计存在大缺陷,可以对其进行大的修改或调整;在开发的中后期,只能对悬架进行部件修改。

例如,在一款车型的开发中期,样车出现了轮胎空腔声,其原因是声腔与悬架模态耦合。如果修改悬架的成本低于修改轮胎,就选择修改悬架。轮胎声腔频率和后悬架纵臂频率分别是200Hz和198Hz,两个模态几乎耦合,导致了车内"嗡嗡嗡"的空腔声。于是在后纵臂中间加了一个300g的套管,如图6.60所示,频率降低为181Hz,与空腔模态频率避开。图6.61为无和有套管时,汽车在粗糙沥青路面上行驶时车内噪声对比。增加套管之后,空腔声峰值降低了6dB(A)。

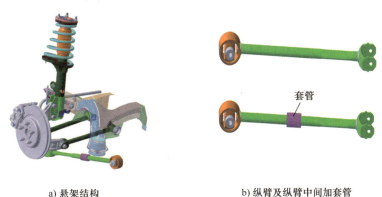

a) 悬架结构　　　　　　　　b) 纵臂及纵臂中间加套管

图 6.60　改变悬架后纵臂局部结构

(2) 改变轮胎

针对悬架模态与轮胎声腔模态耦合带来隆隆声却无法修改悬架或修改成本很高的情况,就选择修改轮胎。修改轮胎的方法有在轮胎内部使用谐振腔或加吸音棉、更换不同尺寸的轮胎、改变轮胎内部材料或结构等。

第三章第九节给出了一个通过修改轮胎结构使得悬架与轮胎避频的例子。在这个例子中,副车架横向模态与轮胎(225/45R19)横向模态在320Hz耦合,导致车内轰鸣声。通过提高轮辋刚度,轮胎模态频率由320Hz提升到454Hz,悬架模态与轮胎模态解耦,隆隆声降低。

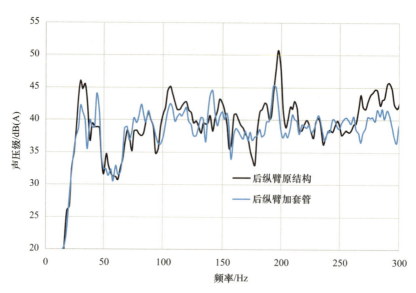

图 6.61 悬架局部结构改变前后的车内噪声对比

3. 悬架与车身避频

悬架模态与车身模态耦合之后，车身振动被放大，特别是车身板振动频率与悬架整体或部件频率一致或接近时，板对车内辐射出巨大声音，引起轰鸣声、隆隆声等。遇到这类问题，要么修改悬架结构，要么修改车身结构。修改悬架的方法有修改局部结构、增加吸振器和／或质量块等；修改车身的方法有提高局部结构的刚度、增加质量块和／或动态吸振器等。

（1）改变车身

在解决结构声路噪问题时，超过一半方案是修改车身结构。第八章"结构声路噪的车身控制"将详细地描述车身控制问题，本章只举一个例子来说明。

某一款车在乡村粗糙路面上以 40km/h 速度行驶时，出现了 30.9Hz 的敲鼓声。采用多重相干分析后，确认后悬架是主要贡献源，其纵向弯曲模态频率为 31Hz，如图 6.62a 所示，而车身背门的弯曲模态是 30.9Hz，如图 6.62b 所示，即悬架与车身耦合，背门板辐射出声音。由于难以改动悬架，因此在背门板上增加质量块和加强连接刚度，敲鼓声峰值降低了 4.5dB(A)，如图 6.63 所示。

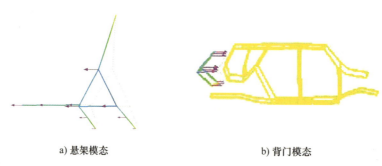

a) 悬架模态　　　　　　　　　b) 背门模态

图 6.62　悬架与车身背门耦合

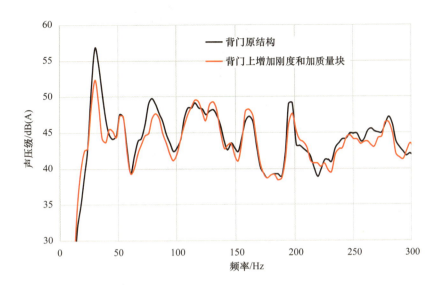

图 6.63　改变车身来降低悬架与车身板耦合带来的敲鼓声：背门加质量块和加强刚度

（2）改变悬架

在不影响其他性能的前提下，通过低成本的方式修改悬架来解决路噪问题是一种选择。例如，有一款车以 60km/h 在粗糙沥青路面上行驶时有低频轰鸣声，经过分析后，找到这个 78Hz 的声音来自后悬架，而车身前风窗玻璃模态为 77Hz，声腔模态为 76Hz，后悬架、车身板和声腔三者耦合。更换风窗玻璃成本高，车内声腔无法改变，所以只能改变悬架。在后摆臂外侧增加一个 0.5kg 的吸振器（图 6.64a）后，这个轰鸣声幅值降低了 10dB(A)，如图 6.64b 所示，这种修改悬架的方式成本低。

4. 悬架部件之间的避频

当悬架的部件相互耦合时，振动会被放大，再传递给车身，因此，部件之间必须解耦。一辆车在粗糙路面上行驶时，车内在 250～350Hz 范围内有隆隆声。经过分析后，确认是后悬架中相互连接的后横臂、后悬前束调整杆和副车架，如图 6.65a 所示，在这个频率范围内有密集的模态重合。后横臂有 264Hz、301Hz 和 337Hz 的模态，副车架有 275Hz、325Hz 和 361Hz 的模态，后悬前束调整杆有 252Hz、307Hz 和 377Hz 的模态。将后悬前束调整杆直径增大 2mm，使得三个部件有一定程度的解耦，这个频段内噪声均方根（RMS）值降低了 3.4dB(A)，如图 6.65b 所示。

四、降低悬架振动能量

悬架振动能量大也是引起结构声路噪的原因。降低悬架振动能量的方法有三种：隔振、增加部件刚度和连接点原点动刚度、在部件上增加动态吸振器或质量块等。第七章"悬架系统隔振控制"将介绍第一种方法，下面讲述后两种方法。

a) 后摆臂外侧增加一个0.5kg的吸振器

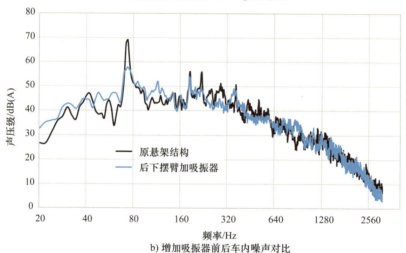

b) 增加吸振器前后车内噪声对比

图 6.64　改变悬架以降低路噪

1. 刚度控制

输入一个系统的功率取决于输入力和响应速度，表达为

$$\varPi = \frac{1}{2}\mathrm{Re}\big[F(\omega)V(\omega)\big] \tag{6.65}$$

式中，F 是作用力；V 是响应速度。

速度为导纳与力的乘积

$$V(\omega) = Y(\omega)F(\omega) = \mathrm{j}\omega\frac{F(\omega)}{K(\omega)} \tag{6.66}$$

式中，Y 为导纳；K 为动刚度。

将式（6.66）代入式（6.65），得到

$$\varPi = \mathrm{Re}\left[\frac{\mathrm{j}\omega}{2}\frac{F^2(\omega)}{K(\omega)}\right] \tag{6.67}$$

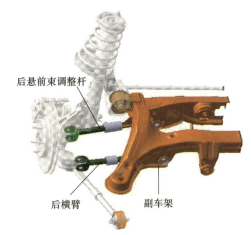

a) 相互连接的后横臂、后悬前束调整杆和副车架

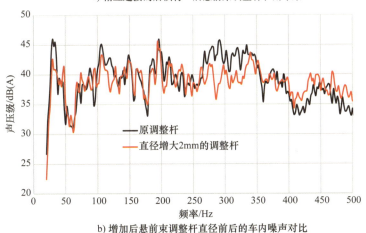

b) 增加后悬前束调整杆直径前后的车内噪声对比

图 6.65 悬架部件之间解耦

当外界输入力 F 一定的时候，输入系统的能量与刚度成反比，因此增加系统的刚度可以降低振动能量。

增加悬架部件刚度的方法有改变部件结构，即重新设计部件使其模态频率提升；增加部件支承，如增加支承梁、焊接支承板或杆件等。图 6.66 给出了增加悬架部件刚度的一些例子，图 a 是在前悬架下摆臂上焊接一块加强板，图 b 是在托臂内部加一个加强板，图 c 是在减振器支柱上端增加加强板并焊接，图 d 是在后悬架摆臂内安装支架。

例如，某车在行驶过程中有明显的"嗡嗡"般的隆隆声，经过传递路径分析后，确定前摆臂模态与轮辋在 310Hz 频率下耦合。在摆臂上焊接一块钢板，如图 6.67 所示，摆臂整体刚度在很宽频率范围内得到提升。图 6.68a 为摆臂上与大衬套连接点的原点动刚度，摆臂模态从 312Hz 提升到 330Hz；图 6.68b 为汽车以 60km/h 速度行驶时的车内噪声比较，摆臂加强后，310Hz 峰值明显降低，隆隆声消除。

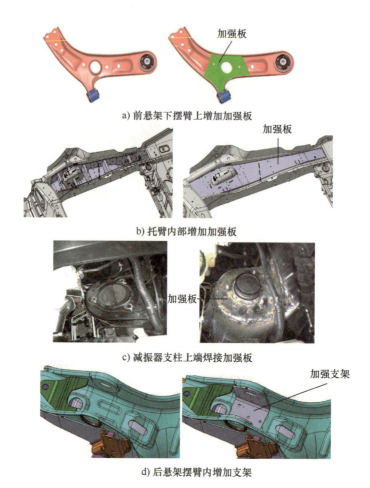

a) 前悬架下摆臂上增加加强板

b) 托臂内部增加加强板

c) 减振器支柱上端焊接加强板

d) 后悬架摆臂内增加支架

图 6.66 悬架部件加强的例子

图 6.67 某车前悬架摆臂加强

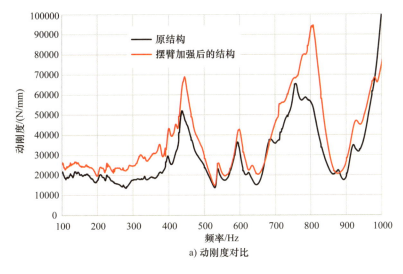

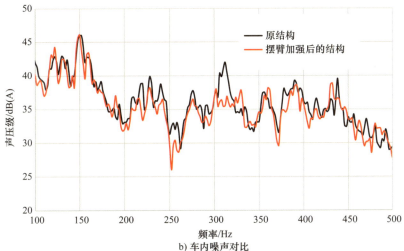

图 6.68 前悬架摆臂加强前后对比

2. 动态吸振器 / 质量块控制

当悬架的某一个频率振动明显时，可以将之视为一个弹簧-阻尼-质量主系统。在它上面增加一个动态吸振器并产生一个与主系统相位相差 180° 的振动来抵消主系统该频率的振动能量。动态吸振器在悬架上得到广泛应用，如图 6.69 所示。

轮胎声腔模态与悬架模态耦合是经常有的现象，为了抑制声腔声，除了第五章介绍的在轮胎内部增加吸声材料、谐振腔等源头控制外，还可以在传递路径上控制，在悬架上加动态吸振器是常用的方法。例如一辆车内有 172Hz 的轰鸣声，确认它的声源来自轮胎空腔，在悬架上加吸振器之后，耦合的 172Hz 峰值降低，如图 6.70 所示。

当动态吸振器的刚度趋于无穷大时，它变成了一个质量块，也可以用来抑制振动能量。用质量块来抑制悬架振动的方法得到了广泛应用，如图 6.71 所示。

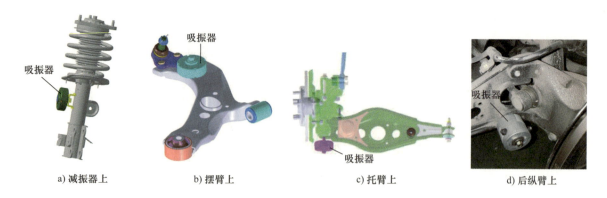

a) 减振器上　　　b) 摆臂上　　　c) 托臂上　　　d) 后纵臂上

图 6.69　悬架上使用的吸振器

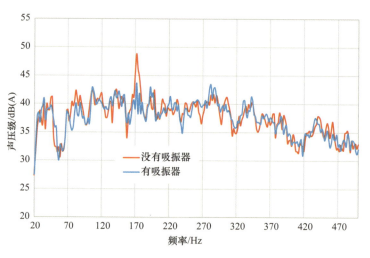

图 6.70　在减振器上加吸振器前后车内噪声对比

图 6.71　悬架上使用的质量块

用吸振器或质量块来抑制悬架振动异曲同工，选择吸振器还是质量块取决于成本与重量，吸振器的重量轻但成本高，质量块便宜但重量大。在车型开发时，成本与重量都是重要因素，两者需求应达到一个平衡。

五、改变悬架型式

悬架型式的改变不仅仅改变了悬架模态，而且改变了悬架力的传递路径数量、传递方式、与车身连接点的位置。在筷子悬架中，悬架由两个横杆、一个纵杆和减振器组成；在 E 形悬架中，悬架有三个横杆、一个纵杆、弹簧和阻尼器；两种悬架的部件与转向节、副车架和车身的连接方式不同，导致了系统模态不同和力的传递不同。例如一辆车的后悬架由筷子悬架（图 6.6a）改为 E 形悬架（图 6.8）之后，车内噪声明显降低，如图 6.72 所示。

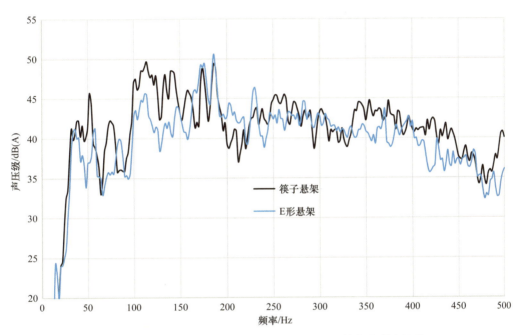

图 6.72　一辆车分别安装筷子悬架和 E 形悬架的车内噪声比较

在平台开发或车型开发初期，市场定位和性能参数确定之后，悬架型式就确定了。在开发过程中，悬架型式几乎不可能变更，更不会因为路噪问题去更改悬架型式。因此，在开发初期，NVH 领域负责人应该把所有与平台或车型相关的 NVH 要求清晰地提出来，并与操控性能等团队进行协商，以便采用低结构声路噪的悬架。

六、副车架模态控制

副车架是连接悬架与车身最重要的部件，或者将副车架视为悬架的一部分。如果它的模态与悬架模态耦合，或与车身模态耦合，都会带来共振问题，从而车内出现轰鸣声或隆隆声等。

与前面讲述的悬架模态控制方法一样，副车架的模态控制包括更换不同结构的副车架、修改副车架结构、改变副车架与车身的柔性或刚性连接方式、增强副车架刚度和连接点刚度、在副车架上加动态吸振器或质量块。

图 6.73a 为一个副车架和增加支架的副车架，图 b 为在一个副车架上焊接钢板，通过修改局部结构来提升副车架刚度。

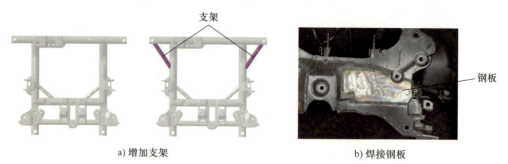

图 6.73　修改局部结构来增加副车架刚度

用动态吸振器和／或质量块来抑制副车架的振动能量也得到了广泛应用，如图 6.74 所示。

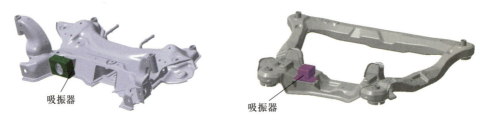

图 6.74　吸振器在副车架上的应用

参考文献

范大力，庞剑，张健，等，2019. 一种基于主传递路径的分层级路噪仿真优化方法 [C]// 中国汽车工程学会年会论文集 . 北京：机械工业出版社 .

付志芳，华红星，2000. 模态分析理论与应用 [M]. 上海：上海交通大学出版社 .

庞剑，谌刚，何华，2006. 汽车噪声与振动：理论与应用 [M]. 北京：北京理工大学出版社 .

上官文斌，陈成峰，李利平，2017. 基于振动功率流的汽车悬架系统隔振性能分析 [J]. 华南理工大学学报（自然科学版），45(2)：23-29.

朱石坚，楼京俊，何其伟，等，2006. 振动理论与隔振技术 [M]. 北京：国防工业出版社 .

周志华，2016. 机器学习 [M]. 北京：清华大学出版社 .

BENAZIZ M, NACIVET S, DEAK J, et al., 2013. Double tube shock absorber model for noise and vibration analysis: 2013-01-1912[R]. Warrendale: SAE International.

DALY M A, 2003. Influence of mount stiffness on body/subframe acoustic sensitivities: 2003-01-1714[R]. Warrendale: SAE International.

DHARANKAR C S, HADA M K, 2011. Investigation into a position-dependent damping for passive vehicle suspension: 2011-26-0114[R]. Warrendale: SAE International.

DROTAR T, PALANDRI J, WOLF-MONHEIM F, et al., 2015. CAE-based driving comfort optimization of passenger cars: 2015-01-1583[R]. Warrendale: SAE International.

GAGLIANO C, MARTIN A, COX J, et al., 2005. A hybrid full vehicle model for structure borne road noise prediction: 2005-01-2467[R]. Warrendale: SAE International.

GANZAROLLI F, 2010. Front suspension LCA bushing optimization: 2010-36-0248[R]. Warrendale: SAE International.

HAYASHI T, 2007. Experimental analysis of acoustic coupling vibration of wheel and suspension vibration on tire cavity resonance: 2007-01-2345[R]. Warrendale: SAE International.

HUANG H B, HUANG X R, DING W P, et al., 2021. Uncertainty optimization of pure electric vehicle interior tire/road noise comfort based on data-driven[J]. Mechanical Systems and Signal Processing, 165: 108300.

HUANG H B, HUANG X R, LI R X, et al., 2016. Sound quality prediction of vehicle interior noise using deep belief networks. Applied Acoustics, 113: 149-161.

HUANG H B, HUANG X R, WU J H, et al., 2019. Novel method for identifying and diagnosing electric vehicle shock absorber squeak noise based on a DNN. Mechanical Systems and Signal Processing, 124: 439-458.

HUANG H B, WU J H, HUANG X R, et al., 2020. A novel interval analysis method to identify and reduce pure electric vehicle structure-borne noise. Journal of Sound and Vibration, 475: 115258.

ICHIKAWA K, 2015. Research on mechanism of change in suspension transfer force in relation to low-frequency road noise: 2015-01-0667[R]. Warrendale: SAE International.

KALDAS M M S, ÇALIŞKAN K, HENZE R, et al., 2012. The influence of damper top mount characteristics on vehicle ride comfort and harshness: parametric study: 2012-01-0054[R]. Warrendale: SAE International.

KIDO I, NAKAMURA A, HAYASHI T, et al., 1999. Suspension vibration analysis for road noise using finite element model: 1999-01-1788[R]. Warrendale: SAE International.

KIDO I, UEYAMA S, 2005. Coupled vibration analysis of tire and wheel for road noise improvement: 2005-01-2525[R]. Warrendale: SAE International.

KIM B S, BAE K I, CHANG S, et al., 2012. Optimal rear suspension design for the improvement of ride comfort and suspension noise: 2012-01-0975[R]. Warrendale: SAE International.

KIM M G, 2011. Transfer function analysis of rear multi-link suspension to improve ride vibration and road noise: 2011-01-1571[R]. Warrendale: SAE International.

KIM M G, JO J S, SOHN J H, et al., 2003. Reduction of road noise by the investigation of contributions of vehicle components: 2003-01-1718[R]. Warrendale: SAE International.

LI C, ZUO S, 2013. Vibration characteristic analysis and optimization of the rear suspension of eccentrical motor driven electric vehicle: 2013-01-0088[R]. Warrendale: SAE International.

NAKAMURA S, MAKI T, SUGIMOTO T, 2011. Study of suspension for reduction road noise[R]. Saitama: Honda R&D Technical Review.

PARK J, GU P, 2003. A new experimental methodology to estimate chassis force transmissibility and applications to road NVH improvement: 2003-01-1711[R]. Warrendale: SAE International.

PARK S Y, PARK D C, YOON K S, et al., 2009. A study of front subframe system optimization for improving vehicle NVH performance: 2009-01-2097[R]. Warrendale: SAE International.

RAO M V, PRASATH R, PATIL S, et al., 2013. Road noise identification and reduction measures: 2013-01-1917[R]. Warrendale: SAE International.

SAFAEI M, AZADI S, KESHAVARZ A, et al., 2014. The refinement of a vehicle NVH performance by optimizing sub-frame mounts: 2014-01-1692[R]. Warrendale: SAE International.

SHIVLE S, ARORA G, 2006. Methodology of road noise analysis and improvement strategy for passenger cars: 2006-01-1094[R]. Warrendale: SAE International.

TSUJI H, MARUYAMA S, ONISHI K, 2015. Reciprocal measurements of the vehicle transfer function for road noise: 2015-01-2241[R]. Warrendale: SAE International.

TSUJI H, TAKABAYASHI S, TAKAHASHI E, et al., 2014. Experimental method for extracting dominant suspension mode shapes coupled with automotive interior acoustic mode shapes: 2014-01-2045[R]. Warrendale: SAE International.

TSUJIUCHI N, KOIZUMI T, NAKAGAWA H, et al., 2007. Dynamic analysis of rolling tire using force sensor and transfer path identification: 2007-01-2254[R]. Warrendale: SAE International.

ZAFEIROPOULOS N, BALLATORE M, MOORHOUSE A, et al., 2015. Active control of structure-borne road noise based on the separation of front and rear structural road noise related dynamics: 2015-01-2222[R]. Warrendale: SAE International.

ZHANG R, WANG X, 2019. Parameter study and optimization of a half-vehicle suspension system model integrated with an arm-teeth regenerative shock absorber using Taguchi method[J]. Mechanical Systems and Signal Processing, 126: 65-81.

第七章 悬架系统隔振控制

衬套在减振器、摆臂、稳定杆、副车架等悬架部件上星罗棋布，实现操控性、舒适性、衰减振动等功能。衬套以橡胶衬套居多，有少量的液压衬套、主动和半主动衬套，是衰减悬架振动最关键的元件。

衬套模型是研究衬套特征的基础，各种线性、非线性和分数导数模型层出不穷。衬套刚度低有利于衰减振动，而刚度高有利于提升操控性。隔振控制的首要任务是找到对振动敏感而对操控性迟钝的衬套，通过降低刚度来提升隔振性能，而不降低操控性能。寻找敏感衬套的方法有刚度判断法、隔振率判断法和灵敏度分析法。

评价衬套衰减振动能量的指标是隔振率，它可以通过模型计算和测量获取。影响衬套隔振性能的因素有衬套结构、尺寸、材料、安装方向、环境温度等，因此衬套隔振控制也从这几个方向入手。副车架衬套有些特别，它除了衰减来自轮胎的振动之外，还要衰减来自动力系统的振动，因此它的设计必须兼顾两者的激励特征。

第一节 悬架系统中的衬套

一、悬架衬套的分布与种类

1. 衬套的分布

衬套是将轮胎与悬架、悬架部件与部件、悬架与车身柔性连接起来的元件。悬架中衬套很多，如摆臂与副车架之间的衬套、减振器与车身之间的衬套、拉杆与车身之间的衬套、副车架与车身之间的衬套、稳定杆与副车架或车身之间的衬套等。图7.1给出了一辆车前悬架和后悬架的衬套分布。

衬套分为橡胶衬套、液压衬套、半主动和主动衬套，其中绝大多数衬套是橡胶衬套。

图 7.1 一辆车前悬架和后悬架中使用的衬套（红色部分）

从结构声路噪传递的角度，衬套是衰减来自路面振动的一种元件，因此它也被称为隔振元件。

2. 橡胶衬套

隔振元件中最常用的是橡胶衬套。橡胶衬套由外管、内管（也称为芯轴）和橡胶体组成，如图 7.2 所示。外管和芯轴一般是金属材料。在金属表面涂上黏合剂，在硫化过程中，橡胶受到挤压，黏合剂与橡胶发生反应，也与金属发生反应，从而使得橡胶与金属紧密结合，形成衬套。近年来，由于汽车轻量化的需求，越来越多的衬套外管和芯轴采用塑料。

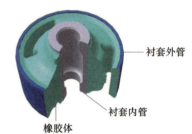

图 7.2 橡胶衬套结构

外管一般是圆框形，芯轴是圆柱形。橡胶体的形状有很多种，如实体、实体与空心体组合、单一橡胶成分、两种或多种橡胶成分。图 7.3a 是实体橡胶，即外圈和中间轴之间充满了橡胶。图 7.3b 是实体和空心体橡胶，即在外圈和中间轴的一部分填满了橡胶，而另一部分空间是空的。图 7.3c 是由两种材料组成的双胶料体，两个方向刚度差异非常大。

除了上述纯橡胶衬套外，还有几种特殊结构，如图 7.4a 所示的带阻尼孔衬套，图 7.4b 所示的带插片衬套。带阻尼孔衬套可以通过孔来调节衬套形状，实现不同方向刚度比，用于前摆臂衬套。带插片衬套是通过插片来调节不同方向的刚度，使得径向和扭转刚度比大，用于后悬架杆系上。

橡胶分天然橡胶（NR）和人工合成橡胶。天然橡胶成分是乳胶，乳胶是从热带橡胶树上提取的乳白色液体，是一种非晶态聚合物。它的分子可以自由运动，因此没有弹性。乳胶只有与硫产生交联反应（或叫硫化作用）之后，使得聚异戊二烯线性分子变成网状高分子，分子链之间的化学键变得更加坚固，才具备弹性。在橡胶中加入填充物，如炭黑，来提高刚度和耐磨性。经过以上工艺处理后的橡胶就可以在工业上应用。

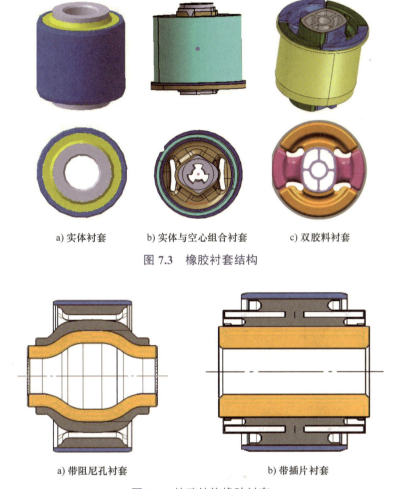

a) 实体衬套　　　　b) 实体与空心组合衬套　　　　c) 双胶料衬套

图 7.3　橡胶衬套结构

a) 带阻尼孔衬套　　　　　　　　b) 带插片衬套

图 7.4　特殊结构橡胶衬套

人工合成橡胶是用有机单体聚合物生产的橡胶。有机单体主要是从石油中提取，也有从天然气和煤炭等物体中提取。合成橡胶在添加了活性填料后也能达到高强度和高弹性，它还具备良好的气密性、耐油和耐高低温等性能。

橡胶有很多优点。第一是弹性模量小、延展性好、恢复变形能力强，用它制成的衬套刚度低，能起到良好的隔振作用。橡胶弹性模量变动范围大，因此衬套刚度变化范围广。第二是在承载大载荷时，出现应力应变迟滞现象，具有黏弹性特征和非线性特征，因此根据载荷大小，衬套可以设计成线性段和几个非线性段。第三是橡胶经过硫化处理后，形成较大的内部摩擦，因此衬套具备大阻尼，容易消耗能量，抑制共振。第四是成型容易，衬套可以制成任意形状。第五是它容易与金属牢固黏合，具备很大的承载能力。

从整体性能来看，天然橡胶的性能优于合成橡胶。天然橡胶具备更好的静态和动态性能、耐寒和耐高温性能、抗老化性能、黏合性能和高强度性能；而且环保，可以再利用；但是它的成本较高。天然橡胶主要用于悬架衬套和发动机悬置；人工橡胶中的丁腈橡胶（NBR）主要用于传动系统衬套，丁苯橡胶（SBR）主要用于轮胎和底盘衬套。

3. 液压衬套

图7.5为液压衬套结构，它由内管和外管、橡胶体、惯性流道组成。在橡胶内部有一个环形的空心流道，里面充满了硅润滑油，提供低频时的高阻尼。液压衬套主要是用来衰减受到路面冲击之后的低频振动，特别是20Hz以下的振动。液压衬套还可以做成半主动衬套和主动衬套。

4. 衬套坐标系

衬套通常是轴对称结构，为了说明三个方向的刚度，这里特定给出了衬套的空间坐标系，如图7.6所示。轴向标记为Z方向，实体方向标记为X方向，空心方向标记为Y方向。而汽车坐标或悬架坐标是按照方位来定义的，沿着车身前后方向为X方向，沿着车身横向定义为Y方向，上下为Z方向。

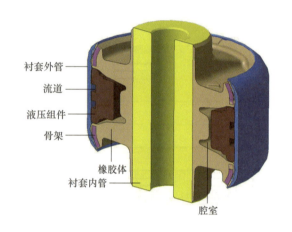

图7.5 液压衬套结构

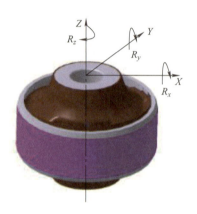

图7.6 衬套的空间坐标系统

二、衬套的功能

衬套将悬架中的摆臂、连杆、副车架、减振器等部件与车身柔性连接起来，承载着车身重量，并把轮胎和悬架的力传递给车身，而且力按照一定规律来分配，满足操纵稳定性（也称为操控性）、路噪和舒适性要求。具体功能如下：

第一，控制操纵稳定性。操纵稳定性是指车辆受到自身和/或环境干扰下，驾驶员通过加速、制动、转向和其他方法使得汽车恢复稳定平衡状态的性能，以及驾驶员按照意图来自由驾驶汽车的性能。操控性主要取决于汽车的动力性和悬架结构的C特性，而C特性由纵向柔度、纵向力变形转向系数、侧向柔度、侧向力变形转向系数、回正力矩变形转向系数等决定。衬套刚度是影响C特性的重要因素，大刚度衬套可以更好地使车身和悬架结合成一体，有利于提升操控性；反之，小刚度衬套使得车身动作滞后于悬架，会降低操控性。

第二，衰减来自轮胎的振动。轮胎传递到悬架的振动经过衬套后被衰减，传递到车身的振动大大降低。衬套刚度越低，阻尼越大，振动被衰减越多，传递到车身的振动越小。衬套尺寸越大，能量被耗散越多，车身振动越小。因此，为了有效地衰减结构声路噪，衬套刚度要尽可能低，而尺寸要尽可能大。

第三，控制乘坐舒适性。乘坐舒适性是低频振动和冲击带给乘员的舒适感受程度。在路面冲击下，人会感受到路面引起汽车的颠簸、跳动、俯仰和侧倾，而这些振动频率与人体结构和器官频率在 $0.5 \sim 20Hz$ 之间重叠，可能引起人体共振而给乘员带来不舒适感。衬套可以衰减来自路面的低频振动，刚度越低，振动衰减越大，但是刚度过低会导致汽车起动、加速、减速、转弯、制动带来的冲击、侧倾等问题，又导致乘坐舒适性差，因此对乘坐舒适性而言，衬套低频刚度应该控制在一定合理范围内。适当的衬套刚度会使得某些悬架振动传递到人体，而人感受到与车融为一体，这会提升驾驶员的驾驶娱乐感。大阻尼可以更好地衰减低频振动，有利于乘坐舒适性。

为了同时满足操控性、衰减振动和乘坐舒适性的要求，衬套刚度需要平衡设计。操控性和降低振动与路噪对衬套的要求彼此矛盾，而乘坐舒适性和路噪对衬套的要求基本上一致。从满足三种性能的角度，衬套可以分成三类：只影响操控性的衬套、只影响路噪的衬套、同时影响操控性和路噪的衬套。只影响操控性的衬套，刚度要尽可能大；只影响路噪的衬套，刚度要尽可能低。同时影响操控性和路噪的衬套，刚度需要平衡设计，在这类衬套中，有的衬套三个方向的刚度影响一个功能，而有的衬套某个方向刚度影响操控性而不影响路噪，反之一样。图7.7为路噪、操控性和舒适性对衬套刚度和频率需求分布的示意图。

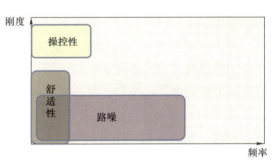

图7.7 路噪、操控性和舒适性对衬套刚度和频率需求分布的示意图

三、麦弗逊悬架中的衬套

图7.8为一个麦弗逊悬架中的衬套分布图。衬套包括摆臂大衬套、摆臂小衬套、前支柱上衬套和稳定杆衬套。

摆臂主要起传递力和导向作用。摆臂上有三个连接点，一个连接点通过球铰衬套与转向节连接，两个连接点用衬套与副车架连接。摆臂大衬套轴向沿着汽车的垂向，实体方向沿着前后方向或与之成一个小夹角，空心方向沿着横向或与之成一个小夹角。大衬套尺寸比较大，其轴向刚度小，因此能够很好地衰减汽车垂向振动。径向空心方向刚度比轴向大 $2 \sim 3$ 倍，实体方向刚度比轴向大 $3 \sim 5$ 倍，因此，它能够衰减横向和前后方向的振动，同时保持两个方向的稳定性。

摆臂小衬套是轴对称的实体结构，体积比大衬套小，轴向沿着汽车的前后方向。它的径向刚度值非常大，超过 $20000N/mm$，所以它能保证汽车上下和横向的操纵稳定性。它的轴向刚度与大衬套的径向刚度接近，因此它能够与大衬套一起衰减悬架前后方向的振动。

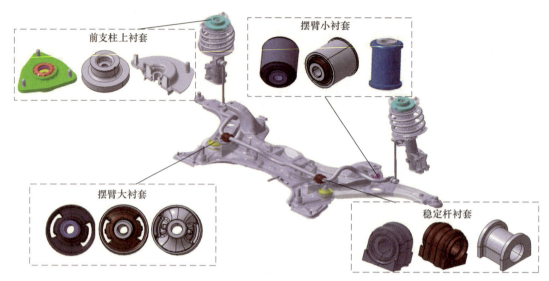

图 7.8 麦弗逊悬架中的衬套分布

减振器支柱下端与转向节连接,上端与车身连接。支柱上端与车身之间有一个轴对称结构的减振衬套(支柱上衬套),一端与减振器支柱连接,另一端与车身连接。它的轴向刚度值在 1000～1500N/mm 之间,而径向刚度大约是轴向的 2 倍,因此它可以衰减汽车三个方向的振动。

稳定杆衬套是一个轴对称结构,其径向刚度非常大,超过 15000N/mm,因此,它的主要作用是防止车身产生过大的横向倾斜。该衬套轴向刚度在 1000～2000N/mm 之间,使得它在汽车横向有一定位移,并起到一些减振作用。

在麦弗逊悬架中,汽车上下方向的振动主要由摆臂大衬套衰减,其次是减振器上衬套。在汽车前后方向,小衬套轴向刚度、大衬套径向刚度和减振器上衬套刚度相当,它们共同衰减汽车前后方向的振动。在汽车横向,大衬套是衰减振动的主要衬套,其次是支柱上衬套。

四、扭力梁悬架中的衬套

扭力梁后悬架衬套包含后桥衬套、阻尼器上衬套和下衬套、螺旋弹簧上衬垫和下衬垫,如图 7.9 所示。

后桥衬套将摆臂与车身纵梁连接,它通常是一个对称结构,轴向与汽车横向一致或形成一个小夹角。它的尺寸比较大,轴向动刚度只有 300～600N/mm,是衰减悬架横向振动的主要衬套。径向空心和实体方向动刚度在 1000～2000N/mm 之间,因此,它也衰减前后和上下方向的振动,同时起到一定的限位作用。

阻尼器上下各有一个衬套,结构类似,都是轴对称结构。两个衬套的轴向刚度都比较低,上衬套刚度更小,因此它们起到衰减悬架垂向振动的作用。两个衬套径向刚度适中,起到衰减振动和限制位移的功能。螺旋弹簧上下各有一个衬垫,上衬垫略厚于下衬垫。

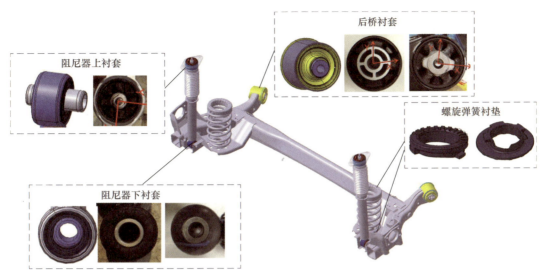

图 7.9　扭力梁后悬架衬套分布

在扭力梁悬架中,后桥衬套是对路噪最为敏感的衬套。

五、多连杆式后悬架衬套

图 7.10 给出了一个三连杆式后悬架衬套分布图,包含纵向连杆衬套、横向拉杆衬套、前束连接杆衬套、减振器支柱上衬套和螺旋弹簧下衬垫。

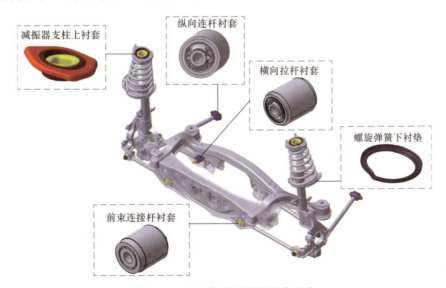

图 7.10　三连杆式后悬架衬套分布

纵向连杆衬套是实体与空心结合的对称结构,轴向和空心方向的动刚度很低,为 400～800N/mm,而实体方向的动刚度比空心方向动刚度大 5～7 倍。它起到衰减振动的作用。

横向拉杆衬套是实体对称结构,其径向动刚度非常大,超过 25000N/mm,它的作用是实现好的操控性能。其轴向动刚度约为 1500N/mm,即在轴向有小位移运动。

前束连接杆衬套是实体对称结构，其径向动刚度接近 10000N/mm，它的作用是实现好的操控性能。其轴向动刚度约为 7000N/mm，即在轴向有微小位移运动。

减振器支柱上衬套和螺旋弹簧下衬垫的功能是减振。

六、E 形后悬架衬套

E 形后悬架衬套包含纵臂衬套、前束调节杆衬套、摆臂衬套、横向控制臂衬套和阻尼器衬套，如图 7.11 所示。

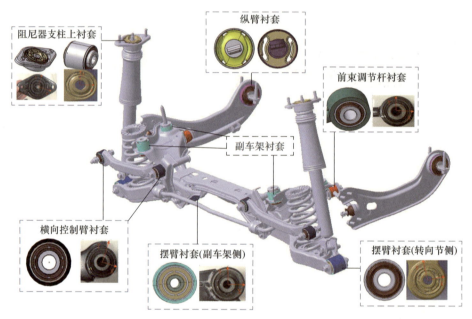

图 7.11　E 形后悬架衬套分布

纵臂衬套为实体与空心结合的圆形结构，其轴向动刚度很低，只有 250～400N/mm，沿着汽车的横向；空心方向动刚度也很低，在 300～600N/mm 之间，实体方向刚度适中，因此，这是 E 形后悬架中最主要的隔振衬套。

前束调节杆衬套是实体轴对称结构，其径向动刚度非常大，超过 20000N/mm，它的作用是实现好的操控性能。其轴向动刚度约为 2000N/mm，即在轴向有小位移运动。

横向控制臂上有两个衬套，都是实体轴对称结构，有的衬套内部还有金属环形骨架，其径向动刚度非常大，超过 20000N/mm，它的作用是实现好的操控性能。其轴向动刚度约为 1000N/mm，即在轴向有小位移运动。

摆臂上有两个衬套，一个与制动器连接，另一个与副车架连接。这两个衬套都是实体轴对称结构，其径向动刚度很大，超过 10000N/mm，它的作用是实现好的操控性能。其轴向动刚度在 600～1000N/mm 之间，即在轴向有位移运动。

阻尼器上下各有一个衬套，它们都是轴对称结构。上衬套轴向动刚度比较低，在 600～1800N/mm 之间，起到良好的衰减振动作用。下衬套径向刚度大，达到 8000N/mm，轴向刚度适中。下衬套主要功能是限位，轴向有一定衰减振动的作用。

七、副车架衬套

图 7.12 所示为框形副车架、蝶形副车架和一字形副车架中的衬套。每个副车架上都有四个衬套，衬套在车架的边缘。衬套外圈与副车架牢固地连接，而中间轴与车身连接。

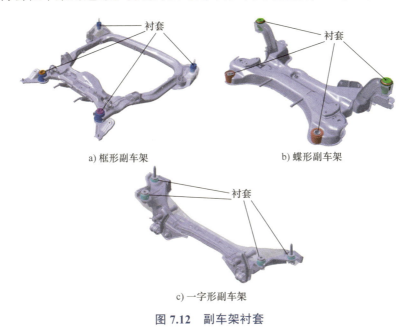

图 7.12　副车架衬套

副车架与悬架摆臂、动力总成悬置和车身相连接。它承载着动力总成和车身重量，承受着来自路面和动力总成的激励，同时还要承受汽车横摆、制动等操控动作带来的冲击。这些功能需求对副车架刚度要求很高，即要同时满足衰减路噪和动力总成振动并保持良好操控性的要求。

第二节　衬套刚度特征

一、静刚度

衬套刚度是控制路噪最重要的因素。刚度分成静刚度和动刚度。静刚度是指在施加静态力后，衬套位移发生变化而具备的刚度。静刚度（K_s）表达为

$$K_s = \frac{F_s}{x_s} \quad (7.1)$$

式中，F_s 和 x_s 分别是施加在衬套上的静态力和对应的位移。

图 7.13a 是一个衬套的力-位移测试曲线，在（0±5）mm 内，刚度呈现线性特征，而超出这个范围，刚度是非线性的。将图 7.13a 曲线用图 7.13b 理想曲线来表征，将刚度曲线分为线性段和非线性段。在轻载荷下，衬套位移与施加力（或应变与应力）呈现出线性关系。这种线性关系表征了衬套的弹性特征，可以用杨氏模量来表示。当载荷大到某个值之后，橡胶在外圈和中间轴之间受到了较大的挤压或拉伸，位移与力的线性关系消失，即刚度呈现非线性特征。非线性是由于橡胶与金属约束面之间的约束作用形成的。在极限工况下，衬套承载力极大，因此衬套刚度急剧增加。通过改变衬套的结构、材料和硫化工艺可以改变刚度。

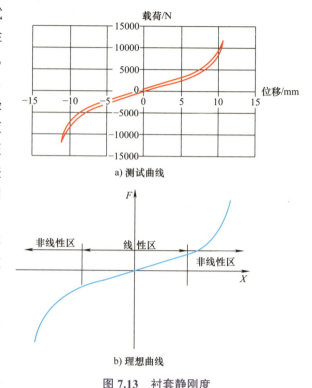

图 7.13 衬套静刚度

表 7.1 给出了大量汽车在不同路面上以不同速度（50km/h、65km/h 和 80km/h）行驶时，一些悬架衬套在不同频率范围内的位移统计值。在常用路面（水泥路和沥青路）和平稳驾驶情况下，衬套位移小于 1mm，因此，它在线性区域内工作。只有当遇到明显的冲击路面、严重的破损路面、极限工况等情况时，衬套位移有可能进入非线性区域。

在水泥路面上行驶时的衬套位移是在光滑沥青路面上的 3~5 倍。随着车速的增加，衬套的工作位移增加；随着频率增加，位移逐渐降低。

表 7.1 悬架衬套的位移统计值

路面	车速/(km/h)	工作位移（1~50Hz）
水泥路面	50	0~0.2mm
	65	0~0.3mm
	80	0~0.3mm
粗糙沥青路面	50	0~0.6mm
	65	0~0.8mm
	80	0~1mm

二、动刚度

橡胶是非线性黏弹性材料，内部摩擦阻尼使其应变滞后于应力。在加载循环过程中，在应力-应变曲线或力-位移曲线上，加载和卸载的曲线不同，如图 7.14 所示，这种现象称为迟滞现象。加载和卸载曲线形成一个迟滞环，其面积为耗散的能量（热能），这说明橡

胶具备阻尼特性。因此，橡胶动刚度为复刚度，表达为

$$K_d(\omega) = K_R(\omega) + jK_I(\omega) = K_R(\omega)(1+j\eta) \tag{7.2}$$

式中，K_R 是刚度的实部，为储能刚度；K_I 是刚度的虚部，为耗能刚度；η 为损耗因子。

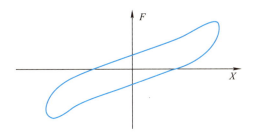

图 7.14　橡胶材料加载力－位移曲线（迟滞环）

从能量的角度看，实部刚度是存储能量刚度，当橡胶变形恢复后，能量得到释放。虚部刚度是损失刚度，当变形恢复后，虚部刚度消耗了橡胶内部的动能并转换成热能。

损耗因子表达为

$$\eta = \frac{K_I}{K_R} = \tan\theta \tag{7.3}$$

式中，θ 为损失角或阻尼角。

动刚度的幅值为

$$|K_d(\omega)| = \sqrt{K_R^2(\omega) + K_I^2(\omega)} \tag{7.4}$$

动刚度的阻尼角为

$$\theta = \arctan\frac{K_I}{K_R} \tag{7.5}$$

动刚度是频率的函数，即它随着频率变化而变化；而静刚度则是一个固定的值，当载荷一定时，静刚度是一个定值。动刚度可以用幅值和阻尼损失角来表示，幅值表示刚度的大小，损失角表示衬套的内部阻尼大小。

图 7.15 为一个橡胶衬套在不同位移预载力下的动刚度，即动刚度与载荷有关。载荷越大，动刚度越小。动刚度还与频率有关，随着频率增大，动刚度变大。

图 7.16 为一个液压衬套在不同预加载位移下测量得到的动刚度和阻尼角。动刚度不仅随着频率变化，而且与预加载力或位移有关系。位移越小，动刚度幅值越大，如图 7.16a 所示；在共振区域内，位移越小，阻尼角越大，如图 7.16b 所示。液压衬套的阻尼角大，而橡胶衬套的阻尼角小。

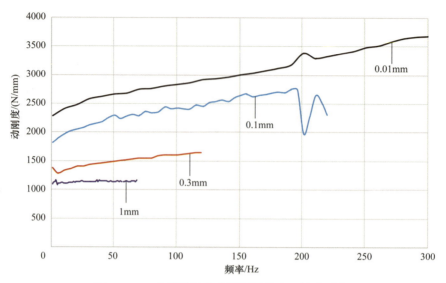

图 7.15　一个橡胶衬套在不同预载力下的动刚度

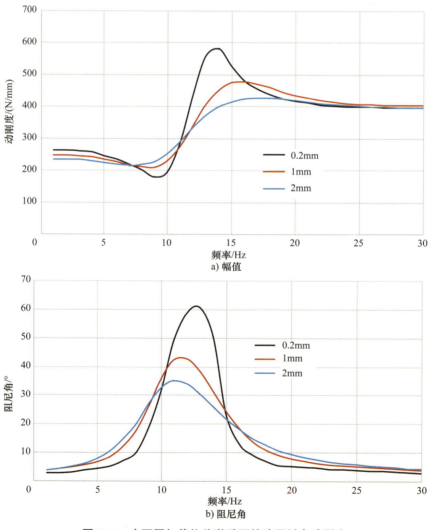

图 7.16　在不同加载位移激励下的液压衬套动刚度

三、动静比

衬套静刚度决定了其承载能力,而动刚度决定了它的动态特征,特别是隔振性能。衬套设计时,必须同时考虑静刚度和动刚度。动刚度与静刚度的比值称为动静比,表达为

$$\mu = \left| \frac{K_d}{K_s} \right| \quad (7.6)$$

衬套承载重量,静刚度必须足够大。当静刚度确定后,动静比越低,则动刚度越小,反之亦然。在满足静态承载的情况下,动刚度小表征其隔振效果好,因此,动静比是衡量一个衬套好坏的重要指标。

衬套动刚度取决于橡胶材料、配方、硫化参数和物理结构,同时还受到使用环境(如温度)的影响。环境温度对衬套动刚度影响比较大。温度越低,橡胶材料越硬,刚度越高。

四、悬架衬套刚度统计数据分析

有的悬架衬套主要用于操控,有的主要用于隔振,有的对操控和隔振都有影响,而影响操控和隔振性能的指标主要是衬套刚度。小刚度值(如静刚度值小于1000N/mm,或动刚度值小于2000N/mm)衬套的功能是隔振,大刚度值(如静刚度值大于4000N/mm,或动刚度值大于8000N/mm)衬套的功能是操控,而中刚度值衬套兼顾了隔振与操控两种功能。有的衬套在某些方向刚度值低而在其他方向刚度值高,因此这种衬套在不同方向具备不同功能。下面列出几种典型悬架衬套的静刚度统计值。

1. 悬架衬套静刚度值

表7.2给出了一组麦弗逊悬架衬套静刚度统计值范围。摆臂大衬套和减振器支柱上衬套刚度低,是决定隔振功能的衬套;稳定杆衬套刚度大,是决定操控的衬套。摆臂小衬套轴向刚度小而径向刚度值大,因此轴向主要功能是隔振,而径向功能是操控。摆臂大衬套是起隔振功能最主要的衬套。

表 7.2 麦弗逊悬架衬套静刚度统计值范围

衬套种类	静刚度/(N/mm)		
	轴向(Z向)	径向	
		X向	Y向
摆臂大衬套	100~500	1000~3000	200~900
摆臂小衬套	>400	>7000	
减振器支柱上衬套	500~1500	1000~3000	
稳定杆衬套	—	>6000	>4000

表7.3给出了一组扭力梁悬架衬套静刚度统计值范围。后桥衬套和阻尼器支柱上衬套刚度低,是决定隔振功能的衬套;阻尼器支柱下衬套轴向刚度小而径向刚度值大,因此轴向主要功能是隔振,而径向功能是操控。弹簧衬垫是一个薄层橡胶垫片,硬度在60~75HA之间,起到减振作用。后桥衬套是起隔振功能最主要的衬套。

表 7.3　扭力梁悬架衬套静刚度统计值范围

衬套种类	静刚度 /（N/mm）		
	轴向（Z 向）	径向	
		X 向	Y 向
后桥衬套	200～500	1000～4400	500～1300
阻尼器支柱上衬套	300～800	600～1600	
阻尼器支柱下衬套	300～1000	2000～5000	
弹簧衬垫	硬度：60~75HA		
弹簧衬垫			

表 7.4 给出了一组三连杆悬架衬套静刚度统计值范围。纵向连杆衬套在轴向和 Y 向刚度低，其作用是隔振，而 X 向刚度值适中，兼顾隔振与操控。横向拉杆衬套和前束连接杆衬套在轴向刚度值低而径向刚度值大，因此其轴向功能是隔振而径向功能是操控。减振器支柱上衬套的轴向有一点隔振功能，而径向的功能是操控。纵向连杆衬套是起隔振功能最主要的衬套。

表 7.4　三连杆悬架衬套静刚度统计值范围

衬套种类	静刚度 /（N/mm）		
	轴向（Z 向）	径向	
		X 向	Y 向
纵向连杆衬套	180～320	1400～2500	310～550
横向拉杆衬套	600～1500	>15000	
前束连接杆衬套	300～700	>7000	
减振器支柱上衬套	1000～3000	4000～9000	

表 7.5 给出了一组 E 形悬架衬套静刚度统计值范围。纵臂衬套三个方向的刚度都低，具备良好的隔振功能。前束调节杆衬套、横向控制臂衬套、摆臂衬套和阻尼器支柱衬套的轴向刚度低而径向刚度高，因此它们在轴向的功能是隔振，而径向的功能是操控。纵臂衬套是起隔振功能最主要的衬套。

表 7.5　E 形悬架衬套静刚度统计值范围

衬套种类	静刚度 /（N/mm）		
	轴向（Z 向）	径向	
		X 向	Y 向
纵臂衬套	70~300	400~1800	200~600
前束调节杆衬套	450~800	>9000	
横向控制臂衬套	300~500	>20000	>20000
摆臂（副车架侧）衬套	300~500	>10000	6000~9000
摆臂（制动器侧）衬套	400~600	>12000	6000~11000
阻尼器支柱上衬套	300~600	900~3000	
阻尼器支柱下衬套	300~500	4000~7000	

2. 悬架衬套刚度动静比

与静刚度值相比，动刚度值更加重要，因为它决定了隔振率。静刚度值相同而动静比不同的衬套隔振率或隔振效果不同，低动静比衬套会带来更好的隔振效果。下面列出几种悬架中最主要隔振衬套的静刚度和动刚度统计值以及动静比范围。

（1）麦弗逊悬架摆臂大衬套

图 7.17 给出了一组麦弗逊悬架中隔振最主要的摆臂大衬套静刚度和动刚度统计值的箱线图，表 7.6 列出了刚度统计值范围和相对应的动静比。轴向刚度最小，而且分布集中；空心方向刚度次之；实体方向刚度远远大于轴向刚度，而且分布范围宽。

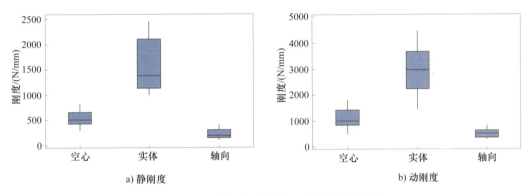

图 7.17　麦弗逊悬架摆臂大衬套刚度箱线图

表 7.6　麦弗逊悬架中前摆臂大衬套静刚度和动刚度值的范围　　（单位：N/mm）

	空心方向	实体方向	轴向
静刚度	200~900	1000~3000	100~500
动刚度	500~1900	1400~4500	300~900
动静比	1.0~4.1	1.4~3.5	1.6~4.8

（2）扭力梁悬架后桥衬套

图 7.18 给出了一组扭力梁悬架中隔振最主要的后桥衬套的静刚度与动刚度统计值的箱线图，表 7.7 列出了刚度统计值范围和相对应的动静比。轴向刚度最小，分布区域窄；空心方向刚度比轴向略大，分布范围略宽；实体方向刚度比其他两个方向大很多，分布范围宽。

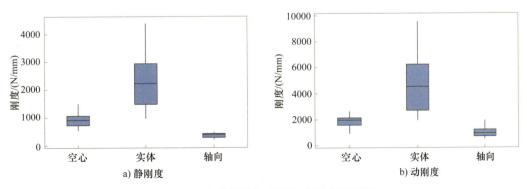

图 7.18　扭力梁悬架后桥衬套刚度箱线图

表 7.7　扭力梁悬架后桥衬套静刚度和动刚度值的范围　　（单位：N/mm）

	空心方向	实体方向	轴向
静刚度	500~1300	1000~4400	200~500
动刚度	900~3700	2000~10000	450~2000
动静比	1.7~2.9	1.7~2.2	2.1~4.2

（3）三连杆悬架纵向拉杆衬套

图 7.19 给出了一组三连杆悬架中隔振最主要的纵拉杆衬套的静刚度与动刚度统计值的箱线图，表 7.8 列出了刚度统计值范围和相对应的动静比。轴向刚度最小，而且分布集中；空心方向刚度次之，分布窄；实体方向刚度远远大于轴向刚度，而且分布宽。

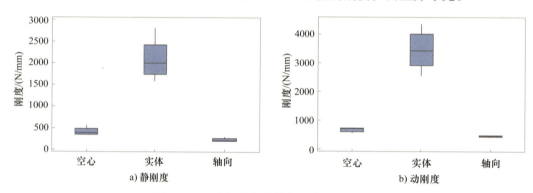

图 7.19　三连杆悬架纵拉杆衬套刚度箱线图

表 7.8　三连杆悬架纵拉杆衬套静刚度和动刚度值的范围　　（单位：N/mm）

	空心方向	实体方向	轴向
静刚度	310~550	1400~2500	180~320
动刚度	450~850	2500~4300	320~550
动静比	1.6~1.9	1.7~1.9	2.0~2.3

（4）E 形悬架纵臂衬套

图 7.20 给出了一组 E 形悬架中隔振最主要的纵臂衬套的静刚度与动刚度统计值的箱线图，表 7.9 列出了刚度统计值范围和相对应的动静比。轴向刚度最小，而且分布集中；空心方向刚度次之，分布窄；实体方向刚度远远大于轴向刚度，而且分布宽。

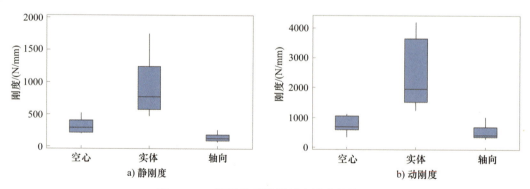

图 7.20　E 形悬架后纵臂衬套刚度箱线图

表 7.9　E 形悬架后纵臂衬套静刚度和动刚度值的范围　　　（单位：N/mm）

	空心方向	实体方向	轴向
静刚度	200～600	400～1800	70～300
动刚度	300～1900	1200～4200	250～1100
动静比	1.6～3.6	2.1～3.3	3.1～5.0

五、副车架衬套刚度统计值

图 7.21 是一组前副车架衬套动刚度的统计箱线图。在轴向（整车 Z 方向）的动刚度为 450～720N/mm，这个刚度值比较小，有利于衰减来自路面和部分动力总成的振动。在实体方向（安装在整车 Y 向，即横向）的动刚度大，在 3200～5000N/mm 之间。大刚度能降低副车架带来的整车和动力总成的横向摆动，当汽车转弯和急速变道时，大刚度衬套提供了良好的操控性。在空心方向（整车 X 方向，即前后方向）的刚度介于垂向和横向值之间，为 2000～3000N/mm。X 方向的大刚度可以降低制动、起步等瞬态操作带来的耸动，提高乘坐舒适性；这个小刚度可以降低路面和动力总成带来的振动，因此取一个折中值是合理的。

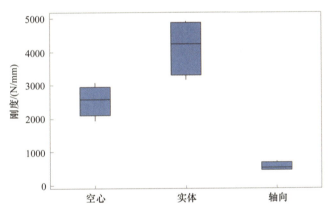

图 7.21　一组前副车架衬套动刚度的统计箱线图

前副车架是一个左右对称结构，前面有两个衬套，后面有两个衬套。通常后衬套刚度比前衬套刚度大 10%～20%。

独立悬架有后副车架，一边与悬架摆臂连接，另一边与车身连接，承载车身重量和承受路面激励和传动轴激励。后副车架通常也是左右对称结构，有前衬套和后衬套。与前副车架衬套一样，后副车架衬套功能也是衰减路面传来的振动、保持良好的舒适性和操控性。图 7.22 是一组汽车后副车架衬套的动刚度箱线图。垂向、横向和前后方向刚度大小的规律与前副车架衬套一样。后副车架衬套垂向刚度值与前副车架相当，其主要功能都是衰减来自路面的振动；两者前后方向动刚度值也比较接近，后副车架衬套刚度略大一些，同时满足舒适性和路噪要求；但是后副车架衬套横向动刚度集中在 7000～13000N/mm 范围，比前副车架大很多，这是因为汽车转弯和急速变道时，车后部是跟随前部运动，其摆动幅值更大，因此只有更大的刚度才能限制摆动幅度，以保持良好的整车跟随感。

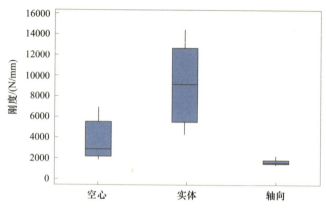

图 7.22　一组后副车架衬套的动刚度箱线图

第三节　橡胶衬套模型

橡胶衬套是悬架中最主要的隔振元件，建立衬套模型是分析隔振性能的基础。橡胶弹性元件是一个非线性结构，具有超弹性和黏弹性双重特性，其特性随着预载、激励频率和幅值、温度等因素改变。为了体现这些特征，科学家们和工程师们建立了各种各样的数学模型，包括线性模型、非线性模型和分数导数模型。

一、线性模型

橡胶具有弹性和阻尼，因此可以用弹簧和黏性阻尼单元来表征其动态特征。科学家和工程师们将线性弹簧和阻尼单元进行不同组合，形成了许多线性橡胶模型，如 Kevlin-Voigt 模型、Maxwell 模型等。

1. Kevlin-Voigt 模型

橡胶最典型的线性模型是 Kevlin-Voigt 模型，由弹簧单元和黏性单元并联组成，如图 7.23a 所示。这是一个简单线性黏弹性模型，力表达为

$$F = Kx + C\dot{x} = (K + j\omega C)x \quad (7.7)$$

动刚度为

$$K_{dV} = K + j\omega C = K(1 + j\eta) \quad (7.8)$$

在这个模型中，储能刚度为 $K_R = K$，耗能刚度为 $K_I = \omega C$，损耗因子为 $\eta = \omega C/K$。图 7.23b 显示该模型的迟滞环为椭圆形。

在这个模型中，动刚度随着频率增加而增加，阻尼随着频率增加而增加，迟滞环是一个椭圆形，但是在高频段，动刚度和阻尼不断增加，高于实际值。激励幅值对动刚度和阻尼没有影响。

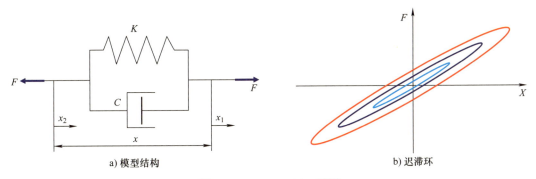

图 7.23　Kevlin-Voigt 模型

2. Maxwell 模型

Maxwell 模型是由弹簧单元和黏性单元串联组成，如图 7.24 所示。这是一个简单的线性黏弹性模型，受力分析为

$$F = K(x_3 - x_2) \tag{7.9a}$$

$$F = C(\dot{x}_1 - \dot{x}_3) \tag{7.9b}$$

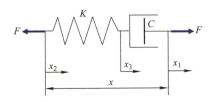

图 7.24　Maxwell 模型

由方程（7.9）求解，得到

$$F = \left[\frac{(\omega C)^2 K}{K^2 + (\omega C)^2} + \mathrm{j} \frac{\omega C K^2}{K^2 + (\omega C)^2} \right] x \tag{7.10}$$

动刚度和损耗因子分别为

$$K_{\mathrm{dM}} = \frac{(\omega C)^2 K}{K^2 + (\omega C)^2} + \mathrm{j} \frac{\omega C K^2}{K^2 + (\omega C)^2} \tag{7.11}$$

$$\eta = \frac{K}{\omega C} \tag{7.12}$$

将式（7.9a）微分后，得到

$$\frac{1}{K} \frac{\mathrm{d}F}{\mathrm{d}t} = \dot{x}_3 - \dot{x}_2 \tag{7.13}$$

由式（7.13）和式（7.9b），得到 Maxwell 模型的另一种表达式

$$F + \frac{C}{K}\frac{dF}{dt} = C\frac{dx}{dt} \quad (7.14)$$

在这个模型中，动刚度随着频率增加而增加，阻尼随着频率增加而降低，迟滞环是一个椭圆形。在高频段，动刚度计算值比较准确，但是阻尼因子被低估。

3. 三参数 Maxwell 模型

将 Maxwell 模型与一个弹簧并联就构成了三参数 Maxwell 模型，如图 7.25 所示。弹簧 K_2 与等效 Maxwell 弹簧 K_{d1} 并联之后的力为

$$F = (K_{dM} + K_2)x \quad (7.15)$$

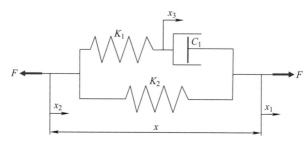

图 7.25　三参数 Maxwell 模型

将式（7.11）代入式（7.15）中，得到动刚度为

$$K_{dM3} = \frac{K_1^2 K_2 + (K_1 + K_2)(\omega C_1)^2}{K_1^2 + (\omega C_1)^2} + j\frac{\omega C_1 K_1^2}{K_1^2 + (\omega C_1)^2} \quad (7.16)$$

三参数 Maxwell 模型是一个线性模型，迟滞环呈椭圆形。模型中并联一个弹簧单元，避免了 Kevlin-Voigt 模型中高频段刚度和阻尼过大的现象。刚度随着频率增加而增加，但增加的速率先大而后小，阻尼随着频率增加先增加而后降低，动刚度和阻尼的趋势与实测值接近，能较好地反映动刚度特性。但是动刚度和阻尼不随激励幅值的变化而变化，平滑椭圆迟滞环不能反映出刚度的非线性特征，这些与实际情况不符。

4. 三元件固体模型

将 Kevlin-Voigt 模型与一个弹簧串联就形成了一个三元件固体模型（也称为标准线性固体模型），如图 7.26 所示。

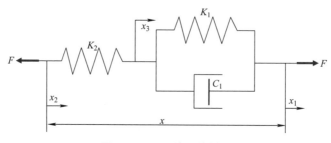

图 7.26　三元件固体模型

弹簧 K_2 与等效 Kevlin-Voigt 模型弹簧 K_{dV} 串联，得到三元件固体模型的刚度为

$$K_{dV3} = \frac{K_2 K_{dV}}{K_2 + K_{dV}} \quad (7.17)$$

将式（7.8）代入式（7.17）中，得到动刚度为

$$K_{dV3} = \frac{K_1 K_2 (K_1 + K_2) + (\omega C_1)^2 K_2}{(K_1 + K_2)^2 + (\omega C_1)^2} + j \frac{(\omega C_1) K_2^2}{(K_1 + K_2)^2 + (\omega C_1)^2} \quad (7.18)$$

5. Burgers 模型

将三元件固体模型与一个黏性单元串联就形成了 Burgers 模型，如图 7.27 所示。Burgers 模型可以视为一个等效弹簧与黏性单元组成的 Maxwell 模型。

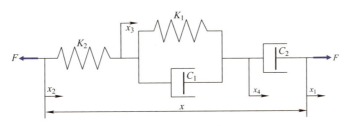

图 7.27　Burgers 模型

将式（7.18）的三元件固体模型动刚度 K_{dV3} 代入式（7.11）的 Maxwell 模型动刚度中，得到

$$K_{dB} = \frac{(\omega C_2)^2 K_{dV3}}{K_{dV3}^2 + (\omega C_2)^2} + j \frac{\omega C_2 K_{dV3}^2}{K_{dV3}^2 + (\omega C_2)^2} \quad (7.19)$$

二、非线性模型

由线性模型所产生的迟滞环为椭圆形，这与实际测量的曲线有较大差异。人们发现，在橡胶材料中，除了黏性阻尼外，还存在内摩擦阻尼。引入摩擦阻尼之后，运动方程就变成了非线性。构建非线性模型的方法还有很多，如采用多项式模型、超弹性模型等。本书只介绍常用的 Berg 平滑迟滞模型和 Bouc-Wen 光滑迟滞模型。

1. Berg 平滑迟滞模型

橡胶中的填充材料对迟滞环影响比较大，对内摩擦影响也大，载荷大的时候，这种现象尤为凸显。Berg 在三参数 Maxwell 模型中并联了一个平滑摩擦单元，形成了一种橡胶非线性模型，称为 Berg 模型，如图 7.28 所示。

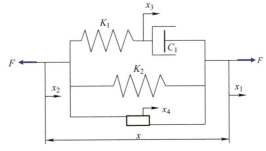

图 7.28　Berg 平滑迟滞模型

Berg 模型中的力是由弹簧力 F_K、Maxwell 黏弹性力 F_M 和摩擦力 F_f 并联组成，为

$$F = F_K + F_M + F_f \tag{7.20}$$

其中，弹簧力 F_K 和 Maxwell 黏弹性力 F_M 构成了三参数 Maxwell 模型力，即

$$F_{M3} = F_K + F_M = K_{dM3}x = \left[\frac{K_1^2 K_2 + (K_1+K_2)(\omega C_1)^2}{K_1^2 + (\omega C_1)^2} + j\frac{\omega C_1 K_1^2}{K_1^2 + (\omega C_1)^2}\right]x \tag{7.21}$$

摩擦力 F_f 与摩擦单元两端的相对位移、力-位移迟滞曲线上的参考点（F_{fs}、x_s）有关，表达为

$$F_f = \begin{cases} F_{fs}, & x = x_s \\ F_{fs} + \dfrac{x-x_s}{x_4(1-\alpha)+(x-x_s)}(F_{f,max} - F_{fs}), & x > x_s \\ F_{fs} + \dfrac{x-x_s}{x_4(1+\alpha)-(x-x_s)}(F_{f,max} + F_{fs}), & x < x_s \end{cases} \tag{7.22}$$

式中，$F_{f,max}$ 为最大摩擦力；α 为参考状态下的力与最大摩擦力的比值，即 $\alpha = F_{fs}/F_{f,max}$，而且 $-1<\alpha<1$；x_4 为摩擦力从 0 增加到最大摩擦力的一半时的位移。

$F_{f,max}$ 和 x_4 是输入模型的参数，决定了迟滞环的形状和大小。

摩擦力与黏弹力同时作用导致迟滞环不再是一个椭圆形，如图 7.29 所示。模型中增加的摩擦力与频率无关，所以动刚度和阻尼随频率变化的趋势与三参数 Maxwell 模型类似。振幅增加，动刚度和阻尼受振幅影响。随着振幅增加，刚度降低；阻尼先增加，达到一个峰值后再降低。这与实测趋势一致。

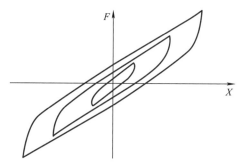

图 7.29 非线性模型的迟滞环

2. Bouc-Wen 光滑迟滞模型

Bouc 提出用微分方程来描述橡胶的特征，Wen 发展了这个模型，形成了一个能精准描述橡胶光滑迟滞特征的一阶微分方程。图 7.30a 是 Bouc-Wen 模型的核心，微分方程为

$$\dot{z}(t) = -\gamma|\dot{x}|z|z|^{n-1} - \beta\dot{x}|z|^n + A\dot{x} \tag{7.23}$$

式中，$z(t)$ 为迟滞回复力；x 为模型两端的位移变化量；γ、β 和 A 为模型参数。

很多学者在模型核心基础上，添加弹性和黏性元素构成了很多不同的扩展的 Bouc-Wen 模型，例如将弹簧和黏性阻尼器与模型核心部分并联就构成一个简单扩展模型，如图 7.30b 所示。

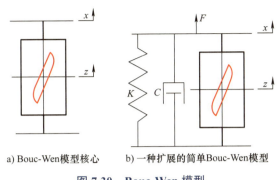

a) Bouc-Wen模型核心　　b) 一种扩展的简单Bouc-Wen模型

图 7.30　Bouc-Wen 模型

Bouc-Wen 模型中的参数多，参数 γ 和 β 决定了迟滞环的形状和大小，n 决定了迟滞环的光滑程度，因此迟滞环形状可调性强，曲线变化多样，可以模拟非常逼近测试结果的光滑迟滞环，因此用这个模型能够获取高精度计算结果。但是这个模型复杂、参数没有明确的物理意义，对工程指导意义不大。

三、广义复合模型

线性模型不能精准地反映橡胶材料的动态特征，非线性模型比线性模型接近实测结果，但是仍然有一定误差，因此人们一直在寻找更精准的模型。他们将弹性元件和黏性元件进行各种各样的复杂组合，形成了各种广义模型。将若干个 Kevlin-Voigt 模型串联起来就形成了广义 Kevlin-Voigt 模型，如图 7.31a 所示。广义 Maxwell 模型是由一个弹性元件和一系列 Maxwell 模型并联而形成，如图 7.31b 所示。

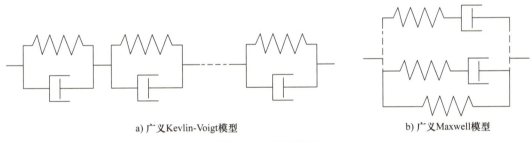

a) 广义Kevlin-Voigt模型　　　　　　　　b) 广义Maxwell模型

图 7.31　广义模型

将摩擦元件加入线性广义模型中，形成了各种各样的非线性广义模型，如 Dzierzek 模型，它是在广义 Maxwell 模型中并联了黏性阻尼单元和摩擦单元，如图 7.32 所示。

广义模型能精确地反映橡胶黏弹性特征，但是由于方程表达式复杂和参数多，使得参数识别和求解变得困难。

四、分数导数模型

用线性模型预测橡胶的动刚度和阻尼值精度不高，比如用

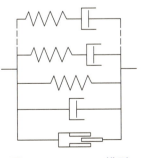

图 7.32　Dzierzek 模型

Kelvin-Voigt 模型预测的动刚度和阻尼在高频时偏大，用 Maxwell 模型预测使得阻尼因子低估。采用非线性模型、广义 Kelvin-Voigt 模型或广义 Maxwell 模型等广义模型，会增加模型的复杂程度和参数数量，导致参数识别的难度和计算量增加。于是，人们一直在寻找一种预测精度高而结构简单的模型，分数导数模型应运而生。

一些学者提出用分数导数来模拟橡胶的黏性与阻尼特征。分数导数表达如下

$$F_d(t) = B\frac{d^\alpha x(t)}{dt^\alpha} \tag{7.24}$$

式中，B 为黏性系数，$B>0$；α 为介于 0 和 1 之间的分数；$\dfrac{d^\alpha x(t)}{dt^\alpha}$ 为位移对时间的 α 阶导数，即为分数的导数。

将式（7.24）所代表的阻尼代入各种模型中，就生成了不同的分数导数模型。例如，用分数导数阻尼代替 Kevlin-Voigt 模型中的黏性阻尼，得到分数导数 Kevlin-Voigt 模型，如图 7.33a 所示，表达为

$$F = Kx + B\frac{d^\alpha x(t)}{dt^\alpha} \tag{7.25}$$

当 $\alpha=1$ 时，模型表达式与式（7.7）相同，即分数导数 Kevlin-Voigt 模型就变成了 Kevlin-Voigt 模型。

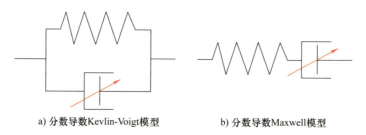

a) 分数导数Kevlin-Voigt模型　　b) 分数导数Maxwell模型

图 7.33　分数导数模型

用分数导数阻尼代替 Maxwell 模型 [式（7.14）] 中的黏性阻尼，得到分数导数 Maxwell 模型，如图 7.33b 所示，表达为

$$F + \frac{B}{K}\frac{dF}{dt} = B\frac{d^\alpha x}{dt^\alpha} \tag{7.26}$$

当 $\alpha=1$ 时，模型表达式与式（7.14）相同，分数导数 Maxwell 模型就变成了 Maxwell 模型。

模型的关键是求解分数导数。现在，分数导数模型是研究橡胶黏性特征的热点，衍生出很多新模型。它们的特点是参数少，识别参数简单，其迭代计算包括了之前的轨迹，能在宽频段内精确地表征橡胶材料的动态特征。分数导数模型的特征是分数导数的求解，有很多求解方法，如 Riemann-Liouville 定义的求解

$$\frac{d^\alpha x}{dt^\alpha} = \frac{1}{\Gamma(1-\alpha)} \int_0^t (t-\tau)^{\alpha-1} f(\tau) d\tau \tag{7.27}$$

式中，Γ 为 gamma 函数。

第四节 衬套隔振分析

与一个衬套连接的连接部件有两个，如麦弗逊悬架中的前摆臂大衬套，一边是摆臂，另一边是副车架；前支柱上衬套一边与减振器连接，一边与车身连接；扭力梁后桥衬套一边与悬臂连接，一边与车身连接。振动传递给衬套的部件称为主动部件，而振动输入的部件是被动部件，如图 7.34 所示。底盘振动通过衬套之后，能量被衰减，传递到车身的振动降低。衡量振动衰减的指标是衬套隔振率。另外，为了突显衬套单体隔振的效果，有时候使用插入损失。

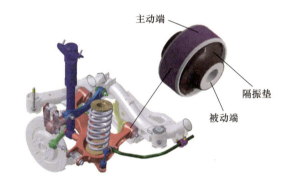

图 7.34 悬架隔振系统：主动端－衬套－被动端

一、衬套隔振率

第二章介绍悬架力的传递时，采用了悬架力传递率来衡量悬架隔振效果，如式（2.38）。这个隔振效果取决于衬套刚度（K）、悬架部件原点导纳（Y_{22}^{S1} 等）和跨点导纳（Y_{12}^{S1} 等）。

为了研究衬套的隔振效果，我们聚焦分析衬套刚度及连接点的原点刚度或导纳对隔振效果的影响。把衬套橡胶看成是隔振元件，输入在主动侧（如悬架），输出在被动侧（如车身），这样，输入体－衬套－输出体构成一个由两个质量块和一个弹簧组成的离散模型，如图 7.35a 所示。输入体质量和刚度分别是 m_1 和 K_1；输出体质量和刚度分别为 m_2 和 K_2；衬套刚度为 K_S。另外，为了分析衬套的插入损失，引入了悬架质量与车身质量块刚性连接模型，如图 7.35b 所示。

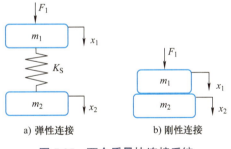

a) 弹性连接 b) 刚性连接

图 7.35 两个质量块连接系统

两个质量的位移分别是：$x_1 = X_1 e^{i\omega t}$ 和 $x_2 = X_2 e^{i\omega t}$，其中 X_1 和 X_2 是位移幅值；对应的速度为 $\dot{x}_1 = i\omega X_1 e^{i\omega t} = V_1 e^{i\omega t}$ 和 $\dot{x}_2 = i\omega X_2 e^{i\omega t} = V_2 e^{i\omega t}$，其中 V_1 和 V_2 是速度幅值。

m_1 的动力学方程是

$$m_1 \ddot{x}_1 + K_S(x_1 - x_2) = F_1 \tag{7.28}$$

式中，F_1 是作用在主动体上的力，即悬架激励力。

m_2 的动力学方程是

$$m_2\ddot{x}_2 + K_s(x_2 - x_1) = 0 \quad (7.29\text{a})$$

或者写成

$$F_2 = K_s(x_1 - x_2) \quad (7.29\text{b})$$

F_2 是被动体承受的力，即悬架激励力经过衬套传递到车身的力。

采用阻抗表达式来推导和分析主动体和被动体与衬套连接点的原点刚度对隔振的影响。对一个机械系统，阻抗定义为简谐运动系统的激励力与响应之比，用 Z 来表征，它反映了一个系统在外力作用下发生运动的难易程度。振动的响应分别有位移、速度和加速度，因此阻抗也就有位移阻抗（Z^X）、速度阻抗（Z^V）和加速度阻抗（Z^A）。

主动体、被动体和衬套的速度阻抗分别为

$$Z_{m_1}^V = j\omega m_1 \quad (7.30\text{a})$$

$$Z_{m_2}^V = j\omega m_2 \quad (7.30\text{b})$$

$$Z_s^V = K_s/(j\omega) \quad (7.30\text{c})$$

把速度阻抗的表达式代入式（7.28）和式（7.29b），它们变为

$$F_1 - F_2 = j\omega m_1 V_1 = Z_{m_1}^V V_1 \quad (7.31)$$

$$F_2 = \frac{K_s}{j\omega}(V_1 - V_2) = Z_s^V V_1 - Z_s^V V_2 \quad (7.32)$$

将 $V_2 = F_2/Z_{m_2}^V$ 代入式（7.32）中，得到

$$F_2 = Z_s^V V_1 - \frac{Z_s^V}{Z_{m_2}^V} F_2 \quad (7.33)$$

由式（7.33），得到

$$V_1 = \frac{Z_{m_2}^V + Z_s^V}{Z_{m_2}^V Z_s^V} F_2 \quad (7.34)$$

将式（7.34）代入式（7.31），得到

$$F_1 - F_2 = Z_{m_1}^V \frac{Z_{m_2}^V + Z_s^V}{Z_{m_2}^V Z_s^V} F_2 \quad (7.35)$$

输入力与输出力的关系为

$$F_1 = \frac{Z_s^V(Z_{m_1}^V + Z_{m_2}^V) + Z_{m_1}^V Z_{m_2}^V}{Z_s^V Z_{m_2}^V} F_2 \quad (7.36\text{a})$$

$$F_1 = \left(\frac{Z_s + Z_{m_1}}{Z_s} + \frac{Z_{m_1}}{Z_{m_2}}\right) F_2 \quad (7.36\text{b})$$

衬套隔振效果可以用传递率或隔振率来表示。隔振率为从主动体到被动体的振动衰减百分比。力隔振率为主动力与被动力比值，取对数后表达为

$$T_F = 20\lg\frac{F_1}{F_2} = 20\lg\frac{Z_s^V(Z_{m_1}^V + Z_{m_2}^V) + Z_{m_1}^V Z_{m_2}^V}{Z_s^V Z_{m_2}^V} \quad (7.37)$$

质量阻抗与刚度的关系为

$$Z_{m_1}^V = K_1/(\mathrm{j}\omega) \quad (7.38\text{a})$$

$$Z_{m_2}^V = K_2/(\mathrm{j}\omega) \quad (7.38\text{b})$$

式中，K_1 和 K_2 分别是质量 m_1 和 m_2 的原点刚度。

将式（7.38）和式（7.30c）代入式（7.37），得到

$$T_F = 20\lg\frac{F_1}{F_2} = 20\lg\frac{K_s(K_1+K_2)+K_1K_2}{K_sK_2} \quad (7.39\text{a})$$

从式（7.39a）来看，隔振率不仅取决于衬套刚度，而且还取决于主动体和被动体的刚度。为了说明车身刚度对隔振率的影响，假设车身刚度（K_2）和悬架刚度（K_1）相等，$K_1 = K_2$，即它们的阻抗也相等，$Z_{m_1}^V = Z_{m_2}^V$，力隔振率表达为

$$T_F = 20\lg\left(2 + \frac{K_2}{K_s}\right)_V = 20\lg\left(2 + \frac{Z_{m_2}^V}{Z_s^V}\right) \quad (7.39\text{b})$$

从式（7.39b）可知，当 $K_2=8K_s$ 时，即车身刚度为衬套刚度的 8 倍时，衬套的隔振率达到 20dB；对悬架刚度，结论一样。

m_1 和 m_2 上的速度分别为 $V_1 = (F_1 - F_2)/Z_{m_1}^V$ 和 $V_2 = F_2/Z_{m_2}^V$，两者的比值为

$$\frac{V_1}{V_2} = \frac{Z_{m_2}^V}{Z_{m_1}^V}\left(\frac{F_1}{F_2} - 1\right) \quad (7.40)$$

速度传递率为

$$T_V = 20\lg\frac{V_1}{V_2} = 20\lg\frac{Z_{m_2}^V}{Z_{m_1}^V} + 20\lg\left(\frac{F_1}{F_2} - 1\right) \quad (7.41)$$

假设力能够被衰减足够大，即 $F_1 \gg F_2$，则

$$T_V = 20\lg\frac{V_1}{V_2} \approx 20\lg\frac{Z_{m_2}^V}{Z_{m_1}^V} + T_F \quad (7.42\text{a})$$

速度传递率与位移传递率和加速度传递率相等，即位移隔振率（T_X）和加速度隔振率（T_A）分别为

$$T_X = 20\lg \frac{X_1}{X_2} \approx 20\lg \frac{Z_{m_2}^V}{Z_{m_1}^V} + T_F \quad (7.42\text{b})$$

$$T_A = 20\lg \frac{A_1}{A_2} \approx 20\lg \frac{Z_{m_2}^V}{Z_{m_1}^V} + T_F \quad (7.42\text{c})$$

式中，A_1 和 A_2 分别是主动体和被动体的加速度。

由于加速度容易测量，而力很难获取，因此当悬架衬套刚度足够低时，可以用加速度传递率取代力传递率。

二、衬套隔振插入损失

当主动体与被动体之间没有衬套时，即没有弹性隔振元件，或者说悬架与车身刚性连接，如图 7.35b 所示，那么图 7.35a 中的弹性元件速度阻抗趋于无穷大，即 $Z_s \to \infty$，由式（7.36b），得到主动力与被动力的关系

$$F_1 = \left(1 + \frac{Z_{m_1}^V}{Z_{m_2}^V}\right) F_{2\text{r}} \quad (7.43)$$

式中，$F_{2\text{r}}$ 表示当主动体与被动体刚性连接时，被动体（车身）承受的力。

插入损失定义为没有衬套（刚性连接）和有衬套（弹性连接）时传递到被动体上的力的比值。由式（7.36a）和式（7.43），得到插入损失

$$\text{TL} = 20\lg \frac{F_{2\text{r}}}{F_2} = 20\lg \frac{(Z_s^V + Z_{m_1}^V)Z_{m_2}^V + Z_s^V Z_{m_1}^V}{Z_s^V (Z_{m_1}^V + Z_{m_2}^V)} \quad (7.44)$$

对于悬架和车身刚度相等的情况，插入损失为

$$\text{TL} = 20\lg \frac{F_{2\text{r}}}{F_2} = 20\lg \left(1 + \frac{Z_{m_2}^V}{2Z_s^V}\right) = 20\lg \left(1 + \frac{K_2}{2K_s}\right) \quad (7.45)$$

从式（7.45）可知，当 $K_2 = 18K_s$ 时，即车身刚度为衬套刚度的 18 倍时，衬套的插入损失达到 20dB；对悬架刚度，结论一样。

从式（7.39）和式（7.45）可以知道，悬架和车身刚度越大，隔振率和插入损失越大，即隔振效果越好。图 7.36 给出了隔振率和插入损失与车身刚度对衬套刚度比值的曲线。

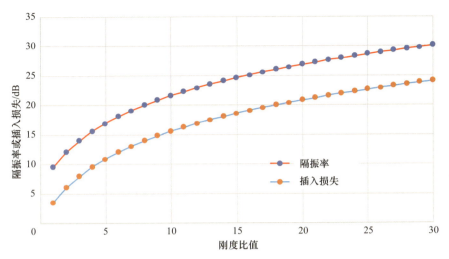

图 7.36 车身/悬架刚度对衬套隔振率和插入损失的影响

三、能量插入损失

力或响应都是单一的量值，而能量是将力和响应结合在一起的量，能更加系统地反映隔振效果。

功率可以表达为

$$\Pi = FV = K_d XV = K_d \frac{A}{(j\omega)^2} \frac{A}{j\omega} = -\frac{j}{\omega^3} K_d A^2 \quad (7.46)$$

主动侧功率（Π_1）和被动侧功率（Π_2）分别为

$$\Pi_1 = -\frac{j}{\omega^3} K_{d1} A_1^2 \quad (7.47a)$$

$$\Pi_2 = -\frac{j}{\omega^3} K_{d2} A_2^2 \quad (7.47b)$$

定义跨越衬套的功率传递率为主动侧功率和被动侧功率比值，即

$$T_P = 10 \lg \frac{\Pi_1}{\Pi_2} \quad (7.48)$$

将式（7.47）代入式（7.48）中，得到

$$T_P = 10\lg\frac{\Pi_1}{\Pi_2} = 10\lg\left[\left(\frac{K_{d1}}{K_{d2}}\right)\left(\frac{A_1}{A_2}\right)^2\right] = 20\lg\frac{A_1}{A_2} + 10\lg\frac{K_{d1}}{K_{d2}} \quad (7.49)$$

将式（7.42c）代入式（7.49），得到

$$T_P = T_A + 10\lg\frac{K_{d1}}{K_{d2}} \quad (7.50)$$

式（7.50）表明，主动侧刚度与被动侧刚度之比影响到功率传递率。因为主动侧刚度大能够更好地抑制能量对系统的输入，因此，主动侧刚度大于被动侧刚度能够提升功率传递率。

四、隔振指标的比较

1. 力传递率与响应传递率的比较

从工程控制的目标角度来看，力是悬架控制中最重要的指标，但是力很难测量，而加速度响应很容易测量。在实际工程开发和研究中，特别是悬架中起隔振作用的衬套能够很大程度地衰减能量，即输入力会远大于输出力，因此可以采用加速度响应隔振率来衡量衬套的隔振效果。

从式（7.42）来看，响应隔振率比力隔振率多了一项，即阻抗比，如加速度隔振率中的 $\dfrac{Z_{m_2}^A}{Z_{m_1}^A}$。这说明衬套两边的阻抗或刚度影响响应隔振率，当两边的阻抗相等时，响应隔振率与力隔振率表达式一样；当两边的阻抗相当时，两种隔振率的值差异不大；而当两边的阻抗相差大时，两种隔振率差值增加。

当主动侧（如悬架侧）阻抗大于被动侧（如车身侧）阻抗时，即 $Z_{m_1}^V > Z_{m_2}^V$，$K_{d1} < K_{d2}$，那么 $T_A < T_F$；反之一样。

2. 能量传递率与响应传递率比较

在式（7.50）中，功率传递率比加速度响应传递率多了刚度比一项，即 $\dfrac{K_{d1}}{K_{d2}}$。当两边的刚度相等时，功率传递率与响应传递率一样；当两边的刚度相当时，两种隔振率的值差异不大；而当两边的刚度相差大时，两种隔振率差值增加。

当主动侧刚度大于被动侧刚度时，即 $K_{d1} > K_{d2}$，那么 $T_P > T_A$。这说明，提高主动侧刚度有利于能量传递的衰减。对悬架隔振而言，车身刚度固然重要，悬架结构的刚度更加重要。

3. 隔振率与插入损失比较

隔振率是用来评价"主动侧 - 衬套 - 被动侧"（如"悬架 - 衬套 - 车身"）系统的隔振效果，其重心在系统，而不是衬套。主动侧和被动侧的力或响应同时测量到，因此在评价整车或悬架隔振效果时，使用隔振率。

在分析插入损失时，原来的系统是"主动侧 - 被动侧"，而加入衬套之后，系统变成了一个新的系统，即"主动侧 - 衬套 - 被动侧"系统。在测量两个系统时，即便主动侧的力或响应一样，而被动侧的力或响应分别在两个系统中得到，因此插入损失无法客观地评价"主动侧 - 衬套 - 被动侧"系统的隔振效果。所以，插入损失是用来评价衬套自身的隔振效果。

第五节　路噪敏感衬套分析

判断影响路噪的衬套的方法有刚度值判断法、隔振率判断法和刚度灵敏度分析法。

一、刚度值判断法

在开发一款新车时，悬架通常采用平台化结构或者成熟车型的悬架，或者在上述基础上做小的调整，因此，影响隔振和/或操控功能的衬套是非常明晰的。用刚度值大小来粗略判断对路噪敏感衬套的方法称为刚度值判断法。对衰减振动来说，衬套刚度越低越好，因此，可以认为刚度低的衬套是对路面敏感的衬套。刚度很大，比如大于10000N/mm的衬套，很难衰减振动，其主要作用是承受负载或保持系统的稳定性。

本章第二节列出了各种衬套刚度值，并从数值上判断了对结构声路噪隔振敏感的衬套，包括麦弗逊悬架中的摆臂大衬套、扭力梁悬架中的后桥衬套、三连杆悬架中的纵向连杆衬套和前束连接杆衬套、E形悬架中的后纵臂衬套和后摆臂衬套、所有悬架中的支柱衬套。将这些衬套的静刚度值列入表7.10中。

表 7.10　对路噪敏感的衬套及静刚度参数

悬架类型	敏感衬套	敏感方向	静刚度范围/(N/mm)
麦弗逊悬架	摆臂大衬套	轴向	100~500
		空心方向	200~900
	前支柱上衬套	轴向	500~1500
扭力梁悬架	后桥衬套	轴向	200~500
		空心方向	500~1300
	后阻尼器上衬套	轴向	300~800
		径向	600~1600
三连杆悬架	后悬纵向连杆衬套	轴向	180~320
		空心方向	310~550
	后悬前束连接杆衬套	轴向	300~700
E形悬架	后纵臂衬套	轴向	70~300
		空心方向	200~600
	后摆臂衬套	轴向	300~600

有的衬套三个方向的刚度都低，如表7.10中列举的衬套，它们在各个方向都具备良好的隔振功能。有的衬套在某个方向刚度低，而在另一个方向刚度高，如麦弗逊悬架摆臂小衬套，轴向刚度约为2000N/mm，而径向刚度超过20000N/mm，因此它兼具衰减振动和操控功能。

二、隔振率判断法

与刚度值判断法类似，用衬套隔振率来粗略判断对路噪敏感衬套的方法称为隔振率判断法。本小节所用的隔振率是在车上测量得到的加速度隔振率。一般来说，隔振率高的衬套对路面敏感。这里用一个例子来说明隔振率对路噪的影响，一辆汽车的悬架是麦弗逊前悬架和 E 形后悬架，汽车运行时测量各个衬套的隔振率，结果如图 7.37 所示。隔振率高的衬套有前摆臂大衬套、前减振器支柱上衬套、后纵臂衬套和后阻尼器上衬套，它们起到主要隔振作用。隔振率低的衬套有后摆臂外侧和内侧衬套、横向控制臂衬套、前束调节杆衬套、后阻尼器下衬套，它们影响操控性。隔振率居中的是前摆臂小衬套，它在轴向有一定隔振作用，而在径向影响操控。

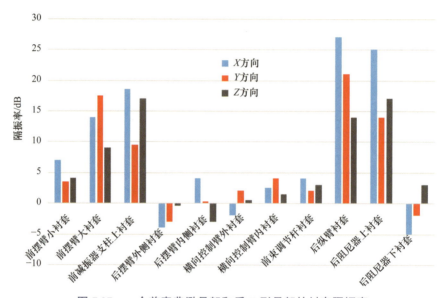

图 7.37　一个前麦弗逊悬架和后 E 形悬架的衬套隔振率

衬套刚度需要用专门的试验台架测量，而隔振率在车上直接测量，因此用隔振率来判断对路噪敏感的衬套十分便捷。隔振率判断法和刚度判断法的结论是一致的，但是隔振率法比刚度法更具优势，第一是衬套与车结合，对具体研究或开发一款车型更有意义；第二，激励包括了路面传递到悬架的频谱特征，因此从隔振率的频谱上可以更加细致地分析衬套在各个频段的敏感度；第三，隔振率包括了与衬套连接的悬架和车身刚度对它的影响。

三、刚度灵敏度分析法

虽然刚度法和隔振率法可以给出对路噪敏感的衬套，但是这两种方法定性成分多，而定量分析不足，原因是它们没有与车内路噪直接联系起来。为了得到每个衬套对结构声路噪的敏感程度和定量影响，可以采用刚度灵敏度分析法。灵敏度是指系统响应随系统参数变化而变化的程度，即响应变化量与参数变化量的比值。在衬套灵敏度分析中，车内声压是响应量，衬套刚度是参数。

车内声压（P）为衬套刚度的函数，即

$$P = f(K_{1X}, K_{1Y}, K_{1Z}, \cdots, K_{NX}, K_{NY}, K_{NZ}) \qquad (7.51)$$

式中，$K_{1X}, K_{1Y}, K_{1Z}, \cdots, K_{NX}, K_{NY}, K_{NZ}$ 分别是第 1 个至第 N 个衬套在 X、Y 和 Z 三个方向的刚度。

车内声压对第 i 个刚度的灵敏度为 $\partial P/\partial K_{iX}$、$\partial P/\partial K_{iY}$ 和 $\partial P/\partial K_{iZ}$。

灵敏度分析的目的是寻找对车内声压敏感的衬套刚度。灵敏度高的衬套刚度变化能引起较大的车内声压变化，因此在结构优化设计或解决产品问题时，只须修改这些敏感衬套，而忽略灵敏度低的衬套，从而减少工作量，提高效率。

灵敏度分析的方法有伴随矩阵变量法、微分法、扰动法。对前面章节讲述的悬架振动对车内噪声传递过程的传递矩阵模型进行详细分解，得到每条传递路径的伴随矩阵，就可以求解灵敏度，但是这种方法非常复杂。对传递函数解析式进行微分也可以得到灵敏度，但是涉及的参数多，计算量大而且复杂。另外，伴随矩阵变量法和微分法不仅仅复杂，而且由于它们基于很多假设和采用理想化模型，因此分析结果与实车测试结果相差比较大。扰动法是给参数变量一定变化范围，通过试验设计（DOE）来完成试验或计算的组合，得到灵敏度结果。这种方法简单，在工程上得到了广泛应用。衬套灵敏度 DOE 分析可以用试验方法和 CAE 分析来完成。试验方法可以精准地给出每个衬套对结构声路噪衬套贡献，但是工作量太大；而 CAE 方法能快速地识别各个衬套的灵敏度，但计算结果可信度需要验证；用试验数据与 CAE 模型来混合分析灵敏度，可以达到精度高而速度快的效果。

下面用本书第六章介绍的悬架有限元模型和试验数据结合来分析一个扭力梁后悬架衬套对车内路噪的灵敏度，以便找到敏感度高的衬套。后悬架衬套包括后桥纵臂大衬套、阻尼器上衬套和下衬套、弹簧上衬垫和下衬垫，每个衬套有三个方向的刚度。根据经验，在 5 个衬套的 15 个刚度中，只选择对路噪有影响的 7 个衬套刚度来分析，即将 7 个刚度作为分析因子，见表 7.11。通常对每个因子选择 3 个水平，即原始刚度值、增加刚度值和降低刚度值，设计出 7 因子 3 水平的 DOE 方案，进行 21 次分析后就可以得到敏感度排序。为了节省篇幅，我们减少分析次数，采用 7 因子 2 水平的 DOE 设计方案，即每个因子只选取 2 个刚度（表 7.11），这样只要 8 次试验或计算就可以获取结果。表 7.12 给出了 8 种分析的组合及计算得到的车内噪声。

表 7.11　衬套刚度因子及试验水平

因子序号	名称	水平 1（1）/(N/mm)	水平 2（−1）/(N/mm)
因子 1	后桥衬套 X 方向	2150	1505
因子 2	后桥衬套 Y 方向	2924	2047
因子 3	后桥衬套 Z 方向	1348	944
因子 4	阻尼器上衬套 X 方向	3638	2547
因子 5	阻尼器上衬套 Y 方向	3638	2547
因子 6	阻尼器上衬套 Z 方向	1959	1371
因子 7	弹簧上衬套 Z 方向	1168	818

表 7.12　7 因子 2 水平的 8 种分析/试验组合

试验号	因子 1	因子 2	因子 3	因子 4	因子 5	因子 6	因子 7	车内噪声 /dB(A)
1	-1	-1	-1	1	1	1	-1	49.3
2	1	1	1	1	1	1	1	54.3
3	-1	-1	1	1	-1	-1	1	48.2
4	1	1	-1	1	-1	-1	-1	52.4
5	1	-1	1	-1	-1	1	1	53.8
6	-1	1	-1	-1	-1	1	-1	49.7
7	1	-1	1	-1	1	-1	-1	51.6
8	-1	1	-1	-1	1	-1	1	48.5

通过主效应分析，得到不同衬套刚度对车内噪声的敏感度。主效应是指因子水平的变化对响应影响的程度，即主效应等于因子高水平的响应值减去它的低水平响应值。图 7.38 是车内噪声对 7 个因子（衬套刚度）影响的主效应图。从图中可以看出，因子 1，即后桥衬套 X 方向的刚度，对车内噪声影响最大；其次是因子 6（后阻尼器上衬套 Z 方向刚度）；而其他衬套刚度对车内噪声影响很小。

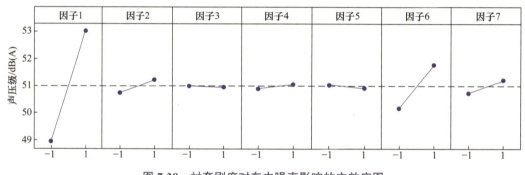

图 7.38　衬套刚度对车内噪声影响的主效应图

通过灵敏度方法可以找到对车内噪声影响敏感的衬套。这种方法是定量的，可以具体到哪些衬套和哪些方向，以及哪些频率段对结构声路噪的影响，从而调节这些衬套的刚度来改变车内噪声。同时，这种方法给操控性能提供了参考，即通过调节那些对路噪影响不大的衬套来满足操控性能。这样，就可以通过调节不同衬套来同时达到良好的路噪和操控性能。

第六节　衬套隔振控制

一、影响衬套隔振的因素

从前面分析知道，影响衬套隔振率的因素包括衬套刚度和连接件刚度。

1. 影响衬套刚度的因素

影响衬套动刚度的因素包括材料、环境温度、硬度、结构设计、尺寸、布置等。

材料是决定动刚度最关键的因素。橡胶材料弹性模量小，但是分布很宽，因此改变材料配方，如使用添加剂、活性填料，再经过不同的硫化处理，可以改变衬套刚度并调节动静比。材料相同但结构不同的衬套刚度不一样。橡胶成型容易，通过结构设计来达到希望的刚度是一种常用的方法。衬套尺寸也会影响刚度。大尺寸可以让衬套在线性段与非线性段设计上和在动静比调节上有更大空间。同一个衬套布置在不同方向会改变它在三个方向的刚度值。

将一系列橡胶衬套硬度与刚度测试值汇集在一起，用回归方法画出硬度和刚度的关系曲线，如图 7.39 所示。刚度与硬度之间的变化趋势为线性关系或者弱指数关系，随着硬度增加，刚度增加。硬度容易测量，而刚度很难测量。在已知硬度的情况下，可以估算出刚度值。

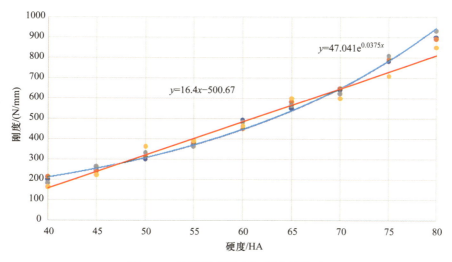

图 7.39　橡胶衬套刚度与硬度的关系

环境温度是影响橡胶刚度的一个重要因素。温度越高，橡胶越软，硬度越低，刚度越低；反之亦然。图 7.40a 为一种橡胶的静刚度随温度变化的曲线。在常温下，刚度变化比较平缓，而当温度降低至 0℃以下，静刚度增加得非常显著。图 7.40b 给出了两个频率下的动刚度与温度的关系曲线，随着温度升高，刚度变低。动刚度受温度的影响大于静刚度，高频率动刚度受温度的影响大于低频率动刚度。人工橡胶的硬度随温度变化比天然橡胶大。

有些车在常温地区驾驶时，路噪表现良好，但驶入寒冷地区或进入冬季，橡胶刚度变大，使得悬架隔振变差，导致车内路噪明显增加。

2. 连接件动刚度

根据式（7.39）~ 式（7.42），隔振率取决于衬套刚度、连接件刚度和它们的比值。主动部件和被动部件连接点动刚度是决定衬套隔振效果的一个关键因素，当连接件刚度大于衬套刚度 8 倍时，隔振率可以达到 20dB。在衬套刚度一定的情况下，连接件刚度越高，隔振率越大。连接件动刚度不仅仅决定了隔振效果，而且决定了悬架输出能量和输入车身的能量。悬架连接点原点动刚度越大，输出能量越小；车身连接点动刚度越大，输入车身的能量越小。

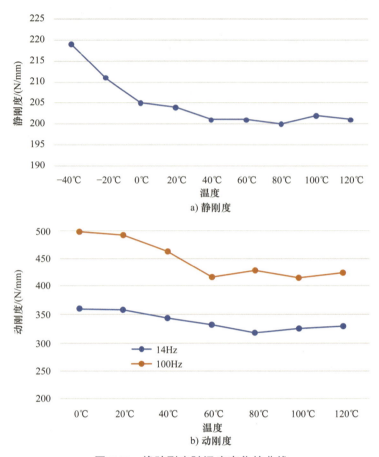

图 7.40 橡胶刚度随温度变化的曲线

在图 6.67 中，原来的悬架摆臂与轮辋在 312Hz 耦合，导致车内隆隆声。当在摆臂上焊接一块钢板后，312Hz 峰值降低，隆隆声消除。摆臂加强后，不仅仅使得悬架与轮辋解耦，而且提升了衬套隔振率，如图 7.41 所示，特别是在 250~400Hz 之间的频段。

二、改变衬套材料来控制隔振

改变橡胶材料配方，特别是小药配方，是改变衬套刚度最常见的方法。配方改变使得非晶聚合物结构产生变化，从而改变橡胶的弹性和强度。当衬套外管、内管和橡胶结构都无法改变的前提下，只有更换橡胶材料，才能改变衬套刚度。

有一款车在粗糙路面上行驶时，乘客感受到明显的低频压耳声。通过传递路径和贡献源分析，确定了低频压耳声来自扭力梁后桥。通过调节橡胶配方，使得后桥衬套刚度分别降低 15% 和 30%。分别测量安装了三种刚度的后桥衬套的隔振率（图 7.42）和车内噪声（图 7.43）来说明刚度降低之后的响应。在 20~60Hz 范围内，X 方向隔振率随着刚度降低而提升，而 Y 和 Z 方向的隔振率变化不大，车内低频噪声降低，这说明后桥衬套 X 方向隔振对低频噪声影响大。在中高频段，Y 和 Z 方向隔振率明显提高，而 X 方向变化不大，车内噪声变化也不大。这个案例说明，后桥衬套 X 方向刚度是影响车内噪声最主要的因素。

图 7.41　悬架结构加强前后的衬套隔振率比较

衬套结构不变而只是材料改变会改变所有方向的刚度。虽然降低衬套刚度改善了路噪，但是可能恶化了操控性。如果衬套 X 方向的刚度影响路噪而不影响操控性，而 Y 方向刚度不影响路噪而影响操控性，这样，在一个衬套的两个方向使用不同材料就可以使得路噪和操控性两全其美。为此，工程师们在一个衬套上使用多种橡胶材料，设计出双胶料或多胶料衬套，如图 7.3c 所示。图 7.44a 是一辆车的某个衬套分别采用单胶料和双胶料在经过路坎时的振动衰减曲线，使用双胶料衬套后振动衰减更快。图 7.44b 给出了它的性能主观打分雷达图，分数越高，性能越好。采用双胶料衬套后，路噪性能、舒适性和操控性都得到提升，当然成本会增加。

三、改变衬套结构来控制隔振

衬套可以根据需要设计成不同形状来改变刚度。衬套整体结构往往受到安装的限制，即外套和内套结构不能修改，特别是在无法改变橡胶材料的情况下，只能通过改变衬套内部结构来调整刚度，如改变衬套开口槽结构、增加或减少橡胶凸起部分、在橡胶内部嵌入金属骨架等。将橡胶衬套更换为液压衬套可以降低低频振动幅值，使用半主动或主动衬套可以在更大频率范围内降低其动刚度。

例如有一款车在水泥路面上行驶时，出现了敲鼓声。经过贡献源分析，发现敲鼓声能量集中在 40~50Hz 范围内，传递路径来自其后悬架纵摆臂。后纵臂衬套是一个实体结构，刚度大，隔振差，是影响敲鼓声的主要贡献源。重新设计衬套结构，新衬套由实心和空心两部分组成。空心衬套刚度降低，隔振率提升，传递到被动侧的振动降低，从而使得车内噪声降低。

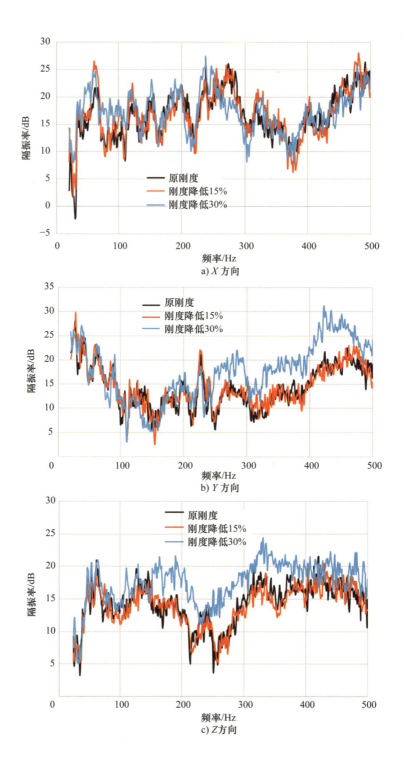

图 7.42 不同刚度的后桥衬套隔振率比较

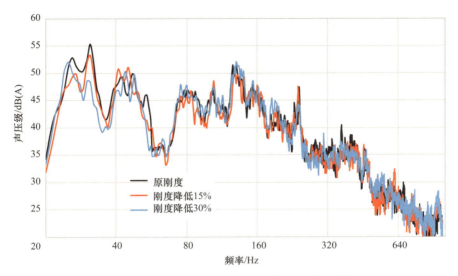

图 7.43　安装不同刚度后桥衬套的车内噪声比较

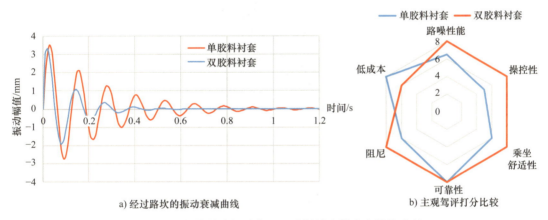

a) 经过路坎的振动衰减曲线　　　　　　b) 主观驾评打分比较

图 7.44　安装单胶料衬套和双胶料衬套的汽车性能比较

在汽车开发过程中,为了尽快通过"试错"方式来确定衬套是否是带来路噪问题的关键部件,工程师们往往在橡胶上开孔(图 7.45)或者切削一部分橡胶来改变衬套结构,这是一种快捷方法。衬套橡胶材料减少,刚度降低,隔振率提高。

图 7.45　橡胶上开孔的衬套

四、改变衬套尺寸来控制隔振

尺寸改变是指衬套形状不改变，只是尺寸等比例放大或缩小，如一个圆形衬套的直径变大，如图 7.46a 所示。尺寸改变会使隔振特征改变。尽管大衬套和小衬套的线性刚度相同，但是大衬套的线性段会更长些。在大激励下，小衬套刚度进入非线性段，刚度变大；而大衬套仍然在线性段内工作，刚度保持不变。大衬套橡胶内部分子多，更加活跃，耗散能量更多。在静刚度相同和可靠性相同的情况下，大衬套动刚度有可能调节到比小衬套动刚度低。因此，大衬套比小衬套隔振效果好。

例如某车以 50km/h 速度在水泥路面上行驶时有明显的低频压耳声，将后纵臂衬套内径由 60mm 增大到 75.8mm 后，衬套隔振率提高，压耳声峰值降低了 5dB(A)，如图 7.46b 所示。

a) 两种不同尺寸后纵臂衬套

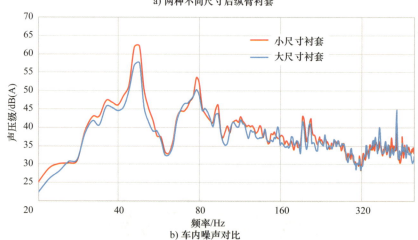

b) 车内噪声对比

图 7.46　同一辆车不同尺寸衬套对比

五、改变衬套布置角度来控制隔振

在有些情况下，悬架结构和衬套结构都不能改变，那就用调整衬套安装角度的方法，使刚度值在三个方向重新分配，以达到在某个方向的期望值，从而提升隔振率和降低振动传递。

图 7.47 给出了两组平面坐标，一个是原始坐标 (x, y)，一个是将原始坐标逆时针旋转 θ 角度后形成的新坐标 (x', y')。一个向量 OA 在原始坐标上的投影长度为: $X = OD$, $Y = AD$；在新坐标上的 $X' = OB$, $Y' = AB$。在新坐标和原始坐标下，向量关系为

$$X' = OB = OC + CB = X\cos\theta + Y\sin\theta \tag{7.52a}$$

$$Y' = AB = AE - BE = Y\cos\theta - X\sin\theta \tag{7.52a}$$

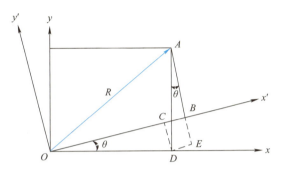

图 7.47　两组坐标变换的关系

因此，新坐标与原始坐标的关系为

$$\begin{pmatrix} x' \\ y' \end{pmatrix} = \begin{pmatrix} \cos\theta & \sin\theta \\ -\sin\theta & \cos\theta \end{pmatrix} \begin{pmatrix} x \\ y \end{pmatrix} = \boldsymbol{T} \begin{pmatrix} x \\ y \end{pmatrix} \tag{7.53}$$

式中，$\boldsymbol{T}$ 为坐标转换矩阵，为

$$\boldsymbol{T} = \begin{pmatrix} \cos\theta & \sin\theta \\ -\sin\theta & \cos\theta \end{pmatrix} \tag{7.54}$$

在一个系统中，位移和力通过坐标转换而表现出不同形式。假设在原始坐标中的位移和力分别为 $\boldsymbol{R}$ 和 $\boldsymbol{F}$，那么在新坐标中的位移 ($\boldsymbol{R'}$) 和力 ($\boldsymbol{F'}$) 表达为

$$\boldsymbol{R'} = \boldsymbol{TR} \tag{7.55a}$$

$$\boldsymbol{F'} = \boldsymbol{TF} \tag{7.55b}$$

在原始坐标和新坐标下，力与位移的关系为

$$\boldsymbol{F} = \boldsymbol{KR} \tag{7.56a}$$

$$\boldsymbol{F'} = \boldsymbol{K'R'} \tag{7.56b}$$

式中，$\boldsymbol{K}$ 和 $\boldsymbol{K'}$ 分别为原始坐标和新坐标下的刚度矩阵。

由式（7.55）和式（7.56），得到

$$\boldsymbol{F'} = \boldsymbol{TKR} = \boldsymbol{TKT}^{-1}\boldsymbol{R'} \tag{7.57}$$

因此，在新坐标下，系统的刚度为

$$\boldsymbol{K'} = \boldsymbol{TKT}^{-1} \tag{7.58}$$

由于坐标转换矩阵是正交矩阵，即 $\boldsymbol{T}^{\mathrm{T}} = \boldsymbol{T}^{-1}$，因此式（7.58）可以表达为

$$\boldsymbol{K'} = \boldsymbol{TKT}^{\mathrm{T}} \tag{7.59}$$

有一款新车在一个车型平台上开发。当一辆样车以 50km/h 的速度在粗糙沥青路面行驶时，车内后排有严重的敲鼓声。经过传递路径分析，发现导致 46Hz 敲鼓声的路径来自三连杆后悬架中的纵向拉杆，而主要贡献部件是拉杆衬套，其 X 方向刚度大导致隔振率低。在衬套结构和材料无法改变的情况下，调整纵向拉杆衬套安装角度，逆时针旋转 30°（图 7.48），使得刚度在各个方向上的值重新分配，见表 7.13。角度调整后，X 方向刚度从 2554N/mm 降低到 2120N/mm，从而降低结构声传递。图 7.49 显示车内噪声在 46Hz 处的峰值降低了 4dB(A)，压耳感消失。

a) 衬套轴线与车身横向一致　　　　b) 衬套轴线与车身横向成 30° 夹角

图 7.48　一个三连杆悬架纵向拉杆衬套布置

表 7.13　衬套轴线与车身横向不同夹角的衬套动刚度值　　（单位：N/mm）

	整车 X 向	整车 Y 向	整车 Z 向
衬套轴线与车身横向一致	2554	819	3250
衬套轴线与车身横向成 30° 夹角	2120	1253	3250

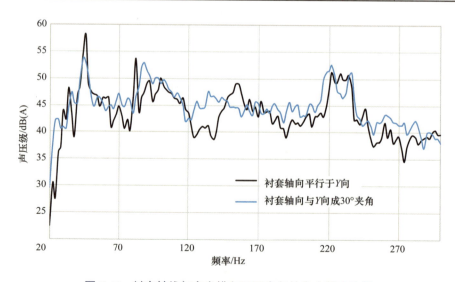

图 7.49　衬套轴线与车身横向不同夹角的车内噪声比较

在无法从结构布置上来改变衬套轴线角度的情况,可以通过旋转衬套角度来调整各个方向的刚度,如图7.50所示。

图7.50 悬架结构不变,调整衬套安装角度

第七节 副车架隔振

一、副车架承受的激励

发动机或动力总成的后悬置通常安装在副车架上,悬架通过摆臂和衬套与副车架连接,如图7.51所示,因此,副车架承受着发动机激励和悬架激励。副车架与车身柔性地或刚性地连接,这样发动机和悬架振动传递到车身。

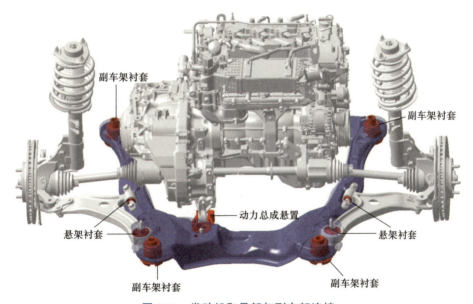

图7.51 发动机和悬架与副车架连接

图7.52更加直观地显示了这个过程。在图7.52a中,发动机激励传递到悬置(即隔振器),经过副车架后,传递到副车架衬套,再传递到车身。如果将发动机和副车架分别看成

是质量块,那么发动机-隔振器-副车架-衬套组成了一个"质量-弹簧-质量-弹簧"的双级隔振系统(或二级隔振系统)。同样,如果将悬架和副车架分别看成是质量块,那么悬架-隔振器-副车架-衬套组成了另一个"质量-弹簧-质量-弹簧"的双级隔振系统。即图 7.52a 可以视为由两个双级隔振系统组成。

在图 7.52b 中,副车架与车身刚性连接,因此发动机-隔振器-副车架/车身构成了一个单级隔振系统。同样,悬架-隔振器-副车架/车身构成了另一个单级隔振系统。即图 7.52b 可以视为由两个单级隔振系统组成。

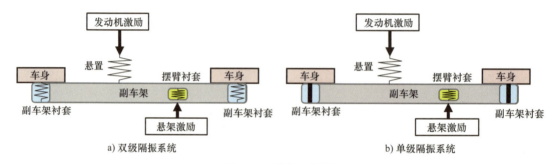

图 7.52 副车架隔振

二、双级隔振与单级隔振比较

图 7.53a 是一个二自由度双级隔振系统模型图。图中的 m_1、k_1、c_1 和 x_1 分别表示激励端(动力总成或悬架)的质量、刚度、阻尼和位移,f_e 表示激励力;m_2、k_2、c_2 和 x_2 分别表示副车架的质量、衬套刚度、阻尼和位移,f_d 表示传递到基础(车身)的力。图 7.53b 是单自由度单级隔振系统模型,副车架与车身之间没有衬套,即两者刚性连接,f_s 为传递到基础(车身)的力。

二自由度系统方程为

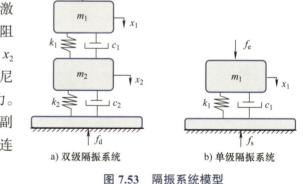

图 7.53 隔振系统模型

$$m_1\ddot{x}_1 + k_1(x_1 - x_2) + c_1(\dot{x}_1 - \dot{x}_2) = f_e(t) \tag{7.60}$$

$$m_2\ddot{x}_2 + k_1(x_2 - x_1) + c_1(\dot{x}_2 - \dot{x}_1) + k_2 x_2 + c_2 \dot{x}_2 = 0 \tag{7.61}$$

将方程(7.60)和方程(7.61)转换到频域,得到

$$(k_1 + j\omega c_1 - m_1\omega^2)x_1 - (k_1 + j\omega c_1)x_2 = f_e(\omega) \tag{7.62}$$

$$-(k_1 + j\omega c_1)x_1 + [k_1 + k_2 + j\omega(c_1 + c_2) - m_2\omega^2]x_2 = 0 \tag{7.63}$$

将式（7.63）代入式（6.62），得到

$$f_e(\omega) = \frac{(k_1 + j\omega c_1 - m_1\omega^2)[k_1 + k_2 + j\omega(c_1 + c_2) - m_2\omega^2] - (k_1 + j\omega c_1)^2}{k_1 + j\omega c_1} x_2 \quad (7.64)$$

传递到基础的力为

$$f_d(\omega) = (k_2 + j\omega c_2) x_2 \quad (7.65)$$

由式（7.64）和式（7.65），得到双级隔振系统的力传递率为

$$T_d = \frac{f_d(\omega)}{f_e(\omega)} = \frac{(k_1 + j\omega c_1)(k_2 + j\omega c_2)}{(k_1 + j\omega c_1)(k_2 + j\omega c_2 - m_2\omega^2) - m_1\omega^2[k_1 + k_2 + j\omega(c_1 + c_2) - m_2\omega^2]} \quad (7.66)$$

当副车架与车身之间没有衬套，即刚性连接，$k_2 \to \infty$，双级隔振系统就变成了单级隔振系统，其隔振率为

$$T_s = \frac{f_s(\omega)}{f_e(\omega)} = \frac{k_1 + j\omega c_1}{k_1 - m_1\omega^2 + j\omega c_1} \quad (7.67)$$

动力总成有三到五个悬置，通常只有一个安装在副车架上，所以 m_1 只是动力总成质量的一小部分；同样，悬架中的一部分质量通过两个衬套分布到副车架上。副车架与车身之间有四个衬套，因此 m_2 只是副车架质量的一部分。

三、副车架隔振原则

对某款车分别计算出副车架双级隔振和单级隔振的力传递率，并绘制出来，如图 7.54 所示。图 7.54 可以分成四个区域：低频区、双级隔振作用区、双级隔振失效区和双级隔振高效区。在低频区，双级隔振系统传递率高，但是由于这个区域频率低，对噪声影响很小。

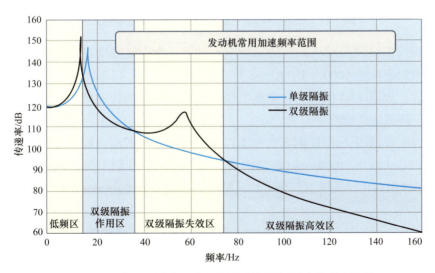

图 7.54　悬架－副车架双级隔振和单级隔振的力传递率比较

在双级隔振作用区，双级隔振的效果好于单级隔振。在双级隔振失效区，双级隔振传递率出现峰值，其隔振效果差于单级隔振。在双级隔振高效区，双级隔振的效果随着频率提高而大幅增加，远远好于单级隔振。

与单级隔振系统相比，双级隔振系统既有有效区域，也有无效区域。因此，采用何种隔振系统，要由激励特征决定。

双级隔振有利于衰减结构声路噪。虽然轮胎衰减了 200Hz 以下的大幅值路面激励，但是传递到轮心的 200Hz 以上振动依然存在。采用副车架衬套，使得车身与副车架柔性连接，构成双级隔振系统，并工作在高效隔振区，会大大衰减中频结构声路噪。图 7.55 是某辆车分别安装有衬套副车架和无衬套副车架，在粗糙沥青路面以 60km/h 行驶的车内噪声。从 40Hz 到 550Hz 和从 620Hz 到 800Hz 范围内，采用柔性副车架的车内噪声都低于使用刚性副车架的噪声。这说明衬套起到了良好的隔振作用，衰减了来自悬架的振动。

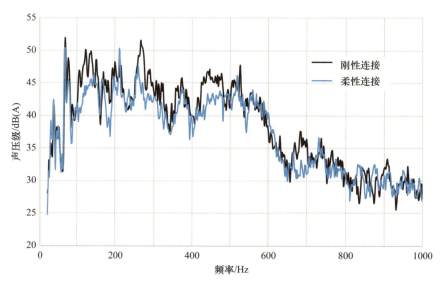

图 7.55 使用柔性和刚性副车架对应的车内噪声比较

双级隔振可能放大发动机产生的结构声。对于一个四缸发动机来说，其 2 阶是主要激励阶次，常用加速转速 1000～4500r/min 对应的频率为 33.3～150Hz。这个频段与双级隔振失效区有重合，如图 7.54 所示。在某些低频段，双级隔振的传递率大于单级隔振，即柔性副车架不利于降低加速噪声。

图 7.56 为一辆车采用刚性副车架和柔性副车架加速时的车内噪声对比。使用柔性副车架的车内噪声在 1400～4000r/min 范围内明显大于使用刚性副车架，这个转速段对应的频率为 46.7～133.3Hz。双级隔振恶化了加速噪声，特别是在 2300r/min（2 阶频率为 76.6Hz）产生了轰鸣声。

采用柔性或刚性副车架要视降噪目的、激励特征、汽车风格等因素而决定。总体而言，双级隔振效果更好些，对于它使得加速噪声恶化的情况，可以在副车架上增加动态吸振器来解决。有的副车架采用两个柔性和两个刚性连接来实现降低路噪和发动机噪声的平衡。

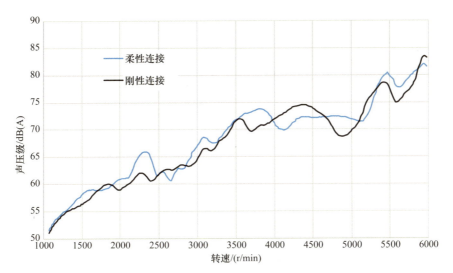

图 7.56 一辆车采用刚性副车架和柔性副车架加速时的车内噪声对比

参考文献

高琦，冯金芝，郑松林，等，2019. 橡胶衬套高阶分数导数动力学模型的研究 [J]. 汽车工程，41(8): 872-879.

孔令洋，孙晓帮，罗辉，2016. 激振频率对橡胶衬套动态特性影响的试验研究 [J]. 中国农机化学报，37(1): 167-171.

雷刚，刘莹，胡鹏，等，2015. 橡胶衬套动态特性研究 [J]. 科学技术与工程，15(7): 74-78.

刘路，2017. 橡胶衬套对跨界车独立后悬架性能影响的研究 [D]. 武汉：武汉理工大学.

刘伟，2012. 客车悬架橡胶衬套对整车性能影响研究与多目标优化 [D]. 长春：吉林大学.

倪海南，2018. 非线性橡胶衬套参数化模型研究及多体动力学仿真 [D]. 长沙：湖南大学.

上官文斌，徐驰，2007. 汽车悬架控制臂液压衬套动态特性实测与计算分析 [J]. 振动与冲击，26(9): 7-10.

吴杰，上官文斌，2008. 采用粘弹性分数导数模型的橡胶隔振器动态特性的建模及应用 [J]. 工程力学，25(1): 161-166.

王娜，2011. 面向汽车耐久性分析的底盘橡胶衬套建模研究 [D]. 长春：吉林大学.

杨挺青，2004. 粘弹性理论与应用 [M]. 北京：科学出版社.

于海富，李凡珠，杨海波，等，2017. 橡胶材料非线性高弹－粘弹性本构模型的研究 [J]. 橡胶工业，64(12): 719-723.

于增亮，张立军，余卓平，2010. 橡胶衬套力学特性半经验参数化模型 [J]. 机械工程学报，46(14): 115-123.

詹特，2002. 橡胶工程 [M]. 张立群，等译. 北京：化学工业出版社.

赵永玲，侯之超，2013. 基于分数导数的橡胶材料两种粘弹性本构模型 [J]. 清华大学学报（自然科学版），53(3): 378-383.

张立军，余卓平，2003. 悬架中橡胶弹性元件隔振设计方法研究 [J]. 振动与冲击，22(3): 48-51.

BOUC R, 1967. Forced vibration of mechanical system with hysteresis[C]//Proceedings of 4th Conference on Nonlinear Oscillation, 1967, Prague, Czech. [S.l.:s.n.].

CHAI T, DREYER J T, SINGH R, 2013. Transient response of hydraulic bushing with inertia track and orificelike elements: 2013-01-1927[R]. Warrendale: SAE International.

CHAI T, SINGH R, DREYER J, 2013. Dynamic stiffness of hydraulic bushing with multiple internal configurations: 2013-01-1924[R]. Warrendale: SAE International.

GANZAROLLI F, 2010. Front suspension LCA bushing optimization: 2010-36-0248[R]. Warrendale: SAE International.

KALDAS M S, ÇALIŞKAN K, HENZE R, et al., 2012. The influence of damper top mount characteristics on vehicle ride comfort and harshness: parametric study: 2012-01-0054[R]. Warrendale: SAE International.

KHAKNEJAD M B, KHALAJ A, KESHAVARZ A, et al., 2013. Improving understeering behaviour of a passenger car via rear axle bushing optimisation: 2013-01-0700[R]. Warrendale: SAE International.

LI C, ZUO S, 2013. Vibration characteristic analysis and optimization of the rear suspension of eccentrical motor driven electric vehicle: 2013-01-0088[R]. Warrendale: SAE International.

NAKAHARA J, YAMAZAKI K, OTAKI Y, 2015. Rubber bushing model for vehicle dynamics performance development that considers amplitude and frequency dependency: 2015-01-1579[R]. Warrendale: SAE International.

NOLL S, DREYER J, SINGH R, 2013. Comparative assessment of multi-axis bushing properties using resonant and non-resonant methods: 2013-01-1925[R]. Warrendale: SAE International.

PIQUET B, MAAS C A, CAPOU F, 2007. Next generation of suspension bushings: review of current technologies and expansion upon new 3rd generation product data: 2007-01-0850[R]. Warrendale: SAE International.

SUNG D U, JEONG G S, JOO S G, 2006. An integrated approach to the development of suspension rubber bushings: 2006-01-1623[R]. Warrendale: SAE International.

第八章 结构声路噪的车身控制

路面激励轮胎，振动经过悬架传递到车身，形成结构声路噪，因此，可以从轮胎、悬架和车身三个方面来解决结构声路噪问题。优化轮胎，降低源头振动是最佳方案；改变悬架结构、模态分布和衬套隔振，从传递路径上衰减振动也是很好的选择。遗憾的是，在产品开发过程中，特别是在后期，轮胎和悬架的变更成本高和周期长，而修改车身板结构相对容易、成本低，所以，大多数结构声路噪问题是通过修改车身来解决。由此可见，车身控制对降低路噪，特别是低频路噪，是何等重要。

振动是从悬架与车身的连接点（原点）传入，在梁内传递，再到板，板振动后向车内辐射噪声。将原点、梁、板和车内声腔的声学振动特征组合在一起，形成了车身的噪声传递函数（NTF），车身控制就从这四个方面入手。原点动刚度决定了输入车身的能量，刚度越大，输入的能量越小。振动在梁和板内的传递与刚度成反比，提高刚度可以降低振动传递。在梁和板上加动态吸振器和质量块可以抑制某个频率的振动。板的结构模态与声腔模态避频可以降低声音辐射。

第一节 结构声在车身结构内的传递及辐射

一、车身结构

1. 车身结构组成

汽车主要系统，如动力总成、悬架等，都"挂"在车身上。轮胎振动传递到悬架，然后再传递到车身，通过车身板辐射到车内，形成结构声路噪。车身是载人的地方，它的结构特征直接影响到人对结构声路噪的感受。

车身分为非承载式车身和承载式车身。非承载式车身是指车身主体和底盘大梁框架分离的结构。货车、客车、越野车、大型 SUV 和少数大型轿车采用非承载式车身。车身主体与底盘大梁框架之间通常有隔振垫，轮胎振动经过悬架衬套衰减之后，又被大梁和车身之间的隔振垫再次衰减，因此，非承载式车身产生的结构声路噪通常比较小。承载式车身是指车身主体与底盘大梁框架连接为一体的结构，它没有独立车架，车身自身承受载荷。绝大多数轿车采用承载式车身。它的优点是结构简单、体积小、重量轻、成本低，缺点是车身承载能力有限。承载式车身没有非承载式车身的二次隔振结构，可能会带来严重的结构声路噪问题。

本书讲述的是轿车结构声路噪问题与控制方法，因此所提及的车身都是承载式车身。

承载式车身由框架结构、板结构、车内声腔、内饰结构和附件结构组成。框架结构是指车身上的横梁、纵梁和立柱等梁结构组成的框架，这些梁通过连接头连起来。板结构是指覆盖在框架上的板件，包括钣金件、玻璃及工程塑料等板件，如前壁板、前风窗玻璃、顶棚、地板、侧围板、车门板等。车内声腔是指车内空气形成的固定空间。内饰结构是指起到隔声、吸声、减小振动的部件，如前壁板隔声垫、阻尼结构等。附件结构是指安装在车身上的系统，如转向支承柱、反光镜、座椅等。

框架结构、板结构和车内声腔影响到结构声路噪。路面激励会经过轮胎和悬架传递到车身框架结构并激励板结构振动，然后板辐射噪声。低频敲鼓声和轰鸣声、中频轮胎空腔声都是由板振动而辐射出来的。当某个板的结构模态频率与声腔的声学模态频率耦合时，这些低频和中频噪声会更加凸显。

内饰结构影响到空气声路噪。第九章将详细介绍空气声路噪控制方法，即采用隔声和吸声的方法来降低近场路噪。隔声和吸声结构是内饰结构的主要组成部分。

附件几乎不影响路噪，因此本书将不阐述这方面的内容。

2. 框架结构

框架结构，如图 8.1 所示，是车身的基础。框架是由纵横交错的横梁、纵梁、立柱等梁结构组成，几根梁和柱交汇在一起，形成连接头。框架梁分为主梁和次梁。主梁是指前纵梁、后纵梁、门槛梁、顶棚前横梁、顶棚后横梁、流水槽横梁、地板横梁、立柱等，它们决定了车身整体模态并承载着来自动力系统和路面的激励。次梁是一些结构稍

图 8.1 承载式车身结构图

弱的梁结构，如保险杠、防撞梁、支承梁、隧道梁、次纵梁和次横梁等，它们对整体模态影响不大，但是影响甚至决定了车身局部模态。

车身框架整体形式，包括梁与梁之间形成的封闭或开环形状、梁的数量和间距，是决定车身刚度的重要因素。

框架一定要形成封闭结构，即组成框架的梁形成闭环圈。开环形式的主梁会使得车身整体刚度大大下降。次梁与次梁之间、次梁与主梁之间也要形成封闭结构。

梁的数量和它们之间的距离对车身刚度影响很大。在结构尺寸一定的前提下，梁的数量越多，刚度越大。

梁结构的尺寸、截面形状、跨度等决定了梁的刚度。连接头的连接方式对车身整体刚度影响很大，只有连接头局部有足够的刚度，才能将交汇在一起的梁紧紧地连在一起。如果梁的刚度很大，但是连接头的刚度弱，那么由梁和连接头组成的框架的刚度仍然弱。因此车身框架刚度是由梁的刚度和连接头刚度共同决定的，而车身框架刚度决定了车身的模态振型和频率。

悬架激励车身框架之后，振动能量流在框架中传递。框架整体结构影响到低频振动，而梁的局部结构会影响到中高频结构波的传递。

3. 板结构

车身板包括前壁板、前地板、后地板、顶棚、背门、行李舱盖、车门板、侧窗玻璃、前风窗玻璃、后风窗玻璃、侧围板、轮毂包等，如图 8.2 所示。板安装在框架上，让车身形成一个封闭的空间。板分为纯板（或者是局部的纯板）和带支承的板。纯板是相对支承板而言的，即是不带支承的板。大多数车身板有金属梁或者补强梁来支承，或者板被冲压出凹凸的筋，这类板就是支承板。顶棚是一个有多根次梁支承的板，如图 8.3 所示，但是由于有些梁之间的距离很大，因此大跨度梁之间部分可以视为局部纯板。

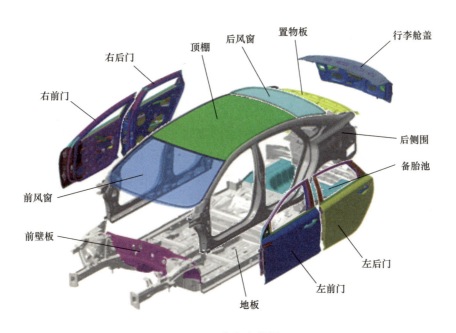

图 8.2 车身上的板

车身板类似于扬声器的膜，当受到激励时，板产生振动并辐射声音。车身板的振动基本上是沿着板的法线方向，其模态表现为沿法线方向的弯曲运动形式。车身板中最容易被路面激励而辐射声音的板是背门、行李舱盖、风窗玻璃和顶棚板。

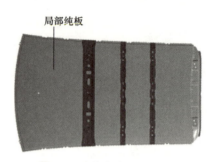

图 8.3 顶棚板与局部纯板

4. 声腔结构

车身板围成一个封闭的空间形成了车内空间，里面充满了空气，形成声腔，如图 8.4 所示。类似于结构模态，声腔也有模态，被称为声腔模态。当声腔受到扰动时，会发出声音。当声腔模态频率与板结构模态频率不一致时，声腔受到的扰动小，所发出的声音小；但是两者模态频率一致或接近时，声腔则会产生很大的声音。

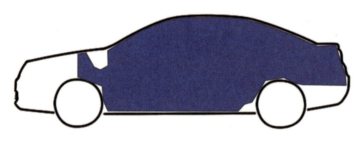

图 8.4 车内声腔

路面激励导致车身板振动，形成了对声腔的扰动源。板的结构模态频率比较低，通常只有几十赫兹；而声腔的纵向模态频率，特别是第一阶模态频率，也只有几十赫兹，因此这两者耦合的可能性非常大。背门（SUV 和商务车）法向振动是沿着汽车的轴向，这与第一阶声腔模态运动方向一致，因此，背门是引起低频结构声路噪（特别是低频敲鼓声和轰鸣声）的主要部件。

二、悬架对车身的激励点

1. 悬架与车身的连接点

悬架与车身连接的点被称为车身连接点或接附点。车身连接点包括弹簧与车身连接点、阻尼器与车身连接点、副车架与车身的连接点、摆臂与车身连接点等。图 8.5a 为悬架与车身连接点的示意图，图 8.5b 为一辆车上的连接点。

悬架振动通过连接点传递到车身梁或板，因此，这些点也被称为悬架对车身的激励点。

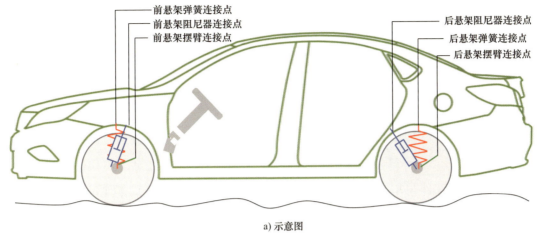

a) 示意图

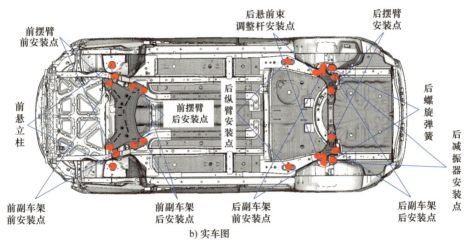

b) 实车图

图 8.5 悬架与车身的连接点

2. 柔性与刚性连接

按照车身和悬架之间的连接是否采用柔性连接件，可以把连接点分成两大类，一类是柔性连接，另一类是刚性连接。柔性连接是指在悬架部件与车身连接之间增加一个柔性连接元件，如隔振器、衬套、衬垫等。柔性连接件多数是橡胶类，少数是液压类。这类柔性连接元件衰减了悬架系统传递来的力，使得输入车身的力降低。刚性连接是指悬架部件用螺栓或铰链直接与车身相连，悬架系统将力直接传递给车身，另外，连接方式和预紧力也会影响力的传递。

三、结构声的传递过程

结构声路噪在车身内的传递过程如图 8.6 所示。悬架力激励车身梁振动，梁振动传递到车身板，被激励的板向车内辐射声音或者板模态与声腔模态耦合引起共振，产生车内噪声。

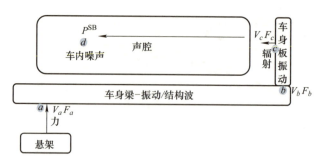

图 8.6 悬架振动对车内结构声路噪的传递过程

大多数悬架部件与车身梁连接，悬架振动首先传递到主梁上。轮心力的主要成分在 200Hz 之内，特别是 100Hz 之内，经过悬架衰减，传递到车身的力也是以低频为主，因此车身承受低频激励，而这会引起车身的弯曲振动和/或扭转振动。占次要成分的中高频振动会以结构波的形式在梁内部传递。

梁的振动或者车身整体振动传递到车身板（如背门、顶棚、风窗玻璃）上，引起板振动。板与刚度比它大得多的梁连接，可以将很多车身板视为一个四周约束或半约束状态的纯板，类似于鼓面。

振动的板扰动近场空气，辐射出声音。板的近场声音经过声腔内的空气传递到乘员耳朵，就是最终的结构声路噪。

第二节　车身结构声传递函数

当悬架激励车身的输入力确定后，结构声路噪的大小就取决于车身结构特征，即车内声音对激励力的敏感程度。

一、噪声传递函数

在车身上某个点施加单位激励力，车内产生噪声。噪声对力的传递函数（$H^{\text{SB-body}}$）定义为

$$H^{\text{SB-body}} = \frac{P^{\text{SB}}}{F_{\text{body}}} \tag{8.1a}$$

式中，F_{body} 为施加在车身上的激励力；P^{SB} 为车内噪声响应。

这个传递函数是车身结构声传递函数，也被称为声振传递函数或声振灵敏度。在工程界，它通常被称为噪声传递函数（noise transfer function，NTF）。式（8.1a）也可以表示为

$$\text{NTF} = \frac{P^{\text{SB}}}{F_{\text{body}}} \tag{8.1b}$$

NTF 反映了车内噪声对车身结构敏感的程度，它取决于车身激励点的动刚度、梁结构特征、车身板结构特征与声辐射能力和声腔特征。声振传递函数可以用有限元等方法计算得到，更多的时候是用测试获得。

如图 8.7 所示，将内饰车身用柔软的绳子悬挂起来，使得车身形成自由边界条件。用力锤敲击悬架激励车身的位置（如弹簧、阻尼器、摆臂等与车身的连接点），或者用激振器来激励这些位置。将传声器安放在人耳处，来测量声音响应。根据需要，传声器可以放置在右耳和/或左耳处，前排和/或中排或/和后排，将测量的声音和力信号进行处理后，就得到声振灵敏度。

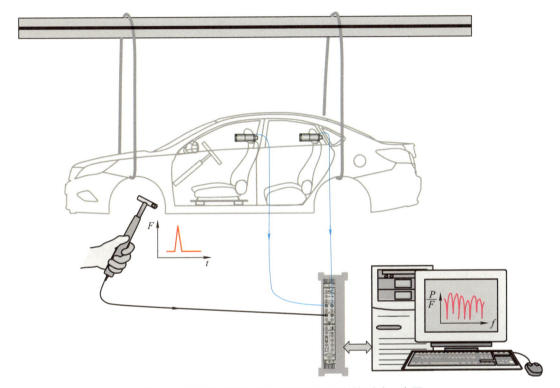

图 8.7 车身结构噪声传递函数（NTF）的测试示意图

二、噪声传递函数的分解

NTF 给出了作用在车身上的力对车内噪声的传递大小，而这个传递过程可以细化到每个传递环节，如图 8.6 所示。首先，这个力传递到车身连接点 a，然后振动波/结构波在梁内传递，到达与板连接点 b，振动波继续在板内传递到达 c 点，被激励的板对车内辐射噪声，传递到人耳处（d 点）。噪声传递函数可以作如下分解

$$\text{NTF} = \frac{P^{\text{SB}}}{F_a} = \frac{P^{\text{SB}}}{V_c} \frac{V_c}{F_b} \frac{F_b}{V_b} \frac{V_b}{F_a} = H_{dc} Y_{cb} Y_{bb}^{-1} Y_{ba} \tag{8.2}$$

式中,F_a 是作用到车身上的力;F_b 为 b 点的内力;V_b 和 V_c 分别是 b 点和 c 点的速度;H_{dc} 是从板振动到车内噪声的传递函数;Y_{cb} 是从 b 点到 c 点的导纳;Y_{bb} 是 b 点的原点导纳;Y_{ba} 是从 a 点到 b 点的导纳,它们分别表达为

$$H_{dc} = \frac{P^{SB}}{V_c} \tag{8.3a}$$

$$Y_{cb} = \frac{V_c}{F_b} \tag{8.3b}$$

$$Y_{bb} = \frac{V_b}{F_b} \tag{8.3c}$$

$$Y_{ba} = \frac{V_b}{F_a} \tag{8.3d}$$

式(8.2)将 NTF 分解为梁内的传递函数、板内的传递函数、板辐射声的传递函数和通过某一点的传递函数。式(8.2)说明了 NTF 与梁内传递从 a 点到 b 点的导纳和在板内传递从 b 点到 c 点的导纳成正比,即导纳越低(即梁的刚度越大、板的刚度越大),NTF 值越小。同时 NTF 与梁和板的连接点的原点导纳成反比,即导纳越低(即刚度越大),NTF 值越大,这个连接点可以视为振动传递路径中的一个柔性连接单元。但是从车身整体刚度和模态的角度,连接点的刚度越大,整体刚度和模态值越大。本章将分析激励力原点特征、振动在梁内传递特征和板内传递特征,以及板声辐射特征。

三、传递函数的频率特征

1. 传递函数的表征

NTF 可以用曲线或彩条来表示,其中人们更习惯于用曲线表征。图 8.8 是一组车身 NTF 测试曲线,NTF 幅值随频率变化。每条曲线代表在一个激励点施加力时,车内噪声对力的比值,单位是 Pa/N(dB)。从曲线图或彩色图谱上,可以找到各个频率声音的主要传递路径,这为针对性地降低某些频率下的灵敏度提供了便利。

传统上认为小于 55dB 的 NTF 是可以接受的。可是随着车身刚度增加,很多车的 NTF 已经小于 52dB,特别对电动汽车而言,由于铝合金等材料的使用,振动能量能够更好地被衰减,因此 NTF 更低。

2. 传递函数的识别

在影响 NTF 的因素(原点、梁和板)中,板最复杂,因为车身上的板很多而且面积大,不同板的振动和声辐射能力不一样,即便同一块板不同区域也不一样,因此怎样识别出 NTF 峰值与板的贡献是最难的。

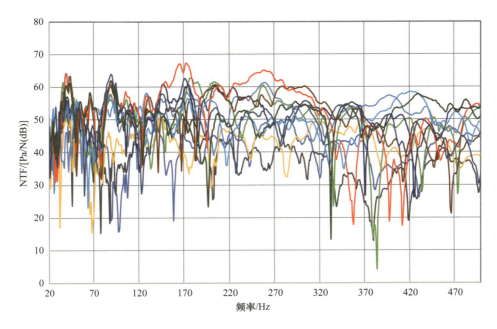

图 8.8 一组车身 NTF 测试曲线

为了凸显 NTF 与板的关系，式（8.2）可以写成如下形式

$$\text{NTF} = \frac{P^{\text{SB}}}{F_a} = \frac{P^{\text{SB}}}{V_c} \frac{V_c}{F_a} = H_{dc} Y_{ca} \tag{8.4}$$

式中，Y_{ca} 是板上 c 点到激励点 a 之间的导纳。

式（8.4）将 NTF 分解成两步，第一步是从悬架与车身的激励点到板上某点，第二步是从该点到车内声音接收点。这样分解就将重点集中到板上，从而可以识别出板对 NTF 的贡献。

假设车身上有 M 块板，每个板划分成 N 个单元，如图 8.9 所示。车内声压为所有板辐射声压之和，为

$$P = \sum_{m=1}^{M} P_m = \sum_{m=1}^{M} \sum_{n=1}^{N} P_{mn} \tag{8.5}$$

式中，P_m 为第 m 块板的声压贡献；P_{mn} 为第 m 块板上第 n 个板单元（简称为 mn 板单元）的声压贡献。

P_{mn} 的 NTF 分量（NTF_{mn}）可以写成

$$\text{NTF}_{mn} = \frac{P_{mn}}{V_{mn}} \frac{V_{mn}}{F_a} \tag{8.6}$$

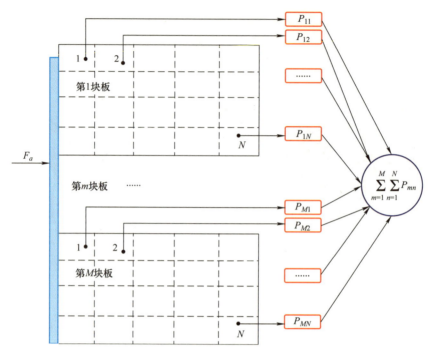

图 8.9 $M \times N$ 个车身板单元振动对车内辐射声叠加

式中，V_{mn} 是 mn 板单元产生的振动；$\dfrac{P_{mn}}{V_{mn}}$ 表征了车内声音对 mn 板单元振动的声振灵敏度；$\dfrac{V_{mn}}{F_a}$ 表征了该板单元振动对激励力的振振灵敏度，分别表示为

$$H_{mn} = \dfrac{P_{mn}}{V_{mn}} \tag{8.7a}$$

$$H_{mn}^a = \dfrac{V_{mn}}{F_a} \tag{8.7b}$$

NTF 就是各个板单元产生的分量之和，即

$$\text{NTF} = \sum_{m=1}^{M}\sum_{n=1}^{N} \text{NTF}_{mn} = \sum_{m=1}^{M}\sum_{n=1}^{N} \dfrac{P_{mn}}{V_{mn}} \dfrac{V_{mn}}{F_a} \tag{8.8}$$

激励车身某连接点时，测量 V_{mn}，就得到 $\dfrac{V_{mn}}{F_a}$。再激励 mn 板单元，同时测量车内噪声和板的振动，就得到 $\dfrac{P_{mn}}{V_{mn}}$。确定 NTF_{mn} 和 NTF 的相位关系，就可以得到 mn 板单元产生的 NTF_{mn} 在整个 NTF 中的比例，表达为

$$\delta = \dfrac{\text{NTF}_{mn}}{\text{NTF}} = \dfrac{|\text{NTF}_{mn}|\cos(\varphi_{\text{NTF}} - \varphi_{\text{NTF}_{mn}})}{|\text{NTF}|} \tag{8.9}$$

式中，φ_{NTF} 为 NTF 相位；$\varphi_{\text{NTF}_{mn}}$ 为 mn 板单元产生的分量 NTF_{mn} 的相位。

图 8.10 显示一辆车的车身板被划分成若干单元，包括前风窗玻璃、顶棚、车门、后风窗玻璃、背门、地板、备胎池、前壁板等。激励车身与悬架的一个连接点，测量车内噪声和板单元的振动，得到总体 NTF 和各个板单元对激励力的振振传递函数 H_{mn}^a。然后，激励每个板单元，得到车内声音对板单元的声振传递函数 H_{mn}。根据式（8.6）得到 mn 板单元的 NTF_{mn} 分量，根据式（8.8）得到合成的 NTF 总量。将一个车身测量的和合成的 NTF 对比，如图 8.11 所示，两者的幅值和相位角吻合较好，特别是在低频段。图 8.12 为某个车身各个板件对激励某连接点产生的 NTF 峰值贡献量柱状图，背门贡献量占 44%，背门是这个频率下 NTF 峰值的主要贡献源。

图 8.10 一辆车的车身板被划分成 $M \times N$ 个单元
（包括前风窗玻璃、顶棚、车门、后风窗玻璃、背门、地板、备胎池、前壁板等）

四、传递函数的控制

输入力与原点刚度结合起来决定了外界对车身的能量输入。从能量控制的角度，车身控制分解成五个过程：输入力、原点响应、振动在梁中传递、板振动、板声辐射（包括与车内空腔耦合）。车身振动控制方法如下：

第一，控制输入车身的力。车身被视为一个线性的结构系统，NTF 是一个常函数，即不随输入和输出变化。输入车身的力越小，那么车内的噪声响应越小。

第二，控制原点动刚度。输入车身的能量取决于输入力和原点动刚度。当外界输入力无法改变的时候，可以通过改变车身连接点的结构来降低输入车身的能量。

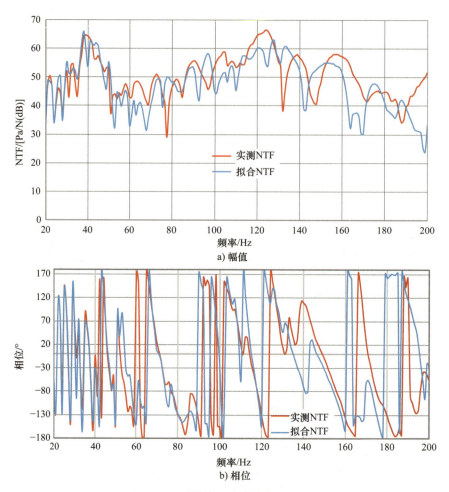

图 8.11 测量的和合成的 NTF 对比

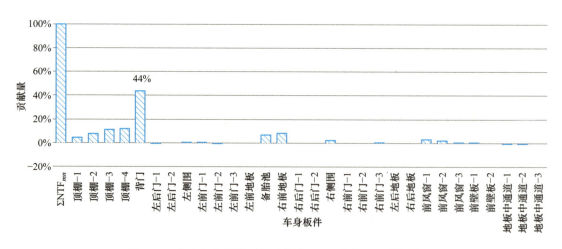

图 8.12 车身各个板件对某连接点 NTF 峰值贡献量柱状图

第三，控制振动能量在梁内的传递。梁作为振动传递路径，通过修改梁结构，降低梁整体振动灵敏度，或使得一部分结构波被反射或者被吸收，从而减少传递到车身板的振动。

第四，控制车身板的振动。降低车身板的振动速度，从而抑制它的声辐射能力。

第五，车身板结构模态与声腔模态解耦。车身板结构模态与声腔模态避开会降低板的辐射效率，从而避免产生车内共振轰鸣。

第六，车身板模态与悬架模态和轮胎模态解耦。悬架与车身连接，两者模态耦合时，悬架小的振动会激励起车身。虽然轮胎与车身不直接相连，但是两者模态耦合时，悬架可以视为一个过渡的刚体，而轮胎振动穿越悬架后，会引起车身振动。

控制以上六个方面就控制了结构声路噪在车身结构内部的传递和辐射。悬架传递到车身力的识别和控制分别在第二章和第六章介绍了，读者可以参阅这两章，下文将介绍剩余的五种方法。

第三节　原点结构的控制

一、原点动刚度

与第七章讲述橡胶的动刚度一样，结构体也有动刚度。

一个 N 自由度的线性定常系统运动方程为

$$M\ddot{X} + C\dot{X} + KX = F \tag{8.10}$$

式中，M、C、K 分别是系统 $N \times N$ 阶的质量矩阵、阻尼矩阵和刚度矩阵；X 和 F 分别是系统的位移向量和激励力向量，分别表示为

$$X = (x_1, \ x_2, \ \cdots, \ x_r, \ \cdots, \ x_N)^T \tag{8.11}$$

$$F = (f_1, \ f_2, \ \cdots, \ f_r, \ \cdots, \ f_N)^T \tag{8.12}$$

通过模态矩阵，把物理坐标转换成模态坐标

$$X = \Phi Q \tag{8.13}$$

式中，Φ 为模态矩阵；Q 为模态坐标向量。

模态矩阵为

$$\Phi = (\phi_1, \ \phi_2, \ \cdots, \ \phi_r, \ \cdots, \ \phi_N) \tag{8.14}$$

式中，ϕ_r 表示第 r 阶的模态振型。

模态坐标向量为

$$Q = (q_1, \ q_2, \ \cdots, \ q_r, \ \cdots, \ q_N)^T \tag{8.15}$$

式中，q_r 是第 r 阶的模态坐标。

将式（8.13）代入式（8.10）中，再在方程两边的左边分别乘以 $\boldsymbol{\Phi}^\mathrm{T}$，就将物理坐标下耦合系统转换成在模态坐标下的解耦系统，模态坐标上的运动方程为

$$(\boldsymbol{K}_r - \omega^2 \boldsymbol{M}_r + \mathrm{j}\omega \boldsymbol{C}_r)\boldsymbol{Q} = \boldsymbol{F}_r(\omega) \tag{8.16}$$

式中，$\boldsymbol{M}_r$、$\boldsymbol{K}_r$ 和 $\boldsymbol{C}_r$ 分别是模态坐标下的模态质量矩阵、模态刚度矩阵和模态阻尼矩阵，它们都是对角矩阵。

$\boldsymbol{F}_r(\omega)$ 是模态坐标下的激励向量，表达为

$$\boldsymbol{F}_r(\omega) = \boldsymbol{\Phi}^\mathrm{T}\boldsymbol{F}(\omega) = (f_1, \cdots, f_r, \cdots, f_N)^\mathrm{T} \tag{8.17}$$

对于第 r 阶模态，式（8.17）表达为

$$(k_r - \omega^2 m_r + \mathrm{j}\omega c_r)q_r = f_r \tag{8.18}$$

式中，m_r、k_r 和 c_r 分别是第 r 阶模态的质量、刚度和阻尼；f_r 为第 r 阶模态激励力

$$f_r = \boldsymbol{\phi}_r^\mathrm{T}\boldsymbol{F}(\omega) \tag{8.19}$$

对于单点激励的情况，假设在 p 点激励，模态力变成

$$f_r = \phi_{pr} f_p(\omega) \tag{8.20}$$

将式（8.20）代入式（8.18）中，得到第 r 阶模态坐标的响应为

$$q_r = \frac{\phi_{pr} f_p(\omega)}{k_r - \omega^2 m_r + \mathrm{j}\omega c_r} \tag{8.21}$$

将模态坐标转换回物理坐标中，得到 l 点的响应为

$$x_l(\omega) = \sum_{r=1}^{N} \frac{\phi_{lr}\phi_{pr} f_p(\omega)}{k_r - \omega^2 m_r + \mathrm{j}\omega c_r} \tag{8.22}$$

响应点 l 的位移对激励点 p 的激励力之间的频响函数，即位移导纳为

$$Y_{lp}(\omega) = \frac{x_l(\omega)}{f_p(\omega)} = \sum_{r=1}^{N} \frac{\phi_{lr}\phi_{pr}}{k_r - \omega^2 m_r + \mathrm{j}\omega c_r} \tag{8.23}$$

如果响应点和施加力为同一点，导纳为原点导纳，对应的刚度就称为原点动刚度，为

$$k_{ll}(\omega) = \frac{f_l(\omega)}{x_l(\omega)} = \frac{1}{\displaystyle\sum_{r=1}^{N} \frac{\phi_{lr}\phi_{lr}}{k_r - \omega^2 m_r + \mathrm{j}\omega c_r}} \tag{8.24}$$

对单自由度系统，$\phi_{lr}=1$，动刚度（k_d）为

$$k_d(\omega) = k - m\omega^2 + \mathrm{j}c\omega \tag{8.25}$$

式中，m、k 和 c 分别是单自由度系统的质量、刚度和阻尼系数。

刚度是激励频率（ω）的函数，即刚度是随着频率变化的，而不是一个固定值。此时的刚度被称为动刚度。当 $\omega=0$ 时，即系统处于静止状态时，$k_d=k$，即为静刚度。

二、输入车身的能量

当原点受到外界激励时，能量会输入系统中。输入的功率为

$$\Pi = \frac{1}{2}\mathrm{Re}(F_a V_a) = \frac{1}{2}\left[\mathrm{Re}\left(\frac{1}{F_a/V_a}\right)F_a^2\right] = \mathrm{Re}\left(\frac{\mathrm{j}\omega}{2K_a}F_a^2\right) \tag{8.26}$$

从式（8.26），可以得出输入系统的能量取决于激励力的大小和原点动刚度。当外界输入一定的时候，原点动刚度越小，输入系统的能量就越大；反之亦然。

原点动刚度高，可以使得接触点的阻抗大，从而使得波在结构中传播的幅值低，相应地传递到车内的噪声和振动就降低。因此，对系统自身来说，控制原点动刚度非常重要。

式（8.2）可以写成原点动刚度的表达式

$$\mathrm{NTF} = \frac{P^{\mathrm{SB}}}{V_a}\frac{V_a}{F_a} = \frac{\mathrm{j}\omega}{K_a}\frac{P^{\mathrm{SB}}}{V_a} \tag{8.27}$$

式中，$\dfrac{P^{\mathrm{SB}}}{V_a}$ 表示车身结构自身的特征，即在外力作用下，原点的速度响应与车内声压响应之间的关系；K_a 表征外力与结构共同作用的特征，即原点动刚度。式（8.27）表明 NTF 与原点动刚度成反比。

三、原点动刚度控制

从式（8.26）可知，输入系统的能量取决于外力和原点动刚度，且与动刚度成反比。或者说，当外界输入力一定时，为了抑制输入能量大小，只有提高原点动刚度。

原点动刚度控制就是使得悬架与车身连接点的动刚度足够高，从而达到抑制悬架对车身的输入能量，进一步降低结构声路噪的传递。原点是局部结构，由钣金件和内部加强件组成。将图 8.5b 的悬架与车身连接点区域拆开，得到连接点的结构，如图 8.13 所示。车身钣金件截面形状（如开口截面或封闭截面）、板内加强件结构、板的厚度、连接螺栓等决定了原点动刚度，因此改变这些结构就可以提高原点动刚度。

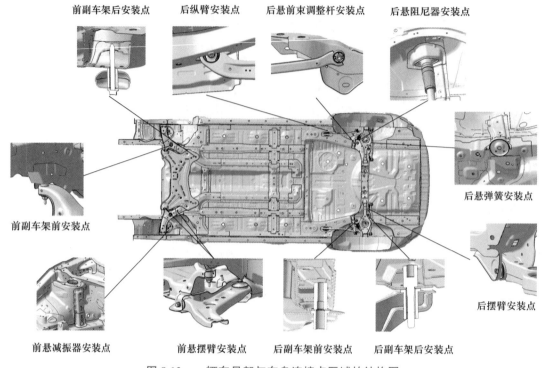

图 8.13 一辆车悬架与车身连接点区域的结构图

图 8.14a 是车身上一个与悬架的连接点结构，螺栓将两个局部板连接，动刚度低，导致了车内轰鸣声。为了降低噪声，在两块板件之间加了一个加强套管，如图 8.14b 所示。图 8.15a 和 b 分别为两个结构的原点动刚度对比和该点对车内 NTF 对比。原点结构加强后，动刚度提升，NTF 降低。

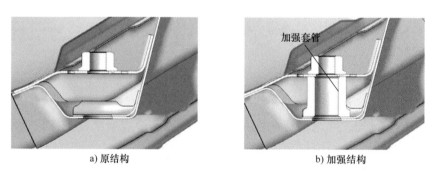

图 8.14 车身上一个与悬架的连接点结构

随着时间的推移，车身与悬架连接点的动刚度在不断提升。车型一代代迭代发展，下一代车型比上一代车型的原点动刚度都会提升。

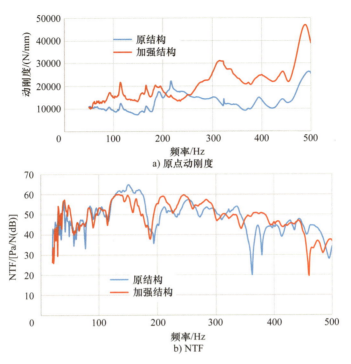

图 8.15 原点结构加强前后对比

第四节 车身梁结构振动与控制

一、车身梁与刚度

1. 车身刚度的重要性

车身刚度是整车结构的基础。受到外力作用时，车身出现弯曲变形和扭转变形。因此，车身需要有足够的弯曲刚度和扭转刚度来抵抗这些变形。

车身刚度对 NVH 影响非常大。整车 NVH 性能随着车身刚度的增加而增加。车身刚度不足直接导致路噪增加。图 8.16 给出了一组车辆的弯曲刚度和扭转刚度与车内噪声的关系，这些汽车以 40km/h 的速度在粗糙路面行驶。总体趋势是车身刚度越大，车内路噪越低。

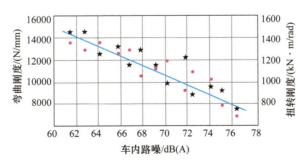

图 8.16 车身刚度与车内路噪的关系

车身模态由车身刚度和质量决定。当刚度不足时，车身模态频率低，容易与外界激励频率一致或者接近，从而产生共振。低频路噪的敲鼓声和轰鸣声通常是由于车身局部刚度不足所导致。刚度不足还会使得结构松散，导致车身异响；车身很多模态被激励起来，产生中高频嘈杂声音，即声品质差；车身变形大导致声腔承受更大的压力而容易产生更大的噪声。高刚度车身不仅能降低低频轰鸣声，而且能抑制高阶模态响应和提升声品质。

车身刚度决定了汽车的品质和性能，包括异响、NVH性能、操控性能、碰撞安全性能、可靠性等。车身刚度甚至会对汽车品牌带来影响，会在顾客心中留下"一辆没有安全感的车""一辆不舒适的车""一辆可靠的车""一辆好车""一辆有品位的车"等印象。总之，足够高刚度的车身是汽车良好品质感的基石。

2. 梁的刚度

车身结构是由梁、钣金件、内饰件等组成，梁构建了车身结构框架，钣金件依附于梁，使得车身形成一个封闭空间。决定车身刚度的主要因素有整体框架结构的布置、梁的截面形状、连接头的刚度、板结构的刚度，其中梁是决定车身刚度最重要的因素。

车身框架是由纵梁、横梁、立柱以及一些支承梁组成。梁和立柱的布置是否合理对车身刚度影响非常大，车身整体框架一定要设计成闭口结构，如图8.17a所示。即便是局部结构，即由主梁和次梁组成的结构或全部由次梁组成的结构，也要尽可能地是封闭结构，以便增加局部刚度，反之，开口结构（图8.17b）会降低车身刚度。

a) 闭口结构　　　　　　　　b) 局部开口结构

图 8.17　车身梁结构

梁截面形状有矩形、圆形、无规则形状；有闭口的，也有开口的，如图8.18所示。车身梁和立柱的截面通常是不规则形状，以达到最佳承重能力和最大刚度。

a) A柱断面　　b) 门槛断面　　c) 顶盖前横梁断面　　d) 顶盖后横梁断面　　e) 前壁板下横梁断面

图 8.18　车身梁和立柱的几种截面形状

梁截面对刚度影响很大。以开口圆形薄壁梁和闭口圆形薄壁梁来说明它们的刚度差别，如图8.19所示。假设这两个圆截面的半径相同、壁厚相同、材料相同，下面以扭转刚度为例来说明两者的差别。

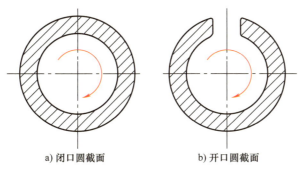

a) 闭口圆截面　　　　　b) 开口圆截面

图 8.19　圆形薄壁梁截面

开口圆截面的扭转刚度为

$$(GJ)_{\text{open}} = \frac{2}{3} G\pi r t^3 \quad (8.28)$$

式中，G 为剪切杨氏模量；J 为极惯性矩；r 是圆的半径；t 是壁厚。

闭口圆截面的扭转刚度为

$$(GJ)_{\text{closed}} = 2G\pi r^3 t \quad (8.29)$$

开口圆截面的扭转刚度与闭口圆截面的扭转刚度之比为

$$\frac{(GJ)_{\text{open}}}{(GJ)_{\text{closed}}} = \frac{1}{3}\left(\frac{t}{r}\right)^2 \quad (8.30)$$

由于梁的壁厚远远小于半径，即 $t \ll r$，因此，开口截面梁的扭转刚度 $(GJ)_{\text{open}}$ 远远小于闭口梁的扭转刚度 $(GJ)_{\text{closed}}$。对弯曲刚度，结论也一样。因此，梁应该尽可能避免使用开口截面梁。所以，车身上的纵梁、横梁、立柱等梁的截面多数是闭口形状。

闭口车身梁的截面通常是矩形或者接近矩形。闭口矩形梁截面（图 8.20）的宽度、高度和厚度决定了梁的刚度。绕 y 轴和 z 轴的截面惯性矩分别是

$$I_{yy} = \frac{th^2(1.5L - 2h)}{6} \quad (8.31)$$

$$I_{zz} = \frac{tb^2(1.5L - 2b)}{6} \quad (8.32)$$

式中，h 和 b 分别是沿着 z 轴和 y 轴的梁的外尺寸，即高度和宽度；L 是梁截面的周长；t 是梁的厚度。

闭口矩形梁的截面极惯性矩为

$$J = \frac{4th^2(0.5L - h)}{L} = \frac{4tb^2(0.5L - b)}{L} \quad (8.33)$$

由式（8.31）~ 式（8.33）可知，惯性矩和极惯性矩与梁的高度、宽度和厚度成正相关，因此要提高梁的刚度就必须增加高度、宽度和厚度。具体而言，增加高度 h，可以更有效地提升 I_{yy}，即提升垂向刚度；增加宽度 b，可以更有效地提升 I_{zz}，即提升横向刚度；增加壁厚，梁截面惯性矩和极惯性矩均增大，当 $h=b$ 时，梁的截面极惯性矩达到最大。

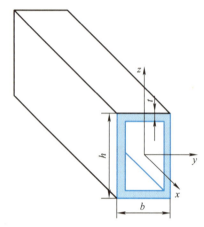

图 8.20 矩形梁截面图

闭口梁板件是一块整体，即很难只增加某个方向的厚度。为了实现提升某个方向的刚度，通常是用增加内衬结构来实现。图 8.21 所示为在机舱纵梁内部和 A 柱内部增加加强件来提升梁的整体刚度。

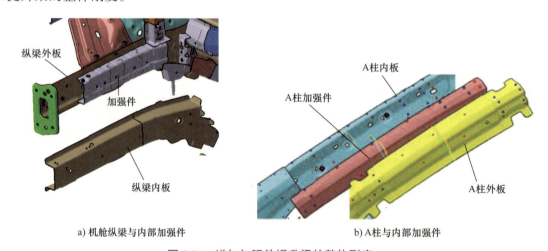

a) 机舱纵梁与内部加强件　　b) A柱与内部加强件

图 8.21 增加加强件提升梁的整体刚度

连接头刚度是指几根梁与梁交汇处的刚度，如 A 柱顶部是由 A 柱、顶棚前横梁和顶棚纵梁交汇在一起，形成一个连接头。只有连接头刚度和梁刚度都足够大才能使得车身刚度大，而板结构刚度主要影响车身局部模态、声辐射和车身扭转刚度。

总之，梁决定了车身的弯曲刚度和扭转刚度，而它们又与车身模态频率和振型密切相关，进而影响到路噪声品质。

二、梁的振动分析

振动在梁内部传递过程可以用三个方法来分析：结构波传递理论、能量（功率）传递理论和模态理论。

1. 结构波传递分析

与车身板结构相比，梁和立柱的壁厚要大许多，因此可以认为梁是固体结构，而不是板结构。振动在固体结构中主要以弯曲波的形态传递。

声波在管道中传递，当遇到截面变化时，声阻抗发生变化，一部分声波会被反射回去，使得继续前进的声波能量减弱。结构波在固体结构中传播也有类似现象。图 8.22 给出了等截面梁和几种变截面梁。结构波在等截面梁（图 8.22a）中传递，当到达端点 B 时，一部分声波被反射回来。结构波在截面变小的梁（图 8.22b）、截面变大的梁（图 8.22c）和加载质量的梁（图 8.22d）上传递时，在截面变化的地方，结构阻抗发生改变，使得一部分结构波被反射回去。由于一部分结构波被反射，所以继续前行的结构波能量被衰减，从而使得振动降低。因此，在梁结构的设计中，改变截面（包括增加质量）可以衰减结构波的传递，从而衰减振动源的能量。

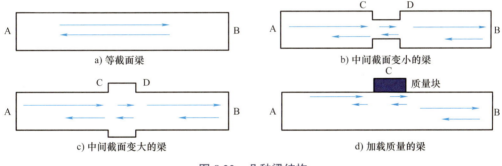

图 8.22　几种梁结构

当然，只有当结构波的波长小于梁的长度时，即梁内至少有一个完整的波，结构波遇到阻抗改变时，部分能量才能被反射。当结构波的波长大于梁的长度时，波直接穿透了结构，不存在反射。乘用车的长度通常在 4～5.5m 之间，而激励源（如发动机振源、来自路面通过悬架施加到梁的振源）到梁的端头距离只有 2.5～4m，因此只有当结构波波长小于 2.5m 时，才有能量反射。

声波在空气中的传播速度是 344m/s，而结构波传播的速度远大于声波速度，它在钢铁中的传播速度是 5200m/s。要使得这么快的结构波在 2.5m 内有一个完整的波长，其对应的频率为 2080Hz。结构声路噪的主要激励频率低于 100Hz，在中频段（100～500Hz）有一定的能量，但远低于 2080Hz。结构波的传递速度太快，在关注的频率范围内，波长超出了车身尺寸，因此结构波理论不适合于车身振动传递分析。

2. 能量传递分析

力施加到梁上产生了速度，也就有了能量。波在结构中传递也产生了内力，能量在每一点上都有聚集，因此可以用能量方法来分析梁结构刚度对能量传递的影响。图 8.23 表示一根自由状态的梁，在 1 点施加力后，振动会沿着梁传递，到达 2 点。

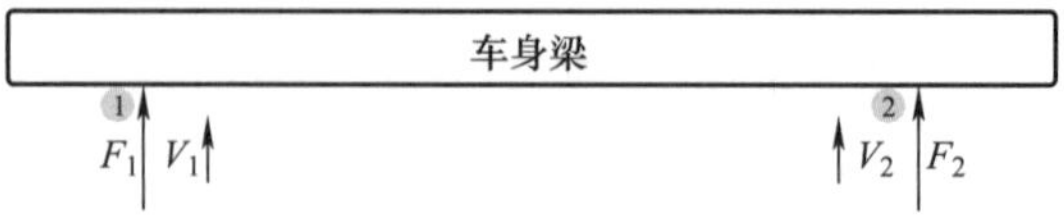

图 8.23 振动从梁上 1 点传递到 2 点

在 1 点的能量（振动功率 Π_1）为

$$\Pi_1 = \frac{1}{2} F_1 V_1 = \frac{1}{2} F_1^2 Y_{11} \tag{8.34}$$

式中，V_1 和 F_1 分别是在 1 点的速度和施加的外力；Y_{11} 是 1 点的原点导纳。

传递到 2 点的功率（Π_2）为

$$\Pi_2 = \frac{1}{2} F_2 V_2 = \frac{1}{2} \frac{V_2^2(\omega)}{Y_{22}(\omega)} \tag{8.35}$$

式中，V_2 和 F_2 分别是在 2 点的速度和力；Y_{22} 是 2 点的原点导纳。

2 点和 1 点的传递关系可以用跨点导纳来表示，为

$$V_2 = Y_{21} F_1 \tag{8.36}$$

式中，Y_{21} 是从 1 点到 2 点的跨点导纳。

将式（8.34）代入式（8.36），得到

$$V_2 = Y_{21} \sqrt{2\Pi_1 / Y_{11}} \tag{8.37}$$

将式（8.37）代入式（8.35）中，得到

$$\Pi_2 = \frac{Y_{21}^2}{Y_{11} Y_{22}} \Pi_1 \tag{8.38}$$

式（8.38）建立了 1 点和 2 点的能量传递关系。传递到 2 点的能量与跨点导纳（Y_{21}）成正比，即与跨点刚度成反比。梁的刚度越大，从 1 点传递到 2 点的能量越小，因此，梁的刚度是抑制能量传递的一个重要指标。

3. 模态分析

除了结构波分析和能量分析之外，模态分析是更为广泛用于梁分析的方法，例如图 8.24 是有限元计算的一辆车顶棚梁的低频模态图。梁与激励频率共振时，会导致车身振动，带动周边板振动而辐射噪声。对车身梁而言，结构改变（如截面改变、材料改变等）会使得模态改变，从而可能避开激励频率和 / 或与周边结构解耦。有关模态分析的理论和

方法，不在这里赘述。

三、梁的振动控制

梁的振动可以用三种方法来抑制：模态避频、刚度控制、质量或动态吸振器控制。

1. 模态避频控制

车身整体模态主要与车身刚度和质量分布有关，而梁的刚度是决定车身整体刚度和模态最重要的因素。在分析车身振动时，我们关心两个与梁有关的模态，一是车身的整体模态，二是次梁和部分主梁模态。

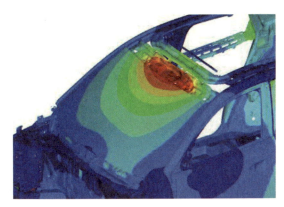

图 8.24　一辆车顶棚梁的低频模态图

车身分为白车身、内饰车身和整车车身。白车身是整体车身的核心，其刚度是决定内饰车身和整车车身刚度和模态的关键因素。车身整体第一阶弯曲模态和第一阶扭转模态是最重要的模态，表 8.1 列出了一些轿车和 SUV 整车车身模态频率统计值范围。

表 8.1　轿车和 SUV 整车车身模态频率统计值范围

车型	第一阶弯曲模态 /Hz	第一阶扭转模态 /Hz
轿车	22～38	23～31
SUV	24～41	20～32

足够高的模态频率才能使得车身避开外界激励频率，从而避免低频振动与轰鸣、降低中高频响应、降低异响。另外，车身刚度高不仅提高了模态频率，而且降低了车身变形。车身变形大会使得车身声腔变形大，外界小的扰动就可能产生大的噪声。

整体车身模态避频设计应该遵循几个原则。第一是避开外界激励频率，包括动力总成激励、路面激励、空调系统激励等；第二是避开与车身相连接系统的频率，如车身与底盘频率必须分离；第三是与车身局部模态频率分离，如与地板频率分离。

除了整体车身模态外，一些次梁和主梁模态也要遵循以上避频原则，比如顶棚前横梁与 A 柱、顶棚板、前风窗玻璃连接，它的模态频率必须与相连接部件频率避开。同时，这些次梁和主梁还必须与车身整体模态频率避开。

2. 梁的刚度控制

要达到期望的刚度值，梁设计必须遵守几个原则。第一，整体梁结构闭环，即主梁之间形成闭环结构；第二，局部梁形成闭环结构；第三，梁截面设计成闭口截面；第四，梁要有足够的高度、宽度和厚度；第五，梁与梁连接头刚度大于梁自身刚度。

式（8.38）显示，当梁的刚度增加之后，振动能量传递降低。除了从能量降低的角度来分析刚度的影响之外，还可以从响应的角度来分析。图 8.23 中 1 点的速度为

$$V_1 = Y_{11} F_1 \tag{8.39}$$

将式（8.39）代入式（8.36）中，得到

$$V_2 = \frac{Y_{21}}{Y_{11}} V_1 \tag{8.40}$$

传递到2点的速度取决于1点的原点导纳和1点到2点的跨点导纳。梁的刚度增加使得跨点导纳降低，因此响应降低。刚度控制就是增加梁的刚度来降低传递的响应。

实际工程中，梁设计不当可能引起结构声路噪，而提高刚度是解决问题的一个有效方法。常见的提高刚度的方法有改变梁的结构（如改变截面形状）、改变尺寸（如增加边梁高度）、将开口截面梁（图8.25a）改成闭口截面梁（图8.25b）、在梁上增加支承件（图8.25c）、在梁中填充高刚性发泡材料（图8.26），等。

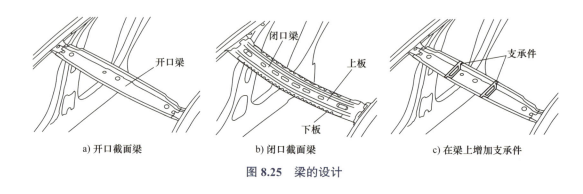

a) 开口截面梁　　　b) 闭口截面梁　　　c) 在梁上增加支承件

图 8.25　梁的设计

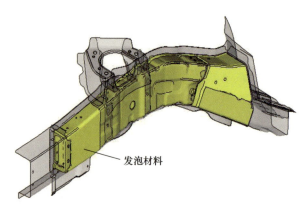

图 8.26　梁中填充高刚性发泡材料

顶棚横梁、地板横梁和纵梁、流水槽梁等是容易产生低频路噪的部件。例如顶棚前横梁及周边区域频率低，容易与路面激励频率耦合而引起板振动并向车内辐射出声音，形成低频轰鸣声。风窗玻璃振动方向与第一阶声腔模态方向都是沿着车身纵向，当两者耦合时，所产生的轰鸣声非常大。透明的风窗玻璃往往让人无计可施，于是，工程师们往往通过降低前顶棚横梁振动来抑制风窗玻璃的振动，从而降低声辐射。例如，有一辆车在粗糙路面上行驶时，存在轰鸣声，经过分析，确定是顶棚前横梁模态与路面激励频率耦合导致，并

带动前风窗振动,向车内辐射噪声,于是在顶棚前横梁上增加了一块加强件,如图 8.27 所示。图 8.28 是横梁加强前后的梁上一点速度导纳比较,梁加强后,模态峰值频率提高,速度响应降低,对应的 NTF 降低,车内噪声也降低。

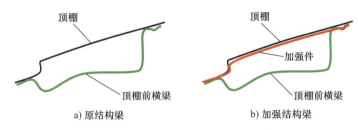

图 8.27 前顶棚横梁及周边区域

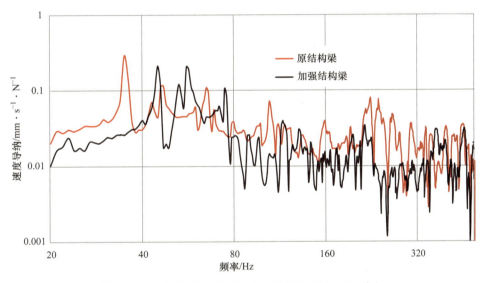

图 8.28 一辆车顶棚前横梁加强前后的速度导纳对比

3. 梁的质量和吸振器控制

在图 8.23 的自由梁上某个点(3 点)增加一个质量块,如图 8.29 所示。在 1 点施加力之后,传递到 3 点的速度和内力分别是 V_3 和 F_3。将质量块(结构 B)和车身梁(结构 A)分离成单体,进行力学分析,得到

$$V_3^A = Y_{31}^A F_1 - Y_{33}^A F_3 \tag{8.41}$$

$$V_3^B = Y_{33}^B F_3 \tag{8.42}$$

式中,V_3^A 和 V_3^B 分别是结构 A 和结构 B 分离结构的速度;Y_{33}^A 和 Y_{33}^B 分别是结构 A 和结构 B 分离结构在 3 点的原点导纳;Y_{31}^A 是 3 点到 1 点的跨点导纳。

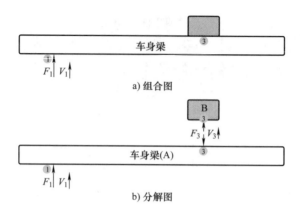

图 8.29 车身梁（A）和附加质量（B）

结构 A 和 B 在 3 点的速度相等，即

$$V_3^A = V_3^B \tag{8.43}$$

将式（8.41）和式（8.42）代入式（8.43），得到

$$F_3 = \frac{Y_{31}^A}{Y_{33}^A + Y_{33}^B} F_1 \tag{8.44}$$

3 点处的功率为

$$\varPi_3 = \frac{1}{2} F_3 V_3^B = \frac{1}{2} Y_{33}^B F_3^2 \tag{8.45}$$

将式（8.44）代入式（8.45）中，得到

$$\varPi_3 = \frac{Y_{33}^B \left(Y_{31}^A\right)^2}{2\left(Y_{33}^A + Y_{33}^B\right)^2} F_1^2 \tag{8.46}$$

由式（8.34）得到

$$F_1^2 = \frac{2\varPi_1}{Y_{11}} \tag{8.47}$$

将式（8.47）代入式（8.46），得到

$$\varPi_3 = \frac{Y_{33}^B \left(Y_{31}^A\right)^2}{Y_{11}\left(Y_{33}^A + Y_{33}^B\right)^2} \varPi_1 \tag{8.48}$$

质量块的导纳为

$$Y_{33}^B = \frac{1}{\mathrm{j}\omega m} \tag{8.49}$$

将式（8.49）代入式（8.48），得到

$$\varPi_3 = \frac{\mathrm{j}\omega m \left(Y_{31}^{\mathrm{A}}\right)^2}{Y_{11}\left(1+\mathrm{j}\omega m Y_{33}^{\mathrm{A}}\right)^2} \varPi_1 \tag{8.50}$$

由式（8.50）可知，3 点的功率随着质量增加而衰减，由此证明增加质量是降低振动的一种方法。

梁的质量控制是在梁的局部加质量块，如图 8.30a 所示，来抑制某个频率或窄频段的振动能量传递。某辆车以 40km/h 行驶在破损沥青路面上，车内有明显的低频压耳声，经过传递路径分析，发现顶棚前横梁振动大是主要原因，于是在横梁上加了一个质量块，轰鸣声明显降低。图 8.31 给出了在顶棚前横梁加质量块前后的导纳对比、NTF 对比和车内噪声对比。加质量后，加速度导纳降低，对应的 NTF 降低，车内噪声也降低。

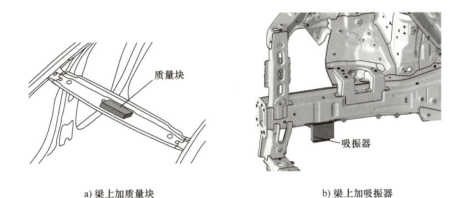

a) 梁上加质量块　　　　　　　　　　b) 梁上加吸振器

图 8.30　梁的质量和吸振器控制

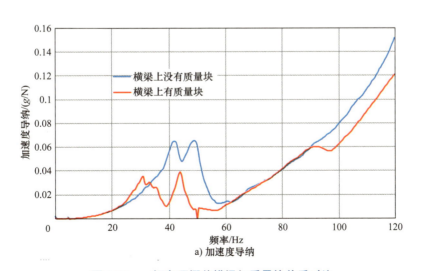

a) 加速度导纳

图 8.31　一辆车顶棚前横梁加质量块前后对比

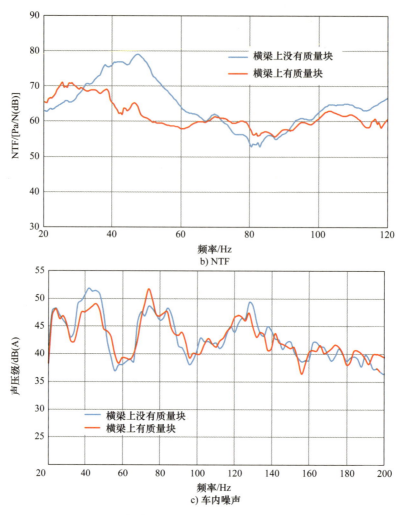

图 8.31 一辆车顶棚前横梁加质量块前后对比（续）

梁的动态吸振器控制原理与质量控制一样，即在梁上加动态吸振器，如图 8.30b 所示，来抑制振动，其原理将在后续介绍板的振动控制时讲述。

4. 梁的阻尼控制

阻尼材料主要用来降低中频振动，广泛地用于抑制板的振动，其机理将在本章后续车身板振动阻尼控制部分详细阐述。在抑制车身梁低频振动中，特殊的高阻尼材料也得到了应用。将高阻尼柔软发泡材料夹在梁的两块板之间，如图 8.32 所示，通过阻尼来衰减梁的振动。图 8.33a 是没有和有阻尼材料的梁上某一点的加速度导纳比较。加了阻尼之后，40Hz 以上的导纳降低。图 8.33b 是汽车以 50km/h 的速度在粗糙沥青路面上行驶时车内噪声的比较，显然使用了阻尼材料之后，在 47Hz 的峰值降低。峰值频率略有提高，这说明阻尼材料将两个钣金件连接在一起，在提供阻尼的同时提升了刚度。

图 8.32 梁中填入高阻尼柔软发泡材料

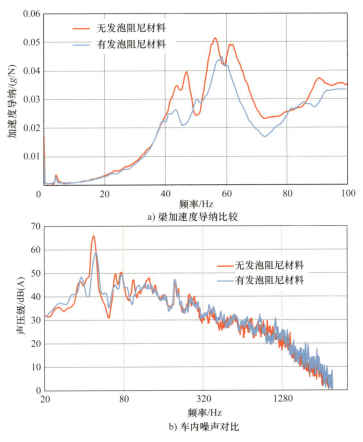

a) 梁加速度导纳比较

b) 车内噪声对比

图 8.33 没有和有阻尼材料的梁振动与噪声比较

第五节　车身板振动与辐射机理

一、板的振动机理

车身板与四周梁连接。由于梁的刚度远远大于板的刚度，板在与梁连接处的变形远小于板其他部位的变形，所以可以假设此处的变形接近于零。板在连接处的边界条件（挠度和弯矩）难以确定，如果挠度接近于零而弯矩不接近于零，那么就是固定边界条件，反之如果挠度不接近于零而弯矩接近于零，则是简支边界条件。车身板的实际边界条件介于简支和固定之间，但是更接近于简支边界。只有对一些简单的板结构，如简支的矩形板，才能得到解析解。

简支的矩形薄板振动方程为

$$D_0\left(\frac{\partial^4 w}{\partial x^4} + 2\frac{\partial^4 w}{\partial x^2 \partial y^2} + \frac{\partial^4 w}{\partial y^4}\right) + \rho h \frac{\partial^2 w}{\partial t^2} = q(x,y,t) \tag{8.51}$$

式中，ρ 是密度；w 为 z 方向的位移；q 为表面载荷；h 为厚度；D_0 为薄板弯曲刚度，表示为

$$D_0 = \frac{Eh^3}{12(1-\mu^2)} \tag{8.52}$$

式中，μ 是泊松比；E 是杨氏模量。

对于四边简支的矩形板，其振动位移为

$$w_{i,j}(x,y,t) = A_{i,j}\sin(i\pi x/a)\sin(j\pi y/b)\mathrm{e}^{\mathrm{j}\omega t} \tag{8.53}$$

式中，$A_{i,j}$ 为振动响应幅值；a 为长度；b 为宽度；i、j 分别是沿着 x 和 y 方向的模态数，i（或 j）=1，2，3，…。

其固有频率为

$$\omega_{i,j} = \pi^2\left(\frac{i^2}{a^2} + \frac{j^2}{b^2}\right)\sqrt{\frac{D_0}{\rho h}} \tag{8.54}$$

图 8.34 给出了简支矩形薄板前三阶模态振型。（1，1）阶振型是矩形板最基本的振型，它是一个以中心点为对称点，在 x 和 y 方向对称，上下运动的振型，振型最大幅值出现在中间。（2，1）阶振型是以 y 轴的中线为对称轴线，轴线上的振型位移始终是 0，即它是一条节线。在轴线的左右两边，板的振型分别做向上和向下的运动，相位相差 180°。（1，2）阶振型与（2，1）阶类似，只是对称轴线沿着 x 轴。随着阶次的增加，振型变得越来越复杂。

二、板的声辐射

点声源是一个单极子声源，它对空中辐射的声压 $p(r, t)$ 表达为

$$p(r,t) = j\frac{\omega\rho_0 Q_n}{4\pi r}e^{j(\omega t - kr)} \tag{8.55}$$

式中，r 是点声源到辐射点的距离；ρ_0 是空气密度；ω 是频率；Q_n 是体积速度；k 是波数。$j\omega\rho_0 Q_n$ 被称为"单极子声源强度"。

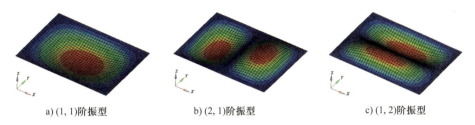

a) (1,1)阶振型　　　　b) (2,1)阶振型　　　　c) (1,2)阶振型

图 8.34　简支矩形薄板前三阶模态振型

假设长、宽分别是 a 和 b 的矩形板放置于无限大障板中，如图 8.35 所示，再把板分解成许多小块。每个小块可以看成是一个点声源，面积为 δS。假设第 n 块板的法向速度为 u_n，小块辐射的体积速度则为 $u_n\delta S$，板振动产生声波向两边辐射。如果只考虑声音向单面辐射，体积速度则为

$$Q_n/2 = u_n\delta S \tag{8.56}$$

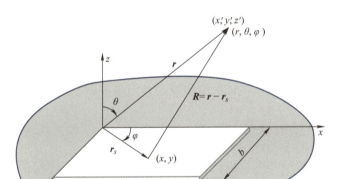

图 8.35　无限大障板中的矩形板对空中声辐射

把式（8.56）代入式（8.55），矩形板中的一个点声源 (x, y) 对空中任意一点 (x', y', z') 辐射声压可以写成

$$p(\boldsymbol{R},t) = j\frac{\omega\rho_0 u_n(\boldsymbol{r}_s)\delta S}{2\pi R}e^{j(\omega t - kR)} \tag{8.57}$$

式中，$u_n(\boldsymbol{r}_s)$ 是板件表面的振动速度；$\boldsymbol{r}_s$ 为板件振动表面位置 (x, y) 矢量；$\boldsymbol{r}$ 为观察点位置 $(x', y', z'$ 或 $r, \theta, \varphi)$ 对原点的矢量；$\boldsymbol{R}=\boldsymbol{r}-\boldsymbol{r}_s$；$R$ 是 $\boldsymbol{R}$ 的模，即 $R=|\boldsymbol{r}-\boldsymbol{r}_s|$。当观察点的距离远远大于矩形板的尺寸时，即 $R \gg a$、b，$R \approx r - x\sin\theta\cos\varphi - y\sin\theta\sin\varphi$。

板向单面辐射是所有"点"单元辐射的集合,根据 Rayleigh 公式,得到板辐射到空间的声压为

$$p(\boldsymbol{r},t) = \frac{j\omega\rho_0}{2\pi} e^{j\omega t} \int_S \frac{u_n(\boldsymbol{r}_s)e^{-jkR}}{R} dS \qquad (8.58)$$

对式(8.53)微分,可以得到简支矩形板的法向速度分布,表达为

$$u_n(x,y,t) = j\omega A_{ij}\sin(i\pi x/a)\sin(j\pi y/b)e^{j\omega t} \qquad (8.59)$$

将式(8.59)代入式(8.58),得到空间任意一观察点(x',y',z')辐射声压为

$$p(x',y',z',t) = -\frac{\omega^2\rho_0 A_{ij}e^{j\omega t}}{2\pi}\int_0^a\int_0^b \frac{\sin(i\pi x/a)\sin(j\pi y/b)e^{-jkR}}{R}dxdy \qquad (8.60)$$

板振动而产生辐射声功率(W_{rad}),与板的振动速度平方成正比,用公式表达为

$$W_{\text{rad}} = \sigma\rho_0 c S \bar{u}_n^2 \qquad (8.61)$$

式中,σ 是声辐射系数。

板的振动越大,表面空气的体积速度越大,辐射声功率越大。降低板振动对周边声辐射的方法就是抑制板的振动。

对车身板而言,板的第一阶模态(1,1)振动而引起的声辐射通常是最主要的车内声源,因此,车身板可以视为一个单极子发声体。(2,1)和(1,2)阶振型呈现出反对称的运动,由于对称的两个半板辐射能量相等而相位相反,所以它们辐射到远场的声音相互抵消。模态阶次增加,板的振动和声辐射变得复杂,但是其振动和辐射声能量会降低。

三、车身板振动与声辐射特征

从路面激励引起板振动和声辐射的角度,车身板可以分成三类。

第一类是频率低、阻尼小的大平板,如顶棚和背门。顶棚和背门的第一阶模态频率只有几十赫兹,与路面激励频率重叠度高。这些大平板重量轻,一旦激励频率与结构频率耦合,它们就产生共振,对车内辐射低频噪声。

第二类是阻尼大、离路面近的板,如地板。地板频率低,只有几十赫兹,可能与路面激励频率重合,但是地板的阻尼大和质量大,而且被地毯等声学材料覆盖,而轮毂包多半为三明治结构或静音钢板结构,也通常被阻尼层和隔声层覆盖,因此它们的振动幅值较小,而且一部分辐射声被吸收。

第三类是模态频率高的板,如前壁板。前板壁第一阶模态频率通常有 100 多赫兹,甚至超过 200 赫兹。这类板的模态频率与路面主要激励频率不重合。

板振动引起的车内噪声有两种机理。第一种是板的结构模态频率与声腔模态频率不耦合,板的大振动扰动车内空气而产生声音,即板直接对车内辐射声音,就像是扬声器发出

声音,如图 8.36a 所示。板振动扰动声腔,使得声腔空气体积发生微小的变化,并产生很大的声音。轿车车内空间约为 3m³,如果车内空气体积变化 0.002m³,那么车内的声压将达到 1.4Pa,或者 94dB。第二种是板的结构模态频率与声腔模态频率耦合,板振动并推动着声腔运动,使得空腔受到的扰动被放大,如图 8.36b 所示。即便板的振动不大,耦合效应也会产生较大的噪声。

a) 板-声腔解耦

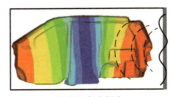
b) 板-声腔耦合

图 8.36 板振动引起车内噪声的两种机理

从文献和作者的大量工程实践中,发现容易产生车内轰鸣声的板主要是第一类板。顶棚是典型的"板-声腔解耦"而纯粹辐射声音的板件。顶棚板振动沿着上下方向(Z 方向),频率只有几十赫兹,而 Z 方向的声腔模态频率高,基本上不会出现板与声腔耦合的情况。背门板是典型的"板-声腔耦合"的板件。背门板低频振动沿着前后方向(X 方向),而 X 方向的声腔模态频率低,它们发生耦合的概率高,耦合作用会使得小的板振动产生大的低频噪声。少数情况下,当背门与声腔不耦合时,只有板件较大的振动才会引起车内敲鼓声或轰鸣声。

第二类板不容易被路面激励起来而辐射噪声。但是,对设计不好的车,阻尼低和隔声不好的地板和轮毂包也会辐射声音,经常带来结构声路噪。第三类板产生的噪声问题与结构声路噪关系不大,而与动力系统噪声强相关。

四、板结构与声腔耦合

1. 声腔模态

声腔在板的作用下,各处压力发生变化,因此,声压是描述声腔模态的一个特征量。车内声腔模态可以通过测试或有限元计算得到。由于多数声腔与板耦合产生的噪声频率低于 100Hz,所以我们只关心前几阶模态。图 8.37 和图 8.38 分别给出了某款轿车和某款 SUV 的前三阶声腔模态振型。

a) 一阶

b) 二阶

c) 三阶

图 8.37 某款轿车的前三阶声腔模态振型

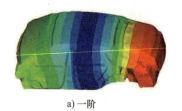  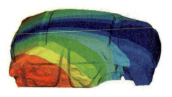

  a) 一阶   b) 二阶   c) 三阶

图 8.38   某款 SUV 的前三阶声腔模态振型

  图 8.37a 是轿车的第一阶声腔模态，颜色表示声压大小。声压沿着 X 轴变化，有的位置声压大，有的位置小，而在中间某个位置处的声压为 0。在同一横截面上，压力基本不变，即压力在横向（Y 方向）和垂向（Z 方向）不变。从车身的侧面看，声压沿着从车头到车尾的方向变化，因此这种形状的模态称为纵向声腔模态，第一阶模态称为第一阶纵向声腔模态。当声腔受到外界激励时，声压变化大的地方响应大，即灵敏度大，反之也一样。而在声压没有变化的地方，外界激励不引起任何变化，这些地方就形成了声腔模态的节点、节线和节面。图 8.37b 为第二阶声腔模态，也是纵向模态，被称为第二阶纵向模态，其形状特征与第一阶声腔模态类似。图 8.37c 为第三阶声腔模态，这个模态显示声压变化主要是沿着横向（Y 方向），而在纵向（X 方向）和垂向（Z 方向）上变化很小，因此这种形式的模态被称为横向模态。第一次出现的横向模态被称为第一阶横向模态。

  图 8.38 中的 SUV 声腔模态振型与轿车类似，但是 SUV（包括 MPV，即多功能汽车）与轿车有一个很大的差别是车的后部位，轿车上是行李舱盖板，而 SUV 是背门。行李舱盖板在与 X 轴垂直的方向投影面积小，而 SUV 整个背门板都与 X 方向垂直，而且面积大，因此，对同样大小的板振动，大面积的背门激励"源"比小面积的行李舱盖板多。另外，SUV 的乘员舱尺寸比轿车大些，长度长些，因此它们的声腔模态频率比轿车低。

2. 声腔模态频率

  与轮胎声腔模态一样，车内声腔模态和频率也可以用三维声学理论、一维声学理论、有限元方法来计算。在汽车开发过程中，当需要快速预估声腔模态频率时，可以将声腔简化成一个长方体的盒子（图 8.39），用简谐振动与声学方法来预估出模态频率，表达如下

$$f_{ijk} = \frac{c}{2}\sqrt{\left(\frac{i}{L_x}\right)^2 + \left(\frac{j}{L_y}\right)^2 + \left(\frac{k}{L_z}\right)^2} \tag{8.62}$$

式中，c 是声速；L_x、L_y 和 L_z 分别是声腔在 x、y 和 z 三个方向的长度；i、j 和 k 分别是 x、y 和 z 三个方向的模态阶数。

  表 8.2 给出了一组三厢乘用车和 SUV/MPV 的前三阶声腔模态频率统计值范围。声腔模态频率与声腔长度成反比。SUV 乘员舱声腔比轿车乘员舱声腔长，因此对应的声腔模态频率低。乘用车第一阶声腔模态频率为 70~80Hz；SUV 第一阶声腔模态频率为 40~60Hz。

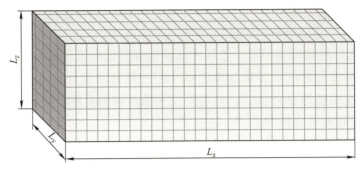

图 8.39　长方体声腔

表 8.2　三厢乘用车和 SUV/MPV 前三阶声腔模态频率统计值范围

阶次	模态振型	轿车	SUV/MPV
1	纵向（第一阶纵向模态）	70～80Hz	40～60Hz
2	纵向（第二阶纵向模态）	115～125Hz	75～82Hz
3	横向（第一阶横向模态）	85～105Hz	88～100Hz

3. 板振动模态与声腔模态耦合

封闭的车内空气和车身板是彼此连在一起的。车身板振动激励声腔，使得空气扰动，声压变化。与此同时，空气运动也会作用到车身板上，激励起板的振动。因此声腔和车身板之间相互作用，即流体和固体之间相互作用。流体和结构之间的耦合关系可以用一个耦合矩阵 R 来表示。

板结构施加在声腔上的力表示为

$$F_l = -R\ddot{U} \tag{8.63}$$

式中，U 为板振动位移；$\ddot{U}$ 为加速度。

声腔作用在板上的力表示为

$$F_f = RP^T \tag{8.64}$$

式中，P 为声腔声压。

板振动与声腔振动组成一个系统，得到它的方程组

$$\begin{pmatrix} M_s & 0 \\ R & M_f \end{pmatrix} \begin{pmatrix} \ddot{U} \\ \ddot{P} \end{pmatrix} + \begin{pmatrix} C_s & 0 \\ 0 & C_f \end{pmatrix} \begin{pmatrix} \dot{U} \\ \dot{P} \end{pmatrix} + \begin{pmatrix} K_s & -R^T \\ 0 & K_f \end{pmatrix} \begin{pmatrix} U \\ P \end{pmatrix} = \begin{pmatrix} F_s \\ 0 \end{pmatrix} \tag{8.65}$$

式中，M_s、C_s 和 K_s 分别是板的质量、阻尼和刚度矩阵；M_f、C_f 和 K_f 分别是声腔的质量、阻尼和刚度矩阵；F_s 是板结构受到的外力。

当板结构模态与声腔模态耦合时，微小的板振动也会产生较大的车内轰鸣声。当声腔模态频率与板结构模态频率无法避开时，降低板的振动就是减少外界对声腔的扰动输入能量，从而降低车内噪声。

五、板声辐射贡献量分析

车身板是结构声路噪的发声器。怎样才能从众多的板中识别出辐射声主要贡献板呢？这就需要进行板声辐射贡献量分析。第二章介绍的传递路径分析方法，如多重相干分析（MCA）、运行工况传递路径分析等，也可以用于板声辐射贡献分析，但本章从 NTF 的角度来讲述板声辐射贡献量分析方法。

图 8.9 中的第 mn 板单元的辐射声压 P_{mn} 可以表达为

$$P_{mn} = \text{NTF}_{mn} F_a \quad (8.66)$$

车内声压为所有 $M \times N$ 块板辐射声压之和，为

$$P = \sum_{m=1}^{M} P_m = \sum_{m=1}^{M}\sum_{n=1}^{N} P_{mn} = \sum_{m=1}^{M}\sum_{n=1}^{N} \text{NTF}_{mn} F_a \quad (8.67)$$

NTF_{mn} 可以在汽车或车身静态下测量得到，再通过汽车运行状态下的力识别技术获取各个激励力 F_a，就可以计算出每个板单元的声辐射贡献。但是第二章讲述的力识别是一件非常困难的事情。为了便捷地得到板单元的贡献，声压用 mn 板单元的声振传递函数和板的振动来表示，得到

$$P = \sum_{m=1}^{M}\sum_{n=1}^{N} P_{mn} = \sum_{m=1}^{M}\sum_{n=1}^{N} \left[\left(\frac{P_{mn}}{V_{mn}}\right) V_{mn}\right] \quad (8.68)$$

只要测量到汽车运行状态下每块板单元的振动，就可以得到板单元的贡献。

$M \times N$ 块板单元呈现为空间分布，它们对车内声压贡献存在着相位差，如图 8.40 所示，即有正贡献单元、负贡献单元和零贡献单元。第 mn 板单元对车内总声压的贡献为

$$P_{mn} = |\boldsymbol{P}_{mn}|\cos(\varphi_P - \varphi_{P_{mn}}) \quad (8.69)$$

式中，φ_P 是总声压的相位；$\varphi_{P_{mn}}$ 是第 mn 板单元振动辐射声的相位。

第 mn 板单元对车内噪声贡献占比为

$$\delta = \frac{P_{mn}}{P} = \frac{|\boldsymbol{P}_{mn}|\cos(\varphi_P - \varphi_{P_{mn}})}{P} \quad (8.70)$$

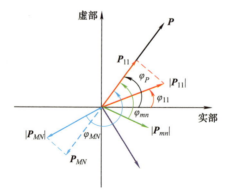

图 8.40 板对车内噪声贡献

第六节　车身板振动控制

降低车身板引起的结构声路噪的方法有：解耦控制、抑制板振动能量、板结构与声腔避频和隔吸声。当造型确定之后，声腔模态频率基本上确定。解耦控制是指在造型和车身板设计时，将板的结构模态频率与声腔模态频率避开。从式（8.61）知道，板振动速度决定了辐射声功率的大小，因此，控制板振动速度是控制声辐射的基础。抑制板低频振动的方法有刚度控制、质量控制和动态吸振器控制；抑制中频振动能量的方法是阻尼控制；降低中高频声辐射的方法是隔声和吸声控制。

一、板模态与声腔模态解耦控制

1. 板结构模态和声腔模态频率分布

板的弯曲振动和声辐射是沿着它的法线方向，而低阶声腔模态振型主要沿着汽车的纵向和横向。为了更好地将板振动与声腔分析结合起来，按照板的法向与整车坐标系一致的关系，将车身板分成沿着汽车纵向（X方向）的板、沿着横向（Y方向）的板和沿着垂直方向（Z方向）的板。纵向板有前壁板、前风窗玻璃、后风窗玻璃、行李舱盖板和背门板，横向板有车门板和侧围板，垂向板有顶棚板和地板。表8.3列出了三种板的结构模态频率统计值。

表 8.3　车身纵向板、横向板和垂向板的结构模态频率统计值

车身板		频率范围 /Hz
纵向板（X方向）	前壁板一阶模态	130～160
	前风窗一阶模态	50～70
	前风窗二阶模态	75～110
	背门刚体模态	25～35
	背门第一阶柔性模态	30～50
横向板（Y方向）	后侧围外板局部模态	70～90
	车门刚体模态	20～25
	车门外板局部模态	40～60
垂向板（Z方向）	发动机舱盖刚体模态	29～31
	顶棚局部模态	30～50
	地板整体模态	25～40
	备胎池局部模态	20～29
	地板局部模态	250～650
	置物板局部模态	60～69

将表8.2的纵向声腔模态和表8.3的纵向板结构模态频率绘制在图8.41上，声腔模态频率和结构模态频率有重叠区域，即表示声腔与板结构可能耦合。

前风窗玻璃和背门与声腔模态频率重合范围很宽，而且它们的面积大，当结构受到轻微激励时，很容易引起声腔共振而产生噪声。工程上，很难改变风窗玻璃自身结构（除了

改变厚度和中间夹层材料外），为了解决它引起的轰鸣声，工程师们用改变周边结构的方法，如前面讲述的在顶棚前横梁上加质量和阻尼器、提高刚度等，来改变风窗玻璃的边界，从而改变结构频率或抑制振幅。开发前期，通过结构设计可以使得背门模态避开声腔模态，但是当样车制作完毕后，经常存在背门与声腔耦合的情况。工程上，通过提高背门刚度、在背门板上加质量和／或动态吸振器、调节密封反力来改变它的模态频率或抑制振动幅值是常见的方法。

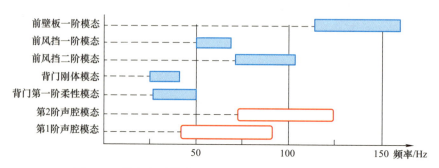

图 8.41　纵向声腔模态频率和纵向板结构模态频率分布

前壁板的第一阶模态频率比较高，通常高于130Hz。其结构模态频率与纵向声腔模态频率几乎没有交集，因此前壁板几乎不可能与声腔产生耦合。

将表 8.2 的横向声腔模态和表 8.3 的横向板结构模态频率绘制在图 8.42 上。车门板与声腔模态频率没有重叠，即它们不存在耦合；而后侧围板与声腔模态频率有重叠区域，即它们可能耦合。

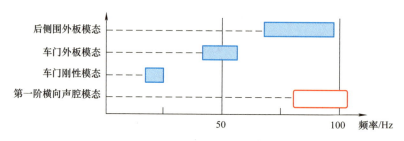

图 8.42　横向声腔模态频率和横向板结构模态频率分布

没有沿着垂向运动的纯声腔模态，即便有些复杂模态中包含了一部分垂向运动形态，它们的频率比较高，而法向运动的板（如顶棚、地板）频率比较低，声腔与板不存在耦合。顶棚或地板产生的轰鸣声是板振动直接对车内辐射的结果，而与耦合没有关系。

2. 解耦控制方法

造型方案确定后，在开发过程中，几乎不可能改变声腔特征，因此，解耦控制的任务就由板来承担。板的模态规划必须遵守几个原则：

第一是板模态与整车车身模态避开。如背门与车身、顶棚与车身。

第二是板模态与同向运动的声腔模态频率避开，如背门与第一阶声腔模态都沿着 X 方向运动，它们的模态频率避开。

第三是板与其支承梁的模态避开，如顶棚与顶棚支承横梁模态避开。

第四是板与悬架频率避开。虽然板与悬架没有直接连接，但是悬架带动车身整体运动时，同频率的车身板很容易被激励起来。

第五是板与轮胎模态频率避开。虽然板与轮胎没有直接连接，但是悬架在某些频率下可以视为刚体，轮胎推动这个刚体将振动传递到车身，会使得同频率的板受到较大的强迫振动。

第六是相邻板模态频率避开，如背门与顶棚、风窗玻璃与顶棚。

当车内出现了低频结构声路噪，而车身板、声腔、悬架和轮胎之间出现了不解耦的情况，改变板结构是控制结构声最便捷的方法。

二、板的刚度控制

刚度控制是指通过提高板的刚度来抑制振动速度，从而降低辐射声能量。

图 8.43 为一个板和在边缘梁上施加的力。力 F_1 施加在 1 点，在 1 点和板上 2 点的速度响应分别是 V_1 和 V_2。V_2 可以表达为

$$V_2 = Y_{21}^A F_1 \tag{8.71}$$

式中，Y_{21}^A 是 2 点到 1 点的跨点导纳。

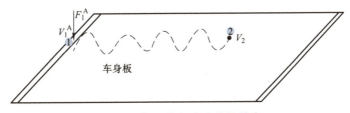

图 8.43 板和施加在边缘梁的力

2 点的速度取决于激励力的大小和 2 点到 1 点的跨点导纳。导纳越大，即刚度越低，2 点振动速度越大，因此辐射声能量越大。降低板的导纳，即提升板的刚度，是降低板振动速度的一种方法。

提高板刚度的方法有：增加板的厚度、在板上冲筋、采用杨氏模量大的材料、在板上安装支承梁、补强胶等。图 8.44 给出了一些加强板结构的图片，图 a 为在轮毂包上增加加强板，图 b 为在前壁板上增加加强板，图 c 为在地板上增加一根中间加强梁，图 d 为在备胎池地板上增加一根加强梁，图 e 为在背门上增加加强支架。图 8.45 为在一辆车的前壁板上增加一根加强横梁前后的 NTF 和车内噪声比较。

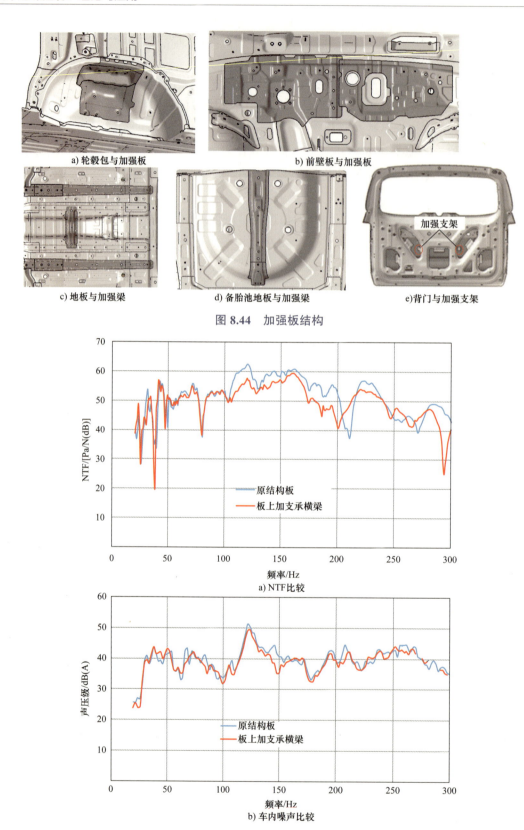

a) 轮毂包与加强板　　b) 前壁板与加强板

c) 地板与加强梁　　d) 备胎池地板与加强梁　　e) 背门与加强支架

图 8.44　加强板结构

a) NTF比较

b) 车内噪声比较

图 8.45　一辆车前壁板加强前后比较

三、板的质量或吸振器控制

质量或动态吸振器控制是在板上加质量或动态吸振器来抑制特定频率振动的方法。本章第四节介绍了用加质量来控制梁振动的方法，板的质量控制方法与它一样，所以不再赘述。本节只讲述动态吸振器控制方法。

在板上加一个动态吸振器，如图 8.46a 所示。动态吸振器由质量块和弹簧组成。假设激励点在第 1 点，吸振器安装在第 2 点，弹簧与质量块连接点为第 3 点。将板（结构 A）、弹簧（结构 B）和质量块（结构 C）分开进行力与速度分析，如图 8.46b 所示，图中考虑了 F 的方向，2 点和 3 点的速度分别为

$$V_2 = -Y_{21}^A F_1 - Y_{22}^A F_2 \tag{8.72}$$

$$V_3 = Y_{33}^C F_3 \tag{8.73}$$

式中，V_2 和 V_3 分别是 2 点和 3 点的速度；Y_{22}^A 和 Y_{33}^C 分别是结构 A 在 2 点和结构 C 在 3 点的原点导纳；Y_{21}^A 是 2 点到 1 点的跨点导纳；F_1、F_2 和 F_3 分别是 1 点、2 点和 3 点的力。

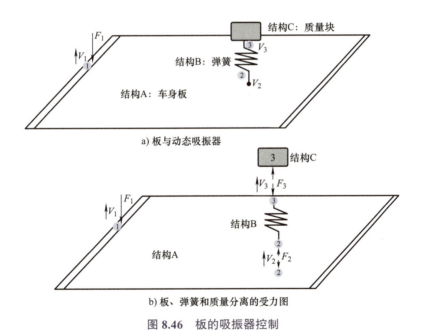

a) 板与动态吸振器

b) 板、弹簧和质量分离的受力图

图 8.46 板的吸振器控制

作用在弹簧上的力为

$$F_2 = F_3 = \frac{K}{\mathrm{j}\omega}(V_2 - V_3) \tag{8.74}$$

式中，K 为弹簧的刚度。

将式（8.72) 和式（8.73）代入式（8.74），得到

$$F_2 = -\frac{Y_{21}^A}{j\omega K^{-1} + Y_{22}^A + Y_{33}^C} F_1 \quad (8.75)$$

结构 B 的 2 点的速度为

$$V_2 = Y_{22}^B F_2 \quad (8.76)$$

式中，Y_{22}^B 是弹簧的原点导纳，$Y_{22}^B = j\omega/K$。

将式（8.75）代入式（8.76），得到

$$V_2 = -\frac{Y_{21}^A Y_{22}^B}{j\omega K^{-1} + Y_{22}^A + Y_{33}^C} F_1 \quad (8.77)$$

没有动态吸振器时，梁振动传递到板上 2 点的速度为

$$\overline{V}_2 = Y_{21}^A F_1 \quad (8.78)$$

安装与没有安装吸振器的速度比为

$$\delta = \frac{V_2}{\overline{V}_2} = -\frac{Y_{22}^B}{j\omega K^{-1} + Y_{22}^A + Y_{33}^C} \quad (8.79)$$

将质量块的速度导纳 $Y_{33}^C = 1/(jm\omega)$ 和弹簧导纳 $Y_{22}^B = j\omega/K$ 代入式（8.79），得到

$$\delta = -\frac{1}{1 - \dfrac{K}{m\omega^2} - j\dfrac{K}{\omega} Y_{22}^A} \quad (8.80)$$

速度比的绝对值为

$$|\delta| = \frac{1}{\sqrt{\left(1 - \dfrac{K}{m\omega^2}\right)^2 + \left(\dfrac{K}{\omega} Y_{22}^A\right)^2}} \quad (8.81)$$

响应速度比值取决于板的原点导纳、吸振器的刚度和质量以及外界的激励频率。通过合适的设计，能够使得 $|\delta| < 1$。

汽车行驶过程中，背门、顶棚板等大面积板的低频模态，如图 8.47 所示，经常会引起低频结构声路噪。工程师们经常使用"试错"方法，将吸振器或质量块放置在板上来快速地判断低频路噪是否消失。如果敲鼓声或轰鸣声消失，则判定这块板是噪声的贡献源。图 8.48 给出了在顶棚和背门上加铁块或磁铁的图片。

例如某车以 60km/h 在粗糙路面上行驶时，顶棚板引起了 32Hz 的低频敲鼓声。顶棚板上一个 32Hz 局部模态被激励，使用"试错"方法，在这块板上加质量块后，板的振动降低，如图 8.49a 所示；32Hz 的车内声压幅值降低了 6dB(A)，如图 8.49b 所示。工程上，很难在顶棚板上加质量，通常通过增加横梁数量来提高局部板的频率。

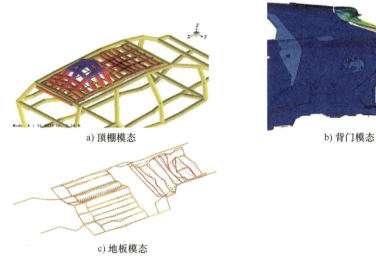

a) 顶棚模态

b) 背门模态

c) 地板模态

图 8.47　板的低频模态

a) 顶棚加铁块

b) 背门加磁铁

图 8.48　板上加质量块

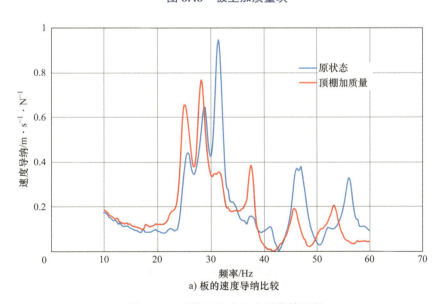

a) 板的速度导纳比较

图 8.49　顶棚上没有和有质量块比较

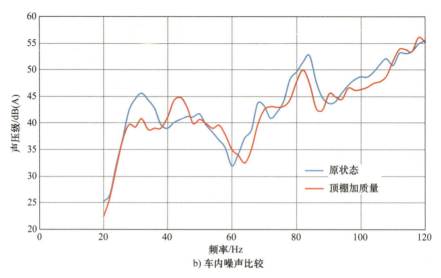

b) 车内噪声比较

图 8.49 顶棚上没有和有质量块比较（续）

四、板的阻尼控制

1. 车身上的阻尼材料

阻尼是消耗系统能量的能力，即将系统的振动能或者声能转变成热能或者其他形式的能量而耗散掉，从而抑制系统的振动并降低辐射噪声，特别是抑制系统的共振。

车身上使用的阻尼材料有黏弹性阻尼材料和结构、高阻尼合金结构、复合阻尼材料、智能阻尼材料和结构，其中黏弹性阻尼应用最广。

黏弹性材料是一种同时具有黏性液体和弹性固体特性的高分子聚合物材料，阻尼取决于分子的构造、分子间的摩擦和运动状态、添加剂成分等。"黏"是指在外力的作用下，这种材料能够消耗能量，"弹"是指在运动过程中具备存储能量的特征。在运动过程中，一部分能量被转化成热能或者其他形式的能量而消耗掉，而另一部分能量以势能的形式被存储起来。黏弹性材料的阻尼损耗因子随温度、振幅和频率变化。黏弹性材料与基础板之间可以组合成不同的结构型式，如自由阻尼结构（图 8.50a）和约束阻尼结构（图 8.50b），使结构具备良好的阻尼和弹性。阻尼材料和阻尼结构的最佳使用频率在低中频段，为 100~500Hz。

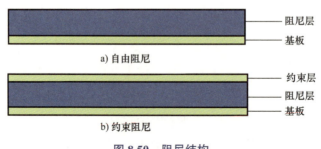

图 8.50 阻尼结构

车身上大量使用自由阻尼结构，如地板阻尼层、外地板喷涂阻尼、轮毂包阻尼层等。抑制结构声路噪的阻尼主要是地板上铺设的沥青基阻尼材料、橡胶基阻尼材料或水基阻尼材料，它们属于自由阻尼结构，如图 8.51a 所示。自由阻尼结构的损耗因子取决于阻尼材料的特征和阻尼材料厚度与钢板厚度的比值。车身上有少数区域安装约束阻尼片，主要在前壁板上和轮毂包上，轮毂包和前壁板等区域贴合或焊接阻尼层形成约束阻尼结构，如图 8.51b 所示。当板做弯曲振动时，由于基板和约束层的弹性模量远远大于阻尼层的弹性模量，因此基板和约束层之间产生相对滑移运动，使得阻尼层产生剪切运动，从而使得一部分振动机械能转换成热能。约束阻尼的减振效果好于自由阻尼，但是成本高。

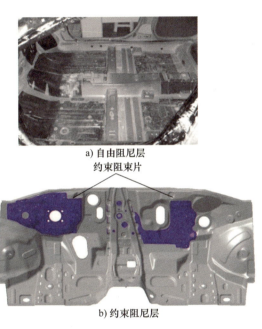

a) 自由阻尼层

b) 约束阻尼层

图 8.51 车身上的阻尼层

在地板上大面积铺设阻尼材料会极大地增加汽车重量，这给油耗、电耗、行驶里程等带来巨大挑战。只在振动大的区域铺设阻尼层，可达到良好的抑制振动效果，同时控制重量和成本。工程师们通常通过有限元计算的应变能分布和测试运行变形振型（operating deflection shape，ODS）结果等来判断需要铺设阻尼的区域。

2. 应变能与阻尼材料铺设

对一个自由的黏弹性阻尼系统，将式（8.10）中的阻尼和刚度构建成一个复刚度，方程重新改写为

$$M\ddot{X} + (K_R + jK_I)X = 0 \quad (8.82)$$

式中，K_R 和 K_I 分别为系统的弹性刚度或储能刚度和损失刚度。

响应以复模态表达为

$$X = \boldsymbol{\Phi}^* e^{i\omega^* t} \tag{8.83}$$

式中，$\boldsymbol{\Phi}^*$ 和 ω^* 分别是复模态和复特征值，表达为

$$\boldsymbol{\Phi}^* = \boldsymbol{\Phi}_R + j\boldsymbol{\Phi}_I \tag{8.84}$$

$$\omega^{*2} = \omega^2(1+j\eta) \tag{8.85}$$

式中，$\boldsymbol{\Phi}_R$ 和 $\boldsymbol{\Phi}_I$ 分别是模态的实部和虚部；ω 为实特征值；η 为阻尼损耗因子。

将式（8.83）代入式（8.82），得到

$$(\boldsymbol{K}_R + j\boldsymbol{K}_I)\boldsymbol{\Phi}^* = \omega^{*2}\boldsymbol{M}\boldsymbol{\Phi}^* \tag{8.86}$$

对小阻尼情况，可以用实模态 $\boldsymbol{\Phi}_R$ 代替复模态 $\boldsymbol{\Phi}^*$。式（8.86）采用实模态，并在方程两边乘以模态矩阵的转置 $\boldsymbol{\Phi}^T$，然后将式（8.85）代入，得到

$$\omega^2 = \frac{\boldsymbol{\Phi}^T \boldsymbol{K}_R \boldsymbol{\Phi}}{\boldsymbol{\Phi}^T \boldsymbol{M} \boldsymbol{\Phi}} \tag{8.87}$$

$$\eta = \frac{\boldsymbol{\Phi}^T \boldsymbol{K}_I \boldsymbol{\Phi}}{\boldsymbol{\Phi}^T \boldsymbol{K}_R \boldsymbol{\Phi}} \tag{8.88}$$

系统中存储的应变能和消耗的能量分别为

$$U_S = \boldsymbol{\Phi}^T \boldsymbol{K}_R \boldsymbol{\Phi} \tag{8.89}$$

$$U_D = \boldsymbol{\Phi}^T \boldsymbol{K}_I \boldsymbol{\Phi} \tag{8.90}$$

由式（8.88）～式（8.90）得知，阻尼损耗因子是耗散能与应变能之比，即

$$\eta = \frac{U_D}{U_S} \tag{8.91}$$

工程上，先计算出车身结构的应变能分布，并确定应变能高的区域，然后在上面铺设阻尼材料，再计算铺设阻尼材料的结构应变能，从而确定结构损耗因子。图 8.52a 是某车地板没有阻尼胶的结构，图 b 是在应变能大的区域铺设阻尼胶，图 c 是在整个板都铺设阻尼。图 8.53 是在一个悬架输入点激励车身后得到的三种阻尼结构的 NTF 比较。在 0～130Hz 频段内，三种状态 NTF 值差异较小；130～450Hz 范围内，在应变能大的区域铺设和全铺阻尼的 NTF 较未铺设阻尼的 NTF 降低明显。在应变能大的区域铺设阻尼的 NTF 值与全铺阻尼的 NTF 非常接近，因此应变能分析可以确定最优铺设阻尼胶的部位，这样既减少了阻尼胶的使用，又降低了成本和重量。

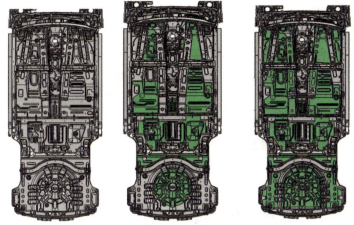

a) 无阻尼　　b) 在应变能大的区域铺设阻尼　　c) 在地板所有区域铺设阻尼

图 8.52　地板结构与阻尼胶铺设

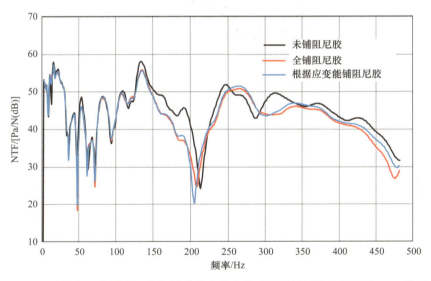

图 8.53　地板上没有铺设、全部铺设和在应变能大的区域铺设阻尼胶的 NTF 比较

3. 运行工况模态与阻尼材料铺设

除了按照应变能分布来铺设阻尼外，还可以根据 ODS 测量结果来铺设阻尼。如果地板上还没有铺设阻尼胶，测量地板的 ODS，找到中频范围内模态振幅大的区域，然后在上面铺设阻尼胶。如果地板上已经铺设了阻尼胶，如图 8.54a 所示，仍然可以通过 ODS 来找到关键频率下模态振幅大的区域，补充阻尼胶以获得更好的减振效果。图 8.55 为一辆车的地板在中频段的几个 ODS 图，从中可以看到在地板中部、后部和备胎池区域幅值大，因此在上面添加阻尼胶，如图 8.54b 所示。对这两种阻尼胶铺设结构，分别测量减振器与车身连接点的 NTF 和汽车以 60km/h 速度在粗糙沥青路面上行驶的车内噪声并进行比较，如图 8.56 所示。添加铺设阻尼胶之后，200～400Hz 频率范围内的 NTF 明显降低，阻尼抑制了地板振动，使得中频段噪声降低；同时，阻尼增加了地板厚度，提升了隔声量，使得 1000Hz

以上的高频噪声降低。

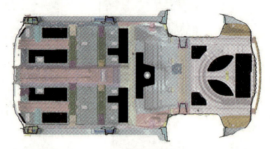

a) 原始阻尼铺设

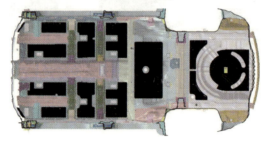

b) 按照ODS幅值的阻尼铺设

图 8.54　某车地板阻尼铺设

图 8.55　一辆车的地板在中频段的几个 ODS 图

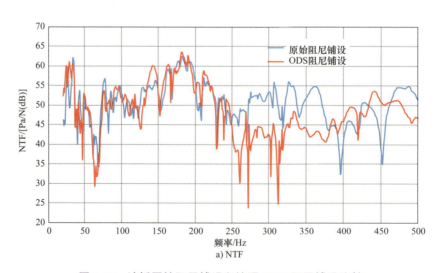

a) NTF

图 8.56　地板原始阻尼铺设和按照 ODS 阻尼铺设比较

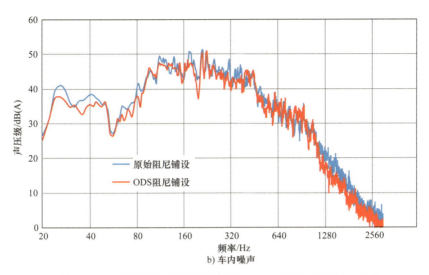

b）车内噪声

图 8.56　地板原始阻尼铺设和按照 ODS 阻尼铺设比较（续）

五、背门振动控制

从路噪的角度来看，SUV 和 MPV 的背门是一个特殊结构的板，是结构声低频路噪的主要发声源。背门面积大、质量大，法向运动方向与第一阶声腔模态方向一致，其低频振动容易辐射到车内，甚至与声腔耦合，因此专门将背门列一小节来讲述。

1. 背门反力分析

背门由外板、内板和连接元件组成。外板是一整块金属薄板和风窗玻璃，内板是支架结构的板，两个板之间通过焊接或支承连接，连接元件有密封条、限位块、缓冲块、锁和撑杆，如图 8.57 所示。背门与车身之间应该闭合完好，不产生异响。

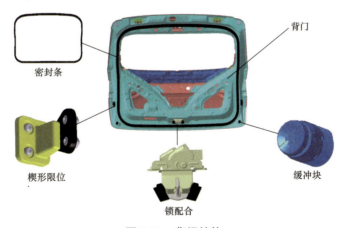

图 8.57　背门结构

车身、密封条和背门可以简化为板 - 弹簧 - 板模型，如图 8.58a 所示。车身力传递到车身梁（背门边框）上，通过密封条传递到背门，然后激励背门板振动。图 8.58b 为模型的受力分解图。

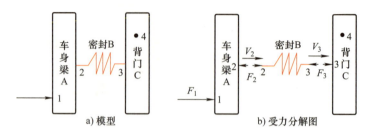

图 8.58 车身梁 - 背门模型和受力分解图

2 点的速度为

$$V_2 = Y_{12}^A F_1 - Y_{22}^A F_2 \tag{8.92}$$

3 点的速度为

$$V_3 = Y_{33}^C F_3 \tag{8.93}$$

2 点和 3 点的力为

$$F_2 = F_3 = \frac{K}{j\omega}(V_2 - V_3) \tag{8.94}$$

将式（8.92）和式（8.93）代入式（8.94），得到背门反力

$$F_3 = \frac{Y_{12}^A}{Y_{22}^A + (K/j\omega)^{-1} + Y_{33}^C} F_1 \tag{8.95}$$

背门上任意一点 4 的振动速度为

$$V_4 = \frac{Y_{34}^C Y_{12}^A}{Y_{22}^A + (K/j\omega)^{-1} + Y_{33}^C} F_1 \tag{8.96}$$

背门反力取决于车身梁和背门接触点的原点导纳或动刚度、密封条刚度、激励力以及从激励力到接触点的跨点导纳。背门响应取决于背门反力和响应点到反力作用点的导纳。

2. 背门反力控制

与车身梁和背门边缘的原点动刚度相比，密封条刚度低很多，或导纳大许多，$K^{-1} \gg Y_{22}^A$，$K^{-1} \gg Y_{33}^C$，即 $Y_{22}^A = Y_{33}^C \approx 0$，式（8.95）的背门反力和响应简化为

$$F_3 = \frac{K Y_{12}^A}{j\omega} F_1 \tag{8.97}$$

$$V_4 = \frac{K Y_{34}^C Y_{12}^A}{j\omega} F_1 \tag{8.98}$$

影响背门反力的主要因素包括密封条反力、侧向限位块反力、缓冲块反力、背门撑杆

力、背门重量、背门与车身密封间隙、锁销 X 方向的位置、缓冲块外露牙数等，而连接件的刚度 K 起决定性作用。

密封条用来密封车身与背门之间的间隙。密封条受到车身与背门的挤压，产生密封反力，其大小取决于车身与背门之间的间隙、密封条的压缩负荷变形量（LCD）、锁销 X 方向的位置。

缓冲块是降低冲击振动的小弹性元件。它外面呈螺纹状，旋转缓冲块将螺纹置于背门。通过缓冲块旋转来调节外露牙数和外露长度，从而改变背门与车身之间的接触刚度。外露牙数减少，长度变短，约束刚度降低，反力降低。影响缓冲块反力的因素有车身与背门之间间隙、缓冲块刚度、数量、外露牙数、锁销 X 向位置。背门下部缓冲块对反力的影响比上部缓冲块大。

限位块能够保护金属门与边框的直接碰撞、限制背门打开的程度、承受背门与边框的挤压力、控制背门与边框的间隙和气密性。影响侧向限位块反力的因素有车身与背门之间间隙、限位块刚度、限位块干涉量和锁销 X 方向的位置。

锁销固定在一块小板上，小板加强后再固定在车身尾裙板上。安装点在折弯处可以沿 X 方向和 Y 方向调节，如图 8.59 所示。影响锁销反力的因素有锁销与车身相对位移、限位和硬度，增大锁销与背门之间的相对位移会降低反力。

统计数据显示，大多数车的背门密封反力在 250~350N 之间。低的背门反力降低了车身与背门之间的连接刚度，有利于降低传递到背门的力，降低车内噪声。图 8.60 给出了同一辆车在同一工况、不同背门反力下的车内噪声比较，反力越大，低频路噪越大。但是，过低的反力使得背门与车身之间密封松散，导致异响，影响关门声品质，另外，还可能使得背门与车身接缝不一致而影响外观，所以背门反力调节需要兼顾各方面性能的平衡。

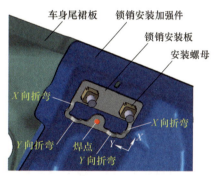

图 8.59 某车背门与锁销安装结构

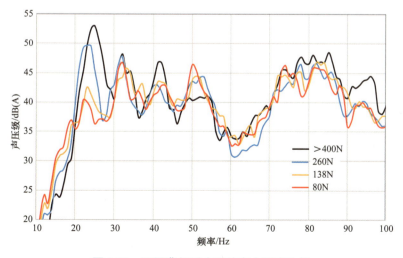

图 8.60 不同背门反力下的车内噪声比较

3. 背门振动控制

除了控制背门反力外，背门振动响应控制方法与其他板一样，包括模态避频、刚度控制、质量控制和动态吸振器控制。

背门避频控制主要是通过调节背门反力来实现，反力改变表示刚度变化，从而使得背门整体模态变化。表 8.4 给出了一辆车背门反力与模态的测量值。随着反力降低，背门的边界刚度变低，导致模态频率降低。

表 8.4　一辆车背门反力与模态测量值

锁位置	背门反力（关门力）/N	刚体模态 /Hz	ODS 柔性体模态 /Hz
X 方向 -2mm	>400	25.7	23.9
X 方向 -1mm	>400	24.2	22.5
X 方向 0mm	260	23.9	22.2
X 方向 $+1$mm	138	18.0	21.1
X 方向 $+2$mm	80	17.4	17.5

背门模态有柔性体模态和刚体模态。背门振动而辐射声音或与声腔耦合也分为两种：一种是背门板做柔性运动，另一种是背门板做刚体运动。背门的柔性体运动和刚体运动都会推动声腔空气运动，并辐射声音。根据式（8.55）或式（8.60），辐射声压与声源的距离成反比，多数情况下，后排声压比前排大。但是，声腔是一个封闭空间，当背门结构与声腔频率耦合时，也可能会出现前排声压大的情况。外板面积大和质量大导致模态频率低，大多数背门的第一阶弯曲模态频率为 30～50Hz，而刚体模态频率更低，大多数频率低于 35Hz。

背门避频控制的原则是：背门模态与整车结构模态避频；背门模态与车内声腔模态避频；背门结构模态与悬架系统 X 向模态避频。

刚度控制方法有加强内板和外板之间的连接、在外板内侧贴补强胶等。内板与外板之间通常用几根支架连接在一起，以保证背门有足够的刚度，但是遇到背门引起的轰鸣声时，往往在背门结构薄弱处增加支架来提高刚度，如图 8.61 所示，降低板的振动。在背门上平板面积大的地方贴补强胶可以抑制板的振动并抑制辐射声。

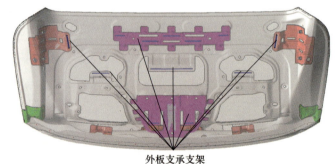

图 8.61　背门刚度加强

图 8.62a 是背门刚度加强前后在背门上的振动，图 b 是以 30km/h 行驶在粗糙水泥路面

车内噪声比较，加强后的车内低频敲鼓声降低。

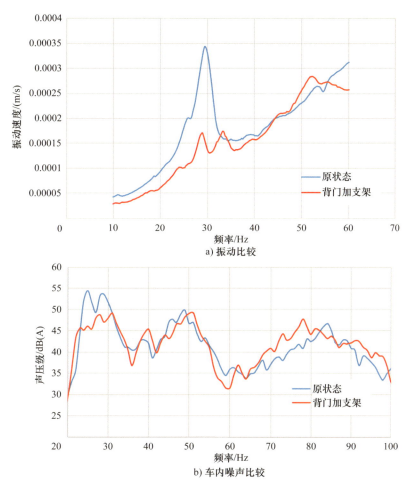

图 8.62 背门刚度增加与原状态比较

质量或吸振器控制是在背门板上加质量块或吸振器来抑制背门板振动，如图 8.63 所示，从而降低辐射噪声或与声腔耦合的强度。

a) 加质量块

b) 加吸振器

图 8.63 背门质量与吸振器控制

第二章讲述多重相干分析时，给出了某款 SUV 的例子，在粗糙路面和破损路面上行驶时，该车内有压耳的敲鼓声，但是在光滑路面上行驶时，这个轰鸣声就消失了。敲鼓声峰值对应的频率是 26Hz，路面激励通过后悬架传递到副车架与车身的后连接点，再传递到背门，被激励起的背门辐射声音。工程师们用板件贡献量试验分析方法识别出主要贡献板件是背门，然后，在背门上加质量块或吸振器来抑制它的振动。图 8.64a 比较了原状态和加吸振器的背门振动，显然，加了吸振器之后，背门的振动降低了许多。同时，比较车内噪声的变化，如图 8.64b 所示，在背门上加了吸振器后，26Hz 轰鸣声的峰值降低了 5dB(A)。

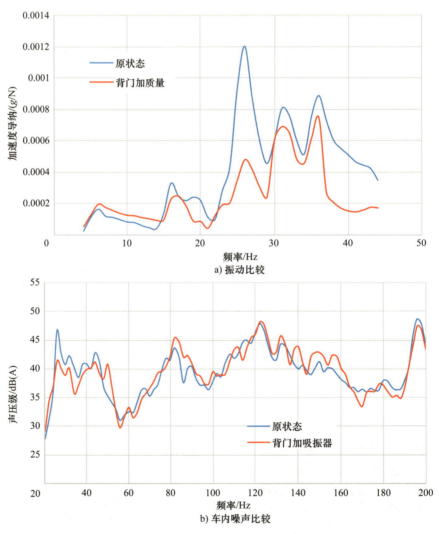

图 8.64 背门加吸振器与原状态比较

参 考 文 献

戴德沛，1986. 阻尼减震降噪技术 [M]. 西安：西安交通大学出版社.

杜功焕，朱哲民，龚秀芬，2012. 声学基础 [M]. 南京：南京大学出版社.

付志芳，华宏星，2000. 模态分析理论与应用 [M]. 上海：上海交通大学出版社.

李世其，张针粒，朱文革，等，2011. 计算粘弹结构动力学参数的新模态应变能方法 [J]. 振动与噪声控制，31(06):47-52.

庞剑，2015. 汽车车身噪声与振动控制 [M]. 北京：机械工业出版社.

庞剑，谌刚，何华，2006. 汽车噪声与振动：理论与应用 [M]. 北京：北京理工大学出版社.

全国机械振动与冲击标准化技术委员会，2000. 阻尼材料 阻尼性能测试方法：GB/T 18258—2000[S]. 北京：中国标准出版社.

师汉民，黄其柏，2013. 机械振动系统：分析·建模·测试·对策 [M]. 武汉：华中科技大学出版社.

沃德·海伦，斯蒂芬·拉门兹，波尔·萨斯，2001. 模态分析理论与试验 [M]. 白化同，郭继忠，译. 北京：北京理工大学出版社.

张杰，庞剑，张思文，等，2023. 基于背门约束系统的车内低频轰鸣声控制 [J]. 西南交通大学学报，58(2):280-286.

ALVELID M, 2008. Optimal position and shape of applied damping material[J]. Journal of Sound and Vibration, 310: 947-965.

DENG S T, PANG J, ZHANG Z, et al., 2021. Investigation on characteristics of energy transfer of flexural vibration in a Y-shaped bifurcated beam imposed lumped mass[J]. Applied Mathematical Modelling, 92: 486-504.

DOYLE J F, 2018. 结构中波的传播 [M]. 吴斌，何存富，焦敬品，等译. 北京：科学出版社.

FAHY F, GARDONIO P, 2007. Sound and structural vibration: radiation, transmission and response[M]. Oxford: Elsevier.

HYUN Y W, WARDEN G, BLENMAN J, et al., 2012. A displacement-approach for liftgate chucking investigation: 2012-01-0218[R]. Warrendale: SAE International.

IMAM A S, CHINTA B, THORPE S, 2011. Optimum constraint strategy for liftgates: 2011-01-0766[R]. Warrendale: SAE International.

KESHAVARZ M A, BAYANI M, AZADI S, 2009. Improving vehicle vibration behavior via structural modification with random road input: 2009-01-2093[R]. Warrendale: SAE International.

KIM H, OH S, KIM K C, et. al., 2014. Optimization of body structure for road noise performance: 2014-01-0010[R]. Warrendale: SAE International.

KORUK H, SANLITURK K Y, 2014. Optimisation of damping treatments based on big bang-big crunch and modal strain energy methods[J]. Journal of Sound and Vibration,333(5):1319-1330.

KUO E Y, MEHTA P R, 2005. The effects of body joint designs on liftgate chucking performance: 2005-01-2541[R]. Warrendale: SAE International.

PANG J, ZHENG W, YANG L, et al., 2020. Topology optimization of free damping treatments on plates using level set method[J]. Shock and Vibration, 2020: 5084167.

PANG J, DU Y, HU P, et al., 2012. An energy conservation algorithm for nonlinear dynamic equation[J]. Journal of Applied Mathematics, 2012: 453230.

RO J, BAZ A, 2022. Optimum placement and control of active constrained layer damping using modal strain energy approach[J]. Journal of Vibration and Control, 8(6): 861-876.

SILVA C W D,2013. 振动阻尼、控制和设计 [M]. 李惠彬，张曼，等译. 北京：机械工业出版社.

THOMSON W T, DAHLEH M D, 2005. 振动理论及应用 [M]. 北京：清华大学出版社.

TONGE G, AGRAWAL S, 2013. Analysis of open plenum structure for reduction of booming noise: 2013-01-0636[R]. Warrendale: SAE International.

TORVIK P J, RUNYON B, 2007. Modifications to the method of modal strain energy for improved estimates of loss factors for damped structures[J]. Shock and Vibration, 14(5): 339-353.

TSAI M H, CHANG K C, 2001. A study of the modal strain energy method for viscoelastically damped structures[J]. Journal of the Chinese Institute of Engineers, 24(3): 311-320.

UNGAR E E, KERWIN E M, 1962. Loss factors of viscoelastic systems in terms of energy concepts[J]. The Journal of the Acoustical Society of America, 34(7): 954-957.

WAN Y, PANG J, ZHANG J, et al., 2019. Research and application of lumped mass damper on the control of vehicle body panel low frequency vibration and sound radiation[C]//INTER-NOISE and NOISE-CON Congress and Conference Proceedings, June 16-19, 2019, Madrid.Reston:Institute of Noise Control Engineering: 1390-1398.

XU Y, LIU Y, WANG B, 2002. Revised modal strain energy method for finite element analysis of viscoelastic damping treated structures[C]//Smart Structures and Materials 2002: Damping and Isolation.Bellingham: SPIE, 4697: 35-42.

YAMAGUCHI H, ADHIKARI R, 1995. Energy-based evaluation of modal damping in structural cables with and without damping treatment[J]. Journal of Sound and Vibration, 181(1): 71-73.

ZAMBRANO A, INAUDI J A, KELLY J M, 1996. Modal coupling and accuracy of modal strain energy method[J]. Journal of Engineering Mechanics,122(7): 603-612.

ZHANG J, PANG J, WAN Y, et al., 2021. Analysis of structural-acoustic coupling characteristics between adjacent flexible panels and enclosed cavity[J]. Journal of Vibration and Acoustics, 143(2): 021006.

ZHANG J, PANG J, WAN Y, et al., 2021. Research and application of reinforcement beams supporting body panel on attenuation of low frequency vibration and sound radiation[C]//Proceedings of China SAE Congress 2019: Selected Papers. Singapore: Springer: 861-871.

ZHANG J, PANG J, ZHANG J, et al., 2016. Experimental and simulation analysis of interior booming induced by vehicle body panel vibration[C]//The 23rd International Congress on Sound and Vibration, July 10-14, 2016, Athens.Auburn: IIAV.

第九章 空气声路噪的车身控制

近场路噪能量主要分布在中高频，特别集中在 700～1200Hz 之间。为了阻止近场噪声对车内传递，车身必须构建一个"声学包装"屏障，通过吸声和隔声来衰减一部分近场噪声能量。能量衰减的多少用近场路噪隔声量（TPNR）来衡量。声学包装控制从车身气密性控制、吸声控制和隔声控制三方面进行。

车身密封是声学包装的基石，它分为静态密封和动态密封。静态密封是将车身上的缝隙和孔密封严实，使得气流不能穿过。汽车运行时，相邻部件运动位移的不一致导致一些静态密封好的部位出现"不密封"的状况，即出现了动态间隙。动态密封就是将动态间隙密封严实。

吸声是通过吸声材料来吸收声音能量，使之变成热能而耗散掉，隔声是用隔声结构将声波反射回去。汽车上的吸声材料和隔声结构通常组合在一起使用，耗散和隔离掉一部分入射波。地板、轮毂包、行李舱等部位的声学包装控制对衰减近场路噪至关重要。

第一节 轮胎近场路噪特征与控制

一、近场路噪的频谱特征

第四章描述了近场路噪的特征并给出了一些频谱图。为了更好地讲述用隔声与吸声方法来降低近场路噪源，本章开头回顾一下这些特征。

图 9.1 给出了一辆车以不同的速度（50km/h、65km/h、80km/h）在粗糙沥青路面上行驶的近场路噪。随着车速提高，近场路噪加大。车速从 50km/h 提高到 65 km/h，近场路噪增加约 5dB(A)；车速从 65km/h 提高到 80km/h，近场路噪增加约 2.5dB(A)。车速增加，轮胎冲击路面的激励能量增加，导致轮胎近场噪声增加，同时，冲击增加了轮胎振动，也导致了结构声路噪增加。

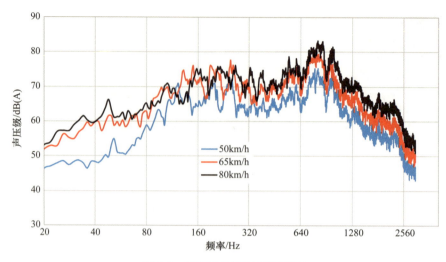

图 9.1 不同速度下的近场噪声

图 9.2 给出了一辆车以 65km/h 速度在光滑沥青路面、粗糙沥青路面和水泥路面上行驶的近场噪声图。粗糙沥青路面的构造深度大,而水泥路面的硬度大,因此这两个路面的近场噪声远大于光滑沥青路面。在中低频段,硬度大带来的冲击噪声影响大于气动作用引起的噪声,所以水泥路面上的近场噪声大于粗糙沥青路面,而在中高频段,摩擦噪声、空管噪声和泵气噪声等大于硬度的影响,因此粗糙沥青路面的近场噪声大。在高频段,摩擦噪声占主导,因此,三种路面带来的近场噪声相当。

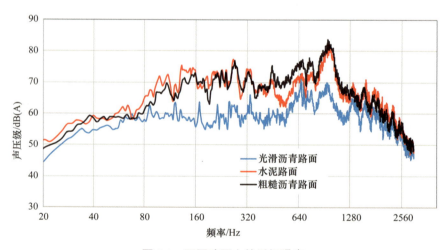

图 9.2 不同路面上的近场噪声

根据图 9.1 和图 9.2,可再次确认空气运动产生的近场噪声和轮胎振动产生的近场噪声集中在 700~1200Hz 频段区间。为了消除中高频近场噪声,车身上必须采用隔声与吸声措施。

二、近场路噪与车内路噪的关系

图 9.3 给出了一辆车以 50km/h 速度在粗糙沥青路面行驶时的近场路噪和车内路噪的比

较。在低频段,车内路噪与近场路噪相差 10~20dB。在中高频段,车内路噪远远低于近场路噪,两者相差达到 30~50dB,而在 1000Hz 附近,两者的差值达到最大,约为 50dB。车内低频声主要是结构声路噪,是通过轮胎、悬架和车身结构传递,然后辐射到车内的。空气声路噪占比小,声学包装对低频噪声衰减很小。在中高频段,车身结构和声学包装隔离和吸收了近场路噪的能量,使得源的声压级传递到车内之后大大衰减,而且衰减量随着频率的增加而增加。当频率到达某个值之后,增加的衰减量趋缓或略有降低。

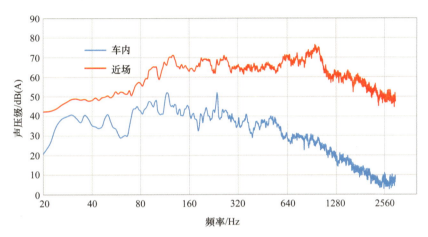

图 9.3 近场路噪与车内路噪比较

三、空气声路噪的控制

1. 近场路噪源的控制

第四章已经详细地描述了近场路噪的产生机理和控制方法,本节再简单地回顾与总结一下。

近场噪声产生的机理包括空气运动、轮胎振动和轮胎-路面的界面效应。空气运动产生的噪声又分成泵气噪声、空管噪声、赫尔姆兹谐振腔噪声和气动噪声,影响这类噪声的主要因素是胎面花纹沟和花纹块结构。振动产生的噪声又分成冲击噪声、摩擦噪声、黏-抓作用反冲击噪声和轮胎胎体的辐射噪声,影响这类噪声的主要因素有轮胎尺寸、花纹块结构、轮胎材料、胎侧结构、刚度和厚度。轮胎-路面的界面效应分成喇叭效应、声学阻抗效应和机械阻抗效应,它的主要影响因素有轮胎直径、宽度、轮胎材料和表面结构。

花纹块和花纹沟在胎面设计中至关重要,因为它们直接影响到空气运动产生的近场路噪。花纹块和花纹沟应尽可能地设计成变节距、异步随机分布,使得噪声能量分布到多个频率上。花纹沟一定要设计成几种不等长的空管,使得声音能量分散在几个频段内。空管的走向避免与轮胎印迹的轮廓一致,以避免轮胎前端在接触地面和后端在离开地面时,空腔气流扰动大而产生过大的噪声。花纹沟的宽度和深度要合理。大宽度和大深度增加了沟槽的体积,即增加了气体的体积流量,从而使得噪声变大。但是,当花纹沟宽度和/或深度进一步增加,虽然空管体积增加,但是体积流速和体积流量反而下降,空管噪声降低。

纵向空管与横向空管贯通降低气流的体积流量，从而降低空管噪声。花纹沟线与轴向应该设计成一定角度，使得噪声达到最小值。另外，在花纹沟路面增加细小的谐振腔可以消除某些频率噪声，增加一些薄片结构（lamellae）或凸起物可以把单一频率的空管噪声打乱。

在满足操控性和滚阻的前提下，选择软质橡胶材料、合适的轮胎宽度、优化带束层、钢丝层等结构，可以降低冲击噪声、摩擦噪声等振动引起的近场路噪。选择合理的轮胎宽度、直径和胎肩弧度可以降低喇叭效应。

2. 空气声路噪传递路径的控制

图 9.3 中的近场路噪和车内路噪之间存在一个差值，如图 9.4 所示。这个差值可以表达为

$$\Delta L = P_{near} - P = P_{near} - (P^{SB} + P^{AB}) = \text{TPNR} - P^{SB} \tag{9.1}$$

式中，P_{near} 和 P 分别是近场路噪和车内路噪；P^{AB} 和 P^{SB} 分别是空气声路噪和结构声路噪；TPNR 为车身对近场路噪的隔声量（本章后续将详细介绍）。

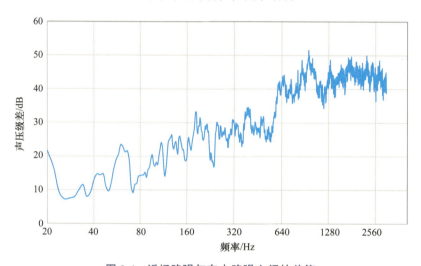

图 9.4 近场路噪与车内路噪之间的差值

当结构声路噪一定时，ΔL 越大，车身的隔声效果越好，所以空气声路噪的车身控制就是通过车身声学设计来达到满意的差值。车身声学设计是指通过选择合适的隔声与吸声材料和合理的结构设计来降低中高频路噪的过程。车身上的隔声部件有前壁板、地板、顶棚、中控箱、行李舱、立柱、轮毂包等，而离轮胎近的部件对降低近场路噪更重要，如乘员舱地毯、行李舱地毯、轮罩衬板、前壁板隔声垫等。车身上有很多吸声材料，如放置在仪表台板、车门、立柱、顶棚、轮毂包、行李舱、中控通道、发动机舱、座椅等部位的吸声材料和结构。

车身的吸声与隔声控制从三方面进行：气密性控制、吸声控制和隔声控制。

车身密封是声学包装的基石。如果车身密封没有做好，车身的吸声与隔声处理都没有意义。车身密封是将车身上的缝隙、泄漏孔和洞密封严实，汽车运行时，气流不能穿过车身。密封分成静态密封和动态密封。密封的研究内容包括密封的处理方式、密封性的测量、

密封的设计控制和空腔阻隔。

吸声是指声波传递到吸声材料或者结构后，减少反射波，部分声能量被吸收。绝大部分声学材料安装在车内，减小传递到车内的噪声并提升声品质。少数安装在车外的吸声材料可以降低外界声源的噪声。吸声的研究内容包括材料的吸声系数、影响吸声系数的因素、吸声系数测量、吸声结构设计与应用。

隔声是指声波传递到材料或结构上，一部分声波被反射，一部分透过，即声波被隔声材料或结构"隔"掉了一部分。隔声的研究内容有材料的隔声系数、影响隔声系数的因素、隔声系数测量、隔声结构设计与应用。

第二节　车身气密性控制

一、车身缝隙和孔

车身上的缝隙和孔会让近场路噪直接穿过它们而传到车内。缝隙和孔分为四类：功能性孔、工艺性孔、错误状态孔和空心管道。

第一类是功能性孔，是指为了达到某个功能性的目的，不得不在车身上开的孔。比如，前壁板上的很多孔，用于转向管柱、空调管、换档拉索、离合拉索、线束等零部件的通过，如图9.5a所示。第二类是工艺性孔，是指在制造过程中，为完成某道工序必须开的孔，制造完后，这些孔和缝就没有用了。比如，地板上的一些孔就是为在电泳工序后让电泳液流出而设计，如图9.5b所示。第三类是错误状态孔，是指由于设计错误和制造误差而产生的孔和缝隙，它们既不满足使用的功能，工艺上也不需要。图9.5c给出了三块钣金件

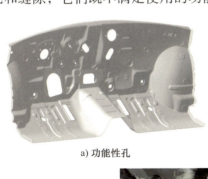

a) 功能性孔　　　　　　　　b) 工艺性孔

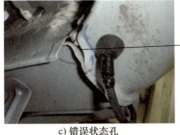

c) 错误状态孔

图 9.5　车身上的缝隙和孔

搭接处出现的错误缝隙。

第四类是空心管道。横梁、纵梁、立柱等都是空心管，如图9.6所示，声音可以自由地在梁和柱里面传递。这些梁和柱上面还有很多开孔，而有些孔是与车身内腔相通的，如B柱上面的安全带安装孔。气流或者声音可以从车外流经梁和柱，传递到孔，再传递到车厢里面。

a) A柱截面　　　　　　　　　　　　b) 门框梁剖面

图 9.6　车身上空心管道的梁和柱

二、车身气密性

气密性是指物体阻止气流通过它的能力。气密性高表明物体阻止气流通过的能力强。把缝隙和孔的面积与整个车身板的面积之比定义为车身开孔率（γ），表示为

$$\gamma = \frac{S_{\text{hole}}}{S_{\text{body}}} \qquad (9.2)$$

式中，S_{body} 为车身的表面积；S_{hole} 为车身上孔和缝隙的表面积。

车身上的开孔会降低声传递损失。开孔率对声传递损失的影响可以用公式表达为

$$\text{STL}_{\text{hole}} = -10\lg[\gamma + 10^{-\text{STL}/10}(1-\gamma)] \qquad (9.3)$$

式中，STL 是没有孔和缝隙情况下的声传递损失；STL_{hole} 是在开孔率为 γ 时的声传递损失。

式（9.3）显示开孔率越高，声传递损失越小，即隔声性能越差。密封良好的车身可以降低开孔率，是保障达到高声传递损失的基础。

车身密封分为静态密封和动态密封两种。静态密封是指汽车在静止状态下，将功能性孔、工艺性孔、错误状态孔和空心管道密封好，使得开孔率降低到最低程度。汽车静态时，相邻接触的两个部件（比如车门和车身）之间没有间隙，但是运动之后，由于两个物体的运动位移不一样，可能使得接触区域出现缝隙，这个缝隙被称为动态缝隙。动态密封是指密封好动态缝隙。

三、车身气密封控制

密封是车身声学包装工作的前提。声学包装的任务是使得车身达到良好的隔声与吸声性能。开孔率高的车身会让声音直接传递到车内,因此,对其他没有孔和缝隙的地方进行隔声处理就没有意义。同样,由于相当一部分车外噪声已经传递到车内,这时在车内进行吸声处理的效果也非常差。

静态密封的好坏可以用三种方法检测,即烟雾测量法、超声波测量法和气密性测量法。用这些方法可以找到缝隙和孔的部位,用气密性测量法还可以定量地描述它们的泄漏面积。

气密性控制的首要任务是做好静态密封。第一,密封功能孔,比如转向柱穿过车身时,采用良好的密封结构,使得转向柱与前壁板之间没有缝隙。第二,密封工艺孔,比如用堵头将地板电泳过孔堵上。第三,消除设计带来的孔和堵住制造留下的孔和缝隙,比如车门和车身之间采用足够多的密封条使得两者之间没有缝隙,再比如在制造误差带来的缝隙上涂抹一层密封胶。第四,阻隔梁和柱中的空心通道,比如用发泡材料来封堵横梁和立柱通道的某些部位。

在做好静态密封的前提下,才能做动态密封。动态密封主要涉及车身和车门之间的位置和相对运动,以及密封条的压缩量,因此,动态密封的控制从这三方面入手。第一,车身与车门之间的距离要合理,因为它是设计密封条压缩量的基础。第二,车身与车门之间的相对运动要控制在一定范围内,使得相对运动位移不超过密封条的静态尺寸。第三,密封条要满足动态密封要求,即密封条截面结构设计要使得压缩负荷变形(compression load deflection,CLD)合理。

影响路噪的车身密封集中在下车身部位,如地板密封、门槛梁密封、前壁板上孔洞密封、车门密封、纵梁和立柱密封。例如,有一辆车在行驶过程中,乘客能够感知到中高频嘈杂声。经过分析,发现车门密封不好是这辆车空气声路噪的主要原因。门锁拉杆穿过车门内板,在防水膜上有泄漏孔;门槛梁上密封条不完整而且内饰板搭在梁上。优化车门防水膜,处理好车门内板孔洞及拉杆部位的密封,避免泄漏,如图9.7所示;另外,将门槛梁上的不完整密封条改为整圈密封条,如图9.8所示。优化了这两处的密封结构之后,车身隔声量提升,如图9.9a所示,车内路噪明显降低,如图9.9b所示。

a) 穿孔有泄漏　　　　　　　　　　b) 穿孔完好密封

图 9.7　门锁拉杆穿过车门内板

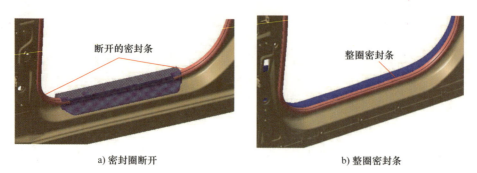

a) 密封圈断开　　　　　　　　　b) 整圈密封条

图 9.8　门槛梁上的密封

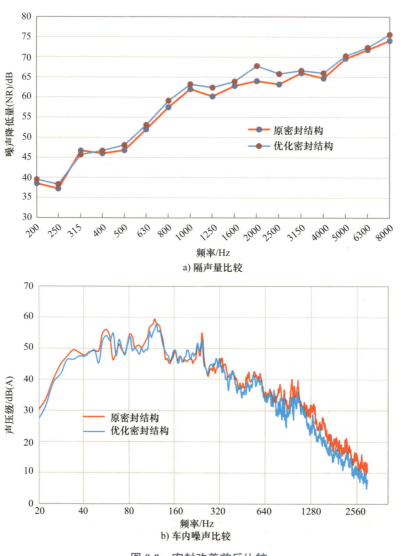

a) 隔声量比较

b) 车内噪声比较

图 9.9　密封改善前后比较

第三节 车身吸声控制

降低空气声路噪的方法是吸声与隔声，衡量整车和部件的吸声与隔声性能也有对应指标。吸声指标是吸声系数，隔声指标有声传递损失、隔声量和声学传递函数。

一、吸声系数

近场路噪经过车身后被衰减，其中一部分（特别是中高频）被车身的吸声材料吸收。吸声原理是声能转换成热能。一方面，声波在传递过程中，质点振动速度不同，这种速度梯度使得相邻质点间产生了相互作用的内摩擦力和黏性力，从而阻碍了质点的运动，使得声能不断地转化成热能。另一方面，媒体中各个质点的疏密程度和温度不一样，这种温度梯度使得相邻质点间产生了热交换，也使得声能转化成热能。

图 9.10 表示能量为 E_i 的声波入射到一种材料上，一部分能量（E_a）被吸收，另一部分能量（E_r）被反射回空气中。衡量材料吸声能力的指标是吸声系数，它定义为被吸收的能量与入射能量的比值（α），表达如下

$$\alpha = \frac{E_a}{E_i} = 1 - \frac{E_r}{E_i} \tag{9.4}$$

当 $E_r=E_i$ 时，$\alpha=0$，即入射声能遇到材料时全部被反射；当 $E_a=E_i$ 时，$\alpha=1$，即入射声能全被材料吸收。材料的吸声能力介于这两种情况之间时，吸声系数在 0 到 1 之间。吸声系数越大，表明材料的吸声能力越强。通常将吸声系数大于 0.2 的材料称为吸声材料。

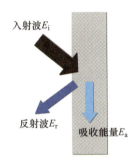

图 9.10 入射波、吸收能量和反射波的示意图

图 9.11 是一组车身上使用的吸声材料的吸声系数。低频时，吸声系数很低，所以解决低频噪声问题，采用吸声材料无济于事。通常，频率大于 500Hz 以后，吸声材料才有实质性的吸声作用。随着频率提高，吸声系数增加。但是当增加到某一个频率时，吸声系数达到最高，然后开始随着频率增加而波动，最后趋向一个稳定的值。不同材料或结构吸声系数相差非常大，如图中的几个材料在某些频段的吸声系数相差大于 0.4。

体积密度增加，材料内部的孔隙率降低，流阻增加，低频段吸声系数提高，但高频段吸声系数降低。图 9.12 为同样厚度而密度不同的玻璃棉吸声系数的比较。密度从 $10kg/m^3$ 增加

到 20kg/m³ 后，中低频吸声系数提高，而高频吸声系数降低，共振吸声频率向低频移动。

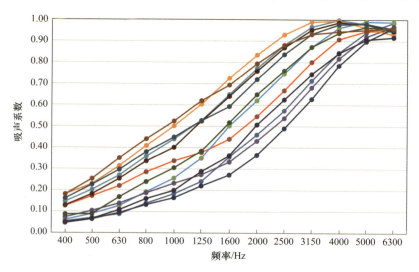

图 9.11　一组吸声材料的吸声系数

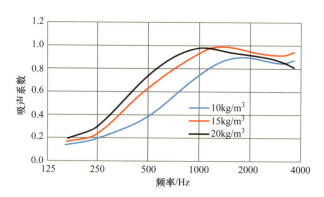

图 9.12　材料体积密度对吸声系数的影响

　　影响吸声系数的因素有材料结构参数、几何参数和环境因素。材料的结构参数包括流阻、孔隙率和结构因子；几何或者物理参数包括厚度和密度；环境因素包括温度和湿度。另外，吸声系数还与入射声波的角度等参数有关系。

　　材料或部件的吸声系数测量在混响室内或驻波管内进行。将大块材料或者部件放在混响室内，通过测量混响时间，计算出吸声系数。由于入射波来自各个方向，因此这种方法能很好地反映材料的吸声性能。用驻波管测量吸声系数时，截取一块材料小样件并放置于驻波管内，声波垂直入射到样件上。这种方法能反映材料的吸声特征，但是与实际情况有一定误差，因为材料对不同入射方向的声波的吸声系数是不一样的。

二、车身吸声控制

　　车身上有很多吸声材料，如图 9.13 所示。有的单独使用，放置在仪表台板、车门、立柱、顶棚、轮毂包、行李舱、中控通道、发动机舱等地方，它们只有吸声作用。有的与隔声部件结合在一起，起到吸声与隔声功能，如前壁板隔声垫。

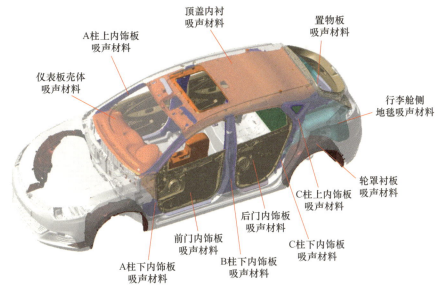

图 9.13　车身上的吸声部件

吸声材料有玻璃棉、半固化毡、轻质泡沫、棉毡等。汽车上常用的吸声材料有泡沫吸声材料和纤维吸声材料。泡沫吸声材料的吸声系数通常在很宽的频段内都超过 0.7，例如 PU 泡沫是一种典型的吸声能力强的材料。纤维吸声材料包括玻璃纤维、针刺纤维毡、热塑纤维毡、树脂纤维等。纤维材料的吸声系数随着频率增加而增加，只有到了比较高的频率时，吸声系数才可能达到 0.7，比如棉毡。

离路面距离近的位置，如轮毂包内、后侧围空腔内、备胎池上等，安放吸声材料对提高车身对近场路噪的吸声能力非常有用。图 9.14 显示了在一辆车的备胎池、行李舱侧面和置物板处放置的吸声材料。图 9.15 为该车以 60km/h 在粗糙路面上行驶时，没有放置和放置吸声材料的车内噪声对比。放置吸声材料之后，中高频噪声明显降低，而低频噪声变化不大。

a) 备胎池

b) 行李舱侧面

c) 置物板

图 9.14　在车内放置吸声材料

图 9.15　没有放置和放置吸声材料的车内噪声对比

第四节　车身隔声控制

一、隔声指标

采用特殊材料和结构将外界声源与接收环境隔离开来,使得环境噪声降低,这就是隔声。当声音从空气入射到一个结构表面时,一部分声能被反射回来,另一部分声能透过这个材料,继续在空气中传播,如图 9.16 所示。被反射回来的声能称为反射声能(E_r),透过结构继续传播的声能称为透射声能(E_t)。透射声能小于入射声能(E_i),这个结构阻挡了一部分声音的传播,就起到了隔声作用。

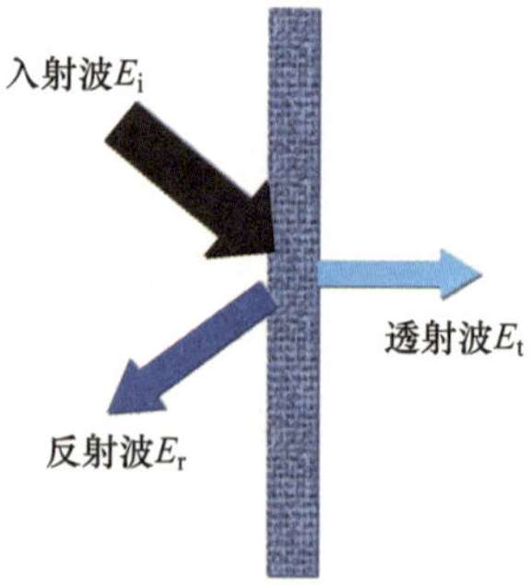

衡量材料或结构隔声性能的指标包括声传递系数、声传递损失、噪声降低量和基于功率的噪声降低量。

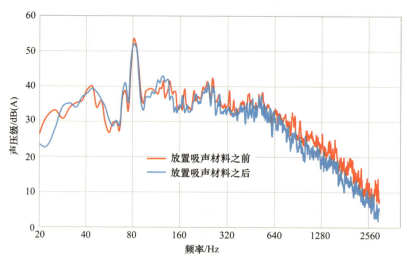

图 9.16　声波反射和入射的示意图

1. 声传递系数与声传递损失

用透射声能与入射声能之比来表示声音的穿透能力,定义为声传递系数(τ),表达为

$$\tau = \frac{E_t}{E_i} = 1 - \frac{E_r}{E_i} \tag{9.5}$$

当 $E_r=E_i$ 时,$\tau=0$,即入射声能全部被反射;当 $E_t=E_i$ 时,$\tau=1$,即入射声能全面透过结构。材料的声音穿透能力介于这两种情况之间时,声传递系数在 $0 \sim 1$ 之间。声传递系数越大,表明透射声能越多,材料的隔声能力越差。

透射声音与隔离声音是两个相反的概念,为了表示材料的隔声能力,就必须使用声传递系数的倒数。这个倒数的值往往非常大,不利于数字表达,于是就采用了对数形式。材料或者结构的隔声能力称为声传递损失,用 STL(sound transmission loss)表示

$$\text{STL} = 10\lg\frac{1}{\tau} = 10\lg\frac{E_i}{E_t} = 10\lg E_i - 10\lg E_t \tag{9.6}$$

图 9.17 为一组隔声材料的声传递损失曲线,随着频率增高,声传递损失变大。不同材料的声传递损失差别很大,声传递损失越大,材料的隔声性能就越好。

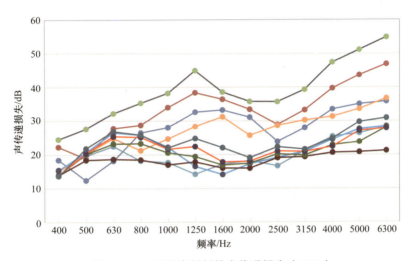

图 9.17 一组隔声材料的声传递损失(STL)

2. 噪声降低量

声源侧与接收侧声压级差值定义为噪声降低量,用英文单词 noise reduction 的首字母 NR 来表示。例如声源在车外,声压级为 SPL_{out},车内声压级为 SPL_{in},那么车身的噪声降低量为

$$\text{NR} = \text{SPL}_{out} - \text{SPL}_{in} \tag{9.7}$$

NR 仅仅考虑声源侧和接收侧的噪声衰减,而不包括两侧的隔声和吸声。将两侧的隔声与吸声包括进来就形成了基于功率的噪声降低量(power based noise reduction),用 PBNR 来表示。PBNR 定义为声源点的声功率与接收点的声压级平方值之比,再取对数的值,表达为

$$\text{PBNR} = 10\lg\left(\frac{\Pi}{p \cdot p^*}\frac{1}{\text{Re}f}\right) \tag{9.8}$$

式中,Π 为点声源在自由场中的声功率;p 为接收点的声压;p^* 为 p 的共轭;$\text{Re}f$ 为参考值,是参考声功率和参考声压的比值,表达为

$$\mathrm{Re}\, f = \frac{\Pi_{\mathrm{ref}}}{p_{\mathrm{ref}}^2} = \frac{1}{\rho c} \tag{9.9}$$

式中，Π_{ref} 和 p_{ref} 分别是参考声功率和参考声压。与参考声功率和参考声压对应的空气声阻抗为 400。

PBNR 与 NR 的关系为

$$\mathrm{PBNR} = \mathrm{NR} + 10\lg \frac{S_1 \alpha_1}{4} \tag{9.10}$$

式中，S_1 为声源侧吸声面积；α_1 为对应的吸声系数。

PBNR 能更好地展现车身的整体隔声和吸声特性。车外安装了吸声垫的 PBNR 值比没有安装的大，而随着频率的增加，这个差距加大。这表明 PBNR 反映了声源的吸声特征。

由于 NR 简便和直观，因此，它成为最为广泛使用的隔声评价指标。

3. 声学传递函数

体积声源放置在声源处（如轮胎附近）可以作为声源，测量接收端（如车内）声压响应。响应点的声压与声源处的体积加速度的比值定义为声学传递函数，英文是 acoustic transfer function（ATF），表示为

$$H^{PQ} = \frac{P}{Q_a} \tag{9.11}$$

式中，Q_a 为体积声源的体积加速度，单位为 m³/s²。

根据互逆原理，也可以将声源放置在车内，测量车外的声压和车内体积加速度，得到车身响应位置的声学传递函数。

在自由场中，点声源的声功率为

$$\Pi = \frac{\rho Q_a Q_a^*}{4\pi c} \tag{9.12}$$

式中，Q_a^* 为 Q_a 的共轭。

将式（9.9）和式（9.12）代入式（9.8）中，得到

$$\mathrm{PBNR} = 10\lg\left[\frac{Q}{P}\left(\frac{Q}{P}\right)^*\right] + 10\lg\frac{\rho^2}{4\pi} = -20\lg\left|\frac{P}{Q_a}\right| - 9.4 \tag{9.13}$$

$$\frac{P}{Q_a} = 10^{-\frac{\mathrm{PBNR}+9.4}{20}} \tag{9.14}$$

图 9.18 为一组轮胎对车内声音的声学传递函数曲线。曲线纵坐标值越小，表明声源对车内的传递越少，即隔声越好。ATF 值的趋势正好与 PBNR（或 NR）相反，NR 值越大越好。随着频率增加，ATF 值减小，即频率越高，车身的隔声效果越好。

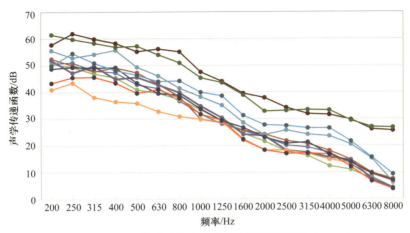

图 9.18　一组轮胎对车内声音的声学传递函数（ATF）

材料隔声性能的测量有实验室方法和驻波管方法。实验室方法又分为混响室-混响室方法和混响室-消声室方法。

二、轮胎噪声隔声量

声传递损失、噪声降低量和声学传递函数都可以用来评价车身对轮胎近场声源的隔声量，但是在工程上，工程师们最习惯使用的是噪声降低量。

1. TPNR 的定义

为了强调车身对近场路噪的隔声量，在 NR 前面特地加了两个字母 TP，即 TPNR。T、P 分别是 tire（轮胎）和 patch（胎面）或 pavement（路面）两个英文单词的首个字母。TPNR 就是车身对轮胎近场噪声的隔声量或衰减量，即 tire patch（or pavement）noise reduction。式（9.7）变为

$$\text{TPNR} = \text{SPL}_{\text{tire}} - \text{SPL}_{\text{in}} \qquad (9.15)$$

式中，SPL_{tire} 为轮胎近场噪声声压级。

2. TPNR 测量

测量车身 NR 需要有特定环境，以便排除环境噪声的干扰。特定的环境是指混响室和消声室，对应的测量方法有混响室法和消声室法。

将整车或车身放置在混响室内，在车外放置声源，在车外和车内分别布置若干个传声器。声源在混响室内发声，形成均匀声场。由于声场的均匀分布，就可以用车外任何一点的声压级代表"源"的声压级。将车外声压级减去车内声压级，就得到了车身的隔声量。

在混响室内测量 NR，可以得到整个车身的隔声量，但是不能得到车身对车外每个声源（如发动机声源、排气管口声源、轮胎近场声源等）的噪声降低量。只有在消声室内，才能实现这个目的。

将整车或车身放置在消声室内，在轮胎近场放置标准体积声源，在近场和车内布置传声器。同时测量近场和车内声压，用式（9.15）计算出 TPNR。

由于每个轮胎与地面作用产生的噪声不一样，而且对一个轮胎，其前后左右产生的噪声也不一样，因此，必须得到车身对每个轮胎近场声源的衰减量，平均后才能得到一个轮胎的 TPNR。

标准体积声源发出白噪声作为声源。体积声源在 200～8000Hz 范围内发出白噪声。体积声源近场的声压级应该达到 100dB(A)。距离声源一定距离（d）的声压可以在试验之前测量，如距离声源点 0.05m 处的声压，记为 $SPL_{0.05}$。

将体积声源放置在轮胎前端位置，如高于地面 0.05m 和离开轮胎边缘 0.05m，如图 9.19 中的"1"点，在车内驾驶员和乘客耳朵处布置传声器。声源发声之后，测量车内某点（如 i 点）声压级 SPL_{i1}。轮胎 1 点对车内 i 点的 TPNR 为

$$TPNR_{i1} = SPL_{0.05} - SPL_{i1} \qquad (9.16)$$

同样，把体积声源分别放置在轮胎后端"2"点、内侧端"3"点、外侧端"4"点，分别测量车内"i"点的声压 SPL_{i2}、SPL_{i3} 和 SPL_{i4}。声源声压级减去车内声压级之后，分别得到这三点对车内 TPNR，记为 $TPNR_{i2}$、$TPNR_{i3}$ 和 $TPNR_{i4}$。

一个轮胎对车内"i"位置的 TPNR 可以用四个位置的平均值来表征，即

$$TPNR_i = SPL_{0.05} - \frac{SPL_{i1} + SPL_{i2} + SPL_{i3} + SPL_{i4}}{4} \qquad (9.17)$$

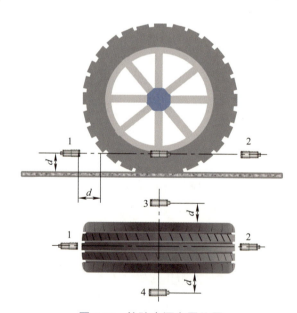

图 9.19 轮胎声源布置位置

与轮胎喇叭效应测试一样，TPNR 也可以通过互易法测量。假设车身是一个线性声学系统，在轮胎近场（A 点）发声而得到车内（B 点）声压对声源的传递函数等于在车内发

声而得到的轮胎近场声压对声源的传递函数,即

$$\frac{P_{BA}}{Q_A} = \frac{P_{AB}}{Q_B} \tag{9.18}$$

式中,Q_A 和 P_{BA} 分别是 A 点声源和在 B 点的声压;Q_B 和 P_{AB} 分别是 B 点声源和在 A 点的声压。

在车内放置声源发声,可以同时测量轮胎近场声压,得到 TPNR。这种方法效率高,被广泛应用。

图 9.20 为一组 TPNR 测试曲线。TPNR 值越大表明隔声效果越好。在 200Hz 处的值在 40~50dB 之间,随着频率增加,TPNR 值增加,即高频隔声效果好于低频,到达 8000Hz 时的 TPNR 值在 78~86dB 之间。

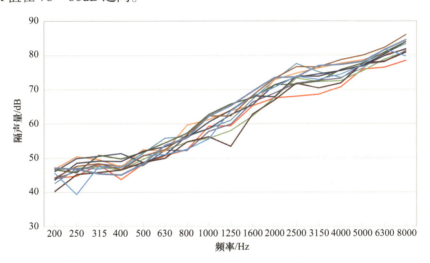

图 9.20 一组车身对轮胎近场噪声的隔声量(TPNR)

三、板的隔声控制

1. 单层板隔声

能够将入射声波反射回空气中的材料称为隔声材料。隔声材料通常由密度比较高的结构组成,如钢板、玻璃等。单层板的隔声性能是由板的面密度(质量)、刚度和阻尼(材料的损耗因子)决定的。板隔声量与频率的关系,从总体趋势来看,随着频率的增加,板的隔声量也增加。从频率域上,可以将隔声特征曲线分成三个区域:刚度控制区、质量控制区和吻合效应控制区,如图 9.21 所示。

1)刚度控制区。低于板结构的固有频率,板结构相当于一个刚体,其隔声量随着频率的增加而降低。在固有频率处,板开始共振,隔声量迅速降低。超过了共振频率区,质量开始起作用,隔声量迅速增加。

2)质量控制区。板的质量越大,隔声效果越好;频率越高,隔声量越大。在这个区域,有两个"6分贝原则",如图 9.22 所示。第一个是当频率增加一个倍频程时,隔声量增

加 6 分贝，即隔声量随着频率增加的直线斜率为 6dB/倍频程。第二个是当质量增加一倍时，隔声量增加 6 分贝，即隔声曲线整体向上移 6dB。在质量控制区，增加板的质量是提高隔声量的主要手段。

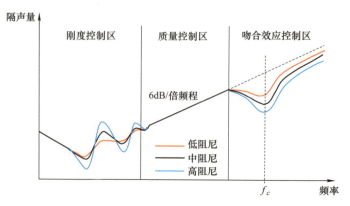

图 9.21　单层板隔声量与频率的关系

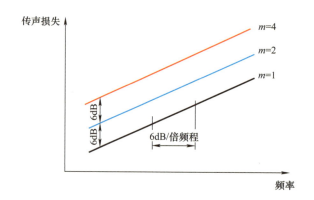

图 9.22　单层板隔声的"6 分贝"质量定理

假设板是均匀而密实的无限大板，当声波垂直于板平面入射时，板的隔声量为

$$STL_0 = 20\log_{10}(fM) - 42.5 \qquad (9.19)$$

实际上，声波垂直地入射到板平面的情况极为罕见，通常声波是从不同的角度散射到平面板上，绝大多数声波入射角在 0°~80° 之间。对这种情况，近似认为声传递损失（STL）与垂直入射情况的声传递损失（STL_0）之间只相差一个常数，即 5dB，表达为

$$STL = STL_0 - 5 \qquad (9.20a)$$

或者表达为

$$STL = 20\log_{10}(fM) - 47.5 \qquad (9.20b)$$

从式（9.19）和式（9.20）知道，板的隔声量只与板的面密度和频率有关。这两个公式也解释了质量控制区内的两个"6 分贝原理"。

以上描述的隔声公式是基于无限大平板的假设，是一种理想情况。实际上，板结构的尺寸有限，而且结构的边界条件、刚度、阻尼等会影响到隔声效果。大量试验数据表明，当板的面密度增加一倍时，隔声量增加量只有 5dB；当频率增加一个倍频程时，隔声量增加只有 4dB。板的实际隔声量可以用经验公式计算

$$STL = 16\log_{10} M + 14\log_{10} f - 29 \quad (9.21)$$

3）吻合效应控制区。在声波激励下，板产生受迫弯曲振动，即声波运动与板运动产生了耦合，一部分声能量透过板结构，使得板的隔声量下降，出现一个低谷，然后又上升。开始上升的斜率为 10dB/ 倍频程，然后恢复到 6dB/ 倍频程。由于隔声量上升的后段与质量控制区的隔声特征相似，因此这个区域也被称为质量控制延伸区。

车身上的隔声部件有板件（钢板、铝合金板、碳纤维板）、玻璃、隔声垫（棉毡、EVA）等。板件和玻璃制成的部件的频率很低，而它们产生吻合效应的临界频率很高（如玻璃在 2500～3500Hz 之间，钢板大于 10000Hz），因此，隔声效果主要是在质量控制区。另外，车外噪声源主要频率段是在质量控制区，因此，车身隔声板的质量或密度对隔声至关重要。

2. 双层板隔声

除了单层板隔声结构外，车身上还有许多双层板隔声结构。双层板结构是指两层板之间分开一段距离，它们之间是空气，如图 9.23a 所示。板－空气－板形成一个"质量－弹簧－质量"系统，如图 9.23b 所示，其固有频率（f_0）为

$$f_0 = \frac{1}{2\pi}\sqrt{\left(\frac{1}{M_1} + \frac{1}{M_2}\right)\frac{\rho_0 c^2}{d}} \quad (9.22)$$

式中，M_1、M_2 分别是两个板的面密度（kg/m²）；d 是两个板之间的空气层厚度（m）。

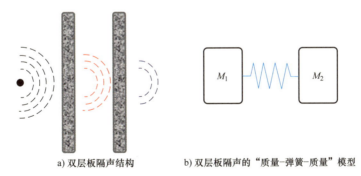

a) 双层板隔声结构　　　　b) 双层板隔声的"质量-弹簧-质量"模型

图 9.23　双层板隔声结构与模型

图 9.24 为一个双层隔声系统的隔声量曲线。以固有频率 f_0 为界面，这个曲线可以分成三个区域：低频区、共振区和高频隔声区。

1）低频区。当声波频率低于系统的固有频率 f_0 时，两块板之间几乎没有相对运动，它们做同向运动，可以将它们视为一块板，其隔声量符合质量定律，为

$$STL = 20\log_{10} f(M_1 + M_2) - 47.5 \qquad (9.23)$$

2）共振区。当声波频率与系统的固有频率 f_0 一致时，双层板系统发生共振，声波很容易穿过双层板。此时的隔声量降低并形成一个低谷，双层板的隔声量甚至比单层板还低。当两块板的面密度相同时，即 $M_1=M_2$，只有一个共振频率，隔声量降低的谷底比较深。当两块板的面密度不同时，即 $M_1 \neq M_2$，有两个共振频率，隔声量降低的谷底比较浅。固有频率 f_0 越低，整个频率段的隔声效果越好，因此，要尽可能地降低系统的固有频率。

3）高频隔声区。当声波的频率高于共振频率，隔声量从谷底往上增加，增加到一定频率时，隔声量就超过了两块板贴合在一起的组合板隔声量。当频率进一步增加时，两个板之间的空气存在驻波效应，这会使得隔声量降低，从而使得隔声量上升曲线趋向平缓。

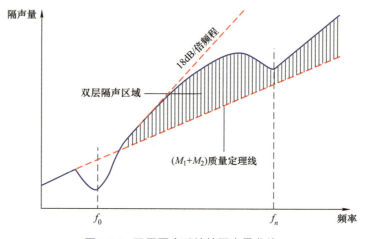

图 9.24　双层隔声系统的隔声量曲线

对于垂直入射的声波，驻波频率为

$$f_n = \frac{nc}{2d} \qquad (9.24)$$

式中，n 为驻波的阶次（$n=1$、2、3……）。

当声波频率高于 $\sqrt{2}f_0$，但低于驻波频率和单层板的吻合频率，隔声量以 18dB/倍频程的斜率增加，如图 9.24 所示，声传递损失为

$$STL = 20\log_{10} f(M_1 + M_2) - 47.5 + 40\log_{10}(f/f_0) \qquad (9.25)$$

车身上的双层板结构很多。车身很多部位是由金属板、吸声层和隔声层组成，例如前壁板。金属板和隔声层可以看成是一个双层隔声系统，而中间的吸声层可以看成是一个弹簧。当吸声层非常柔软时，它的刚度低于空气刚度，系统的固有频率低于式（9.22）的计算值。当吸声层具备一定刚度时，它的刚度高于空气，系统的固有频率高于式（9.22）的计算值。以前壁板为例来说明它的固有频率，钢板厚度在 1mm 左右，隔声层采用 EVA 材料，厚度在 1.5～2.5mm 之间，中间是 10～20mm 的吸声层。前壁板结构的固有频率一般

低于 200Hz，而第一阶驻波频率高于 8000Hz。在中频段，可以按照式（9.25）来估算前壁板的隔声量。

四、车身隔声控制

1. 车身隔声部件

车身上有很多隔声部件，如前壁板隔声垫、轮罩衬板、发动机舱隔声垫、顶棚内饰板、背门衬板等，如图 9.25 所示。隔声板或隔声垫通常是由密度比较大的材料制成，如 EVA、硬质纤维毡等，密度越大，隔声效果越好。

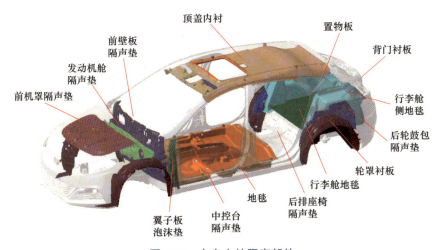

图 9.25 车身上的隔声部件

近场路噪来自地面区域，因此距离路噪源近的下车体隔声尤为重要。下车体隔声部件（如乘员舱地板、行李舱地板、轮毂包、前壁板）和上车体部分隔声部件（如侧围板）对降低近场路噪的传递比远离路面的部位重要。当然，车门、车窗等的隔声也重要。

近场路噪的频率集中在 700～1200Hz，处于质量控制区域。设计隔声层时，必须遵循几个原则，第一是质量定理，即隔声层应尽可能重；第二是尽可能采用双层板隔声结构；第三是双层板之间的距离尽可能大，以降低系统固有频率，提升隔声效果。但是这些原则受到很多限制，第一是车身重量限制，在低碳和轻量化日益重要的今天，隔声效果与轻量化是对矛盾体；第二是两层板之间的距离受到车身空间的限制。

2. 车身复合隔声与吸声结构

车身上隔声结构和吸声材料通常是一起使用，如前壁板隔声垫、地毯垫等，以便达到更好的隔声效果。图 9.26 给出了声波在一个吸声和隔声组合结构中的传播过程。声波进入吸声材料和隔声材料中，不断地入射、反射和透射，最后衰减，达到降低声音的目的。隔声结构在高频段的效果会下降，特别是在吻合效应频率区域，例如图 9.27 中的 EVA 隔声层声传递损失曲线中的2500Hz区域。如果在EVA隔声层上铺设吸声材料，如棉毡、PU泡沫等，高频区域的声传递损失会大大提升，如图9.27所示。

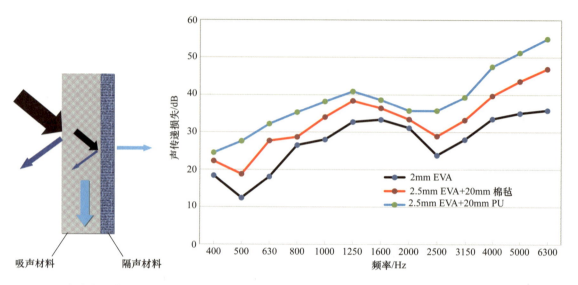

图9.26 声波在吸声和隔声材料中的传播过程

图9.27 单一隔声层与"隔声层+吸声材料"组合结构的声传递损失比较

图9.28给出了几种典型隔声板与吸声材料的组合，图a是隔声层和吸声层的组合，图b是隔声层+吸声层+隔声层的组合，图c是多层隔声层和多层吸声层的组合。

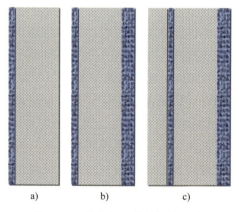

图9.28 隔声与吸声结构的组合

3. 地板-地毯隔声结构

地板和地毯是离路面最近的部件，它们对近场路噪的隔离至关重要。图9.29给出了一个典型的地板-地毯声学包装结构，地板是钣金件，起隔声作用；地毯由地毯衬垫、隔声层和面料层组成，起隔声与吸声作用。地毯衬垫材料为泡沫或者毛毡，起吸声作用；隔声层是一些质量大的材料，如 EVA，起隔声作用；面料主要起装饰作用，有的也具备少量隔声和吸声性能。"地板 – 衬垫 – 隔声层"结构就组成了一个双层隔声系统，其隔声能力与隔声层面密度和地板厚度有关。

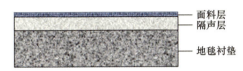

图 9.29　典型地板隔声系统

为了说明地毯结构对隔声与吸声的影响，表 9.1 给出了四种地毯结构，结构 1（图 9.30a）和结构 2（图 9.30b）的地毯只有面料层和地毯衬垫（棉毡），即只有吸声层，面料层面密度分别为 900g/m² 和 1200g/m²；结构 3 是在结构 1 的基础上增加了局部 1mm 厚的 EVA 隔声层，占地毯面积的 40%，如图 9.30c 所示，EVA 是一种密度比较高的高分子材料，具备良好的隔声性能；结构 4 是在结构 1 的基础上，在整个地毯上增加了 1mm 厚的 EVA 隔声层，如图 9.30d 所示。图 9.31 是一辆车地毯棉毡衬垫加上局部 EVA 隔声层的实物图。

表 9.1　四种地毯隔声与吸声结构

结构	地毯成分	说明
结构 1	棉毡 + 面料	面料面密度 900g/m²
结构 2	棉毡 + 面料	面料面密度 1200g/m²
结构 3	棉毡 + 局部 EVA+ 面料	面料面密度 900g/m²，局部 EVA，厚度 1mm，为 40% 地板面积
结构 4	棉毡 + 整体 EVA+ 面料	面料面密度 900g/m²，全地板 EVA，厚度 1mm

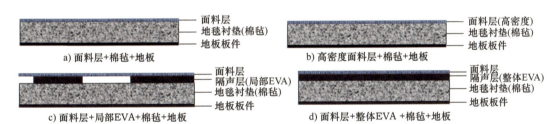

图 9.30　四种地毯结构

图 9.32 为四种棉毡与 EVA 隔声层不同组合的声传递损失曲线比较。结构 2 与结构 1 比较，当面料层的密度增加之后，材料能吸收更多的能量，在宽频段（500 ~ 6300Hz）内（除了个别频率外），声传递损失提高，即隔声性能提高。结构 3 与结构 1 相比，在局部增加了一层隔声层，隔声量增加，声传递损失提高了 2 ~ 8dB。在结构 4 中，EVA 隔声层铺盖了整个地毯，因此隔声最好，隔声量比前三种结构大幅度提升，声传递损失远大于其他结构。

图 9.31　地毯棉毡衬垫加上局部 EVA 隔声层的实物图

将"棉毡+1200g/m² 面料层"（结构 2）与"棉毡 + 整体 EVA+900g/m² 面料层"（结构 4）两种地毯先后安装到同一辆车上，然后在同样的路面上以同样的速度行驶，来比较车内噪声。图 9.33 给出了以 80km/h 的速度在水泥路上行驶的车内声压级比较。增加了 EVA 隔声层，车内噪声在中高频宽频段上明显降低。

从这个案例中，可以看到面料层密度、隔声层及覆盖面积影响到路噪的隔声效果，另外，隔声层材料和厚度也影响到这个效果。

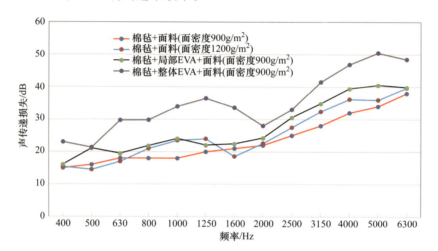

图 9.32 棉毡与 EVA 隔声层不同组合的声传递损失比较

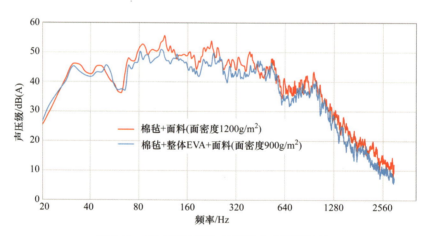

图 9.33 有 / 没有 EVA 地毯的车内噪声比较

多数车身地板上铺设了阻尼胶。第八章"结构声路噪的车身控制"详细描述了阻尼抑制振动的机理和阻尼胶铺设原则。除了抑制地板振动外，阻尼胶还带来了另外一个好处，即在地板上增加了一层隔声层，如图 9.34 所示，即使得地板钣金件的隔声层厚度增加。图 8.56 显示了一辆车的地板有少量阻尼胶和按照 ODS 来优化铺设阻尼的车内噪声对比，按照优化方式增加铺设阻尼胶后，1000Hz 以上的噪声明显降低，这主要是隔声带来的益处。

多数车的外地板上有喷涂阻尼涂层，如图 9.35 所示。用喷枪将液体状阻尼材料喷到车身上或者使用刷子将阻尼材料涂在车身上。片状阻尼层看上去很平整,而阻尼涂层看上去凸凹不平而且呈现出颗粒状。阻尼涂层能很好地衰减来自路面的石子敲击和溅水敲击,降低车身板的振动和辐射噪声,同时也起到一定的隔声作用。

图 9.34　阻尼胶作为隔声层

图 9.35　外地板上的阻尼涂层

4. 轮毂包隔声与吸声

轮毂包是离轮胎最近的部件,其隔声非常重要。轮毂包隔声分为车内隔声与车外隔声。在车内轮毂包上铺设自由阻尼片,或安装约束阻尼板,如图 9.36 所示,起到隔声和抑制轮毂包板振动的作用。另外,在轮毂包空腔部位,通常会放置吸声材料,如图 9.37 所示。

在车外轮毂包板上喷涂阻尼材料,再安装轮罩衬板,如图 9.38 所示。轮罩衬板能够很好地隔离近场路噪和溅水声。

a) 铺设自由阻尼片

b) 安装约束阻尼板

图 9.36　轮毂包上的阻尼

图 9.37　轮毂包空腔内部放置吸声材料

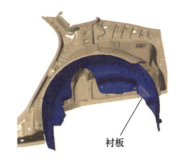

图 9.38　在轮毂包外侧安装轮罩衬板

5. 行李舱隔声与吸声

通常在备胎池上铺设阻尼胶、隔声垫等，如图 9.39 所示，来提高行李舱的隔声性能，同时抑制地板振动和声辐射。

在行李舱地板和地毯、侧围空腔、置物板、背门等放置吸声材料来吸声，如图 9.40 所示。

图 9.39　行李舱地板上铺设的阻尼层

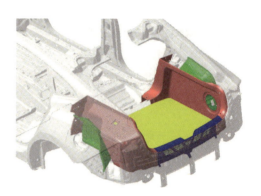

图 9.40　一个行李舱吸声材料分布图

6. 前壁板控制

从 NVH 的角度，前壁板的主要功能是隔离来自发动机舱的声音，另外，它也阻止路噪传递到车内。图 9.41 是一种典型的传统前壁板隔声结构，前壁板通常是钢板，车内有一层吸声层和一层隔声层，车外有一层吸声层，组成一个四层的隔声结构。

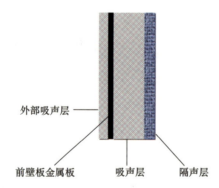

图 9.41　一种传统的前壁板隔声结构：外部吸声层、前壁板金属板、吸声层和隔声层

在前壁板上增加约束阻尼层、静音钢板等三明治结构来抑制板的振动和声辐射，同时提升隔声效果。这些结构可以用作整个前壁板，也可以用于前壁板的局部，如图 9.42 所示。近年来，静音钢板异军突起，在汽车上的应用日益增多。静音钢板与约束阻尼板既类似，又有不同，如图 9.43 所示。类似的地方是它们都是三明治约束结构，不同的地方是中间夹层材料不同、厚度不同和基板厚度不同。约束阻尼结构的中间层通常是 1~3mm 厚度的阻尼材料，而静音钢板中间层是厚度只有 20~150μm 的高分子材料。

a) 整块板

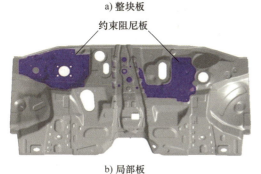

b) 局部板

图 9.42　铺设在前壁板上的约束阻尼板或静音钢板

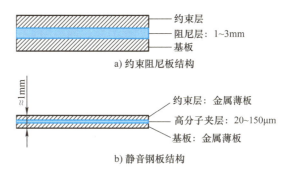

a) 约束阻尼板结构

b) 静音钢板结构

图 9.43　静音钢板与约束阻尼板的结构比较

参考文献

杜功焕，朱哲民，龚秀芬，2012. 声学基础 [M]. 南京：南京大学出版社．

马大猷，2002. 噪声与振动控制手册 [M]. 北京：机械工业出版社．

庞剑，2015. 汽车车身噪声与振动控制 [M]. 北京：机械工业出版社．

庞剑，谌刚，何华，2006. 汽车噪声与振动：理论与应用 [M]. 北京：北京理工大学出版社．

BERANEK L L, 1996. Acoustics[M]. New York: The Acoustical Society of America.

CHAE K S, JEONG J H, PARK C M, et al., 2007. Prediction and improvement of high frequency road noise of a mid-size sedan: 2007-01-2307[R]. Warrendale: SAE International.

EVEREST F A, 2001. The master handbook of acoustics[M]. New York: McGraw-Hill.

FOULKES M G, RAJANI S, ZENG X D, et al., 2003. A case study on airborne road noise reduction of a passenger vehicle: 2003-01-1407[R]. Warrendale: SAE International.

GELUK T, LINDEN P J G, BONNET S, 2007. Investigation of gravel noise mechanisms and impact noise transfer: 2007-01-2274[R]. Warrendale: SAE International.

GRÉBERT J, MAZZARELLA L, 2009. Reciprocal transfer functions synthesis method for rolling noise and NVH floor treatment investigations: 2009-01-2088[R]. Warrendale: SAE International.

JAIN S K, SHRAVAGE P, JOSHI M, et al., 2011. Acoustical design of vehicle dash insulator: 2011-26-0022[R]. Warrendale: SAE International.

KIM B S, KIM G J, LEE T K, 2007. The identification of tyre induced vehicle interior noise[J]. Applied Acoustics, 68(1): 134-156.

KIM G J, HOLLAND K R, LABOR N, 1997. Identification of the airborne component of tyre-induced vehicle interior noise[J]. Applied Acoustics, 51(2): 141-156.

KIM H, 2015. A study of wheel guards for reduction of high frequency road-noise: 2015-01-1309[R]. Warrendale: SAE International.

KONERS G, LEHMANN R, 2009. Investigation of tire road noise with special consideration of airborne noise transmission: 2009-01-2109[R]. Warrendale: SAE International.

PATCHING M, TAYLOR J, KHAN H, 2007. Carpets & floor surface technologies: an overview considering global vehicle design & performance: 2007-01-2193[R]. Warrendale: SAE International.

ROCHA T L, CALCADA M, 2010. Control of airborne road noise using sealers: 2010-36-0458[R]. Warrendale: SAE International.

WYERMAN B R, FRANK E, CERRATO G, 2009. A comparison of fiber wheel liners on two different vehicles: 2009-01-2106[R]. Warrendale: SAE International.

WYERMAN B R, JAY G C, 2007. Tire noise reduction with fiber exterior wheel arch liners: 2007-01-2247[R]. Warrendale: SAE International.

WYERMAN B R, REED DB, 2007. The role of a fiber decoupler on the acoustical performance of automotive floor systems: 2007-01-2185[R]. Warrendale: SAE International.

YOROZU N, FUKUHARA C, KAMURA T, 2009. Absorption technique for road noise: 2009-01-0020[R]. Warrendale: SAE International.

ZHANG J, PANG J, ZHANG S, et al., 2015. Lightweight dash insulators and engineering application in the vehicle NVH improvement: 2015-01-2342[R]. Warrendale: SAE International.

ZHANG S, PANG J, ZHANG J, et al., 2017. A subjective evaluation method for sound insulation of vehicle body in reverberation room and an objective prediction model: 2017-01-1886[R]. Warrendale: SAE International.

ZHU J, HAMMELEF D, WOOD M, 2005. Power-based noise reduction concept and measurement techniques: 2005-01-2401[R]. Warrendale: SAE International.

第十章 路噪主动控制

随着电子技术飞速发展和电子元器件价格大幅度降低,以及控制理论的日趋成熟,主动控制在汽车上的应用越来越多。

路噪主动控制的硬件包括控制系统、获取误差信号的传声器、获取参考信号的加速度传感器、扬声器等。路噪主动控制采用的滤波器是有限冲击响应滤波器,它能够使得系统稳定。传声器与人耳的相对位置影响到降噪效果,当两者距离远的时候,需要采用虚拟传感技术。加速度传感器只有布置在振动信号与车内噪声多重相干系数最大的位置,才能获取最佳降噪效果。信号从滤波器到扬声器再到传声器存在着传递延时,必须构建次级通道脉冲响应函数来弥补延时,才能输出精准的次级信号。

本章介绍的路噪主动控制方法采用了自适应滤波最小均方(Fx-LMS)算法。收敛步长是决定收敛速度和收敛效果最重要的因素。为了适应不同路面的激励,算法扩展到归一化滤波最小均方(NFx-LMS)算法。为了防止扬声器发出爆音,算法又扩展到泄漏的Fx-LMS算法。

第一节 汽车声音主动控制的发展与应用

一、声音主动控制的发展历史

1936年,德国物理学家Lueg在他的发明专利里,首先提出了声音主动控制的概念(Lueg,1936)。一个声音在一维管道内传播,为初级声源,如图10.1中的实线。在管道中放置一个传声器获取声音信号,然后将它传递到电子控制器进行运算,控制器驱动一个扬声器并发声,形成次级声源,如图10.1中的虚线。次级声源与初级声源的幅值相等,相位相反,因此两个声音相互抵消,这样就实现了声音的主动控制。Lueg还在专利里,提出了三维空间声场主动控制的方案。

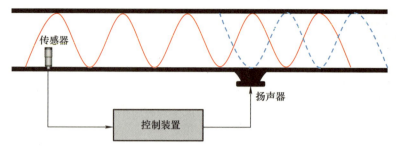

图 10.1　Lueg 的主动消声控制设想

在之后的十多年时间里,世界经历了二战,电子技术发展缓慢。到二十世纪五十年代,电子技术有了进步,在 1953 年,美国人 Olson 和 May(1953)用反馈控制技术发明了电子消声器,在封闭空间内来主动消声,并用试验验证了效果。由于局限很多,效果并不理想,但是这是主动消声控制的第一次尝试,意义非凡。Olson 之后,研究主动降噪的人有所增加,如在 1955 年,Simshauser 和 Hawley(1955)首次将主动降噪应用到耳机上;1956 年,Conover(1956)采用多通道控制技术来降低变压器的辐射噪声。

从二十世纪五十年代到七十年代末,由于电子技术并没有革命性的突破,同时现代控制理论发展缓慢,因此在这二十年间,主动控制并没有实质性进展。直到七十年代末期,大规模集成电路和数字信号处理技术突飞猛进,主动降噪再次进入人们的视野,技术上获得长足进步并实现了商业上的应用。最著名的案例就是博士(Bose)公司生产的降噪耳机。

1978 年,博士创始人 Amar G. Bose 博士乘坐飞机从欧洲去波士顿,他戴着耳机欣赏音乐,但是巨大的飞机噪声破坏了他的兴致,于是萌发出发明主动降噪耳机的念头。后来博士公司发明了一种能保真音乐声、同时降低飞机噪声的耳机。由于半导体技术还处在起步阶段,耳机采用了模拟电路技术制作。1989 年,世界上第一个商用主动降噪耳机问世,开始提供给飞行员和军方使用。

虽然电子技术在二十世纪八十年代开始迅速发展,控制理论的研究进展很快,但是电子元件的成本昂贵、体积大,这极大地阻碍了声音主动控制的商业化。所以,直到进入二十一世纪之后,随着电子元件、控制系统和软件成本大幅度降低,声音主动控制才得以广泛地在日常生活中应用,比如直到 2000 年,主动降噪耳机才在民用市场推广。

科学家们和工程师们在控制理论上做了很多研究工作。例如,Burgess(1981)提出了滤波 LMS 算法,即 Fx-LMS 算法,在参考信号通道上增加一个次级通道模型,在时域内将参考信号和误差信号同时运算,从而提高了系统的稳定性。Fx-LMS 算法是目前应用最为广泛的降噪算法。Eriksson(1991)提出了单通道自适应反馈控制算法,Popovich(1993)将算法扩展到多通道。为了减少时域内大量卷积运算带来的延时问题,很多学者做了研究,有学者提出了子带滤波器在频域内计算,大大减小了计算量。英国南安普敦大学的 Elliott(1987;1992;2008;2014)在主动控制上做了很多开创性的研究工作,如在封闭空间内确定次级声源放置的位置、虚拟传感技术等,他还出版了经典著作 *Signal Processing for Active Control*(《主动控制中的信号处理》)。进入二十一世纪之后,声音主动控制研究如雨后春笋般地繁荣起来。

中国在声音主动控制方面的研究始于二十世纪七十年代末和八十年代初,南京大学的沙家正等(1981)做了一些开创性的工作,涉及管道消声、三维消声、机理研究和工程应用。随后,中国科学院马大猷(1993)、西北工业大学陈克安(2014)等人做了大量的理论研究。之后,国内很多大学,如吉林大学、同济大学等,都开展了声音主动控制研究,很多博士生和硕士生以此为主题,完成了他们的学位论文。

二、声音主动控制的基本原理与类型

1. 声音主动控制的基本原理

主动噪声控制(active noise control,ANC)是在初级噪声信号中引入次级声源,通过控制次级声源发出声音,在特定区域内来抵消初级噪声,从而实现降低噪声的目的,如图 10.2 所示。ANC 的基本原理是声波干涉理论,初级声源与次级声源的频率和幅值相同,但是相位相反,两个波在传播过程中,相互叠加而产生了干涉现象。由于 ANC 引入了次级噪声源,因此它也被称为有源消声。

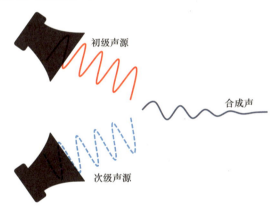

图 10.2 主动噪声控制原理图

主动控制系统包括传感器、扬声器和控制器。传感器包括误差传感器和参考传感器。误差传感器是指在消声区域使用的传声器;参考传感器是用于采集输入信号的传感器,它可以是声学传感器,如传声器,也可以是非声学传感器,如加速度计、转速计等。控制器包括硬件系统和软件系统,硬件系统有数字信号处理器(digital signal processor,DSP)等,软件是控制软件。

控制方法非常多,如自适应控制、最优控制、比例控制、微分控制、积分控制、双状态控制、模糊控制、神经网络控制等。控制方法分类有各种各样,如按照是否需要参考信号分类、是否闭环分类、初级声场的维数分类、滤波器频带分类、算法域分类、控制器通道分类等。其中,最常用的分类是按照是否需要参考信号来分类,可以分为前馈控制和反馈控制。

2. 前馈主动控制系统

图 10.3 是一个前馈主动控制系统示意图。这个系统中有误差传感器、控制器、扬声器

和参考传感器。噪声源产生的噪声形成初级声场,扬声器发出的声音形成次级声场。误差传感器将初级声场和次级声场叠加的残差信号传递到控制器,参考传感器将参考信号传递到控制器。这些信号在控制器内进行分析和运算,得到更新的次级声源信号并通过扬声器发出,最终使得初级声源和次级声源在误差传感器位置相互抵消,达到消声的目的。

由于在"源"处获取了初级声场的参考信号,因此这个系统被称为前馈控制系统。系统受到干扰时,可以自我调节,因此前馈控制系统是一个自适应系统。它能够很好地控制与参考信号相关的噪声成分,并消除宽频噪声。

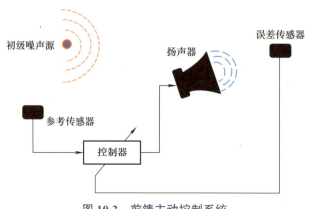

图 10.3 前馈主动控制系统

3. 反馈主动控制系统

图 10.4 是一个反馈主动控制系统。反馈控制系统包括误差传感器、控制器和扬声器。误差传感器将初级声场和次级声场叠加的残差信号传递到控制器,并进行分析和运算,得到更新的次级声源信号并通过扬声器发出,最终使得初级声源和次级声源在误差传感器位置相互抵消,达到消声的目的。

由于没有获得"源"处的参考信号,而只有误差信号,因此这个系统被称为反馈控制系统。系统受到干扰时,不能自我调节,因此反馈控制系统不是一个自适应系统。反馈控制通常用来控制可以预测的固定频率或窄带频率的噪声。

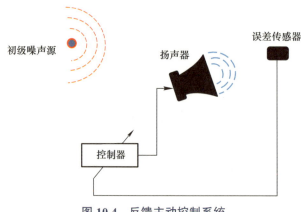

图 10.4 反馈主动控制系统

三、声音主动控制在汽车上的应用

自二十世纪八十年代以来,人们在研究声音主动控制机理的同时,非常积极地推动它在汽车上的应用。进入二十一世纪之后,随着芯片技术的发展,汽车声音主动控制突飞猛进地应用起来。

1. 动力系统声音主动控制

动力系统声音主动控制包括发动机声音控制、进气声音控制、排气声音控制等,其中发动机噪声主动控制(engine noise control,ENC)应用最多。动力系统声音有规律性,如声音是由阶次组成,而阶次的频率与发动机转速相关;它的确定性强,如加速轰鸣声是发生在某个转速和/或车速下。这样,动力声音的主动控制可以采用前馈控制,也可以用反馈控制。使用前馈控制时,参考信号可以选择发动机近场噪声、进气管噪声、排气管噪声等声音信号,也可以选择悬置上的振动信号,还可以选择发动机转速。

1984年,通用汽车公司的工程师Oswald(1984)应用主动控制来降低柴油发动机引起的车内噪声。他设计了单通道控制系统,用发动机转速信号作为参考信号,并提取发动机的声音阶次能量,降低了200Hz之内低阶次声音能量。Oswald使用的控制系统比较简单,降噪效果并不显著,但是他的尝试有里程碑意义。与此同时,南安普敦大学开展了汽车封闭空间降噪的理论和试验研究,设计出多通道控制系统,并与莲花汽车公司合作,使用多个次级声源,使得车内阶次噪声降低了10dB。

1992年,日产汽车在量产车上使用了声音主动控制系统,这是世界上第一个量产的车内噪声主动控制系统。工程师们以发动机转速为参考信号,用Fx-LMS方法降低发动机二阶噪声,但是由于当时电子设备的成本偏高,这套主动控制系统的性价比不高,之后就放弃了。1995年,丰田汽车公司在高端车上用主动控制来降低发动机噪声,Tamamura et al.(1996)设计了多通道控制系统,研究了次级通道、收敛系数等对降噪效果的影响。

进入二十一世纪之后,由于电子元件成本大幅度降低和芯片的快速发展,车内声音控制技术开始在量产车上使用,例如博士公司研发出主动声音管理系统,包括了发动机主动降噪、发动机声音增强和多模式动力声,并用在通用、奥迪和保时捷车型上,用户可以根据自己的喜好来切换不同的动力声。

今天,发动机主动降噪技术已经非常成熟,成本也降低到汽车公司可以接受的范围,因此它在国内外汽车上得到了广泛应用,如凯迪拉克CTS、林肯冒险家、冠道、雅阁、天籁、沃尔沃S90等国外品牌,WEY-VV7、大通G20、比亚迪宋DM-i、长安X7等国产品牌。

2. 路噪主动控制

路噪没有规律性,输入信号不确定,因此路噪主动控制比动力系统噪声主动控制难度大,系统更加复杂,其研究也晚于发动机噪声主动控制。路噪主动控制(road noise control,RNC)主要用于降低中低频结构声路噪。

1994年,英国南安普敦大学与莲花汽车公司开展了路噪主动控制研究。他们将六个加速度传感器安装在悬架上,加速度作为参考信号,用车内噪声与加速度信号之间的多重相干来选择传感器位置,用主成分分析来确定结构声源的可靠性。他们的研究考虑了次级扬声器的布置位置、时间延迟等因素,采用前馈控制,使 100～200Hz 之间的路噪降低了 7dB。

2002 年,韩国科学技术院 Oh et al.（2002）在悬架上布置四个加速度传感器,用多重相干函数分析得到参考传感器最佳布置位置,将两个次级扬声器布置在前排座椅后部,两个误差传声器放置在前排座椅人耳两侧,采用泄漏约束多通道 Fx-LMS 算法,使得低频路噪降低 6dB。

二十一世纪初,本田和松下电器（Tamamura et al., 1996）同时使用前馈控制和反馈控制,用车载音响作为次级声源,实现了路噪低频主动控制,并应用到旅行车上,这是世界上首次路噪主动控制的商业应用。在后续的研究中,他们将路噪和发动机主动降噪以及主动发声集成一体。

哈曼公司和莲花汽车公司将发动机主动降噪、路噪主动降噪、车内主动发声和车外主动发声集成一体,制作了集成的车内声音主动控制系统,应用到莲花汽车上。其中路噪主动控制采用了前馈控制系统,并用加速度传感器作为参考信号。

在路噪主动控制系统中,一个轮胎-悬架系统至少要用一个加速度传感器来获取悬架振动输入信号,而四个加速度传感器的价格很高,这就导致路噪主动控制的成本比发动机主动控制成本高出很多。另外,路噪输入信号的不确定性加大了路噪控制难度,时至今日,装载路噪主动控制的量产车依旧很少。但是随着电动汽车销量快速增加,路噪更加凸显,越来越多的汽车厂家开始关注路噪主动控制系统,并在量产车上使用,如长安阿维塔 11、现代 Genesis GV80、特斯拉 Model S/X Plaid 等。

3. 主动发声与声音补偿

主动发声与声音补偿是指通过主动控制来额外提供声音的方法,包括车外警示声音系统、动力声浪、动力声均衡等。

由于电动汽车在低速行驶时没有传统内燃机汽车动力系统发出的声音,因此它无法对外界提供声音的警示,容易导致行人无法察觉到它的到来,从而可能给行人带来安全隐患。为了避免这个问题,国际和国内都制定了法规,即电动汽车在低速（通常是 20km/h 以下）行驶时,必须对外发出警示音。这套发声系统称为 AVAS（acoustic vehicle alerting system）,中文名称有几种叫法,如声学车辆警报系统、车辆声响警报系统、车辆声音警报系统、汽车声音警报系统、车外警示声音系统、电动汽车低速提示音系统、行人声波警报系统等。AVAS 根据车速来控制安装在车外的发声装置（如扬声器）发出警示音以便警告或提醒行人注意前来的车辆,如图 10.5 所示。国际和国内法规对 AVAS 声音的大小和频率都有一定要求,而汽车公司在这个基础上来设计各自提示音。

动力声浪是指汽车在加速过程中发出的带有强烈运动感或动力感的声音。跑车和赛车在加速过程中都伴随着动力声浪,可是普通燃油乘用车和电动汽车是没有的。为了满足一部分用户的需求，在普通燃油乘用车和电动汽车上安装一套声音控制系统，在汽车加速过程中，这个系统发出强烈的动力声，而且这个声音与加速踏板开度和车速密切配合。

图 10.5　AVAS 对外发出警示声音以提醒行人

声音补偿是指在汽车声音没有达到设计者或用户要求的情况下，通过主动控制系统发出另一种声音来弥补这个要求的差距，例如在燃油车上配置动力声浪就是一种声音补偿。再如电动车加速时存在不连续啸叫，为了使啸叫变成随着加速而连续的声音，就可以用主动声音控制的方法来增加声音。

4. 主动振动控制

除了控制声音之外，主动控制也用来控制汽车振动，主要应用在动力总成悬置上和悬架上。悬架主动控制系统对路噪有一定影响，在这里我们作简单描述。

液压悬置和橡胶悬置被用来隔离动力总成的振动。液压悬置刚度高和阻尼大，能够很好地隔离低频冲击，但是不利于隔离中高频振动；橡胶悬置刚度低和阻尼小，能够有效地隔离中高频振动，但是无法有效地隔离低频冲击。也就是说，液压悬置有很好的抗冲特性，而橡胶悬置有良好的高频隔振特性，但是两者难以兼备抗冲与隔振。将橡胶与液压结合一体能缓解这对矛盾，但是对宽频激励效果有限。因此人们将主动控制应用到液压悬置上，通过控制来调节悬置的刚度和阻尼，同时满足抗冲与隔振的需求。主动和半主动悬置控制技术非常成熟，已经广泛应用在汽车上。

动力总成振动和主动悬置隔振系统与路噪没有关系，但是主动悬架振动控制系统与路噪是有关联的。在悬架中并联一个作动器，构建出主动悬架，如图 10.6a 所示，作动器是通过控制系统来产生大小和方向可控的力的执行机构。有的主动悬架使用作动器取代了阻尼器，如图 10.6b 所示。根据作动器元件和使用介质的不同，主动悬架分为空气主动悬架、液压主动悬架和电磁主动悬架。图 10.7 是一个液压主动悬架示意图，振动信号输入控制器中，经过运算之后，控制器控制伺服阀的打开和关闭，通过阀门大小来控制液体在缸两边的体积，从而调节两边的力，达到控制振动的目的。

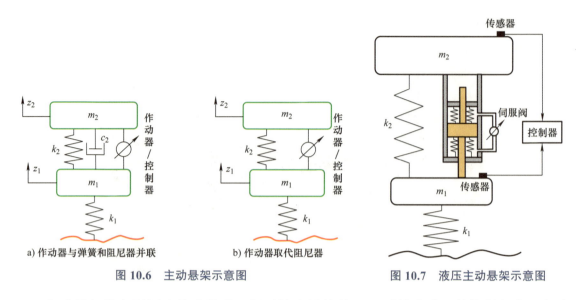

图 10.6 主动悬架示意图 　　　图 10.7 液压主动悬架示意图

主动悬架的主要用途是改善乘坐舒适性和操控性,而不是路噪,其控制频率一般在 20Hz 以下。第六章讲述了悬架低频振动可能会在车内产生次声波,其频率属于这个范围,而次声波给乘客带来头晕、烦躁等现象。主动悬架在改善了低频振动与冲击和提升舒适性的同时,也降低了产生次声波的风险,另外,还可能会降低 50Hz 以下的低频振动。但是有些主动悬架,如液压主动悬架,液压缸内的大压力导致悬架刚度大,会增加中高频路噪风险。

第二节　自适应控制原理

路噪的激励源来自路面,而各种各样路面带来的激励是不确定的,因此,路噪主动控制系统要根据路面激励来不断地自动改变控制参数,使得系统一直处在最佳的控制状态,就必须采用自适应控制。自适应控制的核心是滤波器,它根据输入和输出信号来不断调节滤波器系数来实现最佳控制。

一、滤波器

在图 10.3 所示的前馈控制系统和图 10.4 所示的反馈控制系统中,控制器是最关键的部件,而滤波器又是控制器的核心部件。在控制系统中,将输入信号,如误差信号和参考信号,进行处理的过程被称为滤波,而实现滤波功能的工具或部件就是(数字)滤波器。滤波器通过软件算法对大量数据进行处理,并对离散数据进行运算,根据一定规则来实时调整滤波器参数,再输出信号,实现期望的滤波功能。当输入信号变化时,算法使得输出参数实时更新并使得系统稳定,这种算法就是自适应算法。自适应滤波器就是数字滤波器加上自适应算法。

常用的滤波器包括有限冲击响应（finite impulse response，FIR）和无限冲击响应（infinite impulse response，IIR）两种。

1. 有限冲击响应滤波器

图 10.8 是有限冲击响应滤波器的结构图，滤波器的输入信号为

$$\boldsymbol{x}(n) = [x(n), x(n-1), \cdots, x(n-L+1)]^{\mathrm{T}} \tag{10.1}$$

式中，n 为采样时刻；L 为滤波器的阶次。

滤波器在 n 时刻的计权系数（称为滤波器系数）为

$$\boldsymbol{w}(n) = [w_0(n), w_1(n), \cdots, w_{L-1}(n)]^{\mathrm{T}} \tag{10.2}$$

系统在第 n 时刻的输出 $y(n)$ 为 L 个输入信号与滤波器系数乘积叠加之和，如图 10.8 所示，即

$$y(n) = \sum_{l=0}^{L-1} w_l(n) x(n-l) = \boldsymbol{w}^{\mathrm{T}}(n)\boldsymbol{x}(n) \tag{10.3}$$

输出只用当前时刻的输入信号，因此，输出与输入关系只需要用有限项来表征，这种滤波器被称为有限冲击响应滤波器。它由单位延时单元、乘法器和加法器构成。

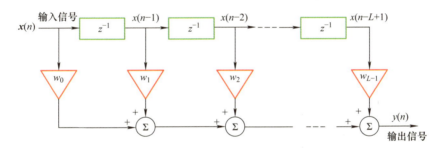

图 10.8 有限冲击响应（FIR）滤波器结构图

将输入和输出序列进行 z 变换，可以得到 FIR 滤波器的传递函数 $W(z)$ 为

$$W(z) = \frac{Y(z)}{X(z)} = \sum_{l=1}^{L} w_l z^{-l} \tag{10.4}$$

式中，$X(z)$ 和 $Y(z)$ 分别是输入序列 $\boldsymbol{x}(n)$ 和输出序列 $y(n)$ 的 z 变换。

式（10.4）表明，FIR 的传递函数表达式中只有分子项，即 $\sum_{l=1}^{L} w_l z^{-l}$，传递函数不会出现无限大的情况，即没有极点，因此，系统不会发散。当 $z=0$ 时，传递函数为零，即系统只有零点，所以说 FIR 滤波器能始终保持稳定。

2. 无限冲击响应滤波器

图 10.9 是无限冲击响应滤波器的结构图。它的输出信号不仅与当前时刻的输入信号有关，还与之前的输入和输出信号都有关。假设 $x(n)$ 和 $y(n)$ 分别是当前时刻的输入和输出信

号，$x(n-i)$ 和 $y(n-i)$ 分别为 i 个时刻之前的输入和输出信号，a_i 和 b_i 分别是滤波器在 n 时刻的第 i 个输入权系数（反馈系数）和递归权系数（前馈系数），那么在 n 时刻滤波器的输出信号为

$$y(n) = \sum_{i=0}^{J-1} a_i x(n-i) + \sum_{j=0}^{I-1} b_i y(n-j) \qquad (10.5)$$

式中，J 为反馈系数 a_i 的个数；I 为前馈系数 b_i 的个数。

由于图 10.9 中的滤波器输出需求之前时刻的输入和输出信号，即当前输出与之前的输出存在递归关系，所以其脉冲响应需要用无限多项来表征，因此这种滤波器被称为无限冲击响应滤波器。

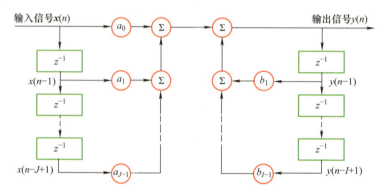

图 10.9　无限冲击响应（IIR）滤波器结构图

将输入和输出序列进行 z 变换，可以得到 IIR 滤波器的传递函数为

$$H(z) = \frac{Y(z)}{X(z)} = \frac{\sum_{j=0}^{J-1} a_i(n) z^{-i}}{1 - \sum_{i=0}^{I-1} b_i(n) z^{-j}} \qquad (10.6)$$

式（10.4）中的 FIR 传递函数表达式只有零点，而式（10.6）中的 IIR 传递函数表达式中包含了分子项（$\sum_{j=0}^{J-1} a_i z^{-i}$）和分母项（$1 - \sum_{i=0}^{I-1} b_i z^{-j}$），当分母等于零时，就出现极点；当分子为零时，会出现零点。IIR 既有零点，也有极点，它会出现不稳定状态。

FIR 滤波器通常含有较高的阶次，这样运算复杂，可能导致模型精度降低；而 IIR 滤波器可以用较低的阶次来模拟系统，运算简单。

在运算复杂度和系统稳定性之间权衡，稳定性更加重要，因此自适应控制通常采用 FIR 滤波器。

二、基于 LMS 的自适应滤波器

图 10.10 是最小均方（least mean square，LMS）自适应算法图。初级信号 $d(n)$（如车内噪声）与滤波器输出的次级信号 $y(n)$（如扬声器发出的声音）在某个位置叠加后形成了

误差信号 $e(n)$。LMS 算法的核心是寻找自适应滤波器的最优解，即通过某种自适应算法不断调整滤波器系数 $w(n)$，使得滤波器的输出信号（次级信号）与期望信号（初级信号）的差值 $e(n)$ 为零或最小。误差信号 $e(n)$ 为

$$e(n) = d(n) - y(n) = d(n) - \boldsymbol{w}^{\mathrm{T}}\boldsymbol{x}(n) = d(n) - \boldsymbol{x}^{\mathrm{T}}(n)\boldsymbol{w} \quad (10.7)$$

式中，$\boldsymbol{x}(n)$ 为参考信号，如在路噪主动控制中，参考信号通常选择为悬架加速度。

基于 LMS 的自适应滤波器就是要使得误差信号平方的数学期望最小。将误差信号的均方差设为目标函数或性能函数

$$\xi(n) = E[e^2(n)] = E[d^2(n)] - 2E[d(n)\boldsymbol{x}^{\mathrm{T}}(n)]\boldsymbol{w} + \boldsymbol{w}^{\mathrm{T}}E[\boldsymbol{x}(n)\boldsymbol{x}^{\mathrm{T}}(n)]\boldsymbol{w} \quad (10.8)$$

式（10.8）可以写为

$$\xi(n) = E[d^2(n)] - 2\boldsymbol{R}_{xd}^{\mathrm{T}}\boldsymbol{w} + \boldsymbol{w}^{\mathrm{T}}\boldsymbol{R}_{xx}\boldsymbol{w} \quad (10.9)$$

式中，$\boldsymbol{R}_{xd}$ 为参考信号（$\boldsymbol{x}(n)$）和初始信号（$d(n)$）的互相关函数；$\boldsymbol{R}_{xx}$ 为参考信号的自相关函数，分别表达为

$$\boldsymbol{R}_{xd} = E[d(n)\boldsymbol{x}(n)] = E\begin{bmatrix} d(n)x(n) \\ d(n)x(n-1) \\ \vdots \\ d(n)x(n-L+1) \end{bmatrix} \quad (10.10)$$

$$\boldsymbol{R}_{xx} = E[\boldsymbol{x}(n)\boldsymbol{x}^{\mathrm{T}}(n)] = \begin{bmatrix} R_{xx}(0) & R_{xx}(1) & \cdots & R_{xx}(L-1) \\ R_{xx}(1) & R_{xx}(0) & \cdots & R_{xx}(L-2) \\ \vdots & \vdots & & \vdots \\ R_{xx}(-L+1) & R_{xx}(-L+2) & \cdots & R_{xx}(0) \end{bmatrix} \quad (10.11)$$

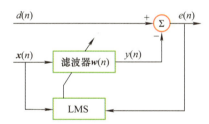

图 10.10　LMS 自适应控制系统示意图

式（10.9）给出的目标函数 $\xi(n)$ 是 $\boldsymbol{w}$ 的二次函数，因此它存在唯一的最小值。式（10.9）对 $\boldsymbol{w}$ 求导，并令它为零，得到

$$\left.\frac{\partial \xi(n)}{\partial \boldsymbol{w}}\right|_{\boldsymbol{w}=\boldsymbol{w}_{\mathrm{opt}}} = -2\boldsymbol{R}_{xd} + 2\boldsymbol{R}_{xx}\boldsymbol{w} = 0 \quad (10.12)$$

假设 $\boldsymbol{R}_{xx}$ 为非奇异矩阵,便得到了滤波器系数的最优解,为

$$\boldsymbol{w}_{opt} = \boldsymbol{R}_{xx}^{-1}\boldsymbol{R}_{xd} \tag{10.13}$$

这个最优解也称为维纳解,具备最优滤波器系数的滤波器称为维纳滤波器,以纪念控制理论的伟大先驱维纳(N. Wiener)。

三、最速下降法求解滤波器系数

式(10.13)中的自相关函数 $\boldsymbol{R}_{xx}$ 是 $L \times L$ 矩阵。当滤波器阶次较大时,求解 $\boldsymbol{R}_{xx}$ 逆矩阵的工作量巨大,而且当矩阵存在病态时,求解会导致巨大误差,使得系统无法收敛。为了克服这个问题,就采用迭代算法来求最优解,而最常用的迭代算法是最速下降法,特别是 LMS 最速下降法。

最速下降法是指一个代价函数 J(如目标函数 ξ)的每次计算值都比上一次计算值小的算法,即

$$J(\boldsymbol{w}(n+1)) < J(\boldsymbol{w}(n)) \tag{10.14}$$

如果滤波器系数以与目标函数负梯度成比例调整,那么滤波器系数一定朝着全局最小值方向发展。滤波器系数向量的自适应算法为

$$\boldsymbol{w}(n+1) = \boldsymbol{w}(n) + \frac{\mu}{2}[-\nabla \hat{\xi}(n)] \tag{10.15}$$

式中,μ 为收敛步长或收敛系数或步长因子;$\hat{\xi}(n)$ 为误差函数瞬态的平方,即,$\hat{\xi}(n) = e^2(n)$,则

$$\nabla \hat{\xi}(n) = \frac{\partial \hat{\xi}}{\partial \boldsymbol{w}} = \frac{\partial e^2(n)}{\partial \boldsymbol{w}} \tag{10.16}$$

将式(10.7)代入式(10.16),得到

$$\nabla \hat{\xi}(n) = -2e(n)\boldsymbol{x}(n) \tag{10.17}$$

将式(10.17)代入式(10.15),得到

$$\boldsymbol{w}(n+1) = \boldsymbol{w}(n) + \mu e(n)\boldsymbol{x}(n) \tag{10.18}$$

这是维纳滤波器中最速下降算法的数学表达式。

在 LMS 自适应算法中,第一步,根据现有的参考信号和滤波器系数,用式(10.3)计算出滤波器输出信号 $y(n)$;第二步,根据式(10.7)计算误差信号 $e(n)$;第三步,根据式(10.18)计算出新的滤波器系数。第一步和第二步是滤波过程,第三步是参数自适应调整过程。通过最速下降法得到的自适应计算过程来看,这种方法简单且使得系统收敛,并得到最优解或最优近似解。在这个计算过程中,收敛步长是唯一影响到收敛效果的参数。收敛效果包括降噪效果、系统稳定性和鲁棒性。小的收敛步长一定会使得系统收敛和稳定,但是收敛时间会长。

四、Fx-LMS 算法

扬声器发出的次级声源与误差传感器位置有一段距离,即误差传感器获取的、来自扬声器的信号不是 $y(n)$。从控制器发出的信号,经过控制器和扬声器等电子设备,再经过从扬声器到误差传声器之间的物理空间,就出现了信号延时问题,包括电信号延时、声信号延时和计算延时。信号在滤波器内计算更新、经过数模(D/A)转换、功率放大器、抗混叠滤波等电子元件就产生了电信号延时;声波从扬声器到误差传声器的物理距离产生了声信号延时;从反馈的误差信号到计算新的次级信号过程中存在计算延时。

从滤波器输出信号到扬声器,再到误差传声器之间真实存在一个传递特征项 $S(z)$,如图 10.11 所示,它表征了从自适应滤波器输出的控制信号到次级扬声器输出声音信号,再传递到误差传声器整个过程的传递特征,即表征了电信号延时和声信号延时整个过程的传递特征。滤波器 $S(z)$ 是决定主动控制效果的关键因素,为了克服它带来的问题,可以在参考信号传递路径中增加一个与滤波器 $S(z)$ 相同的滤波器 $\hat{S}(z)$,如图 10.12 所示,来更新 LMS 算法的权重。由于是在参考信号 $x(n)$ 之后增加的滤波器,因此这种方法就被称为"滤波 x-LMS"算法,或"Fx-LMS"或"FxLMS"算法。

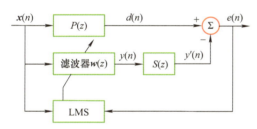 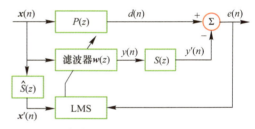

图 10.11 考虑次级通道的 LMS 自适应控制系统示意图

图 10.12 "滤波 x-LMS"(Fx-LMS)自适应控制系统示意图

次级声源经过次级通道后,由误差传声器接收到的次级声信号为

$$y'(n) = S(n) * y(n) = S(n) * [\mathbf{x}^T(n)\mathbf{w}(n)] \quad (10.19)$$

式中,$S(n)$ 为次级通道脉冲响应;符号"*"表示卷积。

误差信号变为

$$e(n) = d(n) - y'(n) = d(n) - S(n) * [\mathbf{w}^T(n)\mathbf{x}(n)] \quad (10.20)$$

误差函数瞬态平方的梯度为

$$\nabla \hat{\xi}(n) = \frac{\partial e^2(n)}{\partial \mathbf{w}} = 2\frac{\partial e(n)}{\partial \mathbf{w}} e(n) = -2S(n) * \mathbf{x}(n)e(n) = -2\mathbf{x}'(n)e(n) \quad (10.21)$$

式中,$\mathbf{x}'(n)$ 为输入参考信号 $\mathbf{x}(n)$ 经过次级通道传递之后的信号,表达为

$$\mathbf{x}'(n) = S(n) * \mathbf{x}(n) \quad (10.22)$$

Fx-LMS 算法的滤波器系数迭代公式变为

$$w(n+1) = w(n) + \mu e(n)x'(n) \quad (10.23)$$

五、Fx-LMS 算法的稳定性与收敛速度

为了达到良好的控制效果，系统必须稳定，而且收敛速度要足够快。收敛速度是指人能快速地感知到主动降噪存在的速度，只有速度快才能给人良好的体验。收敛效果是指人能够明显感知到的主动控制带来的噪声降低，降噪量越大，收敛效果越好。所以，收敛速度和收敛效果是衡量主动控制好坏的两个重要指标。

1. Fx-LMS 算法的稳定性

对式（10.18）各项取期望值，即

$$E[w(n+1)] = E[w(n)] + E[\mu e(n)x(n)] \quad (10.24)$$

将式（10.7）代入式（10.24），得到

$$E[w(n+1)] = E[w(n)] + \mu\{E[d(n)x(n)] - E[x(n)x^T(n)]E[w(n)]\} \quad (10.25)$$

即

$$E[w(n+1)] = E[w(n)] + \mu\{R_{xd} - R_{xx}E[w(n)]\} \quad (10.26)$$

将式（10.13）中的滤波器系数最优解代入式（10.26），得到

$$E[w(n+1)] = E[w(n)] + \mu R_{xx}\{w_{opt}(n) - E[w(n)]\} \quad (10.27)$$

定义滤波器期望值与维纳最优值的差为

$$\varepsilon(n+1) = E[w(n)] - w_{opt}(n) \quad (10.28)$$

将式（10.28）代入式（10.27），得到

$$\varepsilon(n+1) = (I - \mu R_{xx})\varepsilon(n) \quad (10.29)$$

用特征值分解，将自相关矩阵 R_{xx} 变为

$$R_{xx} = Q\Lambda Q^T \quad (10.30)$$

式中，Λ 为对角矩阵，对角元素（$\lambda_1, \lambda_2, \cdots, \lambda_L$）为矩阵 R_{xx} 的特征值；Q 为酉矩阵，即

$$QQ^T = I \quad (10.31)$$

将式（10.29）两边左乘 Q^T，得到

$$Q^T\varepsilon(n+1) = (I - \mu\Lambda)Q^T\varepsilon(n) \quad (10.32)$$

令 $v(n) = Q^T\varepsilon(n)$，式（10.32）可以写成

$$v(n+1) = (I - \mu \Lambda)v(n) \quad (10.33)$$

由于 Λ 是对角矩阵，式（10.33）是一系列独立方程的集合，即

$$v_i(n+1) = (1 - \mu \lambda_i)v_i(n), \quad i = 1, 2, \cdots, L \quad (10.34)$$

假设 $v_i(n)$ 的初始值为 $v_i(0)$，则式（10.34）的解可以写成

$$v_i(n) = (1 - \mu \lambda_i)^n v_i(0) \quad (10.35)$$

自相关函数的所有特征值都是正实数，响应 $v_i(n)$ 只有满足式（10.36）中条件时，才不会出现振荡。

$$|1 - \mu \lambda_i| < 1 \quad (10.36)$$

在满足式（10.36）的特征值中，最严格的情况是最大特征值 $\lambda_{\max}$ 满足公式要求，所以最速下降法稳定的充分与必要条件是

$$0 < \mu < \frac{2}{\lambda_{\max}} \quad (10.37)$$

矩阵的迹为对角线主元素的和，自相关函数矩阵 R_{xx} 的迹为

$$\text{tr}(R_{xx}) = LR_{xx}(0) = E[x^\text{T}(n)x(n)] \quad (10.38)$$

$x^\text{T}(n)x(n)$ 为输入信号 $x(n)$ 的自功率谱 P_{xx}，它近似等于它的数学期望值，即

$$P_{xx} = x^\text{T}(n)x(n) \approx E\left[x^\text{T}(n)x(n)\right] \quad (10.39)$$

矩阵的迹还等于特征值之和，即

$$\text{tr}(R_{xx}) = \sum_{i=0}^{L-1} \lambda_i \quad (10.40)$$

最大特征值 $\lambda_{\max}$ 小于所有特征值之和，并且根据迹的特征，有

$$\lambda_{\max} < \sum_{i=0}^{L-1} \lambda_i = P_{xx} \quad (10.41)$$

由此，式（10.37）表征的最速下降法稳定的充分与必要条件可以重新写成

$$0 < \mu < \frac{2}{P_{xx}} \quad (10.42\text{a})$$

$$0 < \mu < \frac{2}{L\overline{P}_{xx}} \quad (10.42\text{b})$$

式中，$\overline{P}_{xx}$ 为单阶次功率谱，即 $\overline{P}_{xx} = R_{xx}(0)$。

在信号规模大的情况下，计算矩阵特征值比较困难，而计算功率谱则相对容易，因此使用式（10.42）的功率谱来判定控制系统的稳定性更加便捷，而收敛步长 μ 成为影响 Fx-LMS 算法稳定性的唯一因素。

2. Fx-LMS 算法的收敛速度

式（10.35）显示在满足收敛条件下，方程解的响应呈现出几何级数衰减。选择时间常数 τ_i，一个循环与前一个循环之间的关系为

$$v_i(n)/v_i(n-1) = 1 - \mu\lambda_i = \mathrm{e}^{-1/\tau_i} \tag{10.43}$$

式中，τ_i 为一个自适应循环的持续时间。

由式（10.43），得到 τ_i

$$\tau_i = \frac{-1}{\ln(1-\mu\lambda_i)} \tag{10.44}$$

对慢自适应情况，即收敛步长较小，则有

$$\tau_i < \frac{1}{\mu\lambda_{\min}} \tag{10.45}$$

式中，$\lambda_{\min}$ 为自相关函数矩阵 $\boldsymbol{R}_{xx}$ 最小的特征值。

从式（10.37）中取 μ 的上限值，即 $\mu = \dfrac{2}{\lambda_{\max}}$，代入式（10.45）中，得到

$$\tau_i < \frac{\lambda_{\max}}{2\lambda_{\min}} \tag{10.46}$$

有了系统自相关函数矩阵 $\boldsymbol{R}_{xx}$ 的最大和最小特征值之比，就可以确定系统的收敛时间 τ_i。但是求解最大和最小特征值的工作量很大，而且还有求逆带来的问题，因此，难以根据式（10.46）来确定收敛时间。矩阵最大与最小特征值比值与信号的功率谱存在以下关系

$$\frac{\lambda_{\max}}{\lambda_{\min}} \leqslant \frac{\max\limits_{\omega}\left|X(\mathrm{e}^{j\omega})\right|^2}{\min\limits_{\omega}\left|X(\mathrm{e}^{j\omega})\right|^2} \tag{10.47}$$

式中，$\left|X(\mathrm{e}^{j\omega})\right|^2$ 为输入信号的功率谱密度。

输入信号的功率谱密度容易计算，因此，根据式（10.47）可以容易计算出收敛时间。

第三节　路噪主动控制系统

一、路噪主动控制系统架构

图 10.13 是路噪主动控制硬件布置图。硬件包括加速度传感器、传声器、扬声器和控

制器。四个加速度传感器分别布置在前后左右四个悬架上，如转向节、副车架、摆臂等位置，用于采集每个轮胎传递给悬架的振动信号，作为路噪控制的输入参考信号。四个传声器安装在四个乘员外侧耳朵附近的位置，如座椅靠背侧面、头枕、立柱、头顶顶棚等，用于采集误差信号。扬声器布置在头枕、车门、立柱、行李舱等地方，其中必须有低频扬声器。路噪控制单元集成到整车控制器中，放置在车内的某个位置，如座椅下、行李舱地板上。控制器必须满足延时要求，即在初级噪声到达人耳之前，能够根据次级通道脉冲函数、参考信号和初级声场信号来计算出次级声信号并通过扬声器发出，以保证控制的实时性并实现优化控制。

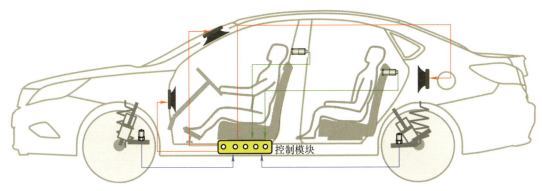

图 10.13　路噪主动控制硬件布置图

图 10.14 是路噪主动控制算法架构图。悬架上的加速度信号经过带通滤波器和信号放大器之后，成为输入信号 $x(n)$。$x(n)$ 经过次级声通道估计的脉冲响应函数（$\hat{S}_z$）滤波之后，成为路噪主动控制的参考信号 $x'(n)$。传声器用来采集误差信号，误差信号经过放大器和高通滤波器之后，输入控制器（包含滤波器）内，进行时变滤波计算，将结果输入扬声器并由它发出声音。振动和噪声信号都通过 A2B 音频总线来传递，A2B 音频总线是一种高带宽、双向、数字音频总线。

硬件布置涉及三个问题：扬声器与传声器的位置传递关系（即次级通道识别）、用于采集参考信号的加速度传感器布置位置、传声器与人耳位置的传递关系。

扬声器的数量和位置取决于车内音效设计，即在车内形成最佳音响效果，其次才考虑它们作为主动控制的次级声源。误差信号在滤波器内经过数模转换和运算后输出信号给扬声器，而扬声器到传声器之间存在空间距离，这样必须建立从滤波器到扬声器再到传声器之间的电信号和声信号的传递关系。

加速度传感器用于采集悬架振动信号，作为参考信号，只有布置在合适位置才能获取与车内噪声最相关的信号。在汽车开发中，需要计算和测试不同悬架位置的加速度信号和车内声音之间的相干函数，并在相干函数值大的对应悬架位置布置传感器，才能获取主要路噪源。

路噪控制的目的是在人耳附近形成降噪区域，但是控制系统所形成的降噪区域是在传声器附近，所以传声器应该尽可能靠近人耳。当人耳与传声器有一定距离时，人耳处的降噪效果比传声器处差,甚至人耳听到的噪声可能大于没有使用主动控制时的噪声。为了让人耳处获得最佳降噪效果,就必须使用虚拟传感技术建立人耳与传声器之间的传递关系。

下面三个小节就以上三个问题展开分析。

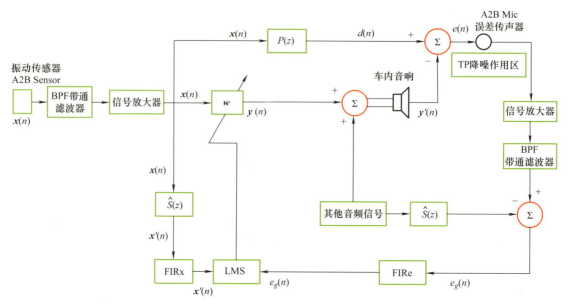

图 10.14　路噪主动控制算法架构图

二、次级声通道识别

1. 次级声通道

将次级声源到误差传感器的传递通道称为次级声通道,它是由电子线路(滤波器、功放等)、电声元件(扬声器和传声器)和声学通道三部分组成,如图 10.15 所示。

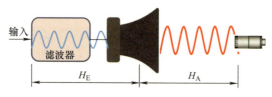

图 10.15　次级声通道传递过程

次级通道的特征用脉冲响应函数($S(z)$)来表征,它综合反映了自适应滤波器输出控制信号转换为模拟电声信号,再驱动次级声源(扬声器)发出声源,最后传递到误差传声器整个电学和声学过程的传递特性,可以表达为

$$S(z) = H_E(z) H_A(z) \tag{10.48}$$

式中,H_E 和 H_A 分别代表电学和声学传递函数。

将获取次级声通道的脉冲响应函数估计值（$\hat{S}(z)$）的过程称为次级声通道识别或建模。

次级声通道会改变输出信号的幅值和相位，而且使得信号延时，因此 LMS 算法不能直接用于噪声主动控制，即无法达到降噪效果和满足实时性需求。只有将次级声通道的传递特征包含到控制模型中，即将参考信号 $x(n)$ 经过次级声通道的脉冲函数后，输入自适应滤波器中进行 LMS 计算，才能达到实时降噪效果，这种将次级声通道和 LMS 结合的算法就是 Fx-LMS 算法。

次级声通道识别分为离线识别和在线识别。如果次级声通道的特征不变，即控制器、扬声器和误差传声器的位置和特征不变动，那么可以在实施主动控制之前就识别出次级声通道的脉冲响应函数，这种识别方法为离线识别。如果次级声通道的特征是时变的，那么在实施主动控制的同时要识别次级声通道的脉冲响应函数，这种识别就是在线识别。

在路噪主动控制系统中，电子系统、扬声器和传声器的位置是固定的，而且特征不会改变，因此，可以采用离线方法来识别次级声通道。

2. 次级声通道离线识别

通常使用自适应滤波方法来离线识别次级声通道，如图 10.16 所示。噪声发声器产生声源作为参考信号 $u(n)$，通常用白噪声。$u(n)$ 经过实际次级声通道 $S(z)$，发出输出信号，在传声器处测量得到的信号为 $y(n)$；同时 $u(n)$ 输入自适应滤波器，可以计算出经过估计的次级声通道 $\hat{S}(z)$ 的输出信号 $y'(n)$；$u(n)$ 还同时输入 LMS 算法模块。

输入信号 $u(n)$ 和滤波器 $\hat{S}(z)$ 的计权系数矢量 $S(n)$ 分别为

$$\boldsymbol{u}(n) = [u(n), u(n-1), \cdots, u(n-L+1)]^{\mathrm{T}} \tag{10.49a}$$

$$\boldsymbol{S}(n) = [s_0(n), s_1(n), \cdots, s_{L-1}(n)]^{\mathrm{T}} \tag{10.49b}$$

经过滤波器输出到传声器位置的信号为

$$y'(n) = \sum_{l=0}^{L-1} s_l(n) u(n-l) = \boldsymbol{S}^{\mathrm{T}}(n) \boldsymbol{u}(n) \tag{10.50}$$

实际输出和预估输出信号之差为

$$e(n) = y(n) - y'(n) \tag{10.51}$$

采用 LMS 方法进行迭代，滤波器的计权系数为

$$\boldsymbol{S}(n+1) = \boldsymbol{S}(n) + \mu e(n) \boldsymbol{u}(n) \tag{10.52}$$

通过反复迭代，直到实际次级声通道测量值和次级声通道模型计算值之差 $e(n)$ 控制在设定的误差范围内，便得到次级声通道的脉冲响应函数 $\hat{S}_z$，并将它存储在系统中，供噪声主动控制时使用。

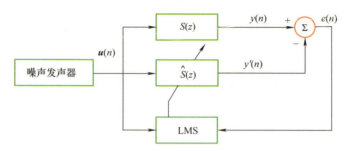

图 10.16 离线次级声通道识别框图

图 10.17 为识别的某车路噪主动控制系统的脉冲响应函数和对应的频响函数。脉冲响应函数随着阶次或时间的增加而衰减，其末端趋于零，即呈现收敛状态。在频响函数曲线上，低频响应小，特别在 50Hz 内的响应很低，这与扬声器的频响特征有关；在 50Hz 以上，整体响应比较高，但是在 128Hz、170Hz 等几个频率下响应出现谷值，这与声腔模态有关。

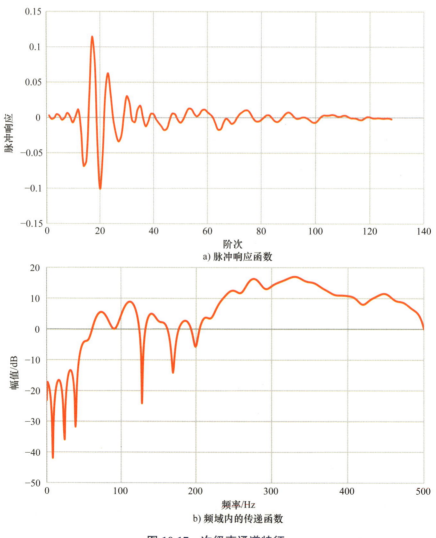

a) 脉冲响应函数

b) 频域内的传递函数

图 10.17 次级声通道特征

三、加速度传感器位置的选择

在路噪主动控制中，悬架加速度选为参考信号，但是悬架上可以安装加速度传感器的位置很多，为了获得最佳位置，就必须使得误差信号最小。将初级信号和经过次级声通道的次级信号之间的误差信号的均方差作为目标函数，即

$$J(n) = E[e^2(n)] = E[d^2(n)] - S w R_{xd}^T - R_{xd} w^T S^T + S w R_{xx} w^T S^T \quad (10.53)$$

目标函数 $J(n)$ 是 w 的二次函数，因此它存在唯一的最小值。式（10.53）对 w 求导，并令它为零

$$\frac{\partial J}{\partial w} = 2(S^T S w R_{xx} - S^T R_{xd}) = 0 \quad (10.54)$$

得到

$$w = -(S^T S)^{-1} S^T R_{xd} R_{xx}^{-1} \quad (10.55)$$

将式（10.55）代入式（10.53）中，得到目标函数的最小值，为

$$J_{\min} = R_{dd} - R_{xd}^T R_{xx}^{-1} R_{xd} \quad (10.56)$$

式中，R_{dd} 是 $d(n)$（车内噪声）的自相关函数。

将式（10.56）改写为

$$J_{\min} = \left(1 - \frac{R_{xd}^T R_{xx}^{-1} R_{xd}}{R_{dd}}\right) R_{dd} \quad (10.57)$$

用参考信号 $x(n)$ 和车内噪声 $d(n)$ 之间的多重相干函数（γ_{xd}）来表示，式（10.57）变为

$$J_{\min} = (1 - \gamma_{xd}^2) R_{dd} \quad (10.58)$$

$$\gamma_{xd}^2 = \frac{R_{xd}^T R_{xx}^{-1} R_{xd}}{R_{dd}} \quad (10.59)$$

当 $\gamma_{xd}=1$ 时，即 $x(n)$ 与 $d(n)$ 之间完全相干，则误差信号的均方差为零，$J_{\min}=0$。参考信号（悬架振动）与车内噪声信号的多重相干系数 γ_{xd} 越大，降噪效果越好。

在试验之前，用仿真模型来计算车内噪声与不同悬架位置加速度之间的多重相干系数，并选择相干系数最大的组合给传感器布置位置提供参考。根据计算结果，在实车上选择可行的布置位置，然后汽车在不同路面上试验，获取测试信号并计算多重相干系数，最

终根据试验结果来确定传感器的最终布置点。图 10.18a 为加速度传感器布置两个位置（其中一个是最佳布置）时的多重相干系数，图 10.18b 是对应的车内噪声比较。路噪主动控制系统开启（RNC ON）时，车内噪声比系统关闭（RNC OFF）时明显降低，特别是 231Hz 处的空腔声。图 10.19 是一个布置在悬架最佳位置的加速度传感器，这个部位的振动与车内噪声相干系数最大，降噪效果最好。

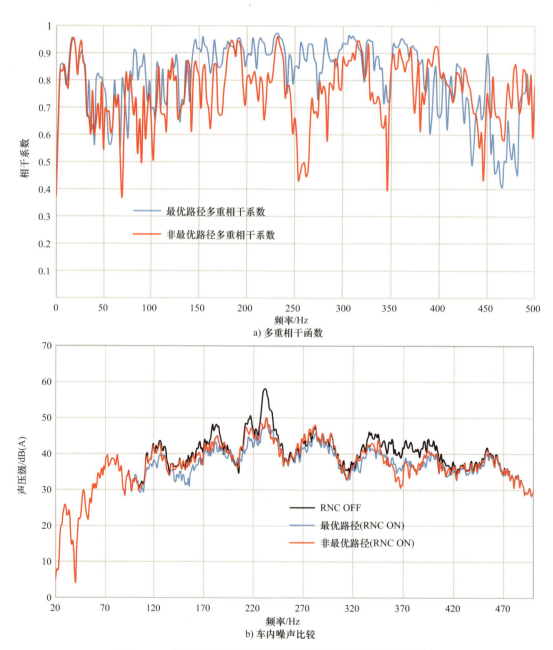

图 10.18 加速度传感器两种布置对应的相干系数和车内噪声

在工程开发试验中，除了用多重相干分析外，也可以用 OTPA 分析，或者将多重相干分析与 OTPA 分析结合来寻找最佳位置。

图 10.19　布置在悬架最佳位置的加速度传感器

四、传声器位置与虚拟传感传声器

1. 传声器位置与降噪效果

噪声主动控制是使得误差传声器处的信号瞬时均方差最小，即降噪是降低误差传声器附近区域的噪声。我们将有明显降噪效果的区域称为有效降噪区域，它是在以误差传声器为中心的一个小范围内。超过这个区域，降噪效果不明显，甚至噪声比没有使用主动控制还大。Elliott（2008）的研究表明，在扩散场中，在离传声器 1/10 波长处，噪声声压降低 10dB。如果从相位的角度来看，只有在小于 1/4 波长范围内，才有降噪效果。

传声器最理想的位置是在离人耳很近的地方，然而，受到车内布置制约，很多情况下，很难找这样的位置。图 10.20a 为一辆车的传声器布置在 A 柱和 C 柱上，图 10.20b 为有和没有主动控制的噪声对比。这些传声器离人耳的距离较远，所以降噪效果有限，而且在某些频率（如图 10.20b 中的 365Hz 附近区域）下，次级声源与主声源相位相同或接近，使得两个噪声叠加，导致有主动控制时的噪声大于没有主动控制时的噪声，即引起爆音。

随着座椅结构越来越复杂和功能越来越强大，在座椅上布置传声器成为可能，如图 10.21a 给出的 A、B 和 C 三个位置。人耳离座椅很近，而且它们的距离不会因为座椅位置的调整而改变，这样也提高了控制的鲁棒性。图中的 A 位置靠近窗户一侧的头枕部位，B 位置在视窗中部，C 位置在靠近窗户一侧的头枕下方。图 10.21b 为在与图 10.20 相同的车上将传声器分别安装在三个位置的主动降噪效果比较。传声器在这三个位置时的降噪效果都远远好于传声器在 A 柱和 C 柱上，而且没有爆音。在这三个位置中，当传声器在 A 位置时，降噪的幅值和频率宽度好于传声器在 B 和 C 位置，传声器在 B 和 C 位置的降噪效果相当。在座椅上安装传声器也存在局限性，因为离耳朵近的传声器容易被头部或身体遮挡，或者人在移动的过程中，有些姿态会遮挡传声器，比如头移动很可能遮挡或触碰到 A 位置的传声器。因此即便在座椅上安装传声器，也需要根据人体情况和座椅设计来选择恰当位置。

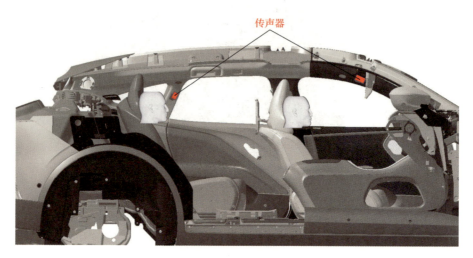

a) 传声器布置在A柱和C柱上

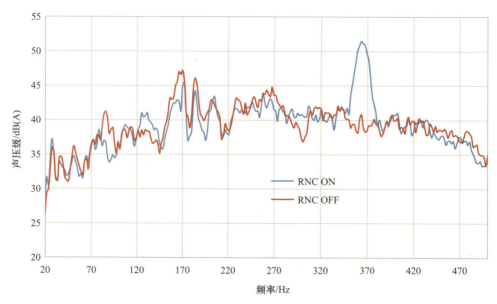

b) 有和没有主动控制时的噪声比较

图 10.20　传声器布置在 A 柱和 C 柱上的降噪效果

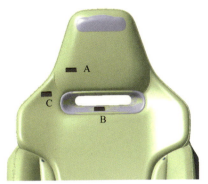

a) 传声器在座椅上布置的位置

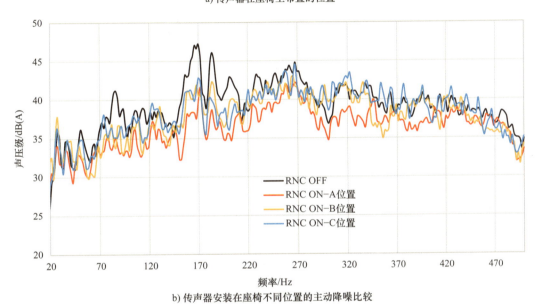

b) 传声器安装在座椅不同位置的主动降噪比较

图 10.21　传声器布置在座椅上的降噪效果

2. 虚拟传声器设计

当传声器无法布置在人耳附近区域时，为了扩大有效降噪区域，就引入了"虚拟传声器"概念。虚拟传声器是一个在人耳处的假想传声器，而误差传声器是实体传声器，如图 10.22 所示。虚拟传感技术或算法就是要用实体传声器信号来计算虚拟传声器处的声压，把在实体传声器的降噪区域扩大到虚拟传声器，从而控制虚拟传声器处声压，让人感受到明显的降噪效果。所以，主动噪声控制的目的是使得虚拟传声器区域的噪声最小，而不是实体传声器处。自从 Elliott 提出虚拟传感概念之后，虚拟传感技术发展很快，方法很多，主要方法有虚拟传声器布置法、远程传声器技术、向前差分预测技术、自适应 LMS 虚拟传声器技术、卡尔曼滤波虚拟传感方法、随机最优纯声混响场虚拟传感方法等。下面简要地介绍其中四种方法。

（1）虚拟传声器布置法

Elliott et al.（1992）假设实体传声器和虚拟传声器处的初级信号相等，当两个传声器的次级声通道都已经辨识出之后，就可以使用实体传声器信号和次级扬声器激励信号来计算虚拟传声器信号，如图 10.23 所示。图中，$\hat{S}_\mathrm{p}(z)$ 为估计的次级声源到实体传声器的脉冲响应函数，$\hat{S}_\mathrm{v}(z)$ 为估计的次级声源到虚拟传声器的脉冲响应函数。

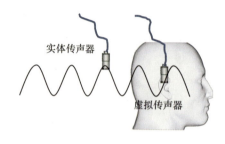

图 10.22　虚拟传声器与实体传声器

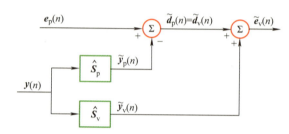

图 10.23　虚拟传声器布置法框图

估计的实体传声器信号 $\tilde{d}_\mathrm{p}(n)$ 为

$$\tilde{d}_\mathrm{p}(n) = e_\mathrm{p}(n) - \tilde{y}_\mathrm{p}(n) = e_\mathrm{p}(n) - y(n)\hat{S}_\mathrm{p}(n) \quad (10.60)$$

式中，$e_\mathrm{p}(n)$ 为实体传声器信号；$\tilde{y}_\mathrm{p}(n)$ 为估计的实体传声器处的次级信号；$y(n)$ 为次级声源信号。

估计的虚拟传声器信号 $\tilde{e}_\mathrm{v}(n)$ 为

$$\tilde{e}_\mathrm{v}(n) = \tilde{d}_\mathrm{v}(n) + \tilde{y}_\mathrm{v}(n) = e_\mathrm{p}(n) + y(n)\hat{S}_\mathrm{v}(n) - y(n)\hat{S}_\mathrm{p}(n) \quad (10.61)$$

式中，$\tilde{d}_\mathrm{v}(n)$ 为估计的虚拟传声器处初级信号；$\tilde{y}_\mathrm{v}(n)$ 为估计的虚拟传声器处次级信号。

这种方法设定的假设"实体传声器和虚拟传声器处的初级信号相等"是不存在的，特别是对两个传声器距离过大和初级声场复杂的情况，因此，这种方法难以估算出精确的虚拟传声器处信号。但是 Elliott 提出了一种创新的概念，为其他虚拟传感算法奠定了基础。

（2）远程传声器技术

为了克服虚拟传声器布置法假设的缺陷，Roure et al.（1999）提出在实体传声器初级信号与虚拟传声器初级信号之间加入一个传递滤波器，如图 10.24 所示。

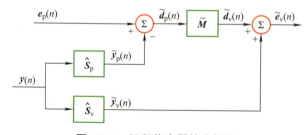

图 10.24　远程传声器技术框图

虚拟传声器处初级信号可以根据这个传递滤波器来预估,为

$$\tilde{d}_v(n) = \tilde{M}\tilde{d}_p(n) \tag{10.62}$$

式中,$\tilde{M}$ 为实体传声器初级信号与虚拟传声器初级信号之间的传递滤波器。

估计的虚拟传声器信号为

$$\tilde{e}_v(n) = \tilde{d}_v(n) + \tilde{y}_v(n) = \tilde{M}\tilde{d}_p(n) + y(n)\hat{S}_v(n) \tag{10.63}$$

(3)向前差分预测技术

向前差分预测技术是由 Cazzolato(1999)提出,他使用由多个传声器组成的阵列来构建一个多项式,然后将多项式外推到虚拟传声器处,得到该处的信号,如图 10.25 所示。例如用三个实体传声器,采用一阶有限差分,外推多项式得到虚拟传声器处的信号为

$$\tilde{e}_v(n) = \frac{-3x-h}{6h}e_{p1}(n) + \frac{1}{3}e_{p2}(n) + \frac{3x+5h}{6h}e_{p3}(n) \tag{10.64}$$

式中,$e_{p1}(n)$、$e_{p2}(n)$ 和 $e_{p3}(n)$ 分别为三个实体传声器信号;h 是实体传声器之间的距离;x 是虚拟传声器与邻近实体传声器之间的距离。

对使用三个实体传声器的情况,采用二阶有限差分,外推多项式得到虚拟传声器处的信号为

$$\tilde{e}_v(n) = \frac{x(x+h)}{2h^2}e_{p1}(n) + \frac{x(x+2h)}{h^2}e_{p2}(n) + \frac{(x+2h)(x+h)}{2h^2}e_{p3}(n) \tag{10.65}$$

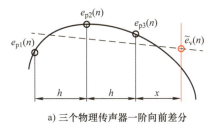 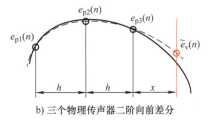

a) 三个物理传声器一阶向前差分　　b) 三个物理传声器二阶向前差分

图 10.25　向前差分预测技术示意图

向前差分预测技术不需要用滤波器来识别,只要求虚拟传声器和物理传声器距离小于一个波长。差分阶次越高,预测虚拟传声器信号越精确,但是计算可能带来病态。

(4)自适应 LMS 虚拟传声器技术

自适应 LMS 虚拟传声器技术由 Cazzolato(2002)提出。虚拟传声器信号由实体传声器信号经过 LMS 自适应滤波器之后得到,如图 10.26 所示。

虚拟传声器信号的预估为

$$\tilde{y}_v(n) = w^T y_p(n) \tag{10.66}$$

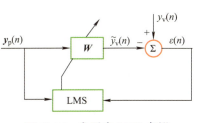

图 10.26　自适应 LMS 虚拟传声器技术框图

在虚拟传声器位置临时放置一个实体传声器，得到的信号为 $y_v(n)$，它与虚拟传声器预估信号之差为

$$\varepsilon(n) = y_v(n) - \tilde{y}_v(n) \quad (10.67)$$

根据 LMS 算法，滤波器的计权系数通过自适应迭代得到

$$w(n+1) = w(n) + 2\mu y_p(n)\varepsilon(n) \quad (10.68)$$

3. 虚拟传感对主动降噪的影响

在图 10.20 中，误差传声器安装在 A 柱和 C 柱上，它们离驾驶员外耳的距离远，当路噪主动控制系统开启时出现了爆音。针对这种传声器布置情况，在控制系统中增加自适应虚拟传感技术，车辆行驶时，控制系统分别开启和关闭虚拟传感控制，得到了车内噪声，如图 10.27 所示。主动控制开启而虚拟传感关闭，有一定降噪效果；但是在 365Hz 周边区域，出现一个巨大的爆音峰值，这是由次级声源与初始声源叠加而产生。主动控制开启且虚拟传感工作时，不仅爆音消除，而且整体降噪效果也提升。由此可见，虚拟传感对主动降噪效果非常明显。

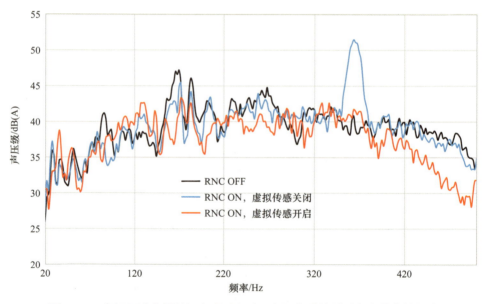

图 10.27　车辆行驶在粗糙沥青路面上时，虚拟传感控制对车内噪声的影响

在路噪主动控制中，采用虚拟传感技术后，计算量大大增加，从而降低了响应的实时性。只有在传声器无法布置在人耳附近，而且芯片和控制系统的计算能力超强的情况下，才用到虚拟传感控制。在工程实践中，通常将传声器布置在离人耳近的地方，这样就可以不用虚拟传感计算。

4. 双耳效应的影响

当声源在人脑正前方或正后方或正上方时，两个耳朵听到的声音是一致的，可是当声

源偏离人脑正前方或正后方或正上方，如图 10.28 所示，抵达两个耳朵的声音存在时间差、相位差、声级差和音色差。

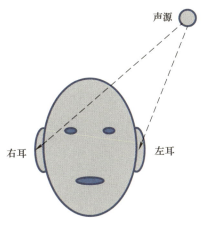

图 10.28　声源对双耳传递

由于声源到两个耳朵的距离不一样，声音抵达它们的时间不一样，这样两个耳朵听到同一声音的时间存在差别。声源越偏向一个耳朵一侧，时间差会越大。时间差也导致了声音抵达两个耳朵的相位不同，即出现相位差。

假设声源在人脑的左边，声音可以径直抵达左耳，但是传递到右耳的过程中，要绕过人脑。声波绕射与波长和障碍物尺寸有关，频率越高，绕射能力越差，这是遮蔽效应。人脑的尺寸大约在 20cm，这个波长的声音频率大约在 1700Hz。大于这个频率的声波能量很难传递到右耳，因此左耳和右耳听到的声音频率成分不一样，即出现音色差异。同时，由于部分能量被遮蔽或被反射，右耳处的声压级比左耳处的值低，即出现了声压级差。

声源抵达左右两个耳朵存在着时间差、相位差、声级差和音色差，这种差异的听觉感知传导给大脑，大脑会将听到的声音与存储在大脑中的听觉经验进行比较与分析，并判断声源的方向和对声音的感觉，这种现象被称为双耳效应。

结构声路噪传递到人耳也会有双耳效应。如果在两个耳朵附近都布置传声器，分别根据各自信号来控制，可以使得双耳都达到最优降噪效果。然而，由于成本原因，几乎在所有安装有路噪主动控制系统的汽车上，只在人耳附近安装一个传声器，通常选择靠近窗的耳朵（称为外耳），因为此处的噪声通常大于内耳（与外耳对应的另一个耳朵）。控制系统基于传声器采集的误差信号来进行滤波计算，使得外耳处的降噪效果最佳。由于双耳效应，内耳处的主声源和次级声源都有别于外耳，因此内耳处无法达到外耳处降噪量效果。例如，在某一辆车驾驶员的左耳（外耳）和副驾位置的乘客的右耳（外耳）各安装一个传声器，然后分别在驾驶员和乘客的两个耳朵处测量噪声。图 10.29 为驾驶员左耳和右耳有和没有主动控制的噪声比较，显然驾驶员左耳（外耳）的降噪效果优于右耳（内耳）。副驾乘客也有同样的效果，图 10.30 显示右耳（外耳）的降噪效果优于左耳（内耳）。

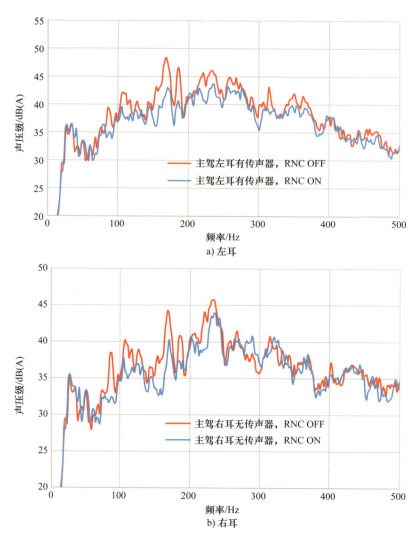

图 10.29 驾驶员左耳（外耳）和右耳（内耳）有和没有主动控制的噪声比较

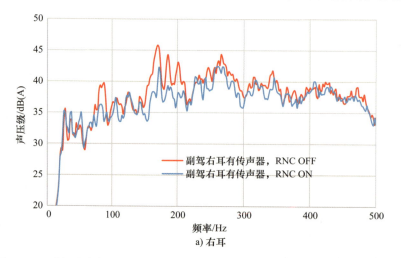

图 10.30 副驾乘客右耳（外耳）和左耳（内耳）有和没有主动控制的噪声比较

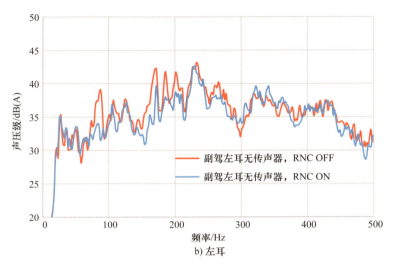

图 10.30　副驾乘客右耳（外耳）和左耳（内耳）有和没有主动控制的噪声比较（续）

鉴于双耳效应，在传声器布置位置的选择上，要兼顾外耳降噪效果和双耳效应，使得双耳都能达到理想的降噪效果。

第四节　影响路噪主动控制的因素及控制方法

一、影响路噪主动控制的因素

理论分析和试验结果表明影响路噪主动控制的因素很多，这些影响因素可以分为三类：硬件因素、算法因素和外界因素。硬件因素有参考传感器与安装位置，误差传声器与安装位置，扬声器的数量、频响特征、位置，车内声场环境，DSP（芯片）等；算法因素有收敛步长、收敛速度、收敛系数、滤波器阶数、计权系数初始值等；外界因素有输入信号、人头位置移动、温度变化等，它们影响到系统的稳健性。

1. 硬件因素

作为获取参考信号的加速度传感器安装在悬架上，只有在悬架加速度与车内噪声的多重相干系数最高值对应的位置安装传感器才能获得最佳的降噪效果。

误差传声器与人耳的距离在一定范围内，才有降噪效果，传声器离人耳越近，降噪效果越好。超出了有效降噪区域，降噪效果不明显，甚至导致噪声增加。当传声器安装位置远离人耳时，必须使用虚拟传感技术才能获取人耳处的虚拟误差信号。

扬声器发出次级声音，是抵消初级噪声源的直接元件，因此它的数量、位置和声学特征影响着降噪效果。扬声器的声学特征，如频响宽度、动态范围、谐波失真度和信噪比等，影响着它的发声效果，比如只有低音炮发出的次级声才能抵消几十赫兹的初级噪声。扬声器的数量和安装位置影响着次级声源与车内声场的耦合，对降噪效果影响大。当扬声器超出了线性范围发声时，它会发出爆音，这种声音不仅不能降低初级噪声，而且放大噪声，甚至带来令人惊讶的感受。

车内空间是一个特殊封闭声场。车内空间小，而且有很多吸声材料，所以这个声场对降噪效果有影响。

DSP等硬件的算力影响到计算速度，从而影响到降噪的收敛速度和收敛效果。

2. 算法因素

收敛步长是影响收敛速度（或收敛时间）、收敛效果和稳定性的最重要因素。

由式（10.45）知道，收敛时间与收敛步长成反比，即收敛步长越小，达到收敛的迭代次数越多，收敛时间越长，收敛速度越慢。但是，当收敛步长小到一定值时，由于收敛时间过长，导致人对主动降噪效果的感知明显延迟。因此，从收敛速度的角度，即从能够体验到控制带来降噪效果的角度，收敛步长应选择较大值。

由 $0 < \mu < \dfrac{2}{P_{xx}}$ 知道，收敛步长与输入功率成反比，激励越大，步长越小。当收敛步长过大时，系统发散，导致汽车在遇到大的路面激励时，系统发出爆音或破音。因此，从收敛效果的角度，即从有明显降噪效果的角度，收敛步长应该选择较小值。

由公式 $0 < \mu < \dfrac{2}{LP_{xx}}$ 知，滤波器阶数与收敛步长成反比，阶数越高，步长越小，收敛时间越长，因此阶次选择应该合理。

路面随机变化而且无法预测，收敛步长的选择应该尽可能考虑到各种路面的激励，在收敛时间和收敛效果之间达到平衡。当固定步长无法满足所有路面的要求时，可以根据不同路面而将收敛步长设计成变量。收敛步长选择的原则是在确保收敛时间、稳定性、不带来爆音的前提下，到达良好的收敛效果。

由 $\tau_i < \dfrac{1}{\mu \lambda_{\min}}$ 知，收敛时间与自相关函数矩阵的最小特征值成反比，最小特征值越小，收敛时间越长，反之亦然。

由 $\tau_i < \dfrac{\lambda_{\max}}{2\lambda_{\min}}$ 和 $\dfrac{\lambda_{\max}}{\lambda_{\min}} \leq \dfrac{\max_{\omega}|X(e^{j\omega})|^2}{\min_{\omega}|X(e^{j\omega})|^2}$ 知，收敛时间与输入信号的最大与最小功率谱密度的比值有关。信号越平整，即路面变化越小，功率谱密度比值越小，因此，收敛时间越短、收敛速度越快。

3. 外界因素

路面是随机的，有的平坦、有的粗糙、有的凸起、有的凹陷等，激励也是随机的。收敛步长与激励能量成反比，要使得控制系统在所有路面上都有降噪效果，收敛步长必须非常小。过小的步长不仅影响到收敛速度，而且对硬件的计算能力要求非常高；可是，过大的步长可能使系统遇到大激励时不收敛，甚至爆音。因此，合理地选择收敛步长，或者将步长设计成随路面而变化的变步长，是路噪主动控制的一个挑战。

身体和头的运动导致人耳与传声器的距离改变,从而影响到降噪效果,即便使用虚拟传感技术,人头运动也会影响到虚拟传感的效果。

温度变化引起波速变化,导致声波频率变化。次级声通道的脉冲响应函数和虚拟传感函数通常是离线识别得到的,其响应特征曲线固定,可是当温度变化后,这些特征曲线偏离了实时情况,导致次级声源产生误差,降噪效果会降低。

总之,为了克服路面输入能量变化使得固定收敛步长系统发散而发出爆音、为了克服扬声器发出过大的次级声而导致爆音,Fx-LMS 算法必须改进以达到良好的控制目的。改进的 Fx-LMS 算法主要有归一化 Fx-LMS 算法和泄漏 Fx-LMS 算法。

二、归一化 Fx-LMS 方法

1. 收敛速度和收敛效果的平衡

收敛步长是基于收敛速度和收敛效果的平衡来选择的。

工程上,通常根据常用路面(光滑沥青路面、粗糙沥青路面和水泥路面等)来选择一个固定收敛步长来平衡收敛速度和收敛效果。但是,当汽车通过隔离带、破损路面、坑洼路面等特殊路面时,输入功率陡然增大,固定收敛步长导致系统短暂发散,次级声源发出的声音不仅不能抵消初级声源噪声,而且它会与次级声源在一定程度上叠加,使得噪声更大,出现爆音。爆音持续几秒后,随着汽车驶入常用路面,主动控制系统恢复收敛,降噪效果又恢复。因此,主动路噪控制要兼顾收敛速度和收敛效果,就必须将收敛步长设计为变步长,不同路面采用不同步长,即步长"动态"地与路面输入功率匹配。

2. NFx-LMS 方法

为了实现与输入功率匹配的变步长,可以用最小化干扰原理来建立收敛步长与输入功率的关系。最小化干扰原理(西蒙·赫金,2016)是指从一次自适应循环到下一次自适应循环中,自适应滤波器的计权向量(滤波器系数)应当以最小方式改变,而且受到更新的滤波器输出所施加的约束。

滤波器系数从 n 循环 $w(n)$ 到 $n+1$ 循环 $w(n+1)$ 的增量为

$$\delta w(n+1) = w(n+1) - w(n) \quad (10.69)$$

对于给定的输入信号 $x'(n)$ 和期望响应信号 $d(n)$,更新的滤波器系数 $w(n+1)$ 与它们的关系为

$$w^T(n+1)x'(n) = d(n) \quad (10.70)$$

对自适应滤波系统,最小化干扰原理是指在满足式(10.70)的约束条件下,滤波器系数增量的范数最小。采用拉格朗日乘子法,将约束条件与范数写在一起,构建一个代价函数(目标函数)

$$J(n) = \|\delta\boldsymbol{w}(n+1)\|^2 + \text{Re}\left\{\lambda^*\left[d(n) - \boldsymbol{w}^\text{T}(n+1)\boldsymbol{x}'(n)\right]\right\} \quad (10.71)$$

式中，λ 为拉格朗日乘子；* 表示复共轭；Re 表示实部。

欧式范数平方 $\|\delta\boldsymbol{w}(n+1)\|^2$ 运算结果是实值，约束运算也取实值，因此，目标函数是实值，而且是 $\delta\boldsymbol{w}(n+1)$ 的二次函数，因此式（10.71）可以展开写为

$$J(n) = [\boldsymbol{w}(n+1) - \boldsymbol{w}(n)]^\text{T}[\boldsymbol{w}(n+1) - \boldsymbol{w}(n)] + \text{Re}\{\lambda^*[d(n) - \boldsymbol{w}^\text{T}(n+1)\boldsymbol{x}'(n)]\} \quad (10.72)$$

将目标函数对滤波器更新系数 $\delta\boldsymbol{w}(n+1)$ 求导，再令求导结果为 0，得到约束条件的拉格朗日乘子

$$\lambda = \frac{2[d(n) - \boldsymbol{w}^\text{T}(n)\boldsymbol{x}'(n)]}{\|\boldsymbol{x}'(n)\|^2} = \frac{2e(n)}{\|\boldsymbol{x}'(n)\|^2} \quad (10.73)$$

滤波器系数增量变化的最优值为

$$\delta\boldsymbol{w}(n+1) = \boldsymbol{w}(n+1) - \boldsymbol{w}(n) = \frac{\tilde{\mu}}{\|\boldsymbol{x}'(n)\|^2} e(n)\boldsymbol{x}'(n) \quad (10.74)$$

式中，$\tilde{\mu}$ 为一个正实数标定因子。

对比式（10.18）中的收敛步长 μ，可以设

$$\mu(n) = \frac{\tilde{\mu}}{\|\boldsymbol{x}'(n)\|^2} \quad (10.75)$$

$\mu(n)$ 就是变步长的收敛步长。

式（10.74）可以重新写成滤波器系数的更新值表达式

$$\boldsymbol{w}(n+1) = \boldsymbol{w}(n) + \frac{\tilde{\mu}}{\|\boldsymbol{x}'(n)\|^2} e(n)\boldsymbol{x}'(n) = \boldsymbol{w}(n) + \frac{\tilde{\mu}}{P_{xx}(n)} e(n)\boldsymbol{x}'(n) \quad (10.76)$$

当参考信号 $\boldsymbol{x}'(n)$ 较小时，$P_{xx}(n)$ 非常小，自相关函数矩阵可能出现奇异的情况，特征值为 0，算法无法收敛。为克服该问题，可将递归表达式修正为

$$\boldsymbol{w}(n+1) = \boldsymbol{w}(n) + \frac{\tilde{\mu}}{P_{xx}(n) + \delta} e(n)\boldsymbol{x}'(n) \quad (10.77)$$

式中，δ 为一较小的常量，如 10^{-6}。

在这种方法中，$e(n)\boldsymbol{x}'(n)$ 相当于被参考信号的功率 $P_{xx}(n)$ 进行了归一化，因此它被称为归一化的（normalized）Fx-LMS 方法，记为 NFx-LMS。式（10.75）中的 $\tilde{\mu}$ 是无量纲、时变的数字；而 Fx-LMS 方法中的 μ 是有量纲、固定的数字，其量纲为功率的倒数。

理论上，对路面输入功率突然变大的情况可以使用 NFx-LMS 方法，使得收敛步长 μ

随着路面输入功率不同而改变,即当汽车通过大坎时,收敛系数明显小于在常用路面上的数字,使得控制系统收敛,避免爆音。

然而,现实的路噪控制上很难采用变步长的收敛系数,因为轮胎通过大冲击路面的时间非常短,甚至小于1s,而现有的计算能力通常延时有几秒钟,即系统还没有计算完成,汽车已经通过了冲击路面。因此,在工程应用上,工程师会采用折中方案,即通常分析了各种路面之后,选择一个适合于大多数路面的收敛步长。

三、泄漏 Fx-LMS 方法

次级声源,尤其是 sub-woofer 等超重低音扬声器,发声能量过大时,可能出现非线性失真而产生爆音、压耳感强的声音等,因此有必要对次级信号的大小进行约束,限制其最大输出能量,以防止它发出爆音。泄漏算法就是在 Fx-LMS 的基础上,增加一个泄漏项来限制扬声器发声功率的算法,即对次级声源信号大小进行约束。

传统 Fx-LMS 算法的目标函数是误差传声器处的声压均方值,而泄漏 Fx-LMS 算法的目标函数是误差传声器处的声压均方值与滤波器系数平方之和,即在 Fx-LMS 算法的目标函数中增加了一个泄漏项,表达为

$$\xi_2(n) = E[e^2(n)] + \beta \boldsymbol{w}^\mathrm{T}\boldsymbol{w} \tag{10.78}$$

式中,β 为泄漏因子。

将式(10.78)展开,得到

$$\xi_2(n) = E[d^2(n)] - 2\boldsymbol{R}_{x'd}^\mathrm{T}\boldsymbol{w} + \boldsymbol{w}^\mathrm{T}(\boldsymbol{R}_{x'x'} + \beta\boldsymbol{I})\boldsymbol{w} \tag{10.79}$$

上述目标函数对滤波器系数求导,并令求导结果为0,即

$$\frac{\partial \xi_2(n)}{\partial \boldsymbol{w}} = -2E[\boldsymbol{x}'(n)e(n)] + 2\beta\boldsymbol{w} = 0 \tag{10.80}$$

得到滤波器系数的最优解。然后用最速下降法,类似于 Fx-LMS 算法求解,得到泄漏 Fx-LMS 算法的滤波器系数迭代公式为

$$\boldsymbol{w}(n+1) = (1 - 2\beta\mu)\boldsymbol{w}(n) + 2\mu e(n)\boldsymbol{x}'(n) \tag{10.81}$$

例如,一辆安装了路噪主动控制系统并且收敛步长为固定值的汽车在常规路面上行驶,主动路噪控制开启时,车内噪声明显降低,如图 10.31b 所示的 0~8.5s 时间段;可是,当它经过一座桥梁的热胀冷缩带(图 10.32)时,输入功率变大,控制系统命令扬声器输出的次级声功率突然变大,从 8.5~10.5s,车内出现了持续 2s 的爆音,150~250Hz 之间的声压级(图 10.31b)甚至比控制系统关闭时(图 10.31a)还高 5dB。在控制系统中增加泄漏项,即采用泄漏 Fx-LMS 控制方法,当汽车再经过热胀冷缩带时,在 8.5~10.5s 范围内没有出现爆音,如图 10.31c 所示,即系统稳定而且降噪效果明显。因此,针对特殊冲击路面,在传统控制中添加泄漏项,可以取得良好的控制效果。

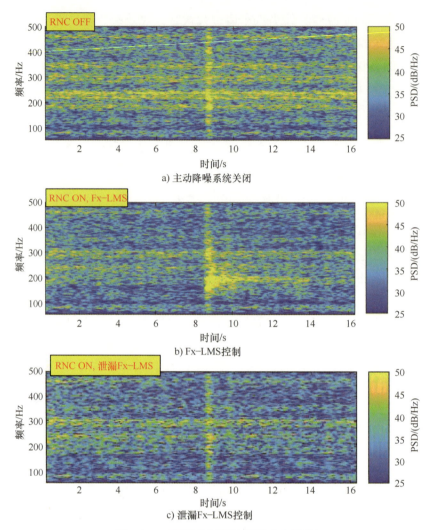

图 10.31　不同控制算法下的车内噪声

图 10.32　路面上凸起的热胀冷缩带

参 考 文 献

陈辉，2019. 车内路噪自适应主动控制技术研究 [D]. 长春：吉林大学 .

陈克安，2014. 有源噪声控制 [M]. 北京：国防工业出版社 .

高宾，张心光，王岩松，2017. 汽车行驶车内噪声优化控制算法研究 [J]. 计算机仿真，34(1)：138-142.

李楠，杨飞然，杨军，2019. 一种基于虚拟传感的无需误差传声器的自适应有源降噪方法 [J]. 应用声学，38(1)：85-92.

刘峰，2017. 汽车内部噪声主动控制算法研究 [D]. 北京：北京理工大学 .

刘亚棋，2021. 电动汽车车内路噪主动控制技术研究 [D]. 重庆：重庆大学 .

马大猷，1993. 室内有源噪声控制的潜力 [J]. 声学学报，3：178-185.

庞剑，谌刚，何华，2006. 汽车噪声与振动：理论与应用 [M]. 北京：北京理工大学出版社 .

邱小军，2014. 南京大学的有源噪声控制研究——纪念沙家正先生 [J]. 电声技术，38(9)：36-39.

沙家正，孙广荣，曹水轩，1981. 管道有源消声器 [J]. 声学学报，3：11-15.

王宇，2017. 结合虚拟传感器的汽车车内噪声主动控制方法 [D]. 北京：清华大学 .

西蒙·赫金，2016. 自适应滤波器原理 [M]. 郑宝玉，等译 . 北京：电子工业出版社 .

胥国文，2018. 车内多通道噪声主动控制技术研究 [D]. 长春：吉林大学 .

张频捷，张立军，孟德建，等，2017. 汽车车内噪声主动控制系统扬声器与麦克风布放优化方法 [J]. 振动与冲击，36(5)：169-175.

张希玉，张立军，孟德建，2020. 基于次级通路离线重构的车内道路噪声主动控制 [J]. 同济大学学报（自然科学版），48(2)：223-230.

郑玲，刘巧斌，犹佐龙，等，2017. 半主动悬置幅变动特性建模与试验分析 [J]. 机械工程学报，49(6)：198-205.

周德好，2016. 车内噪声主动控制系统设计与实现 [D]. 成都：电子科技大学 .

BURGESS J C, 1981. Active adaptive sound control in a duct: a computer simulation[J]. The Journal of the Acoustical Society of America, 70(3): 715-726.

CAZZOLATO B, 1999. Sensing systems for active control of sound transmission into cavities[D].Adelaide:The University of Adelaide.

CAZZOLATO B, 2002. An adaptive LMS virtual microphone[C]//INTER-NOISE and NOISE-CON Congress and Conference Proceedings, August 19-21, 2002, Dearborn. Reston: Institute of Noise Control Engineering: 105-116.

CHEN D, PANG J, ZHENG L, et al.,2016. Structure design of a semi-active mount based on vehicle multiple operation conditions[C]//The 23rd International Congress on Sound and Vibration, July 10-14, 2016, Athens. Auburn: IIAV.

CONOVER W B, 1956. Fighting noise with noise[J]. Noise Control, 2(2):78-92.

ELLIOTT S, 2014. Signal processing for active control[M]. Singapore: Elsevier.（史蒂芬·埃利奥特，2014. 主动控制中的信号处理 [M]. 北京：国防工业出版社 .）

ELLIOTT S, DAVID A, 1992. A virtual microphone arrangement for local active sound control[C]//Proceedings of the 1st International Conference on Motion and Vibration Control, Yokohama, Japan.[S.l.:s.n.].

ELLIOTT S J, 2008. A review of active noise and vibration control in road vehicles[R]. Southampton:ISVR University of Southampton.

ELLIOTT S J, STOTHERS I, NELSON P, 1987. A multiple error LMS algorithm and its application to the active control of sound and vibration[J]. IEEE Transactions on Acoustics, Speech, and Signal Processing,35(10): 1423-1434.

ERIKSSON L J, 1991. Recursive algorithms for active noise control[J]. IEEE Transactions on Industry Applications, 111(10):819-822.

JIA Z, ZHENG X, ZHOU Q, et al., 2020. A hybrid active noise control system for the attenuation of road noise inside a vehicle cabin[J]. Sensors, 20(24): 7190.

JUNG W, STEPHEN S J, CHEER J, 2017. Combining the remote microphone technique with head-tracking for local active sound control[J]. The Journal of the Acoustical Society of America, 142 (1): 298-307.

JUNG W, ELLIOTT S J, CHEER J, 2019. Local active control of road noise inside a vehicle[J]. Mechanical Systems and Signal Processing, 121: 144-157.

KAJIKAWA Y, GAN W S, KUO S M, 2012. Recent advances on active noise control: open issues and innovative applications[J]. APSIPA Transactions on Signal and Information Processing, 1: e3.

KUO S M, MORGAN D R, 1999. Active noise control: a tutorial review[J]. Proceedings of the IEEE, 87(6): 943-973.

LI H, PANG J, ZHANG J, JIA W, 2021. Active control of noise in plate-cavity coupled systems using the pole placement method[J].Applied Mathematical Modelling, 92: 486-504.

LUEG P,1936-06-09. Process of silencing sound oscillations: US2043416[P].

MOREAU D, CAZZOLATO B, ZANDER A, et al.,2008. A review of virtual sensing algorithms for active noise control[J]. Algorithms,1(2): 69-99.

OH S, KIM H, PARK Y, 2002. Active control of road booming noise in automotive interiors[J]. The Journal of the Acoustical Society of America, 111(1):180-188.

OLSON H F, MAY E G, 1953. Electronic sound absorber[J]. The Journal of the Acoustical Society of America, 25(6):1130-1136.

OSWALD L J, 1984. Reduction of diesel engine noise inside passenger compartments using active, adaptive noise control[C]//Proceedings of Inter-Noise 84. Reston: Institute of Noise Control Engineering: 483-488.

POPOVICH S R, 1993-06-01. Multi-channel active attenuation system with error signal inputs:US5216722[P].

ROURE A, ALBARRAZIN A, 1999. The remote microphone technique for active noise control[C]//INTER-NOISE and NOISE-CON Congress and Conference Proceedings, December 06-08, 1999, Fort Lauderdale. Reston: Institute of Noise Control Engineering: 1233-1244.

SANO H, INOUE T, TAKAHASHI A, et al., 2001. Active control system for low-frequency road noise combined with an audio system[J]. IEEE Transactions on Speech and Audio Processing, 9(7):755-763.

SIMSHAUSER E D, HAWLEY M E, 1955. The noise cancelling headset—an active ear defender [J]. The Journal of the Acoustical Society of America, 27(1):207.

SONG P, ZHAO H, 2019. Filtered-x least mean square/fourth (FXLMS/F) algorithm for active noise control[J]. Mechanical Systems and Signal Processing, 120: 69-82.

TAMAMURA M, SHIBATA E, 1996. Application of active noise control for engine related cabin noise[J]. JSAE Review, 17(1):37-43.

ZAFEIROPOULOS N, BALLATORE M, MOORHOUSE A, et al., 2015. Active control of structure-borne road noise based on the separation of front and rear structural road noise related dynamics: 2015-01-2222[R]. Warrendale: SAE International.

ZAFEIROPOULOS N, MOORHOUSE A, MACKAY A, 2015. Active control of road noise: the relation between the reference sensor locations and the effect on the controller's performance [C]//The 22nd International Congress on Sound and Vibration, July 12-16, 2015,Florence. Auburn: IIAV.

第十一章 路噪目标体系

路噪目标的制定受到产品策划、市场定位、法规、技术储备、成本与其他性能的平衡、竞争车型等因素的制约。制定合适的目标是一件很难的事情,过严或过松的目标都会导致产品失败,因此,目标与汽车的产品力要恰如其分地匹配。路噪目标体系分为客观与主观目标体系,领导者、跟随者、竞争者和落后者分层级目标体系,整车级、系统级和部件级目标体系。

第一节 路噪开发过程与目标体系

一、从市场竞争和顾客需求到工程目标

策划部门根据公司战略来策划新车型的基本构架和产品定位,比如确定新车的细分市场、竞争对手、车型的基本风格和尺寸、用户群特征、销量前景和盈利分析等,最后形成一套策划方案。可以把这个方案称为策划语言。策划语言传递给市场部门、研发部门、财务部门等。

汽车开发是以市场需求为主导的,即满足特定顾客群的需求。顾客的需求有很多,比如价格合理、造型好看、乘员舱空间大、驾驶愉悦、噪声低、乘坐性好、省油、操控性好等。我们把顾客的这些需求称为用户语言或市场语言。市场部门从调研中总结出市场语言,然后输送给研发部门。

研发部门接到策划语言和市场语言之后,根据自身对汽车的理解,仔细解读,将这些模糊的语言转换成工程语言,比如将"省油"转换成"每百公里油耗6升",将"噪声低"转换为"车内急速噪声为38dB(A),120km/h巡航噪声为63dB(A)"。

策划部门和市场部门还要将细分市场的竞品情况输入研发部门,并确定新车在细分市

场上的性能定位，比如油耗、碰撞安全、NVH、操控性、智能化等。定位分为领导者、跟随者、竞争者和落后者四种。把某个性能（如路噪）最好的一款或几款车定义为领导者，用"A"来表示。将性能紧随领导者的车称为跟随者，用"B"表示，跟随者约占细分市场车型的前25%。将性能在细分市场上排后约30%的车称为落后者，用"D"表示；将跟随者和落后者之间的车称为竞争者，用"C"表示。表11.1给出了它们的标识和说明。一款车各个性能通常有不同的定位，比如油耗是领导者、NVH和造型是跟随者、操控性能是竞争者等。研发部门对定位再翻译，如油耗领导者为"每百公里油耗5升"，怠速噪声跟随者为"39dB(A)"。

表 11.1 性能分层级目标的分类和说明

定义	标识	说明
领导者	A	细分市场某个性能最好的一款或几款车型
跟随者	B	细分市场上性能仅次于领导者的车型，约占前25%
竞争者	C	细分市场上性能表现中等、具备一定竞争性的车型，约占中间40%
落后者	D	细分市场上性能表现靠后的车型，约占后30%

有些市场语言和策划语言容易翻译成工程语言，但是有些很难。例如在开发一款新车时，市场部门提出这款车的亮点是造型时尚、情感智能、亲子时光等，而工程师们面对这些过于模糊的语言，可能是一头雾水。

法规部门将相应的国内外法规输入研发部门。有的法规项是所有国家都有要求，有的是部分国家有要求，有的国家法规严而有的松。研发部门需要"翻译"法规，根据不同法规要求来调整目标，以便实现性能、成本和销量的平衡。

以上翻译过程看似简单，实则非常难。我们把一款车在市场上的口碑、市占率、销量和盈利等综合表现和指标称为产品力，把研发部门在一款车上所展示的设计与性能能力称为技术力。市场上经常有这样的现象，一款造型亮眼且性能超群的汽车，销量却不好，即技术力好而产品力差；而一款平淡无奇的车却十分畅销，即产品力好而技术力差。影响销售的原因很多，如品牌、价格等，而定位或"翻译"不精确是一个重要原因。由于"翻译"工作出了偏差，导致工程语言偏离市场语言，即技术力与产品力不匹配，开发出来的车不是这个细分市场所需要的，导致销量和效益不佳。

总之，研发部门将策划、市场和法规等输入汇集在一起，再结合技术能力、成本、进度等因素，使得技术力与产品力匹配而制定出开发目标。这是一个了解市场、理解客户需求、工程翻译和制定目标的过程，如图11.1所示。

图 11.1 策划语言、市场语言和法规语言翻译到开发目标的过程

二、路噪开发过程

传统上，一款全新汽车开发周期大约是 4 年时间。但是面对竞争激烈的市场，开发周期不断被压缩，从 4 年到 3 年，再到 2 年，甚至更短。在开发过程中，一切开发工作都是围绕着目标进行的。这个过程可以分成五个阶段：产品定位与用户调研、目标设定与分解、目标实现、目标验证和目标量产实现，如图 11.2 所示。从路噪开发的角度，各个阶段的工作如下：

1）产品定位与用户调研阶段：策划部门确定产品定位，市场部门进行市场调研、客户分析和竞争对手分析，销售和财务部门进行销量和盈利分析。路噪团队进行路噪目标达成的可行性研究和技术准备。

2）目标设定与分解阶段：在市场调研基础上，将用户语言转换为工程语言，根据路噪目标数据库中的数据、竞争车型路噪水平与解析对标，设立路噪目标并分解到系统和部件，形成目标体系。

3）目标实现阶段：制定路噪方案，并用数字样车检查路噪方案的实施情况，开展 CAE 分析、传递路径分析等分析工作，设计部件和系统路噪技术方案，进行杂合车路噪试验。

4）目标验证阶段：分阶段验证部件和系统路噪目标达成情况，对几轮次的工装样车进行路噪试验，对未达成的目标项进行优化，实现所有设定的目标。

5）目标量产实现阶段：对需要优化的方案进行设计方案变更，确定所有量产设计方案，对出厂车辆进行一致性监控，然后跟踪市场反馈并制定对策。

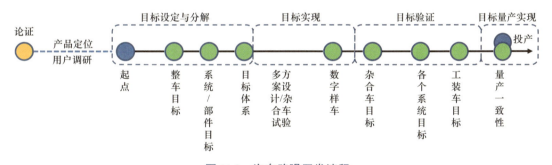

图 11.2　汽车路噪开发流程

三、影响路噪目标的因素

路噪目标的制定受到很多因素的制约。除了产品策划、市场定位和法规限制外，还受到与其他性能的平衡、成本、技术等因素的制约，如图 11.3 所示。

路噪涉及的系统主要包括轮胎、悬架和车身。这三个系统除了与路噪相关外，还与许多其他性能相关。轮胎涉及的性能包括抓地能力、滚阻系数、噪声、舒适性、涉水性能等。抓地能力影响到汽车的操控性，滚阻系数影响到汽车的油耗/电耗。这些性能之间往往是矛盾的，例如提高操控性和降低滚阻系数与降低近场噪声相互矛盾。在轮胎设计或选型中，操控性和低滚阻的优先级通常高于路噪。只有在满足这些性能前提下，才能制定近场路噪和轮胎振动目标，即轮胎 NVH 性能目标受到其他性能的制约。

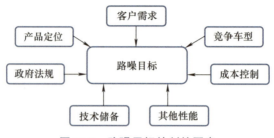

图 11.3　路噪目标的制约因素

悬架衬套刚度影响到操控性能、乘坐舒适性和结构声路噪传递。从路噪的角度来说，衬套刚度低，隔振效果好，但是，对操控性而言，衬套刚度大，悬架硬，整车跟随感和驾驭感好，即操控性能好。所以，衬套刚度的选择必须平衡路噪和操控性，而这取决于市场定位。如果策划部门定位一款车是"良好的驾驶体验"，那么底盘偏硬，操控性占主导；如果定位是"舒适"，那么路噪团队有较大的发言权。

成本是制约路噪目标的一个重要因素。除了企业使命、愿景和价值观之外，盈利是公司最重要的追求，因此车型目标与销量、市场占有率和赢利密切挂钩。图 11.4 是一系列不同价格的汽车以 60km/h 的速度在粗糙沥青路面上行驶时的车内噪声声压级，随着汽车售价增加，声压级呈降低趋势。由此可见，路噪目标与成本密切相关。

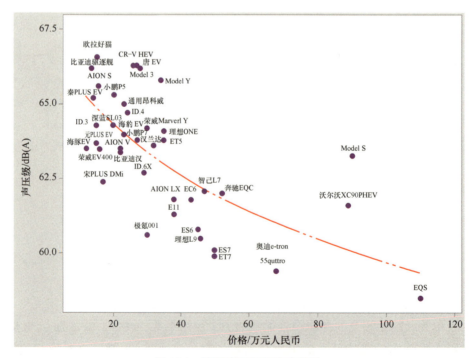

图 11.4　路噪声压级与汽车售价

四、路噪目标体系分类

根据用途的不同,路噪目标有不同分类方法。从主观和客观的角度,可以分为客观目标体系与主观目标体系;从市场定位的角度,可以分成领导者、跟随者、竞争者和落后者目标体系;从产品开发的角度,可以分为整车级、系统级和部件级目标体系。

1. 客观目标体系与主观目标体系

主观目标是顾客或者特定人群通过驾驶汽车或听录音之后,根据自己的主观判断来确定的目标。例如,汽车公司邀请一批顾客来驾驶竞争车,他们驾驶后,说:"A 车的胎噪低,这是我期望的声音。"顾客给出的是期望,语言模糊,每个人的描述千差万别。而工程师们从专业角度,给出主观描述并打分,例如,在光滑沥青路面上,没有低频敲鼓声,为 7.5 分;在粗糙沥青路面上,有轻微的敲鼓声,为 7 分。

客观目标是工程师们从产品开发的角度,通过测试采集数据给出的具体技术指标,例如,汽车以 60km/h 在水泥路面上行驶时的总声压级为 58dB(A),低频段的峰值不超过 40dB(A) 等。

主观目标是从用户的角度来评判路噪的好坏,是最直接的目标,也是最重要的指标。客观目标是从工程师们的角度来评判路噪的好坏,为产品开发服务。

2. 分层级的目标体系

汽车有很多性能,一款车很难做到所有性能都优秀,况且性能与成本密切关联。所以,在定位一款车的性能特征时,要有所取,有所舍,只能突出几个性能。一款车型在某个性能上是领导者,在一些性能上是跟随者,而在另外的性能上可能是竞争者,甚至是落后者。例如,一款运动风格车型,它强调驾驶乐趣,就把操控性能定位为领导者,而路噪可能是竞争者;一款强调舒适型的家庭轿车,就把静音和舒适定位为领导者。

分层级目标是针对特定细分市场而制定的,一旦市场定义变了,目标也就变了。例如,在大众型车细分市场里,100km/h 巡航的 A 级目标值为 60dB(A);而在豪华型车细分市场中,A 级目标是 58dB(A),B 级目标是 60dB(A)。如果没有明确细分市场定义,目标就无法制定。

分层级目标体系中有主观分层级指标和客观分层级指标。

3. 整车级、系统级和部件级目标体系

为了更好地管理开发过程、按照开发时间分步推进工作、将目标分解给供应商等,工程师们设立了整车级、系统级和部件级目标体系。

从整车角度设立的目标是整车级目标,如车内路噪。从系统层面设立的目标是系统级目标,如轮胎传递率。从部件角度设立的目标是部件级目标,如衬套刚度值。

从开发时间维度,先有部件,再集成为系统,最后组装成样车,而每一步都需要计算和验证,就必须设立部件目标、系统目标和整车目标。

从整车公司与供应商的维度,很多部件甚至系统是由不同的供应商提供,比如悬架供

应商、轮胎供应商等。供应商与整车公司密切合作，同时供应商也相对独立地开发自己的系统，因此，整车级路噪目标必须分解到系统级路噪目标。一旦确立了系统级路噪目标，它成为供应商开发的目标，同时也是整车公司验收的指标，比如，轮胎振动传递率是一个系统目标，轮胎公司按照这个目标来开发，确定轮胎的结构型式、材料、胎面设计等，而整车公司通过测试轮胎的传递率来验收它是否合格。

同样，系统目标还可以再分到部件。一个系统可能由多家部件公司制造，如悬架系统中的副车架、胶套、阻尼器等是不同供应商开发。为了让供应商独立完成产品，同时让整车公司或系统集成公司验收部件，就必须设立部件目标。

整车级、系统级和部件级目标体系中只有客观指标。这是一个目标分解与集成的双向体系，如图 11.5 所示，从整车目标分解到系统级目标，再到部件目标；从部件目标验收，到系统目标集成与验收，再到整车目标集成与验收。目标制定和分解是在一定约束下开展的，约束包括用户需求、市场语言、策划定位、成本策略和政府法规。

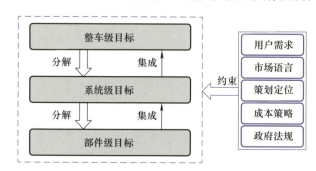

图 11.5 整车级、系统级和部件级目标分解与集成的双向体系及约束条件

第二节 路噪主观目标体系

一、用户画像

"用户是上帝"，汽车公司开发出来的汽车是给他们服务的，所以必须深入地了解他们的需求，描绘出真实的用户画像。

汽车销售总是针对一个细分市场和特定人群，通过调研去了解消费人群的特征，包括基本特征、社会阶层、生活形态与价值观、车辆购买和使用行为、汽车态度和偏好等。比如，公司计划开发一款轿跑 SUV，针对的是 30 岁左右的年轻人群，他们喜欢时尚潮流、拥有一颗激情澎湃的心、热衷于偏刺激活动、事业进入稳定期但渴望有所突破、已婚且有独立住房、年收入在 15 万到 20 万元之间。这群人除了上下班用车外，还喜欢周末去郊游。有了这个群体画像，就可以针对性地设置开发目标，突出他们喜欢的亮点，比如这款车一定要突出造型时尚、运动风格、操控好等性能。

有了基本用户画像之后，路噪工程师要根据路噪特征来画一幅用户的路噪画像，如图 11.6 所示，包括个人信息、驾车听到的声音感受、驾驶速度、使用路面、车辆里程等信息。这群喜欢郊游的年轻人会经常在野外破损路面和砂石路面行驶，因此，低频敲鼓声和轰鸣声指标一定是路噪开发过程中的重点控制目标。

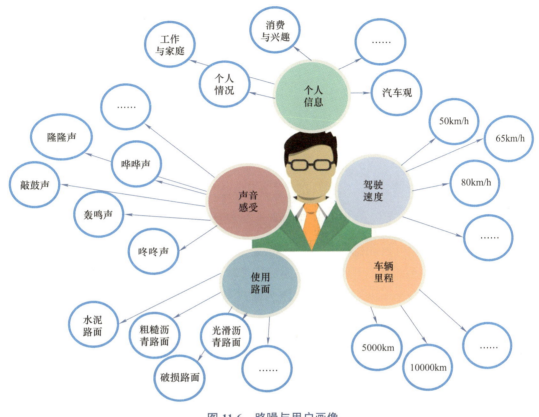

图 11.6　路噪与用户画像

二、路噪主观评价与目标

1. 使用场景

用于评价路噪声音的来源有两个，一个是直接驾驶汽车，另一个是通过高精度录音设备（如仿真人头录音）录制声音，再到音质评价实验室回放。

路噪与行驶工况、路面和环境温度有关系，如图 11.7 所示。同一辆车以相同的速度行驶在不同的路面上，车内噪声不一样；不同车速行驶在同一路面上，车内噪声也不一样。环境温度影响到轮胎、衬套等橡胶件的刚度，不同温度（如夏天和冬天）下，同一辆车在同一路面上以相同速度行驶，路噪也不一样。

汽车以中等速度行驶时，路噪是车内噪声的主要贡献源。在制定目标时，一般选取三个匀速行驶工况。怎样选取速度，不同公司有所不同，比如，有的选择 30km/h、50km/h

和80km/h；有的选取30km/h、60km/h和90km/h；有的选取50km/h、65km/h和80km/h等。另一种选择是汽车滑行工况，即在加速到某个速度（如90km/h或100km/h）时，档位放置空档，松开加速踏板，让汽车自由滑行，速度逐渐降低，直到40km/h或30km/h为止。在滑行过程中，发动机噪声和风噪都很小，车内噪声主要是路噪。滑行工况试验的好处是一次试验就可以了解所有速度下的路噪特征，但是精度可能不高。

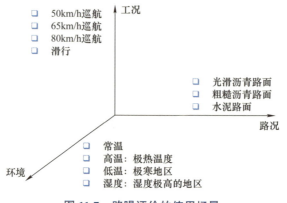

图11.7　路噪评价的使用场景

为了制定标准的和可量化的客观目标，通常只选择光滑沥青路面、粗糙沥青路面和水泥路面三种路面来测量路噪，同时测量路面的构造深度。同一辆车以相同的速度行驶在同样名字的不同路面，如光滑沥青路面上，车内噪声是不同的，甚至相差几分贝，所以，必须将构造深度作为参考值，建立构造深度与噪声测量数据之间的关系，这样不同路面上测试数据才有可比性。

通常情况下，在常温下测试路噪。

2. 主观评价方法与主观目标

汽车声音评价方法有等级评分法、整体排序法、成对比较法、语义区分法等。等级评分法是对参加评价人员进行简单培训，告知他们打分规则后，他们对听到的声音打分，这种方法简单、快捷。整体排序法是评价人员一次听完所有声音，对它们进行好坏排序，这种方法的优点是快捷，但是结论可能不准确。成对比较法是评价人员对两个或两组声音进行对比评价，这种方法的好处是准确度高，但是工作量大。语义区分法是给评价人员提供一组语义相反的、描述声音的形容词（如安静－吵闹、清晰－嘈杂、烦躁－舒适）让他们选择，这种方法能够获得评价者对声音的具体描述，可以帮助解决问题，但是对一组声音很难排序。

在路噪主观目标制定方法中，使用最普遍的是等级评分法和主观描述相结合的方法。工程师们根据自己的感受对路噪打分，根据市场定位来确定目标的分值，并对分值做出描述。打分制度有几种，其中十分制应用得最广。十分制是将人对路噪的主观感受分成十个级别，分数从1到10，见表11.2。第1级表示声音非常糟糕，不能接受。第10级表示声音非常好听，无可挑剔，人们对这种声音有极大的满足感。其他的8个级别介于第1级和第 10 级之间，级别越高表明评价者对声音越满意。1 到 4 级表明顾客无法接受。5 到 6 级是过渡阶段，有些顾客可以接受，而另一些则不可接受，所以 6 级是及格线。而 7 级以上表示声音比较好，大多数顾客可以接受。

表 11.2 十分制主观评价体系

级别	1	2	3	4	5	6	7	8	9	10
接受度	不能接受				接受的过渡			可以接受			
接受对象	所有顾客	绝大多数顾客				比较挑剔的顾客		受过培训的人员		

主观描述是指用语言来描述对路噪的感受。评价者用敲鼓声、轰鸣声、隆隆声、嘈杂声、压耳感、耳鸣、噪声大、烦躁等语言来描述他们对路噪的感受。将打分和描述结合起来，画成一个蜘蛛图或雷达图，如图 11.8 所示。从中，可以一目了然地看到路噪特征和人的主观感受程度。

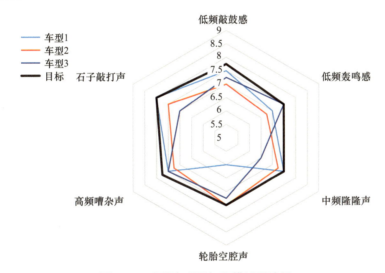

图 11.8 路噪主观目标和描述雷达图

在路噪开发中，设立有主观打分目标。基于对竞争车型的主观评价和打分，结合市场输入、新车型在细分市场中的定位、成本等因素，制定出路噪的主观目标，如图 11.8 所示。图中新车型的路噪目标定位是领导者，因此主观打分要比竞争车型高。

第三节 路噪客观目标体系

一、路噪客观目标的指标

客观目标是可以通过测试和分析方法来量化的目标，例如，驾驶汽车以 60km/h 速度行驶在粗糙沥青路面上，测试得到车内噪声，通过频谱分析得到的车内噪声的分贝数和语言清晰度就是客观指标。在大量对标车型测试与分析的基础上，结合市场输入，就可以确定路噪的客观目标。

路噪常用的指标有窄带声压级频谱、总声压级和三分之一倍频程频谱。为了分析特定问题，还用到语言清晰度、特征响度、特征抖动度、特征粗糙度等。

窄带频谱给出了所有频率的声音大小。可以将峰值凸显的频率与轮胎、悬架和车身模态做对应分析，有利于诊断问题。在产品开发中，窄带频谱使用得最多，本书中的很多案例采用了它。图11.9给出了窄带频谱目标线，图中的折线是根据路噪频率分布和典型路噪声音分段而画的。在60Hz以下，路噪问题是敲鼓声；在60Hz到100多Hz区间，主要是轰鸣声；在200Hz附近区域，主要是轮胎空腔声和其他隆隆声；高频段是花纹块带来的哗哗声。于是，根据路噪频谱特征，画出了20Hz到60Hz的水平线，60Hz到100多Hz之间的上升斜线，从100多Hz到约250Hz之间的水平线，250Hz以上频率的向下斜线。

折线目标线的优点是简洁。但是却有明显的缺点，第一，有些峰值高于目标折线却没有明显路噪问题，如果花时间和成本去降低这些峰值，就导致了过度开发，造成浪费。以这样简洁的折线为目标会导致目标过于严格或过于宽松。但是如果采用过多的折线来设定目标，目标线变得复杂，操作性差。第二，折线目标线不能反映人对声音能量的感受，即客观与主观之间的偏差大。

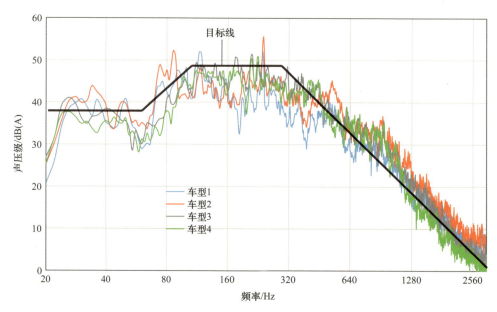

图11.9　路噪窄带频谱目标线

总声压级只是一个数值，只给出整体声音大小。从路噪统计分析与比较的角度，总声压级大小与路噪好坏成正比。这个指标简洁，可以用于宏观层面的比较分析。把一个细分市场的竞争车路噪总声压级放在一起比较，可以得到市场的整体情况，并根据这些数据来设定目标，如图11.10所示。但是，总声压级没有给出频率成分，所以无法用于诊断和分析问题。另外，对有些车型，虽然总声压级小，但是有个别频率峰值凸显，例如低频敲鼓声峰值，它带来的路噪感受比总声压级大的车还糟糕。

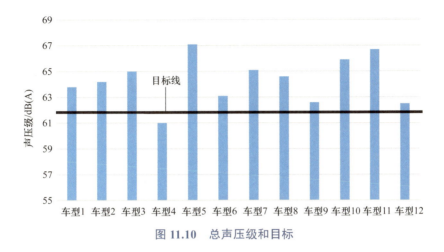

图 11.10　总声压级和目标

三分之一倍频程是从能量角度来描述声音特征，它与人的主观感受有一定的契合度。例如 25Hz 和 40Hz、125Hz、200Hz 中心频率带宽的幅值能对应敲鼓声、轰鸣声和轮胎空腔声；以中心频率 500~2000Hz 的 RMS 值表征轮胎花纹声。用三分之一倍频程来设置的目标线看上去很清晰，如图 11.11 所示。但是，三分之一倍频程频谱没有每个频率的特征，难以与结构模态结合，不能够针对性地诊断问题。

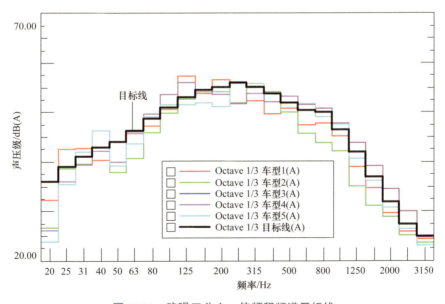

图 11.11　路噪三分之一倍频程频谱目标线

以上三种指标都可以作为路噪目标，但是以窄带目标为主。在分析和诊断问题时，三种指标和主观评价配合使用。

二、分层级的路噪客观目标

对一个细分市场的车型，要设定分层级目标，包括整车级分层级目标、系统级分层级目标和部件级分层级目标。图 11.12 给出了某款车以 60km/h 在粗糙沥青路面上行驶时的车内噪声窄带频谱分层级目标，图 11.13 是一款车的轮胎近场路噪分层级目标。

设定分层级目标是为了产品定位清晰和产品开发精准。这个目标是为了满足细分市场的特定人群，避免过度开发或欠开发，达到路噪性能与成本之间的最佳匹配和产品力与技术力的平衡。分层级目标还可以提高研发部门和市场部门等团队的沟通效率，避免责任不清等问题。

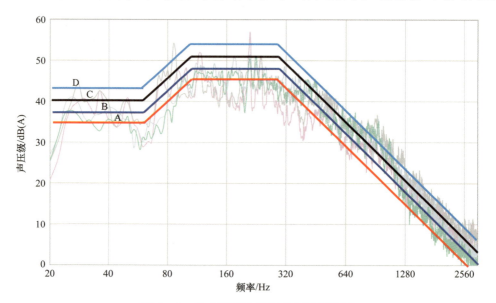

图 11.12 车内噪声窄带频谱分层级目标

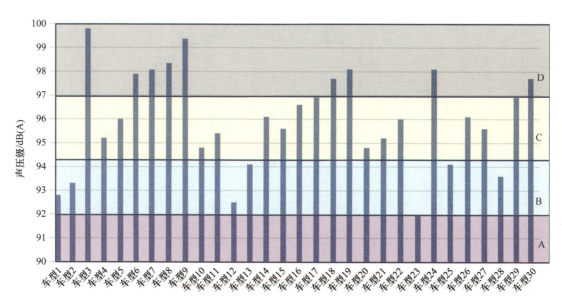

图 11.13 轮胎近场路噪分层级目标

三、客观指标与主观评价的一致性

主观评价是对声音的好坏进行描述和打分，客观评价是通过测试和数据分析得到相关的评价数据或者曲线，两者相辅相成。主观评价能简单、快速地评价路噪感受，并直观地指出问题。客观评价能定量地给出路噪的时域和频域特征，工程师们可以找到这些信号与结构的关系，便于指导设计。如果能建立起主观评价和客观评价的关系，那么就可以综合地评价路噪状态，更好地诊断路噪问题和提高路噪声品质。

主观评价和客观分析比较在音质评价间进行，也可以在驾评过程中进行。主观评价采用 10 分打分制度，客观数据包括总声压级、特征响度、特征抖动度、特征粗糙度等。建立主观与客观关系的常用方法有回归分析方法和相关分析方法。

将主观打分和客观测量数据绘制在一张图上，进行回归分析，可以得到主观与客观之间的回归关系。图 11.14 给出了一组汽车以 60km/h 速度在粗糙沥青路面上行驶的主观打分与总声压级的关系。从趋势上看，两者呈现出线性关系，即总声压级越低，主观打分越高。个别情况会出现偏移，例如有的车总声压级并不高，但是在个别频段出现了严重的敲鼓声或其他不可接受的声音，导致主观打分偏低。

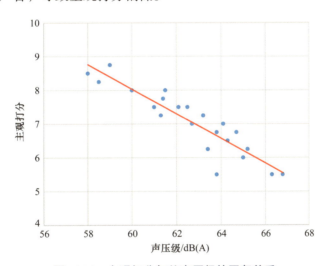

图 11.14 主观打分与总声压级的回归关系

相关分析是将客观测试数据值和对应的主观评价排序进行相关分析，通过计算相关系数来判定彼此的相关性。相关系数表达为

$$R = \frac{\sum(X_i - \bar{X})(Y_i - \bar{Y})}{\sqrt{\sum(X_i - \bar{X})^2(Y_i - \bar{Y})^2}} \quad (11.1)$$

式中，X_i 为一组数据（如客观测试数据）中的第 i 个数据，$\bar{X}$ 为这组数据的均值；Y_i 为另一组数据（如主观评价数据）中的第 i 个数据，$\bar{Y}$ 为这组数据的均值。

例如，从 6 辆车路噪测试数据中提取低频敲鼓声峰值（dB(A)）并对它们由大到小排序，为 X=（46，44.5，44，42.8，40.2，38.5），一组评价者驾驶 6 辆车后的主观打分与 X 对应的排序（越安静，数值越小）为 Y=（6，4，5，3，1，2）。根据式（11.1）计算得到客观与主观之间的相关系数为 0.99，结果说明主观评价与客观测试存在着非常高的相关性。

第四节 整车级、系统级和部件级路噪目标

一、整车级路噪目标

整车级路噪目标是指与人直接相关的目标，即人直接感知的路噪，包括通过噪声和车内路噪。

对环境来说，不同国家和地区有自己的通过噪声法规标准。通过噪声或远场路噪的目标就是政府法规，中国和世界上大多数国家现行标准为 74dB(A)。

对乘员来说，整车级目标是指在不同速度和不同路面上的车内路噪。通常选择三种速度和三种路面来设定车内路噪目标，包括窄带声压级频谱、总声压级和三分之一倍频程频谱。

光滑沥青路面的纹理波长短、构造深度小，很难激励起汽车的低频噪声，所以它主要用于评价中高频路噪。粗糙沥青路面纹理波长长、构造深度大，容易激励起汽车中低频噪声，所以它主要用来评价中低频结构声路噪，特别是低频。

水泥路面纹理波长和构造深度与光滑沥青路面相当，但是硬度远大于沥青路面，而且还可能有特殊的刻痕，容易激励起汽车中低频噪声，所以它主要用来评价中低频结构声路噪。

一般情况下，随着车速增加，车内噪声增加而且增加的规律一致，但是在某些速度下，悬架和车身的一些模态与激励频率共振，车内噪声在这些频率下会变大很多，因此，选择多个速度来设定目标是必要的。在特殊情况下，为了识别更多速度下的问题，还可以设立滑行状态下的路噪目标。

二、系统级路噪目标

路噪涉及道路、轮胎、悬架和车身四个系统。道路由公路部门建设与管理，汽车公司对此无能为力。系统路噪目标就是轮胎目标、悬架目标和车身目标。

1. 轮胎系统级目标

对安装在汽车上的轮胎，系统级目标包括近场噪声和轮心力或加速度。对轮胎单体，系统级目标包括近场噪声和传递率。

近场噪声目标包括在不同速度和不同路面上的目标，主要用于指导轮胎花纹设计。整车近场噪声可以在道路和转鼓上获取；单体近场噪声只能在轮胎台架上获取。

传递率是衡量轮胎隔振的指标，主要用于指导轮和胎的结构设计。轮心力或加速度大小取决于传递率和路面激励力，而轮胎制造商只能控制传递率。

整车公司设立了近场噪声和传递率目标后，分解给轮胎供应商。供应商得到指标后，就可以独立工作，并按照整车公司的开发时间交付样件。

2. 悬架系统级目标

对整车而言，悬架系统级目标是悬架输出力和悬架模态。输出力取决于输入力（轮心力）和从轮心到车身之间的结构传递率。对悬架单体，系统级目标是悬架模态和力传递率。

3. 车身系统级目标

车身系统级目标包括车身隔声量（TPNR）和车身力对车内噪声的传递函数（NTF）。TPNR 能控制空气声传递，而 NTF 控制着结构声的传递。

三、部件级路噪目标

部件级目标是部件单体目标。与路噪相关的部件包括轮胎、悬架中的部件（如副车架、胶套、摇臂等等）、车身部件（如与悬架相连接的点、车身梁、板等）。

1. 轮胎部件目标

轮胎制造商将近场噪声目标分解到花纹块设计上，将传递率目标分解到轮胎模态、轮胎刚度、带束层刚度等，形成轮胎部件的单体目标。

2. 悬架部件目标

悬架模态目标可以分解成部件模态目标，如副车架模态、摆臂模态、减振器模态等。

悬架力传递率可以分解成各个衬套的隔振率，如摆臂衬套隔振率、支柱衬垫隔振率等，和部件的跨点导纳，如麦弗逊悬架摆臂从轮心连接点到副车架连接点的导纳。

3. 车身部件目标

TPNR 系统目标可以分解成板件的隔声量、材料隔声量、材料吸声系数等。NTF 系统目标可以分解成原点动刚度（IPI）、车身模态频率等。

附录 A 矩阵运算

1. 矩阵概念

矩阵是实数或复数的集合,以矩形阵列的方式排列,或者为纵横排列的二维表格。用粗体变量来表示,如矩阵 **A** 表示为

$$\boldsymbol{A} = \begin{pmatrix} a_{11} & \cdots & a_{1j} & \cdots & a_{1N} \\ \vdots & & \vdots & & \vdots \\ a_{i1} & \cdots & a_{ij} & \cdots & a_{iN} \\ \vdots & & \vdots & & \vdots \\ a_{M1} & \cdots & a_{Mj} & \cdots & a_{MN} \end{pmatrix} \quad (\text{A.1})$$

矩阵 **A** 有 M 行和 N 列,即是一个 $M \times N$ 的阵列。

2. 矩阵加法、乘法与求逆运算

两个行数相等和列数相等的矩阵 **A** 和 **B** 可以相加,矩阵相加的规律为

$$\boldsymbol{A} + \boldsymbol{B} = \boldsymbol{B} + \boldsymbol{A} \quad (\text{A.2})$$

只有当矩阵 **A** 的列数与矩阵 **B** 的行数相等时,两个矩阵才能相乘。如 **A** 为 $M \times N$ 矩阵,**B** 为 $N \times L$ 矩阵,两者相乘后的矩阵 **C** 为 $M \times L$ 矩阵,即

$$\boldsymbol{C} = \boldsymbol{AB} \quad (\text{A.3})$$

但是,通常情况下,**AB** 与 **BA** 是不相等的,即便它们都是方阵,也不相等,即 $\boldsymbol{AB} \neq \boldsymbol{BA}$。

矩阵相乘的结合律为

$$(AB)C = A(BC) \quad \text{(A.4)}$$

矩阵相乘的分配律为

$$A(B+C) = AB + AC \quad \text{(A.5)}$$

如果矩阵 A 是一个方阵，而且矩阵行列式不等于零，即它是一个非奇异矩阵，那么就存在逆矩阵为 A^{-1}。矩阵与逆矩阵之间的关系为

$$AA^{-1} = A^{-1}A = I \quad \text{(A.6)}$$

如果矩阵 A 和 B 都是非奇异矩阵，则有

$$(AB)^{-1} = B^{-1}A^{-1} \quad \text{(A.7)}$$

3. 矩阵转置

矩阵 A 的行与列互换之后的矩阵称为它的转置矩阵，用 A^{T} 表示，即

$$A^{\mathrm{T}} = \begin{pmatrix} a_{11} & \cdots & a_{i1} & \cdots & a_{M1} \\ \vdots & & \vdots & & \vdots \\ a_{1j} & \cdots & a_{ii} & \cdots & a_{Mj} \\ \vdots & & \vdots & & \vdots \\ a_{1N} & \cdots & a_{iN} & \cdots & a_{MN} \end{pmatrix} \quad \text{(A.8)}$$

把两个实部相等、虚部相等但是相位相反的复数称为互为共轭复数，如复数 $z = a + \mathrm{i}b$ 的共轭复数为 $z^* = a - \mathrm{i}b$。共轭复数用上标符号"*"来表示。

如果矩阵是一个复数矩阵，矩阵转置而且每个元素变成共轭，就形成了共轭转置矩阵。共轭转置用上标符号"H"来表示，矩阵 A 的共轭转置矩阵 A^{H} 为

$$A^{\mathrm{H}} = \begin{pmatrix} a_{11}^* & \cdots & a_{i1}^* & \cdots & a_{M1}^* \\ \vdots & & \vdots & & \vdots \\ a_{1j}^* & \cdots & a_{ij}^* & \cdots & a_{Mj}^* \\ \vdots & & \vdots & & \vdots \\ a_{1N}^* & \cdots & a_{iN}^* & \cdots & a_{MN}^* \end{pmatrix} \quad \text{(A.9)}$$

如果一个复数矩阵的共轭转置矩阵等于自身，那么这个矩阵是埃尔米特（Hermite）矩阵或自共轭矩阵。Hermite 矩阵对角线上的数为实数。

转置矩阵的运算为

$$(A^{\mathrm{T}})^{\mathrm{T}} = A \quad \text{(A.10)}$$

$$(A+B)^{\mathrm{T}} = A^{\mathrm{T}} + B^{\mathrm{T}} \quad \text{(A.11)}$$

$$(AB)^{\mathrm{T}} = B^{\mathrm{T}}A^{\mathrm{T}} \quad \text{(A.12)}$$

如果 A 和 B 都是非奇异矩阵，则有

$$(A^{-1})^{\text{T}} = (A^{\text{T}})^{-1} \tag{A.13}$$

4. 酉矩阵

如果一个矩阵 A 具备以下特征

$$AA^{\text{T}} = A^{\text{T}}A = I \tag{A.14}$$

则该矩阵称为酉矩阵。当矩阵中所有元素都是实数时，它也被称为实正交矩阵，即它是一种特殊的酉矩阵。酉矩阵的逆矩阵和转置矩阵存在以下关系

$$A^{-1} = A^{\text{T}} \tag{A.15}$$

5. 矩阵的迹

一个 $M \times M$ 矩阵 A 的迹（trace）为对角线上元素之和，是一个标量，表达为

$$\text{tr}(A) = \sum_{i=1}^{M} a_{ii} \tag{A.16}$$

附录 B 奇异值分解

奇异值分解（singular value decomposition，SVD）方法可以用来解决病态矩阵带来的计算误差。

任何一个矩阵（$m \times N$ 维），可以进行如下奇异值分解

$$A = U\Sigma V^{\text{H}} \tag{B.1}$$

式中，U 是 $m \times m$ 维酉矩阵，$U^{-1} = U^{\text{H}}$；V 是 $N \times N$ 维酉矩阵，$V^{-1} = V^{\text{H}}$；Σ 是 $m \times N$ 维对角矩阵，即非对角线上的值都是零，对角线上的值为矩阵 A 的奇异值，表达为

$$\Sigma = \begin{pmatrix} \sigma_1 & 0 & \cdots & 0 \\ 0 & \sigma_2 & \cdots & 0 \\ \vdots & \vdots & & \vdots \\ 0 & 0 & \cdots & \sigma_N \\ \vdots & \vdots & & \vdots \\ 0 & 0 & \cdots & 0 \end{pmatrix} \tag{B.2}$$

奇异值分解可以由特征值分解开始。在矩阵 A 左边乘以它的共轭转置 A^{H}，构成 $N \times N$ 的方阵

$$A^{\text{H}}A = V\Sigma^{\text{H}}U^{\text{H}}U\Sigma V^{\text{H}} = V(\Sigma^{\text{H}}\Sigma)V^{\text{H}} \tag{B.3}$$

在矩阵 A 右边乘以它的共轭转置 A^H，构成 $m \times m$ 的方阵

$$AA^H = U\Sigma V^H V\Sigma^H U^H = U(\Sigma\Sigma^H)U^H \tag{B.4}$$

由式（B.3）和式（B.4）可知，矩阵 A 的非零奇异值的平方等于矩阵 A^HA 或 AA^H 特征值。矩阵 U 是由矩阵 AA^H 的特征向量组成，矩阵 V 是由矩阵 A^HA 的特征向量组成。

附录 C　拉格朗日乘子法

将一个多元（m 个变量）函数在 n 个约束条件下求极值问题，通过引入一个拉格朗日乘子，化解成为 $m+n$ 个变量的无约束条件的求解问题，这种方法称为拉格朗日乘子法（Lagrange multiplier method），由十八世纪法国数学家拉格朗日提出。

设定多元函数为 $f(x)$，其中向量 $x=(x_1,\cdots,x_m)$，约束条件为 $g_j(x)=0$（$j=1,\cdots,n$）。为了求解函数 $f(x)$ 的极值，引入拉格朗日乘子 $\lambda=(\lambda_1,\cdots,\lambda_n)$，得到拉格朗日函数

$$L(x,\lambda) = f(x) + \sum_{j=1}^{n}\lambda_j g_j(x) \tag{C.1}$$

这样，在约束条件下的求极值问题就变成了对拉格朗日函数求极值问题，即演变成一个无约束条件下的求极值问题。

式（C.1）对 x 求偏导，并令它为零，得到

$$\frac{\partial L(x,\lambda)}{\partial x_i} = \frac{\partial f(x)}{\partial x_i} + \frac{\partial\left[\sum_{j=1}^{n}\lambda_j g_j(x)\right]}{\partial x_i} = 0 \tag{C.2}$$

式（C.1）对 λ_j 求偏导，并令它为零，得到

$$\frac{\partial L(x,\lambda)}{\partial \lambda_j} = g_j(x) = 0 \tag{C.3}$$

求解式（C.2）和式（C.3），得到 x 和 λ。极值点为 x，将 x 代入函数 $f(x)$ 中，就得到了函数的极值。

附录 D　贝塞尔函数

在本书第五章，用圆柱坐标和拉普拉斯变换来推导波动方程，分离出轴向、周向和径向三个独立的方程，其中径向方程（5.19）为

$$r^2\frac{\partial^2 R}{\partial r^2}+r\frac{\partial R}{\partial r}+(k_{mn}^2 r^2-m^2)R=0 \quad (\text{D.1})$$

令 $x=k_{mn}r$，$y=R$ 和 $m=\alpha$，方程（D.1）改写为

$$x^2\frac{\mathrm{d}^2 y}{\mathrm{d}x^2}+x\frac{\mathrm{d}y}{\mathrm{d}x}+(x^2-\alpha^2)y=0 \quad (\text{D.2})$$

在柱坐标或球坐标下，用分离变量法来推导波动方程、薄膜振动模态方程、热传导方程、电磁波传递方程等过程中，都会出现式（D.2）这样的方程。这个特殊的二阶齐次线性常微分方程被称为贝塞尔方程，它的解无法用初等函数来表示。历史上，很多数学大师探索过它的解，如伯努利、欧拉、拉格朗日等，最后德国天文学家和数学家F.W.贝塞尔提出了方程解函数的理论框架，人们就以他的名字来命名这类函数。贝塞尔函数（Bessel functions）是这类特殊函数的总称。

α 为贝塞尔函数的阶数。最常见的情况是 $\alpha=n$ 为整数，对应的方程被称为 n 阶贝塞尔方程。

对二阶齐次线性常微分方程，一定存在两个线性无关函数来表征方程的解

$$y=c_1 J_\alpha(x)+c_2 Y_\alpha(x) \quad (\text{D.3})$$

式中，$J_\alpha(x)$ 为第一类贝塞尔函数；$Y_\alpha(x)$ 是第二类贝塞尔函数；α 是贝塞尔方程对应的贝塞尔函数的阶数；c_1 和 c_2 为常数。

第一类贝塞尔函数 $J_\alpha(x)$ 可以用 x 的偶次幂无穷和来定义，表达为

$$J_\alpha(x)=\sum_{k=0}^{\infty}\frac{(-1)^k}{k!\Gamma(\alpha+k+1)}\left(\frac{x}{2}\right)^{\alpha+2k} \quad (\text{D.4})$$

式中，Γ 为伽马函数，它可以视为阶乘函数对非整数因变量（自变量）的推广，表达为

$$\Gamma(\alpha+k+1)=(\alpha+k)(\alpha+k-1)\cdots(\alpha+2)(\alpha+1)\Gamma(\alpha+1) \quad (\text{D.5})$$

$Y_\alpha(x)$ 是第二类贝塞尔函数，当 α 为非整数时，它是第一类贝塞尔函数的组合，表达为

$$Y_\alpha(x)=\frac{J_\alpha(x)\cos(\alpha\pi)-J_{-\alpha}(x)}{\sin(\alpha\pi)} \quad (\text{D.6})$$

当 $\alpha=n$ 为整数时，需要通过求极值来计算函数值，第二类贝塞尔函数表达为

$$Y_n(x)=\lim_{\alpha\to n}\frac{J_\alpha(x)\cos(\alpha\pi)-J_{-\alpha}(x)}{\sin(\alpha\pi)} \quad (\text{D.7})$$

在用柱坐标来分析振动与声学时，n 表示模态阶数，为整数。贝塞尔函数是工程分析中常见的一种函数。数学家们已经给出了各种贝塞尔函数，并制成表格和图形，方便工程技术人员使用。

附录 E 范　　数

向量是有大小的，而这个大小是用范数（norm）来度量，即范数是具有度量性质的函数。在线性代数、泛函分析、机器学习、信号处理等领域，范数是具有"大小""长度""距离"概念的函数。为了便于通俗理解，可以认为范数表征大小或距离或长度。范数包括矢量范数和矩阵范数。

1. 矢量的范数

最常用的范数是 p-范数，用 $\|\boldsymbol{x}\|_p$ 表示。向量 $\boldsymbol{x}=(x_1,\cdots,x_i,\cdots,x_n)^{\mathrm{T}}$ 的 p-范数表达为

$$\|\boldsymbol{x}\|_p = \sqrt[p]{x_1^p + \cdots + x_i^p + \cdots + x_n^p} \tag{E.1}$$

当 $p=2$ 时，p-范数就是 2-范数，表达为

$$\|\boldsymbol{x}\|_2 = \sqrt{x_1^2 + \cdots + x_i^2 + \cdots + x_n^2} \tag{E.2}$$

式（E.2）就是向量在 n 维空间中到原点的距离。在三维空间里，向量 $\boldsymbol{x}=(x_1,x_2,x_3)^{\mathrm{T}}$ 的 2-范数为

$$\|\boldsymbol{x}\|_2 = \sqrt{x_1^2 + x_2^2 + x_3^2} \tag{E.3}$$

式（E.3）表示三维空间内向量到原点的距离或者是向量的长度，它也是通常意义上的模，这样，就便于理解范数是具有"长度"概念的函数。模只能在二维和三维空间中运算，而在高维空间中，必须用范数来运算。

2-范数是最常用的范数。在路噪传递路径分析、支持向量机分析和主动控制分析中，2-范数应用较多。2-范数也被称为欧式范数。

除了 2-范数之外，常见的 p-范数还有 1-范数和 ∞-范数，分别表达为

$$\|\boldsymbol{x}\|_1 = |x_1| + \cdots + |x_i| + \cdots + |x_n| \tag{E.4}$$

$$\|\boldsymbol{x}\|_\infty = \max(|x_1|,\cdots,|x_i|,\cdots,|x_n|) \tag{E.5}$$

在度量长度时，可以用不同的单位，如"米""尺"等。1-范数、2-范数和 ∞-范数类似于米和尺，用来度量范数的大小。

2. 矩阵的范数

矩阵可以理解为向量之间的映射，例如，向量 $\boldsymbol{X}$ 与向量 $\boldsymbol{Y}$ 通过矩阵 $\boldsymbol{A}$ 建立起映射关系

$$\boldsymbol{Y} = \boldsymbol{A}\boldsymbol{X} \tag{E.6}$$

向量 $\boldsymbol{X}$ 和向量 $\boldsymbol{Y}$ 都有范数，即都有大小或长度。矩阵使得一个向量的大小变成了另一个向量的大小，因此，矩阵范数是"放大"或"缩小"向量的比例，因此它是表征了这个

映射变化过程大小的量度。

常见的矩阵范数有 2- 范数、1- 范数和 ∞- 范数。

矩阵的 2- 范数为

$$\|\boldsymbol{A}\|_2 = \sqrt{\lambda_{\max}(\boldsymbol{A}^{\mathrm{T}}\boldsymbol{A})} \tag{E.7}$$

式中，$\lambda_{\max}(\boldsymbol{A}^{\mathrm{T}}\boldsymbol{A})$ 是矩阵 $\boldsymbol{A}^{\mathrm{T}}\boldsymbol{A}$ 的最大特征值。

矩阵的 1- 范数为列和范数，即每一列绝对值之和，再从中取最大值，即

$$\|\boldsymbol{A}\|_1 = \max_{1 \leqslant j \leqslant N} \sum_{i=1}^{M} |a_{ij}| \tag{E.8}$$

矩阵的 ∞- 范数为行和范数，即每一行绝对值之和，再从中取最大值，即

$$\|\boldsymbol{A}\|_\infty = \max_{1 \leqslant i \leqslant M} \sum_{j=1}^{N} |a_{ij}| \tag{E.9}$$

矩阵范数在控制理论、机器学习、信号处理等领域有许多应用。例如，用于求解矩阵的条件数、用于衡量控制系统的稳定性、用于线性回归和神经网络中的优化算法等。

附录 F　符号表

符号	含义	符号	含义
a	加速度；长度尺寸（第八章）	$\boldsymbol{C}_r$	模态阻尼矩阵
a_G	质心的加速度	C_v	体积变化系数
A	加速度	d	距离；间距；初级信号（第十章）
$\boldsymbol{A}$	加速度响应向量		
a_r	轮心加速度	d_{cir}	轮胎沟槽之间的距离
$\boldsymbol{A}^{(r)}$	主成分空间内的加速度向量	$\tilde{\boldsymbol{d}}_{\mathrm{p}}$	实体传声器预估信号
$A_{i,j}$	振动响应幅值	$\tilde{\boldsymbol{d}}_{\mathrm{v}}$	虚拟传声器预估初级信号
a_{t}	胎面加速度	D	空腔高度
ATF	声学传递函数	D_i	模态幅值
b	宽度	D_0	薄板弯曲刚度
B	黏性系数	e	几何中心偏离旋转中心的距离（第三章）；误差信号（第十章）
c	阻尼；声速		
c_B	胎体内弯曲波的波速	$\boldsymbol{e}_r$	r 方向上的方向矢量
c_0	临界阻尼；声速	$\boldsymbol{e}_\theta$	θ 方向上的方向矢量
C	阻尼	$\boldsymbol{e}_z$	z 方向上的方向矢量
$\boldsymbol{C}$	阻尼矩阵	$\boldsymbol{e}_{\mathrm{p}}$	实体传声器信号
$\boldsymbol{C}_{\mathrm{f}}$	流体等效阻尼矩阵	E	杨氏模量；数学期望（第十章）

ETD	预估纹理深度	F_{wind}	风激励力
E_i	入射声能	G	剪切杨氏模量；自功率谱
E_a	吸收声能	$\boldsymbol{G_{XX}}$、$\boldsymbol{G_{PP}}$	自功率谱矩阵
E_r	反射声能	$\boldsymbol{G_{XY}}$	互功率谱矩阵
f	频率	h	板的厚度
f_0	固有频率	H	轮胎的截面高度
F	力	$H(\omega)$、$H(z)$	传递函数
$\boldsymbol{F}$	力向量	h_i^{AB}	第 i 条传递路径时域内的空气声源单位脉冲响应函数
f_a	弯曲波传递到轮胎前行端的频率	H^{AB}	空气声传递函数
f_b	弯曲波传递到轮胎离地端的频率	H_i^{AB}	第 i 个噪声源对车内声音的空气声传递函数
F_{body}	输入给车身的力	H_{road}^{AB}	轮胎近场声源对车内噪声的空气声传递函数
F_j^{body}	作用在车身 j 点的力		
f_d	传递到基础的力	H_{power}^{AB}	动力系统空气声源对车内噪声的空气声传递函数
f_e	激励力		
F_G	轮胎不平衡离心力	H_{wind}^{AB}	风激励的空气声源对车内噪声的空气声传递函数
F_f	摩擦力		
F_{in}	悬架输入力	H_{ij}	j 点到 i 点的传递函数
f_j	第 j 个力的单位脉冲响应函数	H^{SB}	结构声传递函数
$\tilde{F}$	从主成分空间到物理空间的合成力	h_j^{SB}	第 j 条传递路径时域内的单位力脉冲响应函数
F_K	弹簧力或衬套力	H_B^{SB}	车身振动对车内噪声的结构声传递函数
F_M	Maxwell 黏弹性力		
f_n	驻波频率	H_S^{SB}	悬架振动对车内噪声的结构声传递函数
F_{out}	悬架输出力		
F_{power}	动力系统激励力	H_T^{SB}	轮胎振动对车内噪声的结构声传递函数
f_r	第 r 阶模态激励力		
F_r、F_{rim}	轮心力	H_{power}^{SB}	动力系统振动对车内噪声的结构声传递函数
$\boldsymbol{F_r}(\omega)$	模态坐标下的激励向量		
$\boldsymbol{F}^{(r)}$	主成分空间内的力向量	H_{road}^{SB}	路面激励对车内噪声的结构声传递函数
F_i^{rim}	第 i 个轮心力		
F_{road}	路面作用到轮胎的力	H_{wind}^{SB}	风激励对车内噪声的结构声传递函数
F_i^{road}	第 i 个轮胎承受路面的激励力		
f_{rot}	旋转时的轮胎频率	$H^{SB\text{-}body}$	车身振动对车内噪声的结构声传递函数
F_s	施加到结构上的外力		

符号	含义	符号	含义
$H_i^{\text{SB-body}}$	第 i 个车身点振动对车内噪声的结构声传递函数	L_{cp}	轮胎接地长度
		L_p	声压级
$H^{\text{SB-rim}}$	轮心振动对车内噪声的结构声传递函数	m	质量；径向模态数
		M	质量
$H_i^{\text{SB-rim}}$	第 i 个轮心振动对车内噪声的结构声传递函数	$\boldsymbol{M}_f$	流体等效质量矩阵
		MPD	轮廓深度
$H^{\text{SB-road}}$	轮胎振动对车内噪声的结构声传递函数	n	轴向模态数
		$\boldsymbol{n}$	不相干的噪声贡献量
$H_i^{\text{SB-road}}$	第 i 个轮胎振动对车内噪声的结构声传递函数	NR	噪声降低量
		NTF	噪声传递函数
H_{rr}	轮辋 – 轮辋传递函数	p、P	声压
H_{rt}	轮辋 – 胎面传递函数	$\boldsymbol{P}$	声压向量
H_{tr}	胎面 – 轮辋传递函数	$\bar{\boldsymbol{P}}$	虚拟声压向量
H_{tt}	胎面 – 胎面传递函数	P^{AB}、$P_{\text{road}}^{\text{AB}}$	车内空气声路噪声压
$\boldsymbol{H}$	传递函数矩阵	P_i^{AB}	第 i 条路径的车内空气声路噪声压
$\boldsymbol{H}_V$	速度响应对力的传递函数		
$\boldsymbol{H}_N$	车内噪声对力的传递函数	P_{BA}	A 点声源在 B 点产生的声压
I	惯性矩；声强（第四章）	PBNR	基于功率的噪声降低量
J	极惯性矩；代价函数（第十章）	p_i	入射波声压
J_m、J_α	第一类贝塞尔函数	P_i	入射声波声压幅值
k	刚度；波数（$k = \omega/c$）	P_{near}	近场噪声声压
K	刚度	P_{power}	动力系统激励在车内产生的噪声
$\boldsymbol{K}$	刚度矩阵		
K_d	动刚度	p_r	反射波的声压
K_I	刚度虚部（耗能）	P_r	反射声波声压幅值
$\boldsymbol{K}_I$	刚度矩阵虚部（耗能）	p_{ref}	参考声压
k_r、K_r	径向刚度	P_{road}	车内路噪声压
$\boldsymbol{K}_r$	模态刚度矩阵	P^{SB}、$P_{\text{road}}^{\text{SB}}$	车内结构声路噪声压
K_R	刚度实部（储能）	P_i^{SB}	第 i 条路径的车内结构声声压
$\boldsymbol{K}_R$	刚度矩阵实部（储能）	P_{wind}	风激励在车内产生的噪声
K_s	静刚度	PA	道路纹理平均值
k_θ、K_t	切向刚度	PK	道路纹理峰值
k_z	轴向刚度	q	表面载荷
L	轮胎模型宽度（第三章）；空腔长度（第四章）；滤波器阶次（第十章）	q_i	时域内的第 i 个空气声源
		q_r	第 r 阶的模态坐标
		Q	空气声源

$\boldsymbol{Q}$	模态坐标向量	T_f、T_F	力传递率
Q_a	体积声源的体积加速度	T_P	功率传递率
Q_A	流体的体积流量	T_s	单级隔振系统的力传递率
Q_n	体积速度	T_V	速度传递率
Q_{near}	轮胎近场声源	TPNR	车身对近场路噪的隔声量
Q_{power}	动力系统空气声源	u	速度；轮胎轴向位移（第三章）
Q_{wind}	风激励的空气声源	$\boldsymbol{U}$	酉矩阵；结构振动位移矩阵（第五章、第八章）
r	距离；半径		
R	半径；自相干函数（第一章）；空间距离（第八章）；相关系数（第十一章）	$\boldsymbol{U}_D$	耗散能量
		u_i	入射波声速
		U_i	入射声波速度幅值
$\boldsymbol{R}$	质心对旋转中心的向量（第三章）；流体和结构之间的耦合矩阵（第五章、第八章）；位移矩阵（第七章）	U_{mn}	轮胎轴向位移幅值
		u_n	板的法向速度
		$\bar{u}_n$	结构表面振动平均值
		u_r	反射波速度
R_A、R_B	作用力	U_r	反射声波速度幅值
R_i	轮胎内径	$\boldsymbol{U}_S$	应变能
R_o	轮胎外径	v	轮胎周向位移
$\boldsymbol{R}_{xd}$	互相关函数矩阵	$\boldsymbol{v}$	路径贡献量
$\boldsymbol{R}_{xx}$	自相关函数矩阵	V	振动速度；体积
S	面积	$\boldsymbol{V}$	酉矩阵
$s(n)$	次级通道脉冲响应	V_{mn}	轮胎周向位移幅值
$S(z)$	次级通道传递特征函数	w	轮胎径向位移；垂向位移
SPL_{in}	车内声压级	$\boldsymbol{w}$	超平面的法向量（第六章）；计权系数向量（第十章）
SPL_{out}	车外声压级		
STL	声传递损失	W	轮胎截面宽度（第一章）；空腔高度（第四章）；能量（第四章）
STL_{hole}	有孔的声传递损失		
t	时间；厚度（第八章）		
T	传递率	$W(z)$	FIR 滤波器的传递函数
$\boldsymbol{T}$	传递率矩阵；坐标转换矩阵（第七章）	W_{mn}	轮胎径向位移幅值
		$\boldsymbol{w}_{opt}$	最优滤波器系数
T_0	张力	W_{rad}	辐射声功率
T_d	双级隔振系统的力传递率	x	输入信号；位移；长度坐标
T^{susp}	悬架力传递率	X	输入信号；位移幅值
T_{ij}	第 i 点响应与第 j 点响应的传递率	$\boldsymbol{x}$、$\boldsymbol{X}$	输入信号向量或序列
		x^j	第 j 层级的输入数据

y	输出信号
$\mathbf{Y}$	输出向量
y^j	第 j 层级的输出数据
Y_{11}^{S1}	部件 S1 上 1 点的原点速度导纳
Y_{21}^{S1}	部件 S1 上 2 点到 1 点的跨点速度导纳
Y_{lp}	响应点 l 对激励点 p 的导纳
Y_m、Y_α	第二类贝塞尔函数
z	垂向位移；阻抗率（第四章）
Z	阻抗
Z^X	位移阻抗
Z^V	速度阻抗
Z^A	加速度阻抗
α	夹角；能量集中系数（第五章）；拉格朗日系数（第六章）；分数导数的阶次（第七章）；吸声系数（第九章）
β	能量集中到扇形区域的系数（第五章）；泄露因子（第十章）
γ	常相干函数；侧倾角（第六章）；车身开孔率（第九章）
δ	孔隙率（第九章）；板单元对车内噪声贡献占比（第八章）
δ_m	变形截面积与原截面积的比值
δ_{mn}	mn 板单元产生 NTF_{mn} 在整个 NTF 中的比例（第八章）
ε	容忍偏差（第六章）；滤波器期望值与维纳最优值之差（第十章）
ε_1, ε_2	输入系数
ζ	阻尼比
η	损耗因子
θ	角度；损失角/阻尼角（第七章）
λ	纹理波长；扁平率；激励频率与系统固有频率比值（第三章）；拉格朗日乘子（第十章）
$\lambda_{\min}$	矩阵的最小特征值
$\lambda_{\max}$	矩阵的最大特征值
μ	动静比（第七章）；收敛步长（第十章）
$\boldsymbol{\mu}$	误差信号矩阵
μ_i	第 i 条路径上的误差信号
ξ	垂向位移或径向位移（第三章）；目标函数或性能函数（第十章）
ξ_i	松弛变量
ρ	密度
ρ_0	空气密度
σ	奇异值
τ	声传递系数
τ_i	一个自适应循环的持续时间
ϕ_r	第 r 阶模态振型
φ_{NTF}	NTF 相位
φ_P	总声压的相位
$\varphi_{P_{mn}}$	第 mn 板单元振动辐射声的相位
ω	圆频率（角频率）
ω_c	自由轮胎旋转频率
ω_n	系统固有频率
ω_r	径向模态频率
Γ	gamma 函数
Σ	对角矩阵
Π	功率
Π_{ref}	参考声功率
Ω	空间频率；角速度
∇	拉普拉斯算符

附录 G 英中文术语对照表

A

Absorber	吸振器	Signal amplifier	信号放大器
Dynamic absorber	动力吸振器	Amplitude	幅值
Accelerometer	加速度传感器	Amplification	放大
Acceleration	加速度	Angular	角度的
Acoustics	声学	Angular velocity	角速度
Actuator	作动器	Arm	摆臂
Adaptive filtering	自适应滤波	Aspect ratio	扁平比
Adhesion	黏性	Asperity	孔隙、缝隙
Admittance	速度导纳	ATF(Acoustic Transfer Function)	声学传递函数
Algorithm	算法	Attenuation	衰减
Iterative algorithm	迭代算法	AVAS [Acoustic Vehicle Alter (Altering) System]	声学车辆警报系统、车外警示声音系统
Adaptive algorithm	自适应算法	Azimuthal	方位角的、周向的
Amplifier	放大器		

B

Bead	胎圈	Flexible body	柔性体
Bead core	胎圈芯	Rigid body	刚体
Bead toe	胎趾	Trimmed body	内饰车身
Bead heel	胎踵	Unitized body	承载式车身
Beam	梁	White body	白车身
Main beam	主梁	Booming	敲鼓声
Crossbeam	横梁	Bouncing	跳动
Reinforced beam	加强梁	Boundary	边界
Secondary beam	次梁	Boundary condition	边界条件
Twist beam	扭力梁	Constrained boundary	约束边界
Belt ply	带束层	Free-free boundary	自由 - 自由边界
BEM(Boundary Element Model)	边界元模型	Box-and-whisker plot	箱线图
Binaural effect	双耳效应	Bushing	衬套
Body	车身	Hydraulic Bushing	液压衬套
Body-on-frame	非承载式车身	Rubber Bushing	橡胶衬套

C

Calculation	计算	Sound absorption coefficient	吸声系数
Carcass	胎体	Sound radiation coefficient	声辐射系数
Cavity	空腔	Coherence	相干
Cavity noise	空腔噪声	Coherence coefficient	相干系数
Category	分类	Coherence function	相干函数
CDC (Continuous Damping Control)	连续可变阻尼控制	Multiple coherence function	多重相干函数
Centrifugal force	离心力	Comfort	舒适性
Channel	通道	Compatibility	兼容
Characteristics	特征	Compliance	位移导纳
Chassis	底盘	Compensation	补偿
Circumference	圆周	Sound compensation	声音补偿
Cleat	突出块	Condition	条件
Coast-down	滑行	Connection	连接
Coefficient	系数	Flexible connection	柔性连接
Filter coefficient	滤波器系数	Rigid connection	刚性连接
Weighting coefficient	记权系数	Constraint	约束

(续)

Constrained	约束	Convergence speed	收敛速度
Contour	轮廓	Convergence effect	收敛效果
Road contour	路面轮廓	Convolution	卷积
Contribution	贡献	Coordinate	坐标
Control	控制	Cylindrical polar coordinate	圆柱坐标
Active control	主动控制	Modal coordinate	模态坐标
ANC(Active Noise Control)	主动噪声控制	Physical coordinate	物理坐标
Control system	控制系统	Polar coordinate	极坐标
ENC(Engine Noise Control)	发动机噪声主动控制	Cord	帘线
Feedback control	反馈控制	Coriolis acceleration	哥式加速度
Feedforward control	前馈控制	Coriolis effect	哥式效应
Optimal control	最优控制	Coriolis force	哥式力
RNC(Road Noise Control)	路噪主动控制	Coupling	耦合
Semi-active control	半主动控制	Liquid-solid coupling	液固耦合
Controller	控制器	Curve	曲线
Convergence	收敛	Curvature	曲率
D			
Damper	阻尼器	Radial direction	径向
Damping	阻尼	Tangential direction	切向
Constrained damping layer	约束阻尼层	Transverse direction	横向
Damping material	阻尼材料	Vertical direction	垂向
Damping adhesive	阻尼胶	Displacement	位移
Dashpot	阻尼器	Disturbance	扰动
Decibel	分贝	Domain	域
Decoupling	解耦	Frequency domain	频率域
Decomposition	分解	Time domain	时间域
Deformation	变形	Spatial domain	空间域
Delay	延时	Doppler effect	多普勒效应
Signal delay	信号延时	Drumming	轰鸣声
Density	密度	Droning	轰鸣声
DSP(Digital Signal Processing)	数字信号处理	Distribution	分布
Diagnosis	诊断	Random distribution	随机分布
Dimension	尺寸、维度	Modal distribution	模态分布
Direction	方向	Driving point	原点
Axial direction	轴向	Drum	转鼓
Circumferential direction	周向	Dynamics	动力学
Longitudinal direction	纵向	Multi-body dynamics	多体动力学
Normal direction	法线方向	Dyno	转鼓
E			
Edge	边缘、端	Equation	方程
Leading edge	前行端	Excitation	激励
Trailing edge	离地端	Experiment	设备
Eigenvalue	特征值	Energy	能量
Eigenvector	特征向量	Strain energy	应变能
Elasticity	弹性	Potential energy	势能
Electric vehicle	电动汽车	Kinetic energy	动能
F			
Factor	因素	Filter	滤波器
Field	场	FIR(Finite impulse response filter)	有限冲击响应滤波器
Near-field	近场	IIR(Infinite impulse response filter)	无限冲击响应滤波器
Far-field	远场	Bandpass filter	带通滤波器
Sound field	声场	Firing order	发火阶次

（续）

Flexibility	柔性	Friction	摩擦
Fluctuation	波动、起伏	Function	函数、功能
Floor	地板	Objective function	目标函数
Footprint	印迹	Performance function	性能函数
Force	力	Cross-correlation function	互相关函数
Frame	框架	Auto-correlation function	自相关函数
Framework	框架	Error function	误差函数
Frequency	频率	Pulse response function	脉冲响应函数
Spatial frequency	空间频率	Fuel economy	燃油经济性
G			
Groove	花纹沟	Gyroscopic moment	回旋力矩
Gyroscopic effect	回旋效应		
H			
Handling	操控性	Horn effect	喇叭效应
Headrest	头枕	Acoustical horn	声学喇叭
Hardware	硬件	Hardness	硬度
Harmonic	简谐的	Hub	轮毂
Harmonic motion	简谐运动	Hysteresis	迟滞现象
Headphone	耳机	Stress-strain hysteresis	应力应变迟滞
I			
Identification	识别	Input	输入
Imprint	印迹	Iteration	迭代
Tire imprint	胎印	Interaction	相互作用
Impact	冲击	Interior sound	车内噪声
Impedance	阻抗	ICE (Internal Combustion Engine)	内燃机
Mechanical impedance	机械阻抗	Inverse	逆
Acoustic impedance	声学阻抗	Inverse matrix	逆矩阵
Inflation pressure	充气压力	Pseudo-inverse	伪逆
Inertance	加速度导纳	Investigation	调查
Inertia	惯性	Index	指标
Moment of inertia	惯性矩	Indicator	指标
Polar moment of inertia	极惯性矩	Isolation	隔离
Infrasound	次声	Vibration isolation	隔振
K			
Knuckle	转向节、羊角		
L			
Lagrange	拉格朗日	Loss	损失
Layer	层	Insertion loss	插入损失
Multilayer	多层	Load	载荷、加载
Single-layer	单层	Unload	不加载、卸载
Belt layer	带束层	Preload	预载
Sound insulation layer	隔声层	Loop	环
Sound-absorbing layer	吸声层	Closed loop	闭环
Liftgate	背门	Open loop	开环
LMS (Least Mean Square)	最小均方差	Loss factor	损耗因子
M			
Machine learning	机器学习	MPD(Mean Profile Depth)	平均轮廓深度
Mathematical expectation	数学期望	Measurement	测量
Matrix	矩阵	Mechanism	机理
Unitary matrix	酉矩阵	Microphone	传声器
MCF (Multiple Correlation Analysis)	多重相关分析方法	Error microphone	误差传声器

(续)

Mobility	导纳	Analytical model	解析模型
Compliance	位移导纳	Beam mode	梁模型
Admittance	速度导纳	Plate model	平面模型
Inertance	加速度导纳	Ring model	环模型
Mode	模态	Shell model	壳模型
Axial mode	轴向模态	Waveguide model	波导模型
Bounce mode	跳动模态	Semi-empirical model	半经验模型
Bending mode	弯曲模态	Modal separation phenomenon	模态分离现象
Hop mode	同步跳动模态	Module	模块
Independent mode	独立模态	Modulus	模量
Rotational mode	旋转模态	Young's modulus	杨氏模量
Radial mode	径向模态	Elastic modulus	弹性模量
Torsional mode	扭转模态	Monopole	单极子
Tramp mode	异步跳动模态	Motion	运动
Model	模型		
N			
Node	节点	Aerodynamic noise	气动噪声
Noise	噪声	Nonlinearity	非线性
Air-pumping noise	泵气噪声	Notation	标识
Impact noise	冲击噪声	NR(Noise Reduction)	噪声衰减量
Friction noise	摩擦噪声	NTF (Noise Transfer Function)	噪声传递函数
O			
Output	输出	OTPA (Operating Transfer Path Analysis)	运行工况传递路径分析
P			
Pad	衬垫	Pillar	柱
Rubber pad	橡胶衬垫	A-Pillar	A 柱
Panel	板	B-Pillar	B 柱
Parameter	参数	C-Pillar	C 柱
Passenger	乘客	Pipeline	管道
Passenger vehicle	乘用车	Pitch	节距
Pattern	（胎面）花纹	Pitching	俯仰运动
Patternless tire	无花纹轮胎	Plane	平面
Pattern block	花纹块	Plate	板
Pattern groove	花纹沟	Ply	帘布层
Pavement	路面	Porosity	孔隙率
PCA(Principle Component Analysis)	主成分分析	Power	功率
Peak	峰值	Pressure	压力
Pedestrian	行人	Profile	轮廓
Perception	感知、感受	Propagation	传播
Performance	性能	Proportion	比例
Phase	相位		
Q			
Quality	品质	Sound quality	声品质
R			
Radiation	辐射	Multiply reference	多参考
Radius	半径	Regulation	法规
Reciprocal principle	互逆原理	Reliability	可靠性
Recognition	识别	Resistance	阻力
Secondary sound channel recognition	次级声通道识别	Rolling resistance	滚阻
Reference	参考	Resonance	共振
Single reference	单参考	Resonant	谐振腔

（续）

Helmholtz resonant	赫尔姆兹谐振腔	Interior road noise	车内路噪
Response	响应	Near-field road noise	近场路噪
Riding comfort	乘坐舒适性	Pass-by noise	通过噪声（远场噪声）
Primary ride comfort	初级乘坐舒适性	Structural-borne road noise	结构声路噪
Secondary ride comfort	次级乘坐舒适性	Roaring	轰鸣声
Rim	轮辋	Roller	转鼓
Road	道路	Roll	侧倾
Coarse road	粗糙路	Roof	顶棚
Rough road	粗糙路	Rotation	转动
Rough asphalt pavement/surfacing	粗糙沥青路面	Roughness	粗糙，粗糙度
Smooth asphalt pavement/surfacing	光滑沥青路面	Rubber	橡胶
Cement pavement/surfacing	水泥路面	NR(Natural Rubber)	天然橡胶
Road noise	路噪	Synthetic rubber	合成橡胶
Air-borne road noise	空气声路噪	Rumbling	隆隆声
Far-field road noise	远场路噪		
S			
Sedan	轿车	Power spectral density	功率谱密度
Sealing	密封	Road spectrum	路谱
Static sealing	静态密封	Speed	速度
Dynamic sealing	动态密封	Spindle	轮心
Section	截面	Split	分离
Cross-section	横截面	Spoke	车轮辐条
Self-excitation	自激	Spring	弹簧
Sensor	传感器	Air spring	空气弹簧
Force sensor	力传感器	Coil spring	螺旋弹簧
Error sensor	误差传感器	Squeal	摩擦尖叫声
Sensitivity	灵敏度	Stick-slip	黏-滑
Sequence	序列	Stick-snap	黏-抓
Shear	剪切	Stiffness	刚度
Shell	壳	Bending stiffness	弯曲刚度
Shock absorber	减振器	Dynamic stiffness	动刚度
Sidewall	胎侧	Static stiffness	静刚度
Signal	信号	Torsional stiffness	扭转刚度
Reference signal	参考信号	STL(Sound Transmission Loss)	声传递损失
Secondary signal	次级信号	Stability	稳定性
Error signal	误差信号	Static	静态
Primary signal	初级信号	Quasi-static	准静态
Singular value	奇异值	Steepest descent method	最速下降法
Sound	声音	Strain	应变
Sound absorption	吸声	Strut	悬架
Sound insulation	隔声	Structure	结构
Sound package	声学包装	Subframe	副车架
Sound radiation	声辐射	Flexible subframe	柔性副车架
Sound source	声源	Rigid subframe	刚性副车架
Secondary sound source	次级声源	Superposition	叠加
Primary sound source	初级声源	Superposition principle	叠加原理
Space	空间	Suspension	悬架
Speaker	扬声器	Active suspension	主动悬架
Secondary speaker	次级扬声器	Double wishbone suspension	双叉臂悬架
Spectrum	谱	MacPherson suspension	麦弗逊悬架
Power spectrum	功率谱	Multi-link suspension	多连杆悬架

（续）

Independent suspension	独立悬架	Twist beam axle	扭力梁悬架
Rigid axle	非独立悬架	SVD(Singular Value Decomposition)	奇异值分解
Semi-active suspension	半主动悬架	System	系统
Semi-rigid axle	半独立悬架		
T			
TCM(Tyre Cavity Microphone)	轮胎声腔传声器	Topmount	支柱上衬套
Test	试验	TPNR (Tire Patch (or pavement) Noise Reduction)	车身对轮胎近场噪声的隔声量或衰减量
Tension	张力	Torque	力矩
Texture	纹理	TPA(Transfer Path Analysis)	传递路径分析
Microtexture	微观纹理	Trace	（矩阵）迹
Macrotexture	宏观纹理	Transfer path	传递通道
Megatexture	大构造纹理	Transfer function	传递函数
Road texture	道路纹理	Transformation	变换
Texture depth	纹理深度	Z-transformation	Z-变换
Tire，tyre	轮胎	Transmission	传递
Diagonal tire	斜交轮胎	Transmission path	传递通道
Radial tire	子午线轮胎	Transmissibility	传递率
Tire bead	胎圈	Tread	胎面
Tire pattern noise	花纹噪声	Tread pattern	胎面花纹
Tire ply	胎帘布层	Tread groove	胎面花纹沟
Tire shoulder	胎肩	Trial and error	试错
Tire sidewall	胎侧	Tub	胎
Tilting	侧倾	Inner tub	内胎
U			
Unevenness	不平度		
V			
Variant	变量	Vibration	振动
Variation	变分	Vibrometer	测振仪
Vector	矢量	Virtual sensing technology	虚拟传感技术
Vehicle development process	汽车开发流程	Viscoelasticity	黏弹性
Velocity	速度	Viscoelastic damping material	黏弹性阻尼材料
W			
Wave	波	Wavelength	波长
Bending wave	弯曲波	Wavenumber	波数
Incident wave	入射波	Wheel	轮
Reflected wave	反射波	Wheel hub	轮毂
Standing wave	驻波	Wheel rim	轮辋
Transmitted wave	透射波	Wheelhouse	轮毂包
Waveguide	波导		